Listen to **Momoiro Clover Z**

ももクロを聴け！ ver.3

ももいろクローバーZ 全330曲 完全解説

2008〜2022

堀埜浩二
KOJI HORINO

はじめに

本書は「ももいろクローバーZ」並びにその前史としての「ももいろクローバー」の楽曲の鑑賞ガイドである。即ち彼女たちの音楽をより深く味わうことで、2000年代に到達した我が国の音楽文化の豊穣を、全ての音楽ファンと共有することを旨とする。以下、本書ではZ以前、以降をまとめて「ももクロ」と表記する。

また本書は位置づけとしては、2018年6月にリリースした『ももクロを聴け！ ももいろクローバーZ 10周年 全193曲コンプリート解説』の新装増補改訂版ということになる。同著の「おわりに」で、私はこう書いた。

ここで今から言うときますが、東京ドームの2日目の終演後に5thアルバムについての発表があったが、そのタイミングでまた本書の改訂版をリリースするかどうかは未知数です（たぶん無理）。本書の次回の改訂版はその次の6thあるいは7thアルバムのリリース時になるのかなあ……だから、ヘンな期待しちゃダメだよ。いずれにせよ次回は、楽勝に200曲以上、500ページを超えることは明らかなので、そろそろ製本の限界に挑戦する感じになりますね。

はい。あれから4年の時を経て結成15年目に突入、6thアルバムのリリースを待って本書をリリースすることになりましたが、「200曲以上、500ページを超える」との予想をさらに楽勝に超える、全330曲、652ページの大著を、ここにお届けいたしまーす。かしこみかしこみ～（おしゃ家ソムリエおしゃ子！風に）。

エニウェイ。本書に先行するももクロに関する書籍の多くは、彼女たちのインタビューを含む活動記録であったり、その魅力をある種サブカル的な観点から読み解くものであったり……という状態で、楽曲そのものに関するものにはあまりお目にかかれなかった。さらに突っ込んで言えば、もはやアイドルの頂点を極めてしまったももクロを、サブカル的観点から読み解く作業は、残念ながら賞味期限を過ぎてしまった。また音楽雑誌ではディスクガイドとしてももクロの楽曲を解説するものが存在するが、それらは所謂レビュー原稿の範疇であり、文字数的にも楽曲のディテールに踏み込むまでには至っていないし、今後もその点については変わらないはずである。こうして一般的な「アイドル本のデフォルト」を完全に逸脱し、本書ver.3にしてこのボリュームに至ったことについては、正直スマン、と思う。しかしながらここまで来たからには、もう帰れないんです。フツウの女のコになんて戻れっこないし、「おぉ怖」と思いながら獣道をひたすら行くしかないのであってね。

改めて。「ももクロはまずもってレコーディング・アーティストである」という筆者の認識は、今ここに至って、より深い確信を持って断言できるものとなった。「アイドル」という、コアな音楽ファンからは一般的に軽く見られがちな立場に軸足を置きつつ、だからこそ軽やかに、圧倒的な輝きを放つ音楽を生み出し続けるアーティストとして、平成を超えて令和のわが国に存在している彼女たちの音楽には、日本のポップカルチャー史がまるっと収まりつつも、全く新しい「響き」を伴って、歴史を更新し続ける魅力がある。この揺るぎない事実が、私にパソコンのキーをひたすらに叩かせる原動力なのだ。

これまではディスクガイドであるという観点から、楽曲解説は公式デビュー曲である『ももいろパンチ』から始めていたが、ver.3からはももクロの第一歩である『あの空へ向かって』からスタートし、完全に時系列で解説を進めることにした。こうすることで彼女たちの成長が、よりくっきりスッキリと理解できる流れが生まれることになるだろう。もちろんメンバーのソロ曲やユニット曲、他のアーティストとの共演も全て含めているので、この14年間の日本のポップスの進化がいかなるものであったかについて、理解していただく手助けになるかもしれない。

本書はあくまで鑑賞ガイドであるため、楽曲のキー（主調）や転調、コード進行その他、音楽的な解説については、実学的な意味合いで触れているつもりはあまりない。従って必要最小限の要素にしか触れないし、コードの細かなヴォイシングやコーラスのハーモニー等については楽譜が必要になってくるため、また別の機会に譲る。読者の中には、ギターやピアノが弾ける方も一定数いるかと思うので、あくまで一歩踏み込んで聴く際の参考になれば、という程度である。ももクロの楽曲の多くには、そのような踏み込み方をする価値があると、私は思っている。ゆえに、その手の分析に興味のない方は読み飛ばしてもらうなり、ぼんやりと「そのようなことをしているのだな」と認識してもらう程度で、全く問題ないと思う。またＢＰＭ（曲のテンポ）について多く触れるのは、楽曲の熱量にダイレクトに関係すると思われるからであり、こちらは筆者所有のｉＰａｄでフリーアプリのメトロノームを走らせ、８小節ほどテンポがシンクロした数字を記入しているので、前後１～２程度の誤差が生じることについては、ご海容いただきたい。

歌詞についてはさまざまな解釈の余地があるため、主に楽曲の「ここ」という部分を指し示す目的で引用している。一部、ポイントになると思われる歌詞については意味の解釈を行ってはいるが、これはあくまで筆者個人の一つの意見であり、「何が正しい」というような類いのものではない。いったん書かれたテクストとしての歌詞をどのように解釈するかは各人の自由であり、ロラン・バルトの云うところの「テクストの快楽」をわざわざ阻害する権利は、私にはない。その快楽は全てのポップス鑑賞者に、等しく全面的に開かれているものなのだから。

楽曲にまつわるエピソードについては、紙幅が限られているため、その全てをフォローしてはいない。メンバー本人や関係者を含め、楽曲鑑賞の補助になると思われるものに限っている。お馴染みの膨大な注釈については、一見関係なさそうな要素でも、ももクロの音楽を理解する上での補助線になりそうなものを……と意識したので、細かな文字を読むのは大変かもしれないが、お読みいただければ幸いである。

本書の中で筆者は、「筆者／私／俺／僕／あたし」等と主語をコロコロと変える傾向にあるが、これは主に文章をグルーヴさせるための使い分け、並びにその時の気分によるものであり、同一の著者である。本書の文章は、下欄の注釈を含めてすべて堀埜本人の個人作業による。また私は主にウェブサイト上で見かけるような、ある種の批判《ディスり》、ないしは上からの批評的な語り口については好ましく思っていないため、必然的に「褒めちぎり」の書き方を採る。誰もが指摘していない美点を勝手に見い出すことは芸術の鑑賞者にとって最大の快楽であるし、褒めちぎる際に当てはめる言葉や表現こそ、聴き手であると同時に書き手でもある私のラディカリズムの発露そのものなのだから。従って私は評論家／批評家ではなく、「説明家」というあまり一般的ではない肩書きを使っているのだが、これは既存の音楽評論家／批評家たちへの軽いジャブだと思っていただいても構わない。同時に「説明家」なる肩書きは、『Z伝説 ～終わりなき革命～』及び『Z伝説 ～ファンファーレは止まらない～』における立木文彦の「説明しよう」との力強いナレーションへのオマージュを含んでいることも、モノノフの皆さんには言わずもがな、でしょ、だしょ。

メンバーの呼称については、百田夏菜子は「百田／夏菜子／かなこ」、玉井詩織は「玉井／しおりん」、佐々木彩夏は「佐々木／あーりん／あーちゃん」、高城れにには「高城／れにちゃん」、有安杏果は「有安／杏果」等を、文脈及びその時の気分で使い分けている。

なお、本書を読みながら、また読んだ後、実際に楽曲をリスニングする際には、できればスピーカーで、可能な限りの大音量でお聴きいただきたい。ライヴと同様の〝爆音〟でこそ、ももクロの魅力がより正確に伝わるのであるからして。

では、日本のポップス史の未来を託された4人のミューズ、そのサーガの全記録を、ガギーン ゴギーン バッキーン ゴゴガン！とお届けしよう。ま～だまだいけんだろー、お前らぁー！（れにちゃんの煽り風に）

Contents

Contents

Contents

Contents

Contents

ももクロ コラム集

Z

ももクロを聴け!

ももいろクローバーZ全330曲 完全解説

Momoiro Clover Z

DISCOGRAPHY

2009～2022

掲載しているディスクは、全て著者、
並びに編集者の所有物を使用しています。

インディーズ デビュー Single 『**ももいろパンチ**』

レーベル／ハッピーミュージックレコード　販売元／ビクターエンタテインメント　2009.8.5 発売

通常盤（CD only）CYCL-35020

初回限定盤（CD＋DVD）CYZL-35020

インディーズ 2nd Single 『**未来へススメ！**』

レーベル／ハッピーミュージックレコード　販売元／ビクターエンタテインメント　2009.11.11 発売

通常盤（CD only）CYCL-35026

初回限定盤 A（CD＋DVD）CYZL-35026

初回限定盤 B（CD＋フォトブック）
CYZL-35027

メジャー デビュー Single『行くぜっ！ 怪盗少女』

制作／ユニバーサル J　発売・販売元／ユニバーサル ミュージック　2010.5.5 発売

○ 通常盤（CD only）UPCH-5655

○ アナログ盤（ピクチャーディスク）
レーベル／USM ジャパン
2015.3.25 発売　UPJY-9013

○ 初回限定盤 A（あかり盤）
UPCH-9563

○ 初回限定盤 B（あーりん盤）
UPCH-9564

○ 初回限定盤 C（ももか盤）
UPCH-9565

○ 初回限定盤 D（かなこ盤）
UPCH-9566

○ 初回限定盤 E（しおり盤）
UPCH-9567

○ 初回限定盤 F（れに盤）
UPCH-9568

2nd Single『ピンキージョーンズ』

レーベル／スターチャイルド（キングレコード） 2010.11.10 発売

○通常盤（CD only）KICM-3216

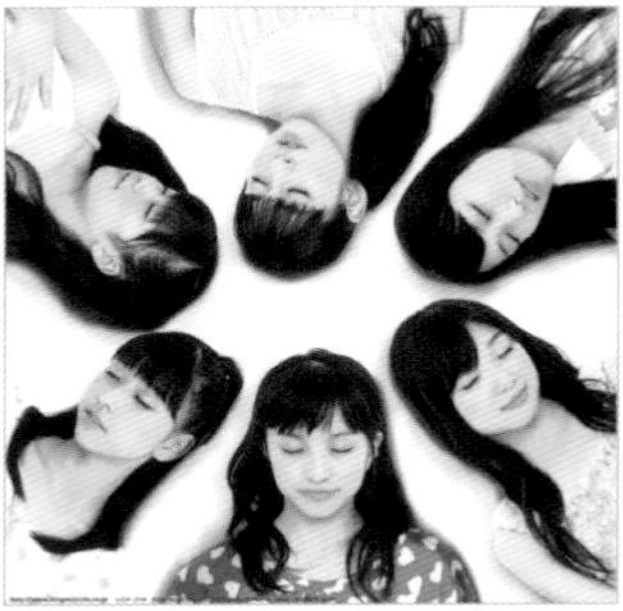

通常盤 裏面

○初回限定盤 A（CD+ DVD）
KICM-93216

○初回限定盤 B（CD+ DVD）
KICM-93217

○初回限定盤 C（CD+ DVD）
KICM-93218

「ももいろクリスマス in 日本青年館 ～ 脱皮：DAPPI ～」開催記念限定販売 Single『ももクリ』

レーベル／キングレコード
2010.12.24 発売
NMAX-1105

3rd Single『ミライボウル』

レーベル／スターチャイルド（キングレコード） 2011.3.9 発売

通常盤（CD only）
KICM-3227

初回限定盤 A（CD+ DVD）KICM-93225

初回限定盤 B（CD+ DVD）KICM-93226

受注限定販売 Single
『あかりんへ贈る歌』

レーベル／キングレコード
2011.6.11 発売
NMAX-1110

5th Single 『D'の純情』

レーベル／スターチャイルド（キングレコード）
2011.7.6 発売　KICM-1346

4th Single 『Z 伝説〜終わりなき革命〜』

レーベル／スターチャイルド（キングレコード）
2011.7.6 発売　KICM-1345

6th Single 『労働讃歌』

レーベル／スターチャイルド（キングレコード）　2011.11.23 発売

● 通常盤（CD only）KICM-1374

● 初回限定盤 A（CD+ DVD）KICM-91372

● 初回限定盤 B（CD+ DVD）KICM-91373

1st ALBUM『バトル アンド ロマンス』

レーベル／スターチャイルド（キングレコード） 2011.7.27 発売

通常盤（CD only）KICS-1678

初回限定盤 A（CD+特典 CD）KICS-91678
特典 CD に収録のメンバーそれぞれのソロ曲

初回限定盤 B（CD+特典 DVD）KICS-91679

「ももいろクリスマス 2011
さいたまスーパーアリーナ大会」
開催記念限定販売 Single『**白い風**』

レーベル／キングレコード
2011.12.25 発売
NMAX-1122

7th Single **『猛烈宇宙交響曲・第七楽章「無限の愛」』**

レーベル／スターチャイルド（キングレコード） 2012.3.7 発売

○ 通常盤 KICM-1383

○ 初回限定盤（CD＋ DVD）KICM-91382

初回限定盤 パッケージ裏面

「ももクロ春の一大事 2012
～横浜アリーナまさかの 2DAYS ～」
開催記念限定販売 ALBUM
『ももクロ★オールスターズ 2012』

レーベル／キングレコード
2012.4.21 発売
NKCD-6603

8th Single『Z 女戦争』

レーベル／スターチャイルド（キングレコード） 2012.6.27 発売

○ 通常盤①（CD only）KICM-1400

○ 初回限定盤 A（CD＋DVD）
KICM-91398

○ 初回限定盤 B（CD＋DVD）
KICM-91399

○ 通常盤②ポケモン盤（CD only）
KICM-1401

桃黒亭一門 ユニット Single
『ニッポン笑顔百景』

レーベル／スターチャイルド（キングレコード）
2012.9.5 発売
KICM-3252

9th Single『サラバ、愛しき悲しみたちよ』

レーベル/スターチャイルド（キングレコード） 2012.11.21 発売

○通常盤（CD only）KICM-1428

初回限定盤 本体裏面

○初回限定盤（CD + DVD）
KICM-91427

「ももいろクリスマス 2012
さいたまスーパーアリーナ大会」
開催記念限定販売 Single
『僕等のセンチュリー』

レーベル/キングレコード
2012.12.24 発売
NMAX-1143

2nd ALBUM『5TH DIMENSION』

レーベル／スターチャイルド（キングレコード） 2013.4.10 発売

通常盤（CD only）KICS-1899

初回限定盤 A（2CD）KICS-91899

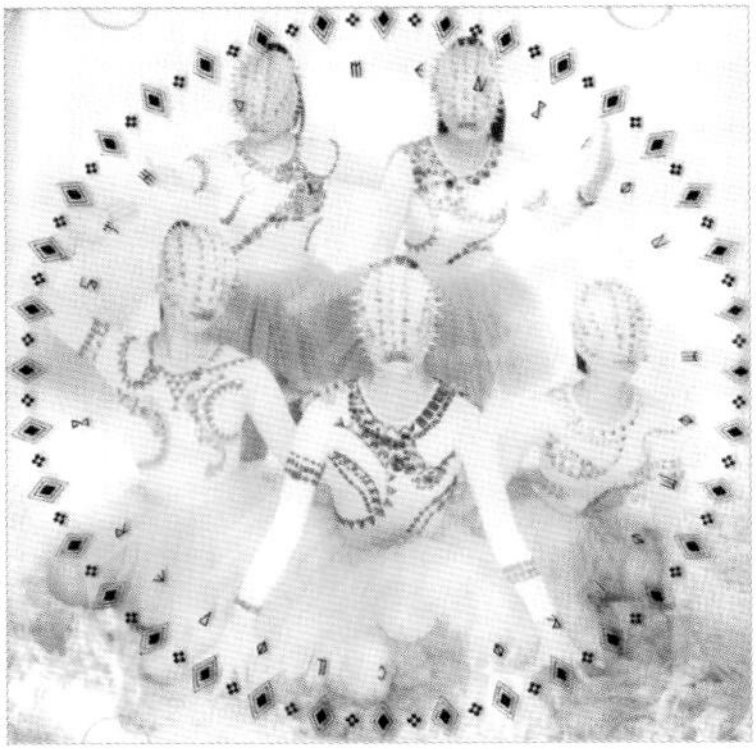

初回限定盤 B（CD＋DVD） KICS-91900

ももいろクローバー 結成5周年記念ALBUM『入口のない出口』

レーベル／スターダストレコーズ 2013.6.5 発売

○ 通常盤（CD only）SDMC-0105

○ 初回限定盤 A（CD + Blu-ray）SDMC-0105B

○ 初回限定盤 B（CD + DVD）SDMC-0105D

初回限定盤 中面

10th Single『GOUNN』

レーベル／スターチャイルド（キングレコード）2013.11.6 発売

○ 通常盤　KICM-1467

○ 初回限定盤（CD + DVD）KICM-91467

○ ももいろクローバーZ
JAPAN TOYR 2013
「GOUNN」
オリジナル・サウンドトラック
『五蘊劇伴音楽集』
2013.10.14 発売
NKCD-6654

「White Hot Blizzard ももいろクリスマス 2013
美しき極寒の世界」
開催記念 Single
『泣いちゃいそう冬 / 鋼の意志』

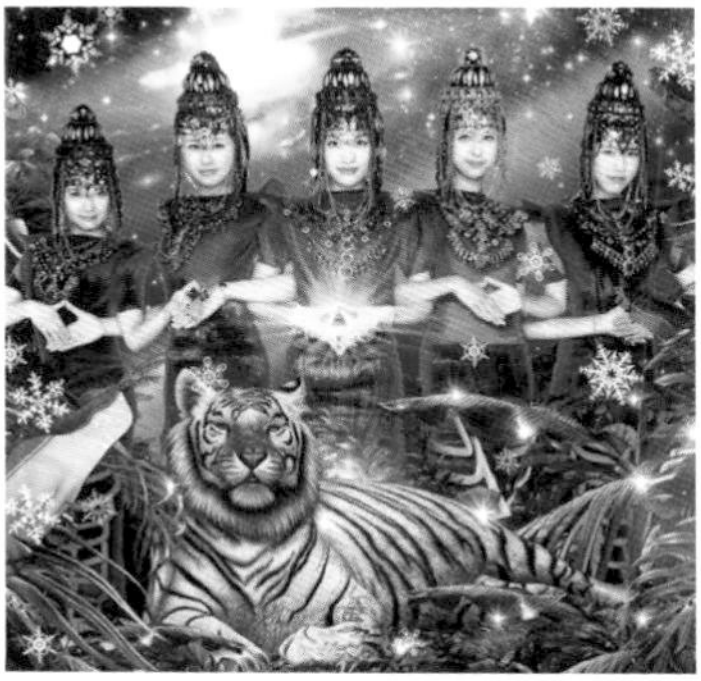

レーベル／スターチャイルド（キングレコード）
2013.12.23 発売
NMAX-1160

11th Single 『泣いてもいいんだよ』

レーベル／ EVIL LINE RECORDS（キングレコード） 2014.5.8 発売

通常盤（CD only）KICM-1516

初回限定盤（CD + DVD）KICM-91515

NHKドラマ『天使とジャンプ』
オリジナルサウンドトラック

レーベル／ EVIL LINE RECORDS（キングレコード）
2014.5.21 発売
KICS-3067

12th Single『MOON PRIDE』

レーベル／EVIL LINE RECORDS（キングレコード） 2014.7.30 発売

◯ セーラームーン盤（CD＋Blu-ray）
KIZM-295 ～ 6

◯ ももクロ盤（CD only） KICM-1533

「ももいろクリスマス 2014
さいたまスーパーアリーナ大会～Shining Snow Story～」
開催記念 Single
『一粒の笑顔で… / Chai Maxx ZERO』

レーベル／EVIL LINE RECORDS（キングレコード）
2014.12.24 発売
NMAX-1182

13th Single『夢の浮世に咲いてみな』

レーベル／EVIL LINE RECORDS（キングレコード） 2015.1.28 発売

◯ KISS 盤（CD only）KICM-1579

◯ ももクロ盤（CD＋Blu-ray） KIZM-321 ～ 2

14th Single 『青春賦』

レーベル／ EVIL LINE RECORDS（キングレコード） 2015.3.11 発売

通常盤（CD only）KICM-1587

初回限定盤 A（CD＋ Blu-ray）KICM-91585

初回限定盤 B（CD＋ Blu-ray）KICM-91586

15th Single 『『Z』の誓い』

レーベル／ EVIL LINE RECORDS（キングレコード） 2015.4.29 発売

『F』盤（CD＋ Blu-ray）KIZM-345 ～ 6

『F』盤 裏面

『Z』盤（CD only）KICM-1594

「ももいろクリスマス 2015
～ Beautiful Survivors ～」開催記念レコード Single
『HIP HOP SELECTION 7inch VINYL -LIMITED EDITION-』

レーベル／ EVIL LINE RECORDS（キングレコード）
2015.12.23 発売
NDS-1018

3rd ALBUM『AMARANTHUS』

レーベル／ EVIL LINE RECORDS（キングレコード） 2016. 2.17 発売

○ 通常盤（CD only）KICS-3308

○ アナログ盤（LPレコード）中面
2016.8.13 発売
KIJS-90017 ～ 18

○ 初回限定盤（CD + Blu-ray）
KICS-93308

4th ALBUM『白金の夜明け』

レーベル／EVIL LINE RECORDS（キングレコード） 2016. 2.17 発売

通常盤（CD only）KICS-3309

アナログ盤（LPレコード）中面
2016.8.13 発売
KIJS-90019～20

初回限定盤（CD + Blu-ray）
KICS-93309

有安杏果ソロ Single『ココロノセンリツ♪ feel a heartbeat』

レーベル／EVIL LINE RECORDS
（キングレコード）
2016.7.3 発売
NKCD-6754

有安杏果ソロ ALBUM『ココロノオト』

レーベル／EVIL LINE RECORDS（キングレコード） 2017.10.11 発売

○ 通常盤（CD only）KICS-3535

○ 初回限定盤 A（CD＋Blu-ray）
KICS-93535

○ 初回限定盤 B（CD＋LIVE CD）
KICS-93536

16th Single『ザ・ゴールデン・ヒストリー』

レーベル／EVIL LINE RECORDS（キングレコード） 2016.9.7 発売

盤（CD only）KICM-

○ 初回限定盤 A（CD＋Blu-ray）
KICM-91712

○ 初回限定盤 B（CD＋Blu-ray）
KICM-91713

WINTER SONG COLLECTION ALBUM
『MCZ WINTER SONG COLLECTION』

レーベル／EVIL LINE RECORDS（キングレコード） 2016.12.23 発売 KICS-3455

裏面

『ぐーちょきぱーてぃー』ALBUM ももくろちゃんZ

レーベル／キングレコード

○『ぐーちょきぱーてぃー ～みんなノリノリー！～』
（CD＋DVD）2017.5.3 発売
KIZC-380～1

○『ぐーちょきぱーてぃー ～まいにちノリノリー！～』
（CD＋DVD）2017.11.8 発売
KIZC-425～6

○『ぐーちょきぱーてぃー ～まるごとノリノリ！～』
（CD ＋ DVD）2019.3.13 発売
KIZC-529～531

17th Single『BLAST!』

レーベル／EVIL LINE RECORDS（キングレコード） 2017.8.2 発売

○ 通常盤（CD only）KICM-91778

○ 初回限定盤 A（CD+ Blu-ray）
KICM-91776

○ 初回限定盤 B（CD+ Blu-ray）
KICM-91777

佐々木彩夏ソロ Single
『My Cherry Pie (小粋なチェリーパイ) / My Hamburger Boy (浮気なハンバーガーボーイ)』

レーベル／EVIL LINE RECORDS（キングレコード） 2017.8.23 発売

○ 通常盤 （CD only） KICM-1780

○ 初回限定盤 （CD+ Blu-ray） KICM-91779

『ももいろクリスマス 2017 ～完全無欠の Electric Wonderland ～』開催記念 Single

『天国の名前／ヘンな期待しちゃ駄目だよ…？♡』

レーベル／ EVIL LINE RECORDS（キングレコード）
2017.12.13 発売 NMAX-1288

18th Single

『笑一笑～シャオイーシャオ！～』

レーベル／ EVIL LINE RECORDS（キングレコード）2018.4.11 発売

○ ももくろ盤（CD＋ Blu-ray）KIZM-551 ～ 2

○ しんちゃん盤（CD only）
KICM-1842

BEST ALBUM『桃も十、番茶も出花』

レーベル／ EVIL LINE RECORDS（キングレコード） 2018.5.23 発売

通常盤（2CD）KICS-3700 ～ 1

初回限定盤 - モノノフパック（3CD＋ 2Blu-ray）
KICS-93700 ～ 2

初回限定盤 - スターターパック（2CD＋ Blu-ray）
KICS-93703 ～ 4

ファンクラブ会員限定通販百田夏菜子ソロ LIVE ALBUM

『Talk With Me ～シンデレラタイム～』

レーベル／ EVIL LINE RECORDS（キングレコード） 2021.12.19 発売

● NKCD-6971

浪江女子発組合 ALBUM 『花咲む』

レーベル／ EVIL LINE RECORDS（キングレコード） 2022.2.23 発売

● 初回限定版（CD + Bluray）KICS-94023

● 通常盤（CD only）KICS-4023

6th ALBUM『**祝典**』

レーベル／EVIL LINE RECORDS（キングレコード） 2022.5.17 発売

○ 通常盤（CD only）KICS-4053

○ 初回限定版（CD + 2Bluray）KICS-94053

ももいろクローバーZ全330曲 完全解説

各曲解説ページのみかた

本書では、ももいろクローバー〜ももいろクローバーZのインディーズデビューから2022年5月発売の6thアルバムの収録曲まで、2022年6月上旬時点で公式に音源化されている全330曲を、次ページから、原則、発売順に、解説しています。(ページネーションの都合や、既発曲のリミックス・別バージョンなど発売順になっていない場合もあります)。

以降の各曲の解説ページの構成要素は、下記のようになっています。

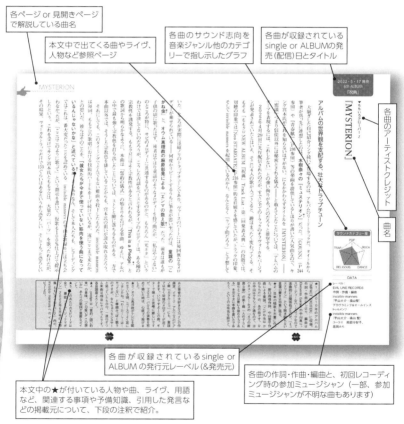

各ページ or 見開きページで解説している曲名

本文中で出てくる曲やライヴ、人物など参照ページ

各曲のサウンド志向を音楽ジャンル他のカテゴリーで指し示したグラフ

各曲が収録されているsingle or ALBUMの発売(配信)日とタイトル

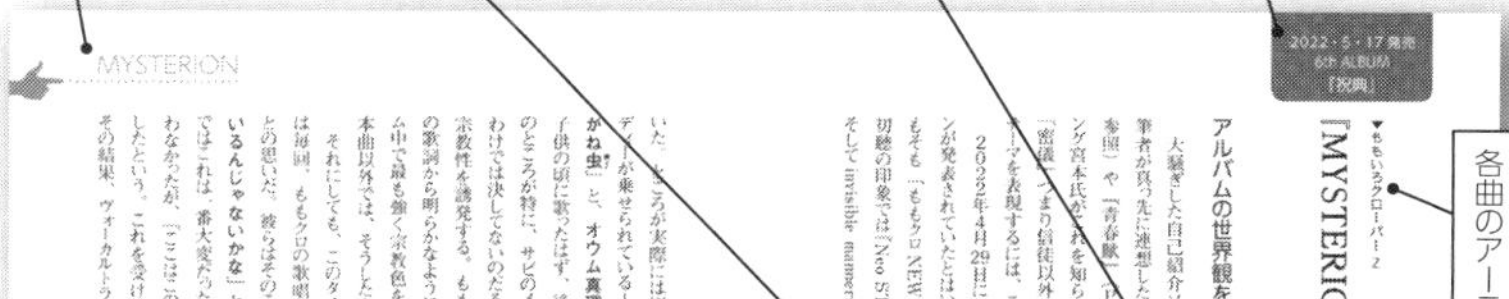

各曲のアーティストクレジット

曲名

各曲が収録されているsingle or ALBUMの発行元レーベル(&発売元)

各曲の作詞・作曲・編曲と、初回レコーディング時の参加ミュージシャン(一部、参加ミュージシャンが不明な曲もあります)

本文中の★が付いている人物や曲、ライヴ、用語など、関連する事項や予備知識、引用した発言などの掲載元について、下段の注釈で紹介。

※アーティスト、運営スタッフ、レコード会社関係者ほか、本文・注釈中の人物の名前は敬称略と致します。
※本文には筆者の推察や推論が含まれますので、あらかじめご了承ください。

全330曲、最後までお楽しみください!

2013・6・5 発売
結成5周年記念 ALBUM
『入口のない出口』

▼ももいろクローバー

『あの空へ向かって』

紛う方なき、「ももクロというサーガ」の第一歩

2008年5月17日、川崎アゼリアで開催された『スターダスト芸能3部オーディション』において披露された本曲から、ももクロの歴史は始まった。壮大なサーガの第一歩としてその価値は高まるばかりであり、実際、本曲は〝ここ〟という大切な節目において必ず披露されている。音源としての公式リリースは2013年6月発売のアーリーベスト『入口のない出口』でのことであり、それまではCD-R『3-B Jr. ぷちアルバム』を入手できた極めて一部のリスナー以外はライヴで耳にするしかなかったため、本書の前作までは中盤に位置していたが、今回から堂々と一曲目に置くことにする。いろいろスッキリしますよね、その方が。

エニウェイ。作詞のクレジットが「ももいろクローバー」となっているように、インディーズデビュー前の結成当時のメンバーだった高城れに、**和川未優**《わがわみゆう》★1、**伊倉愛美**《いくらまなみ》★2、百田夏菜子、玉井詩織、**高井つき奈**★3の6人が関わって、作詞が進められた。自分たちが歌う曲を、自分たちが作る。アイドルとしての路線や楽曲コンセプトも全く定まっておらず、先のことが見えていない状況で、

★1／ももクロ結成から2008年12月29日まで在籍。卒業後は俳優として活動、2019年に和川ミユウに改名している。

★2／ももクロ結成から2008年12月29日まで在籍。卒業と同時に新アイドルユニット「クリィミー♡パフェ」を結成して活動するも、約1年で活動休止。その後、太田プロダクションを経て現在はフリーとして活動。2018年よりYouTubeチャンネルに「イクラ放送局」を開設、2020年には初のソロアルバム『ORGANIC』を配信リリースしている。

★3／ももクロ結成から2008年8月9日まで在籍。卒業後は出身地の愛知で、SKE48に1期生メンバーとして加入。約1年間の活動ののちスターダストに復帰するも、2014年よりフリーに。2019年、セルフプロデュースによるアイドルグループ「simpatix（シンパティシュ）」を結成。翌年、メンバーにソロアイドルの

サウンドカテゴリー度

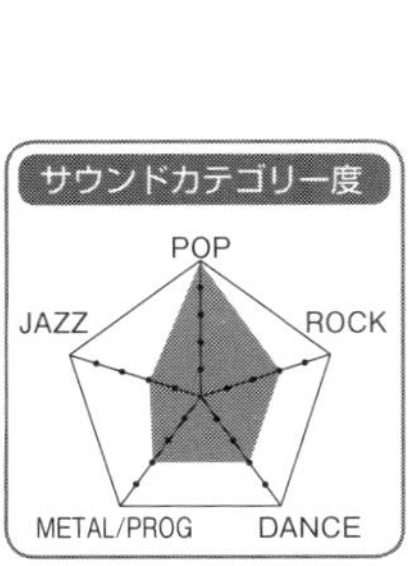

DATA

レーベル／スターダストレコーズ
作詞／ももいろクローバー
作・編曲／久保田真悟
ギター／久保田真悟

「自分たちで書いた曲なら想い入れが持てるだろう」との川上アキラの判断★4に、間違いはなかった。

細かな事実関係としては、以下の通り。まずスターダストの**宮井《みやい》 晶《あきら》**★3がメンバーを会議室に集めて、デモ音源を聴かせながら、順番にAメロ、Bメロ、サビ…と割り当てを決め、歌詞を考えてくるようにと宿題を出した。この際、川上氏が「好きなことを書けば良い」とアドバイスしたため、提出された当初案は、夏菜子が「砂浜に1人きりちっぽけな自分ラブ（Aメロ）」、れにちゃんは「私の好きな物はね 焼き鳥のタンとスルメ（Aメロ）」、「**舘《たち》ひろしにあってみたい**★6（サビ）」といったものであったが、これらは大人の事情で却下された（試しに、これらの歌詞で歌ってみてください。ホンワカした気分になれます）。そして採用されたものをつなぎ合わせてメンバーで相談して調整。最終的な歌詞が決まると、自分が作ったパートはソロで歌う、ということになった。**ちなみにサビ、及び大サビ（落ちサビ）は伊倉によるものだ**★7。なお、本アルバムに収められているのは早見あかり、佐々木彩夏、有安杏果が加入した後、つまりインディーズデビュー時のバージョン。なので、高井のパートは有安に、和川のパートは佐々木に、伊倉のパートは百田に、それぞれ引き継がれている。また百田が作詞した「空を見上げ」の部分は、早見が歌っている。つまり、高城・百田・玉井の3人は2008年のオリジナル録音を生かし、そこに2009年に早見・佐々木・有安の3人のヴォーカルを乗せ、伊倉パートを百田に差し替えたものになっている。また作曲は**Jazzin' park《ジャジンパーク》の久保田真悟《くぼたしんご》**★8だが、宮井氏がこの段階で十分にフレッシュな作家であった久保田に楽曲を依頼しているあたり、現在まで繋《つな》がる「ももクロの楽曲における作

寺嶋由美を迎えてグループ名を「simpotix」と改名し2人組となっている。

★4／川上アキラはスターダストプロモーションの執行役員、プロデューサー。「ももクロの生みの親」として知られ、現在もチーフマネージャーであり、STARDUST PLANET（スターダストプロモーションの女性アイドル部門）を統括している。同エピソードは2012年12月15日発行の朝日新聞土曜版『be』に掲載の記事「うたの旅人」の、ももいろクローバーZ『あの空へ向かって』特集より。

★5／宮井 晶はスターダスト音楽出版所属の音楽ディレクター、プロデューサー。ももクロの初代音楽ディレクター。現在はA&Rを務める。

★6／高城れにには舘ひろしの大ファン。2015年夏の『桃神祭2015 エコパスタジアム大会』の2日目には、舘ひろしがショットガンを手に悪党を退散させ、自身のヒット曲「泣かないで」を歌った。れにちゃんは舘ひろしの姿に目を輝かせながら、「ほんとに大好きなんですよ、すごく大ファンです！」と話し、本曲の歌詞エピソードについても語った。なおその際、舘ひろしは黒いスーツを着用していたことから「箱推し」と語った。

★7／YouTubeチャンネル「イクラ放送局」、2020年4月18日の配信「ももクロ時代。の今だから言える61の質問コーナー」内で言及。

★8／久保田真悟はギタリスト、作・編曲

家選びのセンスの原点」とも言えよう。

キラリラリ〜ンと流れるウィンドチャイム、続いて左チャンネルからワウギターが出ると、すかさずＢＰＭ131の軽快な4つ打ちのハウスビートが始まる。主調はＤメジャーで、ハンドクラップが入っており、久保田自身による刻みのギターがフュージョンっぽいのがアイドル仕様。歌い出しはしおりんだが、「陽だまり〜」と出る歌詞も無論、しおりんによるもの。即ちももクロの第一声は、他ならぬ天才・玉井詩織によるものであるということを、ここで強調しておきたい。おまけに冒頭は16小節もしおりんのソロパートが続くわけで、当時の彼女が中学1年生であることを考えると、その才能には驚くほかはない。「ももいろフォーク村」★9でのギターの上達度を見るにつけ、しおりんはシンガーソングライターとしてもかなりのレベルにイケるのではないかと思う。あとボディビルダーとしても。

それぞれの歌唱で魅了する中、夏菜子の萌え具合に陥落

しおりんに続いて、「笑顔 君に」が杏果、サビはＦメジャーに転調して全員コーラス。2番は当時リーダーのれにちゃんが「キラキラ 眩《まぶ》しい光」からの16小節を歌い、「空を見上げ」であかりんが登場。落ちサビの「希望信じて」はあーりん、「ほら前を向いて」は夏菜子が歌う。面白いのは、2番サビ途中の夏菜子の「とーびたーとーおー」の凄《すさ》まじいレベルの拙《つたな》さ。この部分のみ、オリジナルのままの夏菜子のソロであり、伊倉パートの差し替え時に敢えてここを放置したことで、今となっては貴重な「夏菜子の第一歩」を聴くことができるのだ。ここでぜひ、早見・

家、ヴォーカリスト。2006年に栗原 暁（くりはらさとる）と共にJazzin'parkを結成。同年12月にアルバム「Jazzin'park」でデビュー。King & Prince、ナオト・インティライミ、私立恵比寿中学超ときめき♡宣伝部などに楽曲を提供。ギタリストとしても参加作品多数。

★9／正式には『坂崎幸之助のももいろフォーク村ＮＥＸＴ』。CS放送フジテレビＮＥＸＴで、毎月1回放送されている音楽番組（再放送などで頻繁にオンエアされているが、新作は基本的に月1回）。THE ALFEE の坂崎幸之助とももクロがゲストを迎え、アコースティック編成でカヴァー曲を披露する貴重なプログラム。武部聡志、加藤いづみ、佐藤大剛ら、ダウンタウンももクロバンドのメンバーもレギュラー出演。現在は『しおこうじ 玉井詩織×坂崎幸助のお台場フォーク村』として継続。

★10／『入口のない出口』初回限定盤Ａ・Ｂの付録のブックレットに掲載の「CROSS TALK!!!!!」において言及。

★11／家入レオは1994年、福岡県久留米市出身のシンガーソングライター。2011年に歌手を目指して単身上京し、入学した日出高校では百田夏菜子と同級生であった。『もし君を許せたら』は彼女の14枚目のシングルで、2018年8月にリリース。フジテレビ系ドラマ『絶対零度〜未然犯罪潜入捜査』の主題歌で、作詞は杉山勝彦、作曲は久保田真

佐々木・有安加入前のファースト・レコーディング音源を動画サイト等で検索して耳にしてほしい。ご本人は「やめて！」と宣《のたま》うだろうが、２番Bメロで「空を～」と登場する夏菜子ちゃんの萌え具合たるや。現在の彼女の圧倒的な歌唱力を知るにつけ、「遠くへ来たよなぁ」との感慨もひとしおりん、となるであろう。

しっかしこの曲、ホントにアイドル然とした良い曲です。理事長はこの曲の完成度を気に入り、２００８年12月29日に開催された「3-B Jr. LIVE〔年末だョ！全員集合〕」の最後に全員で歌おうと提案。そのままこれを**「3-Bの曲」と思い込んでいた**★10わけで、ももクロ初期の混乱ぶりを物語るエピソードだ。そして本曲の提供者である久保田（並びにJazzin'park）は、以降多数のアーティストへの楽曲提供を行い、２０１８年には**家入レオに提供した「もし君を許せたなら」**★11で日本レコード大賞の編曲賞を受賞、２０２１年には**ずっと真夜中でいいのに。とのコラボ**★12も展開している。このように、ももクロの最初の楽曲に関わった音楽家がポップスシーンの最前線で活躍している＝ポップス史の「ネクスト」を共に描き続けていることにも、この場で触れておくべきだろう。

なお本曲は、ももクロのライヴのラストでメンバーが一人ずつ順にコメントする際のBGMとして多用されるが、そこでのバージョンは曲頭に落ちサビのコード進行による8小節のパートが追加され、エレクトロなシンセも加わった**別バージョン**★13。この頭の部分が流れ出した途端、「はぁ～もうお別れかぁ～」と切なくなるのはノフの性か。ともあれ、ミューズたちの歴史がかような名曲からスタートすることについて、どれだけ賛辞を贈ってもいいですよね。

吾と栗原暁、編曲は久保田真吾。なおシングルCDのカップリング曲『めがね』は家入の作詞・作曲によるアイドル感のある軽快なナンバーだが、宗本康兵が編曲を手がけている。

★12／ずっと真夜中でいいのに。通称「ずとまよ」は、ヴォーカルと作詞・作曲を手がけるACAね（あかね）をフロントマンとする音楽ユニット。YouTubeに『秒針を噛む』のMVを投稿して話題となり、２０１８年にメジャーデビュー。本人が顔出しでメディアに登場することはなく、MVはアニメ、かつ楽曲によってコラボするメンバーは流動的だが、ハイトーンを駆使したエモーショナルな歌唱と音楽性は、常に高く評価されている。久保田は２０１８年の『サターン』を始め、２０２１年の浜辺美波／主演の映画『約束のネバーランド』の主題歌『正しくなれない』等で編曲で参加している。とりま必聴。

★13／本曲は近年では、浪江女子発組合（P612参照）恒例のレパートリーともなっているが、この別バージョンをバックに歌われている。またMCの際のBGM用にエンドレスにリピートするバージョンも存在しており、２０２０年10月31日に立川ステージガーデンにてコロナ禍以降久しぶりの有観客で行われたライヴ「浪江発立川へ秋」ではオペレーターの操作ミスでこのエンドレスバージョンが流されたため、いつまでも大サビに進めないため仕切り直しに……というグダグダなアクシデントも生じている。

〝無印〟時代のアーリーベスト

ももクロ史における時代区分としては、早見あかりが在籍していた「〝無印〟時代」、早見あかりが脱退して5人になった「Z時代」そして4人になった「TDF時代」と、今となっては3区分が通例になっている。本書でも便宜《べんぎ》上その区分を運用してはいるが、こと音楽的な観点から見た場合は、デビューからアルバム『5TH DIMENSION』（P212参照、以下『5D』）までを一気通貫《いっきつうかん》で考えるべきである。ももクロがここまで続けてきた音楽的な歩みは、アイド

★1／当時「週刊プロレス」の編集長であったターザン山本が、全日本プロレスのジャイアント馬場の想いを言葉にした名キャッチフレーズ。UWFの旗揚げや新日本プロレスへのソ連のアマチュアレスラーの参戦など、ライバル団体が次々と

2013・6・5 発売
ももいろクローバー 結成5周年記念 ALBUM

入口のない出口

ももいろクローバー

通常盤　SDMC-0105

1 あの空へ向かって
2 MILKY WAY
3 ラフスタイル
4 ももいろパンチ
5 だいすき!!
6 Dream Wave
7 Hello…goodbye
8 気分は Super Girl
9 最強パレパレード（ももクロ ver.）
10 未来へススメ!
11 ツヨクツヨク
12 words of the mind -brandnew journey-
13 Believe
14 走れ!
15 きみゆき
16 ラフスタイル for ももいろクローバーZ
17 あの空へ向かって（Z ver.）（Bonus Track）

レーベル／スターダストレコーズ

オリコンアルバムチャート デイリー1位 ウィークリー2位

ルの片隅から中心、そして頂点へと座標軸を移していきながら、楽曲の可能性やジャンルの枠組みをどこまでも拡張させることができるか、という挑戦そのものであった。その挑戦は現在も続いているが、2013年の時点で中心・頂点を極めたのが『5D』であるとの筆者の立ち位置からすると、その視界は大きく変わってくる。端的に、アイドル史は「『5D』以前と、『5D』以降に分けられる」というのが、長年様々な音楽を聴いてきた筆者の実感である。

そしてここで指摘しておきたいのは、「アイドルからアーティストになることが進化」といったことでは金輪際《こんりんざい》なく、そもそもアイドルはアーティストの一分野であると同時に、アーティストを包括するものである、という点だ。要するに軸足をどこへ置きながら活動していくか、ということが重要なのである。

これは実は、プロレスに例えるのが一番分かりやすい。21世紀現在の一般的な認識としては、「プロ格闘技の一部がプロレス」と思われている節《ふし》があるが、明らかに誤認識である。ジャイアント馬場が正しく**「みんなが格闘技に走るので、私、プロレスを独占させていただきます」と語った**★1ように、本来プロレスはあらゆる格闘技を包括したエンターテイメントであり、馬場から見るとＵＷＦ《ユーダブリュエフ》★2などは「あくまでジャンルとしてのプロレスの一部」だった。ここでの「プロレス」を「アイドル」に、「格闘技」を「アーティスト」に置き換えれば、私が何を言いたいかは理解できるだろう（「かえって分かりにくい」という方には、「正直、スマン」と謝っておきます）。

エニウェイ。リアルタイムでは、女神たちは次元上昇を果たし、次なる世界へと向かったわけ

「プロレスの格闘技化」へと走る中での、高らかな純プロレス宣言であった。当時のプロレス界を知るには、ももクロのインタビューやレポートでもお馴染みの小島和宏の著書「ぼくの週プロ青春記 90年代プロレス全盛期と、その真実」（白夜書房）を強くオススメする。

★2／正式名称はユニバーサル・レスリング・フェデレーション（Universal Wrestling Federation）。第1次と第2次に分かれている。第1次UWFは新日本プロレスの営業本部長だった新間 寿を中心に、前田日明、ラッシャー木村、剛 竜馬、グラン浜田らによって1984年に設立。その後、新日本プロレスに一時帰還するが、1988年に前田日明が中心になって、高田延彦ら5選手を引き連れて独立する形でスタート。シリーズ開催ではなく全て単独興行、試合はシングルマッチ一本勝負のみ、勝敗はKOもしくはギブアップのみ、5度のダウンでTKO負けなど、真剣勝負的なルールを打ち出し、後の総合格闘技ブームの礎となる。

だが、「そろそろ公式リリースされていない初期の音源、まとめて出してもいいんじゃないの？ファンたちの要望もあるしさぁ」といった軽いノリで本アルバムが出されたと察する。これはやはり『5D』という2013年時点での巨大な達成があったからであり、また**結成から5周年**[★3]なので、ここで一区切りとするというニュアンスも大きかったわけだ。

ゆえに本アルバムでは、楽曲は概ね録音された順番に並んでいる。同時に「せっかくベストを出すなら、ベストだからできるチャレンジも必要だよね」となるのが、ももクロ運営の揺るぎなき方針。蔵出しモノから入手困難モノまでを玉手箱のように詰め込みながらも、曲によってはリミックスを行い、『ライフスタイル for ももいろクローバーZ』（P242参照）のように過去の楽曲にニューアレンジを施した新録を加えることで、『5D』の先の姿をチラ見せするというサービス精神が、本アルバムの価値を大きく高めている。

なお本ベストアルバムの『入口のない出口』のタイトルについては「高城れにの案」との表記がネット上で散見できるが、より正確には以下と思われる。まず、ももクロ初期の最大の功労者であるスターダストの宮井 晶によると、ももクロの結成当初はメンバーが固定されていない試運転のような状態で、曲だけは作ったがリリースする先がなかった。この状態のことを「出口のない入口」と表現し、インディーズ時代のベストアルバムにふさわしいタイトルではないかと提案した。それをれにちゃんが、「入口と出口を逆にした方が、より謎めいていて面白いじゃん」とお得意の霊感により指摘。その案が採用された、という流れだ。れにちゃんのセンス

★3／ももクロの正式な結成日は、2008年の5月17日。本アルバムは結成から5周年のタイミングで記念盤としての発売も検討されたが、アルバム『5TH DIMENSION』のセールスへの影響を考慮し、少し遅めのタイミングでリリースされた。

は流石《さすが》だし、それを多として採用する運営も、ももクロのデビュー以前からその本質は何も変わっていないことを示す佳話である。

またメジャーデビュー後の『走れ！』（P76参照）が収録されていることから、厳密にいえばインディーズ時代のベストアルバムではないという指摘については、本アルバムで初めてディレクターとして制作に関わった佐藤守道《さとうもりみち》が「インディーズ楽曲集というよりも「〝無印〟時代のアーリーベスト」というのがこのアルバムのコンセプト」と、インタビューで語っている。[★4] 同インタビューにおいては、リミックスについて具体的には『ツヨクツヨク』（P70参照）、『words of the mind -brandnew journey-』（P72参照）、『Believe』（P74参照）の3曲を、それぞれ原曲のアレンジャー（トラックメイカー）に2013年版としてアップデートしてもらっている、[★5] とも述べている。

以降、本書ではアルバムの曲順、すなわち録音された順に紹介していく。時系列に聴いてみることで「なるほどね」と腑《ふ》に落ちることもあるし、改めて無印時代の楽曲と歌唱に触れることで、ももクロのアイドルとしてのポテンシャルが結成当初からあり得ない程に高かったことも理解できるだろう。そしてラストの2曲、『ラフスタイル for ももいろクローバーZ』（P242参照）とボーナストラックの『あの空へ向かって（Zver.）』（P240参照）については2ndアルバム『5TH DIMENSION』の後で、ミューズたちの成長を確認することにしよう。

★4／音楽ナタリー「入口のない出口 佐藤守道×宮井 晶 インタビュー」で言及。
★5／通常はせいぜい、マスタリングで全体的な音圧を揃える程度の作業ぐらいまでしか行わないが、ももクロの場合はこうした「音への拘り」が徹底している。この辺り、運営側も彼女たちをレコーディング・アーティストとして捉えていることがハッキリと分かる。

2013・6・5発売
結成5周年記念ALBUM
『入口のない出口』

▼ももいろクローバー

『MILKY《ミルキー》 WAY《ウェイ》』

初の路上ライヴのオープニングを飾った楽曲

尺八や琴、鼓などのシンセ和楽器がスペイシーなイントロに導かれ、軽快かつキッチュな打ち込みビートとメロディーが現れる本曲は、ももクロの最初期、路上時代のレパートリーである。記録によると、2008年7月6日の代々木公園での初の路上ライヴでは、1曲目に披露されている。当時のメンバーは高城れに、百田夏菜子、玉井詩織に加えて、高井つき奈、和川未優、伊倉愛美というラインナップ。**あちこちで語られている**[★1]ように、ももクロ初期の「和のコンセプト」は、高井が日本舞踊を得意としていたことによるものである。本曲は2008年8月30日に原宿アストロホールで行われた3-B Jr.のライヴ『夏☆スター'08〜STARDUST section three 3-B Jr. LIVE』において限定販売されたCD―R『**3-B Jr. ぷちアルバム**』[★2]に収録されていることから、この6人時代の録音となる。つまりは『あの空へ向かって』と同時期、2008年の春頃の録音と思われる。

歌割りを細かく見よう。まず歌い出しの長いAメロ部分でソロをとるのは和川。舌足らずで

サウンドカテゴリー度

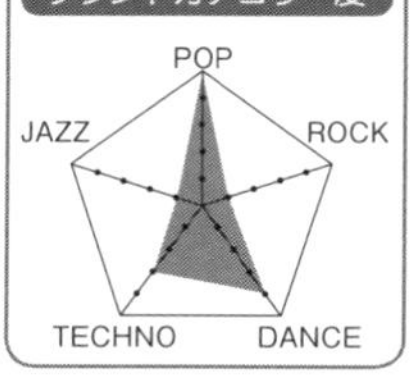

DATA

レーベル／スターダストレコーズ
作詞・作曲・編曲／相木清久

★1／『入口のない出口』の初回限定盤A・Bの付録のブックレットに掲載された「CROSS TALK !!!」での理事長の発言に詳しい。

★2／同年のB.L.T.主催のライヴイベントや同年12月29日に開催されたライヴイベント『3-B Jr. LIVE〔年末だヨ-全員集合〕』でも販売されている。

か細いヴォーカルはセンターではなく左チャンネルに聴こえることもあり、儚《はかな》げで曲のイメージに合っている。続くBメロのデュオはれにちゃんとしおりんだろう。この時点での2人は声質が似ているため、うまく溶け合っている。サビは全員で歌い、2番のAメロでようやく夏菜子が加わりしおりんとデュオ。やはり夏菜子が加わると、俄然《がぜん》「ももクロ」としての個性を放つようになるのだから、その存在感は絶大である。Bメロはれにちゃんと伊倉が受け継ぎ、サビでは「星屑《ほしくず》のカケラを探そう」と、スターダスト所属のアイドルグループであることをサラリと主張する。本曲のキーはGメジャーだが、間奏部ではいったん同主調のGマイナーに。そこからの落ちサビはしおりんのソロ、ここが一番の聴きどころだ。最年少時代の初ソロとして貴重なことはもちろん、幼きしおりんが現在に通じる伸びやかさで歌っていることに、ゆるやかに感動する。このしおりんのソロの後、追って伊倉が加わるのだが、この時点では伊倉の歌唱が秀《ひい》でていることも分かる。ネット上で散見できる路上時代の映像を見る限りでは、初期メンバーの中では伊倉のダンススキルも光っており、当時のリーダーはれにちゃんだったものの、振り付けやまとめ役もれにちゃんと同い年の伊倉が中心で、実質的なリーダーだったらしい。後に**クリィミー・パフェ**★3でセンターをとるのも宜《むべ》なるかな、という印象だ。

以上、まだまだ未完成な要素が多い分、『ももいろパンチ』（P58参照）に向かってメンバーが急速に成長していくことがよーく分かる。が、ももクロ最初期の曲がこうして耳にできるだけで十分にシアワセなことだし、それがこの時期ならではの良曲であり、彼女たちが結成当初から楽曲に恵まれていたことを確認できるのだからして。

★3／クリィミー・パフェは2008年結成、伊倉愛美、藤白すみれという「ももクロ卒業組」の2人に春日南歩が加わった、3人組のアイドルユニット。シングル「エンジェル☆マジック」は良曲で、これを聴くと初期ももクロの歌唱は、伊倉がリードしていたことがよく分かる。2009年12月29日に活動停止。

2013・6・5発売
結成5周年記念ALBUM
『入口のない出口』

▼ももいろクローバー

『ラフスタイル』

甘く切ない、黎明期《れいめいき》ならではの〝泣き〟の名曲

シングル『ももいろパンチ』の収録曲はたった3曲ではあったが、結成当初の「和のコンセプト」が貫かれたミニアルバムとしても楽しめるものになっている。本曲も重厚なシンセのSEに尺八が乗っかる和テイストのイントロから始まる。やはり『3-B Jr. ぷちアルバム』に収録されていることから、録音メンバーはデビュー前の6人。代々木公園での路上ライヴでは『MILKY WAY』に続いてメンバー紹介があり、その後に本曲が披露された。

軽快で明るい『MILKY WAY』に比べると、同じ和ではあっても、ここではその趣《おもむき》が随分《ずいぶん》異なる。「通りを埋める人ごみの中」と歌いだすのは高井つき奈、続く「愛とか恋とかいうけど正直良く解らなくて」がしおりんで、両者ともなんとも頼りない歌唱だが、切ない恋心をナチュラルに表現しており、胸に迫るものがある。作詞・作曲は宮崎県出身のシンガーソングライター、**馬原《まはら》美穂《みほ》**★1。ソロ・アーティストとしての活動がメインだったようで、他のアーティストへの楽曲提供は多くはないが、だからこそ他のももクロ楽曲にはない独特のパーソナルなムードが漂っている。馬原自身は弾

★1／馬原美穂は宮崎県出身のシンガーソングライター。2007年、ミニアルバム「前を向いて」でメジャー・デビュー。2016年3月より池谷直樹率いるサムライ・ロック・オーケストラのサウンドプロデューサーを務め、2018年4月6・7日にEX THEATER ROPPONGIで上演され、玉井詩

サウンドカテゴリー度

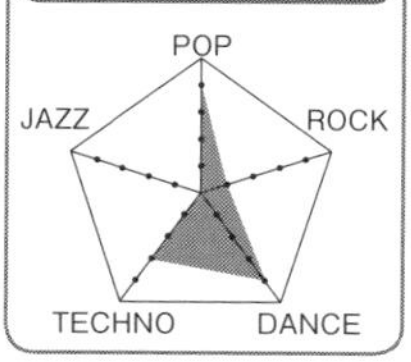

DATA

レーベル／スターダストレコーズ
作詞・作曲／馬原美穂
編曲／相木清久

き語りが中心のため、アレンジは**相《あい》木《き》清《きよ》久《ひさ》**★2が手がけることで、前曲にも通じるテイストが保たれる。

白眉《はくび》はなんといっても、サビのこよなく美しいメロディーと、泣ける歌詞だろう。「心の示す方へ 歩き続けて行くよ」と始まる全員のコーラスによるサビは、高音部ではいささか頼りなくなるが、彼女たちのパブリックイメージである〝元気〟〝全力〟とは程遠く、何のギミックもないために、黎明期ならではのメランコリックでアンニュイな魅力が横溢《おういつ》している。リズムこそテクノではあるが、後に『きみゆき』（P80参照）で見せる「切ない恋心の表現力」のルーツをここに見出すことは、極めて容易だろう。

完成、並びに録音のタイミングこそ『MILKY WAY』と『ラフスタイル』が先になったが、この2曲は元々は『ももいろパンチ』と同時期に発注されたものらしい。「和」のコンセプトこそ通底するものの、かなり異なる3つの楽曲。それもスタッフが驚くほどの良曲が揃ったわけで、この辺りにも「ももクロの引きの強さ」を感じずにはいられないし、スターダストの宮井晶の**A&Rマン**★3としての確かなセンス、実に素晴らしい。

高井、和川、伊倉の3人の脱退、そして早見と佐々木の加入などの人事異動★4に伴い、本曲と『MILKY WAY』は一旦セットリストから姿を消すが、ほどなくプチ復活。しかしレパートリーも充実してきた2010年あたりから徐々にその存在感を薄めていき、あかりん脱退の中野大会で完全に姿を消したのは、勢いに溢《あふ》れる当時のライヴの世界観からは外れていた、ということか。それが2013年秋の『GOUNN』ツアーで装いを変え、より大人っぽくなって降臨することになるのだからタマランチ会長……てところで、気になる人はP244に飛んでもいいんだよ。

織がゲスト出演した『マッスルファンタジー オズの魔法使い』で同じ舞台に立っている。

★2／相木清久は作曲家、作詞家、編曲家、音楽プロデューサー。「あいき堂」の名称でも活動している模様。

★3／A&Rとはアーティスト&レパートリーの略。アーティスト発掘から育成、及びそのアーティストに合った楽曲の発掘から制作までを担当する。通常はレコード会社の社員であることが多いが、ももクロの場合はレコード会社と所属プロダクションの双方にA&Rを置いている。

★4／2008年8月9日の高井つき菜の脱退と同時に、藤白すみれが加入。11月23日に早見あかり、佐々木彩夏、柏幸奈の3名が加入。12月29日に和川未優、伊倉愛美、藤白すみれの3名が脱退。2009年3月9日に柏 幸奈が脱退。と、初期は目まぐるしくメンバーが変遷していた。早見・佐々木の加入から約1カ月間は、9人のメンバーが在籍していたことになる。

▼ももいろクローバー

『ももいろパンチ』

【オリコンシングルチャート デイリー11位、ウィークリー23位】

「和」と「フロア」が出逢った、公式デビュー曲

CD-R『3-B Jr. ぷちアルバム』に「ももいろクローバー」の名義で収録されていたのは、『ラフスタイル』『MILKY WAY』『あの空へ向かって』の3曲。ここまではその歌唱も含め、よちよち歩きの印象があるが、インディーズ・デビューシングルになる本曲より、そのタイトル通りに、ももクロとしての明確なパンチラインが浮かび上がってくる。ジャケット写真に見られる自信に満ちた笑顔や躍動的なポーズからも、当時の勢いがわかろうというものだ。

オリコンシングルチャートでデイリー11位★1と好調なスタートを切った同曲がももクロの公式デビュー・チューンであることは、多くの点で実に示唆《しさ》的だ。まず冒頭、シンセサイザーによる和シンフォニックなイントロから始まるが、時間にして34秒と存外に長い。これは当時、彼女たちのライヴにおける**OVERTURE**《オーバーチュア》★2が存在していなかったため、「出囃子《でばやし》的な長いイントロを」との、マネージャーの川上アキラの依頼に基《もと》づくもの。現在は同曲のイントロが始まると、メンバーはすかさず決めポーズを取るのだが、ここでの高城れにのポーズはお笑いグルー

★1／ワゴン車で車中泊をしながら、全国のヤマダ電機を回った『ヤマダ電機 Presents ～ももいろクローバー JAPANツアー2009 ももいろTyphooooon！』ツアーのライヴの際に、同曲がオリコンシングルチャートのデイリー11位を獲得したことを発表された時の感涙のシーンは、ぜひYouTubeなどでご確認を。もらい泣き必至。

★2／「序曲」の意味。彼女たちが今では定番のOVERTURE『ももいろクローバーZ参上！』（P580参照）で登場するのは、よみうりランドで行われた2011年夏の『サマーダイブ2011極楽門からこんにちは』から。

サウンドカテゴリー度

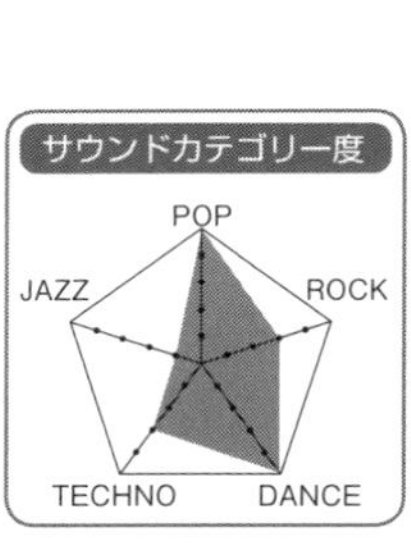

DATA

レーベル／スターダストレコーズ
作詞／TZK
作・編曲／斎藤悠弥

プ「TIM《ティーアイエム》」の人文字ギャグ〝命〟のポーズの**パクリ**★3で、アンバランスな片足立ち。この姿勢で34秒間をキープするのが非常にキツいため、彼女は何度か「不公平だろ！」と発言している。当時、メンバーだった早見あかりも同じポーズを取るのだが、こちらは5秒程度。確かに不公平だがそこも含めて、後の**「事務所に推され隊」**★4のストーリーに繋《つな》がるわけで、ココ、いきなりの重要ポイントです。

この長いイントロは終盤で**アッチェレランド**★5し、一旦終了。35秒からは一転、**BPM145**★6のフロア感覚満点のグルーヴに巻き込まれる。ここから曲全体をグイグイと引っ張るマッシヴなシンセベースがまず圧巻。作・編曲を手がけた斎藤悠弥《さいとうゆうや》はアニメ・ゲーム畑の作家であるが、イントロも含めなかなかの手練《てだ》れ仕事だ。この強力なグルーヴ上に、シンセによる横笛や琴風のサウンドで**ペンタトニック**★7のメロディーが乗っかるため、ダンサブルながらも引き続き「和のムード」は継続。そして48秒からようやく彼女たちの歌唱が始まるのだが、この段階で同曲の構成が新人アイドルのデビュー曲としては異例のものであることに気付くだろう。テレビやラジオなどでのオンエアを考慮して「キャッチーなイントロから早めに歌に持って行く」というのがポップチューンの常套《じょうとう》手段だが、『ももパン』はこうしたセオリーを完全に無視しているわけで、新人アイドルのデビュー曲としては破格のスタートだと言える。

これは所属事務所のスターダストプロモーションが俳優中心の芸能プロダクションであり、**ももクロ以前には「アイドルというものを手がけたことがない」**がために、**当初は全てが手探りで進められた**★8ことが大きい。しかもこの段階では、ももクロの所属レーベルは「ハッピーミュー

★3／「無許可でパクってます」と言いつつ、本人たちに会ったら正式に許可を貰うのが、彼女たちのパターンである。その姿勢たるや、実に潔い！

★4／「事務所に推され隊」は、高城れにと有安杏果によるユニット。立ち位置やさまざまな扱いが他のメンバーに較べて不遇であるということをネタに、「推され隊推し」を大量に生み出した。詳しくは、P180の『事務所にもっと推され隊』参照。

★5／音楽用語で「だんだん早く」の意味。楽譜ではaccel.と表記。

★6／BPMは「Beat per minutes（ビート・パー・ミニッツ）」の略で、1分間に何拍のビートが刻まれるかにより、楽曲の速度を表す。主にクラブミュージックの隆盛以降に使われるようになった表現で、BPM145はかなりのアップテンポ。

ジックレコード」なる、家電量販店・ヤマダ電機が立ち上げた新興レーベル（販売はビクターエンタテインメント）。これがもし、現在、彼女たちが所属するキングレコードからのリリースであれば、同曲のイントロは「通っていなかった」かも知れない。

歌唱パートは初々《ういうい》しいユニゾンからスタートするが、ほどなく気付くのは、百田夏菜子の歌唱がコーラス・アンサンブルの中でちょっと浮いている、ということ。続くソロパートで高城れにと百田夏菜子が順に登場。「悩んで悩んで選んだの」と曲のイメージに寄り添うように歌うれにちゃんに比して、夏菜子は「わたしにわたしに似合うかな」と、拙《つたな》さと切なさと人懐っこさが綯《な》い交《ま》ぜになった得体の知れない表現力で、聴き手の懐《ふところ》をグリグリと抉《えぐ》ってくる。この蠱惑《こわく》的な違和感を察知した聴き手は畢竟《ひっきょう》、夏菜子の歌唱を中心に曲を聴き進めることになる。**3度下がったサビのパート**★9においてこの位置関係はついに全貌《ぜんぼう》を現し、夏菜子の声がセンターに配され、その周りを他のメンバーが固める、という定位に落ち着く。この声の定位は以降、ももクロの楽曲における基本パターンとなるわけだが、「歌が上手い＝安定している」という要素より、「何かを伝えたいという切実さ」を重視したことに、運営側の慧眼《けいがん》を見る想いだ。

2番に入ると、これも彼女たちの楽曲のポイントである「ネタのブッ込み」が出現。そう、高城れにと早見あかりのデュエットによる、「完全音頭化」のパートだ。ここまでのグルーヴを敢《あ》えてブッタ切ってでもネタを入れるという攻めの姿勢は、アニメ系の曲では違和感のなかった手法だが、アイドルの分野ではやはりももクロが早かったし、そうした部分を意識的に強調し

★7／1オクターブ5音から成るスケールの総称。日本の伝統音楽では、「四七抜き（ヨナヌキ）」と呼ばれるド・レ・ミ・ソ・ラの5音音階が主に用いられるが、同曲も例外ではない。ジャズやロックでのメジャー・ペンタトニックと同義。「ペンタ」と略することも多い。

★8／同エピソードは、川上マネージャーの著書「ももクロ流 5人へ伝えたこと 5人から教わったこと」（日経BP社）など、随所で語られている。

★9／曲のキーはEメジャー、サビはCメジャーとなる。3度下への転調は、いわゆるスタンダードな進行から逸脱する「J-POP以降」の手法で、両キー間での共通音が少ないため、かなり強い転調感をもたらす。

たのが、後の一連の前山田健一《まえやまだけんいち》の楽曲だとも言える。続く「想いは想いは駆け巡り」は、実は旧メンバーである伊倉愛美のソロパート。彼女は同曲のレコーディング直後に脱退していたため、同曲のMVではれにちゃんのソロのように見えているが、注意して聴くと他のれにちゃんのパートとは声が異なることが分かるはず。そして同曲の発売時点では既に**有安杏果が加入**★10しているのだから、グループとしてはかなりの過渡期での、性急なリリースであったということが伺《うかが》えるし、「自分が歌っていないしジャケットにも写っていない曲」でツアーをする羽目になった杏果の身になって考えると、実に泣けてくる。

よさこい風の短い間奏を挟んでの大サビでは、**早見あかりの〝クールビューティー★11〟**全開のソロにハートを射抜かれるが、本曲のMVではここでマイクが一瞬、バナナに入れ変わっていることにも注目。そのまま印象的なサビをリピートし、曲はあっさりと終わる。

ランニングタイムはトータル4分21秒。冒頭の長いイントロを考慮すると、全体としてはコンパクトな中にも雑多なネタで攻めつつも、王道アイドルソングらしい「キュン死にチューン」に仕上がっている。

この当時ならではのメンバー全員の初々《ういうい》しさもあり、同曲は今聴いても全く色褪《いろあ》せないどころか、聴くたびに「その時々のももクロ」が照射《しょうしゃ》されるので常に鮮度抜群。そしてこのデビュー当初の「和」のコンセプトは、この曲のリリースから5年後には『**桃神祭**《とうじんさい》★12』という夏の恒例のモンスターイベントとして大爆発するのだから、我々**モノノフ**★13はホントーにシアワセ者だと思わざるを得ない。

★10／当初予定されていた『ももいろパンチ』の発売日は2009年7月22日だったが、諸事情で2週遅れの8月5日に延期。その間の7月26日に有安杏果が加入している。このあたりも、杏果のデビューに当たっての仕切りとしては、かなりのGDGD（グダグダ）度であった。

★11／ももいろクローバー在籍時の早見あかりのキャッチフレーズが「ももクロのクールビューティー」。

★12／ももクロの夏の大規模ライヴとして、2014年から3年間開催された。2014年は日産スタジアム、2015年は静岡エコパスタジアム、2016年は再び日産スタジアムで、それぞれ2Days開催された。ももクロの元々の「和」のコンセプトを活かしつつ、日本全国の夏祭りの要素を取り入れるなどの趣向ですっかり定番化したが2016年で一旦終了。

★13／ももクロに忠誠を誓ったファンのこと。

2013・6・5 発売
結成5周年記念 ALBUM
『入口のない出口』

▼ももいろクローバー

『だいすき!!』

ももクロ創世記を今に伝える和みチューン

にゃ〜にゃにゃにゃにゃにゃ〜って、あんたらネコか。と突っ込んだら、「そうです、ネコなんです」との返事が返ってきた。なるほど。本曲はスターダストプロモーション所属の5匹組ネコ合唱団、**MUSASHI'S**《むさしーず》★1 featuring P-Aのカヴァー曲なのである。MUSASHI'Sのメンバーはムサシ、レオ、ルカ、セリ、マーブルのネコ5匹。この情報要るか?と一瞬思った方もいらっしゃるかもしれないが、要ります。重要なのは5匹だったこと。『5TH DIMENSION』(P212参照)の後にリリースされただけに、運命を感じますねー。そして「P-A」とは**Power Age**《ぱわーえいじ》★2という、当時スターダストプロモーション芸能8部から選抜されたガールズユニットなのだ。

同曲のオリジナルを手がけたのがスターダストの宮井 晶で、彼の「**ネコがヴォーカルの音楽はもうイヤだ**」★3との想いと、川上マネージャーの「新しくグループを作るから、オリジナル曲でやってみようよ」との想いが一致したことが、ももクロの誕生に繋《つな》がったということである。この話、いろいろとビックリしませんか。私がももクロちゃんのことを「いたずら子猫ちゃん」と呼ぶのに正統性があることも証明されるし(そうかぁ?)。で楽曲は、これがまた幼くて可愛いテクノチューンなのだ。よくぞ録音を残し、発表してくれました。音楽的にどうこう言うべきことはないが、こーゆー時代もあったのだなぁ……とひたすら和みながら聴いてくださいね。

★1/MUSASHI'Sは2007年にデビューした、スターダストプロモーション所属の歌うネコ5匹のコーラスグループ。作曲とプロデュースは、猫の飼い主という位置付けだった音楽プロデューサーの斉藤英夫が手がけた。

★2/Power Ageは、スターダストプロモーション芸能8部からの選抜メンバーにより結成されたダンスヴォーカルグループ。通称は「P-A」。活動期間は2005〜2009年。メンバーの流動が激しかったが、一時期は市川美織や宮下舞花も在籍。有安杏果も解散の少し前に加入しており、解散後にももクロに抜擢された。

★3/音楽ナタリー「入口のない出口 佐藤守道×宮井 晶 インタビュー」で言及。

サウンドカテゴリー度

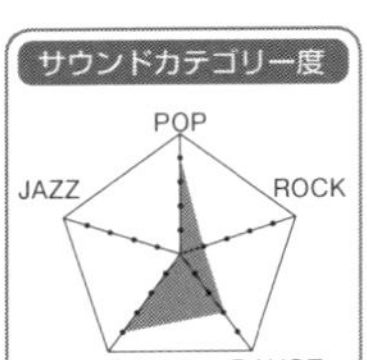

DATA

レーベル/スターダストレコーズ
作詞/Mikiko Tagata
作・編曲/Hideo Saito

2013・6・5発売
結成5周年記念ALBUM
『入口のない出口』

▼ももいろクローバー

『Dream Wave《ドリームウェーヴ》』

ストレートなガールズロックが新鮮

本曲もカヴァー曲で、オリジナルは**飛鳥《あすか》 凛《りん》**★1。ももクロちゃんたちの先輩にあたる女優で、後にクリスマスドラマ『天使とジャンプ』でTwikle《トゥインクル》 5《ファイブ》のメンバーに加わる（詳細はP254参照）のだからスターダスト、いろいろとやってくれますなあ。なお飛鳥は2015年にエイベックス・ヴァンガードに移籍。そこには業務提携とはいえ**沢尻エリカ**★2の名もあったわけで、芸能界って狭いですね、ホントに。ちなみに現在の飛鳥はモデル事務所のアガペー所属、沢尻については……（ゴニョゴニョ）。

作詞・作曲は**為岡《ためおか》そのみ**★3、編曲は**清水《しみず》 行《こう》**★4で、両者ともこれが唯一のももクロ作品。「3-B Jr. LIVE（年末だョ！全員集合）」では本曲を飛鳥が披露しており、それを見ていた川上氏が初期のももクロのレパートリーの拡充のためにカヴァーした、という流れだろう。

曲はストレートで明るいガールズロックで、確かにももクロ向きの良曲なのだ。ギミックは強くないが、どこか『仮想ディストピア』（P220参照）に通じるノリとムードがある……と思ったら主調は同じAメジャー。なるほどサウンドの意匠《いしょう》は違えど、キーと音域が同じなので似通ってくるのですな。しおりんはまだ幼さが目立つが、Bメロの「どんな明日が」あたりの夏菜子の歌唱は完成形に近づいており、この時点での成長を感じさせる。成長早いねー若いコは（って俺、誰？）。

サウンドカテゴリー度

DATA

レーベル／スターダストレコーズ
作詞／為岡そのみ
作・編曲／清水 行

★1／1991年、大阪府出身の女優。2006年、スターダストのオーディションに合格。「口裂け女2」などで主演を務める。飛鳥バージョンの「Dream Wave」は、『スタダ 3Bjunior ラスト大全集』に収録。

★2／1986年、東京都出身の女優。スターダストプロモーション所属時代のマネージャーが、川上アキラ。2005年に映画『パッチギ！』で高く評価され、数多くの映画賞・新人賞を受賞。2012年に映画『ヘルタースケルター』に主演、日本アカデミー賞優秀主演女優賞を受賞。現在は薬物事件のため芸能界を引退している。

★3／東京都出身のシンガーソングライター、作詞家、作曲家。2009年、アルバム『MOVIN' ON』でデビュー。古内東子やCHEMISTRYなど様々なアーティストに楽曲を提供。

★4／1970年、愛知県出身の作詞家、作・編曲家、音楽プロデューサー、ベーシスト、キーボーディスト。

2013・6・5発売
結成5周年記念ALBUM
『入口のない出口』

▼ももいろクローバー

『Hello《ハロー》…goodbye《グッバイ》』

再評価すべき、初期の隠れた名曲

本アルバムにカヴァー曲が大量に収録されているのは、ひとえに初期のももクロのレパートリーの拡充のためであるが、こうして順に聴いていくと、カヴァー曲のチョイスの的確さに驚かされる。こちらは**RAMJET《ラムジェット》 PULLEY《プーリー》**★1の曲のカヴァーで、Harajuku《ハラジュク》ロンチャーズがテーマソングとしてカヴァー。そこからももクロも、という流れである。作詞は**麻越《まこし》さとみ**★2、作曲は**間島和伸《ましまかずのぶ》**★3、編曲はLightin'《ライティン》 grooves《グルーヴス》の**清水俊也《しみずとしや》**★4。2009年の春頃からはほぼ毎回セトリに上がっており、当時のレパートリーの中ではかなりアッパーなグルーヴを持つ曲なので、ライヴの盛り上げに大きく貢献したと思われる。

主調はEメジャーで、グルーヴタイプは完璧にハウス。頭サビで始まり、Aメロからは平行調のC♯マイナーに転調。SEもふんだんに盛り込まれ、完全に『ももいろパンチ』以降のサウンドになっているのは編曲の清水の功績。「そんなのつまんなーい」に見られる、左右チャンネルでオンマイクで出るコールも楽しい。早見あかりのウィスパーヴォイスのヴォーカルも効果的に重ねられており、構成もかなり凝《こ》ったものになっている。これ、歌うの難しいですよ、結構。このテンポでこのレベルの歌唱をこなしたことが自信につながり、以降、ももクロの生歌指向が強まってきたと推察される。隠れ名曲としてオススメします。

サウンドカテゴリー度

DATA

レーベル／スターダストレコーズ
作詞／麻越さとみ
作曲／間島和伸
編曲／清水俊也

★1／ヴォーカル&キーボードの松田明子、ギターの間島和伸、ベースの麻越さとみの3人組ユニット。活動期間は2000～2003年と短いが、ジャジーでセンシティヴな楽曲は現在でも高く評価されている。『Hello…good bye』は彼らのデビュー曲でアレンジやテイストはももクロのバージョンとは随分違うが、必聴の名演である。

★2／麻越さとみはベーシスト、作詞家。テレビアニメ「名探偵コナン」のオープニングテーマ曲としてカヴァーされた「destiny」も作詞。

★3／間島和伸は作曲家。「destiny」の作曲を担当し、北原愛子、三枝夕夏IN db などにも楽曲を提供している。

★4／清水俊也は1969年、広島県出身の作・編曲家、音楽プロデューサー、キーボーディスト。Love Psychedelicoのレコーディングやライヴサポートをはじめ、SMAP、浜崎あゆみなど数多くのアーティストと共演。

2013・6・5 発売
結成 5 周年記念 ALBUM
『入口のない出口』

▼ももいろクローバー

『気分はSuper《スーパー》 Girl《ガール》！』

「ももクロ以前」の、初期の隠れた良曲

2ndシングル『未来へススメ！』（P68参照）のカップリングにも選ばれた、スターダスト初のアイドルプロジェクト「Harajuku《ハラジュク》ロンチャーズ」★1時代の楽曲。オリジナル曲ではなくカヴァー曲（とはいっても、路上時代のレパートリー）を選んだのは、新曲を増やすことで負荷をかけるよりも、ライヴパフォーマンスに時間を費やすことを重視していたという当時の事情が伺える。現在ではももクロのライヴでは取り上げられない曲になったが、スカっぽいテクノビートがクールな良曲だ。

曲は所謂《いわゆる》「頭サビ」★2のパターンで、本人たち以外の女性コーラスも入った少し遅めのアカペラから始まり、シンセのリフが入るとテンポアップしてBPM138に落ち着く。低めのキー（F#メジャー）で動きの少ないお経《きょう》のようなAメロの出だしは、しおりんと夏菜子のデュオなのだが、ひじょ～に歌いにくそうで微笑《ほほえ》ましい。突然半音下のFに転調してからサビでF#に戻るコード進行に、作曲とアレンジの**徳永暁人**《とくながあきひと》★3のセンスが光る。決してライヴでアガるタイプの曲ではないが、すっかり成長した現在のメンバーで改めて聴いてみたい気もする。ちなみに最後に披露されたのは、2018年5月22日の東京ドームでの『MCZ 10th Anniversary スペシャルメドレー -PART1-』での一瞬。なおタイトルと被《かぶ》るエイベックス初のアイドルグループ**SUPER**《スーパー》☆**GiRLS**《ガールズ》★4の結成は2010年。既にももクロのことは意識していたはずだ。

サウンドカテゴリー度

DATA

レーベル／スターダストレコーズ
作詞／ AZUKI七
作・編曲／徳永暁人

★1／BS朝日で2000年12月から2002年3月まで放送されたバラエティ番組。スターダストプロモーション所属の若手女性タレントを起用。女優の沢尻エリカや、元AKB48の小嶋陽菜のTV初出演番組でもある。

★2／「サビ」は正式名称ではなく慣例として使用する音楽用語だが、概ね楽曲の「聴かせどころ」を意味する。「頭サビ」は曲の冒頭に、サビのメロディーを持ってくる手法。

★3／徳永暁人はビーインググループ系列のGIZA studioを拠点に活動するベーシスト、作曲家、編曲家。B'zのサポートから倉木麻衣、ZARDへの楽曲提供まで、幅広く活動。

★4／SUPER☆GiRLS（スーパーガールズ）はエイベックス・ヴァンガード所属のアイドルグループ。2010年、エイベックスが新たに設立したアイドル専門レーベル「iDOL Street」の第1弾アーティストとして「超絶少女」でデビュー。現在はオリジナルメンバーは存在せず、阿部夢梨を中心とした9人体制で活動中。

2013・6・5発売
結成5周年記念ALBUM
『入口のない出口』

▼ももいろクローバー

『最強パレパレード』

「涼宮《すずみや》ハルヒ」の世界観とのシンクロ具合に驚く

この最強のワチャワチャ感、ももクロのために書かれた曲としか思えない。というぐらいに彼女たちにジャストフィットする本曲は、傑作アニメ「**涼宮ハルヒの憂鬱《ゆううつ》**」★1の関連楽曲である。アニメ楽曲レーベルとして名高い**ランティス**★2から「コンピレーション盤に参加しないか」と持ちかけられたのがきっかけだが、そこで振り付けを担当していたのが**石川ゆみ**★3だったという、彼女たちにとって重要な出会いを作った曲でもある。筆者はといえばアニメに疎《うと》かったのであるが、ちょうど**東《あずま》浩紀《ひろき》の「ゲーム的リアリズムの誕生」**★4を読んでいて涼宮ハルヒの存在が気になっていた時にこの曲を聴いてしまったことで、深夜アニメの深き森に吸い込まれることになった。オリジナルはハルヒの声優である**平野《ひらの》綾《あや》**、**茅原実里《ちはらみのり》**、**後藤邑子《ごとうゆうこ》**★5の3人によるバージョン。声優さんは基本的に歌も上手だが、この3人はアイドル要素も強いだけに（特に平野）、オリジナルもなかなか良い。が、一度ももクロ・バージョンを聴いてしまったら、もはやオリジナルには戻れなくなってしまうのは「ももクロあるある」の一つだろう。

サウンドカテゴリー度

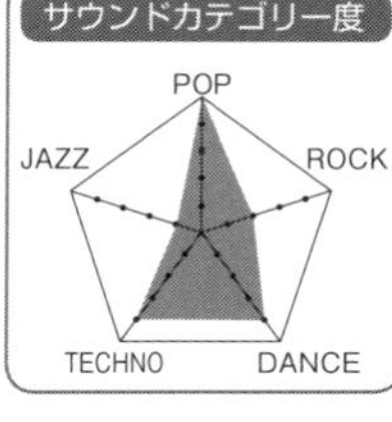

DATA
レーベル／スターダストレコーズ
作詞／畑 亜貴
作曲／田代智一
編曲／安藤高弘

★1／原作は谷川 流（たにがわ ながる）によるライトノベル。テレビアニメ版は京都アニメーションの製作により、2006年4月以降、独立UHF局を中心に全28話が放送された。
★2／株式会社ランティスは、1999年設立のアニメやゲーム、音楽制作会社。社長はLAZYのキーボード担当で音楽プロデューサーの井上俊次。所属アーティストに影山ヒロノブ、ヒャダイン、μ's（ミューズ）他多数のアーティストや作家を擁する、日本の音楽シーンを牽引する最重要企業。2018年、バンダイナムコアーツの設立に伴い傘下のレーベルに。
★3／石川ゆみ、通称「ゆみ先生」は、ももクロのダンスを手がける振付師。女性限定ライヴ『女祭り』の曲はモールス信号から始まるが、これはアニメの設定「SOS団★6」にちなんだもの。なのだが、信号そのものはSOSでもなんでもなく、雰囲気優先のでたらめな信号らしいです。アップテンポの4つ打ちビートの上で様々なシンセが飛び交う、ゲーセンのような躁《そう》的なトラックが面白いが、ギターもカッティングやディストーションで効果的に使われ、その分テクノに走りきらず、どこか肉感的なロック風味が感じられる。ヴォーカルは出だしこそ杏果が落ち着いてキメるが、以降は相当に細かくパートが振り分けられ、曲のせわしないムードを加速する。

作詞は超売れっ子の**畑**《はた》 **亜貴**《あき》★7で、定評のある言語センスのブッ飛び具合が最高なのだが、ここに描かれているハルヒの世界観、まるっともももクロに当てハマると思いませんか？ 特に2番のサビ、「ミステリック 明日も今日もわかんない だから面白いわ いつでもお見通しなんて退屈よ」あたり、彼女たちの活動そのものではないか。なるほど。彼女たちの破天荒な活動はSOS団の影響だったのですな。というのは冗談だが、ハルヒに踏み込んでしまうとももクロといろんな点がシンクロするし、作家陣やミュージシャンも大きく重なるので、必ずチェックすべし。

なお本曲はライヴにおける人気曲であったが、初リリースは2009年8月14日で、先に触れたオムニバスCD『Lantis presents「スタ☆コレ」』でのこと（同盤にはクリィミー・パフェやあんどれ with みにちあ☆ベアーズも参加。チェケラ！）。その後、2010年12月2日に行われたももクロ初の単独ホールライヴ「ももいろクリスマス in 日本青年館 ～脱皮：DAPPI～」の開催記念限定シングル『ももクリ』にも収録されたが、同ライヴのセットリストには含まれていない。このあたりの運営の天然な感じも、今となっては味わい深いですな。

2012年、2014年のライヴ総合演出も務める。スターダストプロモーション所属。

★4／東 浩紀は思想家、作家、ゲンロン代表兼編集長。1971年、東京都出身。ニュー・アカデミズムやアイドルに造詣が深く、「ゲーム的リアリズムの誕生―動物化するポストモダン2」（講談社現代新書）では、「涼宮ハルヒ」シリーズなどのライトノベルや小説、ゲームなど、オタクの消費行動分析から現代社会を読み解いた。

★5／平野 綾は涼宮ハルヒ役、茅原実里は長門有希役、後藤邑子は朝比奈みくる役を、それぞれ演じた。

★6／「世界を大いに盛り上げる為の涼宮ハルヒの団」の略称。文芸部の部室を不法占拠して部室としている、高校の非公認クラブ。その目的は、宇宙人や未来人や超能力者を探し出して一緒に遊ぶこと。

★7／畑 亜貴は作詞家、作曲家、編曲家、シンガーソングライター。『ラブライヴ！』をはじめゲームやアニメの主題歌や関連楽曲を数多く手がける。自らがゲーム&アニメ好きであり、作品の世界観を重視し、ユニークな言語感覚で言葉を紡ぎ出す。音楽プロデュースチーム Q-MHz のメンバーでもある。

2013・6・5 発売
結成５周年記念 ALBUM
『入口のない出口』

▼ももいろクローバー

『未来へススメ！』

【オリコンシングルチャート デイリー6位 ウィークリー11位】

よりダンサブルに切り込む、エレクトリック和ディスコ作

『ももいろパンチ』に続いて2009年11月11日にハッピーミュージックよりリリースされたインディーズ2ndシングルの本曲からめでたく、無印時代のメンバーが全員参加しての録音となる。作詞の**yozuca***《ヨズカ》★1、作・編曲の**黒須克彦**《くろすかつひこ》★2はいずれもアニメ系の作家たち。引き続き和をコンセプトにしながらも、ラブソングではなく「友情で支えあって、夢を描く場所に進もう」というポジティヴなメッセージソングとなっている。この段階で彼女たちは**伝説のヤマダ電機ツアー**★3を終えているわけで、自分たちの結束力を新たに確認するための応援ソングにもなっており、以降ももクロは、歌詞的にはこの方向性をメインに進んで行くことになる。またジャケット写真（P18参照）から明らかなように、メンバーカラーが固定されるのもこの曲からだ。

曲は三味線《しゃみせん》や尺八のアンサンブルによる賑々《にぎにぎ》しいイントロからスタートする。よさこいブーム以降のエレクトリック和ディスコの意匠《いしょう》で、短いながらも印象的なサウンドに導かれ「星屑の輝きで」と全員で勇ましく唱和される冒頭部は、全体的に幼さが残る感じがチャーミング。「星屑」と

★1／yozuca* はアニメ&ゲームソングを主に手がけるシンガーソングライター。アニメへの楽曲提供では、「涼宮ハルヒの憂鬱」の「お騒がせのジ・エンド」、「ラブライヴ！」の「これからのSomeday」の作曲など。

★2／黒須克彦は中川翔子や平野 綾などをベーシストとしてもサポートする、作詞家、作曲家、編曲家。代表作は、sphere（スフィア）の「微かな密かな確かなミライ」など。音楽プロデュースチーム Q-MHz のメンバーでもあり、アニメ『つぐもも』のテーマ曲であるバンドじゃないもん！ MAXX NAKAYOSHI の『METAMORISER』は必聴。

サウンドカテゴリー度

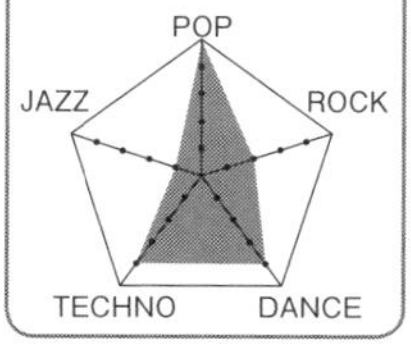

DATA

レーベル／スターダストレコーズ
販売／ビクターエンタテインメント
作詞／ yozuca*
作・編曲／黒須克彦

は彼女たちが所属するスターダストプロモーションとも重なり、また「迷わずに進めばいい」は、**アントニオ猪木**[★4]の引用した名言「この道を行けばどうなるものか 危ぶむなかれ」を想起する。なおイントロや間奏部こそ和風アレンジになっているものの、Aメロは**オクターブ**[★5]で躍動するシンセベースがグイグイと引っ張る上にファンキーなリズムギターが絡み、Bメロからサビではディストーションギターやシンセブラスが加わるというアレンジは、シンプルながら力強いもので、ギミックらしきものがほとんどない。ここまでストレートなアレンジは、彼女たちの楽曲としては珍しい。逆に言えば、まだ自分たちのスタイルを模索《もさく》していたからこうなったのだろう。特にサビ前の「フー」のコールで一気に解き放たれる感じは、ディスコ世代にとっては懐かしくも盛り上がるものがある。

サビまでを終えて気付かされるのは、コーラス全体での歌唱力の安定である。夏菜子としおりんの幼い歌唱が全体を印象づけてはいるが、アンサンブルに杏果が加わったことによって、ハッキリとした芯が生まれているのが大きい。一方で杏果にはまだソロパートがなく、その個性を完全には発揮していないが、しおりんとのデュオでは幼いしおりんを支えるようにファンキーヴォイスの片鱗《へんりん》を見せている。本曲のヴォーカルパートの組み合わせは、夏菜子＋あーりん、れにちゃん＋あかりん、しおりん＋杏果という組合わせが基本となっており、それぞれに味わい深いのだが、最も成功しているのがしおりん＋杏果のペアだと思う。

MVでは、ジャケ写の衣装で白場をバックにしたダンスシーンと、JKスタイルの衣装が楽しめる。特にサビのダンスを見る限り、他のアイドルにはなかったはっちゃけた振り付けが見られるところから、色分けや振り付けといった重要な方向性が、本曲で見えてきたことを感じる。

★3／正式名称は『ヤマダ電機Presents～ももいろクローバーJAPANツアー2009ももいろTyphoooon!～』で、2009年5月24日から8月16日まで、全国24店で104公演の無料ライヴを行った。

★4／アントニオ猪木はプロレスラー。参議院議員としても活躍したが、数々の名言を残し、詩人としても知られる。その類い稀な言語感覚は「猪木詩集『馬鹿になれ』」（角川文庫）でご堪能あれ。「この道を行けばどうなるものか危ぶむなかれ」は宗教家・哲学者の清沢哲夫の詩「道」を、一休宗純（いっきゅうそうじゅん）の言葉として猪木が誤解したもの。なお本書発行の時点で、猪木は難病の全身アミロイドーシスと闘病中。猪木ボンバイエ！

★5／オクターブは西洋音楽の完全8度、ドレミファソラシドのドから上下のドの間の音程。ベースのオクターブ弾きは、ディスコ感を強調するための必殺技の一つ。

2013・6・5 発売
結成5周年記念 ALBUM
『入口のない出口』

▼ももいろクローバー

『ツヨクツヨク』

カヴァーを超えた最強チューン

今回アルバムの曲順を整えたので、いろいろスッキリしましたね。順序を重んじる方にもストレスなくお読みいただけるようになったかと思いますが、たいへんな手間でした。

エニウェイ、何しろ『ツヨクツヨク』だ。ももクロのカヴァー楽曲群は全て素晴らしいということは今までも何度も言及したが、中でも本曲が最強であるということに、異論を唱えるモノフはいないだろう。オリジナルは**mihimaru《ミヒマル》 GT《ジーティー》**★1で、テレビ朝日系アニメ**「ガラスの艦隊」**★2のオープニングテーマ曲だが、オリジナルの方は後に知ったので、筆者にとってはこの曲は「ももクロオリジナル曲」と概ね考えている。この曲のカヴァーを提案したのは理事長。それに「いいね！」をしたのが川上マネージャー。**理事長は「ウチのアーティストだったらいいか」**★3というノリだったらしいが、全くもって正しい判断。この風通しの良さが、ももクロを育んだ土壌なのだ。

曲はスクラッチ風のSEに怒涛《どとう》の**ドラムのフィルイン**★4がブチ込まれてスタート、イキナリの全速力感がももクロにピッタリ合っている。ハイハットの裏打ちが効いた16ビートに豪快なギターリフの

★1／ヴォーカルのhiroko、MCと作曲のmiyakeからなる音楽ユニット。活動期間は2003～2013年。2006年シングル『気分上々↑↑』が大ヒット、同年の第48回日本レコード大賞金賞を受賞。『ももいろクローバー 春の一大事 2013 西武ドーム大会』にゲスト出演し、本曲でももクロと共演している。2013年末に無期限活動休止。
★2／「ガラスの艦隊」は朝日放送、及びテレビ朝日で2006年4～9月に放送されたテレビアニメ。朝日放送としては初製作の深夜アニメで、ハイビジョン品質で製作された初のアニメ作品でもある。
★3／『入口のない出口』初回限

サウンドカテゴリー度

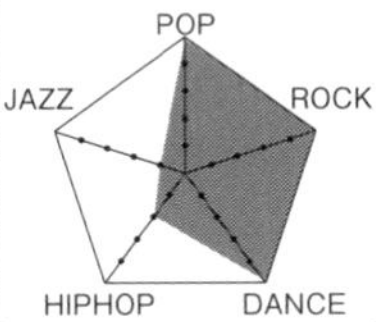

DATA

レーベル／スターダストレコーズ
作詞／湯汲哲也、HIROKO
作曲／湯汲哲也
編曲／鈴木 Daichi 秀行
ギター&ベース&キーボード&プログラミング／鈴木 Daichi 秀行
ヴァイオリン／クラッシャー木村
ドラム／山内 優

ロック、プラス程よいヒップホップ感が加わるサウンドも、『コノウタ』（P124参照）などのももクロのオリジナル曲に通じるものがある。主調はAメジャーで、コード進行や構成も極めてシンプルなので、コールも入れやすいのだ。

「嫌な事が起きると」と最初に歌いだすのはれにちゃんで、ここではオリジナルのhirokoを意識した歌唱に新境地を見せる。続く杏果は普段通りでhirokoと近いスタイル、というかこの曲をカヴァーしたことで、杏果は自分の歌唱スタイルを確立したと筆者は見る。続いてあかりんがクールなラップをカマすのだが、久々に聴くあかりん風味はやはりグッときますな。からの「強く強く」のサビは、ほぼ完成形に近づいているももクロのユニゾンによる全力熱唱。ここでぜひオリジナルと聴き比べて欲しいのだが、hirokoがソロで歌っているオリジナルに比して、ももクロには圧倒的な熱量を感じるはずだ。続くラップもあかりんで、完全に自分の世界に引き込んでいる。

2番の「上辺《うわべ》ばかり気にして」はしおりん、「気付くと解《わか》って」は夏菜子だが、大暴れするドラムに乗っての必死のフロウが素晴らしい。サビの後のラップではあーりんが降臨《こうりん》。この時点でこの無双振りは天才的。そして夏菜子の落ちサビから全員全力のサビと、エンディングまでMAXの攻撃力で聴くものを圧倒する。本曲のサビ部分、ライヴでは客席と一体化してタオルをブンブン回すのだが、我々モノノフはじっとして聴いていることが難しいのでその辺にあるもんをついブンブン回してしまう。かように高い戦闘力を持つ楽曲ゆえ、**「第1回 ワンデイワールドドリーグ戦」**★5の最終決戦でも本曲で勝負。チームしゃちほこの追撃をかわしたことも今は昔、ですね。そら歳いくわなー、我々。

定盤A・Bの付録のブックレットに掲載の「CROSS TALK!!!!!」において言及。

★4／一定のリズムパターンではなく、楽曲の間に短いフレーズを即興的に入れて変化をつけること。ドラムを中心に、主にリズム楽器が行う。

★5／2016年1月8日、『俺の藤井2016 in さいたまスーパーアリーナ～Tynamite!!～』で行われた、スターダスト所属のアイドルによるソングバトル形式のステージ。ももクロは第11ラウンドでチームしゃちほこに1敗地にまみれたが、決勝の第13ラウンドで『ツヨクツヨク』を披露。チームしゃちほこの最大戦闘力チューン「抱きしめてアンセム」を退け、「第1回ワンデイワールドトーナメント」の最高王者に輝いた。

2013・6・5発売
結成5周年記念 ALBUM
『入口のない出口』

▼ももいろクローバー
『words of the mind《ワーズオブザマインド》 ~brandnew journey《ブランニュージャーニー》~』

杏果のスキル全開！の猛烈ダンスチューン

続いて登場するのは2000年にリリースされたm.o.v.e《ムーヴ》★1のカヴァー曲。ももクロがこの曲を歌い始めたのは2009年頃なわけで、そう考えると随分と古い曲を引っ張り出した感じになる。**「恵比寿のTSUTAYAに行き、10枚ぐらいバーッと聞いて、いいと思った曲をやらせていた」**★2とは**理事長**★3の発言だが、そうした適当な部分、つまり「作り込まない感じ」がももクロの場合はかえってよかったわけですな。やはりオリジナルをチェックして欲しいのだが、ダンサブルなテクノ歌謡のトラックこそ変わらないものの、歌といいラップといい、全く違う印象だ。オリジナルでは冒頭からmotsu《モッ》のラップが煽《あお》り立て、そのバックにスキャットが流れる。yuri《ユリ》のヴォーカルは全体に線が細めで、motsuの野太いラップとのコントラストで聴かせるパターン。一方のももクロ・バージョンは、スキャットが少し引っ込められ、motsuの「get down to the fat sound《ゲットダウントゥザファットサウンド》」のコールもオリジナルの生声ではなく**ボイスチェンジャー**★4で加工し、浮かないようにしている。

歌い出しはれにちゃんのソロ、続いて杏果という、P80の『きみゆき』と同様のパターンだが、

★1／m.o.v.eはt-kimura（木村貴志）がプロデュースと作曲・編曲、yuriがヴォーカル、motsuがラップをそれぞれ担当する音楽ユニット。活動期間は1997年〜2013年。

★2／『入口のない出口』の初回限定盤A・Bの付録のブックレットに掲載された「CROSS TALK!!!」において言及。

★3／当時はももクロが所属するスターダストプロモーション芸能3部の部長だった藤下リョウジ（現在は代表取締役社長に）の通称。創世記から現在に至るまで、ももクロを見守り続けているラスボス的存在。「理事長（自由人。勿論非公式）」として重要なtweetを

サウンドカテゴリー度

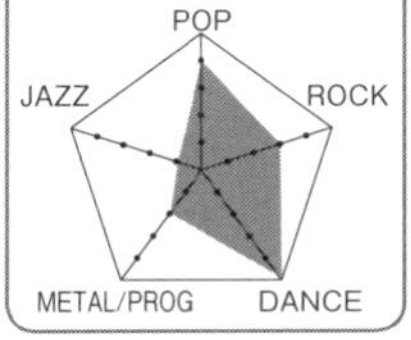

DATA
レーベル／キングレコード
作詞／motsu
作・編曲／t-kimura
キーボード&ヴォコーダー&コーラス&パーカッション&プログラミング／t-kimura

ここでは杏果のコブシを利かせたソウルフルな歌いっぷりが何と言っても白眉《はくび》。ものまね大王のしおりんが茶化《ちゃか》すぐらいに特徴的なヴォーカルスタイルを持つ杏果だが、ここにきて完全にリミッターが外れた状態になっている。2番の後半でも杏果がフィーチャーされるし、ライヴでは**杏果の手袋投げ**★5という恒例の演出があるように、これは完全に緑推しの楽曲と言えるだろう。

オリジナルでも印象的なラップは、例によってあかりんがメインだが、後半ではあーりんのラップも登場する。精一杯大人ぶる様子が微笑ましいあーりんに続き、安定のあかりんにリレーする流れがなかなかに新鮮だ。ちなみにZ以降はあかりんのラップパートはしおりんが引き継ぎ、あーりんが急成長して迫力のライミングをカマすようになるので、最近のライヴ音源と比較してみてほしい。こんなに幼く、〝圧〟のないあーりんもいたのだよ。

サビのコーラスも鉄板の全力ユニゾン。本曲のキーはA♭マイナーだが、ラストのサビでは半音上のAマイナーに転調することでアツさをさらに強調する。そしてブレイクでしおりんが「don't《ドント》 stop《ストップ》 to《トゥ》 hit《ヒット》 the《ザ》 beat《ビート》」と可愛く決め（ここで杏果が手袋を投げる）、イントロに戻って終わる。ももクロがいなかったら俺はこの曲を聴くことはなかったが、改めて「エエ曲やな〜」と思いますよ、マジでガチで。

なお**2015年の「アニメ紅白歌合戦」**★6において、ももクロのライヴにシークレットゲストとしてmotsuが参加し、本曲が披露された。コレ、相当に良かったッス！　イントロでの杏果とmotsuの2ショット、満面の笑顔で巨大な紅白手袋をピラピラする杏果の可愛さ、激しいダンスの間隙《かんげき》を縫ってラップをブチ込むmotsuの迫力、これが完璧なコラボというものだろう。各自調査で必見！

行うことでも知られる。

★4／ボイスチェンジャーは声をデジタル処理するためのエフェクター。各メーカーからさまざまな製品が発売されているが、本来はピッチを調整するためのエフェクターであるAuto-Tuneを強くかけることでこの効果を得ることも多い。Perfumeのヴォーカル処理がその典型。

★5／振り付けに杏果が得意とするムーンウォークを入れることになり、マイケル・ジャクソン（Michael Jackson）の象徴でもある「手袋」を使用。ところがももパンツアーの北海道で手袋を忘れ、仕方なく軍手を買ってきて、「使い捨てなので」とサインを入れて客席に投げたところ大好評。以降、ライヴで本曲を演る際の定番の演出となった。

★6／2015年1月25日に国立代々木第一体育館で開催。「アニメ紅白歌合戦」には、ももクロは2014年以降、毎年出演し、観客動員に大きく貢献している。

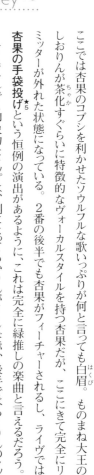

2013・6・5発売
結成5周年記念ALBUM
『入口のない出口』

▼ももいろクローバー
『Believe《ビリーブ》』

ももクロのユニゾン・パワーにKO必至！

ももクロのカヴァー曲にハズレなし、というのも私の持論である。2010年の初のももクリ開催記念限定盤においては『Believe』、『words of the mind ～ brandnew journey ～』、『最強パレパレード』という3曲のカヴァー曲が収録されているが、いずれも彼女たちがこれまでのライヴで披露《ひろう》してきた曲だ。**スターダストの宮井は「イベントがどんどん増えてきて、とにかく曲が足りなくなって」と述べている**★1が、そこで引っ張ってきた曲が、全てアタリ曲。オリジナル曲が少なくても初期のライヴが十分に盛り上がったのは、カヴァー曲の〝引き〟が強かったことと、メンバーたちがダンスや歌唱でそれらをキッチリと自分たちのものにしたからである。

この『Believe』は、アニメ**「機動戦士ガンダムSEED《シード》」**★2の第3クールのオープニングテーマ曲で、**玉置成実《たまきなみ》**★3のデビュー曲だ。未聴《みちょう》の方はぜひ玉置のオリジナルバージョンを確認してほしいのだが、録音当時15歳の中3にして安定した歌唱力の玉置バージョンは十分に素晴らしいし、アレンジの完成度も高い。ももクロにおいても、メンバー全員が玉置の歌唱を参考にしたであろうニュアンス

サウンドカテゴリー度

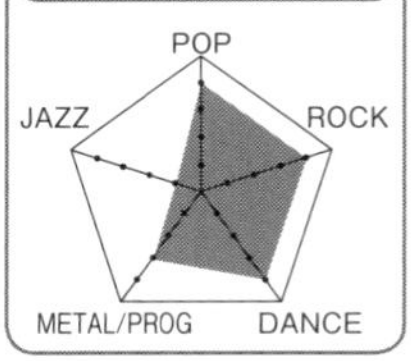

DATA

レーベル／キングレコード
作詞／西尾佐栄子
作曲／あおい吉勇
キーボード&プログラミング／斎藤真也
ギター／石井 裕
バックグラウンド・ヴォーカル／mao

★1／『入口のない出口』の初回限定盤A・Bの付録のブックレットに掲載された「CROSS TALK!!!!!」において言及。

★2／ガンダムシリーズ初のデジタル制作によるテレビシリーズ。製作は毎日放送、サンライズ。TBS系列での初回放送は2002年年10月5日から2003年9月27日だが、『Believe』がオープニングテーマ曲に使用されたのは第27話から第40話。ちなみに第1話から第13話までオープニングテーマ曲として使用されたのがT.M.Revolution の「INVOKE - インヴォーク -」であり、ももクロは同曲を「イナズマロックフェス2015」で披露している。

が伺える（特に杏果に顕著《けんちょ》）。ただし当然のことながら、玉置は全編ソロで歌っているし、またラップのパートはももクロ・バージョンで新たに付け足されたものなので、印象はかなり違ったものになっている。つまり今となっては、オリジナルは要素が少なく、なんだか物足りない印象が残るのだ。

まずサビがコーラスになることで、曲の勢いというか熱量が随分と変わる。そう。ももクロのメンバー全員での歌唱は多くの場合、極めて暑苦しいユニゾンであり、いわば「熱量が勝負」だ。声質もキーも異なるメンバーが同時に**高めのキー**★4で歌うことで、切実さが増す。これが他のアイドルグループと一線を画《かく》する「ももクロマジック」の一つだと言えよう。6人の声が付かず離れずの関係にあり、ブレンドしきらないことも、ももクロならではのコーラスの魅力に繋《つな》がっている。本曲のサビでは「そらした瞳」の最高音「た」のD♯音が少し不安定なファルセットになるが、その「精一杯な感じ」も、たまらんサムシングを伝えてくれるのである。このサビのダンス、全員が同じフリで民族大移動するのも最高にアガります。

追加されたラップも効果的。英語混じりのライムはかなりの高速で、都合2回登場するが、1回目はあかりんのみが「ここがスタート 3、2、1《スリーツーワン》、GO《ゴー》！」まで一気に駆け抜け、2回目はメンバーの細かな絡みで進み、「魂揺さぶるビートを刻もう！」とあかりんが締める。エモーショナルな内容をクールにこなすあかりんのスキルに痺《しび》れる瞬間だ。

熱いギターソロに続く落ちサビは、しおりんのパート。彼女のピュアなヴォーカルが暗雲を切り裂き、そこにメンバー全員が加わってユニゾン攻撃。夏菜子が「出逢えることを信じて」とフィニッシュ、シンセによる**パルシヴ**★5な余韻《よいん》が高い熱量の4分弱をクールダウンさせ心地よい。

★3／玉置成美は和歌山市出身のシンガー。2003年4月に「Believe」で歌手としてデビュー。自身主催のライヴイベント「MUSIC HOLIC」を開催しており、ももクロは2012年10月14日の東京・Shibuya O-EASTでの「Nami Tamaki Presents MUSIC HOLIC vol.2」に参加。アンコールでは玉置、SCANDALと共に『Believe』を披露している。

★4／概ねソプラノ、女性の高い声域を使用する楽曲が多い。

★5／何らかの信号が脈打つことを「パルス状」と呼ぶ。ここではシンセサイザーによるパルス音の表現。

2013・6・5発売
結成5周年記念ALBUM
『入口のない出口』

▼ももいろクローバー

『走れ！』

【日本レコード協会ゴールドトラック認定】

アイドルソングのテンプレートとなった歴史的重要曲

もしも『走れ！』がなかったら、その後のアイドル楽曲の世界は、一体どうなっていたのだろう――考えるだに、恐ろしいことである。「2014年春の一大事 国立競技場大会」における百田夏菜子の「笑顔の天下」発言以降、彼女たちのアンセムとして、またアイドルソングのテンプレートとして、ギミック満載で攻めまくる『行くぜっ！ 怪盗少女』以上に、本曲の価値は高まる一方なのだ。「笑顔が止まらない！ 踊るココロ止まらない！」と彼女たちが右手を天に向かって突き出したその瞬間、ライヴ会場は一つになり、その場を共有していることが至上の歓びとなる。そのような「笑顔と平和を象徴する楽曲」として、本曲は長年にわたって全てのアイドルとそのファンたちの今を、そして明日を照らし続けているのだ。なんたる尊さなのか。

ここで本書より、新たな重要参考人が召喚《しょうかん》される。その人物は**福田幹大**《ふくだかんだい》★1、インディーズ時代からももクロに携わりながら、ひと頃その姿を消していた男だ。ももクロがユニバーサルからメジャーデビューするに際して、彼は突然変身ベルトを渡された……ではなく、「ユ

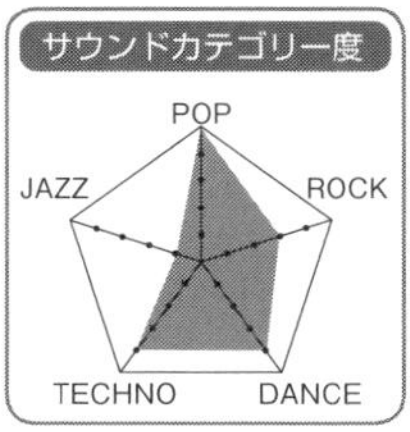

DATA

レーベル／ユニバーサル J
販売／ユニバーサル ミュージック
作詞／INFLAVA
作曲／Koji Oba、michitomo
編曲／michitomo

★1／1981年、香川県出身の音楽プロデューサー。秋葉原でのフリーペーパー制作を契機に、ももクロの創世記において川上氏の下で現場に関わり、ヤマダ電機ツアーにも同行。FKDの呼称で知られ、ユニバーサルに所属後は、ぱすぽ☆、吉川 友、Doll☆Elementsらを手掛ける。本稿におけるエピソードの出典は、集英社オンラインで2022年6月3日に発表された吉田 豪によるインタビュー記事による。「アイドル戦国時代」の検証をライフワークとする吉田の熱き想いと、当時のアイドル業界の混迷具合が炸裂した同記事は圧倒的な内容ゆえ、必読！

★2／夏菜子ちゃんが自己紹介するときに多用するフレーズとしてお馴染みですね。

★3／渥美 清／主演の映画『男はつらいよ』シリーズで、主人公の寅さんが香具師(やし)として客寄せする際に使った、昭和の名フレーズ。「驚いた」以上の意

ニバーサルミュージックA&R」の名刺を持たされ、とりあえず見よう見まねで★2楽曲コンペを行った。そこで残った曲が『行くぜっ！怪盗少女』、『走れ！』、『全力少女』、『オレンジノート』の4曲だったというから、そのコンペのクオリティには**驚き桃の木山椒《さんしょう》の木、ブリキに狸に蓄音機《ちくおんき》**★3、である。その『走れ！』は**michitomo《みちとも》**★4から出された作品で、彼は自らが編曲を手がけた**INFLAVA《インフレイヴ》の「Homing《ホーミング》」**★5を元ネタに、ユニバーサルから新たにデビューする新人アイドルのための楽曲をコンペに出した。さらに衝撃的なのは、クレジット上の作詞はINFLAVAとなっているが、実際にはレコーディング直前まで歌詞ができていなかったため、前日の夜中に福田とmichitomoが必死で考えた歌詞が「好きなんだ 好きなんだ とにかく好きで好きなんだ 好きで好きで好きで 好きでキスしたいよチュッ」というものだったという事実（これ、サビメロにピッタリとハマります）。当然ながらその歌詞はユニバーサル側に「バカか？」と認められず、福山雅治の『はつ恋』のCDを渡されて、「福山雅治の初恋はこれだよ。ももいろクローバーの初恋って何？」とアドバイスを受けた結果、机に戻って15分で「笑顔が止まらない！」に始まる歌詞を仕上げたそう。ここでもし「好きなんだ」に始まる歌詞が採用されていたら、その後のアイドル楽曲の世界は一体どうなっていたのだろう——考えるだに、恐ろしいことである。

ここまで確認してきたように、ポップスの新曲を発注する際には「あの曲のあんな感じとさぁ、別の曲のこんな感じをさぁ、こんなコンセプトでまとめてさぁ」とかいったやりとりが行われることが少なくない。**大滝詠一《おおたきえいいち》**★6はこうした手法を「本歌取り」と明確に定義、ポップスにおける

味は特になく、語呂合わせと勢いで畳み掛けるあたり、ラップのライミングにダイレクトにつながるものである。

★4／1977年、北海道出身の音楽プロデューサー、作詞家、作・編曲家、トラックメイカー、リミキサー。幅広いジャンルの音楽を制作、圧倒的な実績を誇るが、アイドル視点からはアップアップガールズ（仮）への提供曲に注目すべきものが多く、デビュー曲の「Going my ↑」ほか、アゲ系の曲に真価を発揮している。

★5／岡山県出身のNOBE（ノビー）とCOZY（コージ）による2人組テクノヒップホップユニットとして2008年にデビュー、2010年に解散。『Homing』は2009年のサードシングル。

★6／日本のポップス史を語る上では外せない、偉大なるアーティスト。日本語のロックをいち早く始めた「はっぴいえんど」のメンバーとしてデビュー。1974年に「ナイアガラ・レーベル」を設立、同レーベルを基調にしたアーティスト／プロデュース／ラジオDJなどの活動は、「ナイアガラー」と呼ばれる多くのフォロワーを生んでいる。

★7／大滝が指摘した、日本の流行歌における基本手法。明治以降の日本の音楽は洋楽からの影響がまずあったため、「世界史という分母に日本史という分子が乗っかったものが、日本の流行歌である」とした。これが時代を経て、「日本史分の日本史」、さらには「普動説」へ

「分母分子論★7」として結実させたのだが、本曲の場合も同じレコード会社内の話なのでこれだけ似てても決して問題にはならないし、「Homing」はそんなに売れてはいないがかなりの良曲。そして我々モノノフは結果として、ももクロが末長く歌い続けるアンセムが生まれたことを素直に喜べば良いし、この曲に連なるスターダストの妹たちの一連のシリーズ、即ち**私立恵比寿中学**★8の『もっと走れっ!!』や**チームしゃちほこ**★9『もーちょっと走れ!!!』、並びに**たこやきレインボー**★10の『ちゃんと走れ!!!!!!』といった、各グループの個性とともに存分に楽しめば良いのである。さらにはこの機会に、**ロッカジャポニカ**★11や**佐倉綾音**《さくらあやね》★12によるカヴァーバージョンもチェックし、本曲がいかようにカヴァーされても、その輝きを失わないことについても、ぜひ確認していただきたい。

無印時代ならではのフレッシュな魅力が横溢《おういつ》

曲は爽やかな風が通り抜けるようなSEから始まる。スプラッシュ音とともに「笑顔が止まらない」とユニゾンによる歌唱が始まると、その周りをピロピロとしたシンセの音が飾り、野太いシンセベースがこれを追う。キーはEメジャー、BPMは135。再びのスプラッシュ音に続くシンセの印象的な高音リフが、いやおうにもウリャオイを煽る。まずは順調なスタートだ。

「ず〜っと君と」と最初にソロでフィーチャーされるのは高城れに。彼女の優しいヴォーカルスタイルにも最高にマッチしており、すぐさまキラキラした青春の世界に導かれる。続く佐々木彩夏の「あーりん以前」の幼さが残る歌唱に萌え捲ったところで、満を持して百田夏菜子が降臨。「気づいたこの感情に」から始まる9小節は、青い決意に満ちた歌詞とあいまって、夏

と発展するのだが、詳細は別稿に譲る。

★8／スターダストに所属する、ももクロの妹分の第1号。愛称「エビ中」。2009年結成、「King of 学芸会」をコンセプトに幾多のメンバーチェンジを経て、現在は9人組で活動。「放課後ゲタ箱ロッケンロールMX」など、前山田楽曲を数多くレパートリーに持つため、共通のファンも多い。ももクロ同様、多彩なアーティストからの楽曲提供を受けており、その音楽的クオリティは驚くべき進化を遂げている。

★9／ももクロの妹分の第2号。名古屋在住の6人で2011年に結成。ももクロのレパートリーである『あの空へ向かって』や『最強パレパレード』を歌ったことや、24時間 You Streamでの「起こし役」を行ったことから、「ももクロ直系の妹分」と目されていた。現在はオリジナルメンバーのうち4人が残り、「TEAM SHACHI」として活動。ライヴにおける圧倒的なパワーはトップクラス。

★10／ももクロの妹分の第3号。愛称「たこ虹」。大阪在住の6人組で2012年に結成されたが、レッド担当でリーダー格の奈良崎とわが2014年に脱退し、5人組なってから本格的な快進撃がスタート。2021年5月9日に全員が卒業し、新たなプロジェクトに向けて新ユニット名を募集するも、2022年3月31日に活動を断念。同年5月4日の大阪・南港ATCでのフリーライヴを

菜子ちゃんが完全に覚醒した瞬間だと言えよう。からのサビのコーラスで、もはや我々の心は完全にミューズたちに捉えられ、動きもシンクロしてしまっている。

2番は杏果から始まり、夏菜子、れにちゃん、しおりん、あーりんと順にリレーしてサビへ進む。大サビの「待っていても始まんない」は杏果から入り、「キミと全力で向き合いたい」でようやくあかりんが登場するが、その音域は1オクターブ下だ。彼女は「考えるだけで胸の奥が痛くて」、落ちサビ前の「人生だから」に続く「キミの前じゃ素直でいたいんだ」のコーラスパートでも、1オクターブ下で歌っている。早見にとってはこの低い声が「アイドル向きではない」とのコンプレックスを抱える要因でもあったようだが、こうして改めて聴くと、他のメンバーとのコントラストが際立っており、やはり無印時代ならではのフレッシュな魅力が横溢していると言わざるを得ない。曲は**モジュレーション**[★13]を効果的に用いたシンセがメロディーを軽やかにフェイクし、シンセベースの重低音がズッシリと響き、見事にフィニッシュ。トラックタイムは4分36秒とそこそこの長さなのだが、イッキに駆け抜けるので、あっちゅう間に終わってしまうという印象がありますね。

本曲は2011年の映画『**モテキ**』[★14]の挿入歌として起用された。そして楽天の**田中**《たなか》**将大**《まさひろ》[★15]が登場曲として使用したことも、認知度アップに大きく貢献したと思われる。そして我々はこの先に、ももクロと田中将大の長年にわたる登場曲のストーリーが広がることも知っているわけで、改めて『走れ!』がなかったらどうなっていたのだろう――と本稿3回目のフレーズを投下することを、お許しあれ。

もって活動終了し、メンバーはそれぞれの道を歩むことに。

★11/ロッカジャポニカは2014年～2019年に活動した、3B junior 内のユニット。『走れ!』は『3B junior ファースト・アルバム2016』に所収。

★12/佐倉綾音は1994年、東京都出身の声優。愛称「あやねる」。ももクロとは『じょしらく』でニアミス。佐倉のバージョンは2018年の劇場OVA作品『あさがおと加瀬さん』のカヴァーソングアルバムに、役名の加瀬友香の名義で所収。

★13/音色のイコライジングを変化させて、ビブラート的な効果を得る手法。

★14/同名のコミックの原作者である久保ミツロウがオリジナルストーリーを書き下ろした、2011年の映画。森山未來演じる主人公の藤本幸世が、告白を決意するシーンに用いられている。なお同作にはスチャダラパー、在日ファンク、Perfume、バナナマン、吉田 豪、杉作J太郎らが、それぞれ本人役でカメオ出演。

★15/1988年、兵庫県出身のプロ野球選手、ピッチャー。愛称「マー君」。2007年に東北楽天ゴールデンイーグルスに入団、2013年の球団史上初の日本一に大きく貢献。2014年にMLBのニューヨーク・ヤンキーズに移籍、2019年には日本人初となる6年連続2桁勝利を達成。2021年に東北楽天ゴールデンイーグルスに復帰。

2013・6・5発売
結成5周年記念ALBUM
『入口のない出口』

▼ももいろクローバー

『きみゆき』

ももクロ初のバラードにしていきなりの大名曲が降臨

ももクロ楽曲にハズレなし、というのが私の持論である。それを確信したのはレパートリーが充実した1stアルバム以降のことであったが、『怪盗少女』採用の経緯でも触れるように（P88参照）、マーケティング的な「売れるかどうか」の判断以前に「面白いかどうか」を優先する運営の心意気（特に初期は、スターダストの宮井のセンスと判断が大きい）と、その心意気を受け止めて「高めのハードル」をクリアするメンバーの力量が、常に絶妙のバランスで噛《か》み合っているからこそだと思う。この高めのハードルについては、彼女たちの成長過程での様々なエピソードに関係するものだが、多くの場合は会場規模の急激な拡大や過剰な演出、ライヴの長時間化、その他バラエティ的な無茶振りなどにおいて語られがちだ。が、実際には楽曲の面においてこそ、常に高いハードルをクリアしてきていたということを、ここでは強調しておく。

　ところで、『きみゆき』である。彼女たちの初の単独ホールライヴ『**ももいろクリスマス in 日本青年館 ～脱皮：DAPPI～**[★1]』の開催記念限定シングルとしてリリースされた本曲。川

★1／2010年12月24日に開催した、ももクロ初の単独ホールコンサート。路上時代やワゴン車に寝泊まりしながらの全国ツアーを経た、ももクロの歴史における最初の到達点。以降、クリスマスに大規模な会場でコンサートを行うことが通例となる。また演出を佐々木敦規が手がけるようになるのも、このライヴから。

サウンドカテゴリー度

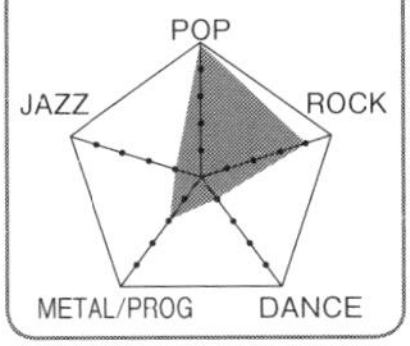

DATA

レーベル／キングレコード
作詞／MIZUE
作曲／すみだしんや
編曲／華原大輔

上マネージャーは「SPEED《スピード》の「White Love《ホワイト・ラブ》」みたいなのが欲しかった」と注文したらしい★2が、この段階の彼女たちにとっては相当にハードルの高いミディアム・バラードが上がってきたところを見事に歌いこなし、ドラマティックな名曲として世に送り出した。

成功の要因はまず、ソロのトップにれにちゃんを起用したことにある。声の面でも個性が強いももクロメンバーの中にあって、彼女の声は控えめでジェントルな癒《いや》し系ヴォイス。本曲のようなバラードにおいては、まずは聴く者の心を絆《ほだ》すことが重要なのだが、その責をれにちゃんに委《ゆだ》ねたのは大正解だ。この甘く切ない歌い出しが、「元気・全力だけではないももクロ」をしっかりと提示する。そして転調とともに出る杏果の歌唱も、れにちゃんが作ったムードを巧みに引き継ぎ、後にソロ曲などで花開くバラーディアとしての実力を遺憾《いかん》なく発揮。ここまで、なにげに**推《お》され隊**★3の初推し事ですな。同様に2番では、あーりん&しおりんの年下〝りんりん〟チームが歌い継ぐが、**ジュブナイル**★4な表現ゆえ、切《せつ》なさが増す。一転してダンサブルになる間奏部では、シンセのトップメロディーとベースラインの絡みに注目。高音から**グリッサンド**★5で降りてくるシンセベースはミックスも大きめで実に効果的。編曲の**華原大輔《かばらだいすけ》**★6、流石《さすが》にベーシストである。そこからあかりんのラップと歌唱の間ぐらいのニュアンスによるパート、再びれにちゃんの「運命感じていいかな」の胸キュンなソロと畳みかけ、落ちサビでついに夏菜子の技術を超えたエモーショナルなヴォーカルが炸裂《さくれつ》、ブレイクで涙腺崩壊《るいせんほうかい》だ。この鉄板な流れ、分かってても毎回泣かされるんやから、も〜ねえ。本曲以降、『ももクリ』では毎回、開催記念限定シングルが発表され、その全てが名曲揃いとなるのだが、その口火を切ったのがこの曲であるということを忘れてはならない。

★2／『入口のない出口』の初回限定盤A・Bの付録のブックレットに掲載された「CROSS TALK!!!!!」において言及。

★3／有安杏果と高城れにによるユニットの名称。「他の3人に比べて、事務所に推されていない」との2人のポジションに基づく。詳しくはP180を参照。

★4／本来はティーンエイジャーを対象とする小説の意味だが、本書では『ももクロChan -Momoiro Clover Z Channel- ～飛び出す5色のジュブナイル～』での用法に基づき、「ティーンエイジャーらしい表現」との意味。

★5／一つの音から次の音に移動する際、音を繋げたままで上下する奏法。弦楽器、管楽器で主に用いられるが、シンセサイザーの登場によって、鍵盤楽器でもグリッサンドが可能になった。

★6／華原大輔はベーシスト、作・編曲家。柴咲コウ、WaTなど、数多くのJ・POPアーティストの楽曲を手がける。

ももクロの「音楽的な魅力の本質」とは

話を音楽に絞った場合、ももクロの最大の魅力とは何だろう。一般的には「アイドルらしくない型破りな楽曲を、全力で歌う」と説明されることが多いようで、これは大枠として間違いではない。が、その程度の説明では語りつくせぬ魅力があると筆者は考えており、だからこそ本書のような、ももクロの全ての曲を詳細に掘り下げた「楽曲ガイド」を記しているのである。

シンプルに指摘する。ももクロの最大の魅力は、5人の「声そのもの」にある。私はここまで、古今東西、洋邦のジャンルも問わず相当の数のアーティストを耳にしてきたが、「ももクロの5人の声による歌唱」のようなものを、聴いたことがない。アイドルにもアニメにもJ-POPにもロックにもフォークにも歌謡曲にもジャズにもクラシックにも数多のワールドミュージックにも、だ。声というのは即ち才能であり、魅力的な声はそれだけで人の心を動かす。彼女たちの声はそれぞれに明確な個性があり、音楽界をざっと見渡しても、あまり似たような声はない。ゆえにパート分けが明確に分かるし、その個性を活かしたパート割りができる、という強みがある。彼女たちは時にはソロで、時には組み合わせで、そして多くの場合、サビでは「個性を残したままの独特の揺らぎのある束」として、それぞれに感情の深い部分を揺さぶってくれる。もしも彼女たちのルックスやダンスを見ることなく、曲だけを聴いたとしても、耳の良い人間には他のアイドルやアーティストとの「熱量の違い」が、即座に分かるはずだ。

少し深みに分け入ろう。今「声そのもの」と書いたが、全員のユニゾンパートを聴けば浮かび上がっ

column 1

てくるのは、全体を引っ張っているのは百田夏菜子である、という点だ。武部聡志《たけべさとし》が「ミンミンした声」と表現したように、夏菜子の声は単独だと非常に幼く甲高《かんだか》いもので、彼女自身はその声にコンプレックスを抱いていたようだ。その夏菜子の声を中軸に据え、4人を配置することで生まれる「ユニゾンの魔力」が、声の魅力を最大限に活かす道なのであった。

少し遊んでみよう。高城れにの優しい声は、癒しに満ちており「水」、それも常温の温もりを感じさせる。有安杏果の芯がある声は、力強い「大地」を感じさせる。佐々木彩夏の声は、独特の色香を感じさせる艶やかな「花」。玉井詩織の声は、明るく凛としており「光」を感じさせる。つまり杏果の大地に、れにちゃんの水が染み渡り、それをしおりんが照らすことにより、あーりんの花が咲く……というような声のバランスが生まれていることが分かる。そして夏菜子の声はというと、それら全てを享受して生きる人間の「魂の叫び」なのである。このように見立てることで、ももクロの「ユニゾンの魔力」について、少しは理解が進むだろうか。そして彼女たちは、元々歌手になるつもりはなかったために、「デビューしてから成長を積み重ねる」という、聴く側にとっては同時代を生きているからこその魅力も加わる。さらに、彼女たちの成長を意識しながら、アイドルというジャンルに拘泥《こうでい》しないチャレンジングな楽曲が、常に提供されていく。これらがももクロの音楽的な魅力を形作っているのである。

なお、ここで「5人」としたことは、早見あかりが抜けたことを前提としている。あかりんの低音ヴォイスも魅力的だが、夏菜子との距離が開きすぎ、「ユニゾンの魔力」を生むには至らなかったというのが私の理解だ。ここに、Z以降の大ブレイクの鍵もある。

2010・5・5発売
メジャー・デビュー single
『行くぜっ！怪盗少女』

▼ももいろクローバー
『行くぜっ！ 怪盗少女』
【オリコンシングルチャート デイリー1位 ウィークリー3位
日本レコード協会ダブルプラチナ認定】

時代を更新した、名刺代りの代表曲

ももクロの代表曲は何か。と問われれば、やはりこの曲ということになるだろう。**キング《King》・クリムゾン《Crimson》で言えば「21世紀の精神異常者」★1**に当たる曲、と言えば分かりやすいだろうか（かえって分かりにくいか?・）。**堂々のメジャー・デビュー曲★2**であり、巷間《こうかん》に流布する彼女たちの様々なイメージを決定付けた曲でもある。そして本曲からいよいよ、初期ももクロの重要曲を矢継《やつ》ぎ早《ばや》に生み出した天才作家・**前山田健一《まえやまだけんいち》★3**との共同作業が始まるわけだ。個人的にも、年末にの〜んびりとテレビで**K1を見てたら、突然リング上でこの曲が披露《ひろう》され★4**、それからは試合よりもそっちが気になってしまったのが俺のモノノフとしての原体験。あの完璧にアウェイな空気、野次も飛ぶ中で見せたパフォーマンスに度肝《どぎも》を抜かれた俺は、「こらまたドエラいのが出てきたな〜」とばかりに彼女たちを追い続けた。それが本書へと真っ直ぐと繋《つな》がっているわけであってね。

曲は昭和のヒーローアニメ然としたサウンドにメンバー紹介のラップが被《かぶ》さるという、いきなり

サウンドカテゴリー度
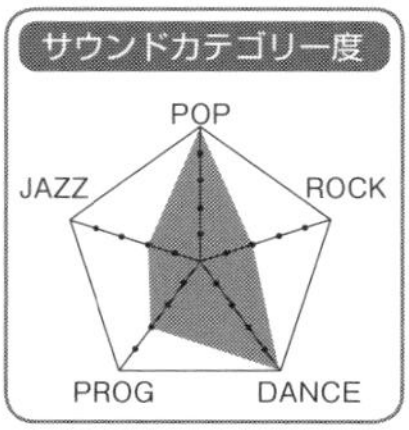

DATA
レーベル／ユニバーサル J
販売／ユニバーサル ミュージック
作詞・作曲・編曲／前山田健一

★1／キング・クリムゾンはイギリスのプログレッシヴ・ロック・バンド。1969年のアルバム「クリムゾン・キングの宮殿」での衝撃的なデビュー以降、現在に至るまでメンバーや音楽性を進化させながら、多くのバンドに影響を与え続けている。「21世紀の精神異常者(21th Century Schizoid Man)」は同アルバムの1曲目を飾る、クリムゾンの名刺代わりの代表曲。
★2／本曲よりユニバーサル ミュージックの邦楽レーベル、ユニバーサルJに移籍。
★3／前山田健一は音楽プロデューサー、作詞・作曲・編曲家。ハロプロ系アイドルやゲーム・アニメ音楽、小室哲哉、渋谷系などから

の反則技からスタートする。「Yes!《イエス》 Yes!《イエス》 We're《ウィアー》 the《ザ》 ももいろクローバー」と始まるこのキャッチーなイントロは、歌ってみた／踊ってみた系のアクションへの誘発性が極めて高い。このあたり、ニコ動の投稿から出世の道を切り開いた前山田らしい「把《つか》みの技法」と言えるだろう。ちなみに、「昭和のヒーローアニメ然」とは書いたが、実際には4つ打ちの極太ビートが底辺にあり、テクノ・フロア以降の意匠《いしょう》にアップデートされているため、古さと新しさが同居した独特のサウンドになっている。これを面白いと感じられるかどうか、すなわち「聴き手が耳をアップデートできるかどうか」が、ももクロにハマれるか否《いな》かのポイントである。ここで重要なことは、ラップ部分であかりんだけが1オクターヴ低いパートを取り、それを取り巻くように5人の声が配置されている、ということだ。おそらくは**仮歌**★5では前山田がこのパートを歌ったのだろうが、この低音部があることで、Z以降のそれとは全く印象が異なるものになっている（この点についてはP120でも詳述する）。

　明るいマイナーのメロディーに乗せ、「放課後のチャイムが鳴ったら怪盗少女に変身して、あなたのハートをいただきに行くからね」というアニメ的な萌《も》え設定のメッセージが、メンバーがコロコロ入れ替わりながら投下されていく。本曲の設定については、発注段階で間奏に「怪盗ももいろクローバー、あなたのハートをいただきます」というフレーズと、**映画『ルパン三世 カリオストロの城』の台詞を入れる**★6というディレクターからの指示があったそう。世代的にアニメの影響を受けたスタッフの遊び心が、そのままももクロの初期のスタイルを形成していることを端的に示すエピソードだと言えよう。安定かつ黒い歌唱力を持つ杏果に始まり、妹キャ

の影響をベースに、ユニークな創作活動を続ける。本曲は前山田にとっても出世作。

★4／2010年12月11日、有明コロシアムで開催された「K-1 WORLD GP 2010 FINAL」のハーフタイムショーとして、リング上で本曲が披露された。前年の同大会にはAKB48が出演している。ももクロが応援していたアリスター・オーフレイムが見事に優勝。彼女たちの「勝利の女神」としての第一歩が刻まれた。

★5／「仮歌」とは、デモ音源の段階で、本来の歌手以外の者がメロディーの確認用に録音した歌のこと。作家による仮歌のクオリティが高い場合、そのまま採用されることも稀にある。

★6／1979年公開の映画『ルパン三世 カリオストロの城』は、宮崎 駿の映画初監督作品として有名。件の台詞とは、ヒロインのクラリス・ド・カスオストロの「あの方は何も盗らなかったわ」と、銭形警部の「いや。奴はとんでもない物を盗んでいきました。あなたの心です」というもの。デモ段

ラ全開のしおりん、大人の色香漂うあかりんのラップ、「ヘンシーン」「血・ま・な・こ」などのギミックをブッ込むれにちゃん、王道アイドル感と過剰なセクシー度で迫り来るあーりんと、めまぐるしくも個性的な展開に聴くものはクラクラさせられるのだが、そうした歌詞の流れと連動してチャイムやサイレン、ティンパニ、ディストーションギター、ストリングス、マリンバ、爆発音などの脈絡《みゃくらく》ない装飾が左右チャンネルに飛び交い、酩酊感《めいていかん》にターボをカマす。**DTM**★7ならではのアレンジ手法だが、こうした部分での前山田の遊び心には他の追従《ついじゅう》を許さないものがある。そしてAメロのキーはAマイナーだが、サビはE♭マイナーに唐突《とうとつ》に転調、全員のユニゾン歌唱の全力具合（そしてあのダンス！）とあいまって、大きなカタルシスをもたらすことになる。「お待たせしました、2番！」としおりんが微笑んだ時には、すっかり本曲の世界観に巻き込まれているはずだ。なおサビの「いっちょ ソバット」のフレーズは、プロレス愛に溢れる川上氏の発案によるもの。当初は「いっちょ まるっと」だったらしいが、筆者はここで「いっちょソバット」と唐突に、かつ見事にソバットをカマす振り付けに「え？ 今の、何？」とノックアウトされたのだから、川上氏の判断は正しかった。

　ここまで、夏菜子のヴォーカルは敢えて温存されている。他のメンバーが個性全開で歌い継ぐ間、夏菜子は2番の「出欠取ります」「3！」の2言でしか登場しないのだ。そして高揚感のある間奏を挟んで、ついに夏菜子が全貌を表す。「無限に広がる星空よりも」と始まる大サビのソロパートは約12秒、「聴かせどころのパート」が来るところまで4番バッターをあえて温存するセンスたるや、実に素晴らしいし、MVやライヴではこの後にあの**エビ反りジャンプ**★8

階ではこの台詞はヒャダインとヒャダル子で再現されていたが、権利的にアウトになった。なお同エピソードは、日刊サイゾーでの『AKB48、ももクロ……ヒャダイン／前山田健一が語るニコ動&アイドル曲方法論』に拠る。

★7／Desk Top Music の略称。より本格的なレコーディング環境に対応しうるものをDAW（Digital Audio Workstation）と呼ぶが、PC入力で音楽を作成するという意味では大きな差はない。DTMの登場以降、楽譜を起こさずに作・編曲を進めることがデフォルトになった。

★8／百田夏菜子の必殺技であり、ももクロが「アクロバティック」と呼ばれるようになったのは『行くぜっ！ 怪盗少女』でのこのアクションゆえ。百田の新体操で鍛えられた柔軟性と身体能力は、アイドル界の頂点にある。

が来るわけだから、たまりませんなぁ～皆の衆！

奇抜な転調構成で音楽マニアもクラクラ

ここで改めて、本曲の転調の流れを追ってみよう。主調はAマイナー、サビでE♭マイナーに転調するが、調号なしからフラット6つ、つまり**5度圏の対極にある増4度**★9への動きゆえに、転調感は最も強くなる。ここから2番に行く際、繋ぎとして「いただきます」のメロディーが「ファ#・ラ・ソ#」と動き、一瞬だけF#マイナーに傾斜するが主調のAマイナーに戻る。再びサビでE♭マイナーに進み、間奏に行く際に今度は完全にF#マイナーに移行、大サビまでそのまま進行する。この間奏から大サビのパート、区切りのコードはF#マイナーの平行調のAメジャーで、ご丁寧に**毎回ツーファイブを挟《はさ》む**★10ので、より明るいムードになる。そこから再びサビでE♭マイナー、ラストはイントロ同様に見えて、実はF#マイナーで終わっている。イントロとエンディングだけを聞き比べれば、その違いにすぐに気付くだろう。そしてAマイナーとF#マイナーの関係は短3度、F#マイナーとE♭マイナーの関係も短3度、つまり本曲は2つの短3度音程を行ったり来たりする複雑な転調構造を採っているわけだ。前山田は「メンバーの歌える音域が限られているので、その中で変化をつけようと思ったらこうなった」と発言しているが、実際にこの転調構造の中で、メロディーそのものは1オクターブと短3度という音域に留まっているからサスガである。そんな前山田の書くマイナーメロディーはペンタトニックに9thを加えたものが多く、切なくもカラッとした明るさを感じさせてくれるのだが、その

★9／「5度圏」とは、12の長調からなる円のこと（左図参照）。より詳細は各自調査だが、ここでは円の対極にある調性が、共通音が少なくなるため、より転調感が強くなる、との理解でよいだろう。

★10／ツーファイブとは、楽曲のコード進行における定型。「ツー」はサブドミナントマイナーのⅡm7、「ファイブ」はドミナントのV7。多くの場合、ツーファイブのあと主和音に進むことで、調性感がより明確になるのでスタンダードなコード進行で多用される。本曲ではポップスの定石に従って7th抜きで進むが、ドミナントモーションとしての一定の効果は認められる。

底辺には彼が幼少時に受けた**バルトーク**[★11]からの影響が大きいと思われる。

当時のアイドル楽曲としては極めてブッ飛んだものだったために、ユニバーサルミュージックの『怪盗』の評価は、決して高くなかった。同時期に提出された楽曲の中では『全力少女』が最も高かったのだが、ひとまずは『走れ！』をメインにして、『怪盗』をカップリングにすべきと主張。しかし**『怪盗少女こそが面白く、彼女たちにふさわしい』と感じた理事長がまず推し**、[★12]「いい曲だけど、これライヴでやるぐらいだよねー」と当初は引き気味だった川上氏もいつしかこれに追従したことで、この未曾有《みぞう》の楽曲が世に出ることになる。

オリコンデイリー1位を獲得したものの、インディーズ時代のファンは当初はその楽想についていけず、すぐに大ブレイクとはならなかった。しかしながら、今や伝説となった２０１０年5月30日放送のＮＨＫ『MUSIC JAPAN』のオンエアに始まる一連のムーブメントとともに、彼女たちの存在が徐々に世に広まっていき、アイドル史、並びに日本の音楽史が更新されることになったのだからして、なんちゅうドラマチックな展開なのか。そして本曲を〝感じてしまった〟感度の高い音楽マニアやサブカル層はもちろん、一般リスナーたちも大量にももクロ支持に回ったことが、現在へと真っ直ぐに繋がっているわけである。

ここで改めて、本曲がメジャーファーストシングルとして世に出たことを感謝したい。サンキュ、前山田さん、理事長、そしてもちろん川上さんＹＯ！

★11／ベーラ・バルトーク（Bartók Béla）は19世紀末から20世紀前半にかけて活躍した、ハンガリーの作曲家。東ヨーロッパの民謡を採取し、伝統的なクラシック音楽の手法と重ね合わせることで、5度圏や増4度音程をベースとした半音階的な独自の作曲スタイルを確立する。その手法はエルネ・レンドヴァイの名著「バルトークの作曲技法」に詳しい。前山田はバルトークのピアノ練習曲集「ミクロコスモス」を学んだと述べている。

★12／この件もあって、「より自由な楽曲をリリースできるレコード会社に」という理由で、たった1枚のシングルをリリースしただけで、ユニバーサル Jからキングレコードのアニメ系レーベル「スターチャイルド」に移籍。以降のアーティストとしての飛躍を鑑みると、正解でしたね。なお「理事長が推した」とのエピソードは『走れ！』の★1で触れたインタビューより。

2009・11・11発売
インディーズ 2nd single
『未来へススメ!』

▼ももいろクローバー

『ももいろパンチ(tofubeats《トーフビーツ》 remix《リミックス》)』

アイドルの常識を超える、驚愕《きょうがく》のリミックスに震えろ!

『未来へススメ!』のカップリング曲としてここで唐突《とうとつ》に、衝撃のリミックスがドロップされる。同じ年にリリースされた、まだ十分に鮮度の高いデビューシングルを、ここまで**脱構築**★1して良いものなのか? 果たしてファンはついて来れるのか? といった常識的な発想をいっさい切り捨て、気鋭の**tofubeats**★2によって手加減なく極太の**ダブステップ**★3へと変換された『ももパン』。この破壊力は完全に従来のアイドルの次元ではなくフロア仕様だ。

これを許容した運営の遊び心と居直りには、ホントーに感服する。とにかく出だしから最高で、ズタズタに切り刻まれたサビのコーラスパートが高速ドラムンベースに乗っかり、あっちゅう間に異次元にワープする。

そうそう、ダブステップと言えば後に『Neo《ネオ》 STARGATE《スターゲート》』(P216参照)で、「ももクロがダブステップに踏み込んだ」と話題になるのだが、この段階でここまでのものをカマしていたのだ。

容赦なく迫る重低音群は、スピーカーが飛ぶかと心配になるレベル。それでいて曲本来の良さは全く失われていないのだから驚異的。これに感動してtofubeatsの名をハートに刻んだ俺は、彼の他の音源を軒並みフォローすることになったのだが、今でも本曲での仕事が群を抜いて素晴らしいと思っている。今すぐ『未来へススメ!』を入手して、大音量で聴け!

サウンドカテゴリー度

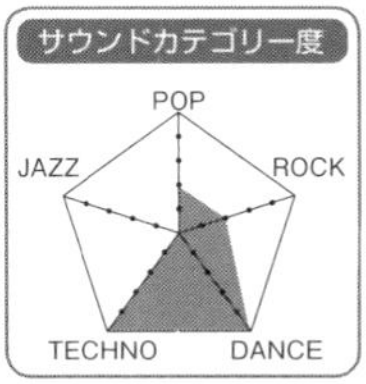

DATA

レーベル/ハッピーミュージックレコード
販売/ビクターエンタテインメント
作詞/TZK
作・編曲/斎藤悠弥
アレンジ/tofubeats

★1/フランスの哲学者、ジャック・デリダ(Jacques Derida)が提示したとされる概念。2項対立的な静止的な構造に留まるのではなく、思考の手順においては常に古い構造を破壊し、新たな構造を生成していくというダイナミックな考え方。ここではそれに基づく言葉や芸術作品を意味する。

★2/tofubeatsは神戸出身のDJ、トラックメイカー、音楽プロデューサー。LP時代からの旧いJ-POPをこよなく愛し、最新の意匠で提供する手腕は高く評価されている。ピースフルなDJとしても人気。

★3/ダブステップはロンドン発祥とされるダンスミュージックのスタイル。ドラムンベース以降のスタイルで、エレクトロなビートと図太いベース、サンプル音を切り刻むなどの特徴がある。

2010・11・10発売
2nd single
『ピンキージョーンズ』

▼ももいろクローバー

『ピンキージョーンズ』

【オリコンシングルチャート デイリー6位 ウィークリー8位】

6人時代の「無双《むそう》」が、いよいよ開花する名曲

「音楽業界の常識に囚《とら》われず、自分たちが思うようにやりたい」との理由でユニバーサルJをたったのシングル1枚で離れ、あっさりとキングレコードに移籍。この辺りの運営の身のこなしは実に軽やかだったが、おそらく『怪盗少女』（P84参照）を聴いた**宮本純乃介**《みやもとじゅんのすけ》は「このコら絶対にウチ向きだわ」と判断したのだろう（推測）、移籍第1作目にして物凄《ものすご》いことになっているのが本盤の3曲だ。俊英《しゅんえい》**NARASAKI**《ナラサキ》★2が手がけた『ピンキージョーンズ』、前山田の遊び心が炸裂した夏ソング『ココ☆ナツ』、そして**Buono!**《ボーノ》★3でその実力を発揮して注目された**AKIRASTAR**《アキラスター》の『キミとセカイ』、といずれ劣らぬ力作揃い。かつ、この後も主要なももクロ楽曲を生み続ける役者の揃《そろ》い踏《ぶ》みとは、恐れ入谷の**プリズマ☆イリヤ**★4だ。ここでは通常盤を基準にするが、初回限定盤ではそれぞれの曲が表題となり、MVのDVD付き。シングル盤でありながら3曲とも全く異なるコンセプトでMVを撮影したというあたりに、キングレコードの力の入れ具合が現れている。

サウンドカテゴリー度

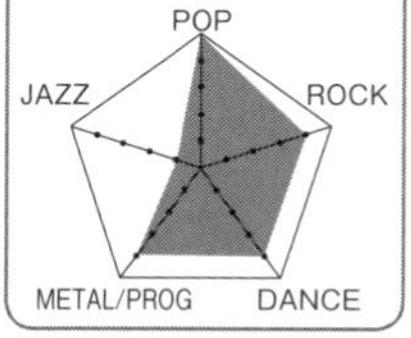

DATA

レーベル／スターチャイルド（キングレコード）
作詞／村野直球
作・編曲／NARASAKI
ギター&プログラミング／NARASAKI

★1／宮本純乃介は、キングレコードの音楽プロデューサー。2005年の入社当初はアニメ専門レーベルの「スターチャイルド（STAR CHILD）」で、「さよなら絶望先生」などのヒット作を手がける。本曲以降のすべてのももクロの楽曲に携わっており、2014年にはキングレコード内に立ち上げられた「イーブルライン レコード（EVIL LINE RECORDS）」レーベルのヘッド兼チーフ・プロデューサーに就任。その際に、ももクロも移籍している。

★2／NARASAKIはギタリスト、ヴォーカリスト、トラックメイカー、音楽プロデューサー。1991年、自身のバンド「COALTAR OF THE DEEPERS」を結成。デス

エニウェイ。それぞれの曲の解説に行く前に、通常盤のジャケ写（P20参照）について。収録された3曲がいずれも異なるテイストを持つものであったため、どこかに寄せることなく、実にアイドル然としたものになっている。このジャケ写をどっからどう見ても、収録曲の楽想は思い浮かばないはず。私服っぽい衣装での色分けはきちんとされているのだが、ここまでナチュラルにアイドルっぽいジャケ写は、ももクロ史上これ1枚だけ、という意味では貴重だし、なんつっても全員魂を抜かれるレベルで可愛い。表裏を見開きで見ると、メンバーが目を閉じた写真と並んでて、も〜これ見てるだけで何時間でも飽きないです、俺的には。

さてまずは『ピンキージョーンズ』だが、タイトルから分かるように、これは「インディージョーンズのももクロ流変換」ということですな。なのでアニメっぽくとっ散らかったイントロからの歌い出しは「冒険 ツアーだ 青春だ 極上の 夢を 目指しちゃえ」と、アドベンチャーな世界観がまず提示される。本曲もコンペで選ばれた楽曲なのだが、宮本は「さよなら絶望先生」でNARASAKIと出会い、**大槻ケンヂとの特撮**★5でのブッ飛んだ仕事ぶりを高く評価、NARASAKIに声をかけたと推測する。ドラムンベースなリズムはＢＰＭ180とももクロ史上最速。そこにハードエッジなギターサウンドとシタールなどのエスニックなスパイスを撒《ま》き散らしたサウンドデザインは圧巻で、前山田が〝ポップ寄り〟とすれば、一方のNARASAKIは〝メタル・ハードロック寄り〟の志向を強く感じる。そして本曲における歌唱で、各メンバーの個性が完全に固まったということも、特筆すべき点と言えるだろう。『怪盗少女』で示されたキャラクターがさらに進化しており、特にあーりんは「ビッグな元気を補給だ お口ア〜ン」「如何にも

メタル、シューゲイザー、ネオアコ、エレクトロニカなどの幅広い芸風で、長年ももクロの楽曲を支える重要人物。

★3／Buono! は嗣永桃子、夏焼雅、鈴木愛理の3人による、ハロー！プロジェクト内のユニット。つんく♂以外の楽曲制作者が関わり、ハロプロ内屈指の戦闘能力の高い3人に、ロックテイストの攻めの楽曲を歌わせることで、高く評価されていた。2017年に活動休止。

★4／「プリズマ☆イリヤ」は魔法少女ものの漫画、及びアニメ。漫画原作はひろやまひろし。漫画・アニメともシリーズ化されている。漫画第1期のタイトルは「Fate/kaleid liner（フェイト カレイドライナー）プリズマ☆イリヤ」。主人公のフルネームはイリヤスフィール・フォン・アインツベルンと、マニアックな世界観の中に程よい萌え要素が盛り込まれた人気作。

★5／「特撮」は大槻ケンヂが結成したバンド。NARASAKI はオーディションで選ばれた。2000年、シングル「アベルカイン」でメジャーデビュー。筋肉少女帯から連なる

こうにもあきらめ それはノ〜ン」と、「〜」部分の歌唱を完全に自家薬籠中《じかやくろうちゅう》のものとしている。この時点であーりんは14歳だから、さすが佐々木プロ、と言うしかないですなぁ〜。

メンバーの名前を巧《たく》みに折り込む辺りも絶妙

サビでは恒例《こうれい》の転調もなく、「逆境こそがチャンスだぜぃ」と、彼女たちの当時の立場と活動スタイルそのものを示すかのような歌詞がワチャワチャ感いっぱいに歌われる。MVやライヴ映像をぜひ見てほしいのだが、このサビパートのアイドルの枠を超えた大胆な振り付けが、ワチャワチャ感をより一層のものにしている。なおMVはインディアン風の衣装のダンスパートと運動会仕立てのシーンが組み合わされているのだが、跳び箱のシーンでメンバーの運動神経の差が如実に現れていて興味深い（跳べなかったあーりんが跳び箱をトントンする萌えシーンは、危険につき取り扱い注意）。

本曲では村野直球《むらのちょきゅう》★6が、作詞にあたって相当にももクロを研究したことも窺える。力技で天下を取りに行くアイドルと、それを応援するファンの関係性を「冒険の旅」として描いているのだが、旅に同行する仲間である我々モノノフにとってこんなに嬉しいことはないし、実際に「このとおりの旅」が今も続いているわけであってね。

大サビ部分では、メンバー名が歌詞の中に挿入される人気のパートが現れる。モノノフには周知の事実であり、ライヴでは全力でコールを重ねる部分なのだが、まだ聴いたことがない方にはネタバレになるので、あえて各自調査としておこう。このパート、村野のプロ仕事にはひた

大槻のコアでマニアックな意匠と、NARASAKIのギター、及び幅広いサウンドメイキングが持ち味。ももクロと同じイーブルライン レコードに所属。

★6／村野直球は広告プランナーを経て、1996年にデビューした作詞家。水樹奈々、野中藍、嵐、SMAP、中西圭三、永井真理子ほか、数多くのアーティストに作品を提供。

すら感謝ですな。そしてアタリマエのこととはいえ、あかりんのパートを本人が歌っているのが、今となっては貴重だ。現在は同パートは、あーりんが歌っている。なお2番頭の「サフラン タイム オレガノ」のスパイス名称部分もこの段階ではあかりんパートで、エスニック感と低音ヴォイスがよく響き合っている名唱。ここは現在れにちゃんが、完全に「自分の世界＝不思議ちゃんワールド」に引き寄せて歌ってます。

NARASAKIへのインタビュー★7によると、本曲の当初のテーマは「世界一周」で、自分の恋人なのか好きな人なのかを探していろんな世界の民族音楽を経て、最後は日本に辿り着く…という流れで曲を作り始めたらしい。つまり、「何かを探して旅していたら、原点に還った」みたいなアニメ的な設定の旅の果てに、ももクロ初期の〝和〟のコンセプトを位置付けようと考えていたわけですな。しかし結局、最後は「天下を取りに行くぜ」とか言いながらスペイシーになり、宇宙にワープしてしまった。結果としてこれが、本曲のカッ飛び具合を加速し、成功に導いているのだから創作というのは面白いものだ。

2013年5月に行われた「Ozzfest《オズフェスト》 Japan《ジャパン》 2013」にももクロが出演した際★8、メタラー達からは「神聖なメタルのフェスにアイドルなど不要！」と、アウェイな空気が生まれた。しかし夏菜子の「今、目の前にいる私たちがアイドルだ！」との煽《あお》りに続いて本曲が披露されると、その圧倒的なパフォーマンスに、アウェイな空気はイッキに吹き飛ばされた。その日の3曲目に披露された『黒い週末』（P198参照）ではNARASAKIとの初共演が実現するというドラマチックな展開も手伝って、ももクロ史上でもトップクラスの名シーンとして今も語り継がれている。

★7／「CD Journal」のWebサイト上で、2012年8月に「南波一海presents ヒロインたちのうた。」の第6回としてNARASAKIが登場した際に言及。

★8／オジー・オズボーン（Ozzy Osbourne）とその妻シャロン・オズボーン（Sharon Osbourne）がオーガナイズするヘヴィメタルの祭典が「Ozzfest」で、2013年に日本で初開催。ももクロが出演した5月11日は初日で、ヘッドライナーはSlipknot（P201★16参照）、他にスラッシュ（Slash）やDEFTONES、マキシマム ザ ホルモン、MAN WITH A MISSIONなどが出演。

2010・11・10発売
2nd single
『ピンキージョーンズ』

▼ももいろクローバー

『ココ☆ナツ』

【日本レコード協会ゴールドトラック認定】

前山田節全開！の、革新的夏ソング

「お待たせしました、2番！」★1ではなく、ライヴにおける大人気曲『ココ☆ナツ』が、ここで満を持《じ》して登場する。『怪盗少女』の成功で自信をつけた前山田ならではの〝なんでもアリ感〟は早くもリミッターを外して全開。明らかにメンバーの個性を理解した上で曲を作っているから、ここまで楽しくもハイパーな夏チューンを創造することができるのだろう。「どこ？ そこ？ あそこ？ 見つからないぜい?」と出だしから言葉でおちょくり、すかさずあかりんの「カキ氷 イチゴ味」のラップに繋《つな》げ、「ジャジャジャジャジャジャジャジャーン」とまとめる冒頭部から、ただごとではない勢い。ここまで僅《わず》か18秒に込められた圧倒的な情報量を理屈抜きに楽しめたら、もはやフツウのアイドルポップには帰って来れません。よく**「ももクロの楽曲には中毒性がある」**★2と言われるが、本曲あたりがその最たるもの。そういう意味では、モノノフにとっての踏み絵のような楽曲だ。

メンバーの個性もここに至って完璧に固まり、あーりんの「思い切って 買っちゃったビキニ」

★1／『行くぜっ！怪盗少女』（P84参照）の人気フレーズ。「2番」は玉井詩織がズバッと決めており、筆者はここが歌いたいがために、カラオケではしおりんパートを歌う。

★2／ももクロの楽曲は展開のスピードがあまりにも速く、言葉が解釈する余地なく飛んでくるので、アレヨアレヨという間にハマっている…というのは、前山田時代のももクロの楽曲の特徴。

サウンドカテゴリー度

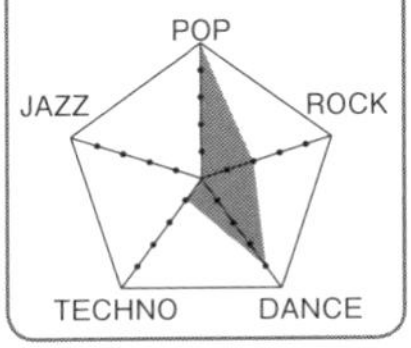

DATA

レーベル／スターチャイルド（キングレコード）
作詞・作曲・編曲／前山田健一
ギター／板垣祐介
プログラミング／前山田健一

「どっきゅーん ずっきゅーん キミの視線」の無双な存在感（ご丁寧に「きゅん」を**ショートディレイ**★3処理で強調）にはある意味、恐怖すら感じるし、杏果の「日焼け止め ココナツフレイバー」のファンキーな歌唱も圧巻。前山田が歌入れの段階で、丁寧に指導していることが窺える。この2人によるスイート&ビターのコントラストの間に、他のメンバーが効果的に配置されている。

そしてこの曲をキラーチューンに仕上げているポイントは、サビの「ココココ コーコ コッコッコー」と、延々と「コ」だけが続く歌詞。ライヴではこれにあわせて、メンバーもニワトリよろしく手を突き出してグルグルと回転ダンシング、モノノフもサイリウムを前に突き出してアクションする（スタンディングの場合はグルグル回る）という、事情を知らない人間には異様な光景が繰り広げられる。このサビの歌詞、本来はちゃんとしたものがあったのだが、「もっとインパクトを！」との（おそらくは宮本の）要望に対し、前山田が「じゃあコだけで」としたことで、前代未聞のサビが生まれたというから面白い。ちなみに本曲のメインキーはEメジャー、サビではGメジャーに転調するのだが、やはり**前山田得意の短3度転調パターン**★4だ。

中間部では、れにちゃんの「ファイヤー！」の掛け声からお祭りモードに突入し、「スパーキング！」（れにちゃん）、「リンボー！」「フィーバー！」（夏菜子）と脈絡《みゃくらく》なくただアツい言葉が絶叫され、「ソイヤソイヤ！」で一体になって盛り上がる。このパート、シングル音源では1回しか演《や》らないが、夏の野外ライヴでは心ゆくまでリピートされ、その間メンバーが客席を走り回ってウォーターガンを噴射するという演出が恒例となっている。**ライヴ映像で各自確認されたし。**★5

★3／短いエコーで特定のフレーズを繰り返すことにより、印象づける手法。

★4／短3度の転調は、サビの繰り返しの最後に半音上に転調するパターンについで、よく用いられる。相互のキーの共通音が少ないために、強い転調感がある。

★5／2011年8月20日、よみうりランドで開催された『サマーダイブ2011 極楽門からこんにちは』から用いられている、夏の屋外会場の利点を活かした演出。以降、夏の大型野外ライヴでは、メンバーが客席に向けてウォーターガンで噴射するのが恒例に。

2010・11・10発売
2nd single
『ピンキージョーンズ』

▼ももいろクローバー

『キミとセカイ』

迫力の生ドラムスに負けないヴォーカルが炸裂

前2曲の躁《そう》状態を蹴散《けち》らすかのように、唐突《とうとつ》にディストーションギターによるG7#9コードがハードに鳴り響く。ここに「Hah《ハァー》〜！1234《ワンツースリーフォー》！」とメンバーがすかさずコールをブッ込むイントロがもう最高！アッパーな楽曲が詰め込まれたキングレコード初シングルのラストには、破壊力抜群のギターロックが**AKIRASTAR**《アキラスター》★1から送り込まれた。彼女たちの楽曲の中で初めての「生楽器によるギターバンド」の曲であるという点がまずユニーク。飛び道具としてのシンセ以外にキーボードは使用していない。ベースはAKIRASTAR本人が手がけ、ギターに知野芳彦《ちのよしひこ》、ドラムに**石井悠也**《いしいゆうや》★2という腕達者を揃え、コーラスにAYAMI《あやみ》を迎えて強化している。特に全編を貫く石井のタイトなドラミングが秀逸だ。

かようにハードな楽曲のテイストに合わせて、メンバーそれぞれが持ち味を生かしながらロックスピリット溢《あふ》れるヴォーカルを聴かせる。そこに「ツンツン」「ドキドキ」「ビシバシ」などと、ホストクラブさながらの合いの手が入るスタイルは、ちょっと**つんく♂**★3っぽくもあるが、**ハロプロ**★4

★1／AKIRASTARはベーシスト、トラックメイカー。Buono!を中心にアイドルやアニメの作品を数多く手がける。Buono!の2ndシングル「恋愛♥ライダー」は必聴。

★2／石井悠也はいきものがかり、ポルノ・グラフィティらをはじめとする膨大な参加楽曲リストを誇るスタジオドラマー。ももクロやmiwaのライヴサポートも行っている。

★3／1992年にシャ乱Qのヴォーカリストとしてデビュー。モー

サウンドカテゴリー度

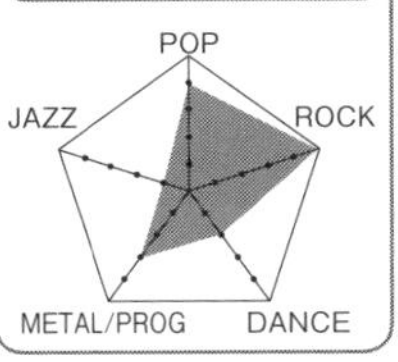

DATA

レーベル／スターチャイルド（キングレコード）
作詞：松田綾子
作・編曲：AKIRASTAR
ギター：知野芳彦
ベース：AKIRASTAR
ドラム：石井悠也
コーラス：AYAMI

だとここまでハードに振り切らないので印象は全く違うものになっている。そして、この手のサウンドで杏果が実力を発揮するのは当然とも言えるが、注目すべきはサビ前のしおりんのパート。1番では「アマノジャクな昨日までの自分にGood-Bye《グッバイ》」、2番では「不安にさせないで私だけ見ていて」と、妹キャラなりに精一杯な伸びのある声で、力強く歌詞を届けてくれるのにグッとこないモノノフはいないだろう。メンバー中随一の滑舌《かつぜつ》の良さを誇る、しおりんのここでの歌唱は、以降も「歌詞をしっかりと聴かせるポイント」で活かされ、さらには**若大将キャラ**★5へと繋がっていく。

本曲のキーはCマイナーだが、サビでは1音上がってDマイナーに転調。サビからのバンドのグルーヴと歌謡ロック的なメロディー展開に全員のコーラスがピタッと噛《か》み合っているのも聴きどころで、知野のアツいギターも荒れ狂い、凄まじい熱量でサビを一気に駆け抜ける。このパートにおけるハードロックともももクロの親和性の高さが、後に『猛烈宇宙交響曲・第七楽章「無限の愛」』（P162参照）や『黒い週末』（P198参照）で理想的な形で結実することになるわけですな。

そしてあかりんの「過ぎ去ってった昨日 人 振り返るな 前だけ見つめろ」との畳みかけるような高速ラップから、重厚なブレイクがらみのサビというドラマティックな展開には、毎回ゾクゾクさせられる。曲は転調したままのDマイナーで潔くエンディングへと突入。トータルタイムは4分強。ストレートな構成ながら全くダレることない「歌力《うたぢから》」に、ここまでライヴで培ってきた成長を見る思いだ。

ニング娘。及びハロー！プロジェクトの総合プロデュースを務め、日本のアイドル音楽を進化させた立役者。現在は総合エンターテインメント事務所、TNX株式会社の代表取締役社長。
★4／ハロプロ（ハロー！プロジェクト）は、アップフロントグループ系列のプロダクションに所属し、主につんく♂が総合プロデュースを手がけていた女性アイドルの総称。AKBグループが登場するまでは、トップアイドルと言えばハロプロというぐらいの影響力を誇っていた。
★5／若大将といえばその元祖は加山雄三、続いてプロレス界ではジャンボ鶴田。玉井詩織は加山雄三から正式に「若大将」と認められており、加山曰く「元祖も何もない。若大将は若大将」とのことである。男前！

2011・3・9発売
3rd single
『ミライボウル』

▼ももいろクローバー

『ミライボウル』

【オリコンシングルチャート ウィクリー3位】

ももクロ最大の問題作にして、新境地を拓《ひら》いた名曲

ももクロには問題作といって良い楽曲が幾《いく》つかある。メジャーデビュー作の『怪盗少女』もリリース当時は十分に問題作だったと思うし、Z以降は『猛烈』（P162参照）、『Z女戦争』（P184参照）辺りのプログレ的な複雑な楽曲は、アイドルの枠組みを超越したという意味で問題作と言えるだろう。またシングルではないが、ドリアンマスクで顔を隠した『Neo《ネオ》 STARGATE《スターゲート》』（P216参照）は衝撃的だったし、リミックスでは『ももいろパンチ』のtofubeats remix《トーフビーツ リミックス》や『LOST CHILD (Remixed by Noisia)《ロスト チャイルド リミックスド バイ ノイシア》』（P171参照）といった危険なウェポンもある。が、真の意味での問題作といえば、この『ミライボウル』に尽きるのではないか。

では一体何が問題なのか？ 説明しよう。本作はまず、普通に「新曲たのんます」と前山田に依頼された。発注には「Aメロを歌ラップに」ということは含まれていたという。機嫌良く（?）作曲を進めた前山田は、歌ラップとはいえメロディーをちゃんと作り、トラックを仕上げた。アレンジのイメージは、**「田原俊彦の歌いそうなチャールストン風」**★1だ。そこから前山田のオリジ

★1／田原俊彦は'80年代前半に活躍したジャニーズ事務所のアイドル3人組「たのきんトリオ」の一角を成し、無意味に陽気な部分を担ったユニークなシンガー。愛称は「トシちゃん」。ここでは田原の代表作「ハッとして！Good」あたりの楽曲を指す。

サウンドカテゴリー度

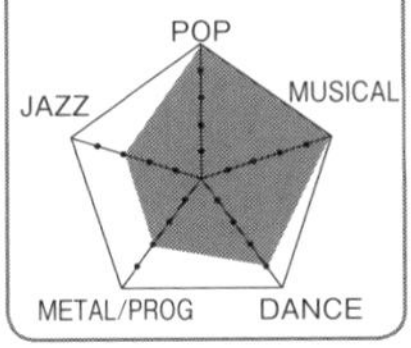

DATA

レーベル／スターチャイルド（キングレコード）
作詞／村野直球
作曲／前山田健一・大隅知宇
編曲／NARASAKI

ナルメロディーを抜いたトラックと村野による歌詞を渡して、「うまくライムを乗っけるように」とメンバーに無茶振りする（なのでこのパートは、メンバーがバラバラに録音したものから、使えるものを継《つ》ぎ接《は》ぎしたものとなる）。さらに前山田のトラックに物足りなさを感じた宮本は、**大隅《おおすみ》知宇《ともたか》**★2に追加の歌メロを依頼。これがリズムもキーも全く異なるサビとなる。最後に『ピンキージョーンズ』で実績のあるNARASAKIに素材を委ね（「前山田からMIDI《ミディ》★3のデータをもらって作業した」と語っている）、仕上げに向かった。この段階で極端に異なる前山田パートと大隅パートに決着をつけるべく、NARASAKIが「恋は伝説さ〜」からのラストパートを追加し、ようやく曲が完成する。ゆえにクレジット上は前山田と大隅が作曲でNARASAKIは編曲となっているが、実際はNARASAKIも作曲の一部を担《にな》っているわけですな。

作品の仕上がりを聴いた前山田は、当初は自分の曲がズタズタにされたことが相当にショックだったらしい。そりゃそうだろう、ここまできたら完全に「自分の曲が素材の別の曲」であり、堂々と「俺が作った」とは言えない。その点では前山田に同情するが、結果としては『ミライボウル』はアイドルらしい可愛らしさと、ももクロならではの強烈なダンスパートが奇跡的に融和した、絶大なインパクトを誇る楽曲になったのだから宮本グッジョブ！である。

本曲のタイトルは、ミラーボールを「明るい恋の未来」と掛け合わせたもので、ステージの開演、ここでは「一目惚れの恋の始まり」という設定のベルの音から始まる。ファンファーレに導かれ、「おじゃまします！ハイ、ハイ」と陽気にスタートするAメロは、先述したように歌ラップだが、キーはE。軽めのバスドラのキックに裏打ちのハンドクラップを組み合わせた軽快なリズ

★2／大隅知宇は元UNDER THE COUNTERのベーシストであり、現在は作曲家、編曲家、作詞家。バニラビーンズへの曲提供やアニメソングを数多く手がける。

★3／Musical Instrument Digital Interfaceの略称。音楽の演奏情報をデジタル換算する統一規格で、MIDI規格に沿って作られたデータを「MIDIデータ」と呼び、音楽制作や演奏のさまざまなシーンで利用されている。

ムで、2ビートと捉えるとBPMは概《おおむ》ね110だ。ノスタルジックなビッグバンド風のブラスはまさかの生（NARASAKIの判断でシンセから生に差し替えた）、コロコロと可愛らしく動き回る右チャンネルのシロフォン風のサウンド等、MVにもあるミュージカルの世界観★4を表すトラックは、従来の彼女たちにはなかったものだ。そして「夢見てた数だけ 高鳴る胸おどる」の夏菜子ソロから、ようやくクロマティック★5で降りてくる明確なメロディーが現れ、全員での「この恋はじめます!!」までが前山田パート。イントロからここまで、実にスムーズな流れの擬似ビッグバンドスタイルで、ももクロの新境地を印象付ける。

バラバラの2曲を統合するNARASAKIの手腕に脱帽！

一瞬のブレイクの後、何事もなかったかのように「恋はギラギラ 心キラキラ」とけたたましいコーラスで、問題のサビに突入する。BPMは150オーバー、キーはFへと半音上がるだけだが、リズムが4つ打ちのテクノに一変するため、全く別世界にワープする。左チャンネルで刻まれるギターの**高速オクターブ・カッティング**★6が実に効果的だ。初めてこの曲を聴いた時、「何か別の曲に飛んじゃった？・」とその唐突な展開に正直ビビったが、今となってはこの展開を心から愛する**俺ガイル**。★7そして冷静に考えると、むしろサビの方が王道なのであって、このアップテンポのサビに持ってくるための「遊び心」の部分が前山田パートの役割なのだ、と理解できる。

2番に戻る際も特にクッションはなく、あーりんが「ピンクのハート」とキュートな台詞をカマしている間にAメロに戻っている。ここからはソロの歌詞にメンバーカラーが織り込まれており、

★4／'60s感覚でまとめられたMVでは、統一のコスチュームのダンスシーンと、夏菜子をヒロインに他のメンバーは男性に扮して夏菜子を奪い合うミュージカルシーンを組み合わせている。あかりんのハンサム具合がハンパない。
★5／クロマティックスケール＝半音階を指す略語。
★6／ここでは1弦13フレットと3弦10フレットのいずれもF音を押さえ、2弦はミュートして16分音符でカッティングしている。アンサンブルの中でギターが上手い具合に浮き立つため、楽曲の盛り上げによく用いられる奏法。
★7／渡航（わたり わたる）によるライトノベル作品「やはり俺の青春ラブコメはまちがっている。」の略称。テレビアニメ版は2013年4月より6月まで、TBS系列で放送。「Hello Alone」など、エンディングテーマは一貫して『未来へススメ！』の黒須克彦が作曲を担当。

あーりんのピンクに続いては「真っ赤にもぅ すりむいて もいいのよ」（夏菜子）、「青春のアザ」（あかりん）、「紫に残ってても」（れにちゃん）、「黄色い声でね 告白を」（しおりん）、「ユメミドリーム 色々女子はね 大変だ」（杏果）といった具合だ。そして続くパートこそが、実は本曲の最大のハイライト。「キミの温度がね 入りこむ」のしおりんを聴け！ 彼女の優しく語りかけるようなラップはまさしくこちらのハートに入り込んでくるわけで、天才・玉井詩織ならではのセンスを感じる。いいな〜、しおりん。

同様の展開でサビに進んだ後は、よりビートが強調された間奏のダンスパートに突入。「ビュビュンビューン」とシンセが飛び交った後、満を持してあかりんのラップパートだ。「キミのハート Yes, 強奪 魂込め Bang《バン》 Bang《バン》 Bang《バン》」と、ちょっぴり『怪盗少女』の世界観を引き摺りながらも男前にライミング、締めの「好・き・な・の」だけ少女っぽくなるという、**スピニング・トーホールド**★8並みの荒技を決める。そこから必殺、夏菜子の落ちサビで「ねえ、一億何千万分の一の出逢いだね」と畳み掛け、サビで一気にフィニッシュに持ち込むかと思ったら、さらに「恋は 伝説さ〜」の締めパートが追加され、ここまでのとっ散らかった曲想が見事に総括され、感動的なエンディングを迎える。

以上、曲が完成するまでの複雑な経緯、そして完成してからの構成、さらにはＭＶの凝り具合など、どこを切っても「ももクロちゃんを最大限に活かす、面白い楽曲を」との制作者の執念《しゅうねん》のようなものが感じられる。個人的には『怪盗少女』以上のインパクトを本曲から受け、またカップリングされた後続2曲の圧倒的な完成度も手伝って、ももクロワールドの幸福な蟻地獄に完全に引き摺り込まれたことを告白しておく。

★8／スピニング・トーホールドは、ドリー・ファンク・ジュニア（Dory Funk Jr.）とテリー・ファンク（Terry Funk）の兄弟「ザ・ファンクス（The Funks）」が得意としたプロレス技。ここでは同技の「グルグルと回転してからストップし、ギブアップを求める」というところに、あかりんの歌唱との共通点を見出している。なお日本のロックバンドであるクリエイションが技をイメージしてインスト楽曲を制作、ザ・ファンクスの入場テーマとして使用されたが、同曲はプロレスの入場テーマ史における名オリジナル曲として、広く認知されている。今でもこの曲が流れると、昭和ガイズはグルグルと回転せねばならない。

2011・3・9発売
3rd single
『ミライボウル』

▼ももいろクローバー

『Chai Maxx《チャイ・マックス》』

【日本レコード協会ゴールドトラック認定】

ハンパない熱量！ライヴでの炎上マックスチューン

あかりんの在籍した、いわゆる無印時代のラストシングルが『ミライボウル』だが、カップリングされたこの『Chai Maxx』も『全力少女』（P106参照）も、現在でも人気のレパートリーなわけで、本シングルの重要度、並びに「まさか今、メンバーが抜けることはないだろう」感が〝Maxx《マックス》〟の状態にあったことが分かるだろう。『チャイマ』の愛称で親しまれまくるこのライヴでの大人気曲は、ここまでもチラホラと見えていた運営の「プロレス愛&昭和愛」が、ついにその全貌《ぜんぼう》を現した楽曲だ。筆者も長年のプロレスファンであるため、**この曲のMV**★1を見たときは全てが愛おしく感じたし、初めて彼女たちを見たK1（P84参照）との明確な関係もここで明らかになった、と思ったことが昨日のようではあるが、実際にはもう10年以上も前の話とは光陰矢《こういんや》の如《ごと》し。なお作詞は**只野菜摘《ただのなつみ》**★2、作曲と編曲は**横山《よこやま》 克《まさる》**★3で、いずれも以降、重要なポジションでももクロに関わり続ける作家たちである。

本曲に関してはぶっちゃけ、音だけではなくMVを観てもらう方がいろんなことが理解しや

★1／なぜかバルーンでデコレートされた謎の四角いリングを舞台に、キックボクシングやプロレスなどの格闘技、ダメージを受けた時の変顔、そして戦闘的なダンスを組み合わせた、初期ももクロの最高傑作MV。

★2／只野菜摘はエピック・ソニー・レコード勤務から転身した作詞家。ももクロの最重要作家の1人で、キーポイントになる楽曲の多くを手がける。でんぱ組.incや声優、アニメソングなど数多くの提供作品がある。

★3／横山 克は国立音楽大学作曲学科卒業、ミラクル・バス所属の作曲家、編曲家。ドラマやアニメのサウンドトラック、所謂「劇伴」

サウンドカテゴリー度

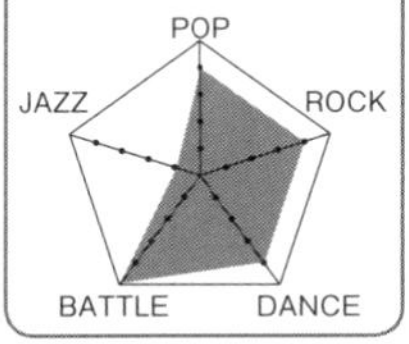

DATA

レーベル／スターチャイルド（キングレコード）
作詞／只野菜摘
作・編曲／横山 克
ギター／ pOlOn
コーラス／ ENA ☆
プログラミング&キーボード／横山 克

すい。なので、まずは各自調査で確認をば。冒頭、リングに並んでポーズをとる6人は、色分けされず同じ衣裳である点にまず注目。敢《あ》えて衣裳を統一することで、「アイドルではなくあくまでもリングで戦う少女たち」を表現したかった。という一方では、メンバーを無理に色分けせずとも闘えるのかどうかを問うていた、と観ることもできる。つまりは後に2ndアルバム『5TH DIMENSION《フィフスディメンション》』（P212参照）で見せるドリアンマスクへの布石が、この段階で敷かれていたということか？（ま、完全な後付けですけどな）また、MVの冒頭ではグローブを嵌《は》めていないが、歌唱パートでは黄色いグローブを嵌めてパンチやキックをするので、設定としてはプロレスよりもむしろK1などの打撃系となっている気もするが……。

イントロはディストーションギターによるDの**パワーコード**★4とシンセのSEが交錯、そこに「頑張っChai Maxx 冗談？ Chai Maxx」との言葉遊びコールが勢い良くブチ込まれ、早くもテンションが上がる。「勇敢な挑戦者たちがリングサイドにあらわれた」と夏菜子が先発。「あらわれた」の「あ」の音の**ブルージーな音程**★5に注目してほしい。続く「BABABABA-N!《ババババーン》」の合いの手で早くも**ドリフ**★6の振り付けが登場する。ここでは「いい湯だな～（ビバノン・ロック）」、サビではヒゲダンスから「8時だヨ！全員集合」のオープニング・ダンスと、昭和のゴールデンタイムの世界観を強引に持ち込んでいる。というようにドリフネタが注目されがちだが、俺的には夏菜子としおりんのボクシング・センスにこそ、腰が抜けそうになった。夏菜子の抜群のフットワーク、しおりんのワン・ツーからのキック、この天性の運動神経の良さが、この後も彼女たちの強烈な武器となっていくのであってね（雰囲気一発のあーりんも捨て難《がた》いチャーミングさだが）。翻《ひるがえ》って、残る4人を数多く手がける。

★4／主にエレクトリックギターのディストーション・サウンドで、3度の音を省略して1度と5度だけでコードを鳴らすこと。ハードロックやヘヴィメタルで頻出。

★5／「ドレミファ～」のメジャースケールに、3度・5度・7度が半音下がったものを加えたスケールが「ブルーノート・スケール」。特に♭5の音を「ブルーノート」と単独で呼ぶこともある。ここでは♭3度が少し上擦って、マイナーとメジャーの中間より少しマイナー寄り、というブルースギタリストさながらの絶妙の音程で夏菜子が歌っていることを指摘している。

★6／「ザ・ドリフターズ」の愛称。1969年からTBS系列で放送された「8時だヨ！全員集合」は、平均視聴率30％超という、昭和のテレビを代表する怪物的な公開生番組だった。

は変顔に勝負を賭けざるを得ないわけで、手加減なく変顔を決めるれにちゃんとあかりんは、別の意味で素晴らしいプロ根性を見せる（**「変顔がたくさんできて楽しかったです！」とあかりんは語ってます**）★7。なおサビでの膝蹴りは**アリスター・オーフレイム**《Alistair Overeem》★8の必殺技。この辺りはライヴでもモノノフが「せーの！ オイ！ オイ！ オイ！」と全力でフリコピするパート。続く**武藤敬司**《むとうけいじ》★9の「プロレスLOVE」のポーズと合わせて、アイドルと闘いの最先端にももクロがいたことが窺《うかが》い知れる。単なる運営の趣味であれば、ここまでの昇華《しょうか》は不可能なはずですよってにね。

モノノフにうれしい、ワーディングにも注目！

「Ah《ア》～ Ah《ア》～」と1人ずつ重ねられるコーラスパートに続いては、本曲最大のウェポンが投下される。あーりんによる「全身の遺伝子 前進拡張子《かくちょうし》 歴史を書き換えろ、未来史」の短いラップだ。ここ、作詞の只野菜摘のワーディングセンスが冴《さ》え渡っている。おそらくは歌詞を見ないと何を言っているかサッパリ分かんないと思うが、分かってしまうと「なるほどな～」と納得する意味がちゃんとあるから、その歌詞作りの懐《ふところ》は深い。ここではそれを、あーりんが萌え要素たっぷりにニャンニャンとライミング。被《かぶ》せるようにあかりんが漢気《おとこぎ》で続くという絶妙のリレーを見せる。本曲では他にも「夢と究極の 永遠延長戦のラヴ・アンド・ピースを」「拍手する 声援が聴こえる 正直いま 気をうしないかけた 抱きとめてくれる腕を感じた」などなど、モノノフのハートを揺さぶる名フレーズが満載なのである。

ここで横山のトラックメイキングについても触れておこう。前山田やNARASAKIは様々な

★7／「Quick Japan」vol.95の「100ページ全力特集 ももいろクローバー」内で言及。

★8／アリスター・オーフレイムはオランダ出身の総合格闘家。1980年生まれ。K-1 WORLD GP 2010王者、元Strikeforce世界ヘビー級王者。長い手足を生かしたパンチと膝蹴りが得意。現在もUFCを舞台に活躍。

★9／プロレスラーの武藤敬司は1962年、山梨県出身。新日本プロレス、全日本プロレス、WRESTLE-1と団体を渡り歩き、「プロレスLOVE」を標榜して活躍。ペインティングを施した「グレート・ムタ」の変名でもリングに上がった。得意技はシャイニング・ウィザード、ドラゴンスクリュー、足4の字固め、ムーンサルトプレスなど。2023年春までに引退すると発表。

異質な要素をブチ込んでまとめ上げるのが得意だが、横山のそれは路線が明らかに異なる。リフを巧《うま》く使いつつ、また極端な転調もせず、アレンジそのものはストレートながら生楽器と打ち込みのバランスを巧みに取りつつ、曲を盛り上げていく。このあたり、劇伴《げきばん》も得意とする横山ならではの手腕と言える。彼は後にドラマ『天使とジャンプ』（P254参照）でも大活躍するのだが、本曲ではとりわけ右チャンネルのディストーションギターが、全編を通じて熱量を上げる効果大。ギター弾きなら思わず完コピしたくなるものになっているため、YouTubeにも幾《いく》つか上がっているので各自確認を。皆さん、結構上手いです。

大サビ以降は、歌詞と連動してドラマ性が一気に加速。MVでも顔にアザを作ってのダウンから立ち上がり、すぐさまファイティングポーズをとるメンバーたちが凛々しく描かれる。ここでも夏菜子の眼力が凄まじく、このコは根っからのアスリート気質なんだな〜、と思わせてくれる。ちなみに**丹《たん》下段平《げだんぺい》のコスプレ**★10も夏菜子が演じているらしいので、いわば自演乙《じえんおつ》な感じになってるわけですな。

全力バトルモードで駆け抜けた4分半は、やはりギターのパワーコードと爽快な爆発音でフィニッシュする。ライヴでは本曲の開始前に、あーりんがひとしきりMCで煽ってから「Chai Maxx いっ Chai Maxx！」と絶叫して突入するパターンが定番だ。ゆえに、中盤から後半であーりんの煽りMCが来たら「お〜『チャイマ』、ここで行くんかー！」とばかりに客席のテンションが一気に上がる。このあたりのライヴならではの熱量も、ぜひライヴ映像でチェックしていただきたい。一度、『チャイマ』をライヴで経験したら、いつでも同じテンションで盛り上がれるのであってね。俺たち&あたしたちモノノフはYO！

★10／丹下段平は、高森朝雄（梶原一騎）原作、ちばてつや作画の漫画「あしたのジョー」の登場人物。「丹下拳闘クラブ」を主宰し、矢吹ジョーを一流ボクサーに仕立てた名伯楽。坊主頭、黒の眼帯、出っ歯の中年男であり、アイドルがすべきコスプレの範囲を明らかに超えたものである。

2011・3・9 発売
3rd single
『ミライボウル』
通常盤にのみ収録

▼ももいろクローバー
『全力少女』

この時点での「和テクノ・ディスコ路線」の頂点

通常盤のシングルにしか収録されておらず、アルバムにも収録されてないにもかかわらず、無印時代からの最重要曲としてライヴの美味しいパートで披露されるのが本曲だ。〝全力〟という彼女たちのパフォーマンスを象徴するワードをタイトルに冠していることはもちろん、歌詞にも四つ葉のクローバーが登場。さらに曲調が『ももいろパンチ』(P58参照)、『未来へススメ!』(P68参照)の和の路線に回帰していることなどが、人気のポイントだろう。『怪盗少女』(P84参照)以降のノベルティ、かつ高難度の楽曲をクリアして成長してきた彼女たちの、「和テクノ・ディスコ路線」の一つの頂点をなす作品として、個人的にも高く評価している楽曲であるがゆえに、4ページで**こってりパトロール**★1していきたいと思うので覚悟してくれ給《たま》え。

まず注目してほしいのは作家陣だ。**michitomo《みちとも》がインタビューで語っている**★2が、この曲自体は『走れ!』(P76参照)と同じタイミングで提出された。作詞は**琴織《ことり》**★3と前山田とあり、前山田自身は作曲には参加していない。琴織はmichitomoの人脈と思われるので、おそらくは『怪

サウンドカテゴリー度

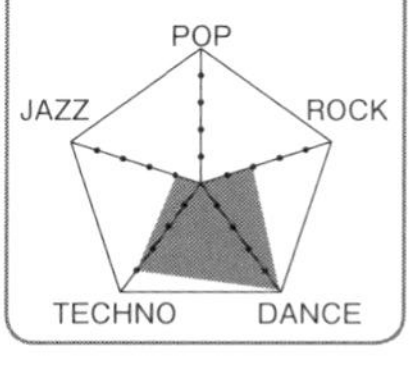

DATA

レーベル／スターチャイルド(キングレコード)
作詞／琴織・前山田健一
作曲／千葉直樹・michitomo
編曲／michitomo

★1／「こってりパトロール」は、『ももクロChan』#259からスタートしたグルメレポート企画。あーりんを隊長、しおりんを隊員に、首都圏のこってりグルメを調査・報告している。モノノフの間では、このレポートの聖地巡礼がマストとなっている。

★2／「CD Journal」のWebサイト上で、2012年10月に「南波一海 presents ヒロインたちのうた。」の第7回としてmichitomoが登場した際に言及。

★3／琴織は作詞家。3B juniorより選抜された現役中学生のユニット「momonaki」の作詞も手がけている。後にmichitomoと共に、Prizmmy☆の「Butterfly

盗少女』の実績を受けて、歌詞の一部を前山田が変更・追加したということだろう。もう1人の作曲者として、**千葉直樹《ちばなおき》**★4の名もある。『全力少女』のライヴでの初披露は2010年4月のことで、『走れ！』『全力少女』、そして『オレンジノート』（P138参照）は3部作として制作されたらしい。ゆえにこの曲が収録された『ミライボウル』はキングレコードからの発売だが、この曲に限っては実質的にはユニバーサル時代の曲がここにきて採用された、ということになる。

曲の構造は、至ってシンプルだ。和エレクトロニカなイントロから頭サビ、Aメロ、Bメロ、全員でサビ、これを2回繰り返したのちに間奏を挟んで落ちサビ、エンディングへと向かう。『走れ！』と同様の構成で、ポップスの王道ともいうべき捻《ひね》りのなさだが、進行がシンプルな分、トラックメイキングは相当に凝っている。

まず全編を通じて、イントロを彩る**モジュレーションのかかったクラビ**★5っぽい音が、ほぼ切れ目なく鳴り続けている。曲の展開ごとに細かくリフのパターンを変えて、またミックス的にもイントロ以降は奥に引っ込むが、おそらくは**アルペジエイター**★6などに頼らずに「手弾き」で作ったものと思われるこのサウンドが、やはりモジュレーションのかかったマッシヴなシンセベースとともに鳴り続けることで、エレクトロニカなムードがキープされている。いわば『ももパン』や『未来へススメ！』の和の路線を受け継ぎながらも、『走れ！』以降の進化したテイストが加わっているわけで、michitomoの職人的な拘《こだわ》りを強く感じる。またmichitomoの場合は、奇抜な音色はあまり使わないものの、音自体はかなり複雑に重ねている。本曲でもタイミングよく入るピアノやストリングス以外にも、ギョワワ～ン、ギュワ～ンと**カウンターメロディー**★7やSEが

Effect」を手がける。

★4／千葉直樹は株式会社ソニー・ミュージックパブリッシング所属の作・編曲家、音楽プロデューサー。2012からは千葉"naotyu-"直樹の名義で活動している。

★5／「モジュレーション」は、シンセサイザーで音にビブラートをかけるための設定。「クラビ」はクラビネットの略称で、キーボードだがリズムを刻むプレイに向いているため、1970年代のブラックミュージックで頻繁に使用された。代表的な演奏は、スティーヴィー・ワンダー（Stevie Wonder）の「迷信（Superstition）」のイントロなど。

★6／アルペジエイターとはシンセサイザーの機能で、コードを押さえると自動的に分散和音を展開してくれる便利な機能。手弾きでは不可能なフレーズも可能なので、エレクトロ系の楽曲で多用される。

★7／対旋律のこと。主旋律とは独立しながら、主旋律を引き立たせる機能を持つ。

飛び交ったり、三味線《しゃみせん》や鼓《つづみ》の音が鳴ったり、オケヒットがブチ込まれたりと相当に忙しいのであるが、全体としてのサウンドバランスが保たれているために、極めてナチュラルな印象を受ける。本曲など、その全貌は**5・1サラウンドミックス**★8で聴かないと分からないかもしれない、とさえ思う。キングレコードの宮本さん、時間ができたらいっぺん検討してくださいね。いずれにせよ、『怪盗少女』『ココ☆ナツ』（P94参照）といった飛び道具的な楽曲ゆえ、また関わってきた時間的な量や深さから、この時期のももクロといえば前山田の印象がどうしても強くはなるが、本曲や『走れ！』のようなmichitomoの職人仕事が、ライヴ構成上のバランスを取る意味で極めて大きな役割を果たしていたことを、モノノフたちは決して忘れてはいない。

サビの沸点を上げるために、アレンジの総力を結集

本曲をより魅力的にしているもう一つのポイントに、分厚いシンセでカマされるA7#9の「サビ前の一撃」がある。明るく陽気にソロヴォーカルで進むA～Bメロのキーは、Dメジャー。そこから親しみやすい**ペンタトニック**★9のメロディーを全力コーラスで歌うDマイナーのサビへと、場面転換として1拍目の裏から1小節カマされるのだが、これが実にキマっている。サビからはコーラスに負けない熱量でストリングのカウンターメロディーが絡み、また歌に合わせて**キック**★10もより複雑に絡んでいき、遂には「全力少女!!!」でリズムまでが完全にユニゾることにより、最高のカタルシスを生み出している。短いブリッジを挟んでの2番へは、2拍のブレイクのみでDメジャーに戻るわけだから、明らかに「サビの沸点を上げるため」にアレンジの総力を結集していると言え

★8／デジタルオーディオ技術の進化に伴って登場した、主に映画・音楽用DVDで用いられるミックス。リスナーを取り囲むような音の定位が可能なので、近年ではプログレッシヴ・ロックなどの分野で、オーディオのみのサラウンド化も行われるようになっている。

★9／ペンタトニック・スケールは5音階スケールの総称。単にペンタトニックと呼ぶことが多い。ここではDのマイナー・ペンタトニックを指す。

★10／ディスコやクラブミュージック以降の音楽では、足で踏み込むことで低音を鳴らすバスドラムのリズムが基本になるため、簡略化

よう。かようにタイトルにふさわしい全力感が漲《みなぎ》っているのも、人気曲となったポイントと見る。

メンバーの歌唱も、細かく見よう。1番の歌い出しはしおりん。続いて杏果。それぞれ8小節づつ成長したヴォーカルスキルを見せる。ソロパートにある程度の長さがあるため、「しおりん!」「杏果!」とコールが入れやすくなっている。Bメロであーりんが登場し、「ハートがしめ付けられて キュンとしたのよ」と例によってのプロの技がお見事。2番はジェントルなれにちゃんからピュアなあかりん(キー的に違和感なく歌いこなしている)、あーりんとリレーし、サビ前は夏菜子以外の5人が一言づつリレーする(この「こどもの日も みどりの日も キミに会いたい 多すぎるって5月の祝日」の歌詞が、全体の流れの中で唐突に遊びが勝っているため、前山田の仕業ではないかと推測する)。そして間奏でキーが1音下がってCマイナーになり、そのまま夏菜子の落ちサビへ突入。Dマイナーに戻る際の「サビ前の一撃」は、ここでは2小節に拡大《エキスパンド》され、エンディング感を強調する。最高潮にアツいラストのコーラスパートの熱気を保ったまま、エンディングではサビのメロディーがインストで回想され、コードはトニックのDmに解決せずにCを一撃、余韻を残しながら終わる。本曲はMVが作られていないので、映像はライヴのみ。イントロの全員バラバラのランダムなウェイヴダンスが徐々に整っていき、「全力少女!!!」の決めポーズから頭サビで手を右、前、左と客席を指し示すように振りかざすところはシンプルながら確実にアガる。各自のソロパートでも、常に全員が大きな振りでのダンスを繰り広げ、ソロイストを煽る。そしてサビで全員が揃うのだが、無印時代からZの初期では、髪を振り乱して踊るれにちゃんのテンションたるや、何かに取り憑《つ》かれたように凄《すさ》まじいので要チェック!

して「キック」と表現することが多い。「4つ打ちのキック」など。

2011・7・27発売
1st ALBUM
『バトル アンド ロマンス』
初回限定盤A特典CDに収録

『fall into me《フォール イントゥ ミー》』

ももクロ初のソロ曲は、あかりんによるラップ・ヘヴィロック

▼早見あかり

紹介する順を「どーしよっかなぁ～」と思ったのだが…。やはり『**脱皮**』[★1]で初披露された本曲に敬意を表して、ここに置くことにする。ももクロのソロ曲、先陣を切っていたのは早見あかりであった。作詞・作曲・アレンジの全てを**R・O・N**《ロン》[★2]が手がけた、あかりんお得意のラップとゴシック度満点のヘヴィロックが交錯する、ほとんどアイドル感ナッシングなナンバーだ。

冒頭、パイプオルガンが荘厳《そうごん》に奏でられる。次いでリズム&ピアノが加わり、メタリックなギターが左右チャンネルからサウンド全体を覆《おお》い尽くす流れが実にドラマティック。「閃光《せんこう》で消えそうな視界 霧《きり》と化す感情 フラットする平衡感《へいこうかん》」とサウンドに合わせ、あかりんのラップは重厚かつクールに切り込む。対照的にサビでは「君の心奪った eyes《アイズ》 逸《そら》らさないよ」と伸びのある声で朗々《ろうろう》と歌い上げ、シンガーとしての実力を発揮。ソロなので自分のキーで歌える強みが、最大限に活かされているわけだ。間奏ではR・O・Nの**オクターブ掻《か》き毟《むし》りギター**[★3]がド迫力、そこからドリーミーなヴォーカルパートへと移行するプログレ的な流れもたまりませんな。3分強と、ももクロ楽曲の中では存外に短い中に、あかりんの魅力が凝縮されている。ライヴではスタンドマイク1本を前に、長い手足でダイナミックなアクションを見せるあかりんが見られるのだが、この世界観は他のメンバーにはできないもの。今となっては極めて貴重なワンシーンだ。

サウンドカテゴリー度

DATA

レーベル／スターチャイルド（キングレコード）
作詞・作曲・編曲／R・O・N

★1／『ももいろクリスマスin日本青年館～脱皮：DAPPI～』の詳細はP80を参照。

★2／R・O・NはVERYGOO所属のマルチプレイヤー、作曲家、音楽プロデューサー。声優・歌手の新谷良子の楽曲を数多く手がけ、ライヴツアーではギターとキーボードで参加。飯田龍太としてROSARYHILLのヴォーカルとキーボードも担当している。

★3／ギターのオクターヴ奏法の一種で、リズム・カッティングではなく、ひたすら掻き毟るように弾く激情プレイ。ハードロックのギターソロでは、高音部でのチョーキングの後でこれを持ってきて燃え尽きるパターンが多用される。

2011・7・27発売
1st ALBUM
『バトル アンド ロマンス』
初回限定盤A特典CDに収録

▼玉井詩織

『…愛ですか?』

妹キャラ全開! 萌え死に必至《ひっし》のキャンディポップ

件の『脱皮』では、あかりんが狂気を秘めたドラマティックなソロを披露した後に、すかさず本曲が披露された。なんちゅう落差や。おっちゃんビックリしたで〜、ホンマ。

この段階ではロリ度において断トツの存在であった玉井詩織によるソロ曲は、超王道の昭和アイドルポップだが、こちらの予想を遥《はる》かに超えた戦闘能力で我々の脳髄《のうずい》を破壊する。アニソンで実績のあるENA《エナ》☆★1の歌詞、ギャルゲーの大家・虹音《かのん》★2の楽曲、それを菊谷知樹《きくやともき》★3が纏《まと》め上げるという布陣は盤石。それを真正面から受けてのしおりんのキラキラ×ピュアピュアな歌唱たるや! これを天賦《てんぷ》の才能と言わずしてなんと言う、皆の衆。ももクロの場合、昭和な感じを「フロア以降」の意匠《いしょう》に持っていくことがこれまでの基本パターンだったが、しおりんにそれは不要、と判断したのだろう。打ち込みである以外は完全に麻丘めぐみ★4あたりの'70年代サウンドであり、4拍目に入るタンバリン、サビ前でのカスタネット、サビでのアコースティックギターのストローク、そして全編を貫く随所《ずいしょ》に見られるヴィンテージ感のある軽いドラムなどに、菊谷の職人仕事が光る。そして本来はギタリストの菊谷だけに、ディストーションギターのオブリや、短いながらも気合いの入った間奏ソロは後半でハーモナイズするなど'80年代仕様だ。今や立派な大人に成長したしおりんが残したエヴァーグリーンなキャンディポップに身悶《みもだ》えろ!

★1／ENA☆はシンガー、作詞家。ももクロには詞の提供のほか、横山克が手掛ける楽曲でのコーラスにもコンスタントに参加している。
★2／現在は「松田彬人（まつだあきと）」の名前で活動している作・編曲家。アニメやゲームのほか、茅原実里ら声優歌手への楽曲提供も多数。
★3／菊谷知樹はポップホリック（POPHOLIC）所属のギタリスト、作・編曲家。テレビアニメ『妖怪ウォッチ』のテーマ曲、キング・クリームソーダ「ゲラゲラポーのうた」が代表作。
★4／麻丘めぐみは、最近ではジャズを歌ったり健康食品のCMに出たりしているが、'70年代にはチャーミングなルックスと洋楽志向のサウンドで一世を風靡したアイドル歌手。現在に繋がる日本のアイドルポップスの原点は南沙織と麻丘めぐみの2者である、というのが筆者の見解（要はファンでした）。

サウンドカテゴリー度

DATA

レーベル／スターチャイルド（キングレコード）
作詞／ENA☆
作曲／虹音
編曲／菊谷知樹

2011・7・27 発売
1st ALBUM
『バトル アンド ロマンス』
初回限定盤A特典CDに収録

▼有安杏果

『ありがとうのプレゼント』

王道バラードで真価を発揮、癒《いや》し系の杏果ソロ曲

あかりん、しおりんのソロ曲は『脱皮』が初出だが、他のメンバーのソロ曲はあかりんの脱退ライヴとなった2011年春の『4・10中野サンプラザ大会 ももクロ春の一大事～眩《まぶ》しさの中に君がいた～』の第1部「ももクロ☆オールスターズ2011」が初出となる。さらに、これらの音源のリリースはアルバム『バトル アンド ロマンス』（P126参照）の初回限定盤Aの特典CDになるのだが、「楽曲としては無印時代」との判断により、本書ではこのパートで紹介する。

3番手は有安杏果。中野大会では『全力少女』に続いて、各メンバーによるソロパートの最初に披露された。作詞はやはりENA☆で、作・編曲は**河合英嗣《かわいえいじ》**★1。初期J-POP然としたシンプルかつ温もり感のあるサウンドに乗せて、歌唱力では定評ある杏果が、その**独特の滑舌**★2とともに美メロを歌い上げる。歌い出しの「うまく出来る自信が」の発声がいきなりの有安マナーで、俺はとても魅力的に感じるのだが、どーですか皆さん（ちなみに**当時の彼女は、高音部で少し喉《のど》にプレッシャーをかけ過ぎていたため、後に歌唱法を少し変えている**★3）。キーは終始Dメジャーだが、サビ前の「強くなるのに」で一瞬F♯で転調感を出したりと、巧みなコード進行が効いている。ももクロに最後に加入した杏果個人の想いと被《かぶ》る歌詞もあり、そこは歌唱もグッとエモくなり、思わずウルッときます。

サウンドカテゴリー度

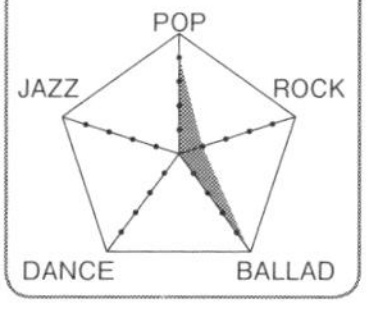

DATA

レーベル／スターチャイルド（キングレコード）
作詞／ENA☆
作・編曲／河合英嗣

★1／河合英嗣はポップホリック所属の作詞家、作・編曲家、ギタリスト。KAT-TUNや喜多村英梨に数多くの楽曲を提供。アニソンではアイドルマスター・シリーズやプリキュア・シリーズにも関わる。

★2／「さしすせそ」を特に苦手とする滑舌の悪さは、メンバー間での定番イジリネタ。杏果本人曰く、「鼻につくほど舌が長いため」とのことだが、そのことが歌唱においては魅力のポイントとなっている。

★3／喉が弱く、何度かの手術を経験。特に2013年の年初から2カ月程度、テレビ番組やライヴでも声を発さない期間があった。その後にヴォイストレーニングによって、喉に余計な圧をかけない歌い方をマスターした。

2011・7・27発売
1st ALBUM
『バトル アンド ロマンス』
初回限定盤A特典CDに収録

▼高城れに

『恋は暴《あば》れ鬼太鼓《おにだいこ》』

民謡調ポップ演歌をサラッと歌うれにちゃんに、座布団一枚！

当時はいろんな意味で飛び道具扱いであった高城れにのソロ曲は、ももクロ初のポップ演歌ときたもんだ。個人的には「そっちか。う〜ん」と思ったのは、れにちゃんのアイドル的なラブリーヴォイスを活かした曲こそが聴きたかった、との理由による。この曲も歌詞はENA☆で、ジャンルの垣根《かきね》をものともせずメンバーのソロ曲を3曲イッキに書き下ろした貢献度は非常に高い。作・編曲はAKB48やSKE48の楽曲を数多く手がける**樫原伸彦《かしわらのぶひこ》**★1で、現在のところ彼の唯一のももクロ関係楽曲となる。

小鼓《こつづみ》が陽気に導く曲調は、**細川たかし「浪花節だよ人生は」**★2辺りに通じる民謡テイストを含むもの。この路線はのちに『ももいろ太鼓どどんが節』（P248参照）で大きく花開くことになるのだが、今となっては本曲の存在が布石になったという意味で、「そっちか」の評価も緩和《かんわ》される。民謡調ということはコブシ回しがポイントとなるはずだが、れにちゃんのヴォーカルはそういう演歌的な因習《いんしゅう》とは金輪際《こんりんざい》関係なく、いつも通りのスウィートな歌唱で、乙女の恋心を笑顔で綴《つづ》っていく。アイドルグループのメンバーがソロで演歌を、というのは**おニャン子クラブの城之内早苗《じょうのうちさなえ》**★3を嚆矢《こうし》とするが、ベタつくことなくサラッと聴かせるれにちゃんに軍杯が上がるのは**トーゼンでしょでしょ**、★4皆の衆！

★1／樫原伸彦は作・編曲家、キーボーディスト、音楽プロデューサー。長いキャリアと豊富な実績を誇り、尾崎 豊からジャニーズ、AKB、アニソンまで幅広く手がけている。

★2／細川たかしは三橋美智也に師事し、民謡三橋流の名取でもある。「浪花節だよ人生は」以外では、「北酒場」、「矢切の渡し」のヒットを持ち、ももクロとも紅白歌合戦で共演している。

★3／城之内早苗は「おニャン子クラブ」の会員番号17番。幼少時より民謡と三味線を習っていたため、おニャン子時代にもソロで演歌「あじさい橋」を歌った。

★4／アニメ「涼宮ハルヒの憂鬱」のオープニングテーマ曲「冒険でしょでしょ」の駄洒落。同曲は数あるアニソンの中でも屈指の名曲。

サウンドカテゴリー度

DATA

レーベル／スターチャイルド（キングレコード）
作詞／ENA☆
作・編曲／樫原伸彦

2011・7・27発売
1st ALBUM
『バトル アンド ロマンス』
初回限定盤A特典CDに収録

▼佐々木彩夏

『だって あーりんなんだもーん☆』

佐々木×前山田の〝プロ〟仕事に平伏《ひれふ》す、悶絶必至《もんぜつひっし》の怪物曲

モノノフの間では『だてあり』の略称で愛されている本曲は、数あるメンバーソロ曲の中でもダントツ人気の、佐々木彩夏によるキラーチューンである。**2015年1月に行われた「俺のザ・ベストテン」**★1でも、スターダストのアイドルたち総出演による数々の名曲を押し退《の》けて、堂々の1位に輝いている。作詞・作曲・編曲は前山田健一で、この段階では彼が手がけた唯一のメンバーソロ曲となる。前山田の振り切った遊び心も無論、素晴らしいのだが、それを余裕で受け止めつつ、最高のプロ仕事を決めるあーりんの無双《むそう》には、もはや誰も歯が立たない。

曲はいきなり、**ピンクレディーの「UFO」**★2へのオマージュから始まる。ブレイクでの決めフレーズが「UFO」ではなく「あーりん！」となり、続く「リンリンリリリン」は**フィンガー5の「恋のダイヤル6700」**★3、サビでの「アイドルだもの」は**小泉今日子「なんてったってアイドル」**★4と、ここまでは昭和アイドルのオイシイ部分をコラージュしながら、アッパーなリズムに乗せて全てをピンクに染め上げていく。歌詞は「大好きなシュークリームだけど、アイドルは太っ

サウンドカテゴリー度

DATA

レーベル／スターチャイルド（キングレコード）
作詞・作曲・編曲／前山田健一

★1／2015年1月6日〜12日の7日間、日本青年館にて開催された「ふじいとヨメの七日間戦争」の中で11日に開催された、スターダストプロモーション所属のアイドルによる持ち歌の人気投票ベストテン。5位は『ありがとうのプレゼント』（P92参照）、4位は『シングルベッドはせまいのです』（P158参照）、3位がチーム山形の『私のアメリカンチェリー』、2位はてんかすトリオの『永遠のトリニティー（三位一体）』と、概ねももクロ勢がトップを独占。

★2／ピンク・レディーの「UFO」は、1977年にリリースされた彼女たちの6枚目のシングル曲。10週連続オリコンチャート1位の

ちゃダメだから1日1個で我慢しなきゃ」という揺れ動く乙女心を描いているのだが、あくまで「ママに怒られちゃうの」が自制する基準という辺りがあーりん的リアリズムで、メンバー中最強の箱入り娘であることを思い知る。そしてこの「あーりんママの厳しさ」が、次なるあーりんのソロ曲『あーりんは反抗期！』（P173参照）へ真っ直ぐに繋がっていくのだから、楽しいなったら楽しいな♬

エニウェイ。曲はピンクついでにと、**キューティーハニーF**★5の「変わるわよ」の台詞を契機に、トラック全体がここまでの流れを無視し、突如、場末のストリップ小屋的にチープなものへとワープする。この段階で、もはやアイドルの楽曲から完全に逸脱、**ドリフターズの加藤 茶による「ちょっとだけよ」**★6よろしく、「シュークリーーーム カスタード 生クリーム チョコレート ストロベリー」とため息まじりに甘くセクシーに迫り、ついには「Haaaaaan《ハ～～～ン》」で締《し》め括《くく》るあーりんの歌唱は圧倒的な破壊力だ。本曲はぜひともヘッドフォンで聴いて欲しいのだが、コーラスパートから「あーりんりん」のコール、「Oh《オー》 YES《イエス》！」などの合いの手まで、ガヤ以外のほぼ全パートを自演乙するあーりんの声があちこちから飛び込んでくるので、ぐるんぐるんに振り回されること確実。「ちょっぴりセクシーでおちゃめな、ももクロのアイドル」とは、あーりんの自己紹介コメントだが、それを具現化した前山田のあーりんラブが全開した本曲の「無邪気かつ無責任な狂気《インサニティ》のさた」は、全アイドル楽曲史を見渡しても頂点にあると思うし、今後これを超えるものが出てくることは考え難《がた》い。前山田に対し、**「アイツはメンバーを贔屓《ひいき》するかんな～」**★7とれにちゃんがキレるのも無理ないですな～。

座を獲得、同年のレコード大賞を受賞。当時としては破天荒な楽曲と振付は、ももクロの「昭和な部分」に引き継がれている。

★3／1973年のヒット曲。累計売上160万枚の怪物チューンで、数多くのカヴァーが存在する。

★4／1985年のヒット曲。アイドルがアイドルを演じることをネタとした楽曲の元祖的存在。

★5／「キューティーハニーF」は1997年2月から1998年1月まで、テレビ朝日系列にて放送されたリメイク版アニメ。永井 豪の原作による「キューティーハニー」のオリジナル版からギャグやお色気要素を減らし、より少女向けの人気作品とした。

★6／加藤 茶によるオリジナルでは、ラテンスタンダードの「タブー」が用いられていたが、ここでは用いられていない。

★7／ニッポン放送のラジオ番組「ロッテ週末ヒロインタイム ももいろクローバーZ ももクロくらぶxoxo」の2015年11月29日放送回で言及。

2011・7・27発売
1st ALBUM
『バトル アンド ロマンス』
初回限定盤A特典CDに収録

▼百田夏菜子

『太陽とえくぼ』

ガーリー夏菜子に魂を抜かれるポップチューン

中野サンプラザのライヴでの披露は『だって あーりんなんだもーん☆』より本曲の方が先だったのだが、ページネーションの都合でこっちを後にしました。念のために確認しておくと、中野大会でのソロの曲順は、『ありがとうのプレゼント』（有安杏果）、『…愛ですか?』（玉井詩織）、『恋は暴れ鬼太鼓』（高城れに）、『太陽とえくぼ』（百田夏菜子）、『fall into me』（早見あかり）、『だって あーりんなんだもーん☆』（佐々木彩夏）であり、一度その曲順に並べて聴いてみてください（『だてあり』の後にソロで歌うのは、どー考えてもキツイっスからねぇ）。

で、夏菜子の初ソロ。こちらもしおりんに負けず劣らずの王道アイドル路線なのだが、時代は昭和ではなく平成仕様。このまま**Negicco**《ネギッコ》★1や**バニラビーンズ**★2が歌ってもおかしくないぐらいの、渋谷系のポップな楽曲だ。作詞・作曲はこれがももクロ初参戦となる**渡邉美佳**《わたなべみか》★4で、アレンジの菊谷知樹はしおりんソロで実績あり。ももクロの曲では稀有《けう》な「王道アイドル感」を菊谷に託した、というところだろう。「声がミンミンうるさい」と**武部聡志**《たけべさとし》★4に言われてしまった夏菜子だが、そのミンミンした舌足らずのヴォーカルゆえ、「落ちサビ担当」として見せるエモさとはまた異なるガーリーな魅力に溢れている本曲。ひたすらニヤけながら聴くのが正解でしょう。可愛いぜ、夏菜子！

サウンドカテゴリー度

DATA

レーベル／スターチャイルド（キングレコード）
作詞・作曲／渡邉美佳
編曲／菊谷知樹

★1／2003年結成。新潟を拠点に現在も活動する3人組アイドルグループ。ご当地アイドルの走りでもあり良質な楽曲と確かな表現力には定評がある。2017年7月13日の『坂崎幸之助のももいろフォーク村NEXT』（フジテレビNEXT）でももクロと初共演。

★2／2007年結成のレナ、リサの2人組アイドルユニット。タワーレコードのアイドル専門レーベル「T-Palette Records」の第1弾アーティスト。その後、avexに移籍。2018年に活動休止。

★3／渡邉美佳は田村ゆかり楽曲を始め、数多くのJ-POPやアニメ作品を手がける作詞家、作・編曲家、ギタリスト、キーボーディスト。自身のユニットLiraでも活動。

★4／武部聡志はキーボーディスト、作・編曲家、音楽プロデューサー。ももクロのライヴを支える「ダウンタウンももクロバンド」の初代バンドリーダーであり、ミュージカルディレクター。

2011・6・11発売
受注限定販売 single
『あかりんへ贈る歌』

▼百田夏菜子&早見あかり

『デコまゆ 炎の最終決戦』

あかりん脱退を「明るく楽しいプロレス」として描く

中野サンプラザ大会で初披露、以降は封印された本曲は、「デコ＝百田夏菜子」と「まゆ＝早見あかり」の決戦ソング。この時点でのももクロのリーダーとサブリーダーの最終決戦であり頂上決戦、審判（作詞・作曲・編曲という意味です）はやはり前山田だ。**「赤と青だし、やっぱプロレス。闘《たたか》わせないと」**★1とのことであるが、「げーじげーじげじ げじまゆげー」、「はーちはーちはちでこっぱちー」とお互いの特徴を憎々しげに罵《ののし》りながら決戦はスタート、『怪盗少女』にも通じる昭和特撮戦隊もの系のサウンドが決戦を煽《あお》っていく。「大体なんで辞めんのよっ!! 今が大事な時じゃんっ!!」とアツく絶叫する夏菜子に対し、「それはほんとにゴメンナサイって 何度も 何度も 言ったでしょ?・」とクールにいなしていくあかりん、と脱退の舞台裏を晒《さら》し、お互いの得意技を組み込んだダンスで盛り上げ、「喧嘩なんかしてる場合じゃないよね これが最後のコンサート」と仲直り。「デコまゆ」のリピートで友情を確認する。**こういう「グループのストーリーそのもの」に密着したノベルティソングは、前山田にしか書けないものだ。**★2 次曲『あかりんへ贈る歌』の後に書かれ、通常のレコーディングではメンバーが1人ずつ録音するところを、ブースの中にマイク2本用意し、2人同時にレコーディングしたらしい。2人にしか分からない友情を確認し合うような歌唱が感動的ゆえ、次曲とともに楽しまれたし。

サウンドカテゴリー度

DATA

レーベル／キングレコード
作詞・作曲・編曲／前山田健一
ナレーション／ケイ・グラント

★1／2011年4月11日の「ヒャダインオフィシャルブログ」で言及。

★2／前山田健一は当時、ももクロのメンバー間の事細かな出来事を全て記憶し、そこに自身の妄想も少し加えて楽曲を制作していた。また彼は京都大学出身のインテリでもあるため、メンバーの宿題などの面倒も見ており、当時はももクロのお兄さん的存在だった。

2011・6・11発売
受注限定販売single
『あかりんへ贈る歌』

▼ももいろクローバー

『あかりんへ贈る歌』

号泣度でアイドル史を更新した、6人時代のラストチューン

人生には「別れ」というものがある。いかなる形の別れであっても、そこには痛みが伴うものだ。しかしその痛みの先にこそ、新たな出会いがあり、新たな人生がある。てなちょーしで「別れ」をテーマにもっともらしいことを語れば大人っぽくなるのだよ……、という卑怯《ひきょう》な技を若い衆に伝授《でんじゅ》した上で。本曲は早見あかりの脱退に際し、前山田が用意したサプライズソングである。あかりんには内緒で、残る5人がレコーディングに取り組み、**中野大会の第2部「早見あかりFINALそして…」**[★1]で『オレンジノート』(P138参照)の後に披露された本曲は、涙なしに聴くことが絶対不可能。ゆえに、我々モノノフは滅多《めった》なことではこの曲を聴かないように慎重に取り扱っている。今回も久々に聞いたのだがやはり涙腺崩壊《るいせんほうかい》。もちろん深夜に自宅で、1人ヘッドホンでこっそりと、だ。ここまで聴く場所を選ぶ曲はなかなかないし、もーなかないなんてなんぼなんでもいえないよー(読みにくくってスンマセン)。

ここからは涙を拭《ぬぐ》いつつ書く。川上マネージャーからあかりん脱退の話を聞いた際に、その場で

★1／2011年4月10日に開催された『4・10中野サンプラザ大会 ももクロ春の一大事～眩しさの中に君がいた～』の第2部。早見あかりの脱退ライヴ、かつ「ももいろクローバー」としてのラストライヴ。公演終了後のエンディングVTRでグループ名を「ももいろクローバーZ」に改名することが、本人たちにも知らされないまま、サプライズで発表されたため、「絶対にイヤだ！」とメンバーは、当初はこれを受け入れなかった。

サウンドカテゴリー度

DATA

レーベル／キングレコード
作詞・作曲・編曲／前山田健一

「卒業ソングを作りましょう」と前山田が申し出た[★2]のは、2010年12月の半ば。発表は翌年4月の中野大会だから、当日のサプライズのために周到に用意して、曲作りが進められたわけだ。まず前山田は、メンバー5人に時間をかけてインタビューを行った。さらに「あかりんへのメッセージを20文字くらいで、レコーディング日までに考えてきて」と追い討ちをかける。容赦《ようしゃ》ない男だが、それが本物の愛というものだ。その内容を丁寧に歌詞でなぞり、歌メロにはサビで『怪盗少女』も組み込み泣きの仕込みは万全。前山田はレコーディングに際し、「今まではみんな、ファンの為に歌ってきたわけだけど、今回だけは、世界でたった1人、早見あかりという人間のためだけに歌ってほしい。歌に魂を込めてほしい」と伝えたから、メンバーは涙との戦いの中でレコーディング、スタッフも大号泣。この一連の流れは**「ももクロChan」でドキュメンタリーとして公開されている**[★3]。

曲は夏菜子の「もう、ホントに最悪!!……でも、今まで本当にありがとう」との泣き声まじりの台詞から、ピアノの優しいイントロへと導かれる。俺の場合ここで早くもダメ。そして「もう止めないよ 止められないよ あかりが決めた道だもん」と、あかりん以外のメンバーが歌い出し、5人のソロパートでは個人的なエピソードが組み込まれ、それぞれに涙を誘う。『怪盗少女』のメロディーを組み込んだサビは「笑顔と歌声で あかりを照らし出せ」と始まり、そこからあかりんへのメッセージが一言づつ語られたのちに、LaLaLa…《ラララ》と『怪盗少女』のメロディーがリピートされ、締めのフレーズは「ずっと ずっと 6人の思い出忘れない」ときた日にゃ、あーたもう。

トラックタイムは約6分半。その長さを全く感じさせない涙の旅は、年に1回ぐらいにしとかないと**有安さんでなくとも水分不足になる**[★4]ので要注意！

★2／2011年4月11日の「ヒャダインオフィシャルブログ」で言及。

★3／『ももクロChan 決戦は金曜ごご6時』の第4集『さよなら！青い美獣の巻』に収録。

★4／有安杏果は、ライヴなどで泣いているのに涙が流れないことが多々あったため、メンバーから「水不足」とイジられた。これを受け、2014年夏に開催された『ももクロ夏のバカ騒ぎ2014 日産スタジアム大会 ～桃神祭～』では「有安水」が売り出された。

無印からZへの、音楽面での進化について

早見あかり＝サブリーダーの脱退という、この時点では大きな「穴」が空いた格好のももクロであったが、グループ名に〝Z〟を冠してからの快進撃はご存知の通り。ここでは音楽的な面での、無印からZへの進化を探《さぐ》っていこう。

まずメンバー構成の違いによる声の変化、これが一番大きい。無印時代においては、歌のキーが1人だけ低かったあかりんに合わせる部分があった。その制約がなくなったことで、全員でのコーラス部分の熱量と吹っ切れ具合が大きく変わっている。1stアルバム『バトル アンド ロマンス』（P126参照）では、あかりん時代の楽曲については全て5人でレコーディングし直しているので、比較することが容易だ。『怪盗少女』（P84参照）では冒頭のラップが「クローバー」の部分の発音からして全く違うし、『ミライボウル』（P98参照）、『ピンキージョーンズ』（P90参照）も、コーラスパートが軽くなっている。もちろんあかりんお得意のクールなラップパートも5人がうまく引き継いでいるが、声のトーンが高くなるため、全体としてワチャワチャ感が強まっている。同時に5人になったことで、ステレオでの声の定位もメンバーのステージでの並びにほぼ揃った。

メンバー個々では、Zになってからのしおりんの躍進《やくしん》が耳を惹《ひ》く。グループ結成時は身長が最も低い妹キャラだったが、身長が伸びるとともに声質もより凛《りん》とした華やかなものになり、近い

column 2

声質・声域を持つれにちゃんとのコントラストが明確になった。初ソロ曲『…愛ですか？』（P111参照）と2ndソロ曲『涙目のアリス』（P174参照）の歌唱力の差にその安定度が確認できるが、もともとソロパートの割り当てが多かったしおりんの成長が、楽曲全体を引き締《し》まったものにした原動力になっている。

楽曲そのものについては、作家陣の幅がより広がっていくわけだが、これはあかりんが抜けたこと以上に、「Zがついた分、音楽的により攻めていこう」という運営のモチベーションと解釈する方が妥当だろう。ここまでも充分に幅広いスタイルを取り入れてきた彼女たちだが、例えば『Z伝説』（P122参照）や『猛烈』（P162参照）にあかりんが入っている構図は考えにくいし、ラップ曲も『5 The POWER』（P224参照）や『堂々平和宣言』（P262参照）など、以降どんどん進化して行った。

おニャン子以降の多くのアイドルグループでは、メンバーが抜けるのを「卒業」と表現し、新たなメンバーを迎えることを厭《いと》わなかった。しかしながら、ここまで高い結束力でアイドルシーンを駆け抜けてきたももクロは、はっきりと「脱退」という言葉を使い、安易にメンバーを追加することなく、よりアグレッシヴな方向を目指した。「卒業」という言葉にまつわるヌルさとキレイごと感を排し、戦闘能力を高める方向に走ったことこそ、従来のアイドルグループと一線を画した部分であり、そうした「大人が仕掛けた罠」をメンバーが乗り越えて行ったことが、そのまま音楽面での進化にも繋《つな》がっているわけである。「進化」とは端的にそういうことなのだということを、我々はももクロから学んでいる。

2011・7・6 発売
4th single
『Z伝説 〜終わりなき革命〜』

▼ももいろクローバーZ

『Z伝説《ゼットでんせつ》 〜終わりなき革命〜』

【オリコンシングルチャート デイリー1位 ウィークリー5位
日本レコード協会ゴールドトラック認定】

サウンドカテゴリー度

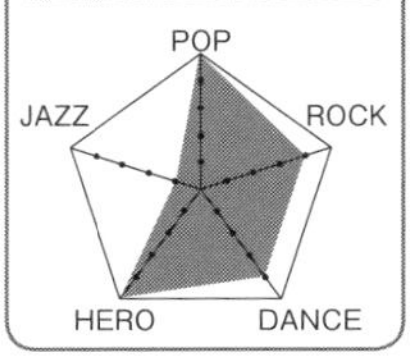

DATA

レーベル／スターチャイルド（キングレコード）
作詞・作曲・編曲／前山田健一
ギター／板垣祐介
コーラス／ Rico Jones
スペシャルゲスト・ヴォーカル／水木一郎、立木文彦

覚醒《かくせい》した夏菜子の歌唱に心撃ち抜かれる、Z時代のアンセム

Z時代の始まりを告げるこの曲は、ももクロにとっての新たなスタートを飾るものであると同時に、東日本大震災からの復興への応援ソングとしても、我々の心に深く刻まれている名曲だ。震災があったのは2011年3月11日、本曲の初披露は同年の5月14日の『**ももいろクローバーZ LIVE at 仙台 強いニッポン、未来へススメ！**』★1でのことだった。つまりは震災後、相当な短期間で本曲を仕上げたわけで、いかにメンバーと運営、前山田が一丸となって「自分たちが今できること」に取り組んだかが伺える。

震災復興の応援ソングとはいえ、そこはももクロ流にヒネってある。**立木文彦**《たちきふみひこ》★2の「ももいろクローバーZ！」に始まる特撮戦隊ものを彷彿《ほうふつ》とさせるナレーションが、いきなりアイドルとは別角度から侵攻を開始。続いてAメロ部分は歌ではなく、レッド、イエロー、ピンク、グリーン、パープルの順でコミカルにメンバー紹介を行うことで、戦隊ものの意匠を借りながらもメンバーカラーとキャラクターを強調する。リズムとアレンジをファンシーに変えたBメロでは、5人が「私たちにで

★1／Zepp Sendai でのチャリティーライヴとして開催。同会場は2011年3月11日の東日本大震災で被災。その後、4月23日より営業を再開。
★2／立木文彦は1961年生まれの声優、ナレーター。長いキャリアの中で映画やドラマの吹き替え、アニメ、ゲームなど様々な作品に参加しているが、総合格闘技イベント PRIDE のナレーターとしての知名度が、本曲への参加に繋がっていると思われる。
★3／「アニメソング界の帝王」、「アニキ」として知られる声優、

きるのは力いっぱい歌って踊ること」と意思確認し、夏菜子の男前な「よっしゃ やんぜーー！」を契機に突入するサビの、ダンスも含めての少女たちの全力具合に、いったいどれだけの人間が勇気をもらったことだろう。個人的にも本曲MVでの「絶対あきらめない WE ARE《ウィアー》」の夏菜子アップで涙腺崩壊、気がついたら一緒に「**ゼエエエット！**」★3とカマし、より深く彼女たちにハマっていったのだが、俺と同じようなモノノフも多いでしょうな、きっと。

　重要なのは、やはり夏菜子の閾値《いきち》を超えたエモーションだ。本曲でも他のメンバーが自由に言葉を投げかけてくる中（しおりんなんて「腹減ったー！」だもんね）、重要な歌詞や台詞は全て夏菜子パートで、それらがいちいちハートに深く突き刺さってくる。あかりん脱退と震災からの復興、これらを受け止めるべく自らのリミッターを解除し、次元上昇した夏菜子のこの瞬間こそが、アイドルのみならず全世界のポップス史を見渡しても前代未聞のレベルのものであり、「ももクロがポップス全史を更新した」と俺がツヨクツヨク主張する、最大のポイントなのである。この瞬間に、ももクロはマイルスも**マイケル**★4も完全に超えたと俺は思っているし、逆に言えば「所詮《しょせん》はアイドル」といった旧弊《きゅうへい》な狭量《きょうりょう》ゆえにコレを感じることができない人間は、音楽を含む全ての芸術文化の本質というものを死んでも理解できない、と言い切ってしまうことに、些《いささ》かの迷いもない。異論があるなら、いつ何時でも勝負するし、すまないが**ヒョードル**★5クラス以外は瞬殺《しゅんさつ》するのであってね。

　国立大会★6で立木とのライヴ共演が実現したことで、本曲はその役割を少し軽減したようにも思う。がしかし、『あかりんへ贈る歌』で用意した決別と本曲での新章ストーリーによって、前山田はももクロと「この国の精神そのもの」を救ったのだ、と俺は思っている。

俳優、歌手の水木一郎による「Z」コールは、アニメ「マジンガーZ」のテーマ曲に由来。「ももいろクローバーZ」への改名時のコールも水木によるもの。

★4／マイケル・ジャクソン（Michel Jackson）。1958年生まれ、2009年に没したアメリカの歌手。「キング・オブ・ポップ」と称され、その楽曲とエンターテイメント性で、数々のギネス記録を更新。CDやレコード総売上枚数は10億枚以上。

★5／エメリヤーエンコ・ヒョードル（Fedor Emelianenko）。1976年生まれのロシアの総合格闘家。元PRIDEヘビー級王者で、「人類最強、60億分の1の男」と呼ばれた。筆者は身長及び体重が近いため、闘いのシミュレーションにおいてヒョードルを参考にしていた（実際の闘いとは無縁）。

★6／2014年3月15日、16日の2日間にわたって旧・国立競技場にて開催。正式名称は『ももクロ春の一大事2014 国立競技場大会～NEVER ENDING ADVENTURE 夢の向こうへ～』。

2011・7・6発売
5th single
『D'の純情』

▼ももいろクローバーZ

『D'《ディー》の純情』

【オリコンシングルチャート デイリー2位 ウィークリー6位】

〝ダッシュ〟8連発のエモーショナル感がキモ

本曲と前項の『Z伝説 ～終わりなき革命～』は2011年7月6日に同時リリースされたワンコインシングルの新曲であり、いわば表裏一体の関係にある。あえてカップリング曲を排《はい》し、タイプの違う2曲をそれぞれワンコインで出したあたりに、運営の想いを感じることができる。楽曲は『Chai Maxx』で実績のある、只野菜摘と横山 克のコンビが手がけ、世界観は〝D'〟、ここではDark《ダーク》とDash《ダッシュ》を表《あらわ》し、闇《やみ》から踏み出すという意味合いを持っている。ライヴでの初披露は2011年6月12日のZepp Osakaだが、リリースそのものは『Z伝説』と同日なので、初披露のタイミングから1カ月のディレイ《おくれ》の間に本曲をまとめ上げたキングレコードの宮本のバランス感覚も相当なものだ（同日発売となる『Z伝説』とは対照的に**「静かに熱くてカッコいい、バットマン的ダークヒーローっぽさ」を意識した**、★1ということらしい）。

只野ならではの言葉の選択は、ここでも最高に冴《さ》えている。歌詞の全てを確認していただきたいのだが、サビ前の「大胆に 絶対に 最高に 純粋に 逆境を味方に！」や、サビの「明日を

★1／「Quick Japan」Special Issue「ももいろクローバーZ ～The Legend～ 2008-2013」にて言及。

★2／現在のポップスの制作行程では多くの場合、打ち込みのバックトラックに仮歌が入った状態のも

サウンドカテゴリー度

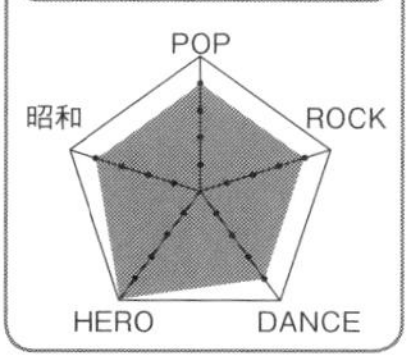

DATA

レーベル／スターチャイルド（キングレコード）
作詞／只野菜摘
作・編曲／横山 克

奪取《ダッシュ》 涙は今夜 光に清められる」は、このタイミングでは最高のフレーズだ。またサビ締めの〝ダッシュ〟8連発や、大サビの「何回も何回も サンキューって サンキューって」あたりの攻撃力も凄まじい。この大サビでは、メンバーがそれぞれに目一杯の感情を込めて歌詞を畳みかけており、曲のエモーショナル度も最高潮に達している。一方の作・編曲の横山は、いわゆる**「詞先」**★2のパターンで曲を作るタイプであり、歌詞や世界観から得たインスピレーションによって幅広い楽想から着地点を見出し、創作に取り組んでいると推測する。ここでも、イントロのストリングスをわざわざ生で録音しているのに、歌中のストリングスはシンセのままで走ったり、歌詞の内容に応えるような微妙な助奏《オブリガード》を追加したりと、歌入れの後に手を加えた様子が窺える。先行作である『Chai Maxx』で、ももクロの流儀《りゅうぎ》（＝ハンパな熱量では通用しない）を学んだ上で、迂闊《うかつ》なギミックなしでアツく燃える上がる曲を仕上げたその手腕は高く評価すべきだろう。

MVでは、全員がくノ一に扮してポニーテールにしているのだが、ももクロが全員ポニテというのはこの時だけだ。それぞれの前髪の違いをうまく生かしており、引き締まった黒の衣装と相まってチャーミングなので、フニャラ フニャ フニャと魂を抜かれる。こういう部分で和のテイストを継承しているのも嬉しいし、「ポニテが似合う女のコは可愛い」という筆者の長年の持論を、証明してくれているのもありがたい（ちなみに2018年の段階における筆者のポニテ美少女ナンバーワンの座は**エビ中のりかちゃん**★3が依然キープ）。また寸劇仕立てのMVのオープニングでは、**青影のフレーズである「だいじょ～ぶ」**★4と、**ハットリくんでお馴染みの「ニンニン」**★5で、本人たちには全く自覚がないであろう昭和へのシンパシーを捧げ、和ませてくれる。

のに、歌詞をつけていく。「詞先」はその逆パターンで、メロディーメイカーとしての作曲家の力量が問われる。

★3／ももクロの妹分である私立恵比寿中学の出席番号3番、真山りか。筆者はエビ中では当初は鈴木裕乃推しであったが、転校後に推し変し、現在はりかちゃんのブログは完読するレベルに達している（更新頻度がメンバー中1番多い）。

★4／1967～68年放送された特撮番組が「仮面の忍者 赤影」。そこに登場する少年忍者が青影で、彼の口癖が鼻に指を当てた独特のアクションを交えての「だいじょ～ぶ」であった。

★5／「忍者ハットリくん」は、藤子不二雄Ⓐによる漫画作品。これを原作に、実写版テレビドラマ、テレビアニメ、劇場アニメ作品が製作された。「ニンニン」は主人公のハットリカンゾウが語尾につけるフレーズ。なお実写版テレビドラマの放送は1966年であり、「仮面の忍者 赤影」の前作扱い。製作は同じ東映だが、その落差たるや凄まじい。

2011・7・27 発売
1st ALBUM

バトル アンド ロマンス

ももいろクローバーZ

通常盤　KICS-1678

1. Z伝説 ～終わりなき革命～
2. CONTRADICTION
3. ミライボウル
4. ワニとシャンプー
5. ピンキージョーンズ
6. キミノアト
7. D'の純情
8. 天手力男
9. オレンジノート
10. 行くぜっ! 怪盗少女
11. スターダストセレナーデ
12. コノウタ
13. ももクロのニッポン万歳! (Bonus Track)

アナログ盤・LPレコード　2011年12月25日発売
レーベル／スターチャイルド（キングレコード）

オリコンアルバムチャート ウィークリー2位
日本レコード協会プラチナアルバム認定
第4回 CD ショップ大賞受賞

アルバム・アーティストとしての原点を記した、記念すべき1stアルバム

ももクロ初のアルバムは、Zになってから約3カ月後の2011年7月27日にリリースされた。通常、1枚のアルバムを3カ月で仕上げるのは不可能であり、無印時代から1stアルバムを出すことは決定していたと見るのが妥当だろう。あわせて、**Zになったことでの勢い**★1があるうちにアルバムをリリースし、その存在感を高めておきたいという運営側の戦略もあったはずだ。

★1／Zに改名して1カ月余り後の初のツアー『ももクロファンタスティックツアー2011 Zでいくって決めたんだZ!!』は、名古屋、札幌、大阪、福岡、東京の各都市のZepp で開催。全日程のチケットが初めて完売。また最終日のZepp Tokyoでは、1日で2時間ライヴ3公演を連続、計64曲を披露するという伝説の荒行が行収録曲は右の通り。

一目で分るように、無印時代とZになってからのレパートリーが混在している。また、2、4、6、8、9、11、12、13と新曲が8曲も収録されており、これまでのシングル盤の集大成ではなく、純粋なオリジナルアルバムと捉えて良い設《しつら》えになっている。おまけに新曲の全てが、シングルと比べても全く劣らないクオリティであり、「アルバム用の捨て曲」というような発想は一切なく、どの曲も明らかにライヴで演《や》ることを前提にしている。この辺りに「いわゆるアイドル的なモノづくり」とは一線を画し、あくまで独自の路線で進もうとする運営の姿勢が見える。

さらに、無印時代の曲については全てヴォーカルを5人で録音し直し、ミックスも変えているという周到《しゅうとう》さ。当初は「あかりんを惜しむ声もあるのでは」と運営も迷ったようだが、前山田の**「ヲタは古い音源を持っており、新しく5人バージョンを入れたら、ミックスとかヲタ芸も練習できる」**との指摘★2により吹っ切れた、ということだ。自らがアイドル好きを公言し、ファン心理を知り尽くした前山田ならではの意見であるし、本アルバムの時点での前山田の発言力の大きさも窺える。

『バトル アンド ロマンス』というタイトルは、アルバム収録曲が全て完成してから、最後に付けられたものだろう。タイトルは**天龍源一郎《てんりゅうげんいちろう》**★3が旗揚げした**プロレス団体「WAR」**★4の〝Wrestle《レッスル》 And Romance《アンド ロマンス》〟が元ネタらしいが、**「子供たちにも聴いてもらいたい」**という願い★5から、アルファベットではなくカタカナで表記された。但し、アルバム名を省略するときはアルファベットで「BAR」とすることが多い。

われ、5人はこれを見事にクリア。

★2／音楽ナタリー Power Push「ももクロちゃぶ台トークだZ!!『バトル アンド ロマンス』全曲解説」内の、キングレコードの宮本とスターダストの佐藤による対談形式のインタビューにて言及。

★3／天龍源一郎は元プロレスラー、現在はタレント。1950年、福井県生まれ。1976年にプロレスデビュー、2015年11月15日に昭和プロレスの最後の伝説として惜しまれつつ引退。映画『幕が上がる』での共演やライヴゲストなど、ももクロと関係は深い。

★4／メガネスーパーが親会社であったプロレス団体SWSの崩壊後、天龍源一郎が中心になって1992年に旗揚げしたプロレス団体。単独興業のほか、他団体のリングにも積極的に進出。2006年に活動停止。

★5／音楽ナタリー Power Push「ももクロちゃぶ台トークだZ!!『バトル アンド ロマンス』全曲解説」内のメンバーインタビューで、佐々木彩夏が言及。

本書では以降、アルバムで初出の曲のみを単独で解説していくが、ここではリメイク曲のヴォーカルの変化などについて確認しておこう。

まず『ミライボウル』（P98参照）だが、間奏明けのあかりんの長いラップパートを差し替えたあーりんが、セクシー&キュート全開で圧巻だ。この段階で**あかりんの面影を払拭した**[★6]ことが、後に続くリメイク曲が「進化したものである」との印象を決定づけている。続く『ピンキージョーンズ』（P90参照）は、スパイス名の部分をれにちゃんが上手く歌いこなしていることも重要だが、ラストのソロでは「覚悟」のあかりんパートにしおりんが入り、しおりんのソロだった「全開」を全員で歌うようになったことで、より戦闘能力が高まっている点に注目。もはやこの流れ以外に考えられないぐらいに、ライヴでアガるものになった。

『怪盗少女』（P84参照）に至っては、冒頭のラップが「クローバー」の発音ニュアンスを変えることで全く異なる印象になっているほか、パトカーのサイレンのミックスがやたらと大きくなったり、バックトラックのミックスにもかなり手が入っている。「狙った獲物は逃がさない」の台詞はあかりんから夏菜子に引き継がれたが、「狙った獲物は逃がさねぇ」と静岡訛《なま》りになり（川上マネージャーによると清水次郎長らしい）、同時にセクシーさは欠片《かけら》もなくなっている。サビではハモりパートのミックスが大きめになり、「狙い撃ち」のキメは全員で賑々《にぎにぎ》しく。といった風に、大人っぽいあかりんがいない分、よりワチャワチャした曲になった。

アルバム全体として言えるのは、音響的にはアイドルというよりダンス・クラブ系のアルバム並

★6／音楽ナタリー Power Push「ももクロちゃぶ台トークだZ!!『バトル アンド ロマンス』全曲解説」内のインタビューで、百田夏菜子は「あかりんが抜けちゃって、（中略）悲しいとかさびしいと思う暇もなく「Z」になったので、もう必死で」と発言。また玉井詩織も「6人のももクロが終わって、新しいグループが生まれたような気持ちです」と発言。

★7／Perfume は広島県出身の

みに、重低音を遠慮なく押し出しているということだ。この点、先行する成功事例である**Perfume**《パフューム》★7に倣《なら》った部分もあるのだろう。ももクロ以降、「アイドルもフロアで通用しないと、ライヴが盛り上がらない」と後続グループが軒並み音圧を上げてきたわけだが、基本的には「テクノ&4つ打ち」の路線で突き進むPerfumeとは異なり、いわば闇鍋《やみなべ》的に幅広い楽曲を扱うももクロが「この音圧」を採用したことが、他のアイドルにも影響を与えたと推測する。

メンバーの顔が並んだ通常盤ジャケットは、明らかに**ザ・ビートルズ**《The Beatles》**の「ウィズ・ザ・**《With the》**ビートルズ**《Beatles》**」**★8を意識したもの。ここでも敢《あ》えてメンバーカラーを表現せずにアーティスティックに仕上げることで、「一般の音楽ファンにも手に取ってもらえるように」との配慮が見える。こうした様々な戦略が当たり、2012年に**「第4回CDショップ大賞」**★9をアイドルとして初受賞、ロングセラーを記録することになる。

3人組テクノポップユニット。広島ローカル時代はご当地アイドル的な扱いであったが、2005年にシングル「リニアモーターガール」でのメジャーデビューより、中田ヤスタカによる最先端のテクノサウンドにイメージチェンジ。ハイパーなダンスやステージ演出も含め、日本の音楽シーンを牽引し続けている。

★8／1963年に発売された、ビートルズにとって2作目のイギリス盤公式アルバム。ハーフシャドウ（光を片側から当てる手法）で撮影したメンバーの顔を並べたジャケットデザインは、アイドルグループ的な扱いでデビューした彼らにしてはアート感覚の強いもので、そのイメージを大きく変えた。楽曲もアルバム用のオリジナルとR&Bのカヴァーで、飛躍的な進歩を見せた。

★9／「CDショップ大賞」は、全国のレコード店の店員が投票を行うことで選出される、真の音楽好きのための賞。これを受賞したことで、ももクロの知名度は音楽ファンの間に認知されることになった。

2011・7・27発売
1st ALBUM
『バトル アンド ロマンス』

▼ももいろクローバーZ

『CONTRADICTION《コントラディクション》』

「カッコいいももクロ」の新境地に昇天《しょうてん》せよ

アルバム1曲目『Z伝説』の「ゼェエエエット！」の余韻《よいん》を長閑《のどか》に楽しんでいると、間髪を置かずトランシーなベース音がスピーカーを震わせ、「すわ、何事か⁉」となる。思わず曲名を確認し、『CONTRADICITON』ってどんな意味？となって英和辞典で調べた、という人が大半ではないだろうか（私だけ？）。意味的には「否認《ひにん》、矛盾《むじゅん》」といった辺りになるが、歌詞の中にタイトルが出てこないので、余計に謎めくのだ。やはり「アルバムを曲順に聞いていくことでの醍醐味《だいごみ》」っちうもんがあるわけで、早くもシアワセなトラップにハマったわけですな我々は。ちなみに本曲の略称は『コントラ』。とにかくイントロの印象が強烈ゆえ、ライヴでもこれが始まるとイッキに「**ウリャオイ！**」★1の熱量が上がる。

曲はBPM171と『ピンキージョーンズ』（P90参照）に次ぐアッパーな速度だが、容赦《ようしゃ》なくキックで煽《あお》るアレンジゆえ、よりスピードを感じる。Dマイナーのダークかつスペイシーなイントロがバトル系のアニメ曲を彷彿《ほうふつ》とさせる中、「飼い馴らせない欲望を 恥《は》じるのなら」と歌い出す夏

★1／アイドルのライヴにおける、代表的な応援コール。4拍子の1・3拍で「ウリャ」、2・4拍で「オイ」と、観客側で自主分担してコールするのが基本。
★2／前田たかひろは作詞家、音楽プロデューサー。1964年、埼玉県出身。'90年代の安室奈美恵やTRFなど、小室哲哉がプロデュースした楽曲の作詞を数多く手がけた。

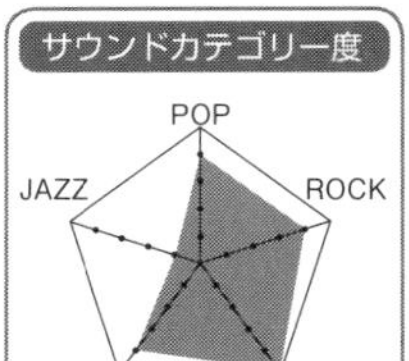

DATA
レーベル／スターチャイルド（キングレコード）
作詞／前田たかひろ
作・編曲／大隅知宇

菜子の大真面目なヴォーカルもただならぬ気配。言葉の選び方も含め、ここまで全編シリアスなのは初めてかも。作詞はこれが初参加となる御大・**前田たかひろ**。★2 **小室哲哉《こむろてつや》**★3の諸作で知られる前田の起用は、この時点ではちょっと意外だったが、以降は定期的にももクロに参加している。作・編曲は『ミライボウル』（P98参照）でサビパートを手がけた大隅知宇。幅広い作風に対応できる大隅だが、ももクロではこの後も主に「カッコいい系」の楽曲を担当。前田とともに、ももクロの新たな魅力を引き出した功績《こうせき》は極めて大きい。本曲でのトランシーで攻撃的なトラックメイキングも、『Neo STARGATE《ネオ・スターゲート》』（P216参照）に直結するものだ。

サビではももクロらしさ全開で、人気のフレーズ「ココは行っとけ 今だカッ飛べ アクセル ベタ踏みで行け」が炸裂《さくれつ》。ライヴでは大股開きでの激しいダンスが見もので、「鼓動はガチタテノリ」ではモノノフも「Hi《ハイ》! Hi《ハイ》! Hi《ハイ》! Hi《ハイ》!」とコールし、テンションは否応《いやおう》にも高まる。2015年にトリプルスリーを達成した福岡ソフトバンクホークスの**柳田悠岐《やなぎたゆうき》選手**★4も、「ももクロで好きな曲ナンバーワン」として本曲を挙げており、理由としてこのサビの「ブレーキなんかいらないとか、アクセルベタ踏みってとこがサイコー」と述べている。にしてもスポーツ選手にモノノフが多いのって、なんか納得ですね。落ちサビはしおりんが担当する。彼女も**「このアルバムの中でこの曲が一番好きかも」と宣《のたま》っており**★5、いつもながらのストレートかつ伸びのある歌唱で、夏菜子とはまた異なるエモーション全開で迫る。ソロパートのシメで「信じて……Please《プリーズ》!」とハートを撃ち抜き、そこから1音上のEマイナーに転調、より激しいリズムと複雑なコーラスパートを絡めながら、エンディングに向けて疾走《しっそう》する流れに昇天確実!

★3／ミュージシャン、音楽プロデューサー。1958年、東京都出身。1980年代後半から活躍。自身の音楽ユニットであるTM NETWORK（後にTMN）の解散前後より楽曲提供した作品が全てヒット、「小室ブーム」を巻き起こす。テクノやユーロビートを基調としたダンスミュージックは、後進に与えた影響が非常に大きく、前山田健一もその影響を認めている。

★4／柳田悠岐は1988年、広島県出身のプロ野球選手。モノノフを自称。福岡ソフトバンクホークス所属。推しメンは有安杏果で、2015年のオフには杏果との対談も果たしており、その模様は2015年12月31日から翌年1月1日にかけて東京・豊洲PITにて行われたももクロ初の年越しライヴ『第一回ゆく桃くる桃「笑顔ある未来」』で「年忘れBIG対談」の一つとして上映された。

★5／音楽ナタリー Power Push「ももクロちゃぶ台トークだZ!!『バトル アンド ロマンス』全曲解説」内のメンバーインタビューで言及。

2011・7・27 発売
1st ALBUM
『バトル アンド ロマンス』

▼ももいろクローバーZ

『ワニとシャンプー』

「設問《せつもん》コール&レスポンス」も楽しい、最高の夏ソング

『ミライボウル』（P98参照）を挟んで登場するのは、『ココ☆ナツ』（P94参照）と並ぶ人気を誇る、前山田の遊び心が炸裂《さくれつ》する夏ソング。タイトルから内容を推《お》し量《はか》るのは困難だが、誰もが経験したであろう「夏休み最終日、宿題が全然終わらない」という焦燥《しょうそう》を、「夏だからラテンでしょ」とディスコティックに仕上げた名曲だ。ここまで聞いても、本曲を未聴の方は「なんでワニとシャンプー?」とお思いでしょうが、ネタバレになると面白くないので、敢《あ》えて書きませーん。

高らかに響くトランペットをバックに、杏果が「絶体絶命! Summer《サマー》 Night《ナイト》」と左右チャンネルでWラップ。これまでの杏果にはなかった悪ふざけ具合が微笑《ほほえ》ましいが、ラストの「やばーい!」を夏菜子に叫ばせるのはリアル過ぎてもう、ねえ。続く「La《ラー》 La《ラ》 La《ラ》 La《ラ》 La《ラ》…」と能天気に歌われるマイナーのコーラスは、TUBE《チューブ》の『あー夏休み』★1あたりの刹那《せつな》的夏ソングの系譜《けいふ》にあり、「夏はやっぱ、頭のネジを外して楽しまなきゃねー」という気にさせてくれる（にしてもTUBEって、登場した頃は一発屋っぽいと思ってたのに、息が長いですなー）。

★1／TUBEの11枚目のシングル。プロデューサーの長戸大幸とTUBEメンバーの間で意見が分かれ、作詞の前田亘輝は「ヤケクソで書いた」らしい。結果として吹っ切れた歌詞とマイナーのラテン調の楽曲が受け、同バンドの最大の人気曲となっている。

サウンドカテゴリー度

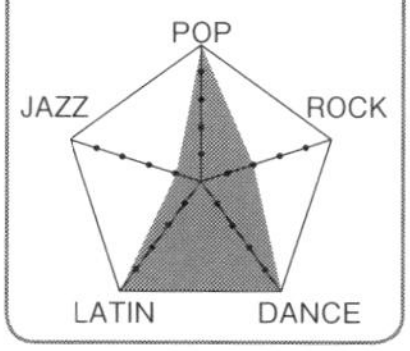

DATA

レーベル／スターチャイルド（キングレコード）
作詞・作曲・編曲／前山田健一

面白いのは、冒頭のキーがA♭マイナーで始まるにも拘らず、「La La La《ラーララ》」でそそくさとEマイナーに転調してしまう点。本曲でも全編を通じて前山田の転調マジックが冴え渡っているのだが、Aメロから**問題と解答の爆笑コール&レスポンス**★2の間はEマイナー、サビで再びA♭マイナーに行き、間奏では半音下のGマイナー、大サビではDマイナーと、セクションごとにキーをコロコロと変えていく。かなりブッ飛んだコード進行にも拘《かかわ》らずそれを「あれ?・」と思う間に自然に繋《つな》げている手腕は、前山田の独壇場だ。これ、DTMだから作曲時こそ気兼《きが》ねなくやってるのでしょうが、のちにバンドで生演奏することになるのだから、**ダウンタウンももクロバンド**★3の皆さんには本当に「ご苦労さん」と言いたい。でもスタジオミュージシャンはこーゆー変なの演《や》る時って燃えるものなので、「難しいよー」とか言いながら楽しんでるのかも。

あと前山田の強みは、歌詞も自分で書くことだろう。「こんがり 小麦色」からの「真っ青《まさお》ナスビ色」とか、れにちゃんにしっかり寄せているし、サビ頭の「終わらない 終わらない」は“Oh What A Night《オーホワットアナイト》”のニュアンス。さらに「てきとにやっても しょうがない でも てきとにやるしか しょうがない」あたりの完璧な居直りフレーズも連発され、ももクロちゃんたちにドンピシャだから心底笑えるのだ。本曲からは**「ワニシャン状態」**★4というモノノフ用語も生まれており、あちこちで使いたくなるフレーズの宝庫なのだ。で結局のところ、宿題は残り60枚のところで曲が終わってしまう。まあ80枚から20枚は減ってるので、完徹《かんてつ》でなんとかなるかなあ~とは思うけど、いいよねぇこのGDGD《グダグダ》感。ライヴでは**ジュリ扇**★5を振りまくって踊るので、もー最高に楽しいし、夏が終わってほしくないし、2学期なんてこなくてもいいっ!と断言します。

★2/「オーストラリアの首都は」の質問に対し、有安杏果は「ありません」とガチで答え、「ちょっぴりおバカな小さな巨人」の自己紹介が伊達ではないことを証明。

★3/2013年4月に開催された『ももクロ春の一大事2013西武ドーム大会~星を継ぐももPeach for the Stars~』で登場して以来、ももクロの大型ライヴを支えるバックバンド。武部聡志を初代音楽監督に、トップ・スタジオミュージシャンを集結して結成。現在、音楽監督は2代目の宗本康兵。

★4/締切が迫ってきて、居直るか居直らないかの土壇場、つまり筆者がよく陥る状況を指す。

★5/日本経済がバブル終末期に沸いた1991年から1994年にかけ、一大ブームを築いたディスコが、東京・芝浦にあった「ジュリアナ東京」。そのお立ち台に立って、ボディコン姿で踊る際に振り回した羽付きの扇子を「ジュリ扇」と呼んだ。

2011・7・27 発売
1st ALBUM
『バトル アンド ロマンス』

▼ももいろクローバーZ

『キミノアト』

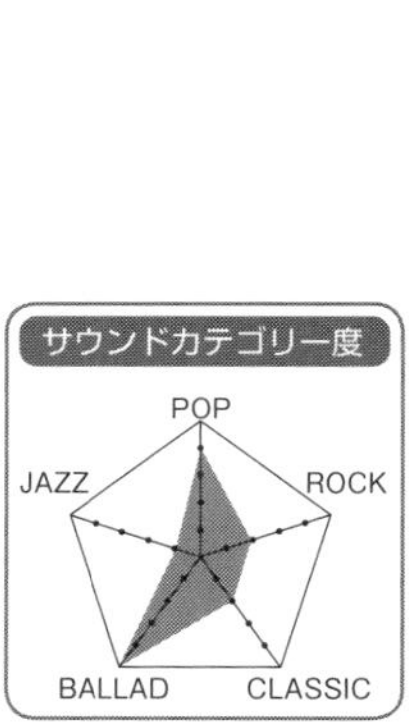

DATA
レーベル／スターチャイルド（キングレコード）
作詞・作曲／多田慎也
編曲／生田真心

音楽愛溢《あふ》れる、必殺の大泣きバラード

筆者は音楽メディアがLPの時代からのハードコアな音楽ファンゆえ、CD時代になってからもアルバムの鑑賞態度としてA面・B面を区切って考えてしまう癖《くせ》がどうしても抜けない。これって、アーティスト側も同様ではないのか？ とか思うことがあって、例えば**パット《Pat》・メセニー《Metheny》**★1の「**ザ《THE》・ウェイ《WAY》・アップ《UP》**」★2のように、明らかにCD以降の意匠《いしょう》で「チャプターの都合で分かれてるけど、68分で1曲だよ」というような場合以外は、どこかでA面・B面の感覚が残っているように思うのだ。これがiTunesとかでシャッフルして聴く、というところまで行ってしまえばあまり気にならなくなるのだが、ディスク単位で〝作品〟として聴くからそうなるのだろう。

前置きが長くなったが、要するに本曲はアルバム中で「A面ラストの位置付け」と言いたかったわけです。とびっきりの泣きのバラードでA面を締めくくり、B面は『D'の純情』（P124参照）からスタート。と考えれば、本アルバムは先行する2つのシングルをA面とB面の頭に持ってきた、という按配《あんばい》になるので、大変にスッキリしませんか？

★1／パット・メセニーはアメリカ人のジャズ・ギタリスト。1954年、ミズーリ州出身。1975年の初リーダー作「ブライト・サイズ・ライフ（Bright Size Life）」以降、常に進化するギターテクニックと、ジャズの枠組みを拡張する最先端のサウンドデザインの導入により、大きな影響力を持ち続けるミュージシャンの1人。ちなみに、パット・メセニーの参加アルバム92作品を完全網羅した、本邦初のディスク・ガイド『パット・メセニーを聴け！』（小生著）は絶賛発売中。買いましょう。
★2／「THE WAY UP」は2005年発表の、パット・メセニー・グループ（PMG）名義での最新作。「C

作家チームは、AKB48の「ポニーテールとシュシュ」と同じで、作詞・作曲が**多田慎也**《ただしんや》★3、アレンジが**生田真心**《いくたましん》★4という豪華メンバー。演奏者のクレジットがないので推測になるが、イントロのピアノは多田本人によるものだろうか。ステレオの定位をたっぷり広げたフルグランドのアコースティックピアノに導かれ、「旅立つ為に 無理に隠した」と夏菜子が感情をぶつけて歌い始め、早くも「ウルルン滞在記」状態だ。リズムインからのドラマティックなトラックに乗せ、杏果もあーりんもしおりんも、それぞれの表現でハートに揺さぶりをかけてくる。

そして本曲のキモは、サビのコーラスパートだ。地声のユニゾンをセンターに、左右セパレートでファルセットのハーモニーを動かしており、その泣き効果たるや絶大。このコーラスパート、声のニュアンスから**本人録りの後加工**★5だと思うのだが、オクターブより上で動かすことにより、爽やかな厚みを与えている。ヘッドフォンでじっくりと確認してほしい。サビ明け以降のベースラインも、大きな聴きどころだ。カッカッと刻まれる**リムショット**★6に、高音部でメロディーを奏《かな》でるベースがピアノと絡み、そこにストリングスが追っかけていく。2番頭のしおりんソロにもベースが寄り添い、ここは言わばヴォーカルとベースのデュオ。続く杏果、並びにれにちゃんパートは本人重ねのデュオ。再びサビコーラスからのシンフォニックな間奏では、ディレイで左右に飛ばすシンセのアルペジオが効いている。必殺の落ちサビでは、イントロ以上のエモーションで迫る夏菜子に続いて、あーりんが「微笑《ほほえ》むような 泣いてるような笑顔で」と出るタイミングで、再びベースが寄り添い、そこにコーラスがハミングで重なっていく。最高の瞬間だ。ラストのコーラスではブレイクで盛り上げつつコンガをカマすなど、音楽愛に溢れる生田のアレンジを堪能《たんのう》すべし。

D時代に相応しいスケールの音楽を」とのメセニーの思いが、CD全体で1曲という形をとらせた。

★3／多田慎也は作詞家、作曲家、音楽プロデューサー。東京都出身、生年は非公表。嵐やAKBグループ、アニメへの楽曲提供などを数多く手がけている。シンガーソングライターとしての活動時は「タダシンヤ」を名乗る。

★4／生田真心はテレビ朝日ミュージック所属の作・編曲、音楽プロデュース・ユニット。倉田主税（作・編曲）とU-ZY（作詞）の2人から成る。出身・生年は非公表。ジャニーズ関連やAKBグループの楽曲のアレンジとギター演奏を数多く手がけている。2014年からは、倉田のソロプロジェクトに。

★5／コーラスパートを完全な仕上がりで歌わせるのではなく、概ねの音程で録音しておき、Auto-Tuneやサンプラーなどによる加工で最終形に仕上げていくこと。

★6／ドラムのスネアの枠部分＝リムを叩くこと。

2011・7・27 発売
1st ALBUM
『バトル アンド ロマンス』

▼ももいろクローバーZ

『天手力男《あめのたぢからお》』

変態度の極北！ いつでも〝あっち側〟に行けるメッセージソング

鬼才・NARASAKI《ナラサキ》のアルバム用の書き下ろし作は、これまたトリッキーなエスニック・エレクトロダブポップ。てか、なんなんでしょうねコレ。**NARASAKI本人が言ってる「タブランベース」**★1って表現が言《い》い得《え》て妙《みょう》なのかも。でも好きなんだよなー、この曲。タブラを従えて太い音色のギターでいきなり奏《かな》でられるメロディーって、お前は**マクラフリン**★2か。と思ってたら、やんちゃな「イガイト カンタン」のコールからディストーションギターが炸裂し、本格的な戦闘態勢に突入する。

作詞の**中村彼方《なかむらかなた》**★3は**「けいおん！」**★4のキャラクターソングで有名、現在では絵本作家でもある才人だ。しかしこの歌詞、「曲先パターン」らしいけど、いったいどっから書き始めたんでしょうなあ。そのブッ飛びな言語感覚は、歌詞カードを見て確認されたし。ちなみに天手力男は古事記や日本書記などに登場する神様で、天の岩戸から天照大神《あまてらすおおみかみ》を引っ張り出した張本人。力やスポーツの神として信仰されているのだが、ももクロの楽曲は色々と勉強になります。要は「天手力男にあやかって、熱く熱く滾《たぎ》る思いで己自身を超えてゆけ」というメッセージソン

★1／「CD Journal」のWebサイト上で、2012年8月に「南波一海 presents ヒロインたちのうた。」の第6回としてNARASAKIが登場した際に言及。
★2／ジョン・マクラフリン（John McLaughlin）。1942年生まれのイギリス出身のギタリスト。1969年に渡米、マイルス・デイヴィスのセッションに参加。1971年にマハビシュヌ・オーケストラを結成、並行してインド音楽家たちとシャクティを結成し、ジャズ・ロック・インド音楽を高次元で融合させ、また独自の発想による早弾きテクニックで後進に影響を与えた。
★3／中村彼方は作詞家、絵本作家。長崎県出身、生年は非公表。2009年に「けいおん！」のキャラクターソングで作詞家デビュー以降、

サウンドカテゴリー度

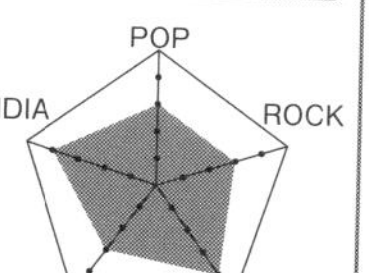

DATA

レーベル／スターチャイルド（キングレコード）
作詞／中村彼方
作・編曲／NARASAKI

グなのだが、こんなに音がフツウじゃないメッセージソングって、ももクロちゃんにしか許されないですよね、絶対に。

サビで「アメノタヂカラオ」と出るまでは、延々《えんえん》とタブランベースなトラックに乗せ、メンバーが思い思いに言葉の槍《やり》を投げてくる。「地図の裏にも答えはないよ 住みよい世界 ウソばっか」など辛辣《しんらつ》なフレーズも盛り込まれてはいるが、軽妙なラップゆえに決して重くは響かない。シタールもミューンと鳴り、NARASAKIならではの形容不能な変な音もどんどん重なっていき、もはやゆるやかにポップスの枠組みを超えていく…といった辺りで現れる突然のレゲエパートから「熱い熱い」と始まるココが大サビ、という扱いで良いのか？と思いつつ、いつしかコレに馴染《なじ》んでしまっている自分がコワい。

後半ではハウス風のピアノまで突っ込んできていよいよカオティックに盛り上がっていくのだが、この**マイルス・デイヴィス《Miles Davis》の「オン・ザ・コーナー《On The Corner》」**★5のBPMを上げたようなトランス具合、大音量で浴びると飲酒を伴わずともグルングルンになるわけで、おそらくマイルス本人も天国で「むーん。いずれはこの娘らと演《や》らなアカンやろな～」と狙《ねら》っているはずだ（脳内で実現可能）。

本曲のライヴ初披露は**『サマーダイブ2011 極楽門からこんにちは』**★6なのだが、同ライヴでの『ピンキージョーンズ』（P90参照）、本曲、『ミライボウル』（P98参照）と、NARASAKIワールドが3曲連チャンというセットリストのイカれ具合がもう最高。でもって学習済みのモノノフたちはしっかりとウリャオイ対応をしており、異様な盛り上がり具合が笑えます。以降も『桃神祭』など重要なポイントでは本曲が繰り出され、〝あっち側〟に連れて行ってくれるのだ。

アニメや声優への楽曲提供が多い。

★4／「けいおん！」（K-ON！）は、2007年より「まんがタイムきらら」に掲載された、漫画家のかきふらいによる4コマ漫画。2009年より京都アニメーション製作のアニメがTBS系列で放送され、高校軽音部ガールズバンドブームを巻き起こす。関連曲も数多くリリースされ、いずれもヒット。

★5／「オン・ザ・コーナー」は、1972年にマイルス・デイヴィスが発表したアルバム。スライ&ザ・ファミリー・ストーンの影響によるファンクビートの導入と、タブラやエレクトリック・シタールなどの導入による混沌としたサウンドで、発表当時は問題作としてジャズ界では評価されなかった。'90年代になってクラブシーンで再評価され、現在では名盤とされている。

★6／2011年8月20日、よみうりランドのオープンシアターEASTで開催された、ももクロ初の野外大型ライヴ。会場内の「極楽門」からメンバーが登場し、夏の野外ならではの破天荒なパフォーマンスを繰り広げた。『バトル アンド ロマンス』の全曲が披露され、現在でもモノノフの間で名ライヴとの呼び声が高い。

2011・7・27発売
1st ALBUM
『バトル アンド ロマンス』

▼ももいろクローバーZ

『オレンジノート』

「ももクロ・ソングブック」の一つの頂点

ももクロで一番好きな曲は何か？ 厳しい質問だ。いわゆる『無人島レコード★1』の類《たぐい》ですな。私は箱推しなので、推しメンを訊かれることすらも極力避けているのだが、曲ではどれかと訊かれると、いよいよ頭を抱えてしまう。『怪盗少女』（P84参照）も良いし『ピンキージョーンズ』（P90参照）も好き。『Chai Maxx』（P102参照）も無論大好物だし、『Z女戦争』（P184参照）や『仮想ディストピア』（P220参照）とかもたまらん。2015年には『青春賦《せいしゅんふ》』（P286参照）や『今宵《こよい》、ライブの下で』（P304参照）で随分《ずいぶん》泣かされもしたし。ということで1曲なんて決めらんないよー。なわけだが、そこでこの『オレンジノート』はどうだ。「1番好きな曲？ んー、オレンジノートかなぁ」と口にすることにより、全モノノフから「ですよね～」との共感を得られるだろうし、ももクロ初リスナーからも「こんないい曲、歌ってたんですね」との反応も期待できる。現に本書の装丁・デザインの水野氏も、一緒にLV《ライヴビューイング》に行った際（当時は非ノフ）に「オレンジノート、良い曲ですよね」と真っ先に推し曲に加えていたしね。

サウンドカテゴリー度

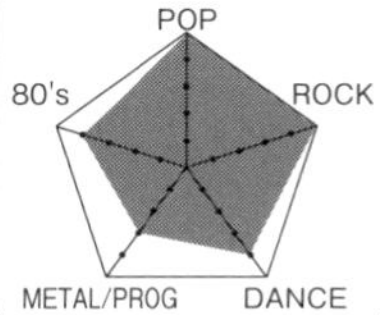

DATA

レーベル／スターチャイルド（キングレコード）
作詞・作曲・編曲／ツキダタダシ

★1／無人島に1枚レコードを持っていくとしたらどれを選ぶか？という、音楽メイニアにとっては究極の問いかけ。雑誌「レコードコレクターズ」の人気連載で、別冊も発売されている。略して「ムジレコ」。

★2／ツキダタダシは大阪府出身の作詞家、作・編曲家。大学時代に結成したメロコア・バンド「レイモンズ」、OHK岡山放送のイかように、どっからどう聴いても名曲なのだ、『オレンジノート』は。作家は詞・曲・アレンジの一気通貫で**ツキダタダシ**。[★2] 本人が**インタビューで語っている**[★3]ように、本曲は『怪盗少女』の次のシングル候補としてコンペで提出され、その時は作曲のみのオーダーだったのが、トラックを起こし、歌詞をつけて女性に仮歌を入れてもらったものが、そのまま採用されたらしい。結果として「怪盗の次のシングル」の座は射止《いと》められなかったものの、ライヴではたちまち重要かつ人気レパートリーになった。当然モノノフたちからの音源化を望む声も高く、ここに晴れてアルバムに収録された、という流れだ。2010年の春からセトリに加わっており、同年末のももクリ@日本青年館でも披露されていることからも明らかなように、無印時代からのレパートリーゆえ各種映像ではあかりんの歌唱も確認できるが、公式音源としてはこれが初登場となる。

そしていきなり結論めくが、本曲が根強い人気を誇っている理由は、「体裁はポップだが、本質はかなりハードなロックである」という点が大きい。これはツキダの出自と、彼にとって「初のアイドル作品」であったがゆえに、手探りでアイドルに寄せながらも自作としての爪痕《つめあと》をしっかり残した部分が、この時点での彼女たちと奇跡的に噛《か》み合っている結果なのだ。

曲はメトロノームのようなカチカチした刻《きざ》みに乗せ、全員のユニゾンコーラスで始まる。ピアノとキラキラしたシンセがさりげなく添《そ》えられるが、アカペラ的なこの冒頭部分から、心をガッチリと掴《つか》まれる。そしてリズムが入ると4つ打ちのディスコロックに一変、**オケヒット**[★4]や**ヴォコーダー**[★5]も手伝って、'80年代リスペクトなムードに染まる。

「カーテン越しの校舎の隅で」と夏菜子が歌い出すように、キャンパス感満載のラブソングなの

メージキャラクター「OH!くん」の音楽製作ユニット「ケダマ」で活動ののち、アニメやアイドルの楽曲提供を手がけるように。『オレンジノート』はツキダの出世作。

★3／「CD Journal」のWebサイト上で、2012年8月に「南波一海presents ヒロインたちのうた。」の第1回としてツキダタダシが登場した際に言及。

★4／正式にはオーケストラル・ヒット。サンプリングキーボードにより普及した、オーケストラの「ジャン!」という音。マイケル・ジャクソンの「BAD」のイントロなどで一世を風靡したが、現在では「'80年代風」を表現するために用いられる。

★5／マイクで声を入力し、それを鍵盤楽器などでコントロールするもの。ロボットヴォイスとして'80年代にディスコ音楽で多用された。代表的なものにクラフトワーク(Kraftwerk)の「ロボット(Robot)」、イエロー・マジック・オーケストラ(Yellow Magic Orchestra)の「テクノポリス」などがある。

だが、主人公は男性。ポップスの歌詞で〝君・キミ〟が出る場合は、主人公が男女どちらにも解釈できる場合が多いが（その方が幅広いリスナーのシンパシーを得ることができる）、ここでは明確に「僕と君だけの秘密」とあるので、ももクロが男性の気持ちを歌っていることになる。そしてそこに違和感がなく、聴く者が普遍的に共感できる「青春のシーン」を想起させるのも、モノノフがこの歌に思い入れを持つ大きなポイントだ。

メロコアな仕立てが、ももクロにハマった

先に「ハードなロック」と書いたが、そう思う理由に、まずコード進行がある。キーは概《おおむ》ねDメジャーなのだが、冒頭のアカペラ部分のコードはBmで始まり、Em→A→Dと進み、一切7thを挟まない。そしてリズムインでコードはDmとなり、ディストーションギターのリフはDのマイナーペンタトニックで奏でられる。そしてAメロはDメジャーだが、コードはD→C→Bmと下がっていく。つまりここまで、キーはDであるが、メジャーとマイナーの関係性が曖昧《あいまい》な、**ビートルズ以降のロックのコード進行**[★6]を骨格としているわけだ。そして曲全体を通じてコードを奏でるのはディストーションギターだけであり、シンセ類はブラスセクションやオブリガート、オケヒットなどのSEだけ。つまりは「ギターロックをベースに、いろんな飾りものを載せている」というトラックデザインになっている。この点、『キミとセカイ』（P96参照）のように露骨《ろこつ》にギターロックしていないだけに分かりにくくなっているが、本質は同じだ。明らかな違いは、『キミとセカイ』はロック歌謡、『オレンジノート』はズバリ、〝**メロコア**[★7]〟であるという曲のテイストの差にある。

★6／古典的な西洋音楽ではメジャー（長調）とマイナー（短調）が明確に区別されてきたが、ブルースを始めとする黒人音楽の影響を受けたロックではブルーノート・スケールの導入により、従来の調性感に収まらないようになってきた。具体的には長・短3度の処理に顕著で、例えばロックではDのコード内で短3度のF音と長3度のF♯音を並存して使用する。

★7／メロディック・ハードコアの略称で、パンクロックのサウンドに叙情的なメロディーを乗せる音楽

そうしたメロコア的な魅力が最も活きる瞬間が、Bメロからサビに渡る全員によるユニゾンパートだ。「たった一度きりの 今日という魔法」との彼女たちのライヴそのもののフレーズに始まるBメロで一旦Fメジャーに転調するが、これはDマイナーの平行調。そこから「駆け出した 気持ち届くの?」とイントロ同様にDメジャーのサビへ進むこの部分のメロディーは、キャッチーでポップながら力強く、何度聴いても飽きない魅力がある。注目してほしいのは、Bメロでは凝ったハーモニーのコーラスパート（おそらく本人録りの後加工）を加えて厚みを出し、サビではユニゾンのみにしているという点。こうすることでサビの歌詞、「伝えたい ただ伝えたい」「叫びたい ただ叫びたい」といった切実さが、より深く心に刺さってくるという按配《あんばい》だ。

2番の頭、夏菜子の「空の青さと」に始まるパートも、巧《うま》いアレンジ。ここのみギターがコードを刻まず、リズムを落としてハウス風のシンセが、ディレイを伴ってスペイシーにコードを添える。そこにディストーションギターが**ハーモニクス**[★8]で斬り込んできて、再びリズムイン。本曲のギターは全てツキダによるものだが、間奏ソロやエンディングでの**異弦同音《いげんどうおん》チョーキング**[★9]や**アーミング**[★10]などを織り込んだプレイは、音数を減らしながら直情的にエモーションを注ぎ込むもので実に素晴らしい。

間奏明けのしおりんのクールなラップパートはもはや、あかりんのそれを超えている。あーりんに始まり全員にリレーする落ちサビも感動的で、再びBメロからサビへ進み、エンディングに突入。トラックタイムは4分50秒だが、思わずリピートしたくなることだろう。**フリーライヴでの伝説のシーン**[★11]も含め、名曲揃いの「ももクロ・ソングブック」の一つの頂点がここにある、と断言しておこう（曲名は「ノート」やけど）。

スタイル。グリーン・デイ（Green Day）に代表されるポップ・パンクの系列に入るが、日本では'90年代より「メロコア」として定着。

★8／倍音のこと。ある楽音の周波数の、整数倍の音。ギターなどの弦楽器では、例えば12フレットに軽く触れるだけで発音できるので、頻繁に使用される。

★9／隣接する2つの弦で、低い側の弦をチョーキングして、同じ音程を作り出すこと。エモーショナルな表現になるため、ロックではよく用いられる。

★10／エレクトリックギターのブリッジ部に装填された「トレモロアーム」を操作し、大きめのヴィブラートを得る奏法。

★11／2011年7月31日に東京タワー正面イベント会場にて開催されたフリーライヴで、『オレンジノート』の途中でバックトラックが止まってしまうというハプニングが起きた。瞬時に状況を察した5人はアカペラにシフトし、最後まで歌い切った（通常は演奏を中止する）。ももクロのチームワークを象徴するワンシーンである。

2011・7・27 発売
1st ALBUM
『バトル アンド ロマンス』

▼ももいろクローバーZ

『スターダストセレナーデ』

"アイドル・ももクロ"満開の、ファンとの交歓《こうかん》ソング

アルバムを順に聴くと『怪盗少女』（P84参照）の次に、この王道アイドルソングが現れるので、一瞬戸惑うのではないか。その程度に、これまでもももクロは「普通のアイドルソング」を歌ってこなかったわけだ。俺自身は最初にこの曲を聴いた時、即座《そくざ》に**竹内まりやの「色・ホワイトブレンド」**★1を想起《そうき》したのだが、のちに「**水曜歌謡祭**」★2においてもももクロが真っ白な衣装で同曲をカヴァーした時には、あまりのハマり具合に気絶しそうになったのDeath！

曲はシャッフルのリズムに乗り、ストリングスの明るいメロディーに導かれ、弾むように始まる。歌い出しは夏菜子、続いてしおりんが出るが、アイドル感満開の両者の瑞々《みずみず》しい歌唱に、まずほっこりと和む。Bメロで「キミがいるから！…揺るがない」と杏果はファンキーに迫り、続くあーりんは見事にいつも通りのあーりんであーりん。サビも転調することなく「舞台は、きっと創《つく》れるはずさ」と、モノノフたちとライヴという場を共有することの喜びを表現するかのような内容を、明るい笑顔で歌いかけてくれる。ライヴではトロッコに乗って客席を回るなど、ファ

★1／「色・ホワイトブレンド」は1986年の中山美穂のシングル曲で、自身が出演した同年春の資生堂のキャンペーンソング。作詞・作曲は竹内まりやで、翌年に竹内自信がセルフカヴァーを発表している。

★2／フジテレビ系列で放送されていた生放送音楽番組。音楽監督は武部聡志。現在は放送時間を変更し、「Love music」と改題して放送されている。

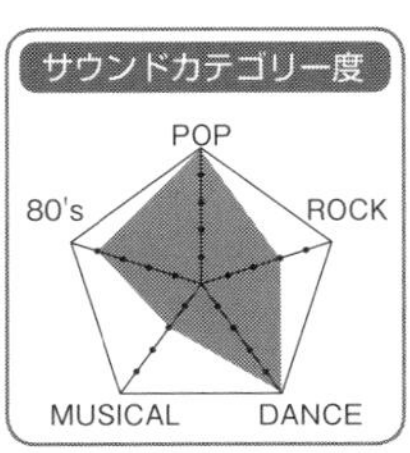

DATA

レーベル／スターチャイルド（キングレコード）
作詞／さちひろ
作・編曲／磯崎健史

ンにより近づく演出が多く用いられるので、歌詞とぴったり重なるのだ。

大サビの「放課後いつも」からはコール&レスポンスのパートとなり、ライヴではレスポンスの部分を観客が一緒に歌うことで、交歓シーンが恒例行事となっている。作詞のさちひろとは、テレ朝動画**『ももクロChan』のプロデューサーの鈴木さちひろ**★3。彼は独力で『ももクロChan』を始め、現在のように地上波で放送されるまでに持っていった功労者《こうろうしゃ》だが、作詞家としては『ももクロChan』を始める以前に『キミとセカイ』(P96参照)のコンペに参加したのが最初。その後、本曲では「5人の今までとこれからを、共に歩んできた立場から」と、ピンポイント指名での歌詞発注という栄誉を授かった。ゆえに、歌詞にはファン視線がたっぷりと含まれているわけで、コール&レスポンスもメンバーとファンとの交流のための「愛ある仕かけ」なのである。

また作・編曲の**磯崎健史《いそざきたけし》**★4は、シンガーソングライターとしてソロデビュー後、アイドルやアニソンのライターへと進んだ中堅。ももクロは今のところこれ1曲だけだが、姉妹グループのエビ中には「Lon《ロン》 De《デ》 Don《ドン》」などの人気曲を数曲提供している。本曲では衒《てら》いのない明るいアレンジの中、コーラスにおけるハーモニーセンスに、非凡な才能を発揮している。ここから次の『コノウタ』に向かうラストの流れが、『バトル アンド ロマンス』の名盤度を大きく高めていると思う。

ライヴでの名シーンは、**『ももいろクリスマス2013 ～美しき極寒の世界～』**★5のアンコールに尽きる。国立大会開催の発表から『あの空へ向かって』(P46参照)、そして本曲と続いた涙のアンコールは、メンバーも「あの時ほど『スタセレ』の歌詞が刺さってきたことはなかった」というぐらい感動的。いつもは気丈《きじょう》なしおりんもガッツリ泣いてたしね。映像を観る時は大泣き覚悟。

★3／鈴木さちひろは、テレ朝動画『ももクロChan』発起人・プロデューサー。『ももドラ』の脚本や作詞なども手がける才人。ももクロのメンバーからの呼称は「さちひろさん」。

★4／磯崎健史はSCOOP MUSIC所属の作詞家、作・編曲家。1974年、神奈川県出身。2001年にシンガーソングライターとして「DASH」でデビュー。2004年以降は楽曲提供に専念、アイドルやアニメへの提供作品は多数。

★5／2013年12月23日に、西武ドームで開催したライヴ。会場内の最低気温は4度という過酷な状況下で、ダウンタウンももクロバンドをバックに、アンコールを含め25曲を披露。当日は「愛のメモリー」の替え歌で重大発表を行う松崎しげるがディナーショーのため欠席とメンバーは事前に聞かされており、国立大会の発表は大きなサプライズであった。

2011・7・27 発売
1st ALBUM
『バトル アンド ロマンス』

▼ももいろクローバーZ

『コノウタ』

アルバム本編のラストを飾る〝アゲアゲ曲〟

先の『オレンジノート』(P138参照)でツキダタダシの仕事ぶりを絶賛したが、1stアルバムの本編ラストとなる本曲を書き加えたことにより、ツキダはももクロご指名作家としての地位を磐石《ばんじゃく》なものにした。**三菱電機の3Dディスプレイ**★1とのタイアップソングなので、やはりアルバムの中では早い段階で制作が進んでいたと見られ、初披露は『Z伝説』(P122参照)と同じく、2011年5月のZepp Sendaiライヴのアンコール時。つまり本曲も震災からの復興という大きなテーマの流れの中にあるわけで、歌詞では「仲間と支え合うことの大切さ」について言葉が重ねられており、それはそのまま彼女たちに当てはまることばかりだ。

ここでもツキダ楽曲におけるサウンドのテクスチャーは一貫しているが、制作時期が少し空いた分、一歩先のものに進化していることにまず注目。この間にツキダは、**SKE48の「1《ワン》!2《ツー》!3《スリー》!4《フォー》!ヨロシク!」**★2という悶絶《もんぜつ》キラーチューンを作曲しており、自作が秋元《あきもと》康《やすし》の歌詞並びに台詞や、**前口《まえぐち》渉《わたる》**★3のアレンジを経て、全く違うものに生まれ変わる過程を目の当たり

★1/三菱電機の3Dディスプレイ『Diamondcrysta WIDE(ダイアモンドクリスタ ワイド)』のタイアップソングであったため、3Dミュージックビデオ付きの製品も限定出荷されている。

★2/「1!2!3!4!ヨロシク!」は名古屋を拠点とするSKE48の4枚目のシングル。2010年11月17日に発売。楽曲のセンターは松井珠理奈と松井玲奈。ラテンディスコのダンサブルな曲調とトリッキーな転調、台詞パートの導入など、ツキダの提出したオリジナルから大幅に手を加えられている。

★3/前口 渉はスマイルカンパニー所属の、作・編曲家。石川県出

サウンドカテゴリー度

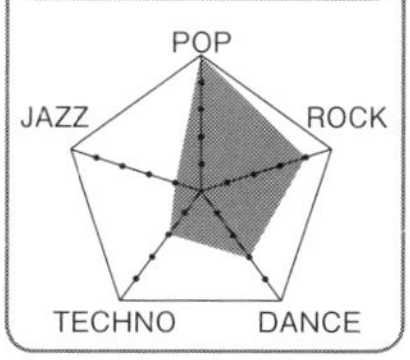

DATA

レーベル/スターチャイルド(キングレコード)
作詞・作曲・編曲/ツキダタダシ

にすることで、楽曲を通じてアッパーなテンションをキープしたままで変化をつける手法を会得《えとく》。ゆえに本曲では打ち込みによるビートやドラムがよりアグレッシヴになり、シンセもアルペジエーターを使用するなど、技のバリエーションが広がっている。

ワカチャカとデジタルビートが刻まれ、オケヒットとともに鮮烈なイントロのメロディーを繰り出し、左右ではディストーションギターが異弦同音で高らかなファンファーレを奏でて、アルバムがフィナーレへと向かうムードを盛り立てていく。続くAメロは敢えてシンプルに、アコギのゆったりしたストロークとキックのみとし、「訳も無くため息こぼれる時」と歌う夏菜子の等身大の姿を浮かび上がらせる。Bメロで出る「その密かな頑張りを誰一人知る事なくても」の歌詞は、このテンポだと早口言葉のレベル。そこを滑舌神《かつぜつしん》である杏果に歌わせているのがチャーミングだ。続くしおりんはこれを余裕でこなし、「1、2、3、Yeah《イェー》!」と勢いよく歓喜のサビへと突入する流れは否応《いやおう》なしに盛り上がる。「コノウタ　キミに届け」と彼女たちの想いそのままの歌詞は、全力ユニゾンに凝ったハーモニーが添えられることで、エモーショナル感が高められ胸に迫る。サビ締めのコード進行はF→G→Aと、力強くトニックに向かうロックの王道的**ケーデンス**★4により、メンバーの一体感を確かめるかのようだ。2番終わりでは間奏を置かず、全員が細かく絡むラップパートから「いつだってギリギリさ」の名フレーズに収束《しゅうそく》、そして夏菜子の落ちサビという王道パターン。シンセが拡がりを与えた後、オケヒットとともに半音上のB♭メジャーに転調、より戦闘力を高めたサビをイッキに駆け抜け、ほんわかとしたシンセで余韻《よいん》を残して終わる。ここまで12曲、1stアルバムにしてこの充実度。そこにボーナストラックまで加わるのだから、マジ感謝だわ〜。

身、生年は非公表。音楽ユニットeyelis（アイリス）のメンバーでもある。アイドルや声優の曲、アニメソングなどで数多くの編曲の実績がある。

★4／主調和音＝トニックに戻るための定型的なコード進行を指す、ジャズ・ポピュラー音楽用語。

2011・7・27 発売
1st ALBUM
『バトル アンド ロマンス』

▼ももいろクローバーZ

『ももクロのニッポン万歳！』（ボーナストラック）

日本一周の旅も、ももくろジェットなら所要時間たった5分

「ひょいと ひょいと ひょひょいとニッポン」って、こんなフレーズももクロ以外のアイドルで聴くことできますか、皆さん？ と書いてから思ったのは、今やでんぱ組.inc★1あたりがこうしたノベルティ路線を完全に継承《けいしょう》するまでに、ももクロが切り拓《ひら》いた道を追う者たちが、アイドルはもちろんポップス界のあちこちに見られるわけであってね。

さて本曲は、ボーナストラック（以下、ボートラ）という扱《あつか》いである。一般的にはボートラというと、あくまでオマケの域を出ず、多くの場合は「本編から漏《も》れた曲」である。ゆえにあってもなくても良いボートラが大半。特に海外アーティストの場合は日本盤のみボートラを加えることで輸入盤対策としていることが多いという、ふざけた事態に突入している。しかし、ももクロの場合は違う。『コノウタ』で爽やかに終わった本編にこの曲を付け足すことで、「ももクロはただでは終わらない」という決意表明を行いながら、遊び心に満ち満ちた応援ソングを、本編とは違った形で届けてくれるのだ。こういうのを正しくボートラというべきだと思うし、全てのレコーディ

★1／でんぱ組.incは、秋葉原ディアステージの従業員より結成されたアイドルグループ。全員がオタクの属性を持ち、「萌えきゅんソングを世界にお届け」がキャッチコピー。BS朝日で放送の『ももクロChan』と時間続きの後番組が彼女たちのバラエティ番組「でんぱの神々」であるため、連続で視聴するモノノフも多い。出世作の「W.W.D（ダブリュー・ダブリュー・ディー）」は、メンバーの実体験を元に前山田健一が作詞・作曲するという「ももクロ手法」によって生み出されたドキュメンタリーソング。現在は7人組として活動。

サウンドカテゴリー度

DATA

レーベル／スターチャイルド（キングレコード）
作詞・作曲・編曲／前山田健一

ング・アーティスト並びに関係者たちに、彼女たちの心意気を学んでほしいのだよ、俺としてはね。

曲は本文冒頭のフレーズよりひょひょいと始まり、ももくろジェットに乗ってキーーーーン！と日本一周の旅をしながら、その名物を紹介していくという設《しつら》え。ドリフターズの**『いい湯だな』**★2やバラクーダーの**『日本全国酒飲み音頭』**★3辺りに通じるスチャラカな全国巡りソングだが、メンバーのことを知り尽くしている前山田にしか書けないネタ満載の歌詞。そして自作の『ココ☆ナツ』（P94参照）や『だてあり』（P114参照）のフレーズを組み込んだ継《つ》ぎ接《は》ぎでハチャメチャな楽曲など、理屈抜きで楽しめる前山田ワールドにどっぷりと浸《つ》かることをオススメする。

メンバーそれぞれが地方ごとの特色を歌い継ぐ中、聴きどころはまず沖縄のれにちゃん。こんなにも可愛く癒される「なんくるないさー」を聴いたことがあるか、キミはアナタは。続く夏菜子の四国のお遍路の旅は、超ショートカット（1番と88番の札所にしか行ってません）ながらなぜか安らげる。中国では島根県のハブられ方がハンパなく、近畿は「関西いきまっせー！」なんて言っちゃったもんだから、三重県を無視して杏果が**「粉もん」**★4でまとめ、その三重県は中部で「え！ 近畿だよね？」と夏菜子に流される始末。北海道ではしおりんが夢いっぱいに北の大地のグルメを語り、関東はあーりんがいとこまで巻き込んで全てを自分に引き寄せて歌う。そしてシメは東北。杏果が「大好きです」「テッパンです」を連発しながら、力いっぱいに東北をチアーアップする。ある意味ココに持ってくるために、本曲が存在しているわけだ。

ライヴでの初披露は、アルバム発売の約1カ月後の『サマーダイブ2011 極楽門からこんにちは』。この時間差に、本曲が最後になってボートラとして加えられたであろう経緯が窺える。

★2／「いい湯だな ビバノン・ロック」はザ・ドリフターズのデビューシングル「ズッコケちゃん」のB面曲。「8時だョ！ 全員集合」のエンディングで、これをアレンジした「ドリフのビバノン音頭」が使用され、大ヒット。登別、草津、白浜、別府の4大温泉が紹介されている。

★3／「日本全国酒飲み音頭」はバラクーダーによる1979年のヒット曲。ディズニー映画「シンデレラ」の劇中歌である「ビビディ・バビディ・ブー」の替え歌であったものを、発売にあたって一部メロディーを変えたもの。1番では12カ月をネタに、2番では日本全国の名物をアテにと、何らかの形で酒が飲めるというもの。

★4／お好み焼、たこ焼に代表される関西人のソウルフードを「コナモン」とした日本コナモン協会の活動については筆者は否定的な立場を取る（その詳細については、小生の共著『大阪ソースダイバー』をお読みください）が、唯一、ももクロの本曲における使用のみを認めるものである。

2011・11・23発売
6th single
『労働讃歌』

▼ももいろクローバーZ

『労働讃歌《ろうどうさんか》』

【オリコンシングルチャート デイリー13位 ウィークリー7位】

“アイドルファンク”のヘヴィネスを更新! 極太の労働応援ソング

ももクロの歩みは早い。1stアルバム『バトル アンド ロマンス』でZ時代へのシフトを完全に終えたと思ったらすかさず、このようなウェポンを送り込んでくるのだから。作詞は筋肉少女帯や特撮《とくさつ》を率いる傍《かたわ》ら、作家やタレントとしても活躍、さらにプロレス&格闘技ファンでもある**大槻ケンヂ(以下、オーケン)**★1。作曲と編曲はザ・ゴー・チーム《The Go! Team》の**イアン・パートン《Ian Parton》**★2ときた。ザ・ゴー・チームはメンバー構成も独特、かつロック・ヒップホップ・エレクトロニカなどの幅広いジャンルを、センス一発でジャンクに纏《まと》め上げるユニークなバンドだ。

さてここからは、レイニー雨が降ったたって、ではなく例によって勝手な妄想《もうそう》をひとしきり。2011年といえば、ザ・ゴー・チームは3rdアルバム「ローリング・ブラックアウツ《Rolling Blackouts》」を1月にリリース、日本ではこれがエイベックス トラックスから発売され、かなりノッているタイミングだ。そしておそらくキングレコードの宮本は、その前作2ndアルバム「プルーフ・オブ・ユース《Proof of Youth》」の日本版にボーナストラックとして収録された「ミルク・クライシス《Milk Crisis》」を耳にし、「イケそうやな」と判断したので

★1/ロックミュージシャン、作家、タレント。1966年、東京都出身。1988年、バンド「筋肉少女帯」でトイズファクトリーからメジャーデビュー。文学、サブカル、格闘技への高い理解と独特のキャラクターで、同傾向の数多くのファンに支持されている。現在はNARASAKIらと結成した「特撮」で活動中。

★2/イアン・パートンはイギリスのロックバンド、ザ・ゴー!チームのリーダー。マルチプレイヤー。ザ・ゴー!チームは2004年、ロンドンのインディペンデント・レーベル「Memphis Industries」からアルバム「サンダー・ライトニング・ストライク(THUNDER,

サウンドカテゴリー度

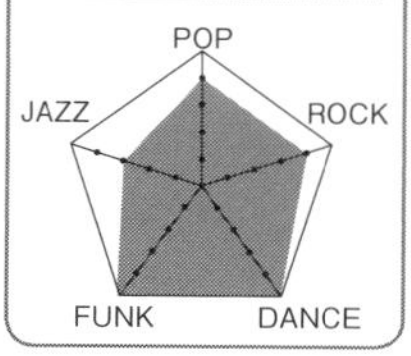

DATA

レーベル/スターチャイルド(キングレコード)
作詞/大槻ケンヂ
作・編曲/Ian Parton
エレクトリックギター&ドラム/Ian Parton
ベース/Jamie Bell
エレクトリックギター/Sam Williams
トランペット/Ben Cummings
トロンボーン/Callum Au

はないか。「ミルク・クライシス」では**ツチダ・カオリ**★3の英語&日本語のラップが全面的にフィーチャーされており、そのニュアンスは極めて『労働讃歌』のそれに近い。さらにアルバム「ローリング・ブラックアウツ」の中では、5曲目「バースト・アウト・ブリガード《Bust Out Brigade》」と10曲目「ザ・ランニング・レンジ《The Running Range》」に、欲しい感じがあった。特に後者は、ほとんど『労働讃歌』の元ネタといってもいいぐらい曲調が近いです。キメ部分のリズムもほとんど同じだし。なので、これらのオイシイとこ取りの結果として、『労働讃歌』のトラックが仕上がったと俺は推測するのだが、どーですか皆さん?

さて、いよいよオーケンの出番である。おそらく曲のデモが仕上がってから歌詞を頼まれたのだろう、「11月23日の勤労感謝の日にシングルを発売するから、労働を讃《たた》えることをテーマにしたい」、つまり「ももクロ流の労働応援ソングを作りたい」と。さらに歌詞としては、**特撮の「ヨギナクサレ」**★4のイメージで。そこでオーケンは、「ヨギナクサレ」のサヨク魂をベースに置きながら、ニート時代の自分を思い出しつつ「もし労働に喜びやプライドを見出せれば、働くことがイヤではないかもしれない」と、歌詞を書き上げた。この段階では「労働の喜びを今こそ歌おうぜ! 全員で叫べば見えるかもしれないぜ!」というラップは、あくまで「見える〝かも〟しれない」であり、働く者たちは奴隷《どれい》のように扱われ搾取《さくしゅ》されているだけかも、という**裏の皮肉めいた意味も込められていた**★5。ところがももクロが元気いっぱいに歌うことで、そうしたネガティヴな意味合いが全て吹っ飛び、ポジティヴな曲になったというわけでね。

刑事ドラマのオープニングを思わせる大仰《おおぎょう》なブラスとサイレンが鳴り響き、曲はスタートする。車で聴いてたら、思わずサイレン音に反応して周りを見てしまう…というのは、『怪盗少

LIGHTNING, STRIKE)」でデビュー。ヒップホップやファンクとロックをガジェット感覚でまとめ上げたサウンドで注目を浴びる。

★3/ツチダ・カオリはザ・ゴー!チームの元メンバーでマルチプレイヤー。サイドヴォーカル、ギター、ピアノ、メロディカなどを操る。

★4/「ヨギナクサレ」は2001年に発表された、特撮の3枚目のシングル。抑圧や不条理に対して反逆を「余儀なくされ」せざるを得ないと熱く叫ぶ曲。

★5/音楽ナタリー PowerPush「ももいろクローバーZ『いま、会える記者』ももいろクローバーZ『労働讃歌』作詞者、大槻ケンヂを直撃取材だZ!!」でオーケンが言及。

女』（P84参照）と同様の「ももクロあるある」だ。「1《ワン》、2《ツー》、3《スリー》、4《フォー》！」の掛け声とともに、程よくアッパーなファンクビートをドラムスが叩き、2本のギターが単音とブラッシュで刻み分けると、「労働のプライドを今こそ歌おうぜ！」と威勢良くラップが始まる。ヴォイスチェンジャーで音域を狭く加工してあるのは、デモ演説で使われる**トラメガ**★6を意識したものだろう。それにしても「**ドンペリ**★7開けてるセレブじゃねえんだぜ！」のフレーズは抜群ですな。リリース当時はメンバー全員が未成年だったので、本人たちにはなんのこっちゃサッパリ分かんなかったと思われるが、シャンパンのコルクを抜く動きをダンスに反映しているため、辛《かろ》うじて「お酒のことだよね？」ぐらいの感覚だったのではないか。

「今や運命は 我らにかかった 上の連中はサッサと逃げちまった」との夏菜子の歌い出しに、「あ～そうそう、上の連中は言いたいことだけ言うたら、どっか行くんやわ」と同意したら、以降はこの歌のフレーズのいちいちに深く頷《うなず》くことだろう。オーケン、サラリーマン経験はなかったと察するのだが、そのイマジネーションにハズレはない。

ももクロとモー娘。そして吉幾三《よしいくぞう》とのミッシングリンクとは？

ズンズズンズンズンと滾《みなぎ》ってくるリズムからの「働こう 働こう」のヤケクソ気味のサビからは、ブラスセクションの動きも細かくなり、この部分は往年のブラスロックバンド、**チェイス**《Chase》★8を思わせる。ここのダンスは両手を上げながらのスクワットのアクションになるので、運動不足の方にオススメします。**黒柳徹子**★9も、**ジャイアント馬場**★10に言われて毎日ヒンズースクワット50回を欠かさないの

★6／トランジスタメガホンの略称。学生運動やアジテーション演説などでよく使用される。

★7／正式名称は「ドン・ペリニヨン（Dom Pérignon）」で、フランスのモエ・エ・シャンドン社（Moët & Chandon）によって生産されている高級シャンパンの名称。「ドンペリ」と略され、バブル期において経済的には豊かだが知性は低い層の人間が大量に消費することで、その名称が定着した。

★8／トランペッターのビル・チェイス（Bill Chase）が1970年に結成したロックバンド。自身のハイノートを聴かせるため、ブラス・セクションをトランペットのみの4人編成とし、ダイナミックなサウンドで人気を博した。代表曲「黒い炎（Get It On）」は、和田アキ子を含め多くのカヴァーを生んでいる。

★9／長寿番組「徹子の部屋」でおなじみのベテランタレント。同番組には、ももクロも黒柳のタマネギ頭に仮装して数回出演。黒柳との関係は深い。

★10／ジャイアント馬場は日本が

が元気の秘訣《ひけつ》だそうですから。続く「ただじっと 手を見ていたんじゃ 一握《いちあく》の砂さえこぼれるから」の部分では、歌唱とブラスが付かず離れずになる。この効果的なアレンジで、ただでさえ重みのある歌詞が、よりズッシリとした重量感を伴って迫ってくるのだ。そう『労働讃歌』がここまでのももクロの楽曲と大きく異なるのは、その重量感においてだ。どちらかというと軽い曲調が多かったももクロだが、本曲で極太のファンクを演《や》って見せたことで、またしても新境地に踏み込んだ。「アイドルとファンク」というと、**モーニング娘。の「ザ☆ピ～ス！」**★11を嚆矢《こうし》とするが、それを圧倒する極太度で「アイドルが演《や》るファンク」のヘヴィネスも、ももクロが更新したということを覚えておいてほしい（にしても「ザ☆ピース」、久々に聴いたがやはりエエ曲です。俺の中ではカリフォルニア歌謡（P174参照）の「真夏の光線」と並ぶ、モー娘。のベスト）。

イントロのパターンを挟んで再びの「1《ワン》、2《ツー》、3《スリー》、4《フォー》！」の後は、ギターカッティングと絡むような杏果のヒップホップ・ダンスの見せ場。そこからのコール＆レスポンスがライヴでアツく盛り上がるパートで、「試すか?」「どうする?」「やめるか?」「負けたら?」と気弱に始まるが、意を決して「や～ってやろうじゃねえのよガッツリ!!」とあーりんの無双が炸裂。しおりんの「行くぞシュプレヒコール！」に煽られると、モノノフが全力で「時代はいつでもグールグルっ!!」と返す。さらにコール＆レスポンスが続き、最後は「オ～回りゃいつでもグールグルっ！」って、**吉《よし》幾三《いくぞう》の「俺ら東京さ行ぐだ」**★12でねぇが～。と思いつつ本曲を聴くと、オーケンが吉幾三の「みちのくファンク」を念頭に置きながらこの歌詞を書いたことも判明し、思わぬところにミッシングリンクを見出してしまうのだ。オモロイよなぁ～、音楽って奴ぁYO！

生んだ真の世界的プロレスラー。タレントとしても活躍し、芸能界に数多くの「馬場シンパ」を持つ。1999年没。

★11／モーニング娘。の12枚目のシングル「ザ☆ピ～ス！」は、2001年のヒット曲。ホーンセクションやラップを導入した、ダンス☆マンのアレンジによる本格的なファンクチューンで、「LOVEマシーン」の呪縛からモー娘。を解き放った。

★12／「俺ら東京さ行ぐだ」は吉幾三の1984年のヒット曲。当時流行っていたラップに影響を受け、吉自身が同曲を作詞・作曲。発売当時は演歌枠ではなくフォークロックの枠で扱われたこともあり、筆者は「みちのくファンク」と同曲を捉えている。同類の先行事例に、ミス花子の1976年「河内のオッサンの唄」がある。こちらは河内ファンクだが、ミス花子のフロウは再評価されて然るべきだろう。

2011・11・23発売
6th single
『労働讃歌』

▼ももいろクローバーZ

『サンタさん』

楽しすぎるMVが必見！のパーティーチューン

ももクロのクリスマスソングは名曲揃いなわけだが、多くは普通に良い曲であり、ノベルティ感満載の本曲はいわば異色作である。しかしながらその人気は絶大なものがあり、特に彼女たちのアイドル的なワチャワチャ感満載のMVが収録されているがゆえに、シングル『労働讃歌』は初回限定盤のBが最も売れたという前代未聞《ぜんだいみもん》の事態が生じている。ゆえにここでも、MVを前提として解説しますね。

仕掛人はまたしても前山田だ。ピアノの上昇スケールから「ランランラン……」とジングルベルのメロディーがそのまんま歌われ、夏菜子の「せ～の」の合図で、全員で「メリークリスマス！」と、ここまでは普通にシアワセなクリスマスのワンシーンだが、そりゃま～みんなの可愛いことったら。そしてリズムインからは唐突に高速ビートが叩き込まれると、前山田お得意の継《つ》ぎ接《は》ぎソングに突入する。

まずは夏菜子、次にしおりんが出て「いるっちゃ いるんぢゃ サンタのおっちゃん」とちょっとディスり気味に歌うが、しおりんなので全て許せる。そこをフォローするかのように「いくつになったっ

サウンドカテゴリー度

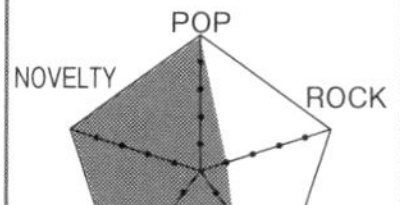

DATA

レーベル／スターチャイルド（キングレコード）
作詞・作曲・編曲／前山田健一
プログラミング／前山田健一
ギター／板垣祐介
リード・ピアノ／江藤直子

て信じてる サンタのおじさん」と杏果がお玉をマイクに歌うが、キバり過ぎなので逆効果では？あーりんは「今年で15回目 クリスマス！」と、この時点ではまだ15歳をアピール。れにちゃんは「じゃかじゃか プレゼント お待ちしてまーす」と「ジョイ・トゥ・ザ・ワールド《Joy To The World》」★1のメロディーをオルガンに乗せて歌い、全員で「いち にー サンタ!!」とのコールから、サビでは「サンタさんさんさん」ともはやサンタをおちょくっているとしか思えない躁《そう》的なパーティーが繰り広げられるが、これって『ココ☆ナツ』（P94参照）で開発したパターンですな。ゆえに後半、地球の裏側に行って「コーコココッコ ココ☆ナツ」となってしまうのは想定内か。

「れにちゃんのぉ ちょっといいとこ 見てみたい！」からのれにちゃんソロでは、薄紫の着物姿が超絶可愛いが、2回目は「どじょうすくい」を演らされる。さすが〝ネタ要員〟だが、これMVの収録時にはワンテイクで完璧に決めたそうですからプロ根性が違うわ。そして**毎年の「ももいろクリスマス」では、このパートでれにちゃんのマジックショーが行われることが恒例行事となっている**★2ので、本曲は紫推しの曲と言ってもいいだろう。

MVは衣装を着てのダンスシーンと部屋着でのパーティーシーンを組み合わせて編集されているのだが、この部屋着シーンがスローモーションと組み合わせられ、もー最高に楽しそうなのでひたすらニヤけて観《み》るしかないのだ。夏菜子をツリーにしてデコったり、ケーキでパイ投げ合戦したり、自由過ぎでしょ！ そして『ココ☆ナツ』パート明けでは、杏果の必殺「ウーーーマンボーー!!!」がブッ込まれる。てなちょーしで進むゴキゲンな5分間のパーティー、もう100回以上MV見てるけどホント飽きない。なのでここは「ももクロを観よ！」ということにしておきます。

★1／「Joy to the World」は「もろびとこぞりて」のタイトルで知られるクリスマス・キャロル。スリー・ドッグ・ナイト（Three Dog Night）による1970年の大ヒット曲「喜びの世界（Joy to the World）」とは別の曲だが、マライア・キャリー（Mariah Carey）はこれを利用して、2つの曲をメドレーにして、アルバム「メリー・クリスマス（Merry Christmas）」に収録した。

★2／マジックショーのパートナーは、常にスリムなしおりん。その規模は年々大掛かりになってきているので、各自映像でご確認ください。

2011・11・23 発売
6th single
『労働讃歌』
通常盤にのみ収録

▼ももいろクローバーZ

『BIONIC CHERRY《バイオニックチェリー》』

超速で駆け抜ける、ハイテンションなメロコア曲

タイトルから「バイオニック・ジェミー」★1をすかさず連想したアナタ、昭和30年代生まれですね。**平成のデルフィンたち**★2にはサッパリ分かんないだろうが、おじさんたちはその昔、ちょっぴりセクシーなブロンド美女のジェミーに、青い憧《あこが》れを抱いたものなのだよ……と遠い目をしてみたところで、ももクロちゃんたちには金輪際《こんりんざい》、関係ないだろう。

が、ちょっぴりセクシーといえば佐々木プロだ。「ズッキュ〜ン ズッキュン」と繰り出されるセクシービームに撃ち抜かれる間もなく、ドシャメシャな高速パンクビートに乗って「痛快爽快《つうかいそうかい》 抱腹絶倒《ほうふくぜっとう》 勧善懲悪《かんぜんちょうあく》 モーション」と4文字熟語の絨毯爆撃《じゅうたんばくげき》が開始される。作詞は必殺の只野菜摘、曲はAKIRASTARとくれば、その攻撃力は推して知るべきだろう。特にAKIRASTARは本曲の全楽器を演奏しており、自身のメイン楽器であるベースで重心を取りながら、ドラムは突っ込み気味に大暴れ。左右チャンネルで終始ギターを猛り狂わせることによって、とんでもない破壊力で突き進んでいく。そして我らがももクロちゃんはというと、「バイオニッ

★1／「地上最強の美女バイオニック・ジェミー」は、ユニバーサル作成のSFテレビドラマ。日本では日本テレビ系で、第1・第2シーズンが1977年1月から放送された。サイボーグ化された主人公ジェミーの勧善懲悪とラブストーリーが渾然となったストーリーで、主演のリンゼイ・ワグナー（Lindsay Wagner）は1977年にエミー賞主演女優賞を受賞した。

★2／「平成のデルフィンたち」とは、「活字プロレスの創始者」こと「週刊ファイト」元編集長、井上義啓のフレーズ。万事軽薄になった平成のプロレスに熱中する若者を指す。

サウンドカテゴリー度

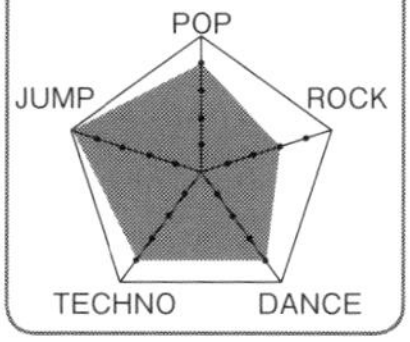

DATA

レーベル／スターチャイルド（キングレコード）
作詞／只野菜摘
作・編曲／AKIRASTAR
オール・インストゥルメンツ／AKIRASTAR
コーラス／SHELLY

ク・チェリー」なる天真爛漫《てんしんらんまん》なヒロインとなって、**ブレーキの壊れたダンプカー**★3の如く疾走。一度走り出したら止められないですからね、この勢いは。なんせ平素は温厚なれにちゃんが、「あたしはね すごく怒ってるんだよ！」とお怒りなのだから。

歌詞も勢いを重視したのだろう、普通に聴き取ることが困難なスピードで突き進んでいくが、しおりんの「磨《みが》いていかなきゃ 錆《さ》びていくんだよ！」など、要所要所でメッセージが込められているので歌詞カードを見てくださいね。サビの「バイオニック・チェリー」のところで、ライヴでは観客も一緒にジャンプするのだが、そういや2015年の「ももいろクリスマス2015～Beautiful Survivors～」のLVの際、映画館では着席鑑賞がマストだったのは、こーゆー部分があるからですな。隣のシアターで映画見ている人は「何事か！」と思うでしょうから。

ギター掻《か》き毟《むし》りの間奏を挟んでの重要パートは、「甘くみたでしょ?」からの落ちサビ、そして再びサビを挟んでの「愛をこの手に」に始まるコーラス。ここでも観客がコーラスに参加して一緒に歌い、ハイテンションで盛り上がる。かようにライヴ仕様の高熱量チューンなので、中盤で喝《かっ》を入れるポイントに置かれることが多い。そもそも縦の動きが多い振り付けで、最近のライヴはステージが広いため、あっちゃこっちゃ全力で走り周ってハアハアになりながら歌われるので、本人たちも相当に喝《かつ》を入れながら演《や》ってるはず。そして曲は、「また来週～」という昭和の定番フレーズであっさりと終わる。

本曲の名シーンは、**2013年夏の日産スタジアム大会**★4。このライヴでは夏菜子と**武井 壮**《たけいそう》★5の100m走ガチ対決が行われたのだが、夏菜子が負けたあとに、れにちゃんが満を持して「甘くみたでしょ?」と夏菜子に向かって責めるように歌うシーンは爆笑必至！

★3／アメリカのプロレスラー、スタン・ハンセン（Stan Hansen）のニックネーム。視力が低かったため、巨体で相手に突進していくファイトスタイルを指す。

★4／『ももクロ夏のバカ騒ぎ WORLD SUMMER DIVE 2013.8.4 日産スタジアム大会』。ももクロ初&女性グループとして単独では初の日産スタジアムでのライヴで、この時点でももクロ史上最多の6万人を動員。芝生に客席を設置できない条件ゆえ、随所にオリンピック風の演出が採り入れられ、過去の日本代表メンバーとのサッカー対決なども行われた。

★5／武井 壮は陸上競技・十種競技の元日本チャンピオン、現在はタレント。この時の夏菜子との100m走対決では、20mのハンデを背負いながらも勝利し、大量のブーイングと喝采を同時に浴びた。武井 壮は2017年夏の味の素スタジアム大会でも100m走対決で再登場。今度はメンバー5人によるリレーとの対決だったが、再び勝利した。

2011・12・25発売
「ももいろクリスマス 2011 さいたまスーパーアリーナ大会」開催記念single
『白い風』

▼ももいろクローバーZ

『白い風』

気高き「ももクロのユニゾン」を味わう名曲

彼女たちにとって初のアリーナコンサートとなった『**ももいろクリスマス2011 さいたまスーパーアリーナ大会**』★1における、限定販売シングルのメイン曲。作詞・作曲は多田慎也、編曲は生田真心とくれば『キミノアト』（P134参照）の名コンビ。期待を裏切らない極上のバラードをここに届けてくれた。『キミノアト』はミディアムのアイドルポップ仕様だったが、本曲は**シカゴ《Chicago》の「素直になれなくて《Hard To Say I'm Sorry》」**★2あたりを彷彿《ほうふつ》とさせるパワーバラードとなっており、よりスケール感豊かに、ピュアで希望に満ちた愛を歌い上げてくれる。

多田のシグネイチャーと思われる美しいピアノ、からのハードなディストーションギターに導《みちび》かれてのソロはまずしおりん。「響《ひび》け始まりのメロディー」と、憂《うれ》いを帯びた歌い出しに彼女の成長を見る想いだ。続く杏果も安定の美しさで、少しハスキーなこの2人を続けることで、曲のムードをうまく作り上げている。8分音符のギターの刻みがズンズンと進み、夏菜子の「当たり前の出来事の中 偶然の顔で」で一気に盛り上げてブレイクし、サビのコーラスに向かう。

★1／2011年12月25日に開催された、ももクロ初のアリーナコンサート。前年のももクリの約10倍となる1万人の観客を動員。格闘技大会PRIDEの聖地であるさいたまスーパーアリーナでの開催ということから、実況中継の放送席が設けられ、レニー・ハートによる曲紹介が採用された。

★2／Chicagoは1969年にデビューしたアメリカのブラス・ロックバンド。初期はロック、ファンク、ジャズ、クラシックなどのジャンルを闇鍋的にブチ込んだサウンドで衝撃を与えた。'80年代に入ってからはデイヴィッド・フォスター（David Foster）をプロデューサーに迎え、「Hard to Say I'm Sorry（素直

サウンドカテゴリー度

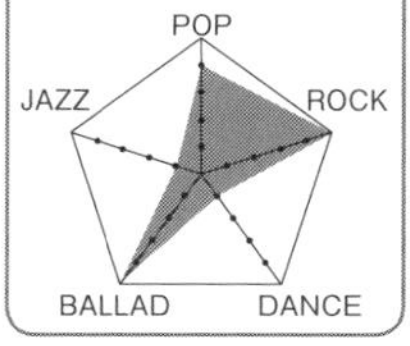

DATA

レーベル／キングレコード
作詞・作曲／多田慎也
編曲／生田真心

このサビでやはり、彼女たち5人がユニゾンで歌うことで起こる「聴き手の感情を無条件に揺さぶるサムシング」を感じずにはいられない。「白く光る風立つ向こう側」とひたむきに歌う5人の少女たちの声が重なり、光の中で神々《こうごう》しく輝いているこの化学《ケミストリー》こそ、音楽史上においてもももクロでしか味わえなかったものなのである。夏菜子を中心にしつつも、それぞれの声がしっかりと屹立《きつりつ》し、全体として支えあうように響きあう。なんという純粋さ、気高さなのか。本曲のコーラスパートは、なぜ彼女たちが「奇跡の5人」なのかを知る、絶好の鍵になると思う。

歌詞がまた良いのだ。筆者のお気に入りは2番頭の「街は未完成のドラマ セリフもなく続いていくセカイ」と、大サビの「アスファルト走り出した勇気で 出来るだけ未来へ行けるように」の部分で、平易なワードを使いながら映像を浮かび上がらせるあたり、多田のセンスは天才的。そして重要なことは、これらはいずれもれにちゃんのパートだという点。他の曲にも言えることだが、れにちゃんのソロパートの歌詞は、心に迫る名フレーズが実に多い。これは彼女の甘く優しい声質と語りかけるような歌唱スタイルを活かしているからで、ももクロの場合は、ぜひ**歌のパート割り**★3にも注意してほしい。大サビの杏果の熱唱に続いて、落ちサビの夏菜子ソロはなんと8小節。このような曲では彼女のしゃくり上げるような歌声が一層深く浸み込んでくるし、後半4小節でさりげなくコーラスが添えられているのも美しい。そして全員のコーラスで曲はクライマックスを迎え、「ずっとずっと」が想いを込めてリピートされ、この感動的なウィンター・ラブソングは終わる。

シングル盤はもはや入手困難だが、2016年12月にリリースされたももクロの冬ソング集『MCZ WINTER SONG COLLECTION《ウィンター ソング コレクション》』に収録されたので、そちらでぜひ。

になれなくて)」などのパワーバラード路線で成功。一度も解散せずに、現役を続ける偉大なバンドである。

★3/ももクロの歌のパート割りについては、作曲者や編曲者の意向もあるが、基本的にはキングレコードの宮本が中心になって、スターダストの川上マネージャーらの意見を取り入れつつ決定される。歌入りのムード作り、歌詞の内容、コントラスト、前後のバランスなど、あらゆる角度からベストに向けてパート割りが試される。

2011・12・25 発売
「ももいろクリスマス 2011 さいたまスーパーアリーナ大会」開催記念 single
『白い風』

▼未確認少女隊 ＵＦＩ

『We《ウィ》 are《アー》 UFI《ユーフィー》 !!!』

全力で架空《かくう》のアイドルを演じきる漢気《おとこぎ》に惚《ほ》れる

本曲は正式にはももクロの曲ではなく、テレビ東京制作によるシチュエーション・バラエティー『**ウレロ☆未確認少女**』★1のエンディングテーマ曲で、同番組内から生まれたアイドルグループ「未確認少女隊 ＵＦＩ《ユーフィー》」の楽曲という扱《あつか》い。従ってここではメンバーは、ももりん（百田夏菜子）、たまちゃん（玉井詩織）、さーや（佐々木彩夏）、キャサリン（有安杏果）、ゴリナ（高城れに）という5人組となる。この手の楽曲は例によって全てを前山田が手がけ、設定がおかしなことになればなるほど燃えるのだろう、心ゆくまで遊び尽くしながらも最後はエエ頃合いに落としている。「We are UFI」と歌い出すももりんは「ひとつになって頑張ろう だって仲間なんだから」とリーダーらしさを見せるが、たちまちメンバーが勝手に乱れ出す。以降、「うるさーい！」と叫んで場を仕切るももりんが順にメンバーを紹介していくスタイルで曲が進むのだが、本人たちと微妙に重なるキャラクターに合わせて、曲調が節操なくあっちこっちに飛んでいくのが**愉快痛快**《ゆかいつうかい》**奇々怪界**《ききかいかい》★2だ。

サウンドカテゴリー度

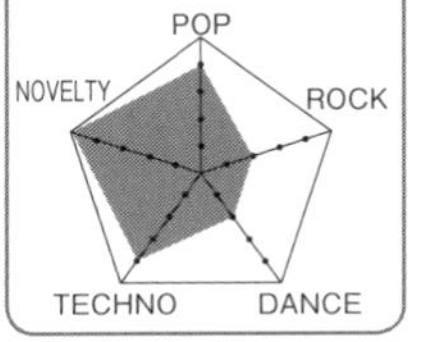

DATA

レーベル／キングレコード
作詞・作曲・編曲／前山田健一

★1／『ウレロ☆未確認少女』は2011年10月8日から同年12月24日まで放送されたウレロ☆シリーズの第1期。劇団ひとり、バカリズム、東京03、早見あかりがレギュラーメンバー。2019年12月放送のシリーズ第5期の『ウレロ☆未開拓大少女』まで断続的に続いた。

★2／藤子不二雄Ⓐによる日本の

まずたまちゃんは「はらがへったー はらがへったー 弁当 弁当 中華弁当」と大食いキャラ、これは本人そのまんま。さーやは「なぜにあの人は 私のものにならないの?」と少女漫画のヒロイン的に瞳を潤《うる》ませる。突然「Freedom!《フリーダム》」とファンキーにシャウトするキャサリンは帰国子女だが、「Cheese Hamburger《チーズハンバーガー》」ってアンタ。ゴリナは「ご指名!(ないない!)同伴!(ないない!)」とパラパラ風のトラックでキャバ嬢の設定。この辺りはセクションごとにBPMすら変わってしまう。そして続くミスXは、番組でも**お面を被《かぶ》った謎のアイドル**★3なので伴奏のみで歌はナシ。このミスX、配役上は早見あかりが演じていたパートで、いわばももクロ脱退後のニアミス的共演となっているのだが、メンバーとの実際の絡みはない。

ひとしきりメンバー紹介が終わってからは、キャラをベースにした台詞回しによる茶番がワチャワチャと展開されるのだが、これはもはや説明不可能、聴いてもらうしかありませーん。が、個人的には「うちの店おさわり自由!」「違うよ同伴だよ!」と捨て身でキャラを演じるれにちゃん、ここまで平然とヨゴレをやる漢気には感服いたします。

いわば楽曲全体が飛び道具ではあるのだが、サビの歌唱部分では軽快なディスコビートに乗せて、どこか『怪盗少女』(P84参照)を思わせるメロディーでゆるやかに結束を確認。ラストは「デコボコしててもいいのさ 人それぞれで いいじゃん」と各自の個性を尊重しながらてっぺんを目指す所へと向かう。あくまで『ウレロ』がありきな楽曲なので、単体で聴いてもサッパリ意味が分んないと思うが、『白い風』にこれをカップリングし、さらには『サンタさん』の変態リミックスを1枚にする運営のセンスは、まじヤバすぎる!と思いますね。

少年漫画「怪物くん」のテレビアニメモノクロ版テーマソング曲「おれは怪物くんだ」の名フレーズ。作詞は藤子不二雄、作・編曲は筒美京平。

★3/単なる事務員である「あかり」は、東京03の豊本が所有するアニメグッズを壊してしまった弁償のためにマスクを被り、「ミスX」としてUFIメンバーにさせられた。諸事情を知るモノノフにとっては、実に興味深い展開であった。

2011・12・25発売
「ももいろクリスマス2011 さいたまスーパーアリーナ大会」開催記念single
『白い風』

▼ももいろクローバーZ

『サンタさん〜DJ《ディージェー》 Taku's《タクズ》 christmas《クリスマス》 A-men《エーメン》 Breaks《ブレイクス》〜/〜Bloody《ブラッディ》 Christmas《クリスマス》 Version《バージョン》〜』

こんなんアリ? な常軌を逸したリミックス

素材は『サンタさん』(P152参照)。これを「好きなように料理してちょーだい」と2組のアーティストに渡した結果、エゲツないものが出てきました。まず**☆Taku Takahashi**《タクタカハシ》★1によるミックスだが、こちらはジングルベルからスタートし、高速ドラムンベースに乗せて加工したヴォーカルを切り刻むが、サビのコーラスはそのまま使っているし、原曲の感じは概《おおむ》ね生かされている。ファンの目線を意識した、気の利いたリミックスと言えるだろう。

問題はNARASAKIによる『Bloody Christmas Version』。これはもう完璧なデスメタルで、原曲のキーすら一切無視して、ワンコードでハードコアに突っ切るというNARASAKIにしか不可能な荒療治だ(イメージは**スレイヤー**《SLAYER》★2らしい)。冒頭からジングルベルのコーラスを冒《おか》すかのように不穏《ふおん》なギターが蠢《うご》めき、すかさず暴力的なギターリフと**ツーバスメタ打ち**★3のドラムが荒れ狂う。ちなみにオリジナルキーはA♭メジャー、そこにBのギターリフを「後付け」しているのだから、当然**ディスコード**★4の嵐。しかし「れにちゃんの〜」のパートではバックに安木節を鳴らしているし、NARASAKIなりの原曲リスペクトがあるのがまた笑える。おそらくはももクロ本人たちも聴くことはないであろうコレを、よくぞ認めてリリースしたものだ。「遊び心」の領域を超えたその破壊力に震撼せよ!

サウンドカテゴリー度

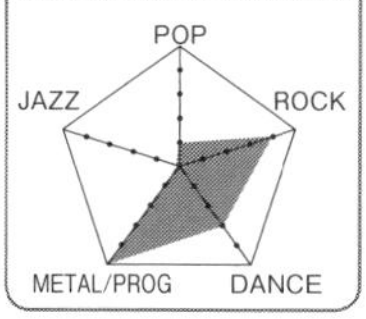

DATA

レーベル/キングレコード
作詞・作曲・編曲/前山田健一
DJ Taku's christmas A-men Breaks リミックス/☆Taku Takahashi
Bloody Christmas Version リミックス/NARASAKI

★1/ARTIMAGE所属のDJ、音楽プロデューサー。1974年、神奈川県出身。m-flo、Ukatrats FC、ravexなどのメンバーとして活動、数多くのアーティストのリミックスや楽曲提供を行っている。

★2/アメリカのスラッシュメタルバンド。過激な表現とサウンドで、のちのデスメタルにも大きな影響を与えている。NARASAKIのフェイバリット・アーティスト。

★3/ハードロックやヘヴィメタルでは、バスドラムを2台並べて、両足で交互にペダルを踏むことで演奏に疾走感を出すことが多い。打ち込みの場合は、単にバスドラムを連打するだけなので煽りが容易なため、頻繁に使用される。

★4/ディスコードは不協和音のこと。メロディーがどのように進もうがお構いなく同じコードを鳴らし続けるのが、スレイヤーに代表されるスラッシュメタルの美学。

column 3

ももクロの楽曲への道程（その1）

本書の巻頭で、「ももクロには、日本のポップカルチャーの歴史がまるっと収まりつつも、全く新しい〝響き〟を伴って、歴史を更新し続ける魅力がある」と書いた。ここでは数回にわたって、その詳細について説明していこう。足早になるが、ご容赦《ようしゃ》いただきたい。

まず「日本のポップカルチャー」について、大雑把だが「音楽シーン」「おたく文化」「ストリート」「テレビ」と4つに分類して説明しよう。

「音楽シーン」については、以前は「楽器を演奏できる人が伴奏し、歌が上手い人が歌う」ということが、ジャンルやプロアマを問わず、常識であった。ところが20世紀末頃から、デジタル技術の進化により、LPがCDに取って代わり、サンプリングやDTMが普及し、DJやクラブミュージックの台頭によって、それまでの常識が大きく崩れた。あわせてインターネットの普及により、「自作の音楽をネットを通じて発表する」ということが簡単にできるようになり、音楽を創作してから発表することのハードルが一気に下がった。これらの状況から、前山田健一のような新世代の独創的な楽曲制作者が現れ、音楽の設えそのものやサウンドの肌触りが大きく変わってしまった。では楽器演奏や歌唱スキルに対する敬意が失われたかというとそうではなく、「音楽的な可能性が広がった」と見るのが筆者の立場である。（P182に続く）

2012・3・7発売
7th single
『猛烈宇宙交響曲・第七楽章「無限の愛」』

▼ももいろクローバーZ

『猛烈宇宙交響曲《もうれつうちゅうこうきょうきょく》・第七楽章《だいななかくしょう》「無限《むげん》の愛《あい》」』

【オリコンシングルチャート デイリー2位 ウィークリー5位
日本レコード協会ゴールドディスク認定】

壮大なスペースオペラに思わず万歳三唱《ばんざいさんしょう》

最初に説明しておきますと、「第七楽章」とありますが、第一～六楽章があるわけではありません。タイトルは無駄にスケール感を演出するためのお遊びで、7枚目のシングルなので「第七楽章」というね。つまりはテレビアニメ『**モーレツ宇宙海賊《パイレーツ》**★1』のオープニングテーマ曲としての設定なわけで、そうなると楽曲作りも「全力で遊び切ろう」と前山田が張り切った結果、『怪盗少女』（P84参照）の進化系ともいえる壮大なパワーチューンが仕上がったのだから、このタイアップは大正解だった。キングレコードのスターチャイルドに所属していたからこのようなタイアップの話もあったわけで、このあたりの「持ってる感」も、ももクロの強さなのである。

曲に入る前にジャケットの話を片付けておこう。シングル通常盤のジャケット写真（P24参照）は、凛々《りり》しくポーズを取る夏菜子の全身がセンターに配され、その足下にあーりん、杏果、しおりんが並ぶ。これ、筆者の世代は**東宝怪獣映画**★2を思い出すデザインセンス。れにちゃんはと言うと、星空に溶け込んだように薄っすらとしか映っておらず、もはやこの世の人ではない。こ

サウンドカテゴリー度

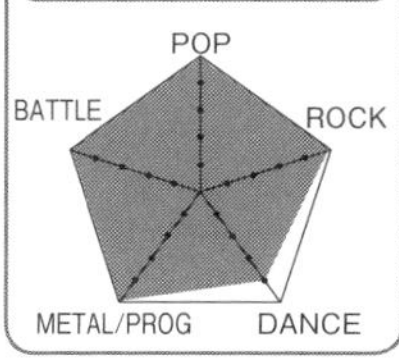

DATA

レーベル／スターチャイルド（キングレコード）
作詞・作曲・編曲／前山田健一
プログラミング／前山田健一
リード・ギター／ Marty Friedman
バッキング・ギター／板垣祐介
コーラス／東響コーラス

★1／「モーレツ宇宙海賊」は2012年1月から6月まで放送されたテレビアニメ。原作は笹本祐一のライトノベル『ミニスカ宇宙海賊』。

★2／東宝の特撮怪獣映画のポスターにおいては、街で暴れる怪獣をバックに、手前に主役級の人物を配置するレイアウトが多く見られた。1964年公開の「宇宙大怪獣ドゴラ」などがその代表格。

★3／音楽ナタリー「愛を届ける大航海へ ももクロ2012年の船出」で、インタビュアーからのエピ

うした扱いの差が「推され隊」（P180参照）としてのオイシイ話にもつながるのだが、実際には裏ジャケで全員が真面目な顔で並んでいるところに、帯でれにちゃんだけ笑顔が被《かぶ》るようになっており、こっそりと推されているわけです。こーゆー部分に、いちいち愛を感じるんだよなー。

さて、前山田は**「手の届かない存在になりつつあるももクロの、ファンへのメッセージソング」との想いを込めて作った**★3と語っているが、確かに歌詞はアニメの世界観を受けながらも、ラブソングとしての体裁を整えている。なんせ「無限の愛」ですからな。そしてタイアップゆえ予算もあったのだろう、本曲では混声合唱団**「東響コーラス」**★4が起用され、またギタリストとしては盟友の**板垣祐介**《いたがきゆうすけ》★5にバッキングを任せつつ、リードギターに**マーティ・フリードマン**《Marty Friedman》★6を迎えて思う存分弾《ぞんぶんひ》かせるという、とんでもない贅沢をしている。

そしてこのマーティの起用こそが、本曲を名演たらしめている重要なポイントであることを、ここで強調しておきたい。**彼は「前山田さんのクネクネハイスピードジェットコースターみたいな展開をフォローできる人は僕ぐらいと思う」と自画自賛**《じがじさん》★7しているが、実際にここで聴かせるプレイは、キレッキレでありながらノートの選び方に彼独特の美学が息づいており、ももクロのヴォーカルにぴったりと寄り添って輝いている。

この壮大なスペースオペラはスネアの6連発から、コーラスを伴いつつ、**Cエオリアンスケール**★8を3連符で下降・上昇するディストーションギターで幕を開ける。「ウーワオ！」の一撃の後、シャッフルビートに乗って増4度重ねでギターが昇天していき、夏菜子が「宇宙の 果ての果てでも キミの事 想う」と歌い出す。このあたりはスネア連打が戦闘モードで、サウンド的にはスペースウォー

ソードとして語られている。

★4／東響コーラスは「東京交響楽団」と一体の演奏を目指し、1987年に創設されたアマチュア混声合唱団。公演ごとにオーディションを実施し、出演者を決定することで、常に高いクオリティを維持している。

★5／板垣祐介はファイブエイス所属のギタリスト、作・編曲家。1980年、東京都出身。前山田健一とは同事務所であるため、サポートでギターを弾くことが多い。AKBグループやハロー！プロジェクト関連の参加作も多い。

★6／マーティン・"マーティ"・アダム・フリードマン（Martin "Marty" Adam Friedman）は元メガデス（Megadeth）のギタリスト。現在は日本を拠点に、ギタリスト、音楽評論家、タレントとして活躍。

★7／音楽ナタリー「愛を届ける大航海へ ももクロ2012年の船出」で、本人がインタビューで言及。

★8／エオリアンスケールは、ナチュラルマイナースケールと同じ。キーがCメジャー（ハ長調）のスケールの、A（ラの音）から始まるスケール。

のイメージだ。ところが、あーりんが「ボクの全て 捧げるから」と歌う部分で4小節だけファンシーなワルツになり、「激烈《げきれつ》！ 炸裂《さくれつ》！ 強烈《きょうれつ》！ 破裂《はれつ》！ 爆裂《ばくれつ》！ モーレツ!!」で大爆発、BPM178のサビへとワープ。「星屑のクズとなりて」以降は主旋律とハーモニーをももクロが歌い、東響コーラスは後方から戦闘を支援するかのように絡んでいく。ハンパない熱量と疾走感に圧倒される中、夏菜子の「赤く赤く光るアンタレスのように」の必死の叫びが、闇を切り裂いて突き刺さる。ここから「何億光年先だって」でブレイクを挟んで再び疾走、「モーレッ!!」と全員が右手を前に突き出してポーズを決める。

知的な早弾き、マーティのプレイが激アツ！

ギターがツインリードのトリル★9で扉を開くと、さあてここからがライヴで盛り上がるパート。夏菜子総督の「全員せーれーつ！」の合図とともに、ももクロちゃんへの愛を誓うべく「アイアイサー」のコールを決めねばならないのだ。それにしても前山田はさすがに関西人、おもろいネタを仕込むよなあ。このパートがあるだけで、ライヴがどんだけ盛り上がるか。計算づくだろうがノセられてしまうのですね。なお音源ではメンバーが可愛く「アイアイサー」とコール、最後だけ東響コーラスとなっているが、このパート、我々モノノフは黙って聴くことができません。

ツーバスに乗ってのBメロに続いてのワルツは、ギターが入ることでドラマ性を高め、2発目の「モーレッ!!」の前では「カツレッ！」としおりんが食いしん坊キャラを見せる。そのサビでは「黄色く光るケンタウロスの輝きで」と張りのあるしおりんの歌唱が凛々《りり》しく、「ボクはキミ

★9／ギターの場合は、ハンマリングオンとオフを交互に素早く繰り返す奏法。

の事を 想い続けるだろう」とエモーショナル満載でキュートなあーりんもたまらん。

台詞回しからの「オー モーレッ!!」で、ついに「猛烈」の素性《すじょう》が明らかになる。そう、小川ローザ★10だったのですな。って古過ぎやろが！

まあ良い、ここからいよいよギターソロだ。メタル系の早弾きソロはただただ連符《れんぷ》を弾き捲《まく》るだけで知性に欠《か》けることが多いが、マーティに限ってはそれがない。サビのフレーズをメロディックに展開しながらディミニッシュ★11を軽やかに駆け抜け、ハーモナイズに持ち込む流れは極めて芸術的、この渾身《こんしん》のソロを聴け！

ギターソロ終わりでまたもや場面転換し、チェンバロをバックに「ボクのことキライですか」とクラシカルになる。からの、本曲6回目の「モーレッ!!」の爆発は過去最大級。ここからのサビはももクロ、マーティ、東響コーラスが付かず離れずフルパワーでラッシュをかけ、手に汗握るラストバトルが繰り広げられる……ってもうコレ、曲の解説やないですね。でもそういう気分で聴いてしまうからしゃーないのです。そしてラストの「モーレッ!!」でついに激しい闘いは終結、高らかな勝利の鐘の音とともにサビメロが平和なコーラスで回想され、同主調のCメジャーに解決して曲は感動的に終わる。

トラックタイムは5分14秒と、存外に短い。このわずかな時間に、あえて得意の転調を封印しながらもこれほどのドラマを組み立てた前山田の才能も素晴らしいし、巨大な壁をクリアしたももクロ、マーティ、そして東響コーラスの戦闘能力も讃《たた》えて然《しか》るべきだろう。皆さんの活躍で、日本の音楽界は救われました。万歳ももクロ、万歳マーティ、万歳ヒャダイン★12！

★10／小川ローザはファッションモデル。自動車が巻き起こした風でミニスカートが捲りあがり「Oh！モーレツ」と叫ぶ、丸善石油（現在のコスモ石油）の1969年のCMに出演、明るいお色気で話題を呼んだ。

★11／ディミニッシュスケールは、短3度音程の堆積によって得られるスケール。ギターのフレット上での移動が容易であるため、ハードロック系の演奏者がよく用いる。

★12／「ヒャダイン」は、前山田健一が歌手やタレントとして活動する時の名義。ヒャダイン名義では、スターダストプロモーションに所属。2011年のシングル「ヒャダインのじょーじょーゆーじょー」では、早見あかりと共演している。

2012・3・7発売
7th single
『猛烈宇宙交響曲・第七楽章「無限の愛」』

▼ももいろクローバーZ

『LOST《ロスト》 CHILD《チャイルド》』

初のジャングル曲に新境地を見出す

最初に説明しておきますと、この曲はテレビアニメ『モーレツ宇宙海賊《パイレーツ》』のエンディングテーマ曲。先の『猛烈』がバトルモード全開！だとすると、こちらは宇宙を彷徨《さまよ》っている感じ。なので**レイヴ**★1感満載の**ジャングル**★2になっている……と普通に書いてますけど、アイドルの話には思えませんね。作詞はこの曲から、ついに巨匠・**岩里祐穂《いわさとゆうほ》**★3が参戦。作・編曲は安定のNARASAKIだが、芸の幅がほんと広いですなあ師匠は。NARASAKIのインタビューによると**「ももクロというよりアニメありきで考えて、広大な宇宙の中の少女たち、みたいな世界観でやりたかったので、ああいう曲になった」**★4とのことだが、そういうチャレンジが結果として彼女たちの幅を広げているわけです。

冒頭の記号的なアルファベットは、ももクロのイニシャルである「MCZ」が含まれていることから語呂《ごろ》遊びみたいなことだと思われるが、事実は岩里のみぞ知る、ってところか。「ようこそ栄光 突破口」と始まる杏果のヴォーカル、続くしおりんのヴォーカルも含めてヴォイスチェン

サウンドカテゴリー度

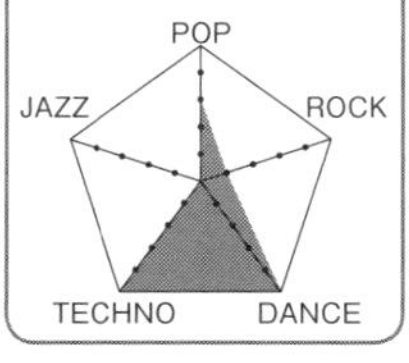

DATA

レーベル／スターチャイルド（キングレコード）
作詞／岩里祐穂
作・編曲／NARASAKI
プログラミング／NARASAKI

★1／主に屋外の大規模会場で、不定期に行われるダンスミュージックのパーティー。アシッドハウスやテクノなどのジャンルがプレイされる。

★2／高速ブレイクビーツと低音のシンセベースを軸に構成するダンスミュージック。

★3／岩里祐穂は作詞家、エッセイスト。'80年代より活躍、布袋寅泰、今井美樹、中山美穂ほか、膨大な提供作品数を誇るトップ作家。

★4／「CD Journal」のWebサ

ジャーで大胆に加工されており、曲調に馴染《なじ》んでいる。が、さすがにこのままでは何を歌ってるか分かんないので、「私の中に 知らない私が」の夏菜子から、生声に近くなる。

本曲ではNARASAKIのシグネイチャーであるヘヴィメタ要素は必要最低限に抑えられ、ひたすらテクノでスペイシーなトラックとなっているが、ヴォーカルのエフェクト処理や空間配置などの凝《こ》り方が凄《すさ》まじい。特にあーりんの「何処《どこ》まで」に始まるコール&レスポンスのパートは、シンセのリフやピアノの点描《てんびょう》のような配置が、彷徨《さまよ》い感を強調しており効果的。そこから「ズゴ!ズゴ!」とSE的にヘヴィなギターが来て、サビのコーラスパートに移行。歌詞はシリアスな内容だが、あえてエモーショナル感を排してマイナーのメロディーを歌う辺りに、新境地が見出せる。

2番終わりでの台詞パートも面白い。ここでF#マイナーからBマイナーに転調しているのだが、シンセのベースラインだけが動いているので転調感は希薄だ。そこに「あわてることはない」(しおりん)「怖《おそ》れることも何もない」(れにちゃん)と、ほぼノンリバーブで言葉が被《かぶ》り気味に重ねられるこの展開は、後に『月と銀紙飛行船』(P228参照)でも用いられる手法だ(同曲の歌詞も岩里)。ここを抜けるとすぐさまシンセのリフが乗っかり、「宇宙は海 Lost Child!」と掛け合いのパートが始まる。このパートの歌唱、ラップ的であったりメロディーの動きも少ないので、なにげに歌うのが難しいです。カラオケでチャレンジして、確かめてください。特にあーりんのパートね。

再びサビに進み、リピートでは半音上のGマイナーに転調。ラストは「もっと遠く もっと遠く」と空間に言葉を残すようにして終わる。ジャングルゆえに耳には聴こえない超低音のベースが唸《うね》っている本曲。CDだとローに限界があるので、**ハイレゾ**[★5]で聴いてみたいですな。

イト上で、2012年8月に「南波一海 presents ヒロインたちのうた。」の第6回としてNARASAKIが登場した際に言及。

★5/ハイレゾリューションの略。ここではハイレゾリューションオーディオ、つまり音楽CDの音質を超える高音質を誇る音源の総称。

2012・3・7 発売
7th single
『猛烈宇宙交響曲・第七楽章「無限の愛」』
通常盤にのみ収録

▼ももいろクローバーZ

『DNA狂詩曲《ディエヌエーラプソディ》』

裏番長的な人気曲は、ポップス職人たちの技の集大成

歌い出しで夏菜子が「スーッ」と息を吸い込む音が入っているのですが、普通はこれ、カットするところなんですよね。しかしこの「スーッ」があるのとないのとでは、**551の豚まんがある時とない時**★1の比ではないぐらいに印象が変わるのであって、よくぞココを残してくれた！と皆さんもきっと思ってますよね？

と確認したところで。本曲は実のところ、通常盤シングル収録の先の2曲をある意味では**超える人気を誇る。**★2「狂詩曲《ラプソディー》」とは自由な形式で曲想をつなぐスタイルであるが、ここではなんつっても**クイーン《QUEEN》の「ボヘミアン・ラプソディ《Bohemian Rhapsody》」**★3へのオマージュ。作詞は前田たかひろ、作曲に大隅知宇、編曲に横山 克という盤石の布陣だが、クイーンへのこだわりは大隅の意匠。これを受けてクイーンそのものなパートを組み込んだ前田にも座布団1枚。

冒頭に戻って、夏菜子の「泣くのは自分次第 笑うのも自分次第 さぁどうすンのか決めな」のフレーズが、いきなりハートを抉《えぐ》ってくる。この段階で早くも名曲確定だが、さらに横山お得

★1／「551蓬莱の豚まん」は大阪名物。「豚まんがある時」は陽気で楽しく、「豚まんがない時」はしょんぼりと悲しむ、というテレビCMが関西ローカルでオンエアされている。ちなみに、「豚まん」って関西以外の皆さん、分かりますか？

★2／有料音楽配信サイトの「レコチョク」が2013年4月に行った「ももいろクローバーZ名曲ランキング」で1位を獲得。また、2018年5月発売の10周年記念の初のベストアルバム『桃も十、番茶も出花』（P460参照）初回限定盤-モノノフパック-のDISC-3に収録されたファンによる人気曲投票でも、見事に1位を獲得した。

サウンドカテゴリー度

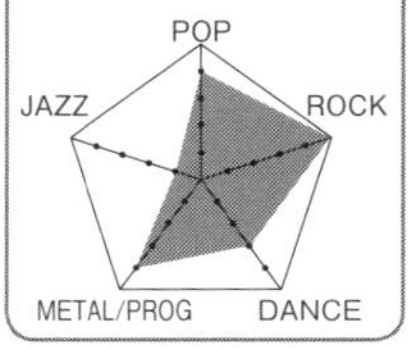

DATA

レーベル／スターチャイルド（キングレコード）
作詞／前田たかひろ
作曲／大隅知宇
編曲／横山 克
キーボード&プログラミング／横山 克
ファースト・ヴァイオリン・トップ／真部 裕
ファースト・ヴァイオリン／徳永友美
セカンド・ヴァイオリン／藤堂昌彦・漆原直美
ヴィオラ／坂口弦太郎
ピアノ／伊藤万里
ギター／pOlOn
コーラス／ENA☆

意の生ストリングスと生ピアノ、そして『Chai Maxx』（P102参照）でも活躍したpolon《ポロン》★4のギターやおいしいタイミングで入るENA☆のコーラスが、本曲のエモーショナル度をよりリアルなものにしている。横山のアレンジは、楽曲のコアになる部分はオーソドックスかつ骨太に組み立てながら、隠《かく》し味《あじ》的にいろんな音を加えていくもので、その妙味をヘッドホンで聴いてみてください。この道に進みたい人には、もんのすごく勉強になると思いマッスル。

狂詩曲というだけあって、基本はBPM171の4つ打ちのビートに乗っかってグングン前に進んでいくが、キーはDマイナー（タイトルにDNAとあるから?）、Aメロは平行調のFメジャー、BメロはDメジャーに部分転調と、**関係調**★5をうまくグルグルと回っていく曲想が巧妙だ。そこに「60兆の細胞が上向いて背伸びする」とか「背中押してアゲル 蹴ってアゲル キミを好きでいてアゲル」といったアグレッシヴな名フレーズが力強く歌い上げられていくのだから、アガらないわけにはいきませぬ。

件《くだん》のクイーンへのオマージュは、「みんなだけどわかってる（でも自分かわいさに負けてしまう）」のところ。ココは『ボヘミアン・ラプソディ』中間部のオペラ風パートをイメージしたものだが、初めて聴いた時には唐突にクイーン化したのでビックリしたがな。でもってこの曲の場合、ブッ込みは一瞬でさっさと元の曲調に戻っていくあたり、大人の演出になっている。

「右手を差し出して 左手はどうする?」と出るあーりんの大サビ、からの「キミは僕のカガミ 僕の心」の夏菜子の落ちサビの流れはいずれも名唱。特にこういった曲でのあーりんのエモーショナルな歌声は女性的で、男前な夏菜子とのコントラストが際立つ。ラストに向かうサビでは、全員のコーラスに細かく絡むストリングスもドラマチック。人気あって当然でしょコレは、ねぇ。

★3／「ボヘミアン・ラプソディ」は1975年に発表された、クイーンのシングル曲。オペラ風の曲展開を盛り込んだドラマティックな曲だが、プログレではなくハードロック、というのが新しかった。

★4／polonは1985年、東京出身のギタリスト。ギター以外にもベースやウクレレ、三味線も演奏する。

★5／関係調とは、主調に近く感じられる調性のこと。同主調（例…CメジャーとCマイナー）、平行調（例…CメジャーとAマイナー）、属調（例…CメジャーとGメジャー）、下属調の総称（例…CメジャーとFメジャー）など。

2014・6・4発売
配信限定 single
『猛烈宇宙交響曲・第七楽章「無限の愛」(Emperor Style)』

▼ももいろクローバーZ

『猛烈宇宙交響曲・第七楽章「無限の愛」(Emperor《エンペラー》 Style《スタイル》)』

マーティの名演を確認するためのバリエーション

「劇場版 モーレツ宇宙海賊《パイレーツ》 ABYSS《アビス》 OF《オブ》 HYPERSPACE《ハイパースペース》 ～亜空《あくう》の深淵《しんえん》～」★1の公開にあわせてリリースされた配信限定シングル。名曲&名演の『猛烈宇宙交響曲・第七楽章「無限の愛」』(P162参照)には、足すべきものも引くべきものも何もないと思ってたら、こういう仕掛けが待っておりました。Emperor《エンペラー》＝皇帝とは、ここでは「早弾きの王者・皇帝」などと呼ばれる**イングウェイ・マルムスティーン**《Yngwie Malmsteen》★2を指す。原曲ではマーティ・フリードマンが弾いていた部分を、イングウェイが弾いたらどうなるか。ということだが、結果としては圧倒的にマーティに軍杯が上がる。理由は単純明快、マーティはイングウェイ以降の存在であり、ギタースタイルがより進化しているからだ。そのマーティが、ももクロのヴォーカルに丁寧に寄り添ってプレイしているのに対し、イングウェイはあくまで自分のスタイルで弾き捲るのみ。ま、それが皇帝の流儀なのだろうが、例えばイントロの増4度の駆け上がりがない部分など、物足りなく感じるのでシンセのミックスを上げたりと、明らかに「イングウェイの重ねが終わってから加工した部分」が見受けられる。

　ではイングウェイのプレイが悪いかといえば、そういうことではない。我々が先にマーティを聴き込んでいるため、イングウェイのを古臭く感じてしまう、それだけマーティのプレイが素晴らしいということだ。ミックスも新しくなっているので、名曲の一つのバリエーションと捉《とら》えればよいだろう。

サウンドカテゴリー度

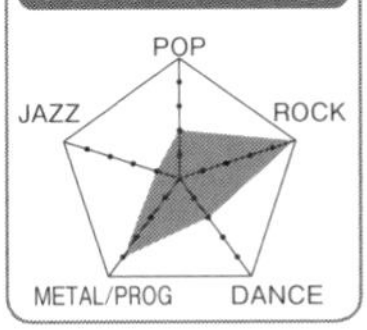

DATA

レーベル／スターチャイルド(キングレコード)
作詞・作曲・編曲／前山田健一
リード・ギター／Yngwie Malmsteen

★1／劇場版は2014年2月に全国公開。テレビアニメの世界観を引き継ぎ、オープニングテーマは人気曲である『猛烈』を使用したが、エンディングテーマはテレビアニメ版とは違い『LOST CHILD』ではなかったため、カップリングされた『LOST CHILD』のリミックスの方はブッ飛んだ方向に振って遊ぶことができたわけである。詳しくはP171にて。

★2／イングウェイ・マルムスティーンは1963年、スウェーデン・ストックホルム出身のギタリスト、作曲家、マルチプレイヤー。ヴァイオリニストのニコロ・パガニーニ(Niccolò Paganini)のフレーズをギターで演奏することからマスターした、スウィープ・ピッキングによる超絶的な早弾きで、ヘヴィメタル界を席巻。

2014・6・4発売
配信限定 single
『猛烈宇宙交響曲・第七楽章「無限の愛」(Emperor Style)』
カップリング single

▼ももいろクローバーZ

『LOST CHILD《ロストチャイルド》 (Remixed by《リミックスドバイ》 Noisia《ノイシア》)』

容赦ないRemix《リミックス》に感じる「ももクロ-isM《イズム》」

『猛烈』のEmperor Styleのカップリング曲として同時リリースされた配信限定シングルだが、個人的にはこっちの方が圧倒的に面白い。ノイシア《Noisia》★1はドラムンベースやダブステップを得意とする、オランダのエレクトロ系トリオユニット。そもそもがブッ飛んでいるNARASAKIによる楽曲を、さらに遠くへブッ飛ばすとどうなるか。ということだが、さすがはノイシア、自分たちの曲以上のウェポンを遠慮なくブチ込んできた。ヴォーカル以外のトラックは全く使わず、しかもサビパートなど原曲の要となっている部分はがっつり無視。わずかに「Lost Child」のコールと、あーりんの「何処まで」に始まるBメロのフレーズのみを抽出して、そこに極太の重低音ベースとノイズを組み合わせ、強力なダブステップ・チューンとして仕立て直した。時系列ではこの段階で『Neo STARGATE《ネオスターゲート》』(P216参照)を耳にしているとはいえ、多くのモノノフは「ここまでやりますか」と呆《あき》れたことでしょうな。しかし、これを通すのが「ももクロイズム」というものだ。

攻撃は早速、イントロから始まる。これを聴いて「あーロスチャね」と思うリスナーは、よもやいないはず。だが本当に凄まじいのはBメロが終わってからで、ブリブリグリグリと容赦《ようしゃ》なくローをカマしてくるため、気を付けないとスピーカー飛びますから。『サンタさん ～ Bloody Christmas Version ～』(P160参照)と並んでたまに無性《むしょう》に聴きたくなる、痛快なる問題作。

★1／2002年、オランダのフローニンゲンで結成された、Nik Roos、Martijn Van Sonderen、Thijs De Vlieger の3人から成るエレクトリックミュージック・トリオ。破壊的な重低音と高速ドラムンベースを基調とする複雑なリズムが持ち味。Steinberg Cubase で音楽制作を行うことでも知られる。

サウンドカテゴリー度

DATA

レーベル／スターチャイルド（キングレコード）
作詞／岩里祐穂
作・編曲／NARASAKI
リミックス／Noisia

2012・4・21 発売
「ももクロ春の一大事 2012 ～横浜アリーナ まさかの 2DAYS～」開催記念 ALBUM
『ももクロ★オールスターズ 2012』

▼百田夏菜子 with ザ・ワイルドワンズ

『渚のラララ』

昭和GSとガーリー歌唱の高純度ブレンド

『ももクロ春の一大事2012～横浜アリーナ まさかの2DAYS～』★1開催記念の会場限定販売アルバム『ももクロ★オールスターズ2012』は、久々のメンバーソロやユニット曲が7曲収録された、極めてスペシャルな1枚。現在では配信のみで入手可能。

まずは百田夏菜子のこのナンバー、名義としては「百田夏菜子 with ザ・ワイルドワンズ★2」という扱い。作詞・作曲はそのザ・ワイルドワンズの加瀬邦彦《かせくにひこ》、編曲は**上田健司**《うえだけんじ》★3。演奏は上田セレクトのミュージシャンがこなしているため、ここではザ・ワイルドワンズはコーラスのみの参加となる（横アリのライヴの初日では、ザ・ワイルドワンズとの完全共演が実現）。深くリバーブを効かせたギター、白玉ベタ弾きのオルガン、そしてゴーゴービートという昭和グループ・サウンズに乗って、夏菜子がソロでしか見せないガーリーな歌唱で、ツイストさせてくれる。

本曲ではなんつっても、サーフギターの第1人者である**中 重雄**《なかしげお》★4の参加が大きい。テケテケ奏法、アームによるビブラート、コードアルペジオなど、サーフギターの教科書的なテクを左右チャンネルで存分に披露、そのアンサンブルの妙を堪能していただきたい。こういうところでキッチリと「本物」を呼んでくるのが、ももクロの素晴らしさなのだが、本アルバムはその本気度において最初のソロより徹底しているので、以下もそこをポイントに説明しますね。

サウンドカテゴリー度

DATA

レーベル／キングレコード
作詞・作曲／加瀬邦彦
編曲／上田健司
ベース／上田健司
ドラム／ JAH-RAH
ギター／中 重雄
オルガン／浦 清英
コーラス／ザ・ワイルドワンズ

★1／2012年4月21日と22日に開催。初日が「ももクロ☆オールスターズ」として数多くのゲストを招いてのコラボライヴを中心に、2日目は「見渡せば大パノラマ地獄」と題して、アリーナの中央に円形ステージを組み、360度全方向へのパフォーマンスという、まったく違う内容での2Daysライヴをやり遂げた。

★2／加瀬邦彦とザ・ワイルドワンズは1966年に「想い出の渚」でデビューしたグループ・サウンズ。グループ名は加山雄三が命名。リーダーの加瀬は2015年4月に逝去。

★3／上田健司はベーシスト、プロデューサー、作詞家、作・編曲家。1965年北海道出身。バンド時代を経て、現在はスタジオ・ミュージシャンとして活動。

★4／中 重雄（現在は中シゲヲ）は1970年、神奈川県出身のギタリスト。インストバンドのザ・サーフコースターズのギタリストとして95年にデビュー、世界中に信奉者を持つサーフギターの第1人者。桑田佳祐、加山雄三らとも共演している。

2012・4・21 発売
「ももクロ春の一大事 2012 ～横浜アリーナ まさかの 2DAYS ～」開催記念 ALBUM
『ももクロ★オールスターズ 2012』

『あーりんは反抗期！』

▼佐々木彩夏

佐々木プロの匠《たくみ》が息づく、痛快ノベルティソング

ページ構成の都合上、先にあーりんのソロ曲に進むが、収録順に従いたい人は先に次ページを読んでくださいね。で、あーりんの相方は当然のように前山田だ。なんせ『だてあり』（P114参照）という途轍《とてつ》もない怪物作品を生んだコンビなので、これ以外の組み合わせは考えられません。曲は前山田らしく、露骨なTK／TRF★1マナーに基《もと》づくもので、そこに一切の迷いはない。

ソロ曲とはいえ、他のメンバーによる「さーさき！（おい！）」の憎々しげな囃《はや》し立てコールから始まる（クレジットでは「ゲスト・ヴォーカル」となってます）。苗字の佐々木と呼ばれるのが嫌なので「あーりんのこと 佐々木っていうなー！」と不愉快なあーりんだが、これは前振り。ストーリーは、ママのことが大好きで尊敬しているのだが、「あれダメこれダメ」とあまりにも束縛が多いので、高校生にして遅めの反抗期を迎えた……という設定で進む。本曲を味わうためには、あーりんとママの関係を各自調査よろしく（まーハンパない箱入り娘です）。

中間部ではTRFマナーで前山田が英語のラップをカマすが、なかなか決まってます。AメロがDマイナー、「こーきこーき はんこーき！」と強引なサビがEマイナー、「だけどママが大好き」となるエンディングはEメジャーになり、ラストはB（3度抜き★2）という自在な転調による場面転換はお得意パターン。一緒に「さーさき！」とコールしながら楽しみましょう。

サウンドカテゴリー度

DATA

レーベル／キングレコード
作詞・作曲・編曲／前山田健一
ゲスト・ヴォーカル／ももいろクローバーZ
ラップ＆プログラミング／前山田健一
バッキング・ギター／板垣祐介

★1／前山田はTK（小室哲哉）サウンドからの影響を公言している。本曲の元ネタはTRFの1993年の2ndシングル「EZ DO DANCE（イーズィー・ドゥー・ダンス）」と思われる。曲調もだが、前山田はDJ KOOを完全に意識しながら換骨奪胎しており、爆笑必至。そしてDJ KOOによるリミックス（P427参照）で、遂に本人がこのパートをカマすというね。

★2／コードとしてはBメジャーだが、3度を抜いてルートと5度だけにすることで、ブラックミュージック的な終結感になる。

2012・4・21 発売
「ももクロ春の一大事 2012 ～横浜アリーナ まさかの 2DAYS～」開催記念 ALBUM
『ももクロ★オールスターズ 2012』

▼玉井詩織

『涙目のアリス』

これぞ「カリフォルニア歌謡」の金字塔《きんじとう》

我らがしおりんの2曲目のソロは、なんと作詞に松井五郎《まついごろう》★1、作・編曲に林 哲司《はやし てつじ》★2という黄金タッグを迎えた、パーフェクトな'80年代仕様のシティポップだ。しおりんのソロは王道のアイドルポップで行く、と前作の『…愛ですか?』(P111参照)で定めた路線をさらに突き進めて、わざわざ両御大を引っ張り出し、この名曲を世に送り出してくれた。

エニウェイ。ここできっちりと語っておくべきなのは、その「'80年代シティポップなるもの」の実態について、だ。それらは端的に「洋楽のオイシイとこ取りをして、日本語の歌詞を乗せたものである」ということだ。P77で大瀧詠一の「本歌取り」について触れたが、日本の流行歌というものは常に、その時々の洋楽のオイシイ部分をつまみ食いしながらやりくりしてきた(そもそも流行歌とは洋邦問わず古今東西そういうものだ、という議論は一旦さておく)。特に'80年代の職業作家は、音楽産業全体の景気の追い風もあり、日夜ハイスピードで作詞作曲をこなし、腕利きのスタジオミュージシャンと曲を〝生産する〟という流れになっていた。そ

サウンドカテゴリー度

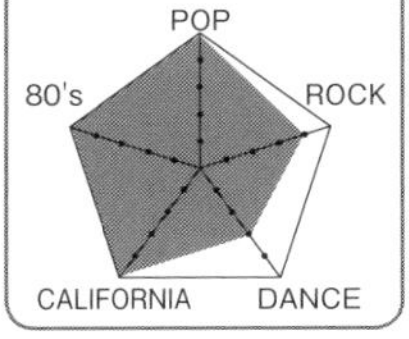

DATA

レーベル/キングレコード
作詞/松井五郎
作・編曲/林 哲司
プログラミング&キーボード/林 哲司
マニピュレーター/梅原 薫・志熊研三
コーラス/久保田 薫・川島亜矢子
ギター/飯室 博
ベース/松原秀樹

★1/松井五郎は1957年、東京都出身の作詞家。'80年代に活動を開始、CHAGE and ASKA、長渕剛、安全地帯など、膨大な数のアーティストに作品提供を行い続けている。
★2/林 哲司は静岡県出身の作・編曲家。'70年代より活動を開始、竹内まりやの「SEPTEMBER」などを手がける。'80年代は稲垣潤一や杉山清貴&オメガトライブに楽曲を提供。中森明菜の「北ウイング」などのヒット曲を量産。
★3/エアプレイはジェイ・グレイドンとディヴィッド・フォスターによるユニット。1980年に発表したアルバム「エアプレイ」は、'80年代の日本のポップスシーンに決定的な影響を及ぼした。TOTOはボズ・スキャグスのアルバムに携わったスタジオミュージシャンで結成。スティーヴ・ルカサーの華のあるギタープレイで、やはり大きな影響を与えた。

こで「オイシイもの」とされたのが、主にウエストコーストのAOR系サウンドである。わけても**エアプレイ**《Airplay》**&TOTO**《トト》★3一派や**マイケル・マクドナルド**《Michael McDonald》加入後の**ザ・ドゥービー・ブラザーズ**《The Doobie Brothers》★4、**クリストファー・クロス**《Christopher Cross》★5辺りの影響力は甚大《じんだい》で、もはや「本歌取り」ではすまないレベルでの粗製乱造《そせいらんぞう》が繰り返された。'80年代のポップスが死屍累々《ししるいるい》なのは、そうした実情による。

そしてここからが重要なのだが、そんな中にあっても、アーティストに確かな力さえあれば、今の時代にも通用するものがちゃんと生み出されていた、という事実だ。アイドルでは**松田聖子**★6や**中森明菜**★7を嚆矢《こうし》とするが、フレーズやサウンドをどうパクろうが、一度、歌姫が声をあげれば、グイッと首根っこを掴《つか》まれ、歌の世界に引き摺《ず》り込まれる。そのような瞬間こそが、ポップスを聴く快楽というものである。そして洋邦を問わず'80年代に生み出された、もしくはそのリスペクトに基づくサウンドを、筆者は「カリフォルニア歌謡」と呼んでいる。

前置きが長くなったが、本曲の素晴らしさは、前述の全てをバックグラウンドにしながら、パーフェクトな'80年代仕様のシティポップを、他ならぬしおりんが歌っているという点にある。ドラムこそ打ち込みだが、キーボードは林 哲司本人、ギターは**飯室**《いいむろ》 **博**《ひろし》★8、ベースは**松原秀樹**《まつばらひでき》★9と盤石のサウンドを従え、妹キャラから大人へと踏み出そうとするその刹那《せつな》の恋心を、見事に表現し切った天才・玉井詩織。キレの良いギターカッティングも、弾むチョッパーベースも、全てはしおりんの僕《しもべ》として機能している。軟弱なオフコースやオメガトライブあたりには望むべくもなかった、都会の片隅に1人佇《たたず》む少女の壊れそうな切ない時間……。誰がなんと言おうと、本曲は「カリフォルニア歌謡」の金字塔であり、これを生み出すのに30年という時の流れが必要だった、ということだ。

★4／マイケル・マクドナルドはスティーリー・ダンからドゥービー・ブラザーズに移り、そのサウンドを大きくブラック・ミュージック寄りのシティポップに変えた張本人。ソロ・アーティストとしても活躍。

★5／クリストファー・クロスは、1979年、アルバム「南から来た男（Christopher Cross）」でデビュー。1981年のグラミー賞で5部門を独占した。現在もソロ・アーティストとして活躍中。

★6／1980年に「裸足の季節」でデビュー。松本 隆の作詞、呉田軽穂名義で曲提供をした松任谷由実など、ニューミュージック系の作家とトップ・スタジオミュージシャンの起用により、アイドルの楽曲イメージを大きく更新した。

★7／1982年に「スローモーション」でデビュー。同年リリースのセカンドシングル「少女A」で一躍ブレイク、所謂「聖子明菜時代」を築いた。

★8／飯室 博は'80年代よりライヴにおけるサポートギタリストとしてキャリアをスタート。矢沢永吉、徳永英明、財津和夫らをバックアップ。以降、スタジオワークや、テレビドラマ、アニメ、映画音楽の楽曲制作も手がける。

★9／松原秀樹は1961年、大阪府出身のベーシスト。吉田拓郎、中島みゆき、松任谷由実、ゆずといった大物アーティストのレコーディングやツアーに参加。

2012・4・21発売
「ももクロ春の一大事2012～横浜アリーナ まさかの2DAYS～」開催記念ALBUM
『ももクロ★オールスターズ2012』

『教育』

▼有安杏果 with 在日ファンク

在日ファンクを従えシャウトする小さな巨人

ももクロから広がる音楽世界、というものがある。先の『涙目のアリス』にも通じる話だが、筆者のような昭和世代の人間は、1人のアーティストを好きになると、そのアーティストが影響を受けたアーティストを聴き、またバックミュージシャンが他にどのようなアルバムに参加しているかを調べ……と芋蔓《いもづる》式に次から次へと聴いていくというやり方で、音楽的な視野を広げてきた。今もそれを執拗《しつよう》に続けているのだが、ここ数年はその中心にあるのがももクロなのである。そして結論として、ももクロに関わった人間たちのベストな仕事は、必ず「ももクロにある」ということを強調しておこう。これ何度も出てきますが、マイルスと同じことなんですわ、実際。

さて、1stソロでは王道バラード『ありがとうのプレゼント』（P112参照）、本曲では**JBファンク**★1と、歌唱力に秀《ひい》でる杏果は、アイドルの本流とはまた違う幅でのチャレンジを背負わされる運命にある。そして万事控《ばんじひか》えめなキャラクターゆえ、謙遜《けんそん》しながらも「小さな巨人」としての仕事をきちっとこなすのが彼女の凄《すご》さだ。ここでの相方は、**在日ファンク**★2。筆者は本曲でこ

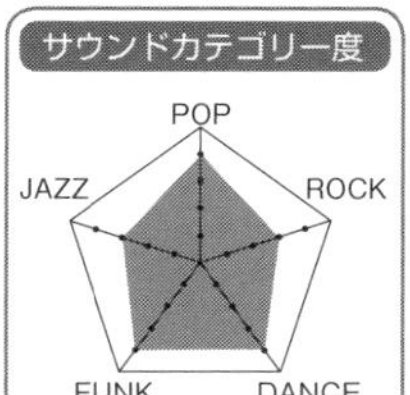

DATA

レーベル／キングレコード
作詞・作曲・編曲／浜野謙太
バッキング・ヴォーカル／浜野謙太
ベース／村上啓太
ギター／仰木亮彦
ドラム／永田真毅
サックス／後関好宏
トロンボーン／久保田 森
トランペット／村上 基

★1／JBとは、「ファンクの帝王」ことジェームス・ブラウン（James Brown）。ワンコードのファンクリズムに、独自のシャウトをカマすスタイルで、後進に圧倒的な影響を与えた。2006年、73歳で没。

★2／2010年に「在日ファンク」でアルバムデビュー。リーダーである浜野謙太のキャラクターと切れ味鋭いダンス、JBマナーにジャパニーズ・メロウなテイストを取り入れたサウンドとアツいライヴで人気を博す。「ウレロ☆未確認少女」のオープニングテーマ曲も彼らの楽曲。

★3／浜野謙太は、1981年、神奈川県出身のヴォーカリスト、トロンボーン・プレイヤー、作曲家、俳優。愛称はハマケン。身長157

のバンドのことを知り、一発でファンになった。なんせここには、浜野謙太《はまのけんた》（以下、ハマケン）★3という杏果とキャラ被りなスーパーウェポンがいる。この男がとにかくサイコーで、在日ファンクではJB化してダンス&シャウトをカマし、バラエティ的なセンスも抜群だし、個性派俳優としてもアジ捲《まく》っているしで、どこをどう取っても良いのだ。そんなハマケンを脇に、ご機嫌なバンドをバックに従え、存分にシャウトする杏果の可愛さったらない。

作詞・作曲・編曲は全てハマケンによるもの。「教育されたい もっとすくすく育ちたい」と杏果に寄せつつも、ダーウィンやモンテスキューを引っ張り出し、結構シビアな教育観を語っているのが面白い。そしてJBといえば必殺の**「ゲロッパ！」**★4だが、ハマケンはここで「かえるじゃないよもかだよ ゲロッパ」とのフレーズに昇華させて、杏果にプレゼント。以降も彼女は、折を見て〝カエルキャラ〟を披露することになる。

ホンキーなサックスソロは**後関好宏**《ごせきよしひろ》★5。「ゴセッキー」の名で**菊地成孔**《きくちなるよし》**のデートコース・ペンタゴン・**《DATE COURSE PENTAGON》**ロイヤル・ガーデン**《ROYAL GARDEN》★6でも暴れていた男だ。これに続いてシャウト合戦が行われ、大サビでは在日ファンクの曲作りの特徴であるメロウパートに進む。延々とワンコードの**ヴァンプ**★7だけで突っ切るJBとの違いがここにあり、ゆえに在日ファンクの曲は飽きがこないのだ。杏果は「君に 早く見せたい 広い世界」といつもの伸びのあるトーンに変えて歌い、持ち前の歌唱スキルを見せる。

横アリライヴでの共演では杏果がアフロヘア&グラサン&黒塗りで登場。完全なバラエティ仕様だが、キレと粘りのある抜群のリズム感でダンスを披露しつつ、ラストの開脚のキメまでハマケンと仲良し兄弟のように絡むシーンは楽しすぎる一幕だった。この2人の再共演、見たかったです。

cm。個性派俳優としても活躍。
★4／ジェームス・ブラウンのシャウトにおける基本フレーズ「Get Up!」。
★5／後関好宏は2011年より在日ファンクに加入。元デートコース・ペンタゴン・ロイヤル・ガーデンのメンバー、自身のバンドstim、EGO-WRAPPIN'、Superflyのサポートなども行う。
★6／菊地成孔は1963年、千葉県出身のサックスプレーヤー、作曲家、バンド・オーガナイザー、音楽プロデューサー、文筆家、音楽講師。デートコース・ペンタゴン・ロイヤル・ガーデンは、後にDC/PRGやdCprGの名義で活動する大編成ダンスバンドで、エレクトリック・マイルスにアフロポリリズムやヒップホップなどをカマし、世界にも類を見ない混沌と熱狂を生む音楽を提供。2015年には「Franz Kafka's South Amerika (featuring William Shakespeare)」をリリース。
★7／リズムパターンの繰り返しのみの演奏を指す、主にバンドマン用語。

2012・4・21発売
「ももクロ春の一大事2012～横浜アリーナまさかの2DAYS～」開催記念ALBUM
『ももクロ★オールスターズ2012』

▼ももたまい（百田夏菜子＆玉井詩織）

『シングルベッドはせまいのです』

メロウグルーヴに乗って展開される萌えトークは防御不可能

さー、『ももクロ★オールスターズ2012』も、こっからいよいよ楽しくなるよーん。って、ホントはれにちゃんのソロ演歌の方が収録順は先なのだが、例によってページ構成の都合上、ユニット曲を先に行っちゃいます。収録順に読みたい人は先にP182を読んでから戻ってください。

本曲は百田夏菜子と玉井詩織の2人組「ももたまい」というユニット名義。ご存知の方はご存知であり、ご存知でない方はご存知ではないと思うが、夏菜子としおりんは相思相愛《そうしそうあい》の関係、わけてもしおりんの夏菜子へのそれは所謂「無限の愛」であり、そこにシロウトの立ち入る余地は1ミリもない。そーゆーわけで本曲は、ももクロがツアーとかの際にホテルに泊まるようになってから（**ちょっと前までは車中泊でした**★1）、「しおりんが自分の部屋はソッコーで荷物置きにして、夏菜子の部屋で一緒に寝るのでシングルベッドは狭いのです」という萌え設定に基《もと》づく。そしてこの手のメンバー密着ソングは前山田の専売特許。ゆえに楽曲的な隙《すき》も1ミリもなく、モノノフにとっては最高の睡眠薬チューンとしてここに収まっている。

サウンドカテゴリー度

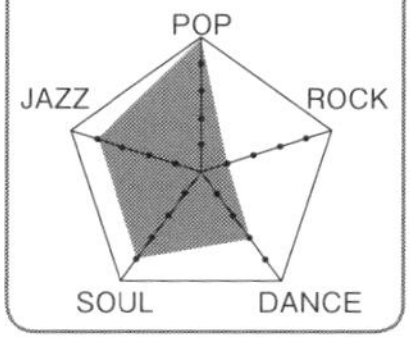

DATA

レーベル／キングレコード
作詞・作曲・編曲／前山田健一
プログラミング／前山田健一
バッキング・ギター／板垣祐介

★1／2009年の春から夏にかけて全国のヤマダ電機を廻った『ヤマダ電機Presents ～ももいろクローバーJAPANツアー2009 ももいろTyphoooon!』では、基本、ワゴン車に車中泊。同年秋のツアーからホテルに宿泊するようになった。

左から右へ**パンしながら**★2下降するギターの**高音部でのクロマティック・ラン**★3に導かれてリズムイン。おおコレは必殺、**カーティス・リー・メイフィールド**《Curtis Lee Mayfield》の「**トリッピング・アウト**《Tripping Out》」★4のパターンではないか！ 好きなんだよなあ、このグルーヴ。このリズムだけで大メシ3杯はイケますよ、俺はね。このクッションの効き捲《まく》った極上のグルーヴに乗せて夏菜子としおりんが掛け合いのラップで、先の設定の萌えトークを聞かせてくれるのだから、我々のシアワセは約束されたようなものだ。

最大の聴きどころは、「私がいないとダメなやつ」と夏菜子が歌った後に、しおりんが放つ「だって1人で寝るの怖いもん」の部分。このナチュラルに放たれた「だって」こそが史上最強の「だって」であり、すべてのコマンドは即座に無効化される。ここからのサビメロのメロウネスは軽くカーティスを凌《しの》ぐもので、メロディーメイカーとしての前山田の才能を改めて感じる。

さらに恐怖の間奏部、台詞パートが待ち構えている。左右チャンネルで交わされる夏菜子としおりんの会話は、スタジオでの歌入れの合間に2人が喋《しゃべ》っているのを勝手に録音して使ったもので、本人たちも曲が仕上がるまで知らなかった。これを「せっかくだから」と活かすべく曲の尺《しゃく》をコントロールし、かつ程よい甘さのジャジーなギターソロを被せる前山田。一体どれだけもクロを愛しているのか。

後半も引き続き2人がジャレ合い、最後には「スタッフにダブルベッドをお願いしようね」という流れでエンディングへと向かう。そして夏菜子としおりんの「おやすみ」とともに、我々も安らかな眠りにつくことになる。そんなわけなので、不眠でお悩みの方はぜひ一度、この曲をお試しください。効《き》かなかった人はガチで不眠症ですから、病院へ行くことを推奨《すいしょう》します。

★2／チャンネル間の音像定位を決めるのがパンニング。ここから、音を左右に動かすことを「パンする」と呼ぶようになった。

★3／所謂エレキギターのテケテケ奏法のこと。低音部で演奏するのが主にサーフスタイル、高音部で演奏するのが主にスゥイートソウルのスタイル。後者はワウをカマせる場合も多い。

★4／カーティス・リー・メイフィールドはアメリカのミュージシャン、作曲家、マルチプレイヤー。70年代に「ニューソウル」の中心人物として活躍。「トリッピング・アウト」は1980年のアルバム「サムシング・トゥ・ビリーヴ・イン（Something to Believe In）」の収録曲で、数々のサンプリングやグルーヴ・コピーで知られる。前者では久保田利伸の「Breaking Through」、後者では山下達郎の「街物語」が有名。

2012・4・21 発売
「ももクロ春の一大事 2012 ～横浜アリーナ まさかの 2DAYS～」開催記念 ALBUM
『ももクロ★オールスターズ 2012』

▼事務所に推され隊（有安杏果&高城れに）

『事務所にもっと推《お》され隊』

「下克上《げこくじょう》の美学」に酔える、爆笑アッパーチューン

続いて登場するのは「事務所に推され隊」、有安杏果と高城れにの2人によるユニットだ。曲名は『事務所にもっと推され隊』と「もっと」が入ってるだけ。覚えやすいですね。本ユニットを我々は単に「推され隊」と呼んでおり、**本書の編集・発行人である島やん**★1は何を隠そう結成当初からの推され隊推し。その理由はひとえにこの曲の素晴らしさゆえ、である。

緑の杏果と紫のれにちゃん、まあ色の振り分けからも明らかに「ももたまい」の対極にあり、いろいろと不遇《ふぐう》なわけですね。そこで前山田が2人にインタビューし、結構マジで文句を言ったのをこうして曲にまとめ上げた、と。ここで明らかになるのは、当時のももクロは「ももたまい」と「推され隊」の各2名が対極にあり、最年少のあーりんはそうした派閥には属さずにプロとして独自の道を歩んでいた、という構図である。本限定アルバムで、あーりんのソロ曲を前山田が高い熱量で書き下ろしているのはそうしたバランスによるもので、あーりんの背後にはママと前山田が常にいる、と考えてよい（なんや、この分析?・）。

サウンドカテゴリー度

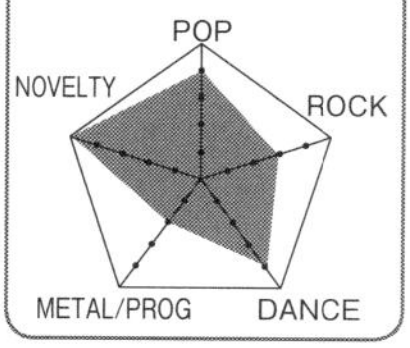

DATA

レーベル／キングレコード
作詞・作曲・編曲／前山田健一
プログラミング／前山田健一
バッキング・ギター／板垣祐介

★1／2015年の夏、『桃神祭2015 エコパスタジアム大会』参戦で訪れた酷暑の浜松で、「ももクロちゃんに恩返しをしましょう！」と島やんが言い出したことが、この本のスタートだったのだ。それからひとり出版社として独立して、2016年の春にこの『ももクロを聴け！』の初回版を出版。良くも悪くも向こう見ずな男だが、たまに今時珍しいぐらいの酔っぱらいと化すことは、関西の業界並びに街場では知られていた。6年を経てもその本質は変わらず。概ね唯一の取り柄は、手描き文字が美しいことぐらいか。↑涙（by編集）

曲は終始せわしなく動くリズムに乗せて、郷ひろみテイストの昭和ポップ歌謡が展開される上に、推され隊の事務所へのクレームが乗っかるという構成。「立ち位置いつも はしっこ後ろ」とか「ソロのパートも PVで写ってない」とか、まー確かに不当な扱いではある。こうやって歌詞で確認するとれにちゃんは概《おおむ》ねイジメに遭《あ》っていると捉えられるレベルですからな。そしてこのA・Bメロのクレーム部分はFマイナーで、「だけど」からファンへの感謝を述べるサビはFメジャーへと転調し明るくすることで、分かりやすく感情の流れを伝えてくれる。後半では、れにちゃんの扱いについては「ある意味推されている」、杏果の滑舌《かつぜつ》の悪さについては「全然 言えてねぇ」と若干風向きが変わっていき、ついには**「この曲『デコまゆ』（P117参照）に似てなくね？」**★2と、クレームの矛先《ほこさき》は前山田へと向かう（てか、前山田が自分に向かわせているのですが）。そしてなんだかんだと文句を重ねつつも、ラストは緑と紫を推すファンへの感謝を述べて、曲はええ湯加減の予定調和に終わる。

「推され隊 推され隊」と歌うフレーズがキャッチーで高い熱量、自虐《じぎゃく》ネタのリアリティとクオリティ、**2人が客席を走り回って煽《あお》る演出**★3など、盛り上がる要素満載なので、2012〜2013年頃は長めのセットリストには欠かせない曲だった。が、本曲を契機に絶大な支持を獲得した「推され隊」は、ユニットとしての説得力を徐々に失っていく。おまけにレパートリーが膨大になってきたので、ソロ曲自体があまりセットリストに組み込まれなくなってきたため、本曲の出番はその後、少なくなる。しかし、2人の笑える不遇時代を、この奇跡的な楽曲とともに我々は忘れない。「推され隊スピリット」は永遠であり、そこには「下剋上《げこくじょう》の美学」が息づいていると思うのだが、そうですよね？ 島やん（勝手に身内に）。

★2／音楽ナタリー「高城れにの King of Rock 番外編 前山田健一『ももクロオール★スターズ2012を語る』」で、前山田自身が認めている。結果、「本人たちに間奏で言わせればいい」という結論に達した。

★3／「ももクロ夏のバカ騒ぎ Summer Dive 2012 Tour」では、6月17日のNHKホール、6月23日のZepp Sendaiで推され隊の2人がそれぞれ2階席で歌い続け、高城れには「どこでもね、立てばステージになるんですよ！」と客席を盛り上げた。

2012・4・21 発売
「ももクロ春の一大事 2012 〜横浜アリーナ まさかの 2DAYS〜」開催記念 ALBUM
『ももクロ★オールスターズ 2012』

▼高城れに

『津軽半島龍飛崎《つがるはんとうたっぴざき》』

演歌を脱構築する、れにちゃんの可憐《かれん》さに平伏《ひれふ》す

『ももクロ★オールスターズ2012』のソロのトリは高城れにが歌う演歌でございます。「**津軽半島**」★1とくれば必然的にこうなる、というド演歌であるが、ここで私たちは「演歌」というものの実態について、正確に理解しておく必要があるだろう。私自身は**輪島裕介《わじまゆうすけ》の著書にある演歌論**★2を全面的に支持する立場にあり、断罪すれば「演歌＝日本の心」というのは、音楽業界のマーケティングに基《もと》づくジャンルの一つに過ぎない、と考えている。私は今後も含め、演歌を〝ジャンル〟として聴くこともないし、「歳取ったら演歌や歌舞伎が分かってくる」とか平気で言い出す思考停止のボンクラ野郎はキンタマをライターで燃やすしかない、と心底思っている。

そこで本曲。「あなた 黙っていてごめんなさい」との語りから始まる、絵に描いたようなみちのく演歌仕立てだが、これが実に良いのだ（おいおい）。コブシもなーんも関係なく、女の決意を無手勝流で情感豊かに歌うれにちゃんの可憐さ、この歌唱の前には猪口才《ちょこざい》な理屈は不要。そう、「ももクロちゃんが歌えば全部良い」というのが、揺るぎなき俺の立場なのである。ちなみにライヴでは紫の着物姿でこれを歌ってくれるのだが、れにちゃんってホントに着物美人だよねぇ。もー全て許しちゃう♡ なお間奏でギターが**タッピング**★3を決めて「龍飛《たっぴ》」を表現している点、本曲が演歌を脱構築したアイドルポップであることの証左《しょうさ》ですからな。

★1／津軽半島は本州北端の半島の一つであり、その最北端が竜飛崎。石川さゆりの「津軽海峡冬景色」に代表される冬の厳しさ、津軽民謡や津軽三味線と、民謡・演歌的要素の宝庫。

★2／輪島裕介は1974年、石川県出身の音楽学者。大阪大学文学部准教授。主著「創られた「日本の心」神話 「演歌」をめぐる戦後大衆音楽史」（光文社新書）で、2011年に第33回サントリー学芸賞（芸術・文学部門）を受賞。

★3／ギターのフレットボードを右指でタップし（叩き）、左指だけでは不可能な離れた音を組み合わせたフレーズを奏でること。創始者はジェネシス（Genesis）のスティーヴ・ハケット（Steve Hackett）で、エドワード・ヴァン・ヘイレン（Edward Van Halen）が発展させた。

サウンドカテゴリー度

DATA

レーベル／キングレコード
作詞／田久保真見
作曲／田尾将見
編曲／伊戸のりお
ドラム／伊藤史朗
ベース／長岡道夫
ギター／高島政晴・大久保 明
ピアノ／吉田弥生
ラテン・パーカッション／菅原裕紀
ストリングス／元井 信
マンドリン／丸山恵一
サックス／佐野博美
シンセサイザー／伊戸のりお

column 4

ももクロ楽曲への道程（その2）

（承前）「おたく文化」は、その表現センスのダサさは別として、今や「クールジャパン」として世界を席巻するようになった。ＤＪやＤＴＭはそうした「おたく的なるもの」との親和性が高く、初音ミクに見られるように、音楽とおたくの境界線を曖昧なものとした。それまでは熱心な音楽ファンは「音楽マニア」と呼ばれていたが、「音楽おたく」と呼ぶ方が相応しい層が、着実に台頭してきたわけである。ＤＪがフロアで提供するサウンドは、より深い「おたく度」こそがリスペクトの対象になり、ＤＴＭで初音ミクを使って作品をネット上で発表する者には、「神調教」と呼ばれるレベルの「おたく仕事」が要求される。それらは漫画やアニメ、ゲーム、アイドルなどともダイレクトに結びついて行ったのは、当然の成り行きだったと言えよう。

翻って、楽器演奏や歌唱スキルを高める方向では、「ストリート」という新たな場が生まれる。従来は音楽でプロデビューを目指す時、アマチュアコンテストやライヴハウスに出演して、レコード会社をはじめとする音楽業界関係者から注目されることが、前提条件であった。ところが「ストリート」という新たな場が発生したことで、そうした煩雑な手続きを踏まずともファンを増やし、交流することができるようになった。そこには音楽だけでなく、ダンスなどのパフォーマンスも含まれる。筆者はそうした流れのルーツを、「竹の子族」や「一世風靡《いっせいふうび》」あたりと睨《にら》んでいる。（Ｐ191に続く）

2012・6・27 発売
8th single
『Z女戦争』

▼ももいろクローバーZ

『Z女《おとめ》戦争』

【オリコンシングルチャート デイリー3位 ウィークリー3位
日本レコード協会ゴールドディスク&トラック認定】

サウンドカテゴリー度

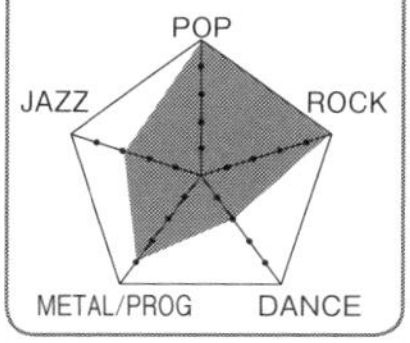

DATA

レーベル／スターチャイルド（キングレコード）
作詞・作曲／ティカ・α
編曲／近藤研二
ギター & 他の楽器／近藤研二
ドラム／ Jimanica
シンセサイザー・マニピュレーター／栗山善親
ヴァイオリン・トップ／桑野 聖
ヴァイオリン／押鐘貴之、久永泉、井戸柄里、南條由起、三浦道子、高田智恵、下川美帆
ヴィオラ／矢野晴子、西森記子、上田敏子
チェロ／古川淑恵、唐沢安岐奈
コントラバス／玉木寿美
トランペット／エリック・ミヤシロ、西村浩二
トロンボーン／中川英二郎
テナー・サックス／ Bob・Zung
コーラス／ミュージッククリエイション

“ももクロ新章”の幕開けを告げる神曲

本曲のトラックタイムは6分55秒、概ね7分。シングル盤で7分というと、その昔はザ・ビートルズの「“ヘイ・ジュード《Hey Jude》”★1」の7分11秒が破格とされたものだが、この時点で約7分の長尺トラックが“許される”というレベルに、ももクロも達したと判断して良いだろう。そして両曲を比較すると明らかなのだが、ビートルズのそれはピアノ弾き語りで始まってリズムイン、後半は延々とリピート、といういわゆるゴスペル仕様。聴く側は「長いな〜、いつ終わるんかな〜」と感じるし、それが曲の企図でもある。一方、ももクロの本曲は、さまざまな展開がドラマチックに繰り広げられるので「あらら気がついたら7分経ってたべ」という印象であり、やはりそれが曲の企図でもあるわけです。

なぜ最初にこんな話を書いたかというと、どっちが良いとか悪いとかではなく、端的に「時代が変わった」ということを言いたかったのだ。音楽とは「時間の芸術」であるが、そこにはクロノロジカル《年代順に並ぶ》な時間とは異なる「**音楽的時間**★2」というものが流れている。その哲学的な考察

★1／ビートルズは1962年デビュー。その人気と影響は世界的規模、かつ時代を超越したものであり、「ローリング・ストーン誌の選ぶ歴史上最も偉大な100組のアーティスト」において第1位に選出されている。「ヘイ・ジュード」は彼らの18枚目のシングル。7分越えは「ラジオでかけやすいように3〜4分で」との当時のポップスの常識からすると異例のものであった。

★2／時計によって刻まれる実際の時間は、必ずしも人間の感覚とは一致しない。特に音楽の場合、聴取者の生きてきた経験を切り離すことはできない。

★3／椎名亮輔は1960年、東京都出身の音楽学者。同志社女子大学教授。専門は音楽美学・音楽哲学。

については、**椎名亮輔《しいなりょうすけ》らによる優れた先行研究**★3に譲るが、2000年代以降における「音楽的時間」について考える際には、いわゆる「西洋音楽史」の先にある、ももクロに代表されるポップスやクラブミュージックが重要なポジションを占めるということのみを、ここでは指摘しておく。

エニウェイ。本曲での作詞と作曲はティカ・αこと**やくしまるえつこ**★4、**相対性理論**★5の中心人物である。ももクロから**「放課後のにおいを感じた」**★6というそのクールな感性、そして自身がアーティストとしての記名性を残しながら何が提示できるかを考え抜いたであろうその曲作りが、メンバーの表現におけるポテンシャルを1歩先へと進化させた。そしてもう1人の重要人物として、編曲の**近藤研二《こんどうけんじ》**★7がついに参戦することになる。約7分間、絶えず楽曲をプログレ的に展開させ、ふんだんに生楽器を用いながらもポップな佇《たたず》まいを手放さない近藤の妥協なき職人気質が、このカラフルなファンタジーワールドを生み出したのだ。

とにかくユニークな楽曲なのである。まず軽いブレス音から、「3時の方向に敵機発見 & デストロイ & 乙女の祈り」と、猛然と3つの異なるテーゼ《定義》が差し出される。聴く者にそれを解釈する余地は与えられず、「リンリン・リ・リン」「ワンワン・ワ・ワン」「ドド・ド・ド」のコーラスと、その間隙《かんげき》を縫ってブチ込まれる「どっからでもかかってこい」などのコールと共に、たちまち我々は戦闘の渦に巻き込まれる。本曲はその練りこまれた世界観を掌握《しょうあく》することで、より深い味わいが生まれるため、ここからはジャケ写（P25参照）、並びにMVと共に味わっていこう。

「全校生徒の避難は緊急 全面戦争スタート」と始まるAメロで、まず戦闘は校舎を舞台とすることが示される。続く「健康ランドの じいちゃん ばあちゃん」は、この段階での**やくしまる**

著書「音楽的時間の変容」（現代思潮新社）は、哲学や精神分析を援用しつつ、音楽的時間という概念の本質に迫っていくスリリングな1冊。

★4／シンガー、作詞家、作曲家、音楽プロデューサー。ジム・オルークや坂本龍一、高橋幸宏、大友良英、ジョン・ゾーンなど、様々なアーティストから注目され、共演している。作詞作曲を行う場合は、「ティカ・α」の名義を用いることもある。

★5／2006年、やくしまるえつこのコンセプトに基づき結成されたバンド。やくしまるの独特のヴォーカルと、実験的ながらポップなサウンドで注目される。インディーズ・ベースで活動をしているが、1stアルバム『シフォン主義』は2009年に「第1回CDショップ大賞」に選ばれている。

★6／「ミュージック・マガジン」2012年7月号ももいろクローバーZ特集内のやくしまるへのインタビューで言及。

★7／近藤研二は1966年、福岡県出身のギタリスト、作・編曲家。元栗コーダーカルテットのメンバーで、リコーダー、ギター、ウクレレ、三絃を担当（2015年に脱退）。

のももクロ愛の深さ★8を感じ、うるっとくるフレーズ。そしてBメロでは、モノノフにとって恐怖の萌え死にパートがやってくる。そう、あーりんの「ねえ委員長」に始まる、メンバーソロだ。ここはもう絶対にMVを見て欲しいのだが、監督が佐々木敦規《ささきあつのり》★9だけに彼女たちの見せ方を完璧に分かっており、我々モノノフの欲しいものの全てがここにある、と言ってよいレベルだ。また2番ではれにちゃんがエリントン《Ellington》★10に、しおりんがデリンジャー《Dillinger》★11について言及するが、この辺りの人選はやくしまるのセンス爆発。それを受けてすかさずスインギーなピアノを近藤がカマすという辺り、前山田の流儀を受けつつ、2人でパスし合う感じも抜群。

“サビ抜き”の複雑な構成を読み解く

「巻き起こせミラクル 正義の乙女 the《ザ》 Prayer《プレイヤー》」と始まるCメロ、「どこかであのこを見ていたい放課後呼び出しでマストダイ」となるDメロ、いずれも全員のユニゾンで歌われるが、Cメロが戦闘モード、Dメロが学園モードと、歌詞の内容とメロディーが噛《か》み合うようにシーンが構成されていることに注目。ここで本曲の全体構成を確認しておくと、「Aメロ／背景状況」「Bメロ／個人状況」「Cメロ／戦闘モード」「Dメロ／学園モード」と、4つの異なるシーン／視点が切り替えられていき、Eメロに統合されていく、という流れになる。このEメロは頭で登場するので、“頭サビ”と捉えられなくもないが、おそらく、やくしまるの頭の中には“サビ”という概念がなかったのではないか。さらに、ストリングスとギターのユニゾンによるメロディックな間奏部（MVでは現在のラグビーブームが予見されていた）と、「出会いと別れ 繰り返す青き」と夏菜子ソロ

★8／音楽ナタリー Power Push「やくしまるえつこ×ももいろクローバーZのZ女戦争～ももクロからのZの質問～」内で、杏果の「私たちが以前、ワゴン車で全国を回って、お風呂は健康ランドに行って…という日々を送っていたことを知っていたんですか?」との質問に対し、やくしまるは「もちろん。知っていました」と答えている。

★9／佐々木敦規はももクロの主要なライヴの演出を手がける重要人物。フジテレビの番組を中心に、バラエティ番組や情報番組、格闘技中継などでキャリアを重ねる。音楽畑の人じゃなく、テレビ・映像の世界で実績のある佐々木にと、川上マネージャーからラブコール、ももクロの演出家として迎えられた。現在はテレビ番組制作チームFILM Design Works 主宰。

★10／デューク・エリントン（Duke Ellington）はアメリカの偉大なジャズ作曲家、オーケストラリーダー、ピアニスト。1899年生まれ、1974年没。自らが率いるデューク・エリントン・オーケストラの演奏で、「A列車で行こう」、「キャラヴァン」、

で始まる「眼鏡女子コーラス部」のパートがインサートされるので、都合7つの単独セクションから構成されていると解釈するのが妥当だろう。その「眼鏡女子コーラス部」では、夏菜子をセンターに左右にメンバーの声がステレオ感を活かして順に配置されていくので、筆者が説くところの「ももクロのユニゾンの魔力」（P82参照）の種明かしっぽくなっており、何気に必聴のパートだ。そして「Cメロ／戦闘モード」「Dメロ／学園モード」と続き、Eメロで「リンリン・リ・リン」「ワンワン・ワ・ワン」「ドド・ド・ド」と統合され、花盛りで夢見がちな乙女の祈りによって最上級のハピエストが届けられ、シンセのアルペジオで昇華《しょうか》し、締め括《くく》られる。

なおロングバージョンのMVでは、放課後のチャイムからサントラ的なメロディーが奏でられ、謎の敵からの爆撃を受けて、曲が始まる。この部分が後に『Neo STARGATE』（P216参照）によって、よりシリアスなものに次元上昇することも、指摘しておく。

以上、これまでバラエティなどで見せ捲くっていた、音楽やパフォーマンスと並ぶ彼女たちのシグネイチャーであるところの「子猫ちゃんたちのじゃれあい感」を活かしながら、**戦闘美少女**★12に求められる諸要素までモビルスーツによって完璧に満たしたことで、現在に直結するももクロの新しいフェイズが、本曲から始まった。既に我々モノノフはこの曲の先に拓《ひら》かれてゆく世界を共有しているが、だからこそ本曲の価値は今、改めて見直されるべきだろう。

先にビートルズとの比較で「どっちが良いとか悪いとかではなく」と書いたが、ここで撤回《てっかい》する。ももクロの方が軽く5兆倍は素晴らしい。それほど濃密で芳醇《ほうじゅん》な7分間がここにあるのだよ、マジでガチで。

「スイングしなけりゃ意味ないね」などの名曲を残している。

★11／ジョン・デリンジャー（John Dillinger）はアメリカのギャング。1903年生まれ、1934年没。鮮やかな手口の銀行強盗により、大衆からヒーロー的に注目された。連邦捜査局（FBI）に内偵情報を提供していたガールフレンドが「赤いドレスで目立つように（デリンジャーを見失わないよう）」との指示を受け、一緒に映画館から出てきたところを射殺された。

★12／戦闘美少女については、雑誌「QUICK JAPAN」でもももクロメンバーの精神分析を手がけた精神科医の斎藤 環が、その著書「戦闘美少女の精神分析」（太田出版）で興味深い考察を繰り広げている。ただし同書は2000年に記されたものなので、近著である「キャラクター精神分析 マンガ・文学・日本人」（筑摩書房双書zero）との併読をオススメする。

2012・6・27発売
8th single
『Z女戦争』

『PUSH《プッシュ》』

▼ももいろクローバーZ

ハイテンションで突き進む〝スポーティー・ポップ〟

「記録を塗り替えましょう So So《ソウ ソウ》」と威勢良く始まる本曲は、ロッテアイス「爽《そう》」のCMソング、だから「So So」なんですね。時系列では『Z女戦争』よりも前に制作されたと思われるが、作詞は嵐やKinKi Kids《キンキ キッズ》で知られる**久保田洋司**《くぼたようじ》★1。編曲はJ－POPからアイドル、アニソンまで幅広く手がける**橋本由香利**《はしもとゆかり》★2という初参戦コンビ。作曲は『CONTRADICTION』（P130参照）『DNA狂詩曲』（P168参照）でお馴染みの大隅知宇という布陣。ゆえに曲調こそ大隅テイストであるが、ももクロにしては比較的ストレートなスポーツ応援＋ちょっぴり恋愛テイストの歌詞を受け、プログラミングに長《た》けた橋本のトラックで新味が加わり、抜群にアガる曲となっている。

ももクロの歌唱も絶好調で、「あんたがたどこさ 日本さ 日出《い》ずる大和の国」など、そこはかと漂う日の丸感と、「負けたくない 負けたくない 負けたくない 負けたくない 負けたくない」と5人が矢継ぎ早に畳み掛ける台詞など、終始憑《つ》かれたようなテンションで突き進む。てか本曲、カラオケで歌えばよく分かるが、出だしから間奏までの2分半を全く休憩なしの全速力

★1／1966年、広島県出身の作詞家、作曲家、ミュージシャン。1985年に「THE 東南西北」のメンバーとしてデビュー。バンド解散後はソロシンガーとして活動、作詞家としてジャニーズ関係を中心に、アイドルに数多くの楽曲を提供している。

★2／橋本由香利は有限会社ベリーグー所属の作詞家、作・編曲家、キーボーディスト。1966年、東京都出身。marigold leaf、Maybelle といったヴォーカリストとのユニット時代よりプログラミングでも活動。福原 遥などの歌手やアイドル、アニメで数多くの楽曲提供を行っている。

★3／渡辺 等は1960年生まれのベーシスト。1983年にポップス

サウンドカテゴリー度

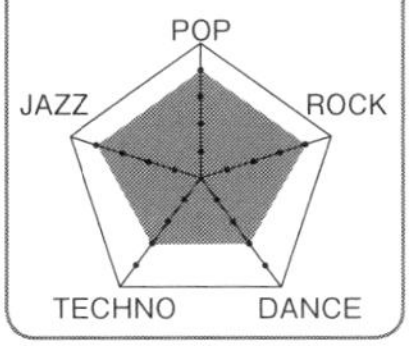

DATA

レーベル／スターチャイルド（キングレコード）
作詞／久保田洋司
作曲／大隅知宇
編曲／橋本由香利
プログラミング／橋本由香利
ギター／西川 進
ベース／渡辺 等
トランペット／西村浩二
トロンボーン／管坂雅彦、村田陽一
コーラス／川田瑠夏

で疾走するため、完全にスポーツ化してしまう。心臓の弱い方は注意が必要だ。

ここで演奏に注目してみよう。一聴して分かるのは、ベーシストがももクロの歌唱を煽《あお》り捲《まく》っているということだ。特にリズムがブレイクするAメロは概《おおむ》ねアドリブ、高音部でトゥクトゥク攻めておき、4つ打ちが入るBメロからはグルーヴの合間で絶妙にフィルイン。プレイヤーは渡辺《わたなべ》 等《ひとし》★3だが、エンディングの高音部でのプレイから察するに、フォデラのアンソニージャクソンモデル《Fodera Anthony Jackson Model》★4で暴れているのではないか。さらにもう1人の重要人物として、ギターの西川《にしかわ》 進《すすむ》★5も浮上する。間奏で聴かせる上擦《うわず》り気味のチョーキングによる超エモーショナルなプレイが、この後も長きに渡ってももクロを支え続ける彼の〝初の雄叫び〟なのである。この辺り、ぜひギターとベースを耳で追いかけながら、ヴォーカルとの絡み具合を聴いてほしい。本曲の主調はDマイナーで、『コントラ』及び『DNA狂詩曲』と同じ。そしてサビで1音上のEマイナーに転調する。大隅はこのキーで歌わせることが、ももクロの熱量を引き出すのにふさわしいと考えているのだろう。そしてハイライトは間奏明けの大サビ。あーりんソロの「風に揺れる花 首飾りにして」、しおりんソロの「今は 約束を 果たす人のように」、からの夏菜子の「もっと速く もっと強く もっと美しくなる」と、いずれも影武者のように川田瑠夏《かわだるか》★6のコーラスが寄り添うことで、よりドラマティックな空間が生まれている。さらに「真っ直ぐ 真剣 ただただ頑なままに」のコーラスで駄目押し、「恋しくて たまらない それでいい プッシュしちゃう」で最大級のカタルシスを体験することになる。

本曲については『Z女戦争』とは逆で、情報量が多過ぎるMVは後回しにして、まず楽曲を何度も聴いてほしい。その上でMVに進み、爆笑しつつアツくなるのが正しい鑑賞法だ。

ユニットSHI-SHONENでデビュー。脱退後はスタジオミュージシャンとして、数多くのセッションに参加。

★4/アンソニー・ジャクソンは1952年、アメリカ・ニューヨーク出身のベーシスト。6弦ベース(本人はコントラバスギターと称している)を操り、ジャズ、フュージョン、ポップスなどで数多くのセッションに参加。現在はジャズピアニストの上原ひろみとのトリオで活躍。彼のシグネイチャーモデルのフォデラのベースは、内部に空洞があるホロウボディで、クラシックギターの感覚に近い独特のもの。

★5/1962年、滋賀県出身のギタリスト、音楽プロデューサー。音楽事務所Smash Room代表。椎名林檎、矢井田瞳、堂本剛ら、数多くのアーティストサポート、スタジオセッションを手がける。アニメ「涼宮ハルヒの憂鬱」の劇中歌「God knows...」での激演は有名。

★6/川田瑠夏は有限会社ベリーグー所属の作・編曲家、作詞家、キーボーディスト。1980年、北海道出身。アイドルやアニメで数多くの楽曲提供を行っている。

2012・6・27 発売
8th single
『Z女戦争』
通常盤①と通常盤②ポケモン盤に収録

▼ももいろクローバーZ

『みてみて☆こっちっち』
〝夕暮れムード〟でしんみり和む

大勢の子供たちを前に、笑顔を向けて明るく歌う。でもって本人たちも中身はぜんぜん子供という、歌のお姉さんたち。このポケモンのエンディングテーマ[★1]では、ももクロちゃんの天使の側面が堪能《たんのう》できる。作詞は戸田昭吾《とだあきひと》[★2]、作・編曲はたなかひろかず[★3]。アニソンで極太のファンクをカマして業界を震撼《しんかん》させた名曲、「めざせポケモンマスター」のコンビであるからして、悪いものになるはずはない。

ここではエンディグテーマらしく、Aメロ部分ではわらべ唄のようなメロディーを採用、テクノなスカビートに乗せて、夕暮れ感を演出する。そして「あのまぶしい おひさまにみまもられて きょうも たのしかったね」の部分では、F音からD音に向かってクロマティックで降りていくクリシェ[★4]で曲調もよりメランコリーになり、「早くおうちに帰らなきゃ」と思わせてくれるのだが、ここで通常盤①のジャケ写（P25参照）を見てほしい。『Z女戦争』での激しい戦いを終えた夕焼けシーンは、本曲の世界観にもピッタリと合っていることが分かるだろう。さらに言えば『PUSH』で見せたスポーツの試合後の爽やかさもこのビジュアルに重ねることができるわけで、シングル『Z女戦争』は一つの完結した世界観を持っていることが理解できよう。ゆえにジャケ写を見ながら通常盤の3曲を流れで聴いて、その〝夕暮れ感〟を味わってしんみり和むべし。

★1／ももクロもポケモン世代なので、子供たちが自分たちの歌で踊ってくれるのを心から喜んでいる。レコーディングにあたっては、「歌のお姉さんになった気分でレコーディングしました」と玉井詩織は言及（音楽ナタリーPower Push「ももいろクローバーZ「Z女戦争」インタビュー」内）。
★2／戸田昭吾は1960年生まれの作詞家、コピーライター、シナリオライター。ポケットモンスターやNHK「みんなのうた」、CM楽曲などで知られる。
★3／たなかひろかず（田中宏和）は1957年、京都府出身の作曲家。ゲームソフトやカードゲームの企画・開発を行う株式会社クリーチャーズ代表取締役社長。戸田昭吾とのコンビで、ポケモンや「みんなのうた」の楽曲を手がけるほか、ゲーム音楽も多数。
★4／同和音が続く場合、そのうち1音を半音／全音ずつ下降／上昇させることで、変化をつける手法。クリシェの本来の意味は「常套句」。

DATA

レーベル／スターチャイルド（キングレコード）
作詞／戸田昭吾
作・編曲／たなかひろかず
プログラミング／たなかひろかず

column 5

ももクロの楽曲への道程（その3）

（承前）最後のキーワードである「テレビ」は、バラエティやプロレスといった、ももクロのエンターテイメント寄りの部分に見られる「昭和の匂い」の象徴である。高度経済成長を果たした'70年代以降のテレビは、「お茶の間」や「家族団欒《かぞくだんらん》」といった言葉とピッタリと重なっており、同じ時間に同じテレビ番組を見て、翌日の学校ではそれが休憩時間の話題になる、といったことが日常であった。そしてエンターテイメントの分野での新しい試みはまずもってテレビを起点としており、文化的な影響力や情報伝播《でんぱ》力において、テレビは圧倒的な存在感を誇っていた。現在のテレビにはもはや革新的な文化的サムシングを創造するパワーはなく、ネットや雑誌、新聞などの後追い情報をまったりと演繹《えんえき》したり、安価なタレントを並べて共感を得やすい井戸端会議を垂れ流したり、通販番組でダイレクトに消費におもねったり……と、目を覆うばかりの惨状である。が、「テレビの情報伝播力」は未だに残っているし、深夜のアニメやバラエティのフィールドでは、辛うじてチャレンジは継続されている。

もはや昭和は、我が国の一つの良き時代として、懐古的に語られるようになった。庶民の生活が極めて地縁的な共同体に支えられ、消費経済が「剥《む》き出し」にはなっていなかったあの時代のテレビにあった「昭和の匂い」も、ももクロの音楽の底流に流れているものである。（P211に続く）

2012・9・5 発売
ユニット single
『ニッポン笑顔百景』

▼桃黒亭一門《ももくろていいちもん》

『ニッポン笑顔百景』

【オリコンシングルチャート デイリー3位 ウィークリー6位】

「じょしらく」の世界観に、桃黒亭一門《ももくろていいちもん》がドンピシャ

ガールズ落語家のテレビアニメ「じょしらく」★1 のエンディングテーマ曲なのだが、「じょしらく」そのものが、ももクロとの親和性がひじょーに高いということがまず重要。アニメに登場するのは、防波亭《ぼうはてい》 手寅《てとら》、蕪羅亭《ぶらてい》 魔梨威《まりい》、波浪浮亭《はろうきてい》 木胡桃《きぐるみ》、空琉美遊亭《くうるびゆうてい》 丸京《がんきょう》、暗落亭《あんらくてい》 苦来《くくる》という5人の若手女性落語家なのだが、「このアニメは女の子の可愛さをお楽しみ頂くため、邪魔にならない程度の差し障《さわ》りのない会話をお楽しみ頂く番組です」とのナレーションが頻繁《ひんぱん》に入る通り、落語そのものではなく寄席《よせ》の楽屋での女子トークが繰り広げられる。そして個々のキャラとの関連性こそないものの、そこでの暴走する妄想とワチャワチャ感は、『ももクロChan』などに見られるそれと、大きく重なるのだ。ちなみに本曲はももクロ名義ではなく、「桃黒亭一門」というネタバレ覆面ユニットの設定で、メンバーは桃黒亭でこ八（夏菜子）、桃黒亭腹ぺこりの助（しおりん）、桃黒亭ぷに丸（あーりん）、桃黒亭ちび太（杏果）、桃黒亭なめんな（れにちゃん）となっているのですが、アニヲタやモノノフ以外の皆さん、ついて来れてますかー？

★1／テレビアニメ「じょしらく」は、原作・原案／久米田康治、作画／ヤスによる漫画作品のアニメ化。2012年7月から9月までMBS・TBSほかで放送。アニメ版では、他のアニメ作品や時事ネタのパロディも盛り込まれており、程よい毒のある仕立てでコアなファンに支持された。音楽制作はスターチャイルドレーベルで、プロデューサーには宮本純乃介、音楽制作スタッフとして横山 克もクレジットされている。

サウンドカテゴリー度

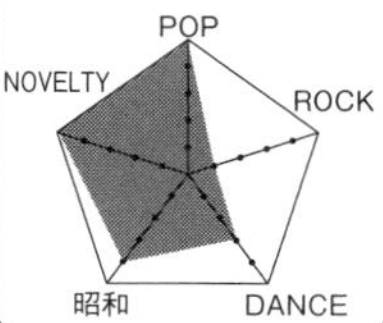

DATA

レーベル／スターチャイルド（キングレコード）
歌／桃黒亭一門
作詞・作曲・編曲／前山田健一
津軽三味線／吉田兄弟（吉田良一郎・吉田健一）
小噺／林家木久扇
小噺創作／林家しん平
プログラミング／前山田健一

曲は寄席の客席からの拍手と、**吉田兄弟**★2による出囃子《でばやし》の三味線《しゃみせん》から始まる。出だしのキーはEマイナーだが、「よぉおおおおおおお!!!」をきっかけにGマイナーに転調してリズムが走り出し、夏菜子が「じゅげむ じゅげむ ごこうのすりきれ」とラップを始めると、ハイこれ前山田の仕事、とすぐに分かりますね。あーりんが「バキューーン」とか言いながらアップテンポで寿限無《じゅげむ》を駆け抜け、大喜利《おおぎり》で笑わせつつも、サビではCマイナーに転調して「笑おう 笑おう さあ 笑いましょ こんな時代こそ 笑いましょ」と、『ももクロのニッポン万歳!』(P146参照)に通じるポジティヴ・メッセージも投げかける。

間奏部ではF#マイナーに転調して、笛が『怪盗少女』(P84参照)と『全力少女』(P106参照)のハイブリッドのようなメロディーを奏《かな》で、ここに吉田兄弟がダイナミックなバチ捌《さば》きで絡むパートは聴き応え十分。せわしない転調に、吉田兄弟も面食らったことだろう。

本曲、林家木久蔵《はやしやきくぞう》が客演するバージョンが続けて収録されており、こちらではビートに乗せてももクロをお題にした小噺《こばなし》を聞かせており、また一興《いっきょう》。

あとテレビアニメ「じょしらく」のエンディングでキャラクターの5人がダンスする映像が相当にカワイイし、作詞が畑《はた》 亜貴《あき》、作・編曲が**神前《こうさき》 暁《さとる》**★3という「じょしらく」のオープニングテーマ曲『お後がよろしくって…よ!』も疾走感満点の大名曲(これ、ももクロが歌ったバージョンが聴きたいです)。ゆえに、この辺り全てを本曲とセットで楽しむことをオススメします。あ~、久々に「じょしらく」を観たくなっちったなあ~。でもこってり時間がかかるんで、漫画で辛抱《しんぼう》すべかね、ひとまず。

★2/吉田兄弟は兄・吉田良一郎(1977生まれ)、弟・吉田健一(1979生まれ)から成る、北海道出身の津軽三味線奏者。1999年にアルバム「いぶき」でデビュー。国内外での演奏活動のほか、J-POPやCM音楽にも参加するなど、幅広いジャンルで存在感を発揮。ももクロ初のドーム公演となった『ももクロ夏のバカ騒ぎ SUMMER DIVE 2012 西武ドーム大会』のオープニングで、ももクロと共演した。

★3/神前 暁は1974年、大阪府出身の作・編曲家、作詞家。京都大学時代より作曲活動を始め、大学卒業後は株式会社ナムコ(現在は株式会社バンダイナムコエンターテインメント)でサウンドクリエイターを務めた。ナムコ退社後にアニメ「涼宮ハルヒの憂鬱」の音楽で注目を浴びる。主にゲーム、アニメ、声優への楽曲提供を手がける。

2012・9・5 発売
ユニット single
『ニッポン笑顔百景』

▼もリフ

『もリフだョ！ 全員集合』

ドリフメドレーに乗せて自己紹介

こちらは「もリフ」名義の楽曲で、**『ももクロの子供祭り2012 〜良い子のみんな集まれーっ！〜★1』**で披露されたもの。ノベルティな楽曲は前山田担当。ここではもはやオリジナルのメロディーはなく、民謡**「北海盆唄《ほっかいぼんうた》★2」**の替え歌「チョットだけヨ！全員集合」（「8時だョ！全員集合」のテーマ曲）と「ドリフのズンドコ節」、唱歌**「故郷の空★3」**の替え歌「誰かさんと誰かさん」というザ・ドリフターズの持ちネタを自在にコラージュして、ももクロの子供向けのプレゼンテーション・ソングに仕立て上げている。

まずはれにちゃんと杏果の「推され隊」が、ズンドコ節の替え歌で自己紹介。当時19歳で一番年上の幽体離脱《ゆうたいりだつ》が得意なれにちゃん、「ランドセルなんかはいらないよ」とコブシを効かせて歌う杏果で、ツカミはOK。続いてももたまいが、「誰かさんと誰かさん」の替え歌で食いしん坊キャラと茶畑キャラをアピール。そして最後はリーサル・ウェポンのあーりんが『だてあり』（P114参照）のストリップパートをまんま披露するが、「そーらきたきたきたきたきたー!!」とれにちゃんがいかりや長介役を演じるのは、馬面《うまづら》つながりですな。からの「つあ リーダーにっあ怒られた」と囃《はや》し立てるパートで「チョットだけヨ！全員集合」に戻るが、れにちゃんは「どうも、高城れにです」と高木ブー役もこなす八面六臂《はちめんろっぴ》の活躍ぶり。あっちゅう間の4分半。

★1／2012年5月5日のこどもの日に、埼玉県戸田市文化会館で開催された『ももクロの子供祭りだョ！全員集合』の映像作品。同会場はかつてドリフの「8時だョ！全員集合」の収録場所であり、イベントも全員集合を模した構成になっている。
★2／「北海盆唄」は北海道で親しまれている民謡で、盆踊りで使用されている。1940年に三橋美智也が音盤化、広く一般に知られるようになった。
★3／原曲はスコットランド民謡。その曲に「鉄道唱歌」の作詞も手がけた大和田建樹が日本語の歌詞を乗せ、奥 好義が編曲し、唱歌として発表されたのが「故郷の空」である。

サウンドカテゴリー度

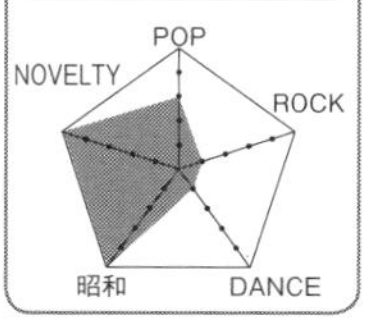

DATA

レーベル／スターチャイルド（キングレコード）
歌／もリフ
作詞・作曲・編曲／前山田健一
プログラミング／前山田健一

2012・9・5発売
ユニット single
『ニッポン笑顔百景』

▼未確認少女隊ＵＦＩ

『ベター is《イズ》 the《ザ》 Best《ベスト》』

“ベタ全否定”から“ベタ全肯定”へ、転調し捲《まく》る夏ソング

本盤、全てがももクロのネタバレ覆面ユニットによるもので、楽曲もぜーんぶ前山田。で、ももクロの覆面ユニットの元祖といえば「未確認少女隊ＵＦＩ」で、この曲はテレビ東京のウレロシリーズ第2期**「ウレロ☆未完成少女」**[★1]のエンディングテーマ曲（使用されるのはエピソードの後半戦となる第6～12話）。**『OVERTURE《オーバーチュア》』のメロディーをメジャーにしたようなピアノのイントロ**[★2]、4つ打ちリズムインからの陽気なシンセブラスと、懐かしめのサウンドがええ湯加減。

楽曲のキーはCメジャー、歌詞は典型的なアイドル夏ソングの体裁で始まるが長続きせず、海水浴、スイカ割り、恋、肝試《きもだめ》し、花火と、あらゆる夏的な行為が「ベタじゃん」と容赦《ようしゃ》なく否定されていくことに。この間、キーはAマイナー↓B♭マイナー↓Bマイナーと半音づつ上がっていく。しかし「やっぱりみんなといるから楽しい！」と、曲のタイトル通りにベタを全肯定するジャンピーなサビへ。ここでDメジャーに転調し、「ベタベタ ベタベタベタベタ」とメロディーがクロマティックで下がってCメジャーに着地。って、前山田の場合は転調構成を書いてるだけで文字数が埋まるので「こいつぁラクだぜ」（@『労働讃歌』、Ｐ148参照）。結構長いギターソロは板垣祐介。**ポップでキャリフォルニアなフレーズ**[★3]で軽快に突っ走り、結束を誓うＵＦＩにパスして、やっぱり最後はCメジャーでフィニッシュ。ギミックなしでも普通に夏ソングとして楽しめるのがイイね！

サウンドカテゴリー度

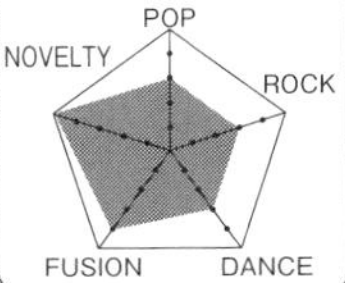

DATA

レーベル／スターチャイルド（キングレコード）
歌／未確認少女隊 UFI
作詞・作曲・編曲／前山田健一
プログラミング／前山田健一
ギター／板垣祐介

★1／「ウレロ☆未完成少女」は2012年7月14日から同年10月6日まで放送されたウレロ☆シリーズの第2期。「未確認少女隊UFI」の成功で調子に乗り、事務所を六本木に移した「@川島プロダクション」の、引き続きスットコドッコイな日々を描く。第9話では前山田健一が売れっ子作曲家役で出演。

★2／前山田のこうした「自作曲のパロディ的な展開」を、筆者は同じ関西人として、キダ・タローからの影響と睨んでいる。

★3／ギターソロのサイズは16小節。スタートは7フレットポジションでDペンタトニックの定番フレーズを重ねていくが、ディミニッシュを丁寧に弾いたり、歌メロを援用したりと、前後をスムーズに繋いで歌へとリレーする手腕はお見事。

2012・11・21 発売
9th single
『サラバ、愛しき悲しみたちよ』

▼ももいろクローバーZ

『サラバ、愛《いと》しき悲しみたちよ』

【オリコンシングルチャート デイリー2位 ウィークリー2位
日本レコード協会ゴールドディスク&ダブル・プラチナ・トラック認定】

布袋のギタリズムで、ももクロの戦闘力がさらにUP

ももクロにとって初のドラマ主題歌で、日本テレビ系ドラマ**「悪夢ちゃん」**★1の主題歌。同ドラマには**しおりんが声優として出演**★2していたので、我々モノノフには「欠かさず観る」というミッションが課せられていたわけである。

さて。私は洋楽ロックからズブズブと音楽の深みにハマっていった人間なので、いわゆるJ-POPを積極的に聴くことはなかった。なので**布袋寅泰《ほていともやす》**★3というギタリストについてもあまり詳しくは知らなかったし、本曲の作家として名前が浮上した時は、正直、「あーそっち行くんかぁ」と、あまり期待はしなかった。キングレコードの宮本がインタビューで**「ももクロには若い作家が合う」と発言していた**★4ことからすると、「ちょっとどうかな?」と思ったからだ。ギタリストとしての布袋は海外のアーティストからも評価が高く、シカゴや**リー・リトナー《Lee Ritenour》**、**マイク・スターン《Mike Stern》**★5といったあたりと競演しており、それらを目にした時は、海外ウケしそうなオリエンタリズムを殊更《ことさら》強調しなくても、ロケンローラーとしての濃密な血が感じられる良いギタリストであるよな

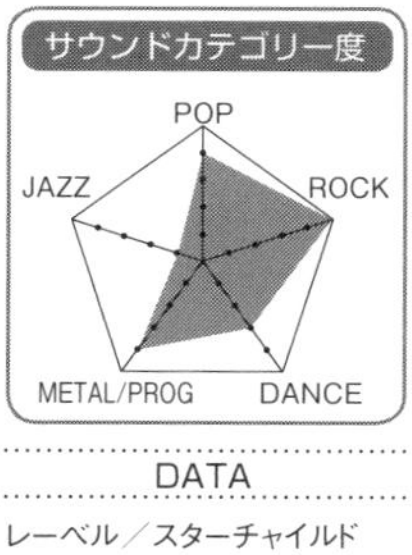

DATA

レーベル/スターチャイルド(キングレコード)
作詞/岩里祐穂
作・編曲/布袋寅泰
ギター/布袋寅泰
プログラミング/岸 利至

★1/2012年10月~12月に放送。主演はももクロの事務所の先輩である北川景子。恩田 陸の小説「夢違(ゆめちがい)」を原案とした、予知夢を題材とした学園ファンタジードラマ。
★2/予知夢の中に出てくる白くフワフワした毛並の、犬のような生き物「夢獣(ゆめのけ)」の声を演じた。しおりんの出演部分を筆者は欠かさず観ていた。
★3/1962年、群馬県出身のギタリスト、音楽プロデューサー。BOØWYのギタリストとして脚光を浴び、吉川晃司とのユニット・COMPLEXでも活躍。ソロ活動のほか、他ミュージシャンへの楽曲提供やプロデュースも多数。
★4/音楽ナタリー Power Push「ももクロちゃぶ台トークだZ!!「バトル アンド ロマンス」全曲解説」内の、キングレコードの宮本とスターダストの佐藤の対談形式のインタビューで言及。
★5/リー・リトナーは1952年生まれのアメリカのギタリスト。70年代にロ

あ、という印象だった。が、果たしてももクロとの相性はどうなのか。

結果として本曲は、布袋のギタリズムと泣きのメロディーが上手い具合にももクロに寄せられた、高い戦闘能力を誇る人気曲に仕上がった。特にサビのメロディーは、NHKの大河ドラマ「平清盛」の劇中で**吉松《よしまつ》 隆《たかし》**★6がほぼ同じフレーズを採用しており、よほど日本人のDNAに刻み込まれた、琴線《きんせん》に触れがちなマイナー節なのだろう。**ロドリーゴ《Rodrigo》の「アランフェス協奏曲」の第2楽章**★7とか、そっち系の感じですね。開放弦を活かしたEマイナーの印象的なギターリフにシンセサイザーが纏《まと》わり付くようなイントロはインパクト大で、ここにブラスが入ると、なるほどこれは布袋の**「Battle Without Honor or Humanity《バトル・ウィズアウト・オナー・オア・ヒューマニティー》」**★8をテンポアップしたようなサウンド。プログラミングの**岸《きし》 利至《としゆき》**★9はそこでも参加しているが、本曲では各種エレクトロなオカズを組み込むことにより、ももクロ流のスピーディーなバトル感の演出に成功している。そこに岩里祐穂のキレと冴えのある歌詞が乗っかるのだが、「だけどどうしてどうにもこうにもだいたい」や「生意気なくらいの夜明けに」などのフレーズがプロフェッショナル仕事の流儀、勉強になります。

あーりんの「ホメてますから、全力で」をきっかけに、いよいよ楽曲はノリノリに展開。そこから突入する流麗なハーモナイズド・ギターソロは、ももクロ史上トップクラスの名演だ。テクニックを抑え、練りこまれた飽きのこないメロディーを展開する布袋のソロは、簡単そうでなかなかの技だ。そこから「1, 2 and 3, 4, 5 Get Up, Stand Up Free Your Soul!《ワンツー アンド スリー フォー ファイヴ ゲット アップ スタンド アップ フリー ユア ソウル》」の煽《あお》りラップに移行し、イントロリフ↓Bメロ↓サビ↓イントロリフと展開。ギターリフを軸に曲を組み立てていることがよく分かる。超絶カワイイ初回限定盤のジャケ写（P26参照）の悪魔コスプレも必見！

サンゼルスのスタジオ界のトップ・ギタリストとして活躍、ソロ活動もコンスタントに続ける。マイク・スターンは1952年生まれのアメリカのジャズ・ギタリスト。1981年、マイルス・デイヴィスの通称「カムバックバンド」に抜擢され、一躍注目を浴びる。この2人と布袋のセッションが「東京 JAZZ 2011」で実現。

★6／1953年、東京都出身の作曲家。無調音楽を否定し、「世紀末抒情主義」を提唱して作曲活動を展開。プログレの熱心なファンで、2009年にエマーソン・レイク&パーマーの「タルカス」をオーケストラに編曲。NHK大河ドラマ「平 清盛」の音楽を手がけた際に、劇中でもこれを使用した。

★7／「アランフェス協奏曲」はスペインの作曲家、ホアキン・ロドリーゴによるギター協奏曲。初演は1940年。急・緩・急の3つの楽章からなり、特に第2楽章の「アダージョ ロ短調」のメロディーは、マイルス・デイヴィスの演奏や、チック・コリアの「スペイン」のイントロ部分での使用でも有名。

★8／阪本順治監督の2000年公開のヤクザ映画「新・仁義なき戦い」のテーマとして作曲された。のちに映画監督のクエンティン・タランティーノが映画「キル・ビル」のテーマ曲として使用したことで、世界的な有名曲となった。

★9／1969年、千葉県出身のサウンド・プロデューサー、シンセサイザー・プログラマー、音楽プロデューサー。布袋寅泰、坂本龍一、THE ALFEE などのライヴ、レコーディングに参加。

2012・11・21発売
9th single
『サラバ、愛しき悲しみたちよ』

▼ももいろクローバーZ

『黒い週末』

サバスの様式美がポップに昇華した名曲

ふふ。この曲が4ページ扱いなのだ。「黒い週末、カモン・ライディーン」と書いているだけで早くもコーフンしてしまう本曲は、『Z女戦争』（P184参照）に次ぐトラックタイムの長さ、6分20秒の大作。『サラバ、愛しき悲しみたちよ』がテレビドラマの主題歌であり〝一般向け〟の楽曲とすれば、そのカップリングにちゃーんと〝モモノフ向け〟の本曲を送り込んでくるのが、ももクロのサービス精神というものなのである。作詞は只野菜摘、作・編曲はNARASAKIという、ももクロ作家リストのトップに名を連ねる2人だが、これが初顔合わせ。いわば**ハンセン&ブロディ組**★1にも匹敵する最強タッグが生まれたようなものだ。そこに人間椅子の**和嶋慎治**《わじましんじ》★2のギターソロ、「名人」こと**高橋　竜**《たかはしりょう》★3のベース、さらには軽く狂ったプログレ・アニメチューン「**キグルミ惑星**」★4の作者・**こじまみのり**★5のオルガンといった強者たちを新たな刺客《しきゃく》として迎え、この神曲が生み出された。

本曲のコンセプトはズバリ、**ブラック・サバス**《Black Sabbath》★6。同バンドのキーマンは**オジー・オズボーン**《Ozzy Osbourne》★7

★1／歴史上最強のプロレス・タッグチームだと筆者は思う。スタン・ハンセンは本書の各所で登場するので参照。ブルーザー・ブロディは新聞記者からプロレスラーに転向した変わり種で、「インテリジェント・モンスター」の異名を持つ。フィニッシュホールドはフライング・ニードロップ。1988年没。

★2／和嶋慎治は1965年、青森県出身のギタリスト、ヴォーカリスト。3ピースのハードロックバンド「人間椅子」を率いて活動中。

★3／高橋 竜は1965年、東京都出身のベーシスト。大槻ケンヂ率いる特撮に、サポートメンバーとして参加。

★4／アニメ「はなまる幼稚園」のエンディングテーマ曲として使用され

サウンドカテゴリー度

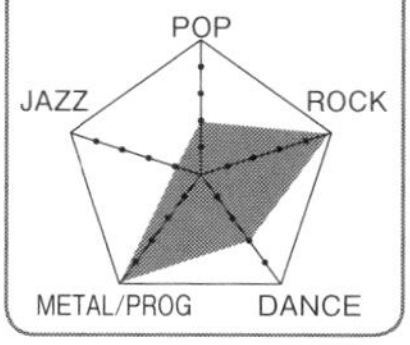

DATA

レーベル／スターチャイルド（キングレコード）
作詞／只野菜摘
作・編曲／NARASAKI
ギター&プログラミング／NARASAKI
ギターソロ／和嶋慎治
ベース／高橋 竜
オルガン／こじまみのり

とトニー・アイオミ《Tony Iommi》★8の2人で、悪魔・黒魔術・怪奇・猟奇といったホラー感をロックに持ち込むことで彼らが創造した「様式美」に、影響を受けていないヘヴィメタ・バンドはいない。Sabbathを引っ張り出したのは無論NARASAKIで、ももクロに対してまあ随分《ずいぶん》と好きなようにやってきたが、リミックスではなくガチで全編メタルというのはこれが初。そしてSabbathと言えば代表曲の一つが、**ザ・ロードウォリアーズ《The Road Warriors》の登場テーマ曲である「アイアン・マン《Iron Man》★9」**、ということで戦闘態勢が完璧に整った。

冒頭、れにちゃんの咳《せ》き込みが左から右へパンしていく。これはサバスの「**スウィート・リーフ《Sweet Leaf》★10**」の引用で、ライヴではちょっとしたメンバーの茶番から、れにちゃんが咳き込んで本曲に突入、という流れがお馴染みのパターン。この茶番部分が毎回違うので、モノノフたちは気が抜けない。そこにガツーンとE→D→B→B♭→Aとギターのパワーコードの大鉈《おおなた》が振り下ろされ、ヘヴィメタ然としたリフが刻まれると、「黒い週末、カモン・ライディーン」と天使たちが降臨《こうりん》する。

カウベルを強調した能天気なリズムに乗って、「今日もう笑えない」(夏菜子)、「充電切れちゃった」(れにちゃん)、「号泣寸前なんだ」(しおりん)と、全然メタルチックではないヘタレな歌詞がリレーされ、自らのダメさを魂を売り渡すことなく自力で克服して、「光る週末」を迎える…というアイドル寄りのストーリーが展開されていく。しおりんの「タイミング呪《のろ》うんだ」で1音上のBに転調。ここまではパワーコード仕様で、転調してはいるもののNARASAKIの「ワンコード突っ切りの美学」は概ね貫《つらぬ》かれている。続く杏果の「吐くだけ毒を吐いて」で明確にBメジャーになり、全員でコーラスの「魂を揺さぶって」はEメジャー、オルガンとギターがユニゾンで奏で

た、7分弱のドラマティックなプログレ大曲。作詞は只野菜摘、作・編曲はコジマミノリ、歌は高垣彩陽という恐ろしいラインアップ。必聴！

★5／コジマミノリ名義でも活動する作・編曲家、キーボーディスト。アニメやCMへの楽曲提供多数。

★6／ブラック・サバスは1968年結成のイギリスのロックバンド。黒魔術、悪魔といった怪奇イメージと、重厚なブルースロックを結び付けられ、ヘヴィメタルの元祖と目される。1970年、アルバム「黒い安息日（Black Sabbath）」でデビュー。

★7／ヘヴィメタル界のシンボル的なヴォーカリスト。1948年、イギリス出身。ブラック・サバスの結成時メンバーだが、離脱と復活を繰り返している。ノリ一発でいろんな生き物を食いちぎってきたことでも有名。

★8／トニー・アイオミは1948年、イギリス出身のギタリスト。オジー・オズボーンとともにブラック・サバスの結成時メンバーで、一貫してサバスを支え続ける。左利きなので右指でフレットを押さえるが、板金工の事故で右手の中指と薬指を

るカウンターラインのせいでポップで高揚感のあるサビを迎える。イントロのリフに戻る前の「カブラ・サダブラ」はサバスの「サブラ・カタブラ《Sabbra Cadabra》」のアナグラム。★11 テンポを落としてリズムをシャッフルに変え、Eマイナーに転調するところからは同じくサバスの「チルドレン《Children》・オブ《of》・ザ《the》・グレイヴ《Grave》」★12 のリフを採用。これをバックにあーりんが「All abroad《オール アブロード》 あーはっはっはっはー」と高叫びする部分はオジー・オズボーンのソロ「クレイジー《Crazy》・トレイン《Train》」★13 の冒頭部と、サバス風味をランダムにコラージュし捲るNARASAKIの執念《しゅうねん》が凄まじいったらありゃしない。それに応えてあーりんが「あーりん あーりん」と恐怖の小悪魔振りを見せるわけで、ここが本曲の最初のハイライトだろう。あーりん以外の誰にも、このような「プニ感のあるシアワセな悪夢」を運ぶことは、不可能であると思われる。

和嶋とNARASAKIの豪華共演も実現

そしていよいよ、満を持して和嶋のギターが登場する。右チャンネルで咆哮《ほうこう》する和嶋のメインギターはまさしくギブソンのSG。★14 ここにワウをカマして繰り広げられるアイオミ直系の激情プレイを聴け！ 和嶋は当初はこの間奏のみの参加だったが、エンディングでも「イッちゃってイイですか」とソロをプレイして全面的に採用されるわけで、そのミュージシャンシップは尊敬に値《あたい》する。結果、ここに残したプレイで和嶋と人間椅子は再注目されることになるのだから、ももクロに関わることは端的に人をシアワセにすることなのだ、ということも分かるのDeath！

さらに「晴れるや、さーいこう!!」のコールを受けて、NARASAKIの最重量級のギターリ

切断したため、特殊なフィンガーチップを填めて演奏する。特注のSGタイプのギターによるプレイで、ヘヴィメタル・ギターの初期のスタイルを創始した。

★9／「アイアン・マン」は、ブラック・サバスの2ndアルバム「パラノイド」収録曲。プロレスのタッグチーム、ロード・ウォリアーズが登場曲として使用し、広く一般に知られるようになった。『Z女伝説』の戦闘スタイルの衣装は、ウォリアーズのコスチュームデザインの影響を受けたもの。

★10／「スイート・リーフ」は、ブラック・サバスが1971年にリリースした3rdアルバム「マスター・オブ・リアリティ（Master of Reality）」の1曲目。

★11／「サブラ・カタブラ」はブラック・サバスの1973年のアルバム「血まみれの安息日（Sabbath Bloody Sabbath）」収録曲。この曲名をアナグラム（単語や文の文字を入れ替えて別の意味を作ること）的な、単なる言葉遊びとして使用。

★12／「チルドレン・オブ・ザ・グレイヴ」はアルバム「マスター・オブ・リアリティ」収録曲。

フがいよいよ勢いを増していく展開もたまりま選手権大会。3分15秒からは背後でこじまのオルガンが**ジョン・ロード**《John Lord》★15ばりに唸《うね》りを上げながら、分厚い音の壁を作り上げていく。そこに「ヘイ・カモン ハロー・ライディーン」を4連発、「がっつりがっちり組んだら 無敵じゃん」とあーりんの陣頭指揮に従ってメンバーは遮二無二《しゃにむに》突き進んでいく。

おそらくこの攻撃で相手は力尽きたのだろう。トラックが突如スペイシーになり、しおりんの「残酷《ざんこく》なメリー・ゴーラウンド」から、夏菜子の「私のなかの 弱さよ、去りな 沈黙へ 永久に」と勝利宣言。ここから雪崩《なだれ》込むサビで本曲は至高《しこう》の頂点を迎えるが、さらに天使から女神へと昇華したれにちゃんが「ねじ曲がり もがいた時間も」と優しく歌う落ちサビ。ここはライヴでは客席が一体となってハンドクラップを重ねる部分、からの夏菜子の「抱きしめていた 光る週末」で全員で祝杯を上げ、和嶋のギターソロが再び炸裂《さくれつ》する至福《しふく》のエンディングへと向かうのだから、なんともはや。

『ピンキージョーンズ』でも触れたように（P93参照）、ネット上ではももクロの参加が賛否両論で大炎上、ついには「サイリウム禁止」というハンディを背負わされて臨《のぞ》んだ「Ozzfest Japan《オズフェスト ジャパン》 2013」において、本曲は3曲目に披露された。メンバー自己紹介に続いて、しおりんの「いいかお前ら、高城の気合いを見ろ！」の煽《あお》りから、れにちゃんがコーラをイッキ飲み（500ミリℓ缶でっせ）。カラダを張って気合を見せたところから安定の咳き込み、その間にスタンバイしたNARASAKIと和嶋がパワーコードをカマすと観客は大熱狂した。彼女たちの戦闘能力の高さに、**スリップノット**《Slipknot》★16をはじめとする出演者も舞台袖で歓声をあげていたという。

★13／「クレイジー・トレイン」はオジー・オズボーンが1980年に発表した1stソロアルバム「ブリザード・オブ・オズ～血塗られた英雄伝説（Blizzard of Ozz）」収録曲。

★14／1961年にギブソン社が発表したエレクトリック・ギターのモデル。SGはSolid Guitarの略。同じギブソンのレスポール・モデルより軽く、かつ鋭角的なルックスなので、ハードロック系のギタリストが多用する。

★15／ジョン・ロードは1941年、イギリス出身のキーボーディスト。2012年没。ディープ・パープル（Deep Purple）の実質的なリーダーで、ハモンドオルガンをマーシャルアンプに繋いで使用（通常はレスリー・スピーカーを使う）し、クラシカルでスケールライクなプレイにより、後進に多大な影響を与える。

★16／アメリカのヘヴィメタルバンド。1999年、アルバム「SLIPKNOT」でデビュー以降、シーンのトップを走り続ける。ステージでは猟奇的なマスクを被ってパフォーマンスをすることで知られる。

2012・11・21発売
9th single
『サラバ、愛しき悲しみたちよ』
通常盤にのみ収録

▼ももいろクローバーZ

『Wee-Tee-Wee-Tee《ウィーティーウィーティー》』
ももクロとファービーは相性抜群

真剣に悩んだ。ファービーを買って、5色を揃えるかどうかについて、だ。なんとか踏み止まったのは、私が既にして随分《ずいぶん》と大人になっていたからであるが、後に『ももいろ太鼓どどんが節』（P248参照）で同じような想いをすることになるのだから、世の中分かんない。で、この曲を聴くたびに思い出すのは、今となっては『**女祭り2014 〜 Ristorante《リストランテ》 da《ダ》 MCZ《エムシーゼット》 〜**★1』のオープニング。当然ながら現地参戦は叶《かな》わなかったが、映像で見たときに「そっから来たかぁ〜」とヤられた感満載で、この日の女祭りが神セトリになったのは本曲によるところが大きいと思う。

ってなちょーしの本曲は、**タカラトミー「ファービー」**★2のイメージソング。「Wee-Tee」はファービッシュ（ファービー語）で「歌う」という意味で、曲の歌詞にもファービッシュが出てくる。作詞・作曲は「歌うテーマパーク」こと**CHI-MEY**《ちーみー》★3、編曲は**大久保友裕**《おおくぼともひろ》★4という初参戦コンビ。冒頭のテーマパーク感いっぱいのキラキラしたファンファーレから夢の国の夜のパレードが始まるのではなく、たちまちアップテンポで、ももクロちゃんとファービーの愉快な掛け合いが繰り広げられる。「ふざけてばかりじゃ 怒られちゃうけど 楽しいことは やめられな〜い」の高速ラップも楽しいし、サビ締めの「広がる世界へ HERE WE GO《ヒアウィゴー》！」の英語部分の歌い方がなんとも可愛くってさぁ。俺この曲、超好き！ってもう解説放棄してますけどな。

サウンドカテゴリー度

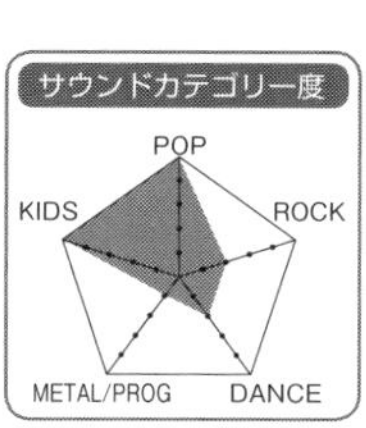

DATA

レーベル／スターチャイルド（キングレコード）
作詞・作曲／CHI-MEY
編曲／大久保友裕
全ての楽器／大久保友裕、CHI-MEY

★1／2014年11月24日、大阪城ホールで開催。総合演出を石川ゆみが担当。リストランテのコンセプトに基づくセットやメニュー表も配布された。

★2／初代ファービーは、アメリカのTiger Electronics社が1998年に発売した電子ペット。日本では翌年、トミーから発売された。2012年にタカラトミーより新モデルが発売された時に、ももクロとタイアップ。

★3／CHI-MEYは有限会社 匠 所属のシンガーソングライター、作詞家、作曲家。アーティストとして活動する傍ら、テレビドラマ『怪物くん』のテーマ曲である嵐の『Monster』などの楽曲提供も行っている。

★4／大久保友裕は有限会社 匠 所属の作・編曲家、音楽プロデューサー、ギタリスト。中島美嘉やSCANDALへの楽曲提供、同事務所のCHI-MEYの編曲などを手がける。

2012・11・28発売
ヒャダイン 1st ALBUM
『20112012』

▼ヒャダイン&ももいろクローバーZ

『ヒャダインとももクロのじょーじょーゆーじょー』

ヒャダインの曲でニアミスする、ももクロとあかりん

ももクロの初期の楽曲のメインライターであった前山田は、タレント及び歌手として活動する際には**ヒャダイン**★1の名を用いていることはご存知の通り。彼は2014年まではソロ曲を定期的にリリースしていたのだが、最近はすっかりご無沙汰ですな。本曲は2011年8月にリリースされた彼の2ndシングル曲にして**テレビアニメ『日常』のオープニングテーマ**★2である『ヒャダインのじょーじょーゆーじょー』を、2012年に初のベストアルバム『20112012《ツーゼロワンワンツーゼロワンツー》』をリリースするにあたり、原曲の**ヒャダル子**★3のパートをももクロが歌ったバージョンとなる。

まずは先に、ヒャダインのソロバージョンを聴いてみよう。動画サイトにMVがアップされているが、冒頭から早見あかりが登場してびっくりしますね。が、実際にはあかりんは歌っておらず、ここでの演奏と歌唱はすべてヒャダイン本人によるもの。ソッコーでヒャダとわかる場面転換の多い楽曲だが、あかりんが気になって曲が入ってきませんがな。なおMV後半には川上アキラ氏も登場、いよいよ曲が入ってこなくなるから困り者だ。続いてももクロのバージョンを聴こう。おー、これこれ！ ももクロが入るとイッキに華やかになり、わちゃわちゃ感も倍増。しおりんの「2番！」も聴けちゃうし、やっぱヒャダ曲はももクロでなきゃ、ね。

★1／ヒャダインの名前の由来は、RPGゲーム『ドラゴンクエストIII』から登場する呪文より。ヒャド→ヒャダルコ→ヒャダイン→マヒャドと進化する氷系の攻撃呪文なのだが、ファミコン版ではプログラムミスでヒャダインを習得する前にマヒャドを習得してしまうので使うタイミングがない。前山田はその不遇さが、好きだったそう。
★2／あらゐけいいちによるコミックが原作の、シュール系学園コメディ。2011年4月から9月まで、全26話が放送された。制作は京都アニメーション。なお本曲は14話以降のオープニングテーマで、1～13話は1stシングル『ヒャダインのカカカタ☆カタオモイ・C』が使用された。
★3／ヒャダインの声を加工して女声にしたもので、ドラクエの呪文「ヒャダルコ」の最後の一文字を「子」に変えて対応。

サウンドカテゴリー度

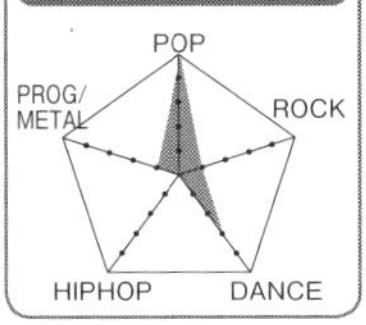

DATA
レーベル：Lantis
作詞・作曲／前山田健一

2012・12・24発売
「ももいろクリスマス 2012 さいたまスーパーアリーナ大会」開催記念 single
『僕等のセンチュリー』

▼ももいろクローバーZ

『僕等のセンチュリー』

【オリコンシングルチャート デイリー1位、ウィークリー5位】

歓喜に満ちた楽曲とギタープレイに感極まる

ホントにハズレがないんですYO、ももクロのクリスマス・シングルは。2012年のももクリさいたまスーパーアリーナ大会開催記念限定販売シングル。ここでソリに乗って駆けつけたのは**ROLLY**《ローリー》★1と**長谷川智樹**《はせがわともき》★2の関西コンビで、外連味《けれんみ》の塊のようなROLLYとももクロの組み合わせは間違いないと決まっているのだが、こちらの予想の遥《はる》か上をきたからねー。なんだろーこの圧倒的な多幸感は。「最上級のハピエスト」ってこのような曲のためにあるんじゃない?

冷静になって聴いてみよう。ガッツーンとディストーションギターと生ブラスが同時にカマされ、チュンチュンしたシンセのアルペジオが飛び交う幕開けは、「さー行きまっせー」とのROLLYの決意表明か。**スペクター・サウンド**★3を意識したとのことだが、なるほどこの音圧感は、これまでのももクロの楽曲とは一味違うもの。すかさず**佐野康夫**《さのやすお》★4の繰り出すクッションの効いたドラムのシャッフルに乗って、メンバーの「ラブ! ピース! ラブ! ピース!」がコールされると、早くもテンションMAXだ。

★1/ROLLYは1963年、京都府生まれのヴォーカリスト、ギタリスト、音楽プロデューサー。1990年、ロックバンド すかんちのシングル「恋のTKO」でメジャーデビュー(当時はローリー寺西)。グラムロックや歌謡曲をブレンドした独自のエンターテイメント性で人気を博す。タレント、俳優としても活躍。

★2/長谷川智樹は1958年、大阪府出身の作・編曲家、ギタリスト。数多くのアーティストの楽曲を手がけ、アニメの分野でも活躍。

★3/フィル・スペクター(Phillip Spector)は1940年、アメリカ・ニューヨーク出身の音楽プロデュー

サウンドカテゴリー度

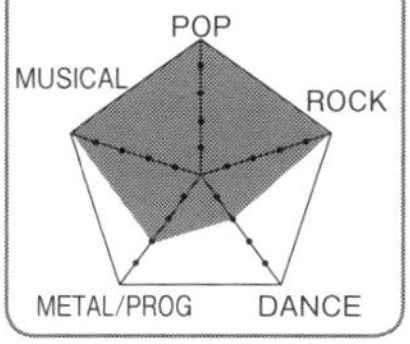

DATA

レーベル/キングレコード
作詞・作曲/ROLLY、長谷川智樹
編曲/長谷川智樹
ギター & コーラス/ROLLY
ギター & プログラミング/長谷川智樹
ベース/阿部光一郎
ドラム/佐野康夫
サックス/竹上良成
トランペット/LUIS VALLE
トロンボーン/川原聖仁

歌い出しはしおりん、「カボチャの馬車 ガラスの靴 ねぇ! 聞いてよ嘘じゃない」とファンタジック。れにちゃんの「壁にかかる 絵画の中 人魚の吐く血」のちょっとデスな感じと対比させつつ、**パッシング・ディミニッシュ**★5によるコード進行も巧みに前進。このAメロ、よく聴くとバックでいろんなパーティーノイズやSEが入っており、これも多幸感のポイントね。「星降る 今宵《こよい》はね」からは左右チャンネルに極端にコーラスが振り分けられ、トラック全体をサンドイッチ。サビの「キラキラグリグリ ホーリナイト! ねぇ!」のキラーフレーズから、「始まるぜ! 僕等の! センチュリー」のコーラスをこじ開けるように、センターからROLLYのギターがエモーショナルにチョーキングで登場するという、自らのギターを活かしたサウンドデザインが冴《さ》える。2番に入ると、アコギを前に出したりして変化をつけながら、一貫して高いテンションをキープする。変化が訪れるのは、れにちゃんの「ハートのジャックも」に始まるパートで、ここから「ピース!」「ラブ!」のアップテンポなミュージカル調のパートに雪崩《なだ》れ込み、ピアノがせわしなく駆け回り、ドラムが景気良くフィルインを連打する。ここ、ライヴではメンバーがワチャワチャと走るアクションが楽しいパートだ。そこからディンドン! と向かう落ちサビも全員のコーラスで突っ切り、「今夜! 世界は一つになるの!」でいよいよパーティーノイズも最高潮。ラストまで大騒ぎが続く。うーん実に実に楽しそうですなあ〜。

エンディングではROLLYの感極まったようなチョーキング、からのトリルによる下降がテクニックを超越して心に染み込み、聖なるオルガンが全てを包み込んで曲は終わる。おそらくROLLYは曲全体を通して「ももクロと共演してるぜ」な気分を楽しみながらギターを弾いたはずで、その歓喜《かんき》がプレイを通じて伝わってくるのだからサイコーだぜ、ROLLY!

サー。1963年、ザ・ロネッツ(The Ronettes)の「あたしのベビー(Be My Baby)」で大人数のミュージシャンをスタジオで生演奏させ、ダビングを重ねる手法が「ウォール・オブ・サウンド(音の壁)」と称され一世を風靡。これを「スペクター・サウンド」とも呼ぶ。日本では大滝詠一、山下達郎らが影響を受けていることでも知られる。

★4/佐野康夫は1965年、福岡県出身のドラマー。大学のジャズ研究会からジャズシーンに移行して活躍。1993年頃からスタジオミュージシャンとして古内東子、ORIGINAL LOVE、aikoら、数多くのセッションに参加。

★5/ダイアトニックなコード進行で「つなぎ」としてディミニッシュコードを使用し、ルートが半音で動くようにすること。この注釈が分からない場合は、各自で独自調査を。

2012・12・24発売
「ももいろクリスマス2012 さいたまスーパーアリーナ大会」開催記念single
『僕等のセンチュリー』

『空のカーテン』

▼ももいろクローバーZ

ジェントルかつ気品《きひん》溢《あふ》れる、極上の冬ソング

きん、と冷えた冬の朝。

外に出ると、イヤホンからこの曲が流れ出した。

途端《とたん》、吐く息の白さと引き換えに、
ほんのりと暖かい風が、心に吹き込んできた。

……というような柄《がら》にもにない文章を私に書かせてしまうほどに、本曲は「冬の朝に聴きたい、ももクロソング・ランキング」のナンバーワンの地位を占める、愛すべき佳曲なのである。

まず『空のカーテン』というタイトルがいい。平易な言葉の組み合わせなのに、無限のイマジネーションが広がっていくのだ。作詞は元・チャットモンチーの**高橋久美子**《たかはしくみこ》★1でこれが初参加。おそらくタイトルも彼女によるものだろう。チャットでは軽快にビートロックを刻んでいた高橋だが、こういうポエジーを持っていたのですなー。作・編曲は『Chai Maxx』（P102参照）のような攻め曲から劇伴《げきはん》まで、なんでもこいの横山 克。ここでは歌詞の世界観に寄り添うような曲

★1／高橋久美子はガールズバンド「チャットモンチー」の元ドラマー。1982年愛媛県出身。現在は作詞家としての楽曲提供や、作家、朗読などでも活躍。
★2／sus4はメジャーコードの3度を4度に置き換えることで、調性感を曖昧にするもの。add9はメジャーコードに9度の音を付加するもの。いずれも浮遊感を出すときに用いる。
★3／コード表記が分数のように、分母と分子に分かれるものの総称。C／Dなどと表記。
★4／ピアノなどの平均律調律楽器では分かりにくいが、ヴァイオリンなどの弦楽器の場合は、♯系の

サウンドカテゴリー度

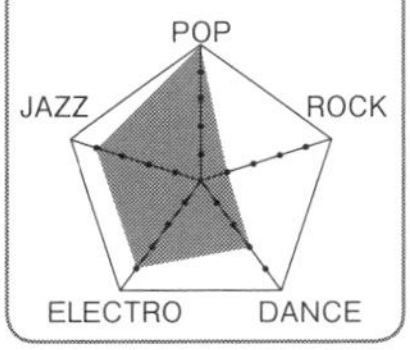

DATA

レーベル／キングレコード
作詞／高橋久美子
作・編曲／横山 克
ストリングス／真部ストリングス
ファースト・ヴァイオリン／真部 裕
セカンド・ヴァイオリン／藤堂昌彦
ヴィオラ／生野正樹
チェロ／遠藤益民
ギター／堤 博明
コーラス／ENA☆

とアレンジなので、珍しく詞先だと思う。例によっての推察だが、横山ならそれが可能だろう。

曲はピアノの単音メロディーで始まり、コンガをエレクトロ処理したような柔らかい音色でリズムが刻まれ、その背後にひんやりとしたシンセが流れる。バラードというよりはミディアムテンポの軽いスイングビートにより、これまでのももクロとは一味違う、さりげなくも叙情的なムードが醸《かも》し出される。キーはB♭メジャーだが、冒頭のコードが**sus4やadd9**★2であり、また曲中でも**分数コード**★3が頻出《ひんしゅつ》するので、全体的にソフトなサウンドになる。そもそも**♭系のキーの選択**★4自体が、生のストリングスカルテットが加わった際のハーモニーをソフトに響《ひび》かせるための配慮と思われる。

こうしたサウンドにはやはり、れにちゃんが似合う。「昨日の失敗は～」と朝の起き抜けっぽい歌い出しはまるで子守唄のようで、彼女にしかできない優しさに満ちた名唱。そこからゆっくりと暖まっていき、続くしおりんのソロ「おはよ 教室の前」でシーンはハイスクールのキャンパスに移行。ピアノもリズムを刻み、ミュート&フィルインでギターが加わることで、サウンドが生き生きと弾み始める。そして「いくつもの冬を繋《つな》ぐ」と始まるコーラスによるサビからキーは1音下のA♭メジャーに転調、生のストリングスカルテットも加わり、全体が薄く透明なベールに包み込まれていく。このサビのメロディーがこよなく美しいもので、「美メロ」という観点ではももクロ史上のベスト・オブ・ベストではないか。コード進行もE♭m7→D♭M7→E♭/D♭と、ベース音を係留《けいりゅう》させながら緩《ゆる》やかに動いていく。また楽器や音数が増えても決して厚ぼったくはならず、どこかひんやりとした質感を保ったままのこのサビは、**ドビュッシー**《Debussy》★5や**ラヴェル**《Ravel》★6の楽曲にも通じる気品と優美さを感じずにはいられない。

調性は「明るく派手に」、♭系の調性は「落ち着いた地味な感じ」になる。

★5／クロード・ドビュッシー(Claude Debussy) はフランスの作曲家、ピアニスト。1862年生まれ、1918年没。古典音階や機能和声を離れた独自の作曲様式で、クラシック音楽を20世紀に向けて更新し、ジャズやポップスにも大きな影響を及ぼす。代表曲はピアノ曲「月の光(Clair de lune)」「前奏曲集第1、2巻(Préludes1·2)」、交響詩「海(La Mer)」など。

★6／モーリス・ラヴェル(Maurice Ravel) はフランスの作曲家。1875年生まれ、1937年没。ドビュッシーと同時代にパリで活躍、「管弦楽の魔術師」と呼ばれるほど、カラフルなオーケストレーションで評価を得た。代表曲はピアノ曲「亡き王女のためのパヴァーヌ(Pavane pour une infante défunte)」「高雅で感傷的なワルツ(Valses nobles et sentimentales)」、バレエ音楽「ボレロ(Boléro)」など。

成熟せず進化する、ももクロの表現力

2番では杏果、あーりんのソロが続くが、それぞれにしっとりした歌唱の中で、揺れ動く微妙な感情を表現。本曲のレコーディング当時はれにちゃん以外は全員高校生だったので、歌詞の内容もよりリアルに迫ってくるのだ。再びのサビはリピートされることで少しだけ熱量を上げて歌われ、自分たちの、モノノフとの、そして世界との繋《つな》がりを確認するかのように、空のカーテンに想いを投げかけていく。特にあーりんの「夢を叶えた〜い」は、最高音のE♭を精一杯のロングトーンで、天高くに想いを届かせる。大天使あーりんの、この渾身《こんしん》のハイトーンこそが本曲のハイライトだ。

あーりんの想いを受け止めるかのように、ピアノがイントロのメロディーを奏《かな》でたら、落ちサビはいよいよ夏菜子の出番となる。「図書室に〜」から始まるパートは、なんと18小節にもわたるロングソロ。ここで夏菜子が見せるエモーションは、いつもの熱量を内に秘めながら、幼さの中にも聖母《せいぼ》のような慈悲深《じひぶか》い愛を感じさせるもので、つくづく凄《すご》い表現力を持ったシンガーだと思う。アコギにコードを任《まか》せ、徐々にストリングスが絡んでくるアレンジも効果的だ。そこからサビの**「いくつもの」とのコーラスの入りは8分音符にエキスパンド**★7され、今度はピアノとピロピロしたシンセで落ちサビとのコントラストを演出。リズムインしてからはエンディングまでを、全員で情感いっぱいに歌い上げていく。ラストの「冬が来た」でリズムから解放され、ストリングスに包まれながら零《こぼ》れ落ちていくような、ピアノの雫《しずく》で終わる。

★7／「いくつもの」は16分音符のアウフタクト（弱起／ここでは前の小節の4拍目から入ること）で入っていたが、このパートのみ1音を倍の8分音符とし、そのために2／4小節を加えている。楽曲の終盤に、印象的なワンシーンを作る手法。

本曲において、ももクロの表現力は、これまでとは次元の異なるレベルに到達した。コーラスパートに明らかなように、ここには〝全力〟の彼女たちはいない。これまではアップテンポのハイパーチューンであれ、ノベルティソングであれ、バラードであれ、コーラスパートでは常に全力でユニゾンすることでの〝熱量〟が、いわば彼女たちのシグネイチャーとなっていた。しかしここでは、全員が必要以上に力むことなくさらりとハイトーンを重ねることで、少女から大人の女性に向かうあわい――それはまさしく彼女たちの等身大の姿――に相応《ふさわ》しい表現を手に入れた。前年のクリスマスに歌った『白い風』（P156参照）のコーラスと聴き比べれば、それは明らかだろう。

そして重要なことは、多くの場合アイドルは成長とともに純粋さや可憐《かれん》さと引き換えに、**変声**★8も含めて表現力は別のものに「成熟していく」ものなのだが（ゆえに他のアイドルグループには「卒業」というシステムがある）、ももクロの場合は表現力の幅が広がりこそはすれ、決して成熟はしない、という点だ。彼女たちは相変わらず全力で攻めることも厭《いと》わないし、これまでと同様に、あるいはこれまで以上に『怪盗少女』（P84参照）も『Chai Maxx』も全く問題なくダイナミックにこなす。その上で、『きみゆき』（P80参照）や『キミノアト』（P134参照）を、より深く表現できるように進化したわけだ。ここが過去の数多《あまた》のアイドルとももクロの根本的な差であると私は思っているし、この表現力を手に入れた以上、その向かう先は『5TH DIMENSION《フィフス ディメンション》』から現在へと繋がる、「アイドルとしては完全な未開の領域」となるのは必然だったと言える。

ではなぜ彼女たちだけが、「それ」を手にすることができたのか？　そのヒントについては、P630で少し触れている。気になる方は、そちらへ。

★8／男性の場合は思春期に発声法が変わるために、2オクターブ近く急に声域が下がるが、女性の場合は変声期はなく、年齢とともにゆっくりと声が低くなっていく。

2012・12・24 発売
「ももいろクリスマス 2012 さいたまスーパーアリーナ大会」開催記念 single
『僕等のセンチュリー』

▼ももいろクローバーZ

『ももクロ・特盛り（12月限定）』『ももクロ・メガ盛り』

ももクロを素材とした軽いBGM

2012年のももクリ開催記念限定シングルの「おまけ」として収録された、**小西康陽《こにしやすひろ》**★1によるリミックス。2曲続けて収録されているが、両曲とも概《おおむ》ね『Z女戦争』（P184参照）、『猛烈』（P142参照）、『サラバ』（P196参照）といったここしばらくのシングル曲のリミックスメドレーの上に、前者は12月限定とあるだけに『サンタさん』（P152参照）の要素を大胆に取り入れ、後者は『黒い週末』（P198参照）を少し組み合わせたもの（挨拶代わりの『怪盗少女』（P84参照）もちょっぴり）。これまでのももクロのリミックスといえば相当にブッ飛んだものが多かったので、そっちがアタリマエの耳からすると、小西は大きく冒険することなく万人《ばんにん》が聴きやすいメドレーを提示したわけで、コレはコレで〝アリッちゃあアリ〟だろう。単純にスタイルの問題だ。個人的にはこれを聴くことは滅多《めった》にないし、何か大きな発見があるわけでもない。

楽曲志向が強い小西本来の仕事ぶりからすると、やはり**Negicco《ネギッコ》の「アイドルばかり聴かないで」**★2のようにガッツリと曲づくりとプロデュースを手がけるのが王道。一方でももクロ的には小西はオールドスクーラーであり、楽曲そのものを依頼することはないと思われる。息抜き的なBGM、というのが本曲の役割だろう。

★1／小西康陽は1959年、北海道出身の作詞家、作・編曲家、音楽プロデューサー。1985年にピチカート・ファイブとしてデビュー。音楽コレクターとしての知識を総動員しながらもファッショナブルなサウンドを創造、「渋谷系」のムーヴメントの大きな核となる。ピチカート解散後は、数多くのアーティストの楽曲提供やプロデュース、ドラマや映画のサントラなどを手がける。

★2／「アイドルばかり聴かないで」は2013年にT-Palette Recordsから発売された、Negiccoの結成10周年記念イヤーの第2弾、通算12作目のシングル。作詞・作曲は小西康陽。小西のアイドルに対する眼差しが大爆発した、Negiccoの異色作でありながら最高傑作の一つ。2013年7月から9月まで、テレビ東京「ゴッドタン」エンディング曲に採用されていたので、「さんね〜ん」では全然ない。

サウンドカテゴリー度

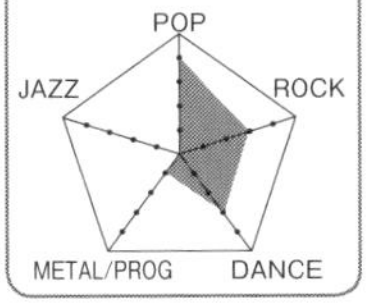

DATA

レーベル／キングレコード
リミックス／小西康陽
プログラミング／新井俊也

column 6

ももクロの楽曲への道程（その4／完結編）

（承前）まとめに入ろう。「音楽シーン」の様相が変わったことで、音楽は「おたく文化」と「ストリート」に一旦分岐した。しかし2000年代に入り、ケータイ電話が通話型からスマートフォンに傾斜していくことと歩調を合わせるかのように、この両者は接近していく。それが交わった地点で、ディスコではなくクラブのフロア対応のビート、高度にプログラミングされつつ必要な部分だけ生演奏を用いたトラック、ブラックやよさこいやパントマイムやアクロバットがミックスされたストリート・ダンスパフォーマンス……といった諸要素をパッケージングできる表現者として、「何をやっても許される立場」のアイドルに、賽《さい》の目が出た。そのようなタイミングで、代々木公園のストリートにぶらり、と現れたのがももクロだった。さらに、遊び心の塊のような川上マネージャーは、「退屈しないように」と自らのルーツである「昭和のテレビの匂い」を、少女たちの理解などは金輪際無視してブチ込んだ。

重要なことは、そうした全ての流れを、「なんでだよ～」とか言いながらも、あまり深く考えることなく全力で受け止める「奇跡の5人がいた」ということだ。そこに、別項で触れた「ユニゾンの魔力」（P82参照）が加わることで、時代を更新する「ももクロ楽曲」が生まれたわけである。以上、ピンキージョーンズ並みの駆け足だったが、概ねそうゆうことでしょ、だしょ。

21世紀に提示された、コンセプトアルバムの最高峰

本アルバムの発売に先立ち、2013年3月12日から31日にかけて、『ももいろクローバーZ JAPAN《ジャパン》 TOUR《ツアー》 2013「5TH DIMENSION《フィフス ディメンション》」』★1が敢行《かんこう》された。音楽業界の慣例《かんれい》パターンからすると、まずニューアルバムを発売し、そのカヴァーツアーを行う…というのが定石《じょうせき》なのだが、ももクロは敢《あ》えてその逆を張ったわけだ。その初日の大阪城ホールの客席に、筆者はいた。翌日のブログにはこう書いてある。

★1／2013年3月12日の大阪城ホールを皮切りに、3月31日の札幌の北海きたえーるまで、3会場6日間にわたって行われたライヴ・ツアー。映像作品では、3月16・17日の名古屋、日本ガイシホールでの模様が収録されている。

2013・4・10 発売
2nd ALBUM

5TH DIMENSION《フィフス ディメンション》

ももいろクローバーZ

通常盤　KICS-1899

1 Neo STARGATE
2 仮想ディストピア
3 猛烈宇宙交響曲・第七楽章「無限の愛」
4 5 The POWER
5 労働讃歌
6 ゲッダーン!
7 Z女戦争
8 月と銀紙飛行船
9 BIRTH Ø BIRTH
10 上球物語 -Carpe diem-
11 宙飛ぶ！お座敷列車
12 サラバ、愛しき悲しみたちよ
13 灰とダイヤモンド

アナログ盤・LPレコード　2013年8月4日発売
レーベル／スターチャイルド（キングレコード）

オリコンアルバムチャート デイリー1位 ウィークリー1位
日本レコード協会プラチナディスク認定

というわけで、ももクロちゃんの5次元体験 in 大阪城ホール初日が終わった。結論からいくと、どのような3時ちゃう賛辞をいくら重ねても、表現しきれないほどのサイコーの感動体験であった。その素晴らしさについて、個々には語りたくないので各自調査（ちなみに3時は敵機を発見した方向ですわな）。モノノフの間でも賛否両論があったようだが、これは仕方がない。バッハもドビュッシーもストラビンスキーもマイルスもディランも、音楽史上の革新は常に大衆の怒号《どごう》の中に投じられてきた。そんな流れに、彼女たちも身を置いたということだ。もちろん俺は、そうした攻めの姿勢を、何があっても全面支持する。彼女たちにとっての「紅白の向こう側」…、それはアイドルという形をした、音楽史上類のない、そしてこの日本でしか成し得なかったスタイルの、とてつもない「総合芸術」であった。その究極の姿が、昨夜大阪城ホールで確かに描かれた。俺たちモノノフは、その瞬間を、伝説のはじまりを目撃したのだ。

…いささか興奮気味ではあるが、この印象は現在も全く変わっていない。1stアルバム『バトル アンド ロマンス』（P126参照）で、「アルバム・アーティストとしての原点」と書いたが、「原点」というからには次に差し出されるものは前作を超えていなければならない。彼女たちはそれを、ドリアンのようなマスクを被《かぶ》りながら見事にクリアしたのだ。全くもって恐るべきアーティストである。

本作は**「コンセプトアルバム」**★2という体裁をとっている。タイトルに表現されているように「次元上昇・進化」をコンセプトとしているわけだが、それは彼女たちがファンと一緒に次元上昇し、進化することにほかならない。最初に述べたような〝先にツアー敢行→その後、アルバム発売〟の流れからも、ファンへの高い信頼が前提になっていることが伺える。

★2／またはトータル・アルバムとも呼ぶ。一つのテーマや物語を表現するために、アルバムの楽曲が配置され、全体として一つの作品になるような構成を採るもの。ジャケットデザインも含め、その世界観が作り込まれる。1stアルバム『バトル アンド ロマンス』（P126参照）は、アルバムタイトルが各楽曲と直接関与することはなかったため、コンセプトアルバムとは呼べない。

そしてあらゆるジャンルを見渡して、その世界観やクオリティにおいて、本作がコンセプトアルバムとしての最高峰に位置する作品であることは間違いない。重厚長大になりがちなコンセプトアルバムは時代にマッチしていないため、2000年代以降はあまり見かけることがなくなったが、時代を昭和に遡《さかのぼ》れば、**ビートルズの「サージェント・ペパーズ・ロンリー・ハーツ・クラブ・バンド《Sgt. Pepper's Lonely Hearts Club Band》」**★3や**キャロル・キング《Carole King》の「ファンタジー《Fantasy》」**★4、**ジェネシス《Genesis》の「デューク《Duke》」**★5など、すぐにいくつも思いつく。そのような大時代的な様式をあえて採用することで、前作と明確に差別化すると同時に、アルバムとしての重さを持たせたということだろう。そして重要なことは、それらをどこまで突き詰めても、どこか風通しの良い「スチャラカ感」が漂っているという点だ。このアニメ的、**厨二病《ちゅうにびょう》**★6的なセンスが、以降のももクロの諸作にも貫かれていく。

こうした状況を受けて、前作における前山田的なキーマンが不要になり、コンセプトアルバムなのに作家がバラバラになっている。これがどれだけタイヘンなことかについては、先に例示したアルバムがすべて「アーティストの自己完結によるもの」ということから類推《るいすい》してほしい。おそらく各作家への楽曲の発注や選択において、相当なエネルギーを要したと思われるし、逆に言えば「まぁよくもこれだけの作家を、楽曲を揃えられたよなぁ」ということになる。一方では全ての作家たちが、「今、ももクロに関わることがどのような意味を持っているか」をよく理解しているからこその、巨大な達成とも言える。

『空のカーテン』(P206参照)で指摘したように、この時点ではメンバー5人の歌唱力に対する

★3/ポップス史上初のコンセプト・アルバムであり、その金字塔として知られる決定的な名作。1967年発表。アルバム全体が、アルバムタイトルとなっている「架空のバンドのショー」と見立てられ、バンドのテーマ曲に始まり、重厚なアンコールで終わる。

★4/キャロル・キングは1942年、アメリカ・ニューヨークはブルックリン出身のシンガーソングライター、作曲家。'60年代、当時の夫ジェリー・ゴフィン(Gerry Goffin)とのソングライター・コンビで、「ロコ・モーション(The Loco-Motion)」「ウィル・ユー・ラヴ・ミー・トゥモロウ(Will You Love Me Tomorrow)」など、数多くの名曲を生み出す。'70年代に入って、シンガーソングライターとしての活動にシフト、1971年のアルバム「つづれおり(Tapestry)」は、全米アルバムチャートで15週連続1位、302週連続トップ100内という大記録を樹立。1973年の作品で、「ファンタジー」は ソウル&ジャ

信頼度が飛躍的にアップしているため、新録の曲についてはピッチやリズムの補正は必要最低限にとどめられ、リヴァーブの処理もごくごく少量。とくにソロ部分ではオンマイクの生声で今、現時点の声質や実力をそのまま楽しめるように配慮してある。

そして本作は実は、極上のギターアルバムでもある。「ももクロ＝打ち込み」のイメージが強いが、私が1人のギタリストとして言えるのは、彼女たちの楽曲においては「ギターは概《おおむ》ね生プレイ」ということだ。単純にクレジットだけを並べても、西川 進、マーティ・フリードマン《Marty Friedman》、板垣祐介、イアン・パートン《Ian Parton》、ジェイミ・ウイリアムズ《Jamie Williams》、ダーミアン・J・クーラッシュ・ジュニア《Damian Kulash Jr.》、近藤研二、永井ルイ、NARASAKI、堤《つつみ》 博明《ひろあき》、長谷川智樹、そして布袋寅泰と、なんと12人のギタリストが参加している。バッキング、リフ、ソロの全てにおいて、彼らそれぞれの個性的なプレイが、見事なショーケースとして披露されているのだ。マーティや布袋といった「目立つ部分」のクオリティは言わずもがなだが、西川 進と近藤研二の仕事振りも突出している。そしてこの2人が本作以降、それぞれライヴとスタジオを支える両輪になっていくわけである。

先行シングルについては全て、本作収録の段階でリマスタリングされ、アルバム全体の音質や音圧の中に収められている。『バトル アンド ロマンス』の時のように、メンバーが変わったことで生じたヴォーカルの更新などはないが、流れで聴くことで印象は変わるし、**れにちゃんも「曲順にもストーリーがあるので、アルバムはぜひきちんと曲順で聴いてほしいです！」と語っている。**★7 ゆえに、本書ではアルバムで初出の曲のみを次ページから単独で解説していくが、ぜひアルバム全体を、約70分間の次元上昇トリップとして味わっていただきたい。

ズのテイストを大胆に導入しながら、誰もが束の間のファンタジーの世界に遊べることを表現。

★5／ジェネシスは、1967年結成のイギリスのプログレッシブ・ロックバンド。'80年代にヴォーカルのフィル・コリンズ（Phil Collins）が頭角を現し、ポップな感覚と華麗なライティング演出で、スタジアムクラスのバンドに進化。「デューク」は1980年発表のアルバムで、ポップな楽曲とプログレなインストで、1人の男のマインドトリップを表現。

★6／「中二病」とは、思春期の中学2年生の妄想や全能感を揶揄（やゆ）したもので、医学的な意味の病気ではない。ネット上では「厨二病」と表現することで、さらに自虐感を増すことが多い。

★7／TOWER RECORD ONLINE 2013年4月10日掲載のインタビュー「ももいろクローバーZ『5TH DIMENSION』」で言及。

2013・4・10発売
2nd ALBUM
『5TH DIMENSION』

▼ももいろクローバーZ

『Neo《ネオ》 STARGATE《スターゲート》』

過去最長・最強のダブステップで次元上昇

先行でMVが配信され、これまでのももクロではない全く新しい姿に全モノノフが戦慄《せんりつ》した、本アルバムのリーディング・チューン。シングル曲ではなく、あくまでリーディング・チューンにもかかわらず、しっかりと予算をかけてMVを制作してプロモーションするあたりに、制作陣がアルバムの世界観を表現することにいかに重きを置いているかが伺える。

いろいろとエゲツない本曲だが、まずは冒頭で**カール・オルフ《Carl Orff》**の「**カルミナ・ブラーナ《Carmina Burana》**」★1の最初のパート「O Fortuna《オー フォルトゥナ》（おお、運命の女神よ）」を、そのまんまガッツリと引用していることに驚く。長さにしておよそ2分半。一応はイントロ扱いだが、明らかにこれが本楽曲、並びにアルバム全体の導入部としての機能を果たしている。結果、本曲のトラックタイムは8分17秒と、ももクロ史上最長を記録することになる。なおオルフのカルミナは、この「O Fortuna」のパートが最初と最後に出てきて、あたかも輪廻転生《りんねてんしょう》のように構成されている。私の所持しているのは廉価《れんか》箱に入っていた**ユージン・オーマンディー《Eugene Ormandy》指揮のThe Philadelphia Orchestra**（フィ

★1／カール・オルフはドイツの作曲家。1895年生まれ、1982没。身振りや手まねの音楽に可能性を見出し、教育・実用音楽の作品を発表。1937年発表の「カルミナ・ブラーナ」は、ベネディクト会のボイレン修道院で発見された11～13世紀頃の詩歌集をもとに作曲された、舞台形式のカンタータ。「楽器群と魔術的な場面を伴って歌われる、独唱と合唱の為の世俗的歌曲」と

サウンドカテゴリー度

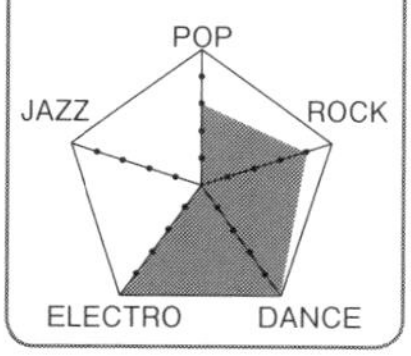

DATA

レーベル／スターチャイルド（キングレコード）
作詞／森由里子
作曲／大隅知宇
編曲／TeddyLoid
プログラミング／TeddyLoid
コーラスアレンジ／大隅知宇
コーラス／東響コーラス、ENA☆
スコア・コピー／信澤宣明

ラデルフィア管弦楽団★2）版で、コーラスはThe State Rutgers University Chorus of New Jersey（ニュージャージー州立ラトガーズ大学合唱団）による1960年の録音。重めの荘重《そうちょう》なテンポ設定で、ももクロ版とはかなり印象が違うが、シンプルな手法ながらスペースオペラ的なメロディーゆえ、CMや映画で重用《ちょうよう》されるのも頷《うなず》ける。なおMVではこの部分はカットされ、川上マネージャーがお茶の水博士のコスプレで登場し「アホアホヘクトパスカル200」とメンバーを覚醒《かくせい》させる寸劇《すんげき》から始まっているので、随分《ずいぶん》と印象が異なるものになっている。そちらは後述する『BIRTH Ø BIRTH』《バースオーバース》（P230参照）のMVとペアで観た方が楽しめるので各自調査を。

曲本編は、「O Fortuna」のアチェレランドによる高まりを受け止めるように、ズ太いビートのダブステップへと移行する。最初に出る夏菜子のヴォーカルは決然としたもので、これまでになかった新しい表現。**「今回は曲の世界観に自分を寄せていく感じで」と語る彼女**★3の、いきなりの新境地から、いよいよ5次元《フィフスディメンション》の旅への幕が上がる。作詞の**森由里子**《もりゆりこ》★4はこれが初参戦、作曲はお馴染み大隅知宇。そこに加わった編曲の**TeddyLoid**《テディロイド》★5こそが、本曲のキーマンだ。10代からその才能を注目され、おそらくは柴咲コウとの仕事でスターダストからアプローチされたであろうTeddyLoidは、夏菜子と同じ静岡出身。本曲での実績により、ライヴ出演や**ももクロのリミックスアルバム**★6の発売、ソロアルバムへの**あーりんのゲスト参加**★7など、この先も彼女たちと継続的に関わっていくことになる。

夏菜子に続き、しおりん、杏果、れにちゃん、あーりんの順で、眠りから覚醒していく。本曲のキーはDマイナーで、またしても大隅はこのキーを当ててきた。大隅、ひょっとしてDマ

の副題を持つ。

★2／ユージン・オーマンディはハンガリー出身のユダヤ系アメリカ人指揮者。1899年生まれ、1985年没。1938年にフィラデルフィア管弦楽団の音楽監督に就任。1980年に勇退するまでに膨大なコンサートやレコーディングを行っている。自身がヴァイオリニストであったため弦楽には特に拘りを見せ、「オーマンディ・トーン」と呼ばれる抜けの良いサウンドで評価を得た。

★3／音楽ナタリー Power Push「進化の先にある"5次元"の世界 メンバーインタビュー」内で、百田夏菜子が言及。

★4／森由里子は東京都出身の作詞家。生年は非公表。数多くのJ・POPアーティストのほか、アニメ「THE IDOLM@STER」、「アイドルマスター シンデレラガールズ」などで楽曲を提供。

★5／TeddyLoidは1989年、静岡県出身のリミキサー、ミュージシャン、作曲家、音楽プロデューサー。現在の所属レーベルはイーブルライン

イナーでしか曲が書けないのか? そんなバカな話ではなく、要するにももクロのユニゾンの最高音をF音、Dマイナーにおける短3度の音と想定し、最もエモーションを表出できるキーとしてDマイナーを充《あ》てているわけです。勉強になりますねー、この本。

そして全員の「生まれ変わる」のユニゾンをきっかけに、ここまで探りを入れるようにズッシリと蠢《うごめ》いていたリズムが一気に解放され、凄《すさ》まじい音響の渦に飲み込まれる。天才的な閃《ひらめ》き、何度聴いてもこの瞬間には、チビりそうになる。もうこうなったら近所からのクレームとかは一切無視して、可能な限りの大音量で聴け! もし警察が来ても俺に責任はないっ(キッパリ)。そしてライヴではここからウリャオイが始まり、ダンスがいよいよ激しくなっていくのだからたまりませンセーション!

傾聴《けいちょう》に値《あたい》する、圧巻のコーラスワーク

メンバー全員が戦闘能力を上げたヴォーカルからは、明らかにドヤ顔が見える。そして「舞い上がって 舞い上がって」とのサビでは、ももクロのユニゾンの背後にデジタル処理された東響コーラスが重なり、聴く者は畢竟《ひっきょう》、運命の女神と化したももクロたちと、次元上昇していく。コーラスのラストをチョップ★8しているのも効果的だ。続くブリッジでは「Open《オープン》 the《ザ》 gate《ゲート》」と先に東響コーラスがドラマティックに出て、そこにももクロが重なる。この辺りのコーラスアレンジでは大隅が冴え捲くっており、冒頭のカルミナの手法を受け継ぎながら、曲を壮麗《そうれい》に彩《いろど》ることに成功している。

レコードで、ももクロのレーベルメイト。2008年にMySpaceへのリミックス曲発表をきっかけに、新世代のエレクトロサウンドの担い手として注目される。以降イベント出演や楽曲提供、リミックスなどで活躍。柴咲コウ、DECO*27との3人組の音楽ユニットgalaxias!(ギャラクシアス)でも活動。

★6/『Re:MOMOIRO CLOVER Z』は2015年にリリースされた、ももクロ初の公式リミックスアルバム。

★7/2015年にリリースされた「SILENT PLANET」収録の『Grenade feat. 佐々木彩夏 from ももいろクローバーZ』(P300参照)。

★8/サンプリングした音源を切り刻んで鳴らしたり、繋ぎ変えて再構築したり、といったトラックメイキングの手法。

本曲は1番、2番といった定型的な楽曲パターンではなく、サビ以外はメロディーを自由に展開する。杏果の「ずっと繰り返された」に始まるパートは新しいメロディー、ここでは前半とは異なる抑えた歌唱で、1曲の中で歌詞に合わせて様々な感情を込めている。再びの「生まれ変わる」は夏菜子のソロとなり、ラストのチョップから、さらに激烈な音響の渦に巻き込まれる。落ちサビ以降は全員による戦闘力MAXのユニゾンで音響の渦を掻《か》き分けていき、ラストの「Open the gate」の夏菜子ソロで、楽曲全体が吸い込まれるように収斂《しゅうれん》していく。

アルバムのオープニングに相応《ふさわ》しい壮大でシリアスな楽曲を浴びて次元上昇を果たした我々は、そのまま宇宙空間に置き去りにされる。2曲目が始まるまでのわずか3秒の時間が長く感じられるのは、既に聴き手は5次元の時間軸に巻き込まれているからだ。そしてほどなく、5人の戦士がスペースバイクに跨《またが》って、我々を救いにやってくる……。

本曲の初披露は無論、5Dツアー初日の大阪城ホール。同ツアーではアルバム収録曲がそのまま順に再現されたので、オープニングは常に本曲であった。以降、その壮大さゆえ一瞬にして場の空気を変える力のある本曲は、ライヴでも重要な場面転換で披露されている。ベストパフォーマンスは、東響コーラスを迎えて生バンドで披露された**『ももクロ春の一大事2014 国立競技場大会 ～NEVER ENDING ADVENTURE《ネバー エンディング アドベンチャー》 夢の向こうへ～』の2日目**★9だろう。サイリウムの光の洪水の中、巨大な映像をバックに突如カルミナをカマすコーラスがド迫力。**村石《むらいし》雅行《まさゆき》**★10のグルーヴィーなドラミング、左右チャンネルで荒れ狂うギターなど、終始鳥肌モノの圧倒的な「総合芸術」が繰り広げられる。こんなんももクロでしか見られないよー！

★9／2020年の東京オリンピック開催に向けて改修される前の旧・国立競技場にて2014年3月15日と16日に開催されたライヴイベント。セットリストは2日間を通じて、前半はインディーズデビューからのシングル曲を発売順に、後半は異なる楽曲を披露した。

★10／村石雅行は1964年、熊本県出身のドラマー。東京芸術大学音楽学部打楽器科に在学中から、工藤静香、森高千里、おニャン子クラブなどのサポートを務める。以降、松任谷由実、椎名林檎、高中正義ら数多くのサポートやレコーディング・セッションに参加する、我が国のトップドラマーの1人。有安杏果のドラムの師匠でもある。

2013・4・10発売
2nd ALBUM
『5TH DIMENSION』

▼ももいろクローバーZ

『仮《か》想《そう》ディストピア』

最強ギタートリオを従えて疾走《しっそう》する子猫ちゃん

アルバム1曲目で示された「新しいももクロ」と「これまでのももクロ」が、本曲で出会うことになる。ドラムンベースとスラッシュメタルが合体したようなアゲアゲのビート、たっぷりのギミック、多幸感のある転調。5Dツアーでもこの曲が始まった途端に、「キターーーーー！」とばかりにウリャオイが始まった。作詞は只野菜摘、作・編曲はAKIRASTARとくれば『BIONIC CHERRY』（P154参照）の必殺コンビ、歌詞もメロディーも全てがとびっきりキャッチーなのはトーゼンですな。

ギュインギュイーンと、バイクのアクセルを吹かすようなSEから曲はスタート、そこに西川 進のギターが被さり、すかさず**山縣《やまがた》 亮《りょう》**★1がスネアを連打するとたちまちフルスロットル。「星がひとつ」からの全員のコーラスはギターリフとのユニゾン、という新パターンに突入する。そして印象的なギターリフに移行するのだが、このロックンロールで痛快なリフが、本曲のノリを決定づけている。

★1／山縣 亮は1979年、茨城県出身のドラマー、音楽プロデューサー。2003年よりプロとして活動、ライヴサポートやスタジオミュージシャンとして、雅-miyavi-、新谷良子、OLDCODEXなどと共

サウンドカテゴリー度

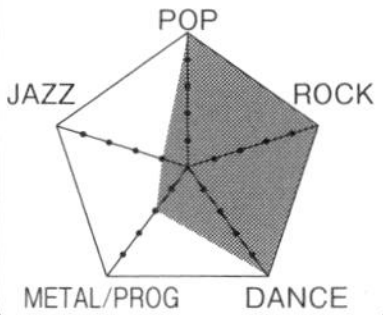

DATA

レーベル／スターチャイルド（キングレコード）
作詞／只野菜摘
作・編曲／ AKIRASTAR
プログラミング／ AKIRASTAR
ギター／西川 進
ベース／川島弘光
ドラム／山縣 亮
コーラス／
渡部沙智子、ひまわりキッズ（山口詩織、牛窪彩乃、中川 澪、橋本怜奈、日高奈桜子、森 千紗、朝久はるか、今田花音、風間美蘭乃）

とにかくバンドのプレイが全編サイコーで、本来はベーシストのAKIRASTARがその座を**川島弘光**《かわしまひろみつ》★2に明け渡してプログラミングに専念。その分、ギタートリオに思いっきり暴れさせているのだ。Aメロの頭から、リズム隊は大暴走。山縣がビートをスリップさせながら途轍《とてつ》もないグルーヴを叩き出すと、川島は**フレットボード**★3を縦横無尽《じゅうおうむじん》に駆け巡りブイブイいわせる。なんちゅうバッキング。特に山縣のこの攻撃力は、ももクロ史上ベスト・ドラミングの一つとして金メダルを贈呈しておきたい（機会があれば）。

　この凶悪なバックに怯《ひる》むことなく最初に出るのはしおりん、続いてれにちゃんだが、2人の素直な歌唱と荒れ狂うバンドのコントラストが実に面白い。Bメロの「ドリーミン～」からの何かに憑《つ》かれた子猫ちゃんのようなコーラスでようやくバンドはバッキングに回り、「ひとり ひとり」のあーりんのソロでは、ヴォーカルとコールを重ねて可愛いらしさを強調。続く杏果はお得意の歌い上げでサビへと持ち込む。

「瓦礫《がれき》の中から～」と始まるAサビでは、主調のAメジャーからF♯メジャーに転調。西川のワウギターを押し退《の》けるかのようにしおりんのハイトーンが天から舞い降り、イッキに開放された感じになる。ここからシンセによる**ブルーグラス・バンジョーのロール**★4が加わることにより、曲の疾走感がより高まっていることにも注目。AKIRASTARのアレンジ力も、ももクロとピッタリ歩調を合わせてアップしているわけですな。

　また本曲での歌割りは、しおりんとれにちゃん、あーりんと杏果の組み合わせをベースとし、夏菜子のソロはコーラスパートで行われるのだが、これも新しいパターンだ。Bサビでそれは現れ

演。現在はカリフォルニアを拠点に活動。

★2／川島弘光は1982年、広島県出身のベーシスト、作曲家、音楽プロデューサー。有限会社ベリーグー所属。アイドリング!!!、新谷良子、OLDCODEXなどのライヴサポートやレコーディングなど、多数の実績を持つ。エレクトリックベース、ウッドベースの両方を操るテクニシャン。

★3／弦楽器の指板のこと。

★4／バンジョーはポップスの分野では、ブルーグラスやカントリー・ミュージックといった音楽の味付けに使用されることが多いが、ここではそうした文脈とは関係なく用いられている。ロールは、速いアルペジオによるバンジョー奏法の一つ。

るのだが、夏菜子が「光れ光れ」と歌うバックで4人が「以心伝心な〜」とコーラスするのが実に新鮮。冒頭で「新しいももクロ」と「これまでのももクロ」が出会うと書いたのは、まさしくこうした部分。曲調そのものはももクロらしいハッピーで元気な曲だが、細かな部分でいろんなチャレンジを行っており、それを全て見事にこなし切っている。

ここで歌詞にも注目しておこう。「瓦礫の中から〜」のサビの歌詞には、東日本大震災からの復興へのメッセージが読み取れる。タイトルの「ディストピア」とは、ユートピア＝理想郷の逆の意味だが、この4分ほどの1曲の中に、壊れた星から生まれ変わった星へ…という再生のストーリーがショートカットで描かれているわけで、本アルバムの裏コンセプト的な趣《おもむき》になっている。1stアルバム『バトル アンド ロマンス』では『ももクロのニッポン万歳！』(P146参照)のようにストレートな形で復興へのエールが贈られていたが、ここではあくまでアルバムのコンセプトの中で、違う角度からエールを贈っているわけだ。彼女たちの想いは、まだ続いているのである。

西川の激アップレイは〝昇天・改〟の破壊力

1番から2番に移るところではギターリフにヒュインヒュイ〜ンと飛び交うシンセのSEと右チャンネルの西川の掻《か》き毟《むし》りギターが疾走感をさらに煽《あお》り、Aメロは杏果とあーりんが担《にな》う。サビもこの2人で、同じメロディーを歌いながらも1番のしおりんとれにちゃんチームとはまた違ったニュアンス、特にあーりんの無双ぶりがやはり目立つ。

間奏ではいよいよ西川のギターソロが登場。グイグイと突き進むグルーヴの波の上で、ロング

★5／佐藤大剛は1977年、宮城県出身のギタリスト。ハーフトーンミュージック所属。Do As Infinity、家入レオ、kinki kids、コブクロなどのサポートやレコーディングの実績多数。ももクロのライヴには欠かせないギタリストで、大型ライヴのサポートではほぼ皆勤賞。

★6／新日本プロレス所属のレスラー、後藤洋央紀（ごとうひろおき）のフィニッシュの流れ。牛殺し

トーンによるハーモナイズド・ソロがサイコーに気持ちいい。ライヴではこのパートはエキスパンドされ、西川と**佐藤大剛**《さとうひろたか》[★5]が各々ソロをとってからハーモナイズドを決めるパターンが定番、大きな見せ場となっている。アルバムでは西川の多重録音だが、ソロ締めでワウをカマして風雲昇り竜と化して豪快に昇天、その直情的なプレイはももクロとの相性抜群だ。

「ひとつひとつ」と歌うしおりんにキッズコーラスが重なるパートは、実に心洗われる瞬間。ピュアでイノセントなしおりんの歌声がドンはまりで、毎回うるっとなる。続く「光れ光れ」では4人がコーラス、「以心伝心な～」は夏菜子ソロという逆パターンで迫り、「信じるもの 色褪《いろあ》せない」で全員一丸となって登りつめていくのだが、西川のギターも同時に**牛殺しからの昇天・改**[★6]という必殺パターンを決める（あくまでも音楽の解説です）。そしてイントロのギターリフから、一つの星が生まれ変わってフィニッシュする。ラストは歌は**トニック**[★7]なのだがコードはドミナントにすることによって終止させず、この曲の勢いとムードを保ったまま、3曲目に雪崩《なだれ》れ込むという手法だ。その3曲目は『猛烈』（P162参照）なわけで、聴く者には一切休む時間は与えられない。従って我々は、**ラーメン二郎の大ブタラーメン全マシマシ**[★8]などの各種スタミナメニューによってパワーを蓄《たく》え、この怒涛《どとう》の攻撃に立ち向かわなくてはならない。

以上、冒頭の3曲は、アルバムのコンセプトを象徴する「**スペースサーガ**[★9]」と位置付けられる。既発シングルの『猛烈』もここに違和感なく収まっており、流れで聴くことによって楽曲の新しい魅力が見出せるのだ。ここでの成功が、既発シングル曲を組み込みながらコンセプトアルバムとして新たな作品を纏《まと》め上げていくという、一つのパターンに繋がったわけである。

は持ち上げた相手の頸椎のあたりが自分の片膝に当たるように落とす変型ネックブリーカー。昇天・改はブレーンバスターの要領で垂直に担ぎ上げ、振り子のように前に落としつつ相手の胸板にエルボー・ドロップを突き刺すという、筆者のお気に入りの危険な技。

★7／トニックとは主調の根音（ルート）の和音。主調がCメジャーの場合の、Cのコード。通常の楽曲はトニックで、解決感を伴って終始する。

★8／ラーメン二郎は東京都港区三田に本店を置く、創業1968年の老舗ラーメン店。「ジロリアン」と称される熱心なファンを持つ。フジテレビ系で2015年に放送された早見あかり主演のテレビドラマ「ラーメン大好き小泉さん」では初回に八王子野猿街道店2が登場し、「大ブタラーメン全マシマシ」がオーダーされた。

★9／サーガとはアイルランド語で「物語」の意味で、現在では長編の冒険譚や英雄伝説の意味で用いられる。スペースサーガの代表作が「スターウォーズ」。

▼ももいろクローバーZ

『5《ファイブ》 The《ザ》 POWER《パワー》』

ラップ&ヒップホップにドープする5人の力

本アルバムの前曲『猛烈』(P162参照)で「スペースサーガ」を終えた5人の向かう先は、地球である。ここからの3曲のテーマはズバリ、ブラック・ミュージック。先陣を切って登場するこの曲では、ももクロちゃんの高度なラップが披露されるとともに、歌詞においても「モノノフさんとわたしたち」という感じで、女神たちは宇宙から地上に降りてくる。

まずはこのヒップホップ・チューンだが、彼女達のラップスキルの成長ぶり、どーですか、お客さん。ももクロの武器として、曲中にラップのパートは存在していたが、遂にここまでガチのラップチューンをカマす日がやってきたわけであってね。しっかし、よーこんな難しいライミングができまんなぁー。と、作った**いとうせいこう**★1もビビっているはずだ。作・編曲は**MURO**《ムロ》★2と**SUI**《スイ》★3のチーム、シンプルながらヴィンテージなグルーヴで、ももクロの新しい一面を引き出すことに成功している。

タイトルからは**パブリック・エナミー**《Public Enemy》の「**ファイト・ザ・パワー**《Fight the Power》」★4が想起《そうき》されるが、楽曲そのものは冒頭から**コンツ・ジュジャ**《Koncz Zsuzsa》の「**ヴィスザヴォナ**《Visz a vonat》」★5がサンプリングされているため、その印

★1/いとうせいこうはタレント、俳優、小説家、作詞家、ラッパー。講談社を経て独立。1988年に処女小説「ノーライフキング」を発表。日本語のラップ表現を追求し、後進に多大な影響を与えている。ダブ・ポエトリー・ユニット「いとうせいこう is the poet」として、2021年に1stアルバム「ITP1」を発表。

★2/MUROは1970年、埼玉県出身のヒップホップMC、DJ、プロデューサー、デザイナー。1999年、メジャー第1弾ミニ・アルバム「K.M.W.(King Most Wanted)」を発売。ヒップホップ集団KING OF DIGGIN' PRODUCTIONを主宰し、真の

サウンドカテゴリー度

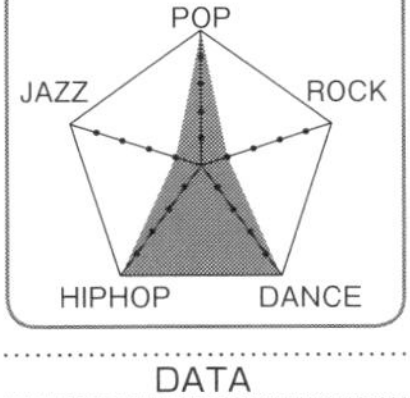

DATA

レーベル/スターチャイルド(キングレコード)
作詞/いとうせいこう
作・編曲/MURO、SUI
プログラミング/MURO、SUI

象が強くなる。遅めのテンポからじわじわとBPMを上げていく演出が、前曲からの世界観を徐々にシフトするつながりとして、実に効果的だ。メンバーそれぞれが見事なライミングを繰り広げるが、この手の曲では杏果が素晴らしいのはもちろん、「照明（しょーめーーーい）」「憂い（うーれーーーい）」辺りをピシッと決めるれにちゃんの成長ぶりが目立つ。また2番の「前へ後ろへ」から始まるあーりんのクネるようなライミングは、リズムのクッションが素晴らしく、これは彼女にしかできない。からの夏菜子の「全天候型アスリート」は、彼女の身体能力に対するパーフェクトな表現、本人がドヤ顔で決めるのもトーゼンですな。

　サビではブラスの白玉クレシェンドが効果的で、明るいメロディーと共に前進感を押し出していく。このコーラスパートの多幸感が、ラップパートの攻撃力と巧みなコントラストを見せている。そして「put《プット》 your《ユア》 hands《ハンズ》 up《アップ》!」の声の揃い方もバッチリで、ガチであんたら最強だよ！と思わせてくれるものだ。

　エンディングの落ちサビは夏菜子で、いつもモノノフたちが届けているファイティングパワーを、闘いを終えたら返しにいくよ…と、我々にとって最高のメッセージが贈られる。いとう本人も「**この曲を書けたことが誇《ほこ》らしい。伝わって欲しかった通りに伝わってる」とツイートしているが**、[★6]この素晴らしいラストフレーズを書いてくれたいとうには、モノノフたちも感謝感激雨霰霧靄霞《かんしゃかんげきあめあられきりもやかすみ》ブリザード、なのである。そして全員で高らかにピースサインを掲げ、曲は勝利の高揚感の中で終わる。次なる闘いの舞台はサラリーマンの労働。けたたましいホーンとともに始まる『労働讃歌』（P148参照）へ進め！

ヒップホップを日本に根付かせるべく活動している。
★3／SUーはエンジニア、トラックメイカー、音楽プロデューサー。数多くのヒップホップ・アーティストに関わりMUROの制作パートナーを務める。
★4／パブリック・エネミーはニューヨークのヒップホップ・グループ。1987年、アルバム「YO！BUM ラッシュ・ザ・ショウ」でデビュー。ヘヴィメタルやミュージック・コンクレートの要素も採り入れたトラックに、アフリカ系アメリカ人社会に関するメッセージをライミングし、後進に大きな影響を与える。「ファイト・ザ・パワー」はスパイク・リーが監督した映画「ドゥ・ザ・ライト・シング」のテーマ曲。
★5／コンツ・ジュジャは'60年代から活動するハンガリーのシンガー。プロテストソングを主に歌うため、「ハンガリーのジョーン・バエズ」と称される。1977年にフランツ・リスト賞、2008年にコシュート賞を受賞。
★6／2013年5月27日にいとう本人がツイート。

2013・4・10発売
2nd ALBUM
『5TH DIMENSION』

▼ももいろクローバーZ

『ゲッダーン！』

夏菜子のうひょ顔が弾《はじ》けるポップロック

アッい『労働讃歌』（P148参照）の後はクールダウンして、ペースチェンジ。常にユニークなMVで話題を振りまくシカゴ出身のロックバンド、**オーケー・ゴー《OK GO》のダーミアン《Damian》・J・クーラッシュ・ジュニア《Kulash Jr.》**★1が作・編曲を手がけ、そこに**下地《しもじ》 悠《ゆう》**★2が歌詞を乗っけた、アルバム中随一の陽気なポップロックが、労働のご褒美《ほうび》として待っているわけですな。

おそらくはトラックの段階で「Get Down!《ゲット ダウン》」のフレーズが入っていたところを、下地がももクロ向けの感覚でアルファベット表記ではない「ゲッダーン！」とし、歌詞を乗せていったのだろう。ここでの「ゲッダーン！」は「降りろ」ではなく「踊ろうぜ、楽しもうぜ」といったニュアンス。メロディーもサウンドも人懐《ひとなつ》っこい本曲は、5Dツアーでの評判もひじょーに良く、多くのモノノフたちが「ゲッダーン！はノレたよね」との感想を残した。

この「ブラック3部作」の締《し》め括《くく》りでは、テクノ仕様の**モータウンビート**★3といった趣の中で、ポジティヴ・ソウルを全開にして、ももクロちゃんたちが軽やかに弾ける。イントロはピコピコした

★1／オーケー・ゴーはアメリカのシカゴ出身のインディーズ・ロックバンド。ユニークなMVとポップな音楽性で、インディーズながら常にその動向が世界中から注目されている。ダーミアン・J・クーラッシュ・ジュニアはその中心メンバーで、ヴォーカルとギターを担当。

★2／下地 悠は1980年、岐阜県出身の作詞家。テゴマス、KARA、E-girlsなど、数多くのアーティストの楽曲を手がける。

★3／モータウン（Motown Records）は、アメリカのミシガン州デトロイト発祥のレコードレー

サウンドカテゴリー度

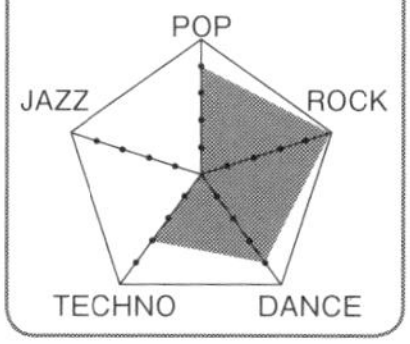

DATA

レーベル／スターチャイルド（キングレコード）
作詞／下地 悠
作・編曲／Damian J.Kulash Jr.
オール・インストゥルメンツ／Damian J.Kulash Jr.

シンセと蠢《うごめ》くSE、ほどなくBPM206でリズムが刻まれ、「ゲッダーン！」が連呼される。シンプルなドラムトラックはタンバリンのおかげで陽気さを増し、シンセベースの愉快なメロディーに乗って、あーりん、しおりん、夏菜子、れにちゃんの順に1フレーズずつ歌う。全体としてヴォーカルのソロパートは少なく、概《おおむ》ねコーラスで進むのだが、「Ah《ア》～Ah《ア》～」と5人が順にハモっていく『Chai Maxx』（P102参照）方式からの「ゲッダーン！」が実に楽しげ。サビからはギターのカッティングが入るが、基本的には全編を通じて、リズムとシンセベースとSEのみのミニマルなトラックが保たれる。このシンプルさも新境地で、サウンドの風通しの良さがアルバム中では大きなスパイスとなっている。

ハイライトは落ちサビの夏菜子パートだ。敢《あ》えて映像込みで話を進めるが、「ずっとずっと」と歌った後に、イントロ同様のシンセのピコピコに合わせて肩を上下する振り付けが入る。ここで夏菜子が「うひょ顔」攻撃を始めることを我々モノノフは知っているため、脳裏に絵が浮かんできてニヤつくしかなくなるのだ。ちなみに5Dツアーではマスクをしたままで表情が見えにくかったのだが、**夏菜子が無自覚でうひょ顔を決め**★4、本曲のイメージを決定づけることになった。

トラックタイムは3分30秒。アルバム中最も短い曲でもあり、聴き終えた後の爽快感も含め、「さ、次はどこへ向かう？」といった気分になる。俺の見立てでは、ここまでがLPで言うところのA面の感覚なので、心の中でB面にひっくり返してくださいね。

で、そのB面頭は『Z女戦争』（P184参照）だ。『ゲッダーン！』で青春のド真ん中を楽しんだ後は、可憐《かれん》で健気《けなげ》で、しかし高い戦闘能力を持った少女たちの「放課後の闘い」に、我々はいきなり巻き込まれてしまう。

ベル。1960年にベリー・ゴーディ・ジュニア（Berry Gordy, Jr.）によってタムラ・レコードとして設立。スモーキー・ロビンソン&ザ・ミラクルズ（Smokey Robinson & The Miracles）、ザ・スプリームス（The Supremes）、フォー・トップス（Four Tops）、ジャクソン5（The Jackson Five）などを排出した、ブラック・ミュージックの最重要レーベル。モータウンビートは1966年のザ・スプリームス「恋はあせらず（You Can't Hurry Love）」で有名な、弾むようなリズムを指す。

★4／音楽ナタリー Power Push「進化の先にある"5次元"の世界 演出 岡本祐次インタビュー」内で、5Dツアーの総合演出を担当した岡本祐次が言及。

2013・4・10発売
2nd ALBUM
『5TH DIMENSION』

▼ももいろクローバーZ

『月と銀紙《ぎんがみ》飛行船《ひこうせん》』

「美少女プログレ」への禁断の扉を開いた名曲

『Z女戦争』(P184参照)での闘いを終えた後には、**メロトロン**★1によるイントロがビートルズの「ストロベリー・フィールズ・フォーエバー《Strawberry Fields Forever》」を想起させる、サイケかつドラッギーなムードから始まる壮麗《そうれい》なワルツが待っている。全編が3拍子の楽曲というのはももクロにとってはこれが初めて(『猛烈』の一部がワルツでした)。やはり新たなチャレンジとなる。そもそもフロア系ポップスの場合、拍子が偶数で割り切れる方が振り付けが楽なので、3拍子はあまり採用されない。本曲はバラードゆえ全力ダンスはないにせよ、やはり歌入れの時点では相応に苦労したと思われる。

ここでは乙女心全開のファンタジーが、心行くまで繰り広げられる。作詞は常にハイクオリティな岩里祐穂、作・編曲はこれが初参戦の**永井ルイ**★2。永井の本曲への想い入れはハンパなく、これはもう極上のプログレ仕様。敢《あ》えてジャンル名をつけるとすれば「美少女プログレ」ってとこで、どーですか皆の衆。が、歌詞や世界観はアイドル仕様なので、メンバーたちは「この曲チョー好き♡ ヤバい!」と、相当に盛り上がったのではないか。ティンパニーがボトムを支える強靭《きょうじん》なリ

★1/メロトロンは'60年代に開発された、磁気テープを使ったアナログ再生式のサンプリング・キーボード。"Flute"、"3 Violins"、"8 Choir"などの音色がセレクトできる。キーボードを押さえるとスイッチが入ってテープを再生する方式なので、最大8秒しか音が伸ばせず、またピッチが不安定になることも多々あるが、その独特の音色ゆえ、プログレ界では今も重用される。

★2/永井ルイは1962年生まれのミュージシャン、作詞家、作・編曲家。ビートルズやクイーンなどの影響を公言し、ロックからタンポポ、ミニモニ。などのアイドルやアニメの楽曲を数多く手がける。

サウンドカテゴリー度

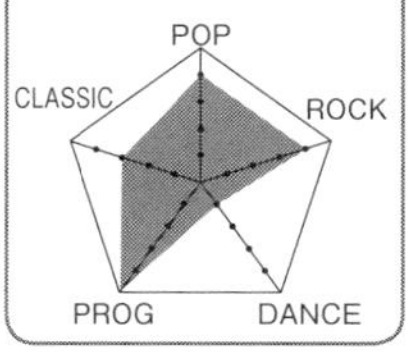

DATA

レーベル/スターチャイルド(キングレコード)
作詞/岩里祐穂
作・編曲/永井ルイ
オール・インストゥルメンツ&メロトロン、コーラス/永井ルイ

ズム、煽《あお》り捲《まく》るディストーションギターからコーラスに至るまで、トラックは全て永井の手によるものだ。キーはFメジャーだが、コード進行はFとB♭mの往還《おうかん》が基本なので、リズムとあいまって独特の揺《ゆ》り籠《かご》感が生まれている。この心地良さに身を委《ゆだ》ね、我々も銀紙飛行船に乗り、月に向かって飛翔していく。2回目のサビ後ではドラマティックな**リタルダンド**★3を挟み、メンバーたちの台詞パートに突入するのだが、ここは極端なオンマイクとなっているため、ヘッドフォンで聴くと会話の中に包まれて萌え死に度が倍増。初心者は要注意だ。

ここで、**喉のトラブルを乗り越えて獲得した**★4という、杏果の新たな歌唱法が確認できる。歌い出しのたっぷりした喉の開き方、サビの「ぎんがーみー ひーこーおーせ～ん」の息を含ませたふくよかな歌声は、これまでの彼女と明らかに異なるものだ。少しマニアックな指摘をしておくと、イントロから多用されるメロトロンの音色セッティングはフルートなのだが、同じ木管でもフルートはサックスのようにリードを使わない分、管に送り込む息のコントロールが最もフィジカルでデリケートな楽器だ。これ、偶然とはいえ、実は杏果の新しい歌唱スタイルと呼応しているわけです。こーゆーシンクロニシティ《偶然の一致》、ももクロではよくありますね。そしてファンタジックな歌唱といえば、れにちゃんの登場だ。2番頭の「全世界シンフォニー」からのひとくだりで聴かせる優しさと茶目っ気が入り混じったような表現は、温泉で言えば源泉掛け流し。毎度のことながら、癒《いや》し度満点なのである。

本アルバムの新曲群の中で**最初にレコーディングされたのが本曲**★5らしいのだが、ここで得た感触や世界観の共有が、アルバムの成功に大きく貢献したと思われる。曲のラストは、「僕らの旅は」でメロトロンの音を意味ありげに残して唐突《とうとつ》に打ち切られ、次曲へと雪崩れ込む。

「美少女戦士セーラームーンR」のエンディングテーマ曲「乙女のポリシー」も、永井の作品。

★3／楽曲のテンポを次第に落としていく手法。「rit.」と表記する。楽曲をドラマティックに盛り上げる際に使用される。

★4／2012年末に、過去に声帯結節で手術をしたため喉の状況が悪化。大晦日の紅白歌合戦出場後、2013年1月からは声を出すことを禁じられ、しばらくの間トークにはフリップで参加していた。

★5／TOWER RECORD ONLINE 2013年4月10日掲載のインタビュー「ももいろクローバーZ『5TH DIMENSION』」で言及。

2013・4・10発売
2nd ALBUM
『5TH DIMENSION』

▼ももいろクローバーZ
『BIRTH《バース》 Ø《オー》 BIRTH《バース》』

ダブステップに乗せ、ポジティヴメッセージを伝える5人の勇者

『Neo STARGATE』（P216参照）と並ぶアルバムのリーディング・チューン。MVもひと続きになっているので宇宙の世界観で捉えてしまいがちだが、歌詞はむしろ『DNA狂詩曲』（P168参照）の先を行く世界観。つまり『Neo STARGATE』の「コズミック&スペースサーガ」と人間たちの「クリーチャーズ・サーガ」が、ここで交わる格好になる。作詞は『DNA狂詩曲』の前田たかひろで作曲はNARASAKI、編曲はNARASAKIに加え**ゆよゆっぺ**[★1]が初参加。ゆよゆっぺはNARASAKI作・編曲の**BABY METAL《ベビーメタル》**「**ヘドバンギャー!!**」[★2]のカップリング曲「ウ・キ・ウ・キ★ミッドナイト」を編曲しており、ポップな曲調に対して大胆にデスボイスをカマしまくるセンスをNARASAKIが評価したことが、本曲での参加に繋がったと推測。

曲は一瞬「頭欠けか?」と思えるぐらいに、シンセのリフで唐突《とうとつ》に始まる。ほどなくNARASAKIお得意のローが容赦《ようしゃ》なくブチ込まれると、ダブステップの大洪水が始まり、早くも音圧はピークを極める。「ダメなヤツと」と最初に出るのは夏菜子、これにしおりんが続く

サウンドカテゴリー度

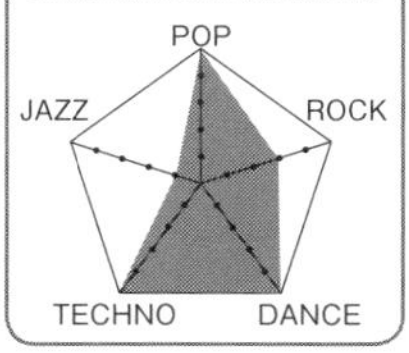

DATA

レーベル／スターチャイルド（キングレコード）
作詞／前田たかひろ
作曲／NARASAKI
編曲／NARASAKI、ゆよゆっぺ
ギター&プログラミング／NARASAKI

★1／ゆよゆっぺは1989年、茨城県出身のDJ、作詞家、作・編曲家、シンガー、音楽プロデューサー。ニコニコ動画への投稿により注目され、2012年にアルバム「Story of Hope」でメジャーデビュー。バンド「GRILLED MEAT YOUNGMANS」やDJとしても活動。

★2／「ヘドバンギャー!!」は、BABYMETALの2枚目、単独の名義では初のインディーズシングル。作・編曲はNARASAKIであり、ツーバス連打の凶悪なサウンドで、BABYMETALの印象を決定付けた。

のだが、ダメなヤツというのはそれを演じて認められたがっているからダメなのだ、という辛辣《しんらつ》な歌詞に続いて「アホか?・」。このパートはMVでもダンスの振り付けでも関西風に突っ込むアクションが採り入れられており、最初に見た時は大爆笑した。『Neo STARGATE』のMVと楽曲で「今回はついていけないかも……」と思ったモノノフたちの不安は、本曲の「アホか」と**マラカス攻撃**★3で爆笑のうちに霧散《むさん》した。アルバム概論でも触れた、どこか風通しの良い「スチャラカ感」というのはまさしくこうした部分であり、これが通用するももクロはホント〜に強い。

NARASAKIのワンコード至上主義は頑《かたく》なに貫かれ、キーはCマイナー、コードもCmでほぼ動かない。杏果の「誰もが」から始まるBメロでようやく展開、強烈なチョッパーベースのブレイクから「引き裂いて〜」でCメジャーに転調してサビに突入するのだが、この瞬間、歌詞と楽曲の流れが完璧にシンクロすることで、最大のカタルシスが訪れる。「毎日がバースディ」と曲のタイトルに通じるフレーズも現れ、本曲は「Cマイナーでグダり、Cメジャーで浄化される」という、実に**ベートーヴェン的な美学**★4を持った楽曲でもあるわけだ。サビからはAメロに戻ることはなく、思う存分にブレイクし捲る間奏部（ここはライヴでの振り付けの見せ場）を挟んで、Bメロから再びサビに向かい、「花は咲きたい」から新しいメロディーが登場し、キーはB♭に傾斜していく。「胸の奥で」からは遂に**自己超克**《じこちょうこく》★5を果たし、ホーンが高らかに凱旋歌《がいせんか》を奏でる中で、永遠のカタルシスへと向かう。そして「ロクでもない」から始まるラストの歌詞で、圧倒的な説得力を持って、限りなくポジティヴなメッセージが全人類に向けて届けられる。ここでも曲は半終止で終わり、旅がまだまだ続く事を予感させる。

★3／本曲MV後半の大サビで、お茶の水博士風のコスプレをした川上マネージャーがマラカスを振っている。

★4／ルートヴィヒ・ヴァン・ベートーヴェン（Ludwig van Beethoven）はドイツの作曲家。1770年生まれ、1827年没。あまりにも有名な交響曲第5番ハ短調「運命」に代表される、調性と感情が結びついた楽曲構成は大きなカタルシスをもたらすもので、音楽史上最も多くの影響を与えた作曲家と目されている。代表作は9つの交響曲のほか、全32曲のピアノソナタや、ピアノの小品「エリーゼのために」などがある。

★5／自己超克は、ドイツの哲学者、フリードリヒ・ヴィルヘルム・ニーチェ（Friedrich Wilhelm Nietzsche）によって提唱された概念。自身が置かれた状況を超えるような価値を創造することにより、自己形成を果たしていくこと。

2013・4・10発売
2nd ALBUM
『5TH DIMENSION』

▼ももいろクローバーZ

『上球《じょうきゅう》物語 - Carpe diem《カルペ・ディエム》 -』

驚異のパーカッションが、あーりんの無双に肉迫

前曲『BIRTH Ø BIRTH』(以下、バース)で、一旦、5次元《フィフスディメンション》サーガは緩《ゆる》やかに完結する。なので『バース』の半終止から『Neo STARGATE』に戻って延々とループさせることも可能だし、ショートカットするなら『Neo STARGATE』と『バース』というMVの2曲をループするのが、最もミニマムなアルバムコンセプトの感じ方となる。つまり本アルバムはフルサイズで楽しめることはもちろん、『Neo STARGATE』を入口に『バース』を出口にした旅も楽しめるし、この2曲だけでもOKという**フラクタル**★1な構造を持っている、と言えよう。

さてこっから先はというと、厳しい闘いを終えた後のご褒美《ほうび》的な楽曲が並んでいる。今まで不足気味だったノベルティ感を足すことで、「腹へったー」なお腹をたっぷりと満たしてくれるのだ。

まず本曲、ツアーでは真っ先に『Chai Maxx』(P102参照)との共通点が指摘されたように、アゲアゲのビートと遊び心満点のめくるめくライムは、彼女たちの真骨頂《しんこっちょう》。作詞は初参加の**zopp**《ゾップ》★2、作・編曲は『Chai Maxx』の横山 克だ。同世代の両者だが、顔合わせはこれが初めて。

★1／フラクタルとはフランスの数学者、ブノワ・マンデルブロ(Benoît B. Mandelbrot)が導入した概念。海岸線や山の形、樹木の枝分かれなど、図形や立体において、部分と全体が自己相似になっているものなどをいう。

★2／zoppはZAZA所属の作詞家、音楽プロデューサー、小説家。1980年、東京都出身。山下智久、NEWS、テゴマスらに作品を提供。

★3／カルペ・ディエムは「その日を摘め」から転じて「今この瞬間を楽しめ」、メメント・モリは「死を忘れるな」の意味で、カルペ・ディエムを補完して「今を楽しめ」を強調している。

サウンドカテゴリー度

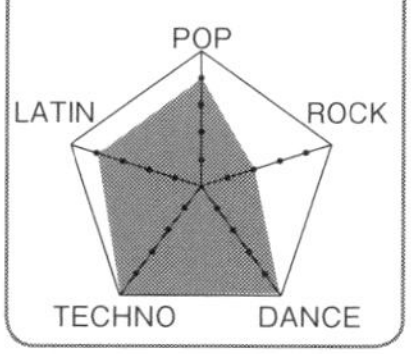

DATA

レーベル／スターチャイルド(キングレコード)
作詞／zopp
作・編曲／横山 克
キーボード&プログラミング／横山 克
サックス／竹上良成
トランペット／中野勇介
ギター／堤 博明
パーカッション／服部 恵
コーラス／ENA☆
スコア・コピー／信澤宣明

ももクロの場合は作詞家と作・編曲家をチームとして固定するのではなく、様々なコンビネーションを試して楽曲の幅を広げることに成功しているわけで、このあたりがA&Rとしてのキングレコードの宮本の時代感覚なのである。歌詞がユニークで、地方から東京に出るのを「上京」というように、太陽人が地球に向かうことを「上球」と言うんだZ！といささか強引かつスケールでか過ぎの設定。の中で、**「カルペ・ディエム」**《Carpe diem》**「メメント・モリ」**《Memento mori》★3といったラテン語で死生観を大真面目に語りつつ、「モリモリモリモリ」とおちょくったり、「らせらせらせらせ」とイケイケ度満開にねぶた祭りに突入したりと、ノベルティソングとして『Chai Maxx』以上に進化しているのは、さすがに5次元。ちなみに本曲は後に、**『Chai Maxx』とのメドレーで披露**★4されたこともあり、これはモノノフたちにとって鉄板のサービスであった。

歌唱は全編ハイスピードかつハイテンションなのだが、2番頭のあーりんのソロ「ドゥビドゥビダバダ」が、もはや5次元すら超越している。この無双を支えるためには、演奏する者がその全てを出し尽くさねばならない。ゆえにここでは横山の高度なトラックメイキングの上で、生演奏でサックスの**竹上良成**《たけがみよしなり》★5、トランペットの**中野勇介**《なかのゆうすけ》★6のホーン隊、さらにパーカッションの**服部**《はっとり》 **恵**《めぐみ》★7が参戦、アツく火花を散らす。トラックタイム2分09秒からのコーラスの狭間《はざま》で繰り広げるホーンセクションとトランペットのハイノートのスリリングなチェイス。負けじと憑《つ》かれたように疾走《しっそう》する服部のパーカッション。遂には「ハレルヤ！」からの高速ハンドクラップという流れは実に驚異的、このパートを大音量で聴け！「その演奏者のベストプレイが、ももクロとの競演にある」という筆者の持論を証明する圧倒的な瞬間がここにあーりんだよぉ、なのだ。

★4／2013年5月29日に横浜アリーナで開催されたももいろクローバーZ公式ファンクラブ「ANGEL EYES」限定イベント『誰でもカモ～ン！～ただし、ホワイトベレーの方に限ります♡～』の昼の部での一幕。『上球Maxx』と称され、バックトラックは横山克自らが編集して作り上げた。

★5／竹上良成は1967年、東京生まれのサクソフォン・プレイヤー。Dreams come true、古内東子、SMAP、Mr.Childrenなどのレコーディングやツアーサポートで活躍。

★6／中野勇介は1978年、長崎県出身のトランペッター。Dreams Come True、YUKI、福山雅治、いきものがかり、東京事変などのレコーディングやツアーサポートで活躍。

★7／服部 恵は福岡県出身の打楽器奏者。東京芸術大学卒業。2007年、ブルガリアで開催された打楽器国際コンクールDuo部門で1位なしの2位と特別賞を受賞。ジャンルを問わず、数多くのレコーディングやコンサートで活躍。

2013・4・10発売
2nd ALBUM
『5TH DIMENSION』

▼ももいろクローバーZ

『宙《そら》飛ぶ！ お座敷列車』

上機嫌で時空を旅する、スチャラカ・ロケンロール

ここでお待ちかね、ご機嫌なロケンロール・ナンバーが投下される。なにしろお座敷列車、ここまでコツコツと積み上げてきた「5Dワールド」をイッキにチャラにしかねない危険なトラップだ。果たしてももクロちゃんたちは脱線せずに走り抜けることができるのか？ と一瞬思ったが、元より線路なんて概念がないんですよねぇ～、彼女たちの場合。作詞は**桑原永江《くわはらながえ》**★1、作曲は**佐藤《さとう》晃《あきら》**★2 とこれが初参加のコンビだが、両者ともこの後も重要な仕事をしてくれるので、ここでしっかりとご記憶をば。そして編曲は、『僕等のセンチュリー』（P204参照）でROLLYと共に活躍してくれた長谷川智樹。ここにナレーションでなんと、ご丁寧にも**石丸謙二郎《いしまるけんじろう》が「世界の車窓から」**★3 参加してくるのだから笑わせる。

シュポシュポと列車が近づき、発車のベルが鳴るとガタゴトガタと走り出すロケンロールトレインであるが、筆者の世代（60歳過ぎです）にとってこれは**レナウン「ワンサカ娘」のイエイエ感**★4、とくればそう、**小林亜星《こばやしあせい》**★5だ。さらにちょい後の**サディスティック・ミカ・バンドの「タイムマシ**

★1／桑原永江は北海道出身の作詞家、コピーライター。生年は非公表。J・POPやNHK「おかあさんといっしょ」などの子供のうた、アニメ・特撮ソング、合唱曲の作詞、幼児番組の構成なども手がける。
★2／佐藤 晃は1965年、宮崎県出身のギタリスト、シンガー、作詞家、作・編曲家。1992年にロックバンドinfixでデビュー。「手裏剣戦隊ニンニンジャー」やNHK「おとうさんといっしょ」の「ポサポサポッサ」などを手がけている。
★3／石丸謙二郎は1953年、大分県出身の俳優、声優、ナレーター。数々のドラマや映画に出演。1987年からテレビ朝日系「世界の車窓から」のナレーターを務める。
★4／「ワンサカ娘」はレナウンのC

サウンドカテゴリー度

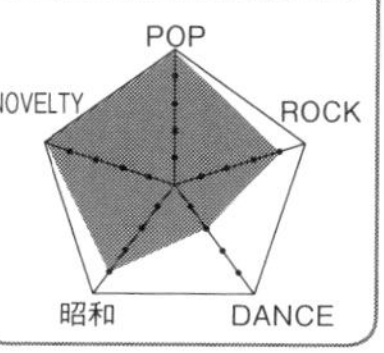

DATA

レーベル／スターチャイルド（キングレコード）
作詞／桑原永江
作曲／佐藤 晃
編曲／長谷川智樹
ナレーション／石丸謙二郎
ギター&コーラス&プログラミング／長谷川智樹
ベース／吉田 健
ドラム／山縣 亮
サックス／竹上良成
トランペット／小林 太
トロンボーン／川原聖仁

ンにおねがい」★6のムードもあるので、和製ポップ～ロックの王道が「過去のレール」という構造であり、小林亜星と加藤和彦、その横で大瀧詠一が番茶を飲みながらあの世でニコニコしている絵が見える。この辺りは、曲を受けてトラックを任された長谷川の「あの頃の昭和」を狙った確信犯ワークだろう。お座敷列車の旅は時空を超えるもので、文明開化のガス灯の街から日本列島をはみ出し、大西洋上空を通過して万博（パリ博★7かなぁ）を経てシベリア鉄道を追い抜き、挙句《あげく》の果てには海底都市をすり抜けたり、空中庭園をかすめて成層圏《せいそうけん》を飛び出す。そうした中に、「大陸イッコに引き寄せ」と、ピースフルでトゥギャザーなメッセージをさりげなく込めて行く、桑原のセンスが光る。そしてレールは、列車が走ったあとにできていくのであってね。

　本曲はももクロ史上かつてないほどにストレートな、Aメジャーを主調とするコード進行のロケンロールなのだが、セクションごとに細かくリズムを変化させたり、3管のブラスセクションを加えるなどで飽きさせない長谷川の職人仕事が楽しい。そこに加わる石丸のナレーションも、シーンチェンジの効果絶大だ。そしてラストは筆者が「馬鹿ロック終止」と呼んでいるところのブルースのターンアラウンド、つまりベースラインがトニック（本曲ではA）からドミナント（E）に降りていき、最後は半音上からジャジャジャジャーンと威勢良くカマして終わるド定番パターンで豪快にフィニッシュする。

　……てなちょーしで行き着く先は次曲『サラバ、愛しき悲しみたちよ』（P196参照）。流れ的にはいささか外し過ぎた羽目を入れ直す感じになるが、一方では『サラバ、愛しき悲しみたちよ』の「行かないで」「揺らすんだ」といった茶目っ気部分と上手い具合に繋がるわけで、コンセプトアルバムとしての意匠《いしょう》は保たれる。

Mソング。1961年にかまやつひろし、1964年に弘田三枝子、1965年にはシルヴィ・バルタンと歌い継がれた、昭和CMソング屈指の名曲。

★5／小林亜星は1932年、東京都出身の作詞家、作曲家、タレント、俳優。「ワンサカ娘」以外では日立グループ「日立の樹」、ブリヂストン「どこまでも行こう」などが有名。アニメ楽曲の創成期も支えており、「魔法使いサリーのうた」「ひみつのアッコちゃん」や、『ももクロchan』の人気コーナー『あーりんクッキング』でBGMに使用されている「花の子ルンルン」も小林作品。2021年没。

★6／サディスティック・ミカ・バンドは加藤和彦をリーダーとするロックバンド。1972年にシングル「サイクリングブギ」でデビュー。「タイムマシンにおねがい」は、1974年発表のジャパニーズロックの名盤「黒船」の収録曲。

★7／パリ万国博覧会は1855年より1947年の間、8度にわたって開催された国際博覧会。西洋と東洋の文化を繋いだイベントとして歴史に名を残しており、特にエッフェル塔が建築された1889年、新世紀を迎えて日本館が出展した1900年がエポックとして知られる。

2013・4・10発売
2nd ALBUM
『5TH DIMENSION』

▼ももいろクローバーZ

『灰とダイヤモンド』

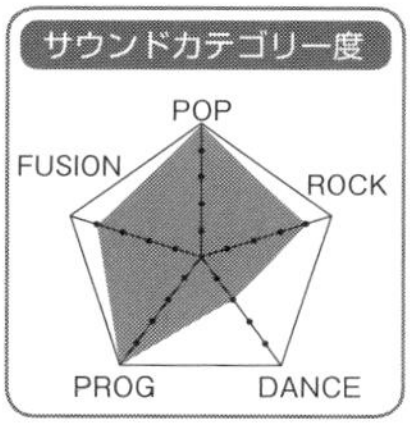

DATA
レーベル／スターチャイルド（キングレコード）
作詞／只野菜摘
作曲／前山田健一
編曲／近藤研二
ドラム／鎌田 清
ベース／渡辺 等
アコースティック ＆ エレクトリックピアノ／山田武彦
ギター ＆ コンピューター・プログラミング／近藤研二
パーカッション／藤井珠緒
フルート／高桑英世
オーボエ／川村正明
ヴァイオリン／桑野 聖、桐山なぎさ、藤家泉子、大林典代、小宮 直、押鐘貴之、三浦道子、三木希生子、大町 滋、岩戸有紀子、矢野晴子、南條由起、柳原有弥、丸山美里
ヴィオラ／増田直子、渡部安見子、上田敏子、島岡智子
チェロ／堀沢真己、古川淑恵、結城貴弘、増本麻理
コントラバス／一本茂樹

女神たちと迎える、5次元《フィフスディメンション》の旅のエンディング

『灰とダイヤモンド』、略して『灰ダイ』。ツアーでの初披露からたちまち「神曲」としての評価を得た本曲は、前山田健一のアルバム中唯一の書き下ろし。しかしながら歌詞は只野菜摘、アレンジは近藤研二であり、所謂《いわゆる》「前山田カラー」は感じられないバラードナンバーである。

結論から言う。本曲のアレンジは近藤で正解であり、前山田の手を離れたことも含めての〝進化〟こそが、このアルバムの成功の要因なのである。そして筆者はこの曲に関しては、6分50秒の間、概《おおむ》ね泣いている。イントロのストリングスからピアノがポツポツ、とスタッカートでコードを刻み始めた途端に早くも涙腺《るいせん》崩壊だ。5Dツアー初日の大阪城ホールで体現したこの曲が終わるときのえも言われぬ感動がいつ、何度聴いても極めてリアルに甦《よみがえ》るし、我々がここまでアルバム全体を通してきた音楽の旅と、ももクロのこれまでの歩みと成長が重なり、一つの極点に昇華《しょうか》していくかのように思えるからだ。

タイトルは、**同名のポーランド映画**★1に因《ちな》むものだが、歌詞の内容と映画との直接的な関係

★1／1958年のポーランド映画。モノクロ作品。監督はアン

はない。ここでは無価値なものと、希望や愛といった大切なものの対比と捉えて良いだろう。主調はEメジャーだが、アコースティックギターの開放弦が綺麗に響くようにと、このキーが選ばれたように思う。

最初にアコースティックギターがジャラーンとAのコードで出ると、夏菜子が「ここはどこなんだろう」と歌い始める。自分自身に、メンバーに、そして聴く者すべてに問いかけるような、憂《うれ》いを帯びた歌声が心に響く。杏果、しおりん、れにちゃんも、それぞれが成長した歌唱で、これに続く。そしてあーりんが「成長していくときのー　軌道　螺旋《らせん》のようー」と情感豊かに歌うのだが、この節回しが青春時代特有の〝グルングルン感〟を見事に表現しており、たまらなく胸を締めつけられるのだ。「螺旋」は**DNAの2重螺旋構造《らせんこうぞう》**★2のメタファー（隠喩《いんゆ》）でもあるのだろう、ここまでに至るさまざまな要素が複雑に絡んでいき、サビの「過去よりも高く翔ぶために〜」のコーラスで一つにまとまっていく。

ピアノもギターも、シーン毎にアコースティックとエレクトリックを鳴らし分け、空間をたっぷりとったアレンジが見事に彼女たちの歌唱を引き立てている。そして先述のあーりんのソロパートから、ストリングスが絡んでいく。本曲では14名のヴァイオリンにヴィオラとチェロが各4名、コントラバス1名、ここにフルートとオーボエも加わった**チェンバーオーケストラ**★3の仕様。ももクロのコーラスも塊《かたまり》とせず、左右チャンネルでそれぞれの立ち位置を確保する中、オーケストラの各楽器がその間を縫うように鳴らされるブレンド具合が素晴らしい。特にコントラバスが加わった効果は大きく、**オーディオリファレンス**★4としても最適だろう。各楽器がこれ見よがしに

ジェイ・ワイダ（Andrzej Wajda）、原作はイェジ・アンジェイェフスキ（Jerzy Andrzejewski）の同名小説。第2次世界大戦の末期のポーランドを舞台に、ロンドン亡命政府派で反ソ連派のテロリスト青年マチェックが、暗殺を依頼されたソ連党権委員会書記と誤って別人を殺害。翌日、マチェックが軍によって射殺されるまでの1日を描く。1959年の第20回ヴェネツィア国際映画祭で国際映画批評家連盟賞を受賞。

★2／DNAの2重螺旋構造は、1953年にジェームズ・ワトソン（James Watson）とフランシス・クリック（Francis Crick）によって提唱された、遺伝情報の複製の構造。その後の分子生物学の発展に決定的な影響を与え、ワトソンとクリックは1962年にノーベル生理学・医学賞を受賞している。

★3／主に室内楽曲を演奏する、小編成のオーケストラのこと。編成上の明確な定義はないが、弦楽アンサンブルを中心に、少人数の管楽器を配することが多い。

★4／リファレンス（またはレファレ

主張するのではなく、あくまでももクロのコーラスを包み込むようなオケのアレンジは、アコースティック楽器の扱いに精通した近藤ならではの職人仕事。このオケとコーラスの絡みを、ぜひじっくりと聴いてほしい。

只野の歌詞も、途方もなく手間暇がかかっている。「もし音が消えても」といった、ももクロの歩みを知る者の琴線《きんせん》に触れる内容が盛り込まれているし、メインのメロディーに絡んでメンバーが細かく「ほんとう解《わか》ってる」(杏果)、「次の次元への」(しおりん)などと言葉を重ねていく部分は、歌入れに立ち会いながら進めていったものだろうか、さまざまな感情が交錯《こうさく》していく。そして「ぶつかりながらも ここにいる奇跡」とは、まさにこのタイミングでこそ、メンバーが深く共有できるフレーズ。我々も同じ時代に生き、その奇跡を共有できるのだから、モノノフというのはつくづく幸せやなあ……と思うのですが、皆さんもそーですよね、きっと。

〝ももクロだけ〟の多幸感と全能感に身を委《ゆだ》ねる

曲はいよいよ、感動的な夏菜子の落ちサビへと向かう。アコースティックギターのストロークとオーケストラのみをバックに「薄い膜《まく》を破り」と始めるソロは、16小節/45秒に及ぶ。短かいブレスでしゃくり上げながらの歌唱は、その息遣いも含め、高まる感情をじわじわと染み込ませてくる。ここまで純粋に、誠実に、歌というものを聴くものに届けようとするシンガーが歴史上いたか? いない! と私は断言する。過去にも現在にも、男女を問わず、世界中に素晴らしい歌手はいくらでもいるし、私とてそれを認めるものであるが、夏菜子のヴォーカルは「明ら

ンス)は「参考・参照」の意味だが、オーディオの場合は再生機器のクォリティやコンディションを確認する基準となるような音源や楽曲を指す。

かに別のもの」なのだ。それはあたかも幼《おさ》な子《ご》たちが、覚えたての言葉で、それでも精一杯の愛を伝えようとするかのような、**「パロールの贈り物」@内田《うちだ》　樹《たつる》**★5なのである。

「次の空　めざした」の一言をきっかけに、リズムは倍テンポになってアコースティックギターのかき鳴らしストロークが始まり、ストリングスによる16分音符の軽快なパッセージが、我々の心を解き放ってくれる。ここからのインスト部分、全楽器が徐々に加わってシンフォニックに盛り上がっていくパートは極めて映像的で、スペースファンタジー・復興・労働・放課後・青春・成長・進化といった本アルバムに散りばめられた全ての要素が走馬灯《そうまとう》のように脳裏を駆け巡って行く。インストパートの後半で、キーは半音上のFメジャーに転調。「霧が晴れた向こう側～」から全員の決然としたユニゾンによるラストパートへ進み、本曲のもう一つのハイライトである杏果の「砂にまかれても～」の魂の叫びが天空を貫き、神々しい閃光《ヒカリ》が差し込んでくる。まさしく、**ミューズの神**★6が訪れる瞬間だ。そして夜明けが訪れ、我々は輪廻《りんね》の中にゆるりと身を委ねる。再び夏菜子が本曲のタイトルを確認し、全員が一緒に今を生きていくことを承認すると、この7分弱のバラードはピアノのグリッサンドとともに、聖なる光へと吸い込まれて終わる。

ももクロちゃんたちと楽しんだ5次元の旅は、こうして深い感動とともにエンディングを迎えた。これほどの多幸感と全能感をもたらしてくれる彼女たちはやはり、いたずら子猫ちゃんのかたちをした5人の女神たちなのだと思わざるを得ない。そして「天使越え」を果たして女神となった彼女たちの行き先…。それは先程、我々が身を委ねたところの輪廻転生《りんねてんしょう》の世界なのである。ク～。

★5／パロール（parole）はスイスの言語学者、フェルディナン・ド・ソシュール（Ferdinand de Saussure）の提示した概念。言語の個人的側面としての、能動的な発話行為を指す。対象概念はラング（la langue）で、社会的規約の体系としての言語を指す。ソシュールはラングこそを、言語学の対象とすべきだと主張した。「パロールの贈り物」は、思想家・武道家の内田 樹が著書『レヴィナスと愛の現象学』（せりか書房、後に文春文庫）で記した、フランスの倫理学者、エマニュエル・レヴィナス（Emmanuel Lévinas）の他者とのコミュニケーションにおける解釈の一つ。詳細については、ぜひ同書を読んでください。

★6／ミューズとは、ギリシャ神話における文芸を司る女神たちムーサ（Musa）の、英語・フランス語読み。ミュージック（音楽）、ミュージアム（博物館）などの語源。その人数については諸説あるが、ヘシオードス（Hēsiodos）の整理では9人とされ、異なる分野を司る。ムーサたちを主宰するのが、芸術の神・アポローン（Apollōn）。

2013・6・5発売
結成5周年記念ALBUM
『入口のない出口』

▼ももいろクローバー

『あの空へ向かって(Z ver.)』

原点としての名曲を、飛躍的にアップした歌唱力で歌い上げる

無印時代のアーリーベストアルバム『入口のない出口』（P50参照）ではボーナストラック扱いとなっていた本曲は、2011年にあかりん脱退後にレコーディングされたもの。ゆえに本書冒頭の『あの空へ向かって』（P46参照）から、2年の隔たりがある。トラックには手を加えておらず「そのまま」なのでリ・ヴォーカルの曲にはなるが、本書のポリシーを崩しても語るべき価値のある曲なので、このまま説明を続けよう。

一聴して、全員のヴォーカルの飛躍的な成長ぶりが伺えるだろう。出だしのしおりんからして、完璧にこの時点、即ち「みんなの妹」としての幼さを残しつつも、若大将へと向かう安定のしおりんスタイルになっている。続く杏果はもともと完成形に近かったが、「手と手をつなごうよ」あたりでコブシを強めて、力強くサビへと向かう。

そしてサビのユニゾン、ここをじっくりと聴いてほしい。ヘッドホンで聴くとより明らかなのだが、ステージ上での並びと同じ位置に声を並べており、全員がそれぞれの個性を打ち消すことな

サウンドカテゴリー度

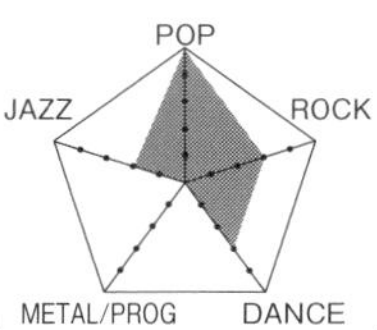

DATA

レーベル／スターダストレコーズ
作詞／ももいろクローバー
作・編曲／久保田真悟
ギター／久保田真悟

★1／多くの場合、ユニゾンは「声が揃うほど良い」とされる。ゆえにコーラスグループ等では、誰が歌っているかがわからない方が「よく揃っている」と言われ、K-POP界隈ではユニゾンになると、互いの声を近づける歌唱法が一般的。
★2／このパートを夏菜子が歌っている初期バージョンは、公式音源としては世に出ていない。詳細は今一度、P46へ。

く、絶妙のブレンド具合を見せている。声の芯もしっかりしており、声量も格段にアップ。そしてトーンが高めの位置でまとまっているため、無印時代とは熱量が大きく変わっていることがハッキリクッキリと判るはずだ。これが「ももクロのユニゾン」であり、**Zになって獲得した「魔力」**[★1]なのである。

2番は「きらきら」とれにちゃんから出るが、カラオケ通いの成果か、持ち味である癒しヴォイスが本曲のテイストとぴったり噛み合っている。また早見が抜けたことで、百田は自らが作詞した**「空を見上げ」を再び歌うようになった**[★2]のだが、伸びやかな歌唱でリーダーとしての逞しさを見せる。もちろん、いささか頼りなかった夏菜子ちゃんの「とーびたーとーおー」も、ここではバッチリと歌いこなしている。

そしてなんといっても白眉は、落ちサビのあーりん。「のーりこ～えーらーれーる～」の部分は、以前は「れー」の最高音Dが苦しいため、息継ぎをしてからの**裏声になっていた**[★3]のに、ここでは見事に地声のままで一息で歌い切っている。ここからの夏菜子の力強い歌唱も圧倒的で、もうこうなったらモノノフとしては**「世界のももクロ ナンバーワン」とコール**[★4]せずにはいられないわけであってね。

こうして成長した姿を見せてくれた5人だったが、我々はすでに、4人になってさらに進化したももクロを目にしている。実は-ZZver.-の諸作品が世にで始めた際、筆者は**真っ先にこの曲が聴けるものだと思っていた**[★5]。実際にはそうならなかったが、4人によるライヴバージョンは『TDF LIVE BEST』（P564参照）で聴くことができます。お急ぎの方は、そちらへ。

★3／裏声とファルセットは同じ意味で用いられることが多いが、厳密には異なる。「裏声」の反対語は「表声」ではなく「地声」。ファルセットは基本的には男性の唱法で、女性は全てファルセットであるとする考え方もある。筆者がここで指摘しているのは、あーりんが相当な無理をして「音を当てに行っていた」ところから成長したことを指す。

★4／2012年4月22日に開催された『ももクロ春の一大事2012～見渡せば大パノラマ地獄～』のアンコールで本曲が披露され、終演後、観客の間から自然に「世界のももクロ ナンバーワン」の大コールが沸き起こり、メンバーは感極まった表情の中、退場。何度見ても感動する名シーン。その感動のストーリーは、2018年5月の東京ドームの10周年ライヴまで引き継がれていく。

★5／それもあくまで、成長が確認しやすいリ・ヴォーカルで出すものだと。いずれ出ますかね？

2013・6・5発売
結成5周年記念ALBUM
『入口のない出口』

▼ももいろクローバーZ

『ラフスタイル for ももいろクローバーZ』

ももクロが残した、ガールズ・ボッサの最高峰

『入り口のない出口』のラストに収録された本曲は、初期の名曲『ラフスタイル』（P48参照）のセルフカヴァー。唯一の新録曲になるが、これが収録されていることが本アルバムの価値を大きく高めていることは、アルバムレヴューでも触れた通り（P50参照）。なぜ『ラフスタイル』だったのか？について、本アルバムのディレクターの**スターダストの佐藤守道は、「初期の曲で、今やるとちょっと違う意味合いが出るんじゃないか」と語っている。**★1 つまり『ラフスタイル』にはまだ楽曲としての可能性があり、再評価されるべきであると考えたわけである。そこでイメージしたのが**Serge Gainsbourg**《セルジュ・ゲンスブール》★2や**Caetano Veloso**《カエターノ・ヴェローゾ》★3だったという辺り、スターダストの佐藤さん、相当な音楽マニアですなあ。そして路線的に『灰とダイヤモンド』（P216参照）で大仕事を成し遂げたばかりの近藤研二にアレンジを依頼、仕上がったのがこのバージョンである。ハイ、ここでもう一度P216に戻って読んでください。分かりましたね？何がって、『灰とダイヤモンド』はこの時点でのももクロのヴォーカル力のひとつの到達点。その意匠《いしょう》を持って『ラフスタイル』をセ

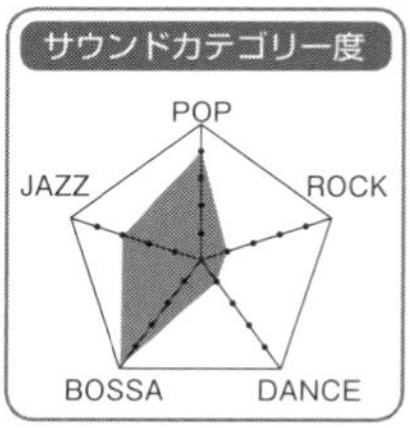

DATA

レーベル／スターダストレコーズ
作詞・作曲／馬原美穂
編曲／近藤研二
フルート／高桑英世
オーボエ／庄司知史
クラリネット／山根公男
ファゴット／前田正志
ハープ／朝川朋之
ローズ&チェレスタ／山田武彦
ギター／近藤研二
エレクトリックベース／渡辺 等
ドラム／鎌田 清
パーカッション／藤井珠緒
ストリングス／桑野聖ストリングス
ヴァイオリン／桑野 聖、藤家泉子、三浦道子、岩戸有紀子、矢野晴子、三木希生子、徳永友美、柳原有弥
ヴィオラ／大沼幸江、増田直子
チェロ／堀沢真己、結城貴弘
コーラス／ももいろクローバーZ

★1／音楽ナタリー「入口のない出口 佐藤守道×宮井晶 インタビュー」で言及。
★2／セルジュ・ゲンズブールはフランスの歌手、作詞家、作曲家、俳優、映画監督。1928年生まれ、1991年没。1958年に歌手デビュー。1965年、フランス・ギャルに提供した「夢見るシャンソン人形（Poupée de cire, poupée de son）」がブレイクし、一躍シーンの最前線に。常に時代の意匠を取り入れながらも、独自のエロティックな世界観で人気を博した。ジェーン・バーキン（Jane Birkin）と実質的な夫婦であったことでも有名。
★3／カエターノ・ヴェローゾはブラジルのバイーア出身の歌手。

ルフカヴァーすることで、過去を単なるノスタルジーとするのではなく、キッチリと未来へ繋げていくことになる、と判断したわけです。実に愛ある仕事ぶりでございます。

この進化した『ラフスタイル』、ズバリ、ガールズボッサの最高峰です。プログラミングは一切排して全編生楽器のみ、クラリネットや**ファゴット**★4、ハープまで加えて『灰とダイヤモンド』以上に凝りまくったアレンジの美しさは溜息《ためいき》もの。オリジナルのキーがB♭マイナーだったのを、半音上のBマイナーの平行調であるDメジャーにして丁寧にリハーモナイズ。ナイロン弦のアコースティックギターは近藤本人のプレイで、左チャンネルで淡々とコードを刻むが、それに当たらないようにエレピが絡むことで色彩感を増している。という芸術的なトラックの上で5人が繰り広げる歌唱は、『5D』で次元上昇を経た後だから、なんちゅうか本中華である。「通りを埋める」と歌い出すれにちゃんからもうすっかり大人のムード。しおりんと杏果もこれに続き、最年少のあーりんもお姉さんたちに並ぼうとする健気《けなげ》さ。サビのコーラスアレンジでは**2度で当てて厚みを出す手法**★5も見られ、それを見事に歌いこなしているのだから最強だよアンタら。

ハイライトは毎度のことながら夏菜子の落ちサビ、からの全員コーラス。夏菜子ソロでわざわざキーを1音落としてCメジャーに転調、サビで再びDメジャーに戻るという手の込んだ進行が実に効果的。そこに夏菜子の「笑って〜」の伸びのある歌唱が絡む瞬間は、まさに神の領域。『GOUNN《ごうん》ツアー』（P238参照）では本曲が『空のカーテン』（P186参照）と『月と銀紙飛行船』（P208参照）に挟《はさ》まれる形で披露され、そこではダンスを封印して天女《てんにょ》となって歌い掛ける5人がいた。そんな感動の中で**見事にコケたあーりん**★6ったらもう……素晴らし過ぎると思いませんか。

1942年生まれ。'60年代のボサノヴァ・スタイルから始まり、後にジルベルト・ジル（Gilberto Gil）、ガル・コスタ（Gal Costa）、シコ・ブアルキ（Chico Buarque）らと「トロピカリズモ（Tropicalismo）」と呼ばれる音楽ムーブメントを形成。ブラジル音楽とロック、前衛芸術を融合させた。以降現在まで、数多くの刺激的な作品を発表し続けている。

★4／ファゴットはバスーンとも称される、ダブルリードの木管楽器。中音〜低音を担当。ふくよかな低音とユーモラスなサウンドで、アンサンブルに柔かなニュアンスをもたらす。

★5／ジャズアレンジにおけるクローズド・ヴォイシングの手法の一つ。トップメロディーに2度下のハーモニーを小さめに添えることで、独特の厚みが生まれる。

★6／GOUNNツアーの千秋楽の仙台公演、しおりんが歌っている途中、階段を降りてステージ前に進むところで見事にすってんころりん。派手に尻もちをついた。しおりんは「誰かのマイクが落ちたか」と慌てたが、その歌唱にブレはなかった。

2013・11・6 発売
10th single
『GOUNN』

▼ももいろクローバーZ

『GOUNN《ごうん》』

【オリコンシングルチャート デイリー1位 ウィークリー2位
日本レコード協会ゴールドディスク認定】

天上界で邪気《じゃき》を蹴散《けち》らし大暴れ

発売当初は「なんちゅうタイトルや!」と誰もが思ったはずの本曲だが、おそらく運営はメンバーが5人になった段階で「5」に関するワードを洗い出し、見出したのが仏教用語の「五蘊《ごうん》」★1だったと推測。この時ほど、ウィキペディアの五蘊の項目が読まれたことはなかったと思うぜよ。

そんなわけで、『5TH DIMENSIN』で次元上昇を果たした5人は、女神となって天界で我々を待っていた。この『GOUNN』も、シングル盤は『GOUNNツアー』★2のスタート時にはまだリリースされておらず、ツアー最終日の宮城セキスイハイムスーパーアリーナ公演のみが、本シングルのリリース以降、唯一の公演となった。筆者はツアー初日の和歌山ビッグホエールの客席にいたのだが、輪廻転生《りんねてんしょう》のストーリーのラストにこの曲が披露された時には、「アニソンっぽい路線かなぁ」ぐらいの印象であった。その後に本曲のMVを見て、シングルを聴き捲り、大阪なんばハッチで宮城公演のLVを見て、ようやく本曲の企図に追いついた。

作詞は只野菜摘で、『灰とダイヤモンド』の次のストーリーを描けるのは彼女しかいなかった。

サウンドカテゴリー度

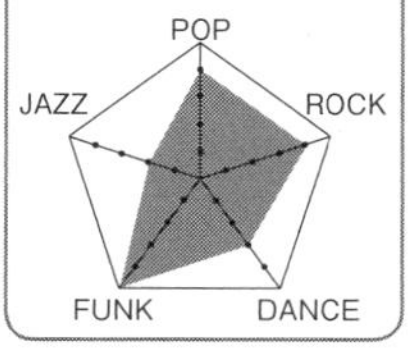

DATA

レーベル／スターチャイルド（キングレコード）
作詞／只野菜摘
作曲／しほり
編曲／木村篤史
ギター & プログラミング／NARASAKI
ベース／ハマ・オカモト
ドラム／ピエール中野
エレクトリック・タブラ／ASA-CHANG
プログラミング／木村篤史

★1／「五蘊」の「蘊」は集まりを意味し、「色・受・想・行・識」の5つが集合して仮設されたものが人間、とされる。
★2／正式名称は『ももいろクローバーZ JAPAN TOUR 2013「GOUNN」』。2013年9〜11月、和歌山を皮切りに全国8会場を巡った。「輪廻転生」をテーマに構成され、最後に新曲『GOUNN』が披露された。総合演出を「5Dツアー」と同じ岡本祐次が担当。ライヴの本編ではサイリウムなどの使用が禁止され、メンバーのMCを挟まずに進行された。
★3／愛知県出身の作詞家、作曲家、シンガーソングライター。ゲームやアニメ、声優、アイドルへの楽曲提供多数。
★4／1976年、岡山県出身の作・編曲家、マルチプレイヤー、音楽プロデューサー。所属はZAZA。テゴマス、AKB48、乃木坂46など、数多くのアーティストに関わる。
★5／1991年、東京都出身のベーシ

作曲は**しほり**★3、編曲は**木村篤史**《きむらあつし》★4の初参加コンビで、初聴でアニソンっぽいと感じたのは、あながち外れてはいなかったのですな。ここで重要なのは、参加ミュージシャンだ。NARASAKIをギターとプログラミングに迎え、ベースに**OKAMOTO'S**《オカモトズ》**のハマ・オカモト**★5、ドラムに**凛**《りん》**として時雨**《しぐれ》**のピエール中野**★6、エレクトリック・タブラに**ASA-CHANG**《アサチャン》★7という、いわゆる〝とれぴちカニ料理〟な豪華布陣。凝った衣装やMVも含め、たっぷりと予算をかけて本曲の制作に臨《のぞ》んだことが窺える。

曲は仏教がテーマだけあり、シタールやタブラによる約20秒のイントロで、たちまちプワ〜ンとお香が漂い始める。夏菜子の頭サビソロはのっけからエモーション全開。そこに雷神《らいじん》の如きピエール中野のドラムが叩き込まれ、オカモトのチョッパーベースがサディスティックにムチを入れるというサウンドは迫力満点。天界に行っても女神たちはのんびりしてはいられないわけですな。ソロパートでもメンバーの個性を生かしつつ複雑なコーラスを絡めているし、サビの全員コーラスの圧も凄まじく、さらにハマ・オカモトのチョッパーがもはや手がつけられないレベルで大暴走し、あらゆる邪気を蹴散らしていく。ハマ・オカモト×ピエール中野のリズム隊は後に、さらなる大爆発を見せることになるので、気になる人はP346へ進め！メンバー個々の歌唱に細かく触れるスペースはないが、今となってはやはり**杏果の「甘露**《かんろ》**の匂い」**★8、これに尽きるだろう。まあしかし天上界でここまでアッパーに暴れられるのは、世界中でももクロしかいませんな。

なお『GOUNNツアー』では、ライヴの曲間で流れたインストと**久米 明**《くめ あきら》★9の語りによるツアーのサウンドトラック盤『五蘊劇伴音楽集』も限定発売された。錚々《そうそう》たるももクロ作家陣が渾身《こんしん》の作品を提供しているので、なんとか探して聴くことをオススメします。

スト。2010年、「OKAMOTO'S」の2ndアルバム『10'S』でメジャーデビュー。楽器は独学だが「ベースおたく」として知られ、音楽番組にもよく出演。父親はダウンタウンの浜田雅功。

★6／1980年、埼玉県出身のドラマー。男女ツインヴォーカルの3ピースロックバンド「凛として時雨」のメンバー。X JAPANのYOSHIKIの影響でドラムを始め、手数が多く外連味のあるパワフルなドラミングは人気が高い。アイドルファンとしても知られ、特にPerfumeについては秋葉原の路上でビラ配りをしていた初期からのファン。

★7／福島県出身のパーカッショニスト。東京スカパラダイスオーケストラのリーダーだったが1993年に脱退し、フリーのパーカッショニストの道へ。タブラボンゴを得意とする。

★8／2013年11月1日の「ミュージックステーション」で本曲を披露した際、杏果が「甘露の匂い」をフライング気味に歌ってしまい、これをメンバーが揶揄するうちに、本人も自虐ネタとした。

★9／久米 明は1924年、東京都生まれの俳優、声優、ナレーター。映画、ドラマ、舞台と膨大な数の作品に出演。声優としてはハンフリー・ボガードの吹き替えで知られる。2014年2月19日、EXシアター六本木で行われた『ももいろ夜ばなし第二夜「玄冬」』で、ライヴ共演も実現。

2013・11・6発売
10th single
『GOUNN』

▼ももいろクローバーZ

『いつか君が』

盟友のm・iwa《ミワ》ちゃん提供のチャーミングな佳曲

ももクロが初めて作詞に関わったのは『あの空に向かって』（P226参照）だが、ここでは成長した彼女たちが、ステージやテレビでの共演を通して友情を育んできたシンガーソングライターのmiwa★1と組んで、実にチャーミングな佳曲を送り出してくれた。もともとはmiwaちゃんがモノノフであり、「GIRLS'《ガールズ》 FACTORY《ファクトリー》 2012」でコラボした★2のがきっかけ。年齢的には少しだけお姉さんだがデビューではももクロの方が先輩なので、感覚的には同世代。かつ身長やイノセンス《無邪気さ》でも共通するmiwaちゃんとのコラボだけに、悪いものになりようがないのであってね。

曲はアコースティックギターの弾むようなフレーズに導かれ、4つ打ちビートにアコギのストロークが乗っかって始まる。イントロのギターはライヴでもmiwaちゃんが弾いていたので、おそらくここでも本人のプレイだろう。彼女のギターはチューニングも常に安定しており、実にしっかりしたものだ。編曲とトラックメイキングは日頃からmiwaちゃんを支えているNaoki-T《ナオキ・ティー》★3なので、そのまんまmiwaちゃんが歌ってもおかしくないトラックだが、アコギをメインにしながらも随所《ずいしょ》でエレキ

★1／miwaは1990年、神奈川県出身のシンガーソングライター、女優。2010年、シングル「don't cry anymore」メジャーデビュー。2018年5月現在まで24枚のシングル、5枚のアルバムを発表しており、安定した人気を誇る。2015年、映画「マエストロ！」のヒロイン役で女優デビュー。ももクロの大ファン。

★2／2012年7月28日、Zepp DiverCityで開催。家入レオ、後藤まりこ、南波志帆、miwa、ももいろクローバーZが出演。ももクロの『ワニとシャンプー』、miwaの『春になったら』の2曲で共演した。

★3／Naoki-Tは神奈川県出身の作・編曲家、トラックメイカー、

サウンドカテゴリー度

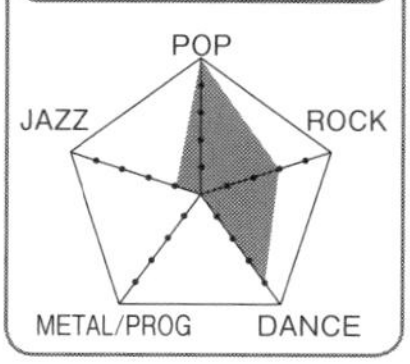

DATA

レーベル／スターチャイルド（キングレコード）
作詞／ももいろクローバーZ＆miwa
作曲／miwa
編曲／Naoki-T
アコースティックギター＆コーラス／miwa
エレクトリックギター＆アザー・インストゥルメンツ＆プログラミング／Naoki-T

をカマしたり、**キックのコンプ**★4を強くしたりと**EDM**★5仕様で、ええ頃合いでももクロに寄せている。

主調はEメジャーで、最初に「いちょうの葉が揺れる～」と出るのはあーりん、「夕暮れの空」と続くのは杏果。ともに個性全開で気持ちよさそうに歌っているが、ソロの割り付けは歌詞の原案を考えたメンバーを充《あ》てているのだろう。「寄り道したっていいじゃん」の夏菜子の「じゃん」のうひょ感、「栗が美味しい季節」としおりん、それぞれにらしさが感じられて微笑《ほほえ》ましい。2番でもあーりんが「マロン味のチョコ」とか言ってて、この娘たちってホント食べることが好きなんだな～、ってのも和み要素ですね。

サビではDメジャーに転調し、ももクロのユニゾンとm·iwaちゃんの透明感のあるコーラスが絶妙にブレンド、この響きも新境地だ。そういえばm·iwaちゃんの声って、**加藤いづみ**★6に似てますね。ももクロを支えるコーラスのキーワードは透明感、ということですな。

大サビからの夏菜子の落ちサビは、m·iwaちゃんのアコギのみがバックなので、ココは夏菜子&m·iwaのフィーチャリングパート。そしてキラーフレーズの「この手離さないでね」では全てのトラックをカットして夏菜子の生声を浮き立たせるので、明らかにキュン死にを狙ったものだが、何度も聴いて俺もようやく慣れてきた。再びのサビでは半音上のD♯メジャーに転調し、Naoki-Tのエレキも熱を帯びてくる。ラストはギターがオクターブによる爽快なフレーズを綴《つづ》っていき、これをチョップし、銅鑼《どら》の音がゴーンと鳴ってフィニッシュ。青春そのものな感じ、かつ爽やかにアガッていく曲なので、これ運動会とかでかけたら絶対にいいです（もうみんな使ってる？だとしたらそこには、確実にモノノフがいます）。

ギタリスト、音楽プロデューサー。FUNKY MONKEY BABYS、ケツメイシ、m-waなどの楽曲制作とプロデュースを手がける。

★4／コンプはコンプレッサーの略語で、エフェクターの名称。音の強弱の差を縮小して粒を揃えたり、音圧を高くする効果がある。ダンスミュージックでは4つ打ちのドラムのキック音に強くコンプをかけることでプッシュ感を高め、ビートを強調することが多い。

★5／EDMはエレクトロニック・ダンス・ミュージック（Electronic Dance Music）の略称。テクノやハウス、ヒップホップなどとは異なる文脈の、よりポップな意匠を指すことが多い。

★6／加藤いづみは1968年、愛媛県出身のシンガー。1991年、アルバム『テグジュペリ』でデビュー。現在はソロ活動のほか、ももクロや松任谷由実、小田和正などのバック・ヴォーカルでも活躍。大のプロレスファンとしても知られる。

2013・11・6 発売
10th single
『GOUNN』
通常盤にのみ収録

▼ももいろクローバーZ

『ももいろ太鼓どどんが節』

『桃神祭《とうじんさい》』への道を拓いたお祭りソング

「きよ～おもお～」と笑顔満開でご陽気にれにちゃんが歌い出すお祭りナンバーは、バンダイナムコゲームス「太鼓の達人」のタイアップソング。この時プレミアムで出たオリジナルのぬいぐるみ、今でもガチで欲しいです。どなたかに安価で譲っていただきたく。

てな私信を最初にカマしてから言うのもなんだが、本曲は初期の「和」のコンセプトを引き継ぎ、かつ**ヒダノ修一《しゅういち》**★1という和楽器界のリーサルウェポンをブチ込んだことにより、そのまんま『桃神祭』へと繋がる相当な重要曲なのだ。作詞は増子直純《ますこなおずみ》、作曲は上原子友康《かみはらこともやす》、とくれば編曲はそのまんまで**怒髪天《どはつてん》**★2。要するに怒髪天のハイパワー・ギタートリオにヒダノが加わる形であり、近年「和楽器とロックの融合《ゆうごう》がなんちゃら」とか世間では言《ゆ》うてますけど、この時点でその頂点をももクロが演《や》ってるわけですね。だってここには和太鼓の雄のヒダノがいるんだから、これはもう誰にも超えようがないです。

冒頭のれにちゃんのテンションはそのままメンバーに引き継がれ、得意のコブシを回す杏果、いつ

サウンドカテゴリー度

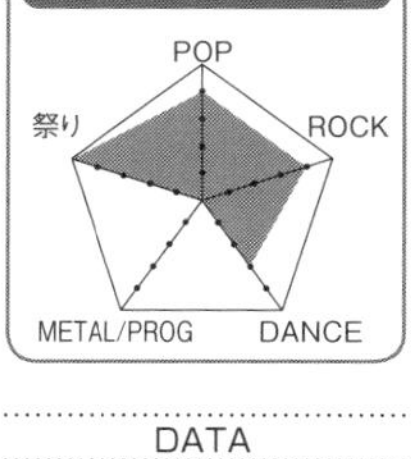

DATA

レーベル／スターチャイルド（キングレコード）
作詞／増子直純
作曲／上原子友康
編曲／怒髪天
ギター／上原子友康
ベース／清水泰次
ドラム／坂詰克彦
太鼓／ヒダノ修一

★1／1969年、北海道出身の太鼓ドラマー。和太鼓、クラシックパーカッション、各国の民族音楽を学んで身に付けた技術で、邦楽からポップスまでを縦横無尽に駆け抜ける活動で知られる。REMO、Zildjian、Gibraltaといった打楽器メーカー各社と、和太鼓奏者としては初の国際アーティスト契約を結んでいる。なお2014年7月31日のヒダノのブログは必読。

★2／ヴォーカルの増子直純、ギターの上原子友康、ベースの清水泰次、ドラムの坂詰克彦から成る、北海道出身のロックバンド。自らの音楽をJAPANESE R&E（リズム＆演歌）と称し、熱狂的なライヴパフォーマンスで人気を博す。ももクロとは桃屋のCM仲間でもある。

★3／矢野顕子は1955年、東京都出身のシンガーソングライター。

も以上に無双のあーりんが本領発揮。そして随所に「ソイヤ！」「GO！GO！」と楽しげにコールも入り、盛り上がらないわけにはいきませんな。ここで唐突に指摘するが、この「祭り」と洋楽のコンビネーションは**矢野顕子**《やのあきこ》**のデビュー作「JAPANESE GIRL**《ジャパニーズガール》**」**★3の存在があればこそ、というのが筆者の持論。詳細は長くなるので別の機会に譲《ゆず》るが、**リトル・フィート**《Little Feat》★4を従えての津軽民謡「ホーハイ節」である「津軽ツアー」を聴いてもらえれば、半分ぐらいは分かってもらえると思う。

サビのユニゾンから「どどんがどん！」のキメなど、もう何をやっても可愛くって楽しいももクロちゃんワールド全開なのだが、早くから彼女たちの高い戦闘能力を評価していた増子の歌詞はさすがにしっくりくるものだし、お祭りフレーズを散りばめつつスカロック上等な上原子のギターも冴えている。1番から2番への間奏のソロは**沢田研二**《さわだけんじ》**の「危険なふたり」**★5における**松木**《まつき》**恒秀**《つねひで》★6の伸びやかなプレイに直結しており、世界中のどこでもないオリジナルとしての「ジャパニーズ・ロックの良き伝統」を感じるのは、筆者だけではないはずだ。

そして常に抜群のビートを送り出すヒダノのプレイは、特に間奏のソロでのギターとの絡みが強力無比。本曲の初披露は『GOUNNツアー』に先立つ2013年夏の『**ももクロ夏のバカ騒ぎWORLD SUMMER DIVE**《ワールドサマーダイヴ》 **2013.8.4 日産スタジアム大会**』★7で、ここでヒダノ本人がライヴで豪快なプレイをブッ放したことにより、恒例の夏のライヴが翌年から『桃神祭』へと進化していくルートが一気に開けたものと、筆者は推測する。その2年後の夏に開催された『桃神祭2015 エコパスタジアム大会』での本曲から『全力少女』（P106参照）への流れは、まさに神技の欧州ちゃう応酬、必見です！

1976年のアルバム「JAPANESE GIRL」で、ロックと民謡や歌謡曲を高次元で融合させ、和製ポップスの新たな可能性を切り拓いた、我が国の音楽史における最重要人物の1人。

★4／アメリカのロックバンド。1969年、ローウェル・ジョージを中心に結成。ニューオーリンズのセカンドライン、R&B、ブルース、ジャズなどをミクスチャーしたファンキーなサウンドで、現在も数多くのミュージシャンから別格扱いされている。ローウェル・ジョージ死去後の1988年に再結成し、現在もジャムバンド的に活動中。

★5／「危険なふたり」は1976年発表の、沢田研二の6枚目のシングル。ソロ名義で初のオリコン1位を獲得。作詞は安井かずみ、作曲は加瀬邦彦、編曲は東海林 修。

★6／1948年生まれのギタリスト。70年代からスタジオミュージシャンとして活躍。渡辺貞夫バンド、日野皓正バンド、プレイヤーズなど、ジャズ・フュージョン系のバンドにも参加。

★7／2013年8月4日、横浜国際総合競技場（通称／日産スタジアム）で開催。さまざまなスポーツ・エンタメの要素も採り入れられたため、ももクロライヴ史上最長の約4時間半のパフォーマンスとなった。

2013・12・23発売
「White Hot Blizzars ももいろクリスマス 2013 美しき極寒の世界」開催記念 single
『泣いちゃいそう冬／鋼の意志』

▼ももいろクローバーZ

『泣いちゃいそう冬』

【オリコンシングルチャート デイリー1位 ウィークリー2位】

早口ユニゾンが楽しい、クリスマスの新定番

『White《ホワイト》 Hot《ホット》 Blizzard《ブリザード》 ももいろクリスマス 2013 美しき極寒の世界』★1の開催記念シングルでは、広瀬香美《ひろせこうみ》★2とアルフィーの高見沢俊彦《たかみざわとしひこ》という豪華作家陣が投入された。広瀬は「ももいろクローバーZ 春の一大事2013 西武ドーム大会 ～星を継ぐもも vol.2 Peach《ピーチ》 for《フォー》 the《ザ》 Stars《スターズ》～」で共演。★3その場で夏菜子が「私たちのために曲を作ってください」とおねだりしたことが同曲に繋がる。クリスマスシングルに間に合ったということは、早い段階で曲作りに取り掛かったと思われ、広瀬自身がももクロへの楽曲提供に積極的な意義を見出していたことが窺える。

さて、名曲揃いのももクリ開催記念シングルに新たに加わる広瀬の曲はどうなのか。初披露となった2013年のももクリは、筆者はLVでの参戦だったのでスクリーンを見つつ結構冷静に曲を聴くことができた。で正直、初出の段階では、過去のクリスマスシングルと並べると聴き劣りすると思った。確かに広瀬の「ももクロへの寄せの努力」は見えるものの、それが見えるのが問題だ。ここまでももクロは、基本的には若い作家に楽曲を依頼してきた。それがもも

★1／2013年12月23日、西武ドームで開催。西武ドームは半屋外構造のため、ライヴ当日の会場内の最低気温は4度という、演者にも観客にも過酷な状況でのライヴとなった。アンコールでは翌年春の国立競技場大会の開催が発表された。
★2／広瀬香美は福岡県出身のシンガーソングライター、作詞家、作・編曲家、音楽プロデューサー。1992年に「愛があれば大丈夫」でデビュー。1993年の「ロマンスの神様」が175万枚という空前のヒットを記録し、トップアーティストに。現在はソロ活動のほか、アイドルやアーティストへの楽曲提供を手がける。
★3／2013年4月13日と14日、西武ドームで開催。広瀬の登場は2日目の中盤で、自身の「promise」

サウンドカテゴリー度

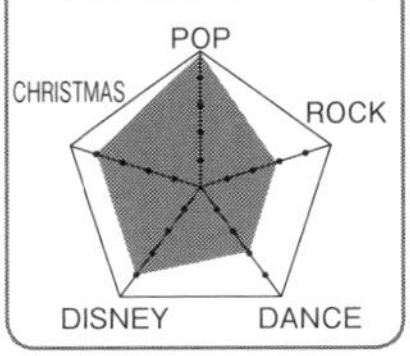

DATA

レーベル／スターチャイルド（キングレコード）
作詞・作曲／広瀬香美
編曲／本間昭光
ギター／鳥山雄司
ベース／安達貴史
ストリングス／弦一徹 Strings
アザー・インストゥルメンツ／本間昭光

クロの基本方針だったはずだが、布袋寅泰あたりから路線が少し崩れ、ここで広瀬と高見沢、次作では中島みゆきという、筆者としては「あまり期待できない方向」に進んでいた。「知名度のある大物に曲を依頼することで、より広い層のファンを獲得したい」との運営の想いは分かるが、我々は前山田を始めとする若くてアグレッシヴな作家のももクロ楽曲を愛していたわけで、当時は「そっちに行くんか…」との思いが強かった（以上、勝手にモノノフを代表してます）。

ところがどっこい。本曲を何度か聴いているうちに、杏果の「何光年 何万光年 何億光年かけて」のフレーズが突然、その滑舌《かつぜつ》ギリギリ感ゆえにハートの深いところを抉《えぐ》ってきた。すると自然に、サビのコーラスがたまらなく愛《いと》おしく感じられるではないか。こうなると2番の「何百粒 何万粒 何億粒の雫《しずく》」のれにちゃんのパートも気になり、いつしか本曲の虜《とりこ》になっていたのだ。これぞももクロのマジックであり、いかなる曲も彼女たちが歌えば、それはもう「ももクロ楽曲」になる。この時点で、彼女たちはそのような力を備えていたのだ。

イントロのストリングスは、**ディズニー映画『美女と野獣』の劇中歌「Be Our Guest《ビー アワ ゲスト》」**★4を思わせるゴージャスでファンタジックなもの。主調はDメジャー、4つ打ちのフュージョン系リズムはほぼ『あの空に向かって』（P46参照）ですな。編曲は**本間昭光《ほんまあきみつ》**★5なので、ももクロに合うスタイルとして意識的に狙ったと思われる。ギターはベテランの**鳥山雄司《とりやまゆうじ》**★6。間奏のソロでは伸びのあるオーヴァードライブ・トーンで丁寧にコードに追従《ついじゅう》、トップ・プレイヤーの矜持《きょうじ》を見せている。しっかしサビの早口のユニゾン、よく揃ってますね〜。ラストは夏菜子ソロで「う・ふ・ふ・ふ・ふ」と締めるわけで、やっぱ日本の冬はももクロのクリスマスソングですな。

を歌った後、「ロマンスの神様」でもももクロとコラボ。

★4／「美女と野獣」は1991年のディズニーアニメ作品で、アニメ映画史上初めてのアカデミー賞の作品賞にノミネートされた。その作品賞はジョナサン・デミ監督の「羊たちの沈黙」に譲ったが、作曲賞と歌曲賞を受賞している。「Be Our Guest」は邦題「ひとりぼっちの晩餐会」で、作曲のアラン・メンケンは「リトル・マーメイド」から「ヘラクレス」までのディズニーアニメの楽曲で、多数の名作を残している。

★5／本間昭光は1964年、大阪府出身のキーボーディスト、作・編曲家、音楽プロデューサー。ブルーソファ所属。1991年から槇原敬之のライヴサポートを行い、ポルノグラフィティやいきものがかりなど、数多くのプロデュースを手がけている。

★6／鳥山雄司は1959年、神奈川県出身のギタリスト、作・編曲家、音楽プロデューサー。1981年にアルバム「take a break」でデビュー。高中正義や松任谷由実のライヴサポートを務め、以降はスタジオミュージシャンやライヴサポートで多岐にわたり活躍。TBSのテレビ番組「世界遺産」のテーマ曲「The Song of Life」でも知られる。

2013・12・23 発売
「White Hot Blizzars ももいろクリスマス 2013 美しき極寒の世界」開催記念 single
『泣いちゃいそう冬／鋼の意志』

▼ももいろクローバーZ

『鋼《はがね》の意志』

高見沢の職人技が光るパワーロック

ももクロとTHE ALFEE《ジ・アルフィー》の**坂崎幸之助《さかざきこうのすけ》**★1は「フォーク村」以来の昵懇《じっこん》の仲。そこにフジテレビの音楽番組「新堂本兄弟」などにもももクロがゲスト出演するうちに、**高見沢俊彦《たかみざわとしひこ》**★2も急接近。THE ALFEEの楽曲では**m-iwaクロ《ミワクロ》**★3で「**SWEAT & TEARS《スウェット・アンド・ティアーズ》**」★4を披露。また高見沢の作詞・作曲による**小泉今日子の名曲「木枯《こが》らしに抱かれて」**★5もカヴァーし、THE ALFEEとの親和性の高さを見せていた。特に「木枯らしに抱かれて」がももクロの新境地を思わせるものだったので、クリスマスにはそっち路線できてほし〜な、と期待していたのだが、出てきたのは「SWEAT & TEARS」のガラガラポンでんがな。で、最初は「クリスマスなのにさぁ、冬ソングなのにさぁ」と思ったのが、ハイ、こっからは『泣いちゃいそう冬』と同様ですが、気が付けばいつしか、マイクスタンドが出てくると「おー鋼キターーー！」とウリャオイを始めるのがモノノフの性《さが》なのであってね。そしてここで〝鋼〟という言葉が登場したために、**れにちゃんが「ももクロの鋼少女」を名乗る**★6流れにも繋がったわけで、全てをプラスに変えるパワーはやっぱスゲーです。

サウンドカテゴリー度

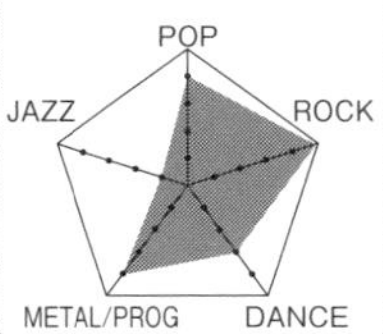

DATA

レーベル／スターチャイルド（キングレコード）
作詞・作曲・編曲／高見沢俊彦
エレクトリックギター&コーラス／高見沢俊彦
プログラミング／本田優一郎

★1／坂崎幸之助は1954年、東京都出身のギタリスト、ヴォーカリスト。THE ALFEEのメンバー。自らのルーツであるフォークミュージックに拘り、日本のフォークソングの伝道にも務める。
★2／高見沢俊彦は1954年、東京都出身のギタリスト、ヴォーカリスト、音楽プロデューサー。THE ALFEEのメンバー。同グループのほとんどの楽曲の作詞・作曲を手がける。'80年代以降、数多くのアーティストやアニメの楽曲提供も行う。
★3／m-iwaとももクロは、共演時には「m-iwaクロ」を名乗っている。2013年のGIRLS' FACTORYでは「あーりんは反作詞・作曲・編曲、もちろんギターとコーラスまで、全て高見沢によるものだが、プログラミングに本田優一郎《ほんだゆういちろう》が加わる。シンセのファンファーレで最初から勝利宣言。頭のコードはEで出るが、ガツンガツンとロック的に動いて主調のGメジャーに収まる。「夜明け前の～」とドヤ顔で最初に歌い出すのは夏菜子。杏果がこれに続き、「何のために」からのBメロでしおりん、れにちゃんとリレー。高見沢は心ゆくまでギターを重ねており、パワーコードの刻みから細かなオブリまで、緻密なアンサンブルで変化をつけていく。サビではEメジャーに転調、タテ乗りのリズムとギターでももクロのコーラスを猛然とプッシュ、煽《あお》りはシンセブラスのみとし、シンプルに力強さを演出。「STAND UP SHOUT!」《スタンドアップシャウト》からは自らのコーラスも被せて厚みを加えている。

3分24秒からの間奏部では、8分音符6個を1フレーズとしてディストーションギターのオーケストレーションを展開しつつ、リズムは4拍子をキープしてポリリズミックに盛り上げていき、ギターソロに雪崩《なだれ》込んでいく。しっかり遊びながら、オイシイ聴かせどころを作ってますねー高見沢はん。夏菜子の落ちサビの後は半音上のFメジャーに転調し、拳を振り上げながらラストのコーラスを全力疾走。ゴール後はブレイクをカマして爽快なエンディングへと向かう。

先にチラッと述べたように、本曲はライヴでは立ち位置を固定してマイクスタンドを出し、このスタンドをロック的に使いながらサビを歌うシーンが見られる。そして彼女たちにとっての夢のステージであった2014年の国立競技場大会の2日目では、ゲストとして高見沢本人が登場し、同曲を披露してくれた。8管のブ厚い生ホーンズが国立に響き渡り、本編ラストを豪快に締めくくってくれたが、高見沢はん、スタミナ切れてましたな。

抗期」（P173参照）でコラボし、「miwaちゃんのこと美輪さんって言うな」と照れながら歌い、喝采を博した。

★4／「SWEAT&TEARS」は1986年に発表された、THE ALFEEの23枚目のシングル。2013年5月12日放送の『新堂本兄弟』にmiwaとももクロが出演して、同曲をカヴァーした。

★5／「木枯らしに抱かれて」は1986年にリリースされた、小泉今日子の20枚目のシングル。作詞・作曲は高見沢俊彦、編曲は井上鑑。映画「ボクの彼女に手を出すな」の主題歌。

★6／2015年7月、れにちゃんはライヴのリハーサル中に転倒し、左手を骨折。ライヴなどには手首を固定した状態で出演していた。それまでのれにちゃんの自己紹介は「ももクロの感電少女」だったが、この頃から「骨は折れても、心は折れません。ももクロの鋼少女」となった。

2014・5・21 発売
NHKドラマ
『天使とジャンプ』
オリジナル　サウンドトラック収録

▼Twinkle 5

『Twinkle《トゥインクル》 Wink《ウィンク》』

女優の歌唱に新境地を見せる4人・・

2013年のクリスマスは実に忙しかった。ももクリ、各種のテレビ出演、そして**クリスマスドラマ『天使とジャンプ』**★1と、毎日がももクロちゃん漬けである。我々にとっては幸せの日々なのだが、本人たちは国立に向けての準備やリハは大丈夫なのだろうか？と勝手に心配していたのだが。

本曲はその『天使とジャンプ』略して『天ジャン』に登場するアイドルグループ、**Twinkle 5**《トゥインクル ファイブ》★2の楽曲という扱いになる。メンバーは川添美奈《かわぞえみな》（黄色の天使・ミーニャ／玉井詩織）、小野春乃《おのはるの》（ピンクの天使・のんのん／佐々木彩夏）、原江梨子《はらえりこ》（緑の天使・リコピー／有安杏果）、五十嵐《いがらし》弥生《やよい》（紫の天使・ドッキー／高城れに）と、ここまではももクロの4人が色も含めてそのまま。に加えて、当時スターダストに在籍していた飛鳥《あすか》凛《りん》が阿部柚希《あべゆずき》（赤の天使・ゆずりん）を演じる、5人組のアイドルグループという設定だ。ドラマのストーリーは各自調査だが、音楽としてはももクロ作家の横山 克によるサウンドトラックが情感豊かで、こうしてサントラが出てくれたことはヒジョーにありがたい。ドラマを一度見た後、サントラを聴くとそのシーンが浮かび上がっ

★1／クリスマスドラマ『天使とジャンプ』は、2013年12月24日と25日に2話連続でNHK総合テレビで放送された、ももクロ主演のドラマ。脚本を今井雅子、音楽を横山 克、振り付けを石川ゆみが手がけた。

★2／同ドラマに登場する、「歌とダンスを届けるため、地上に舞い降りた天使」をコンセプトとする5人組アイドルグループが「Twinkle 5」。ドラマの放映時はNHKのサイト上に特設ページが存在したが、現在は閉鎖されている。

サウンドカテゴリー度

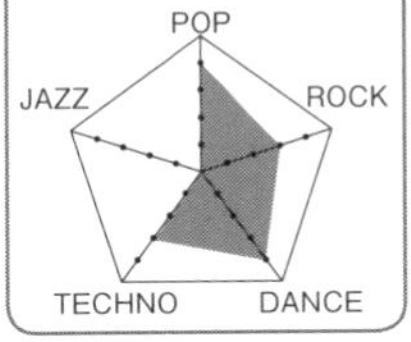

DATA

レーベル／イーブルライン
レコード（キングレコード）
作詞／今井雅子
作・編曲／ツキダタダシ
オールインストルメンツ&プログラミング／ツキダタダシ

てくるので、うるっときますね。改めて、多岐に渡る横山の実力が、よーく分かります。そして名義こそTwinkle 5だが、2曲のオリジナルが新たに加わった。

まずこちら『Twinkle Wink』は、作詞が**今井雅子**《いまいまさこ》★3、作・編曲がツキダタダシによるもの。作詞の今井はドラマの脚本を手がけているが、作曲を敢えてツキダとすることで、Twinkle 5オリジナルの意匠を作り出す、ということだったのだろう。

そして意外にもと言えばなんだが、なかなかの見っけものなのだ本曲は。まずツキダのトラックだが、微妙にチープな感じのアレンジで「あくまでももクロとは別モンでっせ」と意思表示をしながらも、天性のメロディーメイカーとして手抜きナッシングな仕事を見せている。頭の全員コーラス「ハートを盗んでごめんね」からの飛鳥の「0.2秒で虜《とりこ》にするわ」のキャッチーな展開で、瞬殺されたモノノフも結構いたのではないか（ハイ俺。すまない夏菜子）。その飛鳥 凛のヴォーカルだが、3B Jr.時代のご縁もあり（P63参照）、大人な巧《うま》さでこのユニットのリーダーを務め切っている。一方ももクロのメンバーはというと、飛鳥とのコントラストのために歌唱を少し幼な目に振って、楽曲の世界観を良い具合に表現。所謂《いわゆる》「女優としての演技歌唱」なわけですな。

落ちサビの「めぐりあう」からのコーラスの絡みも楽しくって、ツキダはお得意のヴォコーダーから短くまとめて、ゴシック感のあるオルガンでサクッと終了。コレ、どうしてもたまに聴きたくなるんです。好きになっていいし、とろけちゃっていいんです。なお2014年には、なんと**Luce**《ルーチェ》 **Twinkle**《トゥインクル》 **Wink**《ウィンク》**☆**★4なる5人組のアイドルグループがデビュー。勝手に本家のTwinkle 5の路線を引き継いでくれている。アイドルってホント、何やってても許される世界なんですねー。

★3／今井雅子は1970年、大阪府出身の脚本家。2009年3～9月に放送されたNHK連続テレビ小説「つばさ」にて脚本協力。翌2010年9月～2011年3月に放送されたNHK連続テレビ小説「てっぱん」の脚本を手がける。

★4／Luce Twinkle Wink☆は2014年にデビュー、翌年にシングル『恋色♡思考回路』でメジャーデビューした5人組アイドルグループ。愛乙女★DOLLやDoll☆Elementsの後輩グループで、愛乙女★DOLL研究生のらぶ☆けんルーチェがインディーズでの活動やバトルを経て、正規グループへと昇格した。アニメのタイアップ曲が多く、テレビアニメ「ネトゲの嫁は女の子じゃないと思った?」のオープニングテーマ曲「1st Love Story」や、「うらら迷路帖」のエンディングテーマ曲「go to Romance>>>>>」などは名曲。

2014・5・21発売
NHKドラマ
『天使とジャンプ』
オリジナル サウンドトラック収録

▼Twinkle 5

『JUMP《ジャンプ》!!!!!』

早口ユニゾンが楽しい、クリスマスの新定番

前ページに続いてTwinkle 5の名義だが、先の『Twinkle Wink』とはメンバーが変わり、空から降りてきた天使のカナエ（百田夏菜子）が加わってのナンバーとなる。こうしてももクロメンバーが揃ったことで、我々は迂闊《うかつ》な浮気をせずに、心穏やかに楽しむことができるのでありやす。作詞は只野菜摘と今井雅子、作・編曲は横山 克で、いよいよ横山が本領を発揮する。

「ある日歌が〜」と夏菜子がアカペラで歌い始めるのは、ドラマの冒頭と同じ扱い。続いて**STOMP《ストンプ》風**★1のリズムパートに入るのだが、ここは少し説明が必要だろう。ドラマ『天使とジャンプ』のラストでは、「アイドル」という一度失いかけた夢の実現のために、5人が自力で銭湯を改造してライヴを行うのだが、そこでデッキブラシや風呂桶《ふろおけ》、牛乳瓶などを使ってリズムを奏で、ダンスをするシーンがある。この部分がアカペラに続くイントロのリズムとなっているわけだ。実際の演奏はドラムの**髭白《ひげしろ》 健《けん》**★2とパーカッションの服部 恵によるもので、レコーディングは結構大変だったと推察される。ミュージカルのSTOMPでは、ステージに音が響きやすいような床材を用

★1／STOMPは、イギリスで生まれ、ニューヨークのオフ・ブロードウェイでロングラン公演を続けるパフォーマンスショー。デッキブラシ、ゴミ箱、鍋、ドラム缶などで複雑なリズムを奏でる。日本でも1995年から、数度にわたって公演が行なわれている。

★2／髭白 健はI MALU、茅原実里、バニラビーンズ、小野恵令奈らのサポートやレコーディングに参加しているドラマー。

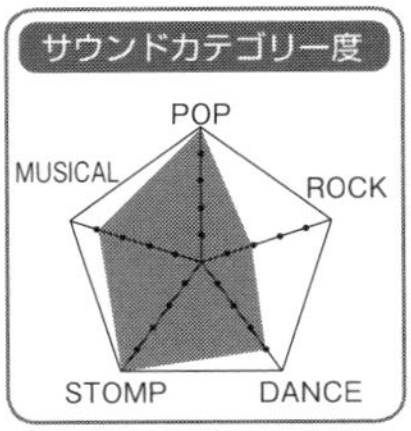

DATA

レーベル／イーブルラインレコード（キングレコード）
作詞／只野菜摘、今井雅子
作・編曲／横山 克
バイオリン／真部 裕、漆原直実
ヴィオラ／生野正樹
パーカッション／髭白 健、服部 恵
エレクトリックギター／堤 博明
コーラス／ENA☆
プログラミング&キーボード／横山 克

意してマイクで集音しているのだが、一般的なレコーディングスタジオではそういうわけにもいかない。なので**「フォーリーのスタジオで録音した」と横山はツイート**★3しており、結果、このダイナミックなプレイはお見事だ。横山のような凝り性を相手にする場合、リズム隊は芸達者でないと務まりませんな。で、ここにベースラインが加わっただけの1コーラス目では、メンバー各自がドラマのキャラクターを再現する歌詞をソロで歌う。ここまではまだ、女優としての演技歌唱だ。**「パ・デュ・シャ《Pattes du chat》 パ・ド・ブーレ《Paddbre》」**★4のフレーズをきっかけに、流麗《りゅうれい》なストリングスとコーラスが加わり、曲はグッと盛り上がっていく。ここからは完全にももクロになり、いつもの熱量でユニゾンを聴かせてくれる。トラックタイム2分25秒からは打ち込みビートが強調されてSTOMPを従える設えになり、ストリングスもコーラスの周りを並走しながら、エンディングに向かって軽やかに走り抜けていく。STOMPのビートとストリングスのみというシンプルなサウンドは、ももクロにとってはやはり新境地。こういう機会でないとなかなか試せないものであって、ドラマだけではなく、サウンド面でも挑戦をしていたということを認識しておいていただきたい。

なおサントラ盤には、本曲のピアノのインストバージョンが収録されており、曲の骨格を浮かび上がらせる格調高くも美しいものとなっているので必聴。また前ページの『Twinkle Wink』は2013年のGOUNN ツアーの最終日で、このドラマの告知のために飛鳥を迎えて披露されたが、本曲の方は人気が高かったにもかかわらず、振り付けがないなどの理由により、その後も長らくライヴで披露されることはなかった。それが、夏菜子の発案で**『桃神祭2015 エコパスタジアム大会**★5**』**の初日に披露され、大喝采を浴びることになる。

★3／2013年12月17日に、横山本人がツイート。フォーリーとは「効果音」のこと。通常のレコーディングスタジオとは環境や録音機材が異なる。

★4／「パ・デュ・シャ」「パ・ド・ブーレ」はバレエ用語。前者はジャンプする動き、後者は移動する動き。バレエのポーズや動きには細かな定義があるので、実際の動きについては、動画サイトなどでご確認をば。

★5／2015年7月31日と8月1日に、静岡県のエコパスタジアムで開催されたライヴ。静岡県は百田夏菜子の地元であるため、初日は「〜御額様ご来臨〜」をテーマに、開催された。

2014・1・1 発売
3Bjunior（旧）
ユニット single

▼3Bjunior（旧）

『七色のスターダスト』

時を越えてヒストリーを紡ぐ、スターダストアイドルDD《誰でも大好き》にとってのアンセム

本曲は、スターダストプロモーションの芸能3部の女性タレントによるグループ「3B junior《スリービージュニア》」の発展的新体制移行を機に、集大成として作られたもの。リリースは2014年1月1日、その3日後にグリーンドーム前橋で行われた『3B junior LIVE《ライブ》 FINAL《ファイナル》〝俺の藤井〟2014』★1で披露されている。ももクロ、私立恵比寿中学、チームしゃちほこ（現TEAM SHACHI）、たこやきレインボー、さらにはKAGAJO《カガジョ》☆4S《フォーエス》やみにちあ☆ベアーズら、その後の解散組までも参加した、後にも先にもこれっきりのスペシャルナンバーだ。

エニウェイ。長い人生にはいろんなことがある。筆者は長年にわたって相当いろんな音楽を聴いてきたマニアだが、こと日本のフォークに関しては意識的に避けてきた人間だ。わけても「かぐや姫」の界隈は、ぶっちゃけ一生自分には関係ないと思っていた。なので本曲が南こうせつと伊勢正三《いせしょうぞう》の手によるものであることを知った時には、「う〜む。こーゆーのまで付き合わされるのかぁ」と正直思ったのだった。一方では、私も年齢を重ねて丸くなり、いろんなものを

★1／お正月というメンバーが集まりやすいタイミングで開催された、スターダストプロモーション所属の女性アイドルが集結した初のイベント。エビ中のメンバー交替、「てんかすトリオ」や「チーム東名阪」といったグループを超えたユニット曲、そして本曲の初披露など、この時点でのスターダストプロモーションの女性アイドルの底力を見せた名ライヴでした。

サウンドカテゴリー度

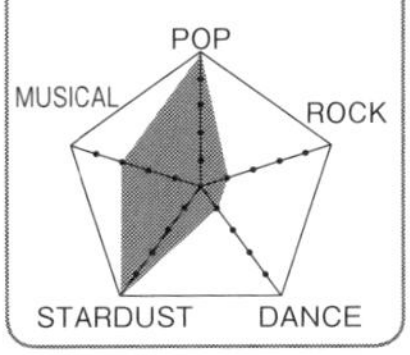

DATA

レーベル／スターダストレコーズ
作詞／伊勢正三、南こうせつ
作曲／南こうせつ
編曲／瀬尾一三
キーボード／小林信吾
ギター／古川 望
エレクトリックベース／松原秀樹
ドラム／江口信夫
トランペット／エリック宮城、西村浩二
トロンボーン／清岡太郎
テナーサックス／中村 哲
ストリングス／弦一徹ストリングス

許容できる「人としての幅」が身についてきたので、昔のように「ンなもん聴いてられるかよ」みたくはならないので、ひとまず本曲を素直に聴いてみることにしたのだった。ポチリ（CDのリモコンを押す音）。

イントロからAメロまでは予定調和であり、「まーこうなるやろね」と冷ややかに聴いていた私であったが、Bメロで「もう迷わない」とれにちゃんが、「私の瞳を見て」と**大黒柚姫《おおぐろゆずき》ちゃん**★2（しゃちほこ）が歌った瞬間に速やかに警告ランプが点灯。続く「確かな歌が魂に」の真山《まやま》りかちゃん（エビ中）、「響き渡るまで」の**柏木《かしわぎ》ひなたちゃん**★3（エビ中）で、完全にモードチェンジして「愛のスターダスト」のポーズを機嫌良く一緒にやっちゃうって、もーホントだらしないんだから、俺ってばさぁ。でもってスターダストアイドルDDの皆さんには、この感じ分かりますよね。「ももクロが歌えば全て名曲」というのが私の揺るぎなき立場だが、本曲ではそのピュアなスピリットが参加メンバーの隅々まで憑依《ひょうい》しており、ソロパートの全てが愛しくって仕方がないのだよ。2番頭の**鈴木裕乃《すずきひろの》ちゃん**★4（エビ中）↓**坂本遥奈《さかもとはるな》ちゃん**★5（しゃちほこ）↓あーりんもいいが、ハイライトはやっぱしおりんの「昨日の喧嘩《けんか》もジョークも」と夏菜子の「明日に向かって」だよなー。って本曲ではこの段階で楽曲解説を完全に放棄している体《てい》ですが、こーゆーのは分析的に聴いてもなーんも面白くない。この奇跡的な天使たちの戯《たわむ》れに、ひたすらニヤニヤと耽溺《たんでき》するのが正しい大人なのだ（ホントだよー）。MVでは今はもう観ることのできないメンバーもニッコリ登場するので無論必見。本曲は以降も、スタダアイドル集結時には概ね披露してくれるので、可能なかぎり見逃さないように。**時を越え繋がるヒストリー**★6が、ここにあるのだから。

★2／愛称はゆずき。担当カラーはむらさきパープル（仮）。担当色かられにちゃん&真山りかちゃんとのユニット「チーム 紫しきぶ」のメンバー。

★3／愛称はひなた。出席番号は10番。エビ中の2代目ダンス部長であり、天龍源一郎のものまねでもキャラを発揮。その高い歌唱力から、有安杏果、伊藤千由李（しゃちほこ）とのユニット「てんかすトリオ」のメンバーに抜擢されている。

★4／9人時代のエビ中の最大の萌え&癒しキャラとして人気を誇った天然美少女。出席番号は8番。2014年4月のエビ中卒業後は女優、モデルとして活躍。

★5／愛称はハル。担当カラーは手羽先キミドリ。しゃちほこ最年少ながら、高いダンススキルとしっかり者キャラでチームを支えている。

★6／P378の『ザ・ゴールデン・ヒストリー』のフレーズを、大人の事情で先ドリしております。はい。

2014・5・8 発売
11th single
『泣いてもいいんだよ』

▼ももいろクローバーZ

『泣いてもいいんだよ』

【オリコンシングルチャート デイリー1位 ウィークリー1位
日本レコード協会ゴールドディスク認定】

「中島みゆきワールド」も歌いこなす天晴《あっぱ》れな歌唱力

『ももクロ春の一大事2014 国立競技場大会 ～NEVER《ネバー》 ENDING《エンディング》 ADVENTURE《アドベンチャー》 夢の向こうへ～』★1で初披露された、**中島みゆき**★2による楽曲。同ライヴでは彼女たちの歩みを追うようにデビューからのシングル曲を順に披露。そして最後が、新曲としての『泣いてもいいんだよ』という流れだった。本曲直前の『GOUNN』（P244参照）は映像で処理してお着替えタイムとし、新たな衣装で本曲を披露するという手の込んだ構成は、本曲に対する最大限の敬意であろう。結果、ももクロとしては初のオリコンシングルチャートでウィークリー1位を獲得した。

ももクロと中島みゆきに特別な接点があったわけではないが、中島は過去に工藤静香やTOKIO《トキオ》にも楽曲を提供しており、いずれもオリコンウィークリー1位を獲得している。そんな時代に流されない中島楽曲の太さ&深さを、キング宮本氏はももクロに注入すべく、ダイレクトに本人とコンタクト。中島もももクロの存在を知っており、快諾に至った。なお編曲は御大・**瀬尾一三**《せおいちぞう》★3で、バックの演奏も瀬尾ルートのトッププレイヤーで固めており、特にドラムの**山木**《やまき》

★1／2014年3月15日と16日に、旧・国立競技場で開催されたライヴ。各日5万5000人、計11万人を動員。

★2／中島みゆきは1952年、北海道出身のシンガーソングライター。1975年にデビュー。代表曲は「時代」「あばよ」「ひとり上手」「悪女」「空と君のあいだに」「地上の星」「麦の歌」など多数。

★3／瀬尾一三は1947年、兵庫県出身のアレンジャー、音楽プロデューサー。中島みゆき、長渕剛、吉田拓郎らの作品を数多く手がける。ももクロも参加した旧3B Juniorによる『七色のスターダスト』の編曲も担当。

★4／山木秀夫は1952年、熊

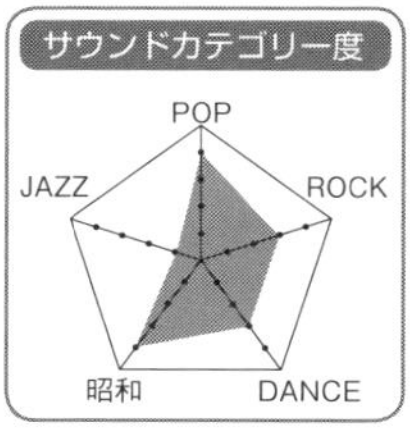

DATA

レーベル／イーブルライン
レコード（キングレコード）
作詞・作曲／中島みゆき
編曲／瀬尾一三
キーボード & プログラミング／小林信吾
エレクトリックベース／ FIRE
ドラム／山木秀夫
ギター／古川 望
テナーサックス／中村 哲
ストリングス／弦一徹 Strings

秀夫《ひでお》★4やテナーサックスの**中村《なかむら》 哲《さとし》**★5は、それぞれの分野の御大クラス。盤石《ばんじゃく》の布陣で、ストレートなロック歌謡に仕上げている。

主調はCマイナーで、重厚でドラマティックなピアノとストリングスから始まる、いきなりの中島ワールドだ。しかし違和感が全くないのは、この時点でももクロのメンバーが、完全に曲に寄せる技術を持っていたから。頭のしおりんの、何かの覚悟を感じさせる歌唱からして新境地。これに引っ張られて全員がある種の十字架を背負うかのような中島ワールドに没入していく。そしてドラムのキック4発を契機に、ヴィンテージなロックビートに突入する。

Aメロは夏菜子と杏果、Bメロであーりん、れにちゃん。それぞれの個性の中で、昂《たか》ぶった感情を抑えながら言葉を紡《つむ》ぐような、新しい歌い方を聴かせる。Aのトライアドを2発挟み、サビでFメジャーにサクッと転調するのが新鮮、サビのユニゾンは（ももクロにしては）キーが低めなので、随分《ずいぶん》と大人っぽい感じになっている。2番では、杏果が「アンテナもなくはない」でガッツリとコブシを入れて中島節を強調する。間奏はリズムを落とし、ストリングスの隙間《すきま》を縫《ぬ》うようにサックスソロが登場。中村 哲は自慢のビッグトーンで短いながらもエモーショナルに歌い上げ、夏菜子のソロに想いを託す。サビ明けではイントロのメロディーに戻る際にE♭マイナーに転調。ラストのサビは半音上のG♭メジャーに転調するのだが、極めて自然な流れは編曲の瀬尾の匠の技だ。という具合に、突出したユニークさや聴かせどころはないのだが、こういうオーソドックスな佳曲をこの時点で歌ったことが、ももクロをさらに大きく成長させたのだ。

なおリズムがぐっとヘヴィーになる中島自身による本曲のセルフカヴァーは流石《さすが》に本人仕様だが、筆者のオススメは**たんこぶちん**★6によるガールズバンド・バージョン。これ、相当いいですよ。

本県出身のドラマー。1974年に上京して、ジャズ、フュージョン界で活躍。1979年にSHOGUNに、1981年には渡辺香津美のKAZUMI BANDに参加。トップドラマーとして、数多くのバンドやスタジオセッションに参加している。熱心なSONORユーザーとしても知られる。

★5／1954年、埼玉県出身のサックス&キーボーディスト、作・編曲家、音楽プロデューサー。1976年、兼崎順一、新田一郎らとホーン・スペクトラムを結成、さまざまなジャンルのセッションに参加。1980年にはフュージョンバンドのPRISMと山下達郎のバンドの活動を並行。サックス演奏や作・編曲で、膨大なアーティストと関わっている。

★6／たんこぶちんは佐賀県出身の5人組ガールズバンド。2013年にシングル「ドレミFUN LIFE」でデビュー。中島みゆきがシングル「麦の歌」のカップリングとして『泣いてもいいんだよ』を録音する際にコーラスとして参加。2015年には自らのミニアルバム「TANCOBUCHIN vol.2」で同曲をカヴァー。

2014・5・8 発売
11th single
『泣いてもいいんだよ』

▼ももいろクローバーZ

『堂々平和宣言』

副題は「堂々最強ガールズラッパー宣言」でしょ、だしょ！

ここで予定調和を破って投下されるのが、必殺のヒップホップチューン。中島みゆきのド直球曲の後だが、この振り幅がももクロちゃんの素晴らしさ。ライミングは天才的フロウでジャパニーズラップを異次元に運んだ鎮座《ちんざ》DOPENESS《ドープネス》★1、トラックはMICHEL《マイケル》☆PUNCH《パンチ》、KEIZOmachine!《ケイゾーマシーン》 from《フロム》 HIFANA《ハイファナ》、EVISBEATS《エビスビーツ》★2という初参戦の若きやんちゃ坊主軍団。メジャーな音楽シーンでは知られていない彼らであるが、だからこそ「ももクロ向き」なわけで、ここではやんちゃな5匹の子猫ちゃんにヒップホップの真髄《しんずい》を伝承《でんしょう》すべく、手加減なく大暴れしてくれる。

なんせトラックが滅茶苦茶に面白いのだ。沖縄民謡のコーラスのサンプリング、手弾きシンセの戯《たわ》けたファンクなリフ、ピロピロしたチープなリズムトラックなどを闇鍋《やみなべ》的に組み合わせながらも、アングラに走らずポップに留《とど》まっているセンスが抜群。これ、どんな振り分けでトラック作ったのかねえ。推察するに、人力ブレイクビーツを得意とするKEIZOmachine! がベーシックなリズムトラックを担当。そこにキーボードをMICHEL☆PUNCH が乗せて、EVISBEATS がト

★1／鎮座DOPENESSは1981年、東京都出身のラッパー、ヒップホップ・ミュージシャン。日本最大規模のMCバトルコンテスト「ULTIMATE MC BATTLE 2009」にて全国優勝。以降、ポップなサウンドと圧倒的なライミングで、日本のラップシーンの最前線を走る。

★2／いずれもヒップホップやブレイクビーツ界で注目されている気鋭アーティスト。MICHEL☆PUNCHはキーボードプレイヤー。KEIZO machine! from HIFANAはサンプラーのリアルタイムプレイの名手。EVISBEATSは奈良県出身のトラックメイカーで、AMIDAの名義でMCとしても活動。

サウンドカテゴリー度

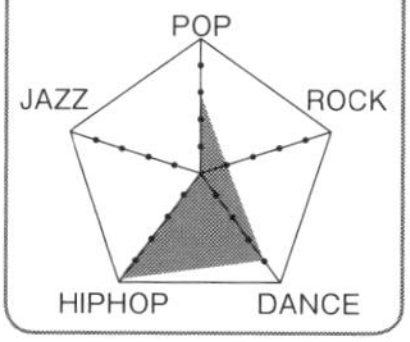

DATA

レーベル／イーブルラインレコード（キングレコード）
作詞／鎮座 DOPENESS
作・編曲／MICHEL ☆ PUNCH、KEIZOmachine! from HIFANA、EVISBEATS
トラック・プロデュース／MICHEL☆PUNCH (PUNCH & MIGHTY / BREMEN)、KEIZOmachine! from HIFANA、EVISBEATS

ラック全体をまとめ上げた、という感じではないか。王道の裏側でこげな危険なアドベンチャーをさせるキングレコードの宮本のサディストぶりは、絶賛するしかない。

鎮座DOPENESSに倣《なら》って**サングラスをかけたももクロちゃん**、★3まずは協力体制を整え、「堂々物申すZ!!!!」と勇ましい。本格的なラップは『5 The POWER』（P224参照）で経験済みとはいえ、このトラックの前では新しい技を会得《えとく》せねばならない。ゆえにレコーディングの際には鎮座も立ち合い、彼女たちに進化したフロウを伝授《でんじゅ》している。「1、2、3、4、5」は出席とりますの新パターンで、鎮座のももクロ研究の跡が窺えるが、ここでは「ワン、ツー、さん、しい、ご」ですからな。「でしょ、だしょ」や「てなちょーし」は以降モノノフたちの定番フレーズになったし、「てやんでえ、べらんめえ、チクショー!」もチョーうける。からの「堂々生きて日々に学ぶ〜」あたりのフロウの決まり具合ときたら悶絶必至《もんぜつひっし》。なぜ彼女たちにはコレが可能なのか? もちろん鎮座のレクチャーと練習の成果なのだろうが、ワチャワチャなももクロちゃんワールドに完全に引き寄せてしまうのだから恐るべし。個々のパートも、ぜひ歌詞カードを見て味わってほしい。遊びだけではなく、しっかり中身のあるライミングなのだ。

思えばももクロのラップは、最初は「声が低いし、歌が苦手」なあかりんのパートとして定着。そのパートをあかりん脱退後にメンバーが引き継ぐことで徐々にモノにしていったわけだが、それから誰がこのレベルに到達すると想像しただろうか? 歌唱力とラップという「別モノ」を自家薬《じかやく》籠中《ろうちゅう》のものとして戦闘力アップ。そこにダンスとバラエティ対応力が加わるわけだから「ももクロの笑顔の天下」は揺るぎない。そして彼女たちのラップスキルは、まだまだ進化していくのだ。

★3／本曲以降、ももクロがヒップホップスタイルに移行する際は、サングラスが欠かせなくなっている。追従してサングラスをかけるモノノフも多し。

2014・5・8発売
11th single
『泣いてもいいんだよ』
通常盤にのみ収録

▼ももいろクローバーZ

『My Dear Fellow《マイディアフェロー》』

ヤンキー・スタジアムに鳴り響いたマー君登場曲

熱心なモノノフとして知られる現在はニューヨーク・ヤンキースの田中将大投手に捧げられ、**ヤンキー・スタジアムでの彼の初登板**★1の際に披露されたポジティブな楽曲。作詞は前田たかひろ、作曲はしほり、編曲は橋本由香利と、それぞれももクロに関わってきた作家だが、3人の組み合わせとしてはこれが初めて。主調はDマイナーというももクロ向きのキー、サビはFメジャーで『泣いてもいいんだよ』のサビと同じキーなので、破壊力満点の『堂々平和宣言』を挟んでいるのに通常盤の3曲が1枚のシングルとして自然にまとまっているのは偶然ではない。

ストリングスのみをバックに「だから君を見ている」と歌い出す中に夏菜子が「いつもそばにいるよ」と掛け合いで始まる頭サビのパターンは『仮想ディストピア』（P220参照）でマスターしたもので、完全に板に付いている。伸びやかに切り込んでくるギターは、ライヴでもレギュラーの西川 進。ももクロにベストマッチのリードギタリストは文句ナシに西川であり、当時のももクロのライヴでは、ほぼ皆勤賞ギタリストの佐藤大剛《さとうひろたか》の手堅いサポートと西川の暴れっぷりのコン

★1／2014年4月4日、トロント・ブルージェイズ戦で、初登板&初先発を果たす。7回6安打3失点8奪三振で、日米通算100勝目となるMLB初勝利を挙げる。

サウンドカテゴリー度

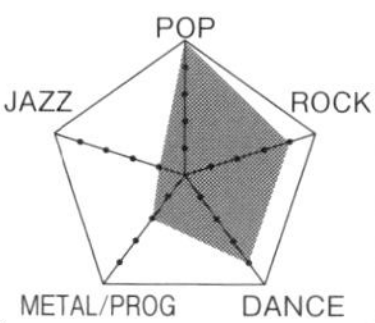

DATA

レーベル／イーブルライン
レコード（キングレコード）
作詞／前田たかひろ
作曲／しほり
編曲／橋本由香利
プログラミング／橋本由香利
ギター／西川 進
ストリングス／今野均 Strings

トラストが、ダウンタウンももクロバンドの両輪として機能していたことをここで指摘しておこう。

マー君応援ソングだけに、歌詞の「いつだって前人未到《ぜんじんみとう》」などはさすがにマー君寄せだが、これはそのまんま、ももクロにも当てハマるものであることを我々は知っている。素直な言葉を積み上げて深みのあるメッセージを伝えるのが前田の歌詞の特徴だが、本曲でも「花は咲く前に深呼吸して ちょっと背伸びする」のフレーズは天才的。それをれにちゃんが歌うのだから、「恵まれたパート割り王」のポジションも譲れない、っちうわけですな（エンディングでれにちゃんが歌ってるのはそんな自分のこと?）。「ひとつ ふたつ」と始まるサビは美メロ作家しほりの面目躍如《めんもくやくじょ》。バランスよく配されたコーラスも気持ち良し。ここでのさりげないシンセのオブリも効果的だし、何より全編アップテンポでテンションを保ち続ける芯のあるリズムトラックは、安定の橋本仕事だ。2番終わりの間奏では、シンセの泣きのメロディーに続いて西川のギターソロが炸裂《さくれつ》。高音部での高速ランで昇天に向かう。夏菜子の落ちサビから全員コーラスに向かい、「My Dear Fellow」と曲タイトルを歌ってサクッと終わるが、イントロでは「Dear My Fellow」と歌っており、呼応するようになっているのも粋《いき》な図《はか》らいで御座候《ござそうろう》。

2014年の紅白歌合戦★2ではゲストでマー君が登場して「My Dear Fellow with Mononofu《モノノフ》 JAPAN《ジャパン》」と曲紹介。**直前のももクリでライヴ収録した、9万人のモノノフによるコーラス音源**★3がサビパートで重ねられるという演出が行われた。あと、なんつっても同年12月の**FNS歌謡祭**★4。夏菜子の投げた球をしおりんがバッティング、客席にいるマー君にジャストで届けた神業《かみわざ》は、ももクロの数多の伝説のシーンの中でもトップクラスのものとして記憶されている。

★2／第65回NHK紅白歌合戦に、同年ニューヨーク・ヤンキースで活躍した田中将大がゲスト参加。この時、有安杏果はインフルエンザのため出場辞退したが、5人でのフォーメーションを変えずに杏果のポジションを空けたまま4人でパフォーマンスを行った。

★3／2014年のももクリでは、現場並びにライヴビューイング会場に参戦した9万人のファンによりコーラスを収録。筆者も無論、ここに参加しているのでゆるやかに紅白出演?

★4／2014年12月3日にフジテレビ系列で放送された。高見沢俊彦もゲスト出演したが、しおりんの天才的なセンスが全てを持って行ってしまったため、残念ながら印象は薄い。

2014・1・29発売
『美少女戦士セーラームーン THE 20TH ANNIVERSARY』 MEMORIAL TRIBUTE 収録

▼ももいろクローバーZ

『ムーンライト伝説』

アニメの名曲を昭和の檻《おり》から引き摺《ず》り出す

特撮戦隊モノ×魔法少女＝美少女戦士セーラームーン。1992年に**武内直子**《たけうちなおこ》★1が生み出したこの発明は、たちまち日本のカルチャーシーンを更新、今も巨大な座標軸の一つとして機能しているが、本書ではその音楽的な側面のみを「ももクロ目線」で扱うことにする。

まずこちら、アニメ版のテーマソング『ムーンライト伝説』。オリジナルは作詞が**小田佳奈子**《おだかなこ》★2、作曲が**小諸鉄矢**《こもろてつや》★3の手によるもので、楽曲の意匠は完全に**ザ・ピーナッツ**★4仕様の昭和歌謡ポップスのそれ。ということ自体がセーラームーンの企図だったわけですな。で、ももクロ・バージョンだが、編曲にはもはや安定の職人である近藤研二を起用。**「キー合わせに時間を割いて、原曲のCマイナーから半音上げた」、「バックトラックは大枠でオリジナルを踏襲」、「2声のハモりは2人ずつペアを組んで歌ってもらった」などと近藤は語っており**★5、オリジナルをリスペクトしつつ、ももクロ仕様に仕立て上げている。

アレンジで目立つのは、原曲よりも攻撃的なロックとし、ディストーションギターをガッツリと鳴らしている点。パート割りは夏菜子ソロ・りんりんコンビ・推され隊というコーディネートで曲調にピタッとハマり、この名曲を昭和歌謡の檻から引き摺り出すことに成功している。しっかしこの歌詞、まんまももクロなんだよなぁ。偶然もチャンスに変える生き方、いいよねぇ。

サウンドカテゴリー度

DATA

レーベル／キングレコード
作詞／小田佳奈子
作曲／小諸鉄矢
編曲／近藤研二

★1／武内直子は1967年、山梨県出身の漫画家、イラストレーター、作詞家。「美少女戦士セーラームーン」シリーズの他、その前身作品である「コードネームはセーラーV」が代表作。
★2／小田佳奈子は1962年、北海道出身の作詞家。ビーイング系列のアーティストに提供作品多数。
★3／小諸鉄矢は1967年、神奈川県出身の作詞・作曲家である「川島だりあ」の変名。愛内里菜、ZARDの他、楽曲提供は多数。
★4／60年代に活躍した双子の女性デュオ、俳優。代表曲は「ふりむかないで」「恋のバカンス」「モスラの歌」など。2016年のザ・ピーナッツ生誕75周年記念企画で、ももたまいがカヴァーした「恋のフーガ」はP386参照。
★5／「美少女戦士セーラームーン20周年プロジェクト公式サイト」内でのコメント。

2014・1・29発売
『美少女戦士セーラームーン THE 20TH ANNIVERSARY』 MEMORIAL TRIBUTE 収録

▼ももいろクローバーZ

『タキシード・ミラージュ』

究極の乙女ワールドに、ありがたく跪《ひざまず》け！

とびっきりの名曲&名唱が生まれた。本曲はアニメ「美少女戦士セーラームーン」の第3シーズンである「美少女戦士セーラームーンS《スーパー》」のエンディングテーマ曲。作詞は原作者の武内直子だが、ここで重要参考人として、作曲の**小坂明子**《こさかあきこ》★1を召喚《しょうかん》する。ももクロ探偵として私が真っ先にすべきことは、**小坂の証言**★2を届けることだろう。

『タキシード・ミラージュ』はもう、本当にピュアで。（中略）ももクロさんって普段あんまりこういうバラードって歌ってないと思うんですが、すごくハーモニーが綺麗《きれい》でした。（中略）私、彼女たちの真っ直ぐな歌い方が大好きなんですね。ビブラートのかかる歌って実は苦手で。（中略）「歌が上手い」と「歌がいい」は全然違うといつも思ってるんですけど、私、上手い歌ってあんまり興味がなくて、彼女たちはどちらかというと「いい歌」のほうだと思ってるんですよ。バーンと耳に入ってくる声と勢いがある。

どーですか皆さん。私の言いたいことはぜーんぶ、見事に小坂はんが言《ゆ》うてくれてます。音楽というものを深い部分で理解《わか》っていればこそのこの発言が、そのまま本曲への最大の賛辞だろう。アレンジで起用されたのは初参加の**菊田大介**《きくただいすけ》★3だが、原曲に忠実ながらよりファンタジックなトラックで、たまらんムードを演出してくれるのだからグッジョブだ。この素晴らしき乙女ワールドの前には、「まぁ皆さん、聴いてください」と**人生幸朗**《じんせいこうろう》★4と化すしかないのであってね。

サウンドカテゴリー度

DATA

レーベル／キングレコード
作詞／武内直子
作曲／小坂明子
編曲／菊田大介

★1／小坂明子は1957年、兵庫県出身のシンガーソングライター、作詞・作曲家。1973年「あなた」でデビュー。アーティスト、アニメ、映画への楽曲提供多数。

★2／「美少女戦士セーラームーン20周年プロジェクト公式サイト」内、小坂明子へのインタビューでのコメント。

★3／菊田大介は1982年生まれの作・編曲家。Elements Garden所属。茅原実里、栗林みな実らのほか、アニメやゲームでの楽曲提供も多数。

★4／人生幸朗は1907年、大阪府出身の漫才師。生恵幸子とともに夫婦漫才で活躍、独自の「ボヤキ漫才」のスタイルで活躍した。「まあ皆さん、聞いてください」で始まり、最後は「責任者出てこい！」で終わるのが基本パターン。1982年没。

2014・7・30 発売
12th single
『MOON PRIDE』

▼ももいろクローバーZ

『MOON《ムーン》 PRIDE《プライド》』

【オリコンシングルチャート デイリー2位 ウィークリー3位】

セーラームーンをも次元上昇、超絶コーラスワークを聴け！

セーラームーンに急接近したももクロは、満を持して「**美少女戦士セーラームーンCrystal《クリスタル》**★1」のテーマ曲を全面的に歌うことになる。まずはこちら、アニメのオープニングテーマ曲だが、作詞・作曲・編曲はアニメ「進撃の巨人」のテーマ曲「紅蓮《ぐれん》の弓矢」で乗りに乗ってる**Revo《レヴォ》**★2を起用。そしてMarty Friedman《マーティー・フリードマン》を『猛烈』（P162参照）以来再びギターに迎え、ピアノとオルガンに**五十嵐宏治《いがらしこうじ》**★3、ベースに**長谷川 淳《はせがわあつし》**★4、ドラムに**淳士《じゅんじ》**★5、ストリングスに**弦《げん》 一徹《いってつ》**★6、ティンパニに**三沢またろう**★7という強力なラインアップが実現した。これが期待せずにいらりょーかマトリョーシカだ。

曲はコズミック感のあるシンセのメロディーに軽くピアノが添えられてスタート。すかさずディストーションギターと極太ベースが落雷を落とすと、天空から女神たちのコーラスが舞い降り、イキナリの攻撃に目が眩《くら》む。なんちゅうカッコいいオープニングなのか。続くMarty のハーモナイズドギターは、ももクロとの久々の再会を歓《よろこ》ぶかのようにメロディーを弄《もてあそ》ぶ。

最先端のサウンドデザインにも拘《かか》わらず、Aメロは『ムーンライト伝説』に少し寄せたメロディー

サウンドカテゴリー度

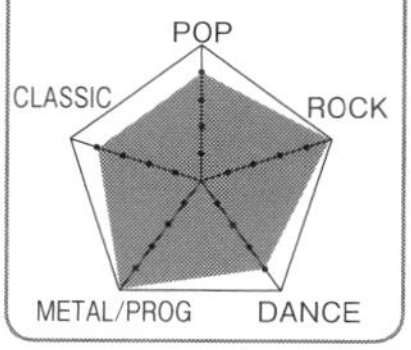

DATA

レーベル／イーブルライン
レコード（キングレコード）
作詞・作曲・編曲／ Revo
エレクトリック・ギター／
Marty Friedman
ベース／長谷川 淳
ピアノ&オルガン／長谷川宏治
ドラム／淳士
ストリングス／弦一徹 Strings
ティンパニ／三沢またろう
プログラミング／ Revo

★1／「美少女戦士セーラームーンCrystal」は、武内直子の漫画「美少女戦士セーラームーン」を原作に、2014年7月から2015年7月まで全世界同時配信されたアニメ作品。テレビアニメとしても2015年4月から9月まで放送された。

★2／Revo はSound Horizon及びLinked Horizon を主宰するミュージシャン、音楽プロデューサー。2004年、Sound Horizon として「Elysion ～楽園への前奏曲～」でメジャーデビュー。2013年、アニメ「進撃の巨人」のテーマソングで注目を浴び、Linked Horizon 名義で同年の第64回ＮＨＫ紅白歌合戦に出場。

★3／五十嵐宏治はキーボーディスト、作・編曲家、音楽プロデューサー。馬場俊英、森山良子、加山雄三らの

で出る。曲の主調はDマイナーで、歌割りはフレーズごとにかなり細かく振り分けられており、めくるめくように物語が展開。Cメロではあーりんが「譲《ゆず》れぬ矜持《きょうじ》」と曲のテーマを歌い、「自ら闘う意志」の全員コーラスに続き、ワープ感のあるシンセとドラムのハイハット刻みを1小節だけブチ込むアイデアが超クールだ。サビでは平行調のFメジャーに転調、ももクロのコーラスに、ストリングスが付かず離れずで絡み、それをギター&ベースのユニゾンでプッシュしていくというシンフォニックな技法で、宇宙空間に猛スピードで巨大戦艦を構築していく。

2番終わりでプログレ的なブリッジを経由し、Martyのギターソロに突入。絶妙のニュアンスでのチョークアップからの早弾きランと、たった8小節でドラマを構築するMartyのテクニックたるや。そして最終音を目一杯サスティンさせたところに五十嵐のオルガンが16分音符でクラシカルに舞い、先回りして待ち伏せていたMartyが絡んでいく。最高の瞬間、現時点で全ロックのインストプレイの頂点がここにある、と断言しよう。

続く大サビではストリングスがピチカートで彩りを添え、エンディングのサビでは感極まるように一音上のGメジャーに転調。ドラムがスネアでプッシュし、ストリングスとピアノがユニゾンで追い込み、ラストの「La La《ララ》 Pretty《プリティ》 Gurdian《ガーディアン》 SAILOR《セーラー》 MOON《ムーン》」では途轍《とてつ》もなく複雑なハーモニー（またの機会があれば譜面で説明しますね）で、究極のカタルシスを迎える。このコーラスの前には、先ほどの間奏のギター&オルガンソロも前座扱い、というぐらいの凄まじさだ。

と、たった4分弱で壮大なコズミックファンタジーを組み上げた天才Revoの挑戦を受け、見事に勝ち名乗りを上げた女神たちはセーラームーンをも次元上昇させた。もう一度、頭から聴け！

サポートやレコーディングなどの実績多数。

★4／1972年、神奈川県出身のベーシスト。X JAPAN Toshi、ジョー・リン・ターナーらのサポートを務める。2013年Revo率いるLinked Horizonのサポートメンバーとして紅白歌合戦に出場。

★5／淳士は1973年、神奈川県出身。SIAM SHADEのドラマー。Revo、長谷川 淳とともに、2013年の第64回紅白歌合戦に出場。

★6／ストリングスグループ「弦一徹ストリグス」を主宰するヴァイオリニスト、トランペットプレイヤー、編曲家、音楽プロデューサー。本名は落合徹也。1968年、東京都出身。トランペット奏者としては、管一徹を名乗る。

★7／三沢またろうは1960年、北海道出身のパーカッショニスト、音楽プロデューサー。東京音楽大学打楽器科でクラシックの打楽器を学び、スタジオミュージシャンとしての活動を開始。1990年、米米CLUBのサポートに加わる。井上陽水、中島みゆき、サザンオールスターズなど、さまざまなアーティストのサポートを行う「日本で一番忙しいパーカッショニスト」。

2014・7・30 発売
12th single
『MOON PRIDE』

『月虹《げっこう》』

▼ももいろクローバーZ

美少女戦士の束の間の休息でほんわか気分

タイトルがすぐに読めた人はなかなかのインテリ、或いはT.M.Revolution《ティ・エム・レボリューション》★1か、さだまさし★2のファンですな。いずれにせよ、ももクロ人脈の方々であり、諸先輩とセーラームーンの交わる地点に産み落とされた本曲は、前曲とは一転して極上の乙女バラードという、エンディングテーマ曲に相応しい内容だ。作詞の白薔薇《しろばら》sumire《スミレ》は武内直子の変名、作・編曲は小坂明子というセーラームーン作家の2人が、「ももクロのオリジナル」として書き下ろしたものだけに、楽曲の肌触りは『タキシード・ミラージュ』(P267参照)に極めて近い。特にももクロの歌唱の本質を理解した小坂の、5人への愛情溢れる眼差しが曲に現れており、良質のジャパニーズ・ポップスならではの、程よい温もりを感じさせてくれる。

主調はEメジャーで、アンビエント感のあるピアノとプログラミングによるハイハットがリズムを刻み、曲はスタート。ギターのハーモニクスが空間に放たれ、そこに荘厳《そうごん》なオルガンが加わり、音のファンタジーを紡いでいく。EとAmのコードを交互に鳴らすことで浮遊感を出す手法は、キー

サウンドカテゴリー度

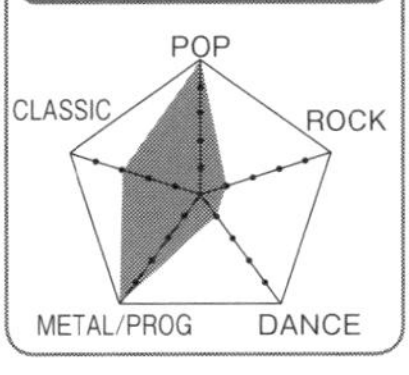

DATA

レーベル／イーブルライン
レコード（キングレコード）
作詞／白薔薇 sumire
作・編曲／小坂明子
フレンチ・ホルン／
Jonathan Hamill、萩原顕彰、
上間善之、井上 華
エレクトリックギター／古川 望
ストリングス／弦一徹 Strings
プログラミング／小坂明子

★1／T.M.Revolutionは、1970年、滋賀県出身のアーティスト、西川貴教のソロプロジェクト。「月虹 -GEKKOH-」は「the end of genesis T.M.R. evolution turbo type D」名義の2ndシングル。西川が主催し地元・滋賀県で2009年から開催されている「イナズマロックフェス」に、ももクロは2014年から3年連続で出演。

★2／1952年、長崎県出身のシンガーソングライター、タレント。1973年、グレープ「雪の朝」でデビュー、翌年発表の「精霊流し」が大ヒット。ソロ活動後もヒットを連発する傍ら、山口百恵の「秋桜」の楽曲提供、フジテレ

は違うが『月と銀紙飛行船』（P228参照）と同様だが、本曲ではこのイントロにしか出てこない。「手をつなごう」と最初に歌い出すのはあーりん、続いてれにちゃん。あーりんのキャンディヴォイスを受け継ぎ、れにちゃんもいつも以上に甘めに歌うので、聴く者は速やかに炬燵《こたつ》の温もりに包まれる。次いで「上空には」と夏菜子が歌うと、炬燵にホッコリと入ったままで上を見上げてしまい、そこには照明しか見えないはずなのに、「月虹」が見える気がするのは俺が単に酔っているからかもしれない…。サビは全員のユニゾンだが、何ら凝ったコードを使わず、ポップスのセオリー通りの進行に素直なメロディーを乗せていく。コーラスパートを最小限にとどめ、優美な**フレンチホルン**★3を響かせるアレンジがこよなく美しい。そしてユニゾンの後に夏菜子ソロで泣きのフレーズを持ってくるもんだから、またもや上を見上げることになるわけで、もうこうなったらせっかくだから窓を開けて夜空を見ますかー。

2番が終わり、ストリングスがさざめき出してフレンチホルンが高まっていくと、半音下のE♭にメジャーに転調してベースチェンジ。気合を入れて闘いに行くが、今夜の相手は楽勝、闘いはそう長くは続かない。スプラッシュ音で星が舞い散るとたちまち勝利し、ほんわか幸せなサビとともにエンディングへと向かい、オルガンをたっぷり伸ばして曲は終わる。

『MOON PRIDE』における闘いで乙女のプライドを見せ、本曲で再会を祈った5人は、新たな闘いへと向かう。それが次曲だが、たった3曲でメリハリの効いたセーラームーンの世界観を描き切れている。やはりももクロの場合はシングルにはシングルの、アルバムにはアルバムのコンセプトがあるので、この3曲はぜひ続けて楽しんで**ほしーなみれい@エビ中**★4。

ビ系のドラマ「北の国から」の音楽など、幅広く活動。2013年には日本武道館で、ソロ・コンサート通算4000回を達成。この際、佐々木彩夏がゲスト出演して「秋桜」を歌っている。

★3／フレンチホルンは渦巻き状の管が特徴的な金管楽器。「ホルン」と呼べば、フレンチホルンを指すことが多い。金管楽器だが柔らかい音色ゆえ、木管アンサンブルでも用いられる。

★4／星名美怜は私立恵比寿中学の出席番号7番。自己紹介は「あなたのハートが（ほっしーな！）みんなの声援（ほっしーな！）盛り上がって〜（ほっしーな！）、360度どこからみてもアイドル！出席番号ラッキー7 星名美怜です」。

2014・7・30 発売
12th single
『MOON PRIDE』
ももクロ盤にのみ収録

▼ももいろクローバーZ

『Moon Revenge《ムーン・リベンジ》』

戦闘力を高めたセーラームーンの人気曲

本曲のみオリジナルではなく、アニメ映画「劇場版 美少女戦士セーラームーンR」の主題歌のカヴァー。オリジナルはセーラームーンの声優陣5人組、三石琴乃《みついしことの》（月野うさぎ／セーラームーン役）、久川綾《ひさかわあや》（水野亜美《みずのあみ》／セーラーマーキュリー役）、富沢美智恵《とみざわみちえ》（火野レイ／セーラーマーズ役）、篠原恵美《しのはらえみ》（木野まこと／セーラージュピター役）、深見梨加《ふかみりか》（愛野美奈子《あいのみなこ》／セーラーヴィーナス役）が歌っている。で、クレジット上は5人の名前そのままだが、彼女たちはユニットとして**Peach《ピーチ》 Hips《ヒップス》**★1の名義でセーラームーン・ソングスを歌っていたりするのだ。ユニット名、なぜか〝桃〟なんだよねー（たまにはこーゆー豆知識もいいでしょ）。作詞はアニメ作品で活躍した**冬杜花代子《ふゆもりかよこ》**★2、作曲は小坂明子で、ももクロ・バージョンでは編曲に橋本由香利を迎え、さらにギターに西川 進、コーラスに**渡部沙智子《わたべさちこ》**★3を加えることで、オリジナルを遥かに超える戦闘力の高いトラックとしている。

イントロやギターのオブリガートなど、概ね原曲のフレーズを尊重したアレンジだが、大きく違うのはやはりドラムのサウンドとSE。キックが図太くなり、SEがキュイ～ンとスクラッチを

★1／ピーチヒップスはセーラームーンの声優5人組グループ。ライヴイベントも度々開催。
★2／冬杜花代子は高橋真梨子、堀江美都子、影山ヒロノブらへの楽曲提供のほか、童謡や校歌も手がけた作詞家。2003年没。
★3／渡部沙智子は1977年、東京都出身のヴォーカリスト。アーティストのサポートのほか、小川美潮や仙波清彦のライヴにも参加。現在は男女9人組のヴォーカルグループ「Singing in the Park」のメンバーとしても活動中。

サウンドカテゴリー度

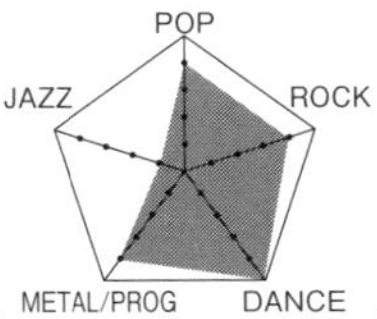

DATA

レーベル／イーブルライン
レコード（キングレコード）
作詞／冬杜花代子
作曲／小坂明子
編曲／橋本由香利
プログラミング／橋本由香利
ギター／西川 進
コーラス／渡辺沙智子

捩《ね》じ込んだりと、完全にクラブ以降の仕様になっているのはデジタルテクノロジーの進化。ゆえに昭和感のあるマイナーのメロディーなのに湿っぽくはならず、「太陽フレア」（どっかで聞きましたね？）の如きアツさを感じさせるのだ。そこにももクロのヴォーカルが乗っかるのだから、これはもうゆるやかに護摩《ごま》焚《だ》き修行《しゅぎょう》の様相を呈するのであってね。

主調はお馴染みDマイナーで、実はオリジナル通り。なのだが、可能であればぜひ聴き比べてください。歌の出だしから、ニュアンスがもう全然違いますね。好みは別にして、オリジナルは「大人の女性が歌ってます感」がハンパなく、完全にももクロの方が本物のセーラームーンじゃん。こんなとこで、'90年代の声優さん事情って、今とは相当に違うかったんだなー、ということもよく分かって興味深いです。しかも、ももクロはAメロから余裕でコーラスをカマすわ、Bメロではあーりんがクネり狂うわ（2番は杏果が黒々とシャウティング）、サビではいよいよハイトーンでハモを重ねていくわと、全員が無双でやりたい放題やからホンマ無敵ですわなー（この辺なぜか大阪弁）。

せっかくなので、と間奏ではオリジナルになかったギターソロまで登場。のっけからのワウ攻撃は**マイルス・デイヴィス《Miles Davis》の「アガルタ《AGHARTA》」「パンゲア《PANGAEA》」時代のピート・コージー《Peat Cosey》**★4を彷彿《ほうふつ》とさせ、後半はグチョグチョになっていくという西川 進のスタイルは、「太陽フレア奏法」と勝手に命名してもいいだろう。夏菜子のエモーショナル全開の落ちサビから全員サビの鉄板パターンの前には、**キセニアン**★5も裸足で逃げ出すしかない。なお本曲と『タキシード・ミラージュ』（P267参照）が、セーラームーンの小坂ソングスの2トップらしいです。納得ね。

★4／「アガルタ」「パンゲア」は1975年の来日ツアー時、大阪フェスティバルホールで収録されたマイルス・デイヴィスのライヴアルバム。通称「アガパン」と呼ばれ、マイルス・デイヴィスの音楽が最もダークでカオティックになった頃の記録として、コアなファンが多い（オレもー）。ピート・コージーは同アルバムのライヴツアーに参加していたギタリスト。フリージャズとブルース、ジミ・ヘンドリクスを謎のエフェクター処理でグチョグチョに混ぜ込んだ破天荒なスタイルでバンドを推進。マイルスと対等に渡り合った数少ない存在。

★5／キセニアンは「劇場版美少女戦士セーラームーンR」の敵キャラクター。

2014・7・15 発売
ニッポン放送開局60周年
配信限定ソング
『忘れられぬミュージック』

『忘れられぬミュージック』

▼松任谷由実、ゆず、ももいろクローバーZ、back number、大原櫻子

「ももクロのユニゾンがもたらす魔法」が確認できる、格好の1曲

　2016年の本書『ももクロを聴け!』の初回版では、本曲は「ももクロが参加してはいるが、あくまでコーラスの一員である」と判断して軽やかにスルーしていたが、どのような形であっても「ももクロが参加している限りにおいては全て採り上げる」というスタンスを貫くことに決めて、前回の結成10周年記念版から掲載している本曲。「ももクロのユニゾンがもたらす魔法」を確認するための、格好の楽曲であることをまずもって指摘しておこう。

　2014年7月、ニッポン放送の開局60周年記念ソングとして**配信限定でリリース**[★1]された本曲は、**松任谷由実**《まつとうやゆみ》[★2]（以下、ユーミン）の作曲によるオリジナル曲で、**2007年にリリースされた『ミュージック』**[★3]のリニューアル・バージョンとなる。基本的なメロディーラインはオリジナルと同じなのだが、わずかに歌詞に手が入り、またフォークロック然とした2007年のバージョンとはアレンジをかなり大胆に変えている。特にイントロにはユーミンのスタンダードである『**守ってあげたい**』[★4]を彷彿《ほうふつ》とさせるようなコーラスを加えることで、より自身のカラーに染め上げている。参加ヴォーカル陣は、ユーミ

★1／2014年11月28日に横浜アリーナで行われた『オールナイトニッポン Radio Live 忘れられぬミュージック』のイベントのパンフレットには、本曲のCDが付属された。ももクロは同ライヴにおいて見事にトリをつとめ、最後に出演者全員で本曲が披露されている。

★2／松任谷由実は1954年、東京都出身のシンガーソングライター。愛称は「ユーミン」。1972年に荒井由実としてシングル『返事はいらない』でデビュー。1976年にキーボーディスト&アレンジャーの松任谷正隆との結婚を機に改姓。筆者は『ひこうき雲』に始まる荒井由実時代のアルバム4作は、我が国のシティポップの原点にして金字塔であると捉えている。必聴！

★3／「Golden Circle feat. 寺岡呼人・松任谷由実・ゆず」の名義での

DATA

レーベル／トイズファクトリー
作詞／松任谷由実、寺岡呼人、ゆず、桜井和寿
作曲／松任谷由実
編曲／寺岡呼人

ン、ゆず、ももクロ、back number《バック ナンバー》★5、大原櫻子《おおはらさくらこ》★6という豪華メンバーだ。

Aメロの頭では、ゆずの北川悠仁《きたがわゆうじん》が伸びやかな歌唱を聴かせて、まずは楽曲の心浮き立つようなムードを作る。続く「君みたいな人じゃないかな」で、我らがももクロが降臨。北川とのコントラストということもあるが、瞬時にして曲がパッと華やぎ、若返ったような印象になるのが、誰の耳にもハッキリと確認できるだろう。同時にこのユニゾンコーラスの行方が、決してノスタルジーではなく、希望に満ちた明日に向かって照射されているようにも感じられるはずだ。限りなく前向きで無垢《むく》なこのニュアンスこそが「ももクロのユニゾンがもたらす魔法」なのであり、そこには常に笑顔が添えられ、音楽を歓びと品格に満ちたものにしてくれるのである。続くback numberのメインヴォーカル清水依与吏《しみずいより》のコクのある歌唱で一旦は落ち着くが、サビでは全員がコーラス。ここでは実に丁寧に声がミックスされており、エンジニアの抜群のセンスが窺える。それぞれに個性的なヴォイスがしっかりと聴き取れる中、ももクロがコーラス全体の上空で「突き抜け感」をもたらしていることを、確認していただきたい。

2番は大原櫻子の切なくもキュートなヴォイスから出て（ここもたまらんパート）、コクの清水、貫禄のユーミンとリレーして、再びのサビへ。ここで気づくのは、実はこのメンバーの中でももクロと歌唱スタイルにおいて一番近いのはユーミンである、ということだ。テクニックで歌い上げるのではなく、曲のニュアンスにナチュラルに沿うユーミンの歌心に、彼女のピュアネスの秘密の鍵も感じることができよう。

短い大サビを挟んでシンセのソロでグッと盛り上げ、落ちサビで再びももクロのユニゾンが登場。ラストのサビでは全体のテンションが高まる分、ももクロの成分がより浮き立つ。とまあ立場上、ももクロ中心のリスニングとなることをお許しいただきつつ、改めて「ええ曲やなあ」と思うのであってね。

リリース。

★4／1981年6月にリリースされた松任谷由実の17枚目のシングルで、同年公開の、薬師丸ひろ子主演の角川映画『ねらわれた学園』の主題歌。アルバム『昨晩お会いしましょう』にも収録。数多くのカヴァーがある中、筆者のベストは原田知世の1983年のアルバム『Birthday Album』に収録のバージョン。ももクロのバックコーラスには欠かせない加藤いづみも、2008年のカヴァーアルバム『favorite』で歌っているので、そちらもぜひ。

★5／back numberは群馬県出身の3人組のロックバンド。2004年結成。2011年に『はなびら』でメジャーデビュー。2018年夏には、初のドームツアーを開催予定。

★6／大原櫻子は1996年、東京都出身の女優、歌手。2013年に映画『カノジョは嘘を愛しすぎてる』のヒロイン役に抜擢され、女優デビュー。同作の劇中バンド「MUSH&Co.」のヴォーカリストとして歌手デビューも果たし、以降は女優と歌手を両立。個人名義でシングル9枚、アルバム2枚をリリースしている。しおりん推しのモノノフとしても知られる。

2014・12・24発売
「ももいろクリスマス 2014 さいたまスーパーアリーナ大会 ～ Shining Snow Story ～」開催記念 single
『一粒の笑顔で…/ Chai Maxx ZERO』

▼ももいろクローバーZ

『一粒の笑顔で…』

サウンドカテゴリー度

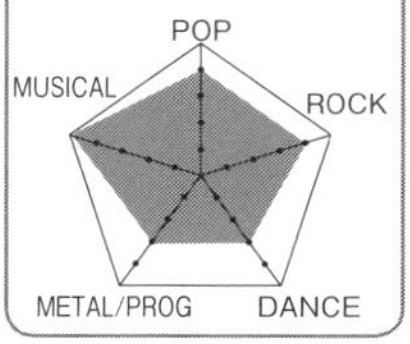

DATA

レーベル／イーブルライン レコード（キングレコード）
作詞・作曲／小坂明子
編曲／小坂明子、渡辺チェル
オーケストラアレンジ／小坂明子
リズムアレンジ&プログラミング／渡辺チェル
ピアノ／松田真人
ギター／川瀬 智
ベース／田辺トシノ
シンセサイザー／渡辺チェル
ストリングス／弦一徹 Strings
フルート／高桑英世、柴田真梨子
オーボエ／最上峰行
クラリネット／十亀正司
ホーン／ Jonathan Hamill、上間善之、大野雄大、萩原顕彰
トランペット／ LUIS VALLE、奥村 晶、二井田ひとみ
トロンボーン／村田陽一、奥村 晃
バストロンボーン／山口隼士
C. パーカッション／藤井珠緒
ハープ／朝川朋之

ミュージカル仕立てに新境地をひらく

2014年春の国立競技場大会、夏の日産スタジアム大会と続いた大規模ライヴを受けて年末に開催された『**ももいろクリスマス2014 さいたまスーパー アリーナ大会 ～ Shining《シャイニング》 Snow《スノー》 Story《ストーリー》 ～**』★1のテーマソングとしてリリースされた開催記念限定販売シングル。注目すべきは「テーマソング」という点で、**国立競技場大会のラストでの夏菜子の名言「みんなに笑顔を届けるという部分で、天下を取りたい」**★2を受けて、今大会は笑顔をテーマに構成され、ミュージカル仕立ての演出が施された。そこで、一連のセーラームーンの楽曲でのコラボレーションで実績があり、ミュージカルにも精通する人材として、作詞・作曲の小坂明子に白羽の矢が立った、という経緯《いきさつ》だと思われる。なお編曲については小坂がオーケストラアレンジを、**渡部チェル**★3がリズムとプログラミングを担当している。

本曲についてはももクリ2014のライヴ映像を観た方が、より理解が深まる。「ロボット少女の笑顔と感情を呼び覚ます」というミュージカル仕立ての台詞回しを受けて本曲が始まる

★1／2014年12月24日と25日に開催された。ももクリとしては3回目のさいたまスーパーアリーナだが、スタジアムモードでの開催は初であり、2日間で5万449人を動員。ダウンタウンももクロバンドの規模は過去最大の編成で、トランペット×4、トロンボーン×4、サックス×5と、合計13管のビッグバンド仕様となった。黄帝心仙人（こうていせんにん）が率いるロボットダンスチーム「タイムマシーン」や、30名からなるソシアルダンスチーム「ソシアルクローバーZ」も参加し、ミュージカルの世界観を完璧に創り上げた。なお本曲とライヴのミュージカル仕立ての演出については、ディズニーアニメ「アナ

…という展開だったからだ。リリースされた音源では、冒頭のセリフ回しがなく、いきなりドラムのフィルインからギター&ホーンズが飛び込んで曲が始まるので、中間部の「私達が笑顔にする！」や、エンディングの「辛いことや～」などの台詞が、いささか唐突に感じられるかもしれない。にしても杏果の「しんどいこと」って関西マナー、可愛いよなぁ。

以上の背景ゆえに、曲調はクリスマス感よりもミュージカル感の方が強く、ももクリのシングルの中でも異色の曲となっている。さらに、『月虹』（P270参照）の大サビの延長に『鋼の意志』（P252参照）のズンズン感を乗せたような既視感があり、こうなるとやにわに「笑顔を取り戻すための闘い」の様相を呈してくる。「たった一粒の涙で」と頭で夏菜子が歌い出すことで戦闘モードが整い、あーりんがぷにっぷに～と続き、そのサイドで「just a smile《ジャスト ア スマイル》」と杏果がシャウトするのは新パターン。しおりんとれにちゃんのデュオパートも凝った絡みで、この辺りは小坂の「ももクロのヴォーカルでいろいろ試してみたい」という職人気質の表れだろう。ホーンズとドラムはブラバン風。そのあちこちにストリングスの下降・上昇のフレーズを華やかに散りばめたゴージャスなサウンドは、ももクリ2014の感動を短くパッケージしたようで、テーマソングとしては完璧ですな。

そして台詞パート。これはももクロの楽曲における新たなチャレンジなのだ。これまでに歌唱、ラップ、その中間辺りの表現はモノにしてきたが、ここまで楽曲の中に台詞がストレートに挿入されることはなかった。今となっては映画並びに舞台の『幕が上がる』での本格的な女優活動を目の当たりにしている我々だが、その前史として本曲を捉えることでまた新たな楽しみも生まれる。ももクロは1粒ではなく、2粒も3粒も美味しいのでーす。

と雪の女王」の影響を受けており、ももクロのメンバーから提案されたもの。

★2／メンバーやスターダストの運営スタッフの間では、短く縮めて「笑顔の天下」と言われる、百田夏菜子の責任感と天才性を集約した名言。なお「ももクリ2014」のラストメッセージでは、「みんなで一緒に世界中を笑顔にできたらと思います」と改めて決意表明した。

★3／渡部チェルは1968年、東京都出身の作・編曲家、キーボーディスト、音楽プロデューサー。「WATA-BOO」の名義でダンス☆マンのバックバンド「ザ・バンドマン」に参加。アーティストやアニメ、ゲームなどに数多くの楽曲を提供している。

2014・12・24発売
「ももいろクリスマス2014 さいたまスーパーアリーナ大会～Shining Snow Story～」開催記念single
『一粒の笑顔で…/Chai Maxx ZERO』

▼ももいろクローバーZ

『Chai《チャイ》 Maxx《マックス》 ZERO《ゼロ》』

ももクロ版の「ディシプリン・ナンバー」

タイトルが示すように、本曲はライヴにおける鉄板盛り上がりチューンである『Chai Maxx』（P102参照、以下『チャイマ』）の関連曲。ここでのZEROは「エピソード0」の意味で、『チャイマ』の勇敢な挑戦者たちがリングサイドにあらわれる以前という位置づけになる。従って作詞は只野菜摘、作・編曲は横山 克という『チャイマ』コンビ。この2人には『JUMP!!!!!』（P256参照）での経験も加わっているので、高いチーム力が期待できるし、歌詞にも「チームプレイが生命線」のフレーズがある。なるほど『チャイマ』であのような熾烈《しれつ》な闘いを制し、『天使とジャンプ』で銭湯を満パイにできたのは、ももクロと只野・横山のチームプレイの賜物《たまもの》だったわけですな。

てな妄想をしているボンクラ頭に、「練習練習ひたすら練習」のフレーズがのっけから体育会系ノリでガツンと食らわされる。そう、試合前にはひたすら練習あるのみ、負けたらゼロのままだが、「音楽にもディシプリン《discipline》★1が大事なんだよ…」とロバート・フリップ《Robert Fripp》★2師匠も言うてます。曲調は『チャイマ』の流れを受けながらもよりスピーディーかつエレクトロ、エクササイズ感一杯にBP

★1／ディシプリン（discipline）とは規律・訓練の意味。1981年発表のキング・クリムゾンのアルバムタイトル。同アルバムの発表前の1981年4月の段階ではバンド名としてもdisciplineを使用していたが、アルバム発売前にキング・クリムゾンの名称を復活させた。

サウンドカテゴリー度

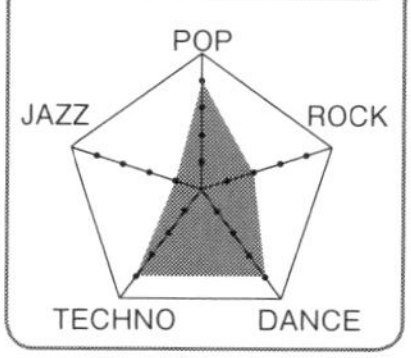

DATA

レーベル／イーブルライン レコード（キングレコード）
作詞／只野菜摘
作・編曲／横山 克
ギター／堤 博明
サックス／竹上良成
プログラミング&キーボード／横山 克

M168で疾走する。主調はE♭メジャーで、メロディーの各所に短3度（ここではG♭音）が出てくるブルースロック仕様だが、冒頭での「負けたら」の「ま」の音を長3度のG音で走らせている。「Cha《チャ》 Cha《チャ》 Cha《チャ》」とか「スキスキスキスキ」など、反復フレーズの多さが練習における追い込み感を表現するかのようで面白い。トラックもシンプルに4つ打ちのリズムとブリブリしたシンセベースで土台を作り、ディストーションギターやピアノ、シンセのSE、ホーンなどをパートごとに添える程度。概ねリズムの音圧とももクロのヴォーカルを軸にしているが、たまにフィルインするティンバレスは一瞬、『上球物語』（P232参照）を連想させる辺りに、過去曲と一部の意匠を共有することで、「新曲でありながら親しみを持たせるように」との横山の計算が垣間見える。てか『チャイマ』と『上球物語』と本曲ってシリーズ扱いですよね、楽曲的には。あと杏果が溺れちゃいそうになると、サウンドも溺れちゃいそうにしたり、竹上のサックスを好きなように咆哮《ほうこう》させてSE的に使ったりと、DJ的な遊び心も加わっている。約4分の全力疾走で最終コーナーを曲がってゴールが見えたのだろう、半音上のEメジャーに転調し、そのままゴールまで一直線に走り抜ける。聴いてるこちらもハアハアと息を荒くするわけだが、完走したのでお茶飲んでいいですかー？

本曲の初披露はももクリ2014だったが、セトリ的には『チャイマ』と入れ替わるような扱いとなっており、『チャイマ』と本曲が並存することはなかったが、翌年の『桃神祭2015エコパスタジアム大会』の初日に、本曲からの『チャイマ』という連チャンが行われ、それ以前に**『月間 TAKAHASHI 2月号』で本曲からの『上球物語』という連チャンも行われている**★3ことから、一連の「チャイマサーガ」は一つの完結を見ていることを報告しておこう。

★2／ロバート・フリップは1946年、イギリス出身のギタリスト、キング・クリムゾンのリーダー。椅子に座ってプレイするという、ロックミュージシャンらしからぬ哲学的なスタイルで逆に個性を発揮。アルバム「disciplin」以降は機械的な反復フレーズをポリリズミックに組み合わせる、独自のギター・アンサンブルのスタイルを確立。

★3／2015年2月12日、愛知県のZepp Nagoyaで行われたコンサート。ライヴの後半で『Chai Maxx ZERO』と『上球物語』が続けて披露された。なお『Chai Maxx』と『上球物語』の合体は、2013年5月27～29日に横浜アリーナで行われた、5人のメンバーそれぞれがプロデュースしたANGEL EYES会員限定イベントにおいて、5月29日昼の有安杏果プロデュースの回で『上球Maxx』として披露されている。

2014・12・24 発売
「ももいろクリスマス 2014 さいたまスーパーアリーナ大会 〜Shining Snow Story〜」開催記念 single
『一粒の笑顔で.../Chai Maxx ZERO』

▼ももいろクローバーZ

『KO《こ》NO《の》YU《ゆ》Bi《び》 TO《と》MA《ま》Le《れ》』

所ジョージの原点的ノベルティソング

テレビ番組『ももクロChan』の企画で、ももクロが所ジョージの世田谷ベース★1に赴《おもむ》いた際に、ノリでできた楽曲。所さんって今でこそ「趣味で機嫌よく生きてる大人の代表」みたいに思われていますが、元々は音楽志向が強く、かつてダウン・タウン・ブギウギ・バンドのボーヤ★2を経験し、芸名の名付け親は宇崎竜童《うざきりゅうどう》★3。弾き語りコメディソング芸人みたいな感じでテレビ界に登場したんですね。なのでノベルティソングはお得意で、実のところ奥田民生《おくだたみお》★4あたりは相当な影響を受けていると思われる。で本曲、作詞・作曲は所だが、編曲をTeddyLoidが手がけることで所の「ひらめき」を巧い具合に消化しつつ、ももクロ仕様のトラックに仕上げている。

コミカルな曲調ながら、歌詞はかなりメッセージ性が強い。この指とまれ、と声をかけるのは「ガマンをする人」であるというね。詳細は曲を聴いて確認してほしいのだが、リベラルですな〜、所さん。しかしももクロちゃんたちは実に無邪気に歌って、うまい具合に毒気を緩和している。ライヴでも歌われる機会は少なく、2015年4月12日にZepp Sapporoで行われた『月刊TAKAHASHI 4月号』が初お披露目にしてこれっきりと、若干スルー気味な感じ。まあ確かに、ライヴ向きの曲ではないですからな。でも所さん、後に『ももクロChan』のオープニングテーマ曲を作ることになるわけで、引き続きあんじょうたのんます、とお願いする俺は一体どのような立場なのか（市井《しせい》のいちモノノフです）。

★1／世田谷ベースは、所ジョージの事務所兼遊び場。ビートたけしをはじめとする所の仲間の溜まり場でもあり、自身の出演番組の収録も行われる。
★2／ダウン・タウン・ブギウギ・バンドは「スモーキン'ブギ」や「港のヨーコ・ヨコハマ・ヨコスカ」のヒットで知られるロックバンド。リーダーは宇崎竜童。ボーヤとは、バンドの専属で楽器のセッティングや各種のお世話をする係。
★3／1946年、京都府出身のロックシンガー、作曲家、俳優。妻は作詞家の阿木燿子で、ソングライティング・チームとして山口百恵の「プレイバックpart2」「美・サイレント」などを手がけ、その全盛期を支えた。
★4／1965年、広島県出身のシンガーソングライター、ギタリスト、音楽プロデューサー。ロックバンド、ユニコーンのメンバーとして1986年、アルバム「BOOM」でデビュー。PUFFYのプロデューサーとしても知られる。

サウンドカテゴリー度

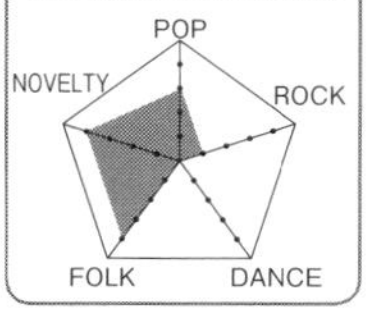

DATA

レーベル／イーブルラインレコード（キングレコード）
作詞・作曲／所ジョージ
編曲／TeddyLoid
ギター／所ジョージ
プログラミング／TeddyLoid

column 7

このカヴァー・バージョンを聴け！

ももクロは自らのライヴやテレビ出演などで、数多くのアーティストのレパートリーをカヴァーしている。基本「その場だけのもの」ゆえ公式音源はほぼないが、映像作品では『ももいろ夜ばなし第一夜「白秋《はくしゅう》」&第二夜「玄冬《げんとう》」』があるので、聴きどころをピックアップしておこう。

まず『白秋』だが、玉井詩織のソロによる『少女人形』が白眉。オリジナルは１９８１年発売の伊藤つかさのデビュー曲だが、作曲は南こうせつ。『白秋』時（２０１２年）のしおりんにピッタリの曲だし、こういう無垢なアイドルソングは、おそらく何を歌っても抜群だろう。

有安杏果の『なごり雪』も良い。シャウトではない彼女のバラーディアとしての魅力がよく分かるし、メロディーのニュアンスを大切にした歌いこなしは、他のメンバーにはないものだ。

２０１４年の『玄冬』では、高城れにの『Hello, Again《ハロー・アゲイン》～昔からある場所～』が最高にチャーミング。ももクロのソロ曲ではこの時点までは演歌路線だったが、このような歌唱を聴いてしまうと、やはりれにちゃんにはスウィートなポップスが似合うなぁ…と思わざるを得ない。佐々木彩夏はコスプレとセットで昭和アイドルを演じるパターンだが、ここでの「Rock'n Rouge《ロックン・ルージュ》」は、松田聖子のオリジナルとは異なる魅力。そして百田夏菜子の『宙船《そらぶね》』。中島みゆきによるＴＯＫＩＯチューンをオリジナル以上のエモーションで歌い上げるこのバージョンこそ、本曲のベスト・バージョンではないか。

2015・1・28 発売
13th single
『夢の浮世に咲いてみな』

▼ももいろクローバーZ vs KISS

『夢の浮世《うきよ》に咲いてみな』

【オリコンシングルチャート ウィークリー2位】

KISS《キッス》を従え、浮世絵の世界に舞う乙女侍たち

ビックリしたなぁ〜、もぉ〜。いきなりレジェンダリーなロックバンド、**KISS**★1とガチ共演しちゃうんだからさあ。しかもこれ、KISS側からのアプローチというオマケつき。でも分かりますよね、KISSのこと知ってれば。彼らがずーっとやってるライヴのスタイルって、ロックをベースにした総合エンタメなので、ももクロとニアリィイコールだもの。ももクロもこれまでにKISSのメイクをやったりして、「どれだけ凄いか」はともかく、その存在は知っていたわけだし。しかし、曲となるとどうなのか？ いやぁオールドスクーラーなKISSが、ももクロの最先端楽曲の意匠に追いつくことができるのか、というのがモノノフの興味のポイントなのであった。結果として本曲は「ももいろクローバーZ vs KISS」という名義でリリースされたのでコラボチューンという扱い。この「VS《バーサス》」ってのがイイよねー。やっぱKISS、エンタメっちうもんを分かっていてます。

作詞は岩里祐穂&**ポール・スタンレー**《Paul Stanley》★2、作曲はポール・スタンレー&**グレッグ・コリンズ**《Greg Collins》★3、編曲はKISS& Greg Collinsという体制。この段階ではももクロ陣営は岩里のみ。裏でキン

★1／KISSは1973年結成のアメリカのロックバンド。デビュー当初より白塗りのメイクと派手なステージ演出で、ロックのエンターテインメント性を一気に推し進めた。代表曲は「Detroit Rock City」「Love Gun」「Beth」など多数。
★2／ポール・スタンレーはKISSのオリジナルメンバー、シンガー、ギタリスト。1952年生まれ。KISSの多くの楽曲を手がけており、ギターリフを生かしたシンプルでポップな曲作りは、KISSのトレードマーク。
★3／グレッグ・コリンズはエンジニア、サウンドプロデューサー。U2やノー・ダウト、レッド・ホット・チリ・ペッパーズらを手がける大物で、

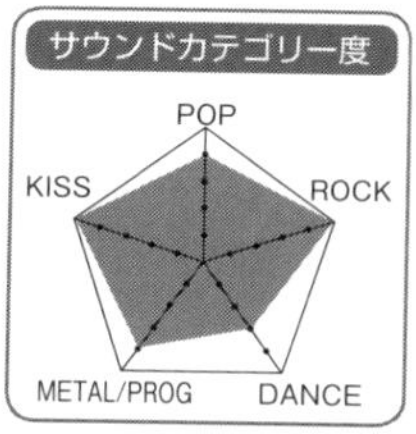

DATA

レーベル／イーブルライン
レコード（キングレコード）
作詞／岩里祐穂&
Paul Stanley
作曲／Paul Stanley &
Greg Collins
編曲／KISS & Greg Collins
ギター／Paul Stanley &
Tommy Thayer
ベース／Gene Simmons
ドラム／Eric Singer
プログラミング&シンセサイザー／
Greg Collins
コーラス／KISS

グレコードの宮本が援護射撃をしていたが、体力的には明らかに劣勢に立った状態で戦闘はスタートする。案の定、冒頭のヘヴィなギターリフからKISS軍は本気で攻めてきており、ここのリフとサウンドのムードは明らかにハリウッドのそれ。これまでのももクロにはない音場感が新鮮だ。先行は夏菜子、続いてしおりん、あーりん、杏果の順に乙女侍たちが突撃していくと、「あっち向いてホイ」で敗れたKISSの連中はあれよあれよとだらしなく軍門に下り、サビでは「Paint《ペイント》 It《イット》 !」とかコーラスで応援始めるし、「Hey《ヘイ》 ! Hey《ヘイ》 ! Hey《ヘイ》 !」って気持ちよさそうにコールするし、やはりアメリカのおっちゃんらもいたずら子猫ちゃんたちには勝てないのだな。

なお主調はDマイナー、サビでGマイナーに転調するが、正統派ギター・ハードロックにわずかにシンセを足し（重低音が効いてます）、ここまで図太くもスケール感のあるサウンドを作るのだから、やはりKISS、衣装を着た時の**ジーン・シモンズ**《Gene Simmons》★4の巨躯《きょく》も含め、なかなか見上げたものである。

面白いのは大サビ。夏菜子のソロからのバックではギターがお休み、シンセのみをふんわりと空間に置いて、束の間の安らぎを演出する。再びのギターリフからはシンセが風雲急《ふううんきゅう》を告げると、ももクロはKISSを従え、決然と次なる戦場へと向かう。

本曲はMVも「vs KISS」ならではの特別版で、アニメ「キルラキル」で知られる**すしお**★5の描くももクロちゃんたちが実にチャーミングだし、**歌川国芳**《うたがわくによし》★6の浮世絵「源頼光四天王土《みなもとのよりみつしてんのうつち》蜘蛛退治図《ぐもたいじず》」を基調とした世界観も素晴らしい（P31参照）。冒頭いきなり「せっぷん」と出たのは笑っちゃいましたが。あとしおりんの鯉のぼりは、絶対に武器になんないです。

本曲の独特の音響空間は彼ならではのもの。

★4／ジーン・シモンズはKISSのオリジナルメンバー、シンガー、ベーシスト。1948年生まれ。ライヴにおいては長い舌を利用して血を吐いたり火を吹いたりするパフォーマンスで、強烈なインパクトを与える。2006年、リアリティ番組「ジーン・シモンズのファミリー・ジュエル」に家族とともに出演、一般的な知名度をアップした。

★5／すしおは1976年、埼玉県出身のアニメーター、イラストレーター。アニメ制作会社トリガーのアニメーターとして、アニメ「キルラキル」のキャラクターデザインを手がける。モノノフとしても知られ、ももクロのイラスト作品やノベルティを多数手がけている。

★6／歌川国芳は江戸時代の浮世絵師。1798年生まれ、1861年没。当時の幕府を風刺する作風で人気を博した。「源頼光公館土蜘作妖怪図」は1843年の作品。他に代表作として、「宮本武蔵と巨鯨」「牛若丸僧正坊隋武術覚図」などがある。

2015・1・28 発売
13th single
『夢の浮世に咲いてみな』

▼ももいろクローバーZ

『Rock and《ロックン》 Roll《ロール・》 All《オール》 Nite《ナイト》』

ハードロックの大名曲がピンクに染まった

KISSの代表曲のももクロによるカヴァー。曲調は彼女たちにピッタリのご陽気ロケンロール。演奏はKISSではなく、ギター&プログラミングにNARASAKI、ギターソロに人間椅子の和嶋慎治、プログラミングにゆよゆっぺという、必殺のチームNARASAKIだ。とくれば、せっかくなので岩里や只野あたりに日本語の歌詞をつけてもらえればもっと良かったのに。とリリース当初は思ったが、浅はかだったわ、アタシってホントおバカさんね。ここで全編英語の歌詞にチャレンジするというミッションを与えるのが運営の設定するハードルなのであり、ももクロのやり方なのである。

レコーディング段階での歌唱、特にソロパートは正直まだこなれていなかったが、最近のライヴでは飛躍的な進化を見せている。サビのコーラスは実に楽しそうなももクロサウンド、KISSに比べると軽くてポップなトラックもよく合っている。和嶋のギターソロも**定番フレーズのラン**★1を軸に構成、からのリズムのキメはKISSは絶対にやらない変則的なもので、キックとハンドクラップを残してサビのユニゾン繰り返しから徐々にエレクトロ化し、ついにはピッチを上げて錐揉《きりも》み状にミックスで上昇、ここはゆよゆっぺの仕業と見る。からの、再びのサビで完全にパーリナイ《Party Night》化。アルコールや**危険ドラッグ**★2なしでも、とことん舞い上がって囚《とら》われを解除して、ハイになれるんだよねー、ももクロの場合はさぁ。

サウンドカテゴリー度

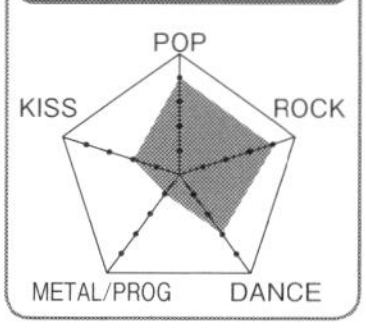

DATA

レーベル/イーブルラインレコード(キングレコード)
作詞・作曲/ Paul Stanley & Gene Simmons
編曲/ NARASAKI &ゆよゆっぺ
ギター & プログラミング/ NARASAKI
ギターソロ/和嶋慎治
プログラミング/ゆよゆっぺ

★1/KISSのようなシンプルな楽曲の場合は、ギターも個性的な凝ったフレーズではなく、ペンタトニックとチョーキングを組み合わせた定番のフレーズがマッチする。ここでは和嶋慎治も、そのマナーで演奏。ランとは同じフレーズを繰り返すことにより、盛り上げていく手法。

★2/ももクロは警視庁などから「危険ドラッグ撲滅大使」に任命されており、定期的にイベントに参加している。

2015・1・28 発売
13th single
『夢の浮世に 咲いてみな』
KISS 盤にのみ収録

▼KISS vs ももいろクローバーZ

『SAMURAI SON《サムライサン》』

気分は観光客、でも闘いを忘れないのがKISS流

『夢の浮世に咲いてみな』が元々はどんな曲だったかを知るには、**KISS盤にのみ収録されたこの曲**★1を聴くのが早いだろう。ここではヴォーカルのパートが逆転し、KISSがメインヴォーカルで、ももクロはコーラスで参加している。トラックそのものは基本的には同じものなので、変化が見えやすいのだ。

イントロからAメロは完全にKISSの世界。ポール・スタンレーのヴォーカルは歌詞もオリジナルで、東京で闘い、大阪に呼ばれ、京都で寺を見て、「オイラのこと『サムライサン』と呼んどくれ」とまあ観光客気分だが、「闘いは終わらないぜ」というあたりはももクロと同様。Bメロで「イチ、ニ」とようやくももクロが登場。サビではありゃま、KISSはコーラスパートそのままじゃ？と思ってしまうが、ここが大きなポイントで、もともとはこれがサビだったところに、「なんか足りないよなあ」と**キングレコードの宮本が大隅知宇のアドバイスを受けてメロディーを追加**★2した、ということらしい。でもって『夢の浮世に咲いてみな』の作曲クレジットに大隅が入っていないのは、印税の関係でKISSに配慮したこともあるのでしょう。大人の世界ね。「Hey《ヘイ》！ Hey《ヘイ》！ Hey《ヘイ》！」はももクロちゃんがコールしており、たったこれだけでももクロの温度が入りこむんだから、ねえ。後半には『夢の浮世に咲いてみな』にはなかったギターフレーズも登場。いいですよ、こっちも。

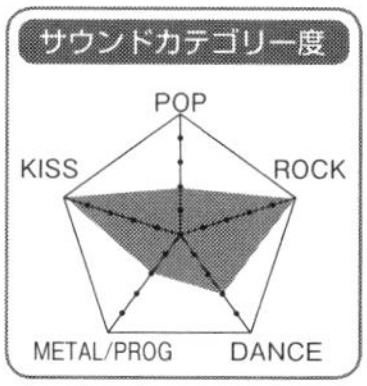

DATA

レーベル／イーブルライン レコード（キングレコード）
作詞／ Paul Stanley
作曲／ Paul Stanley & Greg Collins
編曲／ KISS & Greg Collins
ギター／ Paul Stanley & Tommy Thayer
ベース／ Gene Simmons
ドラム／ Eric Singer
プログラミング&シンセサイザー／ Greg Collins
コーラス／ももいろクローバー Z

★1／本曲は、『夢の浮世に咲いてみな』のオリジナルバージョンに、ポール・スタンレーが英語の詞をつけた曲。演奏・歌をKISSが、バックコーラスをももクロが担当した。2015年1月のKISSの来日記念のスペシャルアルバムとして発売された『ベスト・オブ・KISS 40』の1曲目に、本曲のU.S.ミックスバージョンが収録された。

★2／2015年1月30日の音楽ニュースサイトBARKS「ももクロvs KISS 大型コラボの"キーマン"が明かす制作秘話を独占公開」で、キングレコードの宮本が言及。

2015・3・11 発売
14th single
『青春賦』

▼ももいろクローバーZ

『青春賦《せいしゅんふ》』

【オリコンシングルチャート ウィークリー4位
日本レコード協会ゴールドディスク認定】

我が国の録音芸術における頂点を味わう

ももクロ初の主演**映画『幕が上がる』**★1の主題歌。ここでは映画についてあえて深掘りはしないが、ほんとーに素晴らしい作品だし、筆者はもう何度も泣かされて何ガロンの涙を流したか分かりませんので観てくださいね。で、その主題歌もとーぜん素晴らしい。作詞は『宙飛ぶ！お座敷列車』（P234参照）の桑原永江、作曲は『GOUNN』（P244参照）や『My Dear Fellow』（P264参照）のしほり。そしてここで遂に、本曲を大名曲にした最重要人物として、編曲・プロデュース・全楽器生演奏（ドラムのみ打ち込み）とトリートメントを手がけた、「ポップ・マエストロ」こと**冨田恵一**《とみたけいいち》★2が参戦する。以下、本稿では音楽愛に溢れた冨田の録音芸術を中心にディグしていくので、辛抱《しんぼう》して連いてきてほしい。なお本曲のタイトルは1913年に発表された作詞／吉丸一昌《よしまるかずまさ》、作曲／中田 章《なかだあきら》の唱歌**「早春賦《そうしゅんふ》」**★3と1文字違いだが、内容的な関連性はない。

曲は卒業式ソング然としたピアノのイントロからスタート。**「学校の音楽の教科書に載るよう**

★1／『幕が上がる』は2015年に上映されたももクロの主演の映画、並びに舞台作品。原作は平田オリザによる小説。映画作品は第39回日本アカデミー賞の話題賞、第40回報知映画賞の特別賞、第70回毎日映画コンクール TSUTAYA 映画ファン賞などを受賞。
★2／冨田恵一は1962年、北海道出身の音楽プロデューサー、作・編曲家。あらゆる楽器をこなすマルチプレイヤーでもある。録音芸術として長年聴き続けられるサウンド作りに拘ることから「ポップ・マエストロ」と呼ばれる。主なプロデュース・アーティストは、キリンジ、bird、畠山美由紀、中島美嘉、MISIA など。自身のソロプロジェクトは「冨田ラボ」の名義で行い、さまざまなゲストを

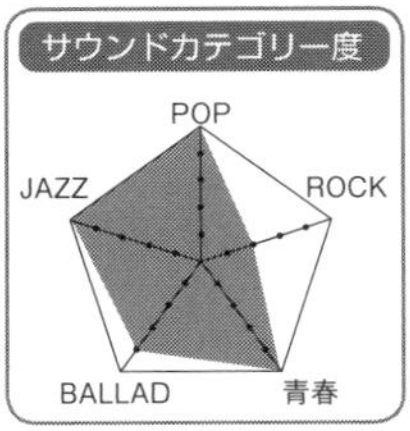

DATA

レーベル／イーブルライン
レコード（キングレコード）
作詞／桑原永江
作曲／しほり
編曲／冨田恵一
ストリングス／
金原千恵子ストリングス
コーラス／
東亜学園高等学校コーラス部
ストリングス以外の全楽器演奏
（ドラムのみ打ち込み）、トリートメント、プロデュース／冨田恵一

な、卒業をテーマにした王道のバラードを作ってほしい[★4]」というのが、しほりが楽曲を依頼された際のコンセプトだったようで、過去曲とは違ったチャレンジを見事にこなしたしほりに、まずは感謝したい。主調はE♭メジャーで、コード進行は丁寧な内声の動きで前後をスムーズに連結させる美しいもの。そして冨田のピアノの伴奏は、ももクロの音域や音質と当たらない的確なヴォイシング、かつダイナミクスも完璧で、これ歌伴やってる人はぜひ耳コピしてみてください（**「月刊ピアノ」に譜面が載っていた**[★5]みたいですが筆者は未入手）。

桑原の歌詞は、『宙飛ぶ！お座敷列車』であれだけ遊んでいたのに、ここでは襟を正すかのように「よっしゃあ、これは大泣き路線で行きますよ」と容赦《ようしゃ》なく名フレーズをブチ込むんだから、まあズルいですよね大人ってさぁ。詳細は歌詞カードを見てください。平易な言葉だけでこんなにイメージが膨らむ詩って、なかなかないですよ。てなちょーしで本曲、表向きはフツウの卒業ソングのような体裁をとっていながら、実はとんでもない凝り具合で、「ポップスの魔法の粉」がこれでもか、と振りまかれているのだ。

「生まれた朝に」とのっけからももクロの「清純そのもの」なユニゾン、ほどなく**東亜学園《とうあがくえん》高等学校コーラス部**[★6]が加わると早くも卒業式ムード。誰の卒業式なのか金輪際《こんりんざい》分かんないが、なんで泣いちゃいそうになるのかねー。「いーろいーろーありーすぎてー」の夏菜子のソロの段階で筆者の場合は涙腺《るいせん》崩壊。以降はずーっと泣きながら聴くのがこの曲本来の楽しみ方なのだ。

1分52秒からは、卒業式の呼びかけのような台詞パート。ここでは完全に女優となって、映画『幕が上がる』のキャラクターを演じているのだが、それは等身大のももクロたちと、大

迎えてアルバムやシングルを発表。

★3／「早春賦」は1913年に発表された唱歌。2007年に文化庁と日本PTA全国協議会選定による「日本の歌百選」に選出。

★4／2015年4月8日のyahooトレンドニュース「ももクロ紅白出場曲も提供したシンガーソングライター・しほりが明かす〝神様と遊ぶ〟作曲術／〈視線の先〉インタビュー」内で言及。

★5／「月刊ピアノ」2015年4月号に掲載。ピアノソロ編曲ゆえに、冨田の意匠とは大きく異なっていることをご了解の上で入手を。

★6／東亜学園高等学校は1923年、東亜商業学校（男子校）として創立、1975年に現在の名称に変更。2014年、NHK全国学校音楽コンクール地区予選金賞受賞。同年には乃木坂46「何度目の青空か？」の合唱バージョンでテレビ出演。

★7／スティーリー・ダンはアメリカのロックバンド。基本はドナルド・フェイゲンとウォーター・ベッカーの2人によるソングライター・チーム。代表作は「幻想の摩天楼（The Royal Scam）」「彩（Aja）」「ガウチョ（Gaucho）」など。冨田の音作り

きくは離れていない。「僕らの輝ける」とれにちゃんが呼びかけを締め、そのまま「空を割って」と歌い始める部分がたまらなく愛おしいが、そこに金属音も生々しいシンバルがロール。ここからのドラムはとてもプログラミングとは思えないようなクオリティだ。冨田はオリジナル音源を使用しているようだが、徹底した**スティーリー・ダン《Steely Dan》主義者**★7なので、「自分が納得いくレベルのドラミングは打ち込んだ方が早い」との判断なのだろう。ここでもハイハットの**オープン&クローズのニュアンス**★8や**タムのロールのポケット**★9など、彼のバラードの代表作である**MISIA《ミーシャ》**の**「Everything《エブリシング》」**★10同様、左右にたっぷりと定位を広げた状態で、存分に荒れ狂っていく。そこに必殺のベースが高音部でフィルイン。**ジャコ・パストリアス《Jaco Pastorius》**★11や**マーカス・ミラー《Marcus Miller》**★12を完全に消化した冨田のグルーヴセンスは神レベルで、演奏はいよいよ途轍《とてつ》もない次元に向かっていく。

ポップ・マエストロの面目躍如《めんもくやくじょ》の「引き算の美学」

しおりんの「も一度だけ強く」のBメロからは、右チャンネルではアコースティックギターが大きなストロークで、ザクザクと気持ち良く刻み始める。コード感は生ピアノに任せ、アタックのニュアンスだけを生かすようなイコライジングとリヴァーブの処理が冴える。考えてみれば演奏はここまで、ピアノトリオに生ギターとコーラスという、実はゴスペルの仕様なのだ。

サビ後半、3分2秒から**金原千恵子《きんぱらちえこ》ストリングス**★13がさりげなく登場。ここからのブリッジで見せるストリングスと東亜学園高等学校コーラス部の複雑な絡みも美しいのだが、最高の瞬間は、その後にやってくる。大サビで杏果が「何億光年の孤独」と出るところ、右チャンネルに

はスティーリー・ダンの発想によるところが大きく、著書「ナイトフライ録音技術の作法と鑑賞法」（ディスクユニオン）では、ドナルド・フェイゲンの「ナイトフライ」を採り上げ、楽曲とその録音技術について詳述。未読の方はぜひ。

★8／ハイハットは2枚のシンバルをフットペダルで開閉することでニュアンスを変えるのだが、冨田は単なるオープンとクローズではなく、中間的なニュアンスのバリエーションを大量にストックして使用している。

★9／ここではグルーヴが気持ち良い位置に収まるという意味の、主にドラマーが使う用語。特にスネアの位置に関して言及されることが多い。

★10／「エブリシング」は2000年発表のMISIAのシングル。作詞はMISIA、作曲は松本俊明、編曲は冨田恵一。フジテレビ系ドラマ「やまとなでしこ」の主題歌。

★11／アメリカのベーシスト。1951年生まれ、通称「ジャコパス」。1976年、アルバム「Jaco Pastorius」でソロデビュー。同年にウェザー・リポートに加入し、エレクトリック・フレットレスベースでメロディーやグルーヴを自在に往

一瞬だけクラヴィネットのような音色でワカチャカとリズムが刻まれる。この一瞬だけのためにわざわざ投入されたサウンドで、曲の推進力がグッと増し、アンサンブルに陰影が加わっている。おそらく冨田は、大サビの全編を通してキーボードをプレイした上で、本当に必要な一瞬だけを残して他をカットしたと思われる。こうした「引き算の美学」を完璧に自家薬籠中のものにしているのが、冨田のポップ・マエストロたる所以《ゆえん》なのである。この最高の瞬間を聴け！

凄まじいアンサンブルはもはや卒業ソングの枠を遥かに超越し、戻ってきたサビではももクロの歌唱もいよいよ熱量を増す。ハーモニーはコーラス部に任せ、ポップス史上最強のユニゾンで心ゆくまで高らかに歌い上げていくこのサビは、圧倒的な感動の渦を巻き起こす。夏菜子のソロ「歩いていこう」でももクロがキリリと退くと、再びストリングスとコーラスが複雑に絡みつつ、最後のメロディーを振り絞っていく。リズム隊がこれをプッシュし終えると、ピアノの優美な下降にベースが高音部でコードを添え、我が国の録音芸術における頂点を極めた5分17秒は、ストリングスの余韻《よいん》を残して静かに終わる。

ここでぜひ、一旦プレイヤーを止め、**芥川也寸志《あくたがわやすし》が言うところの「音楽の基礎としての静寂」**[★14]を味わってほしい。それだけの価値が、本曲にはあるのだから。

最後にもう一点。冨田のクレジットにある「トリートメント」だが、様々な手法で音の質感を整え、その楽曲を繰り返しの聴取に耐えるものにする作業、との意味である。特徴としては、コンプレッサーやリミッターを極力排して、ナチュラルな音圧感を保つ方向に、作業時間が割かれている。

還するプレイを披露し、シーンに衝撃を与える。その影響力は、ジャンルを超えた全ベーシストに及ぶ。

★12／アメリカのベーシスト。1959年生まれ。ジャコパス以降のベースシーンを牽引する存在で、スラップやタッピングなども使用し、深みのあるグルーヴを生み出す。作・編曲家やプロデューサーとしても知られ、マイルス・デイヴィス、デイヴィッド・サンボーン、ルーサー・ヴァンドロスらのアルバムをプロデュース。

★13／金原千恵子は1964年、静岡県出身のヴァイオリン奏者。自身のリーダー作の他、MISIAの「Everything」、サザンオールスターズや小田和正など、数多くのレコーディングやライヴに参加。

★14／芥川也寸志は1925年、東京都出身の作曲家。1989年没。芥川龍之介の3男。数多くのオーケストラ作品や映画音楽で、昭和の日本の音楽シーンを支えた巨匠。「音楽の基礎としての静寂」は、芥川の著書「音楽の基礎」（岩波新書）の冒頭部分。同書は全音楽家、並びに鑑賞家必読。

2015・3・11 発売
14th single
『青春賦』

▼ももいろクローバーZ

『走れ！ -Z ver.-』

5人の成長はもちろん、ギター・オリエンテッドなアレンジにも注目

ももクロのライヴにおいても必ず重要なポイントで投下される『走れ！』（P76参照）だが、この曲がアイドル及びアニメの世界に与えた影響は極めて大きい。スターダストの妹グループたちの一連の「走れシリーズ」については先に触れた通りだが、2013年には**アニメ『ドキドキ！プリキュア』のエンディグテーマ曲『この空のむこう』**★1でそっくりそのままの形でリリースされており（タイトルも凄いですね）、またmichitomoとともに作曲を手がけていた**大場康司**《おおばこうじ》★2は、**バンドじゃないもん！の名曲『ショコラ・ラブ』**★3において、本曲の持つ多幸感を移植することに見事に成功している。ノリの良い4つ打ちのビート、スカッと爽やかで明るいメロディー、ポジティヴかつ胸キュンな歌詞など、『走れ！』で示されたサウンドと世界観はアイドル&アニメの「アンセムの条件」の一つとなっており、今後もその影響下にある楽曲が量産され続けるであろうことを、軽やかに予言しておこう。

そしてここでようやく、晴れて公式に『走れ！』の5人のバージョンが登場する。無印時代のリリースが2010年5月、ということはそれから5年の時を経ているわけで（やたらと5が出て

★1／『ドキドキ！プリキュア』は2013年2月から2014年1月にかけて放送されたプリキュア・シリーズのアニメ作品。そのエンディングテーマ曲『この空のむこう』は、作詞が利根川貴之、作・編曲がDr.Usui（編曲には利根川も参加）によるもの。主調こそ違うものの（『走れ！』はE、『この空のむこう』はC#）、アレンジからメロディーまでそっくりそのままという衝撃的な1曲。

★2／大場康司は作曲家、音楽プロデューサー。Koji Oba名義で、℃-ute、Juice=Juice、バンドじゃないもん！などのアイドルやアニメ『プリティーリズム』などの楽曲を手がける。

★3／バンドじゃないもん！は2011年2月25日に東京・SHIBUYA-AXで、ももクロとツーマンライヴ

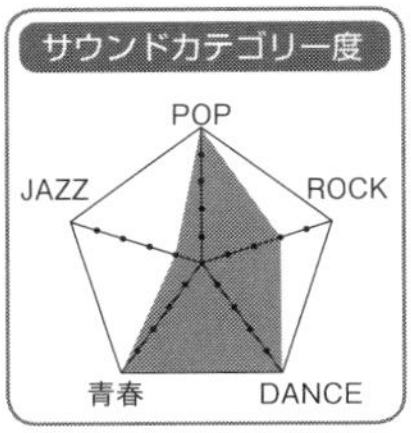

DATA

レーベル／イーブルライン レコード（キングレコード）
作詞／NOBE・モリモトコージ
作曲／Koji Oba、michitomo
編曲／michitomo
キーボード&プログラミング／michitomo
ギター／SEKU

きますね）、2つのバージョンに10代後半の女のコの成長並びにシンガーとしての進化を確認することは容易だ。聴き比べてみると明らかなのだが、しおりんとあーりんは声そのものがかなり変わっているし、かつてはまだどこか手探り感のあった歌い回しが、はっきりと「自分のスタイル」になっている。また杏果はソロパートで臆することなくそのエモーションを全開。特に大サビの「純粋にキミと繋がっていたいよ今も」でのシャウトは圧巻！ とーぜんながらサビの全員コーラスにおける熱量もグッと上昇しているわけで、改めて本曲の素晴らしさに打ちのめされることだろう。

さらに音楽的に面白いのが、ピアノによる新たなイントロが加わり、ディストーションギターが大々的にフィーチャーされている点だ。単にヴォーカルを差し替えるだけでも十分なのに、あえてアレンジも更新するというこの手間暇のかけ方こそが、「ももクロ陣営のプライド」なのだろう。ギターはここでSEKUを起用、間奏やエンディングでの歌心満点のソロはもちろん、Aメロの後半から左チャンネルで終始クネり捲っているギターが実にアグレッシヴかつ効果的。これ、弾いてて絶対に楽しかったんだろうなぁ。やりたい放題でフレーズを展開させており、ギタリストとしてのSEKUが堪能できるので、ぜひ一度、ギタープレイを中心に聴いてみてほしい。

本曲が『青春賦』の次に来ることで、『青春賦』との音響的な違いについても、明確に浮かび上がる。映画『幕が上がる』ではエンディングで使用されていたので、本来であればシングルの4曲目に置かれても良いはずなのだが、敢えて『青春賦』の次に持ってきたのは、ナチュラルかつ耳に優しく響く『青春賦』からバキバキと攻撃的なミックスの本曲に移行することで、「何かが動き出す感じ」を表現せん、との意図によるもの——とは、深読みが過ぎるだろうか。

で共演した神聖かまってちゃんのドラマーである鈴姫みさこが結成したアイドルグループ。結成当初は鈴姫みさこと金子沙織の2人組で、ツインドラムスによるアイドルとして2013年にシングル『ショコラ・ラブ』でデビュー。以降、何度かのメンバーチェンジを経て、現在は鈴姫みさこ、恋汐りんご、七星ぐみ、望月美優、甘夏ゆず、大桃子サンライズの6人組で活動。2015年4月リリースのセカンドアルバム『Re:start』には『ショコラ・ラブ』の＜生まれ変わりVer.＞として、6人によるバージョンが収録されている。現在は「バンドじゃないもん！MAXX NAKAYOSHI」と改名して、同メンバーで活動。

2015・3・11 発売
14th single
『青春賦』
通常盤、初回限定版Aに収録

▼ももいろクローバーZ

『行く春来る春』

春爛漫《はるらんまん》のウキウキ青春ソング

シングル『青春賦』は、青春をテーマとしたミニアルバムだといえよう。この等身大であるテーマに、ここまで彼女たちは真正面からは取り組んでこなかった。「ももクロらしさ」はド直球の青春路線とはちょっと違う、というところだろう。ゆえに『幕が上がる』は、本来のももクロのフィールドからは逸《そ》れながら、真っ直ぐに青春を表現する格好の場になったわけだ。そして主題歌とは別に、限りなく魅力的な2曲がこうして加わったことは、モノノフとして実に喜ばしい。本曲では作曲にツキダタダシが久々に起用されているのだが、編曲は常連の近藤研二。一方、作詞は久保田洋司、やはり『PUSH』（P188参照）以来の久々の起用となる。

雨上がりの草原で水玉が溢れていくような、瑞々しいアコースティックピアノの高音部から曲は始まる。面白いのは頭はE♭メジャーで出て、8小節進んでからスプラッシュ音とともに短3度下のCメジャーに転調する流れ。以降、本曲の主調はCメジャーで進むのだが、転調の魔術師であるツキダと近藤のマジックに、イントロから引っ掛かってしまう。軽快なEDM仕様のポップは、左

サウンドカテゴリー度

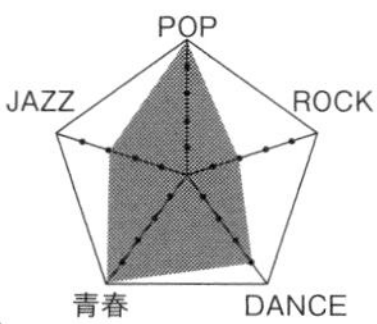

DATA

レーベル／イーブルライン
レコード（キングレコード）
作詞／久保田洋司
作曲／ツキダタダシ
編曲／近藤研二
フルート／宮地夏海
エレクトリックギター&プログラミング／近藤研二

チャンネルにピヨピヨしたシンセ、右チャンネルにハイハットの裏打ちが置かれることで、スキップ感を生み出している。Aメロは夏菜子が「あの日君と」と歌って、杏果が「あのころまだ」と引き継ぐ。心なしか夏菜子に寄せて歌う杏果の表現力に注目。続くしおりんとあーりんのパートは、同じメロディーに少し早口の歌詞を乗せて巧みに変化をつける。Bメロではれにちゃんが朗々と歌い、ディストーションギターが躍動的なリズムで加わると、順にメンバーが出ていき、「笑った」の夏菜子でイントロ同様のスプラッシュ。からのサビでは全員のユニゾンにほんのりとコーラスが加わり、なんとも優しくていい曲だな～と心から和む。ツキダの紡ぎ出すメロディーは美しくも力強く、ちょっぴりセンチになる要素も入っており、ももクロの**「優等生な感じ」**★1を毎回引き出してくれるので、見守る立場の我々にとっては実に安心できる。2番ではリズムをブレイクして入るのだが、あーりんの「魚のように 涙もろくなる」は筆者のちょーお気に入りのフレーズ。久保田の乙女度がよーく分かります。2度目のサビを走り抜けての大サビは、リズムを緩めてムードを変え、杏果の「忘れない」をディレイで残しつつ半音下のBメジャーに転調し、**宮地夏海**《みやじなつみ》★2のフルートが軽やかにメロディーを舞わせる。落ちサビは2人ずつのデュエットとし、キラキラしたハープも加わって可憐に花が咲いていき、全員の「Smile《スマイル》」で再び主調のCに戻って春爛漫を迎える。

久保田の乙女な歌詞、ツキダの美メロ、近藤の転調マジックが三位一体《さんみいったい》で絶妙にブレンドした本曲は、映画の中では夏菜子が扮するさおりと杏果が扮する中西さんが、演劇コンクールに向かうシーンで使用されている。ここは2人の友情が徐々に芽生えていく、ウキウキする感じの実に良いシーンなのだ。そして我々も音楽の中では、いつでも青春のトキメキが得られるのだ。

★1／ももクロのメンバーは所謂「勉強ができる優等生」ではないが、その日常生活は全くもって優等生のそれ、である。川上マネージャーには「ももクロのメンバーを親御さんから預かっている」という強い意識があり、社会人としてのマナーについては特に厳しい。また「もも禁」と呼ばれる、下ネタなどの禁止ワード、並びに禁止行為が多々ある。メンバーたちも微妙な線になると「これ、もも禁だよね？」などと使用している。良い子たちなんだよなー、ホントにさぁ。

★2／宮地夏海は宮城県出身のフルート奏者。国立音楽大学卒業、洗足学園音楽大学大学院修了。オーケストラや室内楽のクラシック畑での仕事のほか、スタジオミュージシャンとして、やくしまるえつこ、今井麻美、図書館、ワッツタワーズなどのアーティストやアニメ音楽、CMソングなどのレコーディングに参加。

2015・3・11 発売
14th single
『青春賦』
通常盤、初回限定版Bに収録

▼ももいろクローバーZ

『Link《リンク》 Link《リンク》』

あーりん史を更新する〝圧唱〟を聴け！

以前、筆者はブログで、「あーりん史はリンク以前・以降で語ることができる」というようなことを書いたことがあるが、その考えは今も変わっていない。この『Link Link』こそ、彼女のソロ曲でこそないが、**あーりんからあーちゃんへ**★1と向かう軌跡を記し、「佐々木プロ」としての囚《とら》われを解除した新たなテーマソングなのだ。ゆえにタイトルは、コールに使用する**「あーりんりんりん」**★2と同様と思っていいだろう。作詞はももクロソングスのMVPである只野菜摘、作曲の**小川コータ**★3は初参加だがAKBも手がける才人、編曲は『キミノアト』（P134参照）の生田真心とくれば、**「間違いない」**★4との、諸事情で誰も使わなくなったフレーズをカマしても許されよう。

さざめくストリングスと溢れるピアノ、すかさず「サヨナラ アシタは」とあーりんが頭サビで出ると、辺りはたちまちピンクに染まる。冒頭16小節はソロパートで、主調はFメジャー。ハイトーンでぷにっぷに〜とクネりつつも芯のあるヴォーカルを聴かせる。タテ乗りのビートが出てシンセブラスが華やかに奏でられ、『行く春来る春』の優等生感に体育会系のズンチャカしたノリが加

★1／「あーりん」は彼女の母親による「女の子らしく上品で可愛らしく」との想いを込めた愛称だが、いつしか「佐々木プロ」としての側面に寄せられていたもの。「あーちゃん」は18歳になったあーりん自身の「より等身大の自分」というイメージで、メンバーからは「最年少の妹感を出して甘えてくるとき」と捉えられているようである。「Quick Japan」vol.119の佐々木彩夏特集で、本人は「あーりんもあーちゃんも、どっちも全部、本当の私」と語っている。

★2／『だってあーりんなんだもーん☆』（P114参照）などで用いられるコール。

★3／小川コータは1977年、

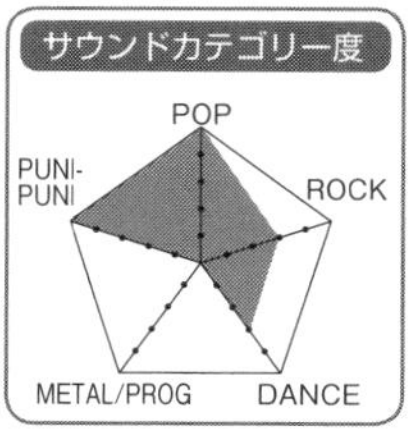

DATA

レーベル／イーブルライン
レコード（キングレコード）
作詞／只野菜摘
作曲／小川コータ
編曲／生田真心
プログラミング／生田真心

わり、楽しいなったら楽しいな。Aメロでしおりん、夏菜子、いずれもコールを入れやすいメロディーで、続く杏果からのリレーが早くも最高。言いたいことを上手に言葉にできないから、大好きな曲を聴かせてタイトルで気づいてね。な〜んて音楽好きの心情を的確に表す只野の歌詞には惚れ惚れする。それぞれの新しい道へ進むための前向きなお別れソングなのだが、心の機微《きび》の描き方がいちいち映像を喚起させるのでたまらんのだ。アレンジ面では、拍の頭でチャッチャッとしたギターがカッティング、ターンで**空ピッキングのブラッシュ**★5をカマすのだが、これが実に気持ち良く決まっている。サビは全員のユニゾンをセンターに、左右にハーモニーを配置。ニッコニコな仲良し感満載で嬉しくなっちゃうのだが、本曲は振り付けがももクロ史上トップクラスの可愛さ、踊っている映像を探してください。「リ、ン、ク、リン、ク〜」の後でククククッとリズムに合わせて腕を下げていき、人差し指でほっぺをぷにっとするアクションはヤバ過ぎでしょ、ねえ。

大サビは夏菜子に始まり、しおりん、れにちゃん、杏果とリレーしていき、お膳立てを整えたところで1音上のGメジャーに転調、満を持してあーりんが落ちサビを歌う。「サヨナラ アタシは」とイントロと対になった歌詞で、1音上がっているためよりエモーショナルに盛り上がる。たった今、これを〝圧唱〟と呼ぶことに決めた。しっかし成長したよな〜、あーりん。でもって絶対にお嫁になんかに行かないでね、うぅぅ……（この場を借りて全員にお願い）。そのまま全力スマイルでサビを歌い上げ、ブラスのメロディーに乗って楽しくダンス、あーりんをセンターにピラミッド・フォーメーションで終了。ジャージ姿でテレビ初披露となった『**ももクロポシュレ**★6』のオープニングが可愛い度MAXだったので、見ない奴は死刑なのだ@バカボンのパパ。

神奈川県出身のシンガーソングライター、作詞家、作曲家。AKBグループへの楽曲提供多数。地元・鎌倉を中心に活動する音楽ユニット「小川コータ&とまそん」では、ギター、ピアノ、ウクレレ、ヴォーカルを担当。

★4／1970年、東京都出身のお笑いタレント、長井秀和のオチのフレーズ。

★5／フレットボード全体を軽くミュートしながら、右手のストロークでリズムだけを刻むギター奏法。

★6／日本テレビの通信販売番組「ポシュレ」のスペシャルとして、2015年5月23日『ももクロポシュレの玉手箱だZ』として放送。アディダスやCASIOとのコラボ商品が販売された（全て販売終了）。その後、2018年春にも、新たなコラボが行われている。

2015・4・29 発売
15th single
『『Z』の誓い』

▼ももいろクローバーZ

『『Z』の誓い』

【オリコンシングルチャート　ウィークリー4位】

チャイニーズデスメタルでTEAM『Z』が壮絶バトル

「ガールズ&パンツァー《GIRLS und PANZER》」★1の「あんこうチーム」って、ももクロと深い部分で通じると思っている。特に西住《にしずみ》みほ★2は、表面上のキャラこそ違えど、普段は頼りないのにいざとなったら抜群のリーダーシップを発揮する点で夏菜子と共通している。この2人を見ていればリーダーの資質とは何か、ということがよ～く分かるので、若い衆は「ガルパン」も見るように。エーンタ～エーンタ～ミッショ～ン。そして「ドラゴンボール」★3の孫悟空にも似たようなことを感じていたら夏菜子が悟空コスで登場、本曲のMVを見た時はハマり過ぎてて笑っちった。

映画『ドラゴンボールZ 復活の「F」』★4の主題歌である本曲は、『夢の浮世に咲いてみな』（P282参照）、『青春賦』（P286参照）と続いた3連続シングルリリースを締め括るもの。こうして3曲を並べると、KISSとのコラボ、映画主題歌、アニメとのコラボと、すべてが「企画もの」ということになる。しかしながらももクロの場合、それぞれの企画が彼女たちの表現の幅を広げることに役立っているわけで、「企画ものだから本筋とは違う」ということにはならな

サウンドカテゴリー度

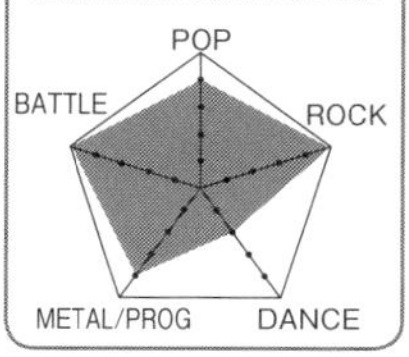

DATA

レーベル／イーブルライン
レコード（キングレコード）
作詞／森雪之丞
作曲／NARASAKI
編曲／NARASAKI、ゆよゆっぺ
ギター&プログラミング／
NARASAKI
チャランゴ&プログラミング／
ゆよゆっぺ

★1／テレビアニメ「ガールズ&パンツァー」は、2012年10月から12月まで放送。略称「ガルパン」。大和撫子の嗜みとして華道、茶道と並ぶ戦車道をテーマに、ミリタリー要素と美少女萌えを組み合わせた、2010年代アニメの金字塔。茨城県東茨城郡大洗町が町ぐるみで支援し、同地は「ガルパンの聖地」として、多くの巡礼者を迎えることになった。2015年には「ガールズ&パンツァー 劇場版」も全国公開され、大ヒット。
★2／西住みほはガルパンの主人公。CV（キャラクターボイス）は渕上舞。西住流戦車道の家元に生まれるが、戦車道を離れるため大洗女子学園へ転校。同校が廃校を免れるための条件が「戦車道大会で

いのが、他のアーティストと本質的に異なる点なのである。特に本曲は、作詞こそドラゴンボール作家の**森雪之丞**《もりゆきのじょう》★5であるが、作曲はNARASAKI、編曲はNARASAKIとゆよゆっぺという王道のももクロ作家陣ゆえに、3曲のシングルの中では最も彼女たちらしいものとなっている。
銅鑼《どら》の音とチャイニーズなシンセのメロディー、押し寄せるヘヴィメタル・ギターとエレクトロビートは、お馴染みのNARASAKIサウンド。ドラムが大暴れを始めると、サウンドは完全にデスメタル化、そこにメンバーの攻撃的な歌唱が乗っかってくる。「お覚悟召され」までのAメロはほぼD一発。Bメロからはメロディーがチャイニーズ調になり、F♯マイナーに傾斜。「それからピンチの時」のれにちゃんソロでは、ギターが後退し**洞簫**《どうしょう》★6のような笛のメロディーが加わって一瞬完全なチャイニーズ仕様になり、「悲劇が起きたら」のあーりんソロで高まっていき、Aメジャーに転調して多幸感と戦闘力の同居したサビを迎える。というように、デスメタルとチャイニーズ要素がセクションによって出入りするユニークな構造はNARASAKI一流のもの。いつもながらの広い芸風に関心しますな。

落ちサビではリズムを大胆にシフト。シンセのコードだけが空間に広がる、遅いマーチのようなムードの中、夏菜子が戦士の凱歌《がいか》を歌う。「Zという誓い」でギターとドラムが爆撃機と化してミサイルを連射。からの全員コーラスのサビでピークを迎え、ゴ〜ンと豪快に銅鑼の音を響かせて、無敵のTEAM『Z』は任務を完了する。

なお本曲には、アニメの海外での公開に合わせて、歌詞が英語になった『Pledge《プレッジ》 of《オブ》 〝Z《ゼット》〟』なるバージョンも存在する。ちょっと片言っぽい英語がアニメの世界観と曲調に合っており、オモロ可愛いのでそちらも一緒に聴いてみてくださいね。

の優勝」であったため、友人たちとともに再度戦車に乗ることを決意。普段はのんびり屋さんのドジっ娘。

★3／「ドラゴンボール」は鳥山明による大人気漫画作品、並びにフジテレビ系列で放映されたアニメシリーズ。2015年7月〜2018年3月に放映された「ドラゴンボール超」が現時点の最新作。

★4／「ドラゴンボールZ 復活の「F」」は、2015年上映のドラゴンボールシリーズの劇場版アニメ作品。シリーズ第19弾作品。世界規模で上演され、興行収入合計は77億円を突破。

★5／森雪之丞は1954年、東京都出身の作詞家、作曲家。アミューズ所属。歌謡曲やJ・POP、アニメの作品を多数手がける。代表作はドラゴンボール・シリーズ、布袋寅泰や氷室京介との諸作、風見慎吾「僕、笑っちゃいます。」、シブがき隊「100%…SOかもね！」などで、ヒット作は多数。

★6／洞簫は中国の民族楽器で、日本に尺八にあたる竹製の管楽器。中国音楽ではさまざまな形で、幅広く用いられる。

2015・4・29発売
15th single
『『Z』の誓い』

▼ももいろクローバーZ

『ロマンティックこんがらがってる』

天使たちとほっこり飲茶タイム

うーんこいつぁ可愛いぜ。作詞は只野菜摘、作・編曲はももクロ初参戦のinvisible《インビジブル》 manners《マナーズ》★1による書き下ろし曲だが、一転してガーリーなテクノポップで、楽しい応援ソングになった。打ち込みの軽いビートに、『『Z』の誓い』と同様のチャイニーズなイントロのメロディーが乗っかると、闘いの合間の一服としてジャスミンティーとマンゴープリンが供される。invisible mannersのトラックはピコピコしたポップ感を保つが、伏見《ふしみ》 蛍《けい》★2のディストーションギターが全編で活躍、カリフォルニアの風を運んでくる。

「ロマンティックこんがらがっているみたい」とあーりんが頭サビで歌い出すが、本人が多重録音でハーモニーを重ね、残るメンバーがスキャットを添えていくパターンが新しい。この本人多重録音ハーモニーとスキャットの組み合わせパターンは曲を通じて多用されており、ハモったりオクターブ下を加えたりと、コーラスアレンジは相当に凝ったものになっている。しっかし「コングラチュレーション」とあーりんがコロコロと歌うとこ、くすぐったさがハンパないです。

2番のAメロ終わりで「まっすぐそのまま」と夏菜子が出るところからは、伏見 蛍がラリー・カールトン《Larry Carlton》★3節をカマし始め、遂には左右チャンネルでハモり出す。そのままサビのコーラスに突入。曲はスキャットであっさりスッキリと終わるので、飲茶タイムにピッタリですなぁ。

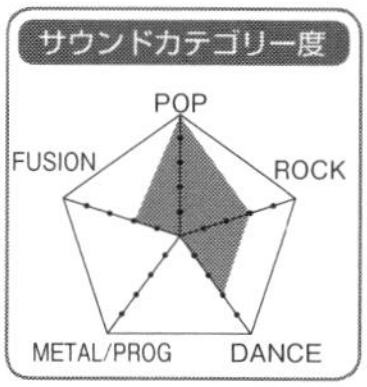

DATA

レーベル／イーブルラインレコード（キングレコード）
作詞／只野菜摘
作・編曲／invisible manners
ギター／伏見 蛍
プログラミング／invisible manners

★1／SUPALOVE所属の平山大介と福山 整による音楽作家チーム。2010年から活動を開始、アーティストへの楽曲提供、ゲーム音楽、BGM制作などを手がける。以降、ももクロの最重要チームに。

★2／鎌倉市在住のギタリスト。アーティストのライヴサポートやレコーディングの他、アンビエント系ギターインストバンド「Crooked Sun」を主宰する。

★3／アメリカのギタリスト。1948年生まれ。1971年にザ・クルセイダーズに加入し、ジャズやロック、R&Bのテイストを都会的に昇華したギタースタイルで、ギターキッズの憧れとなる。膨大なレコーディングに参加しているが、スティーリー・ダン「Kid Charlemagne」、マイケル・フランクス「Down in Brazil」のソロは特に有名。2010年にB'zのギタリスト松本孝弘との共作「TAKE YOUR PICK」をリリース。同アルバムで第53回グラミー賞の最優秀インストゥルメンタル・ポップ・アルバム賞を受賞。

2015・4・29発売
15th single
『『Z』の誓い』
『Z』盤にのみ収録

▼ももいろクローバーZ

『CHA-LA《チャラ》 HEAD《ヘッ》-CHA-LA《チャラ》』
オリジナルの5兆倍の戦闘力を誇るカヴァー曲

再びの攻撃的ソングと思ったら、おおコレは『ドラゴンボールZ』の初代オープニングテーマ曲ではないか。作詞は森 雪之丞、作曲は**清岡千穂**《きよおかちほ》★1、編曲は初参戦の **tatsuo**《タツオ》★2という布陣。オリジナルはアニソン界の御大である**影山ヒロノブ**★3が力強く歌うロックチューン。そもそもが名曲として知られているが、このももクロのバージョンの方が軽く5兆倍は高い戦闘能力を持っていることは、立場上言うまでもない。影山の歌うオリジナルのキーはDメジャー、ももクロのバージョンの方は5度上のAメジャーとキーも違うし、ドラムになんとBABYMETALのバックで暴れる「神バンド」の**青山英樹**《あおやまひでき》★4を引っ張り出し、ギターはtatsuo自らが存分に重ねて、破壊力抜群のトラックを作り上げている。

シンセのアルペジオを押し退けるようにドラムが「ドッパーン」と飛沫《ひまつ》をあげると、豪快なギターリフが刻まれ、ハーモナイズドで昇り竜となって天を駆ける。全編ドシャメシャに荒れ狂うドラムとギターが痛快で、特に青山のドラミングは自身の父親のドラミングをさらに進化させたようなブッ叩きで攻め、ギターとのユニゾンは**ブランドX**《Brand》★5もかくや、という勢いで大コーフン。ももクロのヴォーカルも負けじとパワー全開で、光る雲を突き抜けてフライアウェイ、騒ぐ元気玉をスパーキングさせるのだからたまりまへん。神カヴァーってのは、こうゆうことなんだよね。

サウンドカテゴリー度

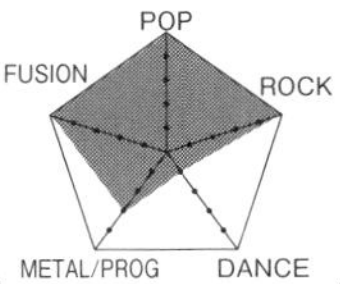

DATA

レーベル／イーブルライン
レコード（キングレコード）
作詞／森雪之丞
作曲／清岡千穂
編曲／tatsuo
ギター&プログラミング／tatsuo
ベース／ikuo
ドラム／青山秀樹
キーボード／渡辺壮介

★1／清岡千穂は少年隊や影山ヒロノブの他、多数のアニメ楽曲提供を手がける作曲家。宝仙明伽音の名義でも活動。
★2／1978年、福岡県出身のギタリスト、作・編曲家。ゴールデンボンバーの他、多数のバンドに関わる。
★2／1961年、大阪府出身のシンガーソングライター、作・編曲家。1977年デビュー。アニメ・特撮の主題歌多数。アニソンの第1人者。
★3／1986年、神奈川県出身のドラマー。父は日本のスタジオドラマーの頂点に君臨した青山 純。数多くのスタジオセッションやライヴサポートを手がけ、2013年以降は「神バンド」のメンバーとして活躍。
★4／イギリスのジャズ・ロックバンド。1976年にアルバムデビュー。高度なテクニックとインプロヴィゼイションで、プロのミュージシャンにファンが多い。特にフレットレスベースを操るパーシー・ジョーンズは、後進ベーシストに多大な影響を与えている。

2015・12・2発売
TeddyLoid ALBUM
『SILENT PLANET』に収録

『Grenade《グレネイド》』

▼TeddyLoid feat. 佐々木彩夏 from ももいろクローバーZ

「あーりんボカロ」がヴァーチャル体験できる

必殺の『Neo STARGATE』（P216参照）でももクロワールドに衝撃的に降臨したTeddyLoidは、2013年4月13日&14日に西武ドームで開催された『ももいろクローバーZ 春の一大事2013 西武ドーム大会 ～星を継ぐもも Peach for the Stars～』にもDJとして参戦し、そのオープニング曲を制作。2014年末には所ジョージ楽曲の『KONOYUBi TOMALe』（P280参照）のアレンジとプログラミングを手がけ、2015年9月にはももクロの楽曲を独自のセンスでリミックスしたアルバム『Re:MOMOIRO CLOVER Z』★1を発表するなど、ももクロにとって力強い音楽的パートナーとなっていた。

そんな彼が2015年12月にリリースした2ndオリジナルアルバム『SILENT PLANET《サイレント プラネット》』★2のラストで届けてくれたのが、あーりんをフィーチャーしたこの楽曲だ。作詞はYuho Iwasatoとアルファベット表記されているが岩里祐穂、作曲とトラックはもちろんTeddyLoid。「ダンスホール・レゲエやダブステップ、フューチャーハウスなど新しいアプローチを探していたのですが、〝あーりん〟こと佐々木彩夏さんにソロで参加していただくことが決まって、敢えてオーソドックスなバラードを選びました。ライヴ

★1／TeddyLoidが自身のSoundCloudアカウントで『Neo STARGATE』の「TeddyLoid 2015 Remix」を発表したところ話題となり、リミックスアルバムに発展したもの。収録曲は『Link Link』（P294参照）、『CONTRADICTION』（P130参照）、『黒い週末』（P198参照）、『仮想ディストピア』（P220参照）など、オイシイところを押さえてるのは流石です。

★2／全曲、有名アーティストとのコラボによるアルバム。あーりん以外のゲストは、中田ヤスタカ、柴咲コウ、池田智子（Shiggy Jr.）、HISASHI（GLAY）、近田春夫、tofubeats、小室哲哉、志磨遼平（ドレスコーズ）他とかなり豪華であり、TeddyLoidの音楽シーンにおけるポ

サウンドカテゴリー度

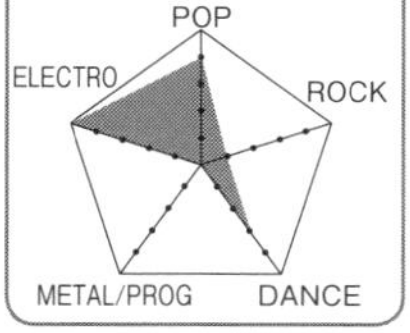

DATA

レーベル／イーブルライン
レコード（キングレコード）
作詞／ Yuho Iwasato
作・編曲／ TeddyLoid

を観たときに感じていた伸びやかな歌声を素直に生かしたかったんですね」と**彼自身が語っている**★3ように、アッパーな楽曲が続くアルバムの中にあって、異彩を放つエレクトロ・バラードとなっている。

曲は鳥たちのSEから始まり、シンセのパルシヴなサウンドが徐々にあーりんが歌う「あの日君に」のメロディーに**クロスシンセシス**★4していくという、トリッキーな展開がいきなりユニーク。あーりんのヴォーカルはAuto-Tuneで大胆に加工されており、カットアップされて散りばめられたそのテイストはさながら「あーりんボカロ」の状態。翻って、Aメロからのメインヴォーカルのパートでは生声のニュアンスを活かすことで、巧い具合にコントラストを生んでいる。ここで改めて注目すべきは、メロディーメイカーとしてのTeddyLoidの力量だ。凝ったトラックに乗っかってはいるが、中田ヤスタカ直系の切なくも美しいメロディーは、ヴォーカリストとしてのあーりんの新たな魅力を引き出すことに成功している。特に落ちサビ、「もうすぐ夜は明ける」からのハイトーンの透明感たるや、全てのプニノフの涙腺を軽く崩壊させているのではないか。トラックタイムが3分50秒と短いのでついリピートしてしまうが、聴くほどに味わいが増していく名曲と言えよう。あーりんのソロ曲でも、ぜひこの路線を継続してほっしーなみれい、なのであーりん（どっちやねん！）。

なお『SILENT PLANET』には、あーりん以外に柴咲コウ、元Shiggy《シギー》 Jr.《ジュニア》の**池田智子**《いけだともこ》★5（愛称は「いけもこちゃん」）という2人の女性ヴォーカリストが参加。それぞれに魅力的な歌声を響かせているので併聴を。特にいけもこちゃんが歌う『secret《シークレット》』は、「PerfumeとShiggy Jr.の合体ロボ」みたいな感じで相当に良いです。でもって、いけもこちゃんとあーりんの「歌唱におけるクネり方」がかなり近いことも、指摘しておきますね。

ジションがよーく分かる。

★3／音楽情報サイト「iFLYER」の「SILENT PLANET 全曲解説スペシャルインタビュー」で言及。

★4／ある波形から別の波形へと音のスペクトルをシームレスに変形させていく、コンピューターによる音声編集の技法。ボーカロイドで多用される。

★5／池田智子は1990年、富山県出身。2019年に解散したポップバンド Shiggy Jr. の元ヴォーカル。Shiggy Jr. 解散後は自主レーベルを設立。2020年に配信シングル「walkin'」をリリースしてソロ活動を継続。なお TeddyLoid は、Shiggy Jr. の2015年10月リリースの2ndシングル『GHOST PARTY』のリミックスを手がけたことがきっかけで、池田智子に『SILENT PLANET』への参加を依頼している。

2015・12・23発売
「ももいろクリスマス 2015 ～ Beautiful Survivors～」開催記念レコードsingle
『HIP HOP SELECTION 7inch VINYL -LIMITED EDITION-』

▼ももいろクローバーZ

『もっ黒ニナル果て』

フロウもメロディーもサイコー！のHIP HOP新名曲

『ももいろクリスマス2015 ～ Beautiful《ビューティフル》 Survivors《サバイバーズ》 ～』★1の記念シングルは、7インチレコードと配信限定シングルというももクロ史上初のスタイルでのリリースとなった。まずこちら、『HIP《ヒップ》 HOP《ホップ》 SELECTION《セレクション》 7inch《インチ》 VINYL《ビニール》 -LIMITED《リミテッド》 EDITION《エディション》-』というタイトルで、4thアルバム『白金《はっきん》の夜明け』に収録される『もっ黒ニナル果て』と、2ndアルバム『5TH DIMENSION』から『5 The POWER』（P224参照）というカップリング。7インチシングル、ご自宅でかかりますか？ まあ一般的には無理だろうが、わざわざこのスタイルでリリースしたのは、HIP HOPへのリスペクトもさることながら、音質面での理由も大きいと思われる。

さて、ももクロのラップが進化を続けていることは何度か触れてきたが、ここでさらなる進化を遂げていることに、正直感動を禁じえない。今、「あんた、ずっと感動しっぱなしやんか」との声が聞こえてきたが、曲ごとに感動の質が違うんやから、しょーもないことを言わないでほしい。なお作詞はMURO《ムロ》とBOO《ブー》★2、作・編曲はMUROとSUI《スイ》の『5 The POWER』コンビ。作曲を手がけ

★1／2015年12月23日から25日の3日間、長野県の軽井沢スノーパークに特設会場を設置して開催された。3日間で現地会場に1万7540人を動員。最終日の25日には全国各地でライヴビューイング（LV）が実施され9498人を動員。延べ2万7038人がライヴを見届けた。

★2／BOOは大阪府出身のR&Bシンガー、ラッパー。MUROの主宰するヒップホップ集団「キング・オブ・ディギン・プロダクション（KING OF DIGGIN' PRODUCTION）略称K.O.D.P」のメンバー。

サウンドカテゴリー度

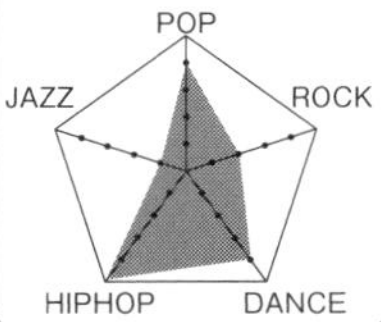

DATA

レーベル／イーブルラインレコード（キングレコード）
words／MURO、BOO
composed／MURO、SUI
プログラミング／MURO、SUI

たMUROの1999年のシングル『THE《ザ》 VINYL《ビニール》 ATHLETES《アスリーツ》 -真ッ黒ニナル果テ-』★3からタイトルはきているが、MUROは「〝もっ黒〟とはももクロとモノノフの一体感が最高潮になった状態」とツイートしている。つまり本盤は、ももクロとMURO&SUIのコラボシングルということだ。

さっそく針を落とそう。ボトッ。「ロッロロッロ、ロロロロッロ」と頭からイキナリのチョップ攻撃。続いてシンセベースとビートボックスが出て、ピアノのコードとシンセのリフがのっかるトラックはひじょーにメロディックかつポップ。このトラックだけで十分にテキーラ3本はイケるのだが、そこに「さあてと始めるかかかぁ」と抜群のフロウがのっかってくる。ライミングについては歌詞カード参照だが、そう、ももクロのラップはボクシングのコンビネーションのような軽快さが身上なのだ。そしてサビでは、最高のマイナーメロディーをユニゾンで歌わせ、バックのオペラ歌手のようなコーラスを走らせる。おそらくSUIの仕業だろうが、センス良いよなあ。2番終わりではウッドベースのサンプリングを走らせ、「シェイキンシェイキン」の追い込みの上に杏果がハイトーンでのっかっていく流れ、カッコ良過ぎて泣きそうになるぜ。からのHOOOOO～でカタルシスの後はサビかと思いきや、夏菜子のエモーショナルな落ちサビを持ってきて、ヒップホップとももクロ楽曲のスタイルを融合させていて、これには座布団3枚！

ももクロに出会えたことが奇跡の勝利であることはモノノフにとっては自明だが、ももクロがMUROとSUIに出会えたことも奇跡の勝利である、と筆者は思う。そして本曲は4thアルバム『白金の夜明け』でも、ラスト前という重要な役割を果たすことになるので、皆さんは、もういっぺんこのページを読まねばならなくなることを予告しときますからね。

★3／「THE VINYL ATHLETES -真ッ黒ニナル果テ-」は1999年にリリースされたシングル。アメリカのヒップホップグループ、Diggin' in the Crates Crew のLord Finesse とA.G.が参加。

2015・12・23発売
「ももいろクリスマス2015～Beautiful Survivors～」開催記念配信限定 single
『今宵、ライブの下で』

▼ももいろクローバーZ

『今宵《こよい》、ライブの下《もと》で』

音楽ファンなら号泣必至な、最強のクリスマスソング

2015年のももいろクリスマスに、モノノフたちにこれ以上は望めないほどの最高のプレゼントが届けられた。『今宵、ライブの下で』。と思わず分かりきったタイトルを本文でもう一度書きたくなるぐらいに、も～たまらん！っというクリスマスソングなのだ本曲は。作詞は出ました、ももクロ楽曲の作詞家における**ファーストコール**★1、只野菜摘。そして作・編曲で『走れ！』（P76参照）を手がけたmichitomoを久々に起用しているのだが、これは「ももクロの原点に近いサウンド」に只野の最高にロマンティックな歌詞をのせることで、全てのモノノフが萌え死ぬような必殺のクリスマスソングを作ろう、という運営による策略だろう。そして、その通りのものが出来上がってきたもんだから、お前はもう死んでいる（オレも～）。

キラキラの**ウィンドチャイム**★2にピアノ伴奏というシンプルなイントロ。すかさず夏菜子がソロで「君との～」と出た瞬間に名曲の殿堂入り決定！キーはEメジャー、「待ちきれない時間のソリが」のコーラスのメロディーは、SPEED《スピード》の「White Love《ホワイト・ラブ》」に寄せつつ、ももクロらしいメジャーキー

★1／ファーストコールとは音楽分野では、楽曲制作やスタジオセッションで1番初めに声がかかること。ミュージシャンの中でもファーストコールは畏敬される存在。

★2／ウィンドチャイムはツリーチャイムとも呼ばれる、長さの異なる細い金属棒が横に並んだパーカション。揺らすとキラキラとした独特の音が鳴り、またグリッサンド（端から端まで滑らせること）すると、金属音が華麗に上昇・下降するため、楽曲のイントロやエンディングで用いられる。

サウンドカテゴリー度

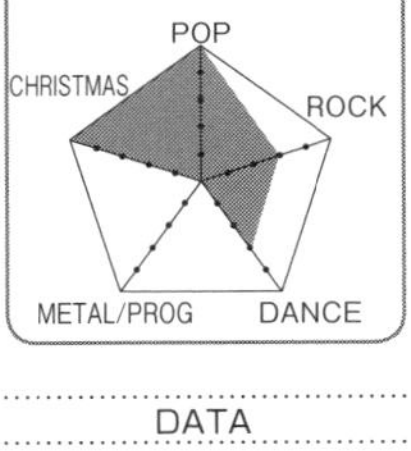

DATA

レーベル／イーブルラインレコード（キングレコード）
作詞／只野菜摘
作・編曲／michitomo

に落とすというmichitomoの職人芸が光る。そして本曲では全編、**ガットギター**★3が細かなフレーズを紡いでいくのが実に効いている。こういう曲のムード作りには、れにちゃんの出番だ。「たくさんひとがいても」と優しく歌い出し、しおりんが「距離感は飛び去って」と引き継ぐ。続く杏果とあーりんは、同じフレーズが好きなことを知ってうれしかった、とたまらんフレーズを歌う。ンッとにいいんだよなぁ、只野の歌詞はさぁ。攻めの曲では言葉も攻めた組み合わせで行くが、こういう素直な曲の時は平易な言葉に感情の機微を託していくので、歌詞だけ読んでいても切ないストーリーが伝わってくるのだ。可愛いと思われたいけれども、それがいちばん大切じゃないってな乙女ゴコロ、俺にはよ〜く分かります（こう見えて内面は乙女なので）。あと「音と音の隙間の暗転」とか「音楽という名の旅」の辺り、もう泣かせにかかっているとしか思えないですな。

サビは短3度上のGメジャーに転調、夏菜子のキラーフレーズ「ずっとここにいる」の後はB♭メジャーに転調、再びのサビはG♯メジャーに転調と、けっこう慌ただしく転調するのだが、前後のつながりは非常にスムーズ。ここで転調の流れだけを追っかけると、EメジャーからGメジャーは短3度上、B♭メジャーも短3度上。と、短3度上に2回上がっていきながら、最後だけ1音下のG♯メジャーというね。こういう進行の曲、他には知りません。譜面ではなく、プログラミングで曲を作っているから、自由にあっちゃこっちゃに行けるのですな。

ラストは全員でタイトルを歌って、再びイントロのメロディーで終わるのだが、キーが違うのでより華やかな印象だ。最後はジングルベルがシャンシャンと遠ざかって、至福の4分55秒が終わる。飽きない。何度聴いても、飽きない。サンキュ、只野さん、michitomoさんYO！

★3／ガットギターは、現在ではナイロン弦によるギターの総称。ここでは発音タイミングや音の粒の揃い方、キーボード的なフレージングから、プログラミングかと思われる。と思ってたのだが、筆者がヤマハのスチール弦エレアコを購入してこのフレーズをアンプ出しで弾いたら同じ音がしたので、もはやガットですらない可能性も。どうなんでしょうね、実際は。

2016・2・17 発売
3rd ALBUM

AMARANTHUS《アマランサス》

ももいろクローバーZ

通常盤　KICS-3308

1. embryo – prologue -
2. WE ARE BORN
3. モノクロデッサン
4. ゴリラパンチ
5. 武陵桃源なかよし物語
6. 勝手に君に
7. 青春賦
8. サボテンとリボン
9. デモンストレーション
10. 仏桑花
11. 泣いてもいいんだよ
12. Guns N' Diamond
13. バイバイでさようなら
14. HAPPY Re:BIRTHDAY

アナログ盤・LPレコード　2016年8月13日発売
レーベル／イーブルラインレコード（キングレコード）

オリコンアルバムチャート デイリー1位 ウィークリー2位
日本レコード協会ゴールドディスク認定

14の楽曲で描く、輪廻転生《りんねてんしょう》の世界

３rdアルバムのコンセプトは「起きて見る夢」ということで、人間が生まれてから死ぬまでが描かれている。と書くと、重苦しい印象を受けるかもしれないが、そこはももクロ。極めてヘヴィなテーマを扱いながらも、「いずれ死ぬことまでを含めてが、生きることである」とのポジティヴなメッセージが、聴く者に届けられる。

先にタイトル及びキービジュアルについて触れておこう。「アマランサス」とはヒユ科の植物。語

★1／「死者の日」はラテンアメリカ圏で行われる祝日で、カトリック諸聖人の日（全ての聖人と殉教者を祝福する日）にあたる11月1日と2日に行われる。日本のお盆に近い感覚だが、陽気なラテン圏らしく、ハロウィン的に骸骨の仮装で賑やかに飲んで騒ぐ。
★2／ポール・ゴーギャン（Paul Gauguin）はフランスのポスト印

源はギリシャ語の「アマラントス」で「萎《しお》れることがない」との意味。その種子は古代から食用とされ、**メキシコの祝祭である「死者の日」**[★1]に、骸骨《がいこつ》の形をしたお菓子を作る際に使われるそうだ。その「死者の日」のメイクや衣装を、ももクロ流にアレンジしたものが本アルバムのキービジュアルとなっている（P32参照）。『5TH DIMENSION』の時もビジュアルに驚いたが、さらにその上をいくインパクトだ。しかし奇を衒《てら》っただけのものではなく、その完成度は超一級のアート作品。個人的には**ゴーギャンの代表作である「我々はどこから来たのか 我々は何者か 我々はどこへ行くのか」**[★2]を想起した。制作チームはももクロ作品を手がけ続けている**BALCOLONY**《バルコロニー》[★3]だが、ヘアメイクの**原田**《はらだ》 **忠**《ただし》[★4]、スタイリングの**細見佳代**《ほそみかよ》[★5]らとのチームワークの賜物である。

アルバムは『embryo -prologue-』《エンブリオ プロローグ》から始まり、『WE ARE BORN』《ウィ アー ボーン》でタイトル通りに誕生、幼年期から青春期を経て、『バイバイでさようなら』でゆるやかに死に至り、『Happy《ハッピー》 Re:BIRTHDAY《リバースデイ》』で人生を振り返りながら、再び生まれ変わろうとする。即ち『GOUNN』（P244参照）で描かれた輪廻転生の世界がここにあるわけで、2ndアルバム以降に発売されたシングル曲のうち『GOUNN』のみが2枚のどちらにも収録されていないのは、こうした理由による。『WE ARE BORN』のMVも、冒頭部は『GOUNN』の続きのようになっているので、本アルバムに向かう前に、今一度『GOUNN』をチェックしておくことをお勧めする。

既発曲では『青春賦』（P286参照）、『泣いてもいいんだよ』（P260参照）の2曲が本盤に収められた。これにより、『青春賦』は映画の主題歌を離れて人生の美しき1ページとして、『泣いてもいいんだよ』は成長してからの人生の応援歌へと、新たな装いを纏《まと》うことになる。あー

象派の画家。1843年生まれ、1903年没。「我々はどこから来たのか 我々は何者か 我々はどこへ行くのか（D'où venons-nous ? Que sommes-nous ? Où allons-nous ?）」は彼の代表作で、ゴーギャンがタヒチに移住後に描かれた、天地約1.4m×左右約3.4mの大作。右から左へと、人生の誕生から死を迎えるまでが描かれる。現在はアメリカのボストン美術館に所蔵。

★3／BALCOLONYは『Z伝説』（P102参照）以降、ももクロの音源や映像作品の大半のグラフィックを手がけるクリエイティヴチーム。2005年設立。

★4／原田 忠は1971年、群馬県生まれのヘアメイクアーティスト。ももクロには2015年の「『Z』の誓い」のMVで参加。

★5／細見佳代は1973年、兵庫県出身のスタイリスト。ももクロには『サラバ、愛しき悲しみたちよ』（P196参照）や『5TH DIMENSION』などで参加。

りんはこの点について**「シングル曲がアルバムの中で新しく生まれ変わっているところにも注目してほしいです」と語っている。**[★6]こうした楽曲配置の妙は前作で成功したパターンを踏襲している。特に『MOON PRIDE』（P268参照）、『青春賦』、『『Z』の誓い』（P296参照）の3曲についてはアニメや映画のタイアップによる楽曲イメージが明確にあるわけで、アルバムの中でどのように配置されるか注目されたが、結果として全く違和感なく収まっている。おそらく今後も、ももクロのシングルとアルバムの関係はこのパターンになるのだろう。ゆえに、ももクロはアルバム・アーティストの発想に近い、ということになると思う。これはシングルを軽く扱うということではなく、両者を独立した作品として扱っている、ということにほかならない。

サウンド的には、生演奏が格段に増えている。これにより既発の2曲が浮きにくいようにもなっている。その生演奏部分だが、これまではプログラミングとの組み合わせで、どこかでテクノやエレクトロ的な意匠が盛り込まれていたのだが、ここでは「モロに生」な感じでサウンドの質感が大きく変わっている。またメンバーの歌唱もよりオンマイクかつ大きな音像で露出。台詞パートが増えていることもあり、ギョッとする場面が何度かあった。先に『一粒の笑顔で…』（P276参照）でミュージカル調の台詞に、『青春賦』で（そしてもちろん映画と舞台の『幕が上がる』で）女優として台詞に取り組んだ成果を、ここに投入しているわけだ。この段階で、台詞～ラップ～歌唱がシームレスに繋がり、それぞれの表現を一つの楽曲の中で自在に往還《おうかん》できるようになったことが、本作におけるメンバーの表現面での新機軸といえよう。では個々の楽曲解説に進もう。

★6／音楽ナタリー Power Push「ももいろクローバーZ 豪華作家陣と生み出した3rd & 4thアルバム ももクロが表現する〝常世と幻想の世界〟」のメンバーへのインタビュー内で言及。

2016・2・17発売
3rd ALBUM
『AMARANTHUS』

▼ももいろクローバーZ

『embryo -prologue-《エンブリオ プロローグ》』

生命の始まりを告げる、母胎《ぼたい》に響く鼓動

タイトル、いきなりあんまり使わない言葉なので戸惑いませんか。「エンブリオ」って何なのさ。新しいクルマの名前？（なワケないやん）とか思って調べたら「胎芽《たいが》」の意味でした。これ厳密に定義が決まっていて、受胎後7週と6日までの個体、8週目から「胎児」になるその前の状態ってことで、思わぬところで妊娠に関する正確な知識を得るというね。

そして曲は、ドックンドックンというSEで胎内に心臓の鼓動が響くという、ある種そのまんまなサウンド。アルバム全体のプロローグで、『GOUNN』（P244参照）のイントロと共通するものがあるが、あちらでミュンミュンペタペタと飛び交っていたシタールやタブラが、ここではコーラスと赤ちゃんの泣き声に置き換えられている。メンバーの歌唱はなく、インストゥルメンタルの楽曲なのでわざわざ紹介するまでもないかと一瞬考えたが、2枚のアルバムの最初にこれを置く意義を尊重しての1曲扱いです。本アルバムのこの場所になければ、**ディスカバリーチャンネル**★1とかのBGMですねコレは。次曲にとっては1分半ほどの長めのイントロの役割で、これがあるのとないのでは大きく印象が異なるため、やはり「**只管打座《しかんたざ》**★2してアルバムを聴く」という作品リスペクトの基本態度においては、ここからスタートせねばならないのである。曲は**後藤裕美《ごとうひろみ》**★3の多重録音によるコーラスがドラマティックに高まっていき、鼓動だけを残して終わる。さーいよいよ！

サウンドカテゴリー度

DATA

レーベル／イーブルラインレコード（キングレコード）
作・編曲／tatsuo
プログラミング／tatsuo
コーラス／後藤裕美

★1／筆者の大好きなケーブルチャンネルなのだが、こーゆーチャンネルをのーんびり観られる身分には一生なれないことを自覚しています。あとこの手の番組では、クロード・ドビュッシー（Claude Debussy）やオリヴィエ・メシアン（Olivier Messiaen）、特に「鳥のカタログ（Catalogue d'oiseaux）」がやたら使われているので好き、てのもあります。

★2／本来は曹洞宗の用語で、無心で座禅することだが、広義では座禅の状態で襟を正して芸術作品を鑑賞すること。

★3／後藤裕美は、大分県出身のソプラノの歌手。大分2期会会員。

2016・2・17発売
3rd ALBUM
『AMARANTHUS』

▼ももいろクローバーZ

『WE ARE BORN《ウィーアーボーン》』

ボーン！と押し出され、不可抗力《ふかこうりょく》的運命コースターの旅へ

ドクン。と最後の鼓動が鳴ると、間髪を置かずにクラシカルなピアノが舞い降りてくる。すかさずオケヒットがカマされ、すわ何事か！と思っているところに「オギャ〜〜」ってアンタ、こんなん知らんわ、もぉ〜。ももクロでしかあり得ない強引なオープニング。続くラップでは「押し出されてWE ARE《ウィーアー》ボーン！」と、いともカンタンに命は産み落とされるわけで、あれよあれよとももクロワールドに引き込まれてしまう自分が愛おしい。作詞はこれが初参戦の**藤林《ふじばやし》聖子《しょうこ》**★1だが、作・編曲とギターはtatsuo、キーボードが渡辺壮祐、ドラムが青山英樹とくればこれは『CHA-LA HEAD CHA-LA』（P299参照）の演奏チーム。そこでは青山のドラミングを中心に、原曲を遥かに超えたパワフルさを絶賛したが、その破壊力をまんまスライドしつつ、特撮から**三柴《みしば》 理《さとし》**★2が参戦して生ピアノで大暴れされた日にゃ、もはや赤ちゃんもサクッと産まれて環境アジャストして最初のシャウトをカマすしかないわけであってね。

産まれてすぐ、やり直しのきかないサバイバルに巻き込まれたベイビーに、のんびりと安らぐ

サウンドカテゴリー度

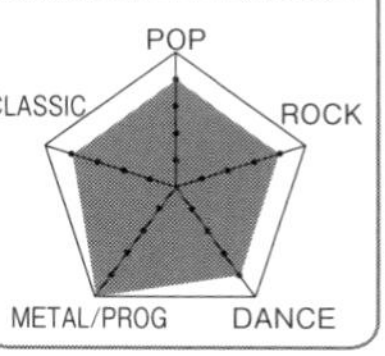

DATA

レーベル／イーブルライン
レコード（キングレコード）
作詞／藤林聖子
作・編曲／tatsuo
ギター&プログラミング／tatsuo
キーボード／渡辺壮祐
ドラム／青山英樹
ピアノ／三柴 理

★1／藤林聖子は1972年、山形県出身の作詞家。オフィス・トゥー・ワン所属。膨大な量の特撮戦隊モノや「ONE PIECE」を始めとするアニメ、アーティストへの楽曲提供を手がける。

★2／三柴 理は1965年、東京都出身のピアニスト、キーボーディスト、作曲家。大槻ケンヂやNARASAKIが参加するロックバンド・特撮のメンバー。4歳から学

暇は与えられない。主調はF♯マイナーで冒頭部こそラップだが、夏菜子の「Hey Boy《ヘイ ボーイ》」からブルースロックなメロディーに移行。あーりんがぷにっぷにな歌唱でこれに続き、メンバーがせわしなく出入りする。そしてサビ前の「抱きしめてMOTHER《マザー》！」で半音上のGマイナーに転調、全員でのコーラスに突入。ここでも三柴が壮麗なアルペジオでコッテコテに飾り立て、ドラマティックに盛り上げていく。そう、本曲はtatsuoと青山が組み立てる爆音ロックと、三柴の生ピアノのバトルを背景に、ベイビーと化したももクロちゃんが生きる決意を固めていく、という意匠になっているのだ。

　曲はそのまま2番には進まず、杏果の「人類みな元」からは、杏果の大地の声に残る4人のベイビーが絡むという、**コール&レスポンス**★3のパターンが新しい。そしてれにちゃんの必殺フレーズ、「泣きっ面に蜂」でイッキに脱力してブレイク。ここは先行して露出していたMVでは悲鳴がブチ込まれ、ブレイクが長くなっていたのだが、アルバムバージョンではショートカットしておりんのソロに進む。続く夏菜子とあーりんの掛け合いも白眉で、まだ何者でもないベイビーが名前を授けられて何者かにさせられるという極めて哲学的な歌詞に**ラカンの匂い**★4を勝手に感じてしまうのだが、藤林の歌詞世界は実に深い。

　大サビではあーりんから杏果へリレー、ここでもコール&レスポンスが効果的。夏菜子の落ちサビから全員のコーラスでサビを走り抜ける。バンドと生ピアノのバトルも最高潮、渡辺もシンセで煽りまくる。遂にはバトルを制した三柴の生ピアノが**ルバート**★5してのソロで高らかに勝利宣言。『embryo -prologue-』から続けての6分弱で、我々は人生のとば口に立つことになる。

んでいるピアノがメイン楽器で、超絶技巧の持ち主として知られる。

★3／呼びかけに応答するような形で歌うスタイル。教会音楽からブルース、ロック、ポップスまで、幅広く用いられる。

★4／ジャック・ラカン（Jacques Lacan）はフランスの哲学者、精神分析家。1901年生まれ、1981年没。構造主義の視点から、ジークムント・フロイト（Sigmund Freud）の精神分析学を大きく発展させた。ここでは乳児における言語の発生や、自己形成における鏡像段階などが、歌詞と関連。詳細は各自調査。

★5／正式にはテンポ・ルバート。テンポを自在にコントロールしながら、演奏をドラマティックに盛り上げる手法。クラシックピアノではショパンを嚆矢とする、所謂ロマン派以降の楽曲の演奏法。

2016・2・17発売
3rd ALBUM
『AMARANTHUS』

▼ももいろクローバーZ

『モノクロデッサン』

ももクロ初の、陽だまりフォークロック

腰が抜けそうになった。冒頭の夏菜子の歌唱で、だ。ふんわりと響くピアノをバックに、「僕らは〜」と脱力して歌い始めるその歌唱は全くの新境地であると同時に、これまでのももクロとは一線を画するムード。もはやこれはNHK「みんなのうた」の世界ではないか。夏菜子がここまでナチュラルに幼き声で歌ったことはなかったし、続く杏果の声も全く力みがない。『WE ARE BORN』であれだけ暴れた後だけに、この落差は凄まじい。思わず「逆破壊」という不思議な言葉を思いついてしまったではないか。

作詞と作曲は、驚異の美声ヴォーカルユニット・C&K《シーアンドケイ》の「スーパーハイトーンの方」の**CLIEVY**《クリビー》★1、編曲は**小松一也**《こまつかずや》★2という初参加コンビ。ももクロの「新しい方向の一つ」は、思いがけないフォークロック路線であった。温もり感のある演奏は、**はっぴいえんど**★3に端を発する「日本語のロック」（「日本のロック」ではない点に注意）の意匠に基づき、録音も含めて極めてリラックスモード。サビに進むと、バックコーラスも含めていよいよ昭和感満載だ。常にサウンド的

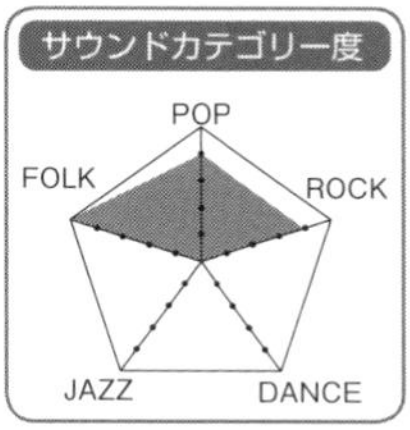

DATA

レーベル／イーブルライン
レコード（キングレコード）
作詞・作曲／CLIEVY
編曲／小松一也
ギター／林部直樹
ベース／SOKUSAI
ドラム／小田原 豊
ピアノ／藤井 洋
ハーモニカ／
STEVIE WONDROUS
コーラス／
LUCY VANDROUS

★1／CLIEVYは栃木県出身のヴォーカリスト。KEENとともにユニット・C&Kで活躍。男女デュオかと思わせるコントラストを見せる2人のヴォイスと、ブラックミュージックからフォークまでジャンルにとらわれないサウンドで、シーンに新風を巻き起こしている。

★2／小松一也は広島県出身の作・編曲家。"KAZ"、Koma2

に最先端を突っ走ってきたももクロが、ここまで脱力していいのか？　いいのだ！　もはやアイドル界はもちろん音楽的にも頂点を極めたももクロは、ここからはアイドルを足場に「音楽的に未開の地平を切り拓く」という従来の路線に加え、「自分たちがまだやっていないが、音楽の世界では〝ごく普通〟のことをやる」という路線を並行して進めるという、本曲は決意表明なのだ。逆に言えば、今の地点にいるから臆することなくこれができる、ということでもある。

　歌詞はモノクロで描かれたデッサンに、自分たちの色を落としていく…というストーリーで進行するのだが、メンバーのカラーがうまい具合に落とし込まれており、「モノクロデッサン」が「ももクロデッサン」になるというほのぼのした世界。和むなぁ〜、と陽だまりの中のうとうと気分で聴いてたら、ハイ来ました、3分47秒あたりでいったん予定調和で終わるふりをしつつ、ドラムのフィルインからアップテンポのロケンロールに移行。「なになになに？　この衝動？」とあーりんが出るのだが、聴いてるこっちもなになになにとなりますがな。おー、あーりん、ついにピンク色に染まって恋に目覚めたか？　周りで茶化すメンバーたち。れにちゃんは「顔が濃い」と容赦《ようしゃ》なく突っ込み、お馴染みのワチャワチャ感でハッピーターン。**「ちょっと待ってちょっと待って」**★4とネタをブッ込むのでもはや帰ってこれないかと思いきや、混乱を収めるのは若大将となったしおりんの仕事。ピシッと仕切りを入れ、曲のベースを元のフォークロックに戻し、全員で仲良く星と大空を彩っていき、ほのぼのワールドで曲は終わる。なお主調は一貫してA♭メジャー、ギターでいうと**「1カポでG」**★5ということですね。そして本曲、4人となってのZZver.もあるので、気になる人はP592へ急げ！

Kazの名義でも多数のアーティストの楽曲を提供。特にw-inds.に数多く関わっている。

★3／はっぴいえんどは、細野晴臣、大瀧詠一、松本隆、鈴木茂の4人から成る「日本語のロックバンド」。日本語の歌詞をアメリカのバッファロー・スプリングフィールド（Buffalo Springfield）やモビー・グレープ（Moby Grape）などに代表的なウェストコースト・サウンドに乗せて注目された。活動期間は1969年から1972年と短いが、解散後、メンバーそれぞれが日本のミュージックシーンに大きく貢献。代表曲は「12月の雨」「春よ来い」「風をあつめて」など。

★4／2014年に一世を風靡した8.6秒バズーカーのギャグ「ラッスンゴレライ」のくだりで登場するフレーズ。

★5／「カポ」はカポタストの略で、ギターのアタッチメント。これを装着してギターのフレットを全部押さえることで、複雑なキーの曲を簡単なオープンコードで演奏できるようになるため、フォーク系のギタリストが多用する。

2016・2・17発売
3rd ALBUM
『AMARANTHUS』

▼ももいろクローバーZ

『ゴリラパンチ』

ウッホウッホと類人猿パワーで人類を救う

タイトルが既におかしくないですか。『ゴリラパンチ』って、一体どんな曲を想像するかというと、やっぱNHK「おかあさんといっしょ」的な子供向けの歌なのかなぁ、とか。しかもティーザーでは、メンバーがレコーディングで「ウッホウッホ」とかやってる映像が流れていたし、どうやら有安杏果のフィーチャリング曲らしいし。一体どこに行くのか彼女たちは？と、まさしく**「選ばれし者の恍惚《こうこつ》と不安2つ我にあり」**★1の状態で楽曲に立ち向かう俺なのであった。

湧き上がるようなシンバルロールから曲はスタートするが、杏果が冒頭でいきなり「ゴリラのパンチはす〜ご〜い〜」と、前曲のほんわかムードを蹴散らすかのように**和田アキ子と天童よしみから引き継いだ**★2ソウルフルなシャウト&過去最強レベルのコブシで突撃。重量級のディストーションギターもただならぬ迫力。そこに「ゴリラ！」と全員が足並みを揃えて突っ込むと、タイトルからの「子供向けの曲かなぁ」というのどかな予測はたちまち裏切られ、ハーモナイズドギターが煌《きら》めく強靭なハードロックが展開される。「ウ〜〜」とくれば、『猛烈宇宙交響曲・第七楽章「無限の

★1／プロレスラーの前田日明が第2次UWF発足時のリングで発した、ポール・ヴェルレーヌの詩の一節。前田の天才的なセンスを、満天下に知らしめた引用であった。

★2／いずれも大阪府出身の歌手だが、杏果と共演し、その歌唱スタイルを伝承。和田からはシャウトを、天童からはコブシを杏果は受け継いでいる。両者とも杏果の歌唱力には舌を巻いていたが、杏果自身のソロライヴでは、基本的

サウンドカテゴリー度

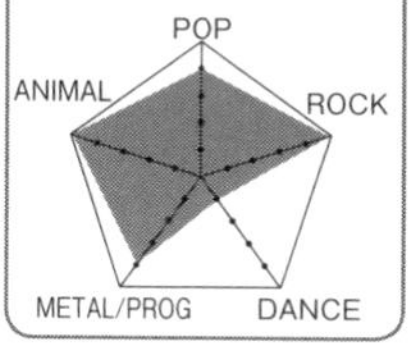

DATA

レーベル／イーブルライン レコード（キングレコード）
作詞／ANCHANG
作・編曲／AKIRASTAR
ベース&ギター&プログラミング／AKIRASTAR
ギター・ソロ／ANCHANG
ドラム／山縣 亮

愛」』（P162参照）に馴れきったモノノフは反射的に「ワオ！」に落とそうとするが、ここでは「ウ～～ッホ！」とゴリラモードになるのだから、楽しいったらあーりゃしない。作詞はこれが初参戦のANCHANG《あんちゃん》★3、作・編曲は久々の起用となるAKIRASTAR、さらにドラムは必殺の山縣《やまがた》亮《りょう》。なるほど、そう思って聴けば2ndアルバムの大名曲『仮想ディストピア』（P220参照）にも共通するノリ。AKIRASTARにとってはこれが『仮想ディストピア』以来のももクロ参戦なので、そりゃーやる気も出ますわな。で、今回のパートナーのANCHANGだが、彼は高見沢俊彦らと王子連合《おうじれんごう》★4でツルみつつディープなプロレスファンでもあるという、抜群にももクロ向けの人材だ。自ら率いるSEX《セックス》 MACHINEGUNS《マシンガンズ》★5でも「森のくまさんフランス生まれ」とかゆるやかに気の狂ったヘヴィメタを歌っており、独自の世界観で観客を振り回している。こうした新たなウェポンを投入することで、サウンド的には従来のももクロ仕様を受け継ぎつつ、コミカルな中に正義感を注入するという、面白不思議な快楽チューンをもたらした。

ソロ曲の扱いではないが杏果のフィーチャリング曲だけに、歌唱の大部分は彼女によるもの。主調はEマイナー、BPMは165で、「小さな巨人」が大地を踏みしめながら縦横無尽に荒れ狂い、怒りのパンチを乱れ打ち。完全にリミッターを解除してコブシを回しまくるその荒ぶる歌唱は、「そこまでやるか」というぐらいのギトギト度だ。「熱すぎるってダサいことですか？」と夏菜子が出るBメロでベースチェンジし、曲本来の骨格が浮き彫りになるが、48秒の「パンダだってほんとは強い」で杏果が演歌調になり、さー来まっせ、必殺の類人猿パワー・パートが。全員が「ウッホウッホウッホウッホ」とコミカルかつ獰猛《どうもう》に前進していくのだが、アルバムのティーザーの段階ではどうなること

には本曲のような歌唱スタイルではなく、概ねナチュラルに歌い上げる方向性を選んでいる。従って「あくまでもももクロ内におけるスタイル」として、ここでの歌唱があると見てよいだろう。

★3／ANCHANGは1970年、愛媛県出身のギタリスト、作詞家、作・編曲家。本名は安藤弘司（あんどうこうじ）。ヘヴィメタルバンド、SEX MACHINEGUNSのリーダーで、唯一のオリジナルメンバー。ヴォーカルとギターを担当し、ほとんどの楽曲を手がける。

★4／メンバーは高見沢俊彦の他、ルーク篁（元・聖飢魔Ⅱ）、ANCHANG、KOJI（元La'cryma Christi）。主に高見沢のレコーディングやライヴを支えているギタリストのユニット。

★5／SEX MACHINEGUNSは1998年、シングル『HANABI-la大回転』でデビューしたヘヴィメタルバンド。激しいライヴパフォーマンスと「みかんのうた」「ファミレス・ボンバー」などのコミカルな歌詞の落差で人気を博す。数度にわたる解散、再結成、活動休止

やらと思っていたこの「ウッホウッホ」が、楽曲に収まると全く違和感がない。ばかりか、実にテンションがアガるものになっているのだから、いつもながらももクロマジックは凄まじい。とーぜんながらライヴではモノノフも「ウッホウッホ」とコールする事になるのだが、そんなコールで盛り上がるアイドルは、世界中どこを探しても彼女たちだけ、ですよね。なおこの「ウッホウッホ」のパートはEメジャー、そしてサビはGメジャーと、楽曲を通じて、関係調を行ったり来たりする転調構成が採られている。

限界を超えた熱量で高まっていく、ももクロとリズム隊の狂宴

1分14秒からのサビは極めてカタルシスに満ちたもので、この快感は『仮想ディストピア』（P220参照）と全く同質。根っからのロック人間であるAKIRASTARならではの疾走感に満ちたこのノリは、やはりももクロによく似合う。ハイトーンによるコーラスの熱量もハンパなく、ここまでの「ウッホウッホ」は何だったのかというぐらいにギミックなしで突っ走る。「ゴリラ　ゴリラ」と高まるところでストリングスがせわしなく追いかけてくるアレンジも効果絶大。シメは「ゴリラパンチでドーン！」って、何やそれ。ANCHANG、オモロ過ぎるがな。

2番も概ね同様の展開で進み、3分20秒からはジャングルに突入していき、それを抜けるとAマイナーに転調、灼熱のギターソロを聴かせるのはANCHANGだ。ギュワ～ンとアーミングで気分を盛り上げつつハードなリフをカマし、Bマイナーになってからは高速フレーズを存分に交えて駆け抜けるソロは秀逸。ラストのサビはGメジャーに戻って、AKIRASTARのベースも山縣のドラムもグリグリと煽っていき、全員が限界を超えた熱量で高まっていく。しかしながらラストはコミックバンドさな

と活動再開を経て、2014年からはコンスタントに活動。2018年3月には、デビュー20周年記念のベストアルバム「マシンガンズにしやがれ!!」をリリースしている。

がらに、決めのフレーズでストン、と終わるのもスッキリと愉快。トラックタイムは4分33秒。ここにまた一つ、ライヴの鉄板曲が生まれた。

まとめよう。その個性的なルックスやキャラクター、そして「パンダだってほんとは強い」ということを知る博識も含め、今後も引き続きANCHANGには共演を希望。そしてAKIRASTARと山縣のリズム隊がいかに凄いかを確認するために、必ず今1度、『仮想ディストピア』と本曲を続けてお聴きいただきたい。

さて。これほどまでの攻撃力を誇った本曲だが、フィーチャリング・メンバーであった杏果の卒業に伴い、ライヴでの披露はいったん宙に浮いた格好になる。その封印を緩やかに解いたのが、他ならぬANCHANGであった。2018年3月15日放送の『坂崎幸之助のももいろフォーク村 第82夜』がその舞台で、**第1回『ももいろフォーク村』オーディション**[★6]と題された企画に、なんとANCHANGがエントリー。彼がセルフカヴァーとして本曲を披露し、復活に向けての弾みをつけた。そしてそして、待望の4人の新体制になってからの初披露は、**『ももいろクローバーZ 10th《テンス》 Anniversary《アニバーサリー》 The《ザ》 Diamond《ダイヤモンド》 Four《フォー》 - in 桃響導夢《とうきょうどうむ》 -』の2日目、「TDFの覚悟」**[★7]でのこと。ライヴの中盤、あーりんのクールなドヤ顔が映像でアップになることしばし。かなり引っ張るので「これはもしや……」と緊張感がMAXに高まったところで、満を持して「ゴリラのパンチはす～ご～い～」があーりんからカマされた瞬間、巨大な火柱が上がり、会場のコーフンはピークに。モノノフたちは感涙の中、過去最高の熱量でウリャオイを始めたのだった。本曲の完全復活は、ももクロ史上最高の名シーンの一つとして、末長く語り継がれることだろう。クゥ～ッ。

★6／ANCHANGは坂崎幸之助の推薦枠での参加。アルフィーの新年会で、坂崎が「ゴリラパンチをセルフカヴァーすれば?」と誘ったとのことで、ANCHANGは「歌ったことはないんだけど、坂崎さんの推薦を断れなかった」と、番組で語っていた。なおフォーク村ゆえアレンジは激しいものではなく、残念ながらANCHANGのギターソロは披露されなかった。おそらく坂崎は本曲が封印される可能性を案じて、ANCHANGを誘ったものと推察する。

★7／2018年4月22&23日の2DAYS、東京ドームで行われた結成10周年記念のライヴ・コンサート。その詳細は本書のもう少し後までのお楽しみ、ということで。

2016・2・17 発売
3rd ALBUM
『AMARANTHUS』

▼ももいろクローバーZ

『武《ぶ》陵《りょう》桃《とう》源《げん》なかよし物語』

ボタン掛け違っても、スゥインギーに仲直り

遂にこの日がやってきた。前山田健一の、ももクロ復活。幾多の困難を乗り越え5人となったももいろクローバーZ、突然断絶した前山田との関係に少女たちは何を思ったかについては各自調査だが、**『桃神祭2015 エコパスタジアム大会』での川上マネージャーとの直接対決を制した**★1ことで、一回り大きくなった前山田がこうして帰ってきたのは、我々モノノフたちにとってこの上なく嬉しいことだ。そして「一回り大きくなった」と書いたのは、今回は**前山田自身が「アレンジを別の方にお願いする」という方法を選んだ**★2ことを指す。DTMで好きなように楽曲を仕上げていくのが前山田の手法だったが、現在のももクロにフィットするようにと編曲を手放す判断をしたことは正解だ。ここでは編曲を数多くのももクロ楽曲で実績のある橋本由香利に委ね、ももクロ初のスゥイングチューン、それも一筋縄ではいかない曲を提供している。

それにしても本盤、冒頭から驚かされる曲がズラリと並ぶ。その驚きの質が全て違うのも凄いが、本曲の驚きは「あー前山田が帰ってきたんだなー」との幸せ感とともに供される。あの〜、

★1／2015年7月31日の『桃神祭2015 エコパスタジアム大会』の初日で、前山田と川上マネージャーによる「有刺鉄線 大爆発スタジアム デスマッチ」が行われ、見事に前山田が勝利。その後リングに上がったキングレコード宮本と前山田が握手を交わし、因縁が瓦解した。

★2／「SWITCH」2016年3月号ももいろクローバーZ特集の前山田へのインタビューで言及。

サウンドカテゴリー度

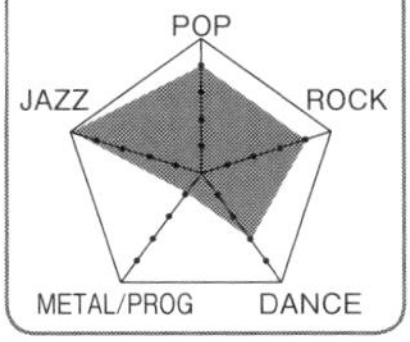

DATA

レーベル／イーブルライン レコード（キングレコード）
作詞・作曲／前山田健一
編曲／橋本由香利
プログラミング／橋本由香利
ギター／宮崎 誠
ピアノ／川田瑠夏

もはや平均年齢が20歳を超えている女子5人が、ゼリーの奪い合いでケンカして空気悪くなるって、幼過ぎじゃないの？　いやいや、彼女たちは相も変わらず「そんな感じ」なのだろう。頭のこの茶番、『事務所にもっと推され隊』（P180参照）に通じる、前山田でないと書けないガチのエピソード&メロディーの処理だ。そこから耳慣れた感じのスイングに突入。ギターとピアノ以外は橋本のプログラミングなのだが、極めて生っぽいサウンドで前山田の意図をしっかりと受け止めている。クラリネットのフレーズなど、**ベニー・グッドマン**《Benny Goodman》★3してサイコー。しっかしイマドキのサンプリングシンセって、エエ音入ってるんですねー。冨田恵一といい橋本由香利といい、やはりトップアレンジャーは使う音そのものが箆棒《べらぼう》に良いので、それだけで楽曲のクオリティが全然違います。

エニウェイ、一筋縄ではいかないのは、例によって前山田の「転調の嵐」だ。本曲はDマイナーで始まり、Aメロはそのままだが、夏菜子としおりんのBメロはF♯メジャー、続くあーりんはB♭メジャー、れにちゃんはEメジャー、杏果はGマイナーと、メンバーが変わるごとに転調するという目まぐるしさ。こりゃ～並みのスゥイングバンドじゃ演奏は無理、てかイジメやで。サビはそのままGマイナーだが、ここのメロディーは『ワニとシャンプー』（P132参照）を思わせる前山田節、歌詞でも「I'm《アイム》 Sorry《ソーリー》, It's《イッツ》 OK《オーケー》」と仲直りするわけで、なんだかも～泣けてくる。こーゆー感じでコーラスするときの彼女たちの一体感たるや、どこまでパワーアップするのか。以降、ブリッジを挟んでのピアノソロは**音域を狭くした状態でレトロ感を演出**★4。Aメロの後はラップセクションを挟んでサビに進み、さらにあーりんのソロの新しいパート、夏菜子の落ちサビ、全員のサビとせわしなく進み、最後はF♯マイナーでおしまいって、やっぱ凄いぜ前山田！

★3／ベニー・グッドマンはアメリカのクラリネットプレイヤー、バンドリーダー。1909年生まれ、1986年没。「スウィングの王様」の異名をとり、1938年、ニューヨークのカーネギー・ホールで最初のジャズ・コンサートを行うなど、スウィングジャズの全盛期をリードした。クラリネットのテクニックも一流で、ベーラ・バルトーク（Bartók Béla）やアーロン・コープランド（Aaron Copland）らが、オリジナルのクラシック楽曲を献呈している。

★4／所謂「ラジオトーン」。イコライザー処理により音の帯域を狭めることで、昔のラジオから流れてきたようなレトロサウンドにする手法。

2016・2・17 発売
3rd ALBUM
『AMARANTHUS』

『勝手に君に』

▼ももいろクローバーZ

豪快なスタジアム・ロックで青春を謳歌

前曲で機嫌よく仲直りした後は、豪快にディストーションギターの落雷が落とされる。ここでようやく、オーソドックスなスタジアム・ロックが鳴り響く。本曲は他ならぬマー君こと田中将大の応援ソングで、**2015年のヤンキー・スタジアムでのマー君の登場曲**★1だ。作詞はももクロ自らとNAGAE、作・編曲は『DNA狂詩曲』（P168参照）の大隅知宇という、正しくマー君向けの布陣。なおNAGAEは本アルバムに次曲で収録された『青春賦』（P286参照）の桑原永江の変名であるため、結果として同一作家の作詞曲が続くことになる。ももクロメンバーの作詞への参加は、クレジット上は『あの空へ向かって』（P46参照）、『いつか君が』（P246参照）に次いで3度目。メンバーたちがマー君へのメッセージを歌詞にし、それをNAGAEが繋ぎ合わせる形でまとめて歌詞が完成した。「勝手に」というのは、お互いの距離は離れていても気にせず、変わらず勝手に応援しているよ、という彼女たちらしいポジティヴなメッセージということになる。

前年のマー君の登場曲『My Dear Fellow』（P264参照）との大きな違いは、一貫してメジャーキー

★1／本曲の初披露は、マー君がメジャー初の開幕投手として登板した2015年の4月6日（日本時間7日）、ニューヨーク・ヤンキースの本拠地ヤンキー・スタジアムでのブルージェイズ戦。4回を投げて1本塁打を含む5安打5失点の乱調で本曲のお披露目は飾れなかったが、2015年のシーズンは、最終的には先発24試合で12勝7敗、防御率3・51の数字を残し、前年のMLBデビューから2年連続で10勝以上を挙げた。

サウンドカテゴリー度

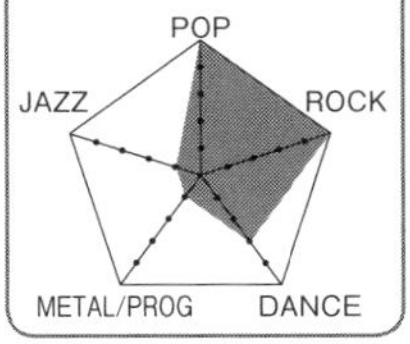

DATA

レーベル／イーブルライン
レコード（キングレコード）
作詞／ももいろクローバーZ、NAGAE
作・編曲／大隅知宇
ギター／堤 博明
アザー・インストゥルメンツ&プログラミング／大隅知宇

を推移する形で曲が進行する点。冒頭はBメジャー、サビまでそのままのキーで進み、サビ裏★2で1音上がってD♭メジャーに転調。2番もキーはそのまま進むのだが、Aメロではなく新しいメロディーで、またしても裏で転調、今度は短3度上のEメジャーだ。パートの途中で転調する大隅の技は前山田とは違うスタイル。この辺りの作曲家による技の違いもじっくりと味わってほしい。なおズッシリとしたビートでグイグイとドライヴするBPMは『ツヨクツヨク』(P70参照)と近い136。曲調もその進化系みたいな感じなので、絶対にタオル回し向きですねコレは。

NAGAEの歌詞が冴えるのは「世界一短いジュモンは名前だ(君の)」、「世界一切ない祈りは名前だ(君の)」のフレーズ。『青春賦』もそうだが、時代とともに風化する流行りの言葉をあえて避け、極めて長い射程で歌を紡いでいこうとする吟遊詩人のようなセンスが素晴らしい。ももクロ作家としては異色の立ち位置だが、今後も定期的に重要曲で関わってくるはずだ。演奏は概ねプログラミングだが、派手なソロこそないものの、堤 博明《つつみ ひろあき》★3が的確なフレージングで攻め込み、特にグリグリしたシンセベースとのアンサンブルは実にアガるものだ。

曲は夏菜子の落ちサビからの全員サビで全力疾走。ラスト前の「勝手に」はメロディーを一捻りしてさらに盛り上がり、最後の最後に「笑おう！」で終わるのだが、マー君向けとはいえ「笑顔の天下」に即した青春ソングとなっている。

ここでアルバムコンセプトを振り返ろう。この世に生まれ、世界に色をつけ、生きる逞《たくま》しさを手に入れ、ケンカして仲直りし、友情を確かめ合い……と、順調に成長してきた。そして次曲『青春賦』で、青春時代に一つの別れを告げるのだ。よお出来てますなぁ。

★2／サビではメロディーを印象付けるため、同じフレーズを2回繰り返すことが多い。サビ裏はその2回目で、ここでの転調はメロディーがシンプルで力強いため、大きな効果を発揮している。

★3／堤 博明は1985年、東京都出身のギタリスト、作・編曲家。大隅知宇、横山 克らと同じミラクス・バス所属で、彼らの楽曲には欠かせないギタリスト。

2016・2・17発売
3rd ALBUM
『AMARANTHUS』

▼ももいろクローバーZ

『サボテンとリボン』

「マーチングラップ」なる新機軸で恋を描くも…

『青春賦』（P286参照）でキャンパスから巣立った5人は、陽気なパレードに参加し、恋を謳歌《おうか》しようとする。となるとフィーチャーされるのはあーりんだが、果たしてあーりんママへの根回しは済んでいるのかと、余計な心配をしてしまうのがモノノフの性。作詞は『GOUNN』（P244参照）の只野菜摘、作・編曲は神前 暁。**神前はニアミスしてはいる**[★1]が、ももクロ自体にはこれが初参戦になる。ここでちょっと考えてみてほしい。本アルバムのコンセプトは『GOUNN』の世界観のその先なのだから、普通に考えればアルバム1曲目の歌詞を只野に託すところだろう。しかし敢えてそうしなかったのは、引き継ぎは新しい作家に任せて、只野には「ももクロの新しい世界」を描かせようとした、というキングレコードの宮本の粋な計らいなのだと思う。ゆえに、**只野はももクロのメンバーとミーティングを重ね**[★2]、「恋愛」と「死」について、徹底的に語り合っている。結果としてアルバム中、本曲と『バイバイでさようなら』（P332参照）の2曲を只野が書き下ろしており、「ももクロたちを一番近い場所で見守る作詞家」として、引き続き重要

★1／『ニッポン笑顔百景』がエンディングテーマ曲だった、テレビアニメ「じょしらく」のオープニングテーマ曲「お後がよろしくって…よ！」の作・編曲が神前 暁。詳細はP192参照。

★2／「SWITCH」2016年3月号のももクロ特集内の只野菜摘へのインタビューで言及。

サウンドカテゴリー度

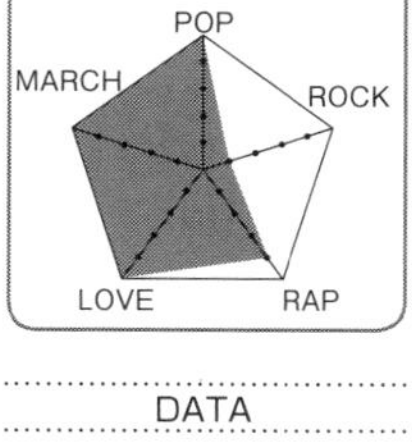

DATA

レーベル／イーブルラインレコード（キングレコード）
作詞／只野菜摘
作・編曲／神前 暁
ギター／飯室 博
トランペット／西村浩二、菅坂雅彦
トロンボーン／村田陽一
プログラミング／神前 暁

な役割を担っているわけだ。

その「恋愛」だが、ももクロから出た話は全く参考にならなかったようで。**夏菜子は「恋についての話は、まったく参考になりませんでした」とはっきり言われた、と語っており、**★3 そりゃあ経験ないから仕方がないよなぁ。と、微妙な形で我々を安心させてくれるのだ。しかしながら楽曲は極めて衝撃的で、軽快な**マーチングのスネア**★4に乗っていきなり「最初の恋、最初のキス」とあーりんが出て、「恋愛映画の始まり」の決めフレーズまでは、スネアだけをバックにした「マーチングラップ」というこれまた新機軸。同時にこの感じ、絶対に俺知ってるよなぁ……テーマは恋愛だし……と考えることしばし。ハタ！と膝を打って思い浮かんだのが、数ある神前ワークスの中でも神曲揃いとして知られる「**〈物語〉シリーズ**★5」の1曲、千石撫子《せんごくなでこ》（CV：花澤香菜《はなざわかな》）が歌う『**恋愛サーキュレーション**★6』であった。マーチングのリズム、Aメロでの歌ラップなどの共通点から明らかなように、神前は自身が傑作と認めるところの『恋愛サーキュレーション』をググイッとももクロに寄せ、より進化させているわけだ。未聴の方はぜひこの機会に『恋愛サーキュレーション』を、さらには物語シリーズの楽曲群を、チェックしていただきたい。

曲に戻ろう。景気良いファンファーレに続いてパレードが始まるためメロディーに入るかと思いきや、Aメロ部分はラップで進む。キーはB♭メジャー、BPMは128と快活なマーチングのテンポ。このAメロの歌唱、リズムに乗ってるので一応ラップとしてますが、ブラックミュージックのラップではないので「台詞とラップの間ぐらい」という不思議な印象。敢えて言えば**トニー谷**★7の世界だ。それをここまで引っ張るのはヴォードヴィリアン以外では初めてのパターンと思われ、こんなアイドル

★3／音楽ナタリー Power Push「ももいろクローバーZ 豪華作家陣と生み出した3rd & 4thアルバム ももクロが表現する〝常世と幻想の世界〟」のメンバーへのインタビューで言及。

★4／マーチングではスネアを首から吊るして腰に固定して、左右2打ずつのオープンロールでリズムを刻んでいく。

★5／ここでは西尾維新（にしおいしん）のラノベを原作とするテレビアニメシリーズを指す。2009年の「化物語」に始まり、「偽物語」、「猫物語（黒）」、「憑物語」、「終物語」、「暦物語」、「傷物語」と続く壮大なるサーガ。

★6／作詞はmeg rock（メグ・ロック）、作・編曲は神前 暁。この2人が、「〈物語〉シリーズ」の音楽の中核となる作家チーム。『歌物語 -〈物語〉シリーズ主題歌集-』で、その全貌をご確認あれ。

★7／トニー谷は1917年、東京都出身のヴォードヴィリアン（舞台芸人）。1987年没。そろば

ポップス聴いたことおへんえ（なぜか急に京都弁）。また先の『恋愛サーキュレーション』と聴き比べれば明らかだが、花澤の歌唱&ラップが終始ふんわりとした感じで進むのに比べて、メンバーが入れ替わり立ち替わりでさまざまな表情をつけている『サボテンとリボン』は、より演劇的に感じられるはず。この辺り、映画『青春賦』での経験がさっそく活きているわけで、彼女たちの**シャムワウ**★8のような吸収力には感服するっきゃないのです。神前も38秒でベートーヴェンの葬送行進曲のフレーズをさらっとはめ込み、さらにはマーチングの定番である**ラデツキー行進曲**★9風の「パラパッ パラパッ」という陽気なフレーズを響かせて、**ブラスバンド出身者**★10としての遊び心を全開にしている。良いですね～神前さん。「前山田以前」の雑食性ポップ・ワールドのパイオニアの1人が、こうしてももクロに本気で取り組んでいることに対し、勝手にモノノフを代表してこの場でお礼をしておきます。ぺこり。

サビメロの「ハッピーな毒」が、いつしか身体全体に回っていく

Bメロの「きみの指に」のあーりんで、ようやくメロディーが登場する。これが実にプリティな歌唱で、やはりあーりんには絶対に迂闊《うかつ》な男を近づけてはならない、と心に誓った俺はしかしながら箱推しだ。そして「サボテンとリボン」からのサビのコーラスは、エンリピ必至のチャーミングなメロディーを**マーチンググロッケン**★11と金管が飾り、ゴキゲン度も最高潮。ももクロちゃんたちとの陽だまりの中でのシエスタは、そりゃあ最高でしょうな。そしてこんなに楽しいマーチングなら、疲れ知らずでどこまでもパレードできまっせ。なお、この「Aメロは台詞、Bメロとサビは歌唱」

んをチャッチャカと鳴らしながら歌う「さいざんす・マンボ」で一世を風靡、日本テレビ系で放送された「ニッケアベック歌合戦」では「あなたのお名前なんてえの」と七五調のリズムに乗せて出場者のプロフィールを訊くパターンでお茶の間で有名に。日本のラップ史はこの「七五調の呪縛」から逃れるところから始まったので、ここでのマーチングラップは、先祖返り的な意味を持つ。ラップを自家薬籠中のものにしているももクロだからこそ、これが許されるのであり、以降多くのフォロワーを生む可能性があると考える。

★8／ひところ通販番組で頻繁にプッシュされていた、ドイツ生まれの驚異の吸水クロス。本当にめっちゃ吸います。

★9／「ラデツキー行進曲」の作曲者はウィーンを中心に活躍した「ワルツの父」こと、ヨハン・シュトラウス1世（1804～1849年）。ヨーゼフ・ラデツキー将軍を讃えるためのマーチで、ウィーン民謡を元に作曲されている。

★10／神前さんは学生時代にブラ

というパターンは2番も継続されるが、2分55秒あたりから様相が一変し、ファンタジックなワルツになる。ここでは杏果とれにちゃんがドリーミーな音響空間の中で漂うように歌うので、思わずうっとり。束の間のシエスタ気分に浸るも、ほどなくしおりんがキリリと魔法を解いて、サボテンを王子の姿に変えていく。シアワセな恋の行方は聴くもの次第だが、ラストは全員で今一度、「恋愛映画のはじまり！」と冒頭フレーズのマーチングラップで締め括る。トラックタイムは4分41秒、は〜終わっちゃったぁ……てな感じになるので、また頭から聴きたくなりますよね。中毒性という点では、本アルバムの中で最強かもしれない。ライヴでも重要な場面でセトリに組み込まれるようになった本曲だが、最高のシーンは「ももクロ春の一大事2018 in 東近江市」の2日目。アンコールの3曲目に披露されたのだが、曲のラストであーりんが「恋愛映画のはじまり！」とキメて夜空を指差したジャストの瞬間、打ち上げ花火がドッカ〜ンと上がったのは軽く神懸かっていた。

さて。ここで改めて、アルバム『AMARANTHUS』のジャケットを眺めてほしい。不気味なメイクをしてはいるものの、描かれているのはパレードのワンシーンであり、本曲と重ね合わせることでまた異なる印象になるのではないか。こうしたアートも含めた総合芸術としての側面を強く持っているのも、ももクロの魅力。CDサイズではどうしても限界があるが、筆者は**アナログ盤のLPレコード**★12も購入したのでこのジャケットアートをそれこそ穴が開くほど見ているのだが、全く飽きることがない。この点も、「アイドルとアニメの分野でこそ、音楽的なイノヴェーションが生まれ続けている」と私が考える根拠でもあることを指摘しておく。そして「恋愛映画のはじまり！」と言い切った後に向かう先のファンタジーが、次曲『デモンストレーション』ということだ。

スバンドで、トランペットを吹いていました。

★11／キャリングホルダーに取り付けることで両手をフリーハンドにし、マーチングしながら叩けるようにしたグロッケン。

★12／2016年8月13日にLPレコード2枚組でアナログ盤がリリース。大きなサイズでジャケットアートが堪能できる。

2016・2・17発売
3rd ALBUM
『AMARANTHUS』

▼ももいろクローバーZ

『デモンストレーション』

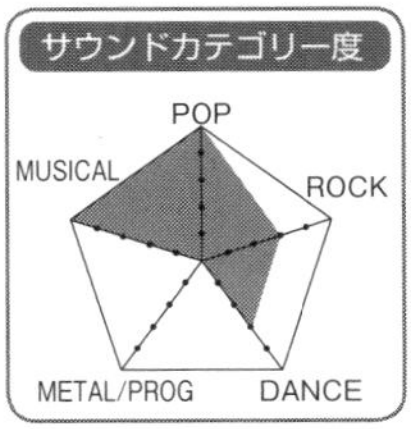

DATA

レーベル／イーブルラインレコード（キングレコード）
作詞・作曲・編曲／清 竜人
ギター／ Tom-H@ck
ベース／岩永真奈
ドラム／川口千里
ピアノ／川田瑠夏
ストリングス／室屋光一郎ストリングス

ミュージカル女優、ももクロの誕生

このオリジナルアルバム2枚同時リリースで、筆者にとって最も「キターーーー！」な作家が**清 竜 人**《きよしりゅうじん》★1である。ご存知の方はご存知であり、ご存知でない方はご存知でないと思われるので説明するが、清こそが当時のジャパニーズ・ポップスの最先端、ハーレム系アニメの世界観をそのまんまアイドルユニットに仕立て上げた**清竜人25**★2のプロデューサーにしてソングライターにしてメインパフォーマーという、凶悪な才能の持ち主なのだ。筆者が「ももクロ以降」の音楽シーンで最も評価するこの男を引き込み、「それぞれのアルバムをブリッジする曲を」と太っ腹にも2曲を依頼したキングレコードの宮本の慧眼《けいがん》には、心底感服する。てなわけで作詞、及び作・編曲は全て清 竜人、演奏陣はギターの**Tom-H@ck**《トムーハック》★3こそ男性だが、ベースは**岩永真奈**《いわながまな》★4、ドラムは大注目の**川口千里**《かわぐちせんり》★5、ピアノは川田瑠夏と女性で固め、ここに**室屋光一郎**《むろやこういちろう》**ストリングス**★6を加えたアコースティック仕様となっている。

曲は劇判さながらのピアノとストリングスをバックに、これぞ純粋に、台詞から始まる。ここ、

★1／清 竜人は1989年、大阪府出身のシンガーソングライター。2009年、シングル「Morning Sun」でデビュー。ハスキーヴォイスと抜群の表現力を持ち、アルバムを発表する都度、そのサウンドを大きく変えて、注目を浴びる。堀江由衣やでんぱ組.inc、乙女新党への楽曲提供も行う。2018年春に、ももクロと同じイーブルラインレコードに移籍。

★2／清 竜人25は、「一夫多妻制」のアイドルユニット。2014年、「Will♡You♡Mary♡Me?」でデビュー。メンバー全員が清姓を名乗り、6人の妻を従えたハーレム状態でレコーディングやパフォーマンスを行った。2015年発表のアルバム「PROPOSE」は必聴。2017年

『幕が上がる』の劇中劇であった「銀河鉄道の夜」のシーンを思い出しませんか。まさかあの先に、このような表現世界が待ち受けていたとは、さすがのガリレオも予想し得なかっただろう。杏果の「自惚《うぬぼ》れるなよ！ ユニバース！」は必殺の滑舌ゆえ、3回ぐらい繰り返して聴いてしまったぜ。しかし「地球を止めてやる」って、どれだけ壮大な企《くわだ》てなのか。この厨二病感覚こそが清の真骨頂で、ももクロのテイストとピッタリ重なるのだ。早くもたまらん展開である。

トラックタイム43秒、ラララ〜とミュージカル風のコーラスからリズムイン、多幸感の塊のような清マジックのスタートだ。清竜人25にも通じるアッパーなサウンドながら明らかにももクロに寄せた楽曲は、ももクロ史上で最も細かなパート割りと、全力コーラスパートの活かし方が冴える。ピアノトリオ＋ストリングスというアコースティックなアレンジながら、全員がももクロと一体化。特にストリングスはほぼ休みなく動き続けるため、そのスピード感は凄まじい。高速ハイハット刻みで煽り捲る川口も痛快。しかし川口と岩永のリズム隊は極めて強力、ロック系では女性コンビは珍しくないが、フュージョン系でここまでの攻撃力を持つコンビが出現したとは、我が国のシーンの未来は明るい。次回の女祭りは、ぜひこのコンビを起用していただきたい。最上級のHappiestは約束されるだろう。

ももクロの歌唱はもはや完全にミュージカル女優たちのそれであり、サウンドの**アンビエンス**★7も含めて、ミュージカルのワンシーンを見ているかのよう。そして夏菜子の「飛び立つんだ」を契機に、コーラスも演奏もより熱量を高め、ラストは5人が「止まれ！」の台詞を重ねて終わる。これまで『走れ！』（P76参照）と歌い続けていった彼女たちが、ここで「止まれ！」と口にする意味とは…。そう、本曲のタイトルは『デモンストレーション』なのである。

6月に解散。
★3／Tom-H@ck は1985年、宮城県出身のギタリスト、作・編曲家、音楽プロデューサー。株式会社F.M.F 所属。アニメ「けいおん！」や5人組アイドル、マジカル・パンチラインなどへの楽曲提供多数。
★4／岩永真奈は1989年、大阪府出身のベーシスト。テクニカルロックやフュージョン系のライヴ、セッション、レコーディングなどに参加。教則DVDも発売。
★5／川口千里は1997年、三重県出身のドラマー。小学生の頃より「天才ドラマー」として名を馳せ、2010年にドラムサイト「ドラマーワールド」において、世界のトップドラマー500人の1人に選ばれる。2013年にアルバム「A LA MODE」でソロデビュー。翌年、E-girls のツアーサポートに抜擢。
★6／室屋光一郎は1980年、大阪府出身のヴァイオリニスト。山崎まさよし、茅原実里、MISIA、aiko、水樹奈々、アニメなどのレコーディング及びライヴサポートを手がける。
★7／オーディオ用語で、楽音を取り巻く「音響環境」の意味。

2016・2・17 発売
3rd ALBUM
『AMARANTHUS』

▼ももいろクローバーZ

『仏桑花《ぶっそうげ》』

サウンドカテゴリー度

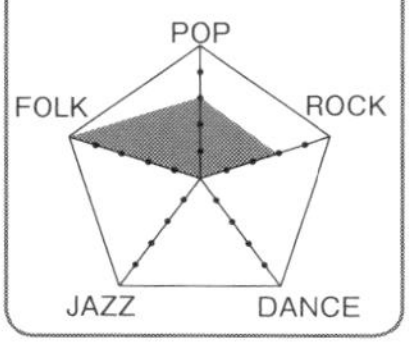

DATA

レーベル／イーブルライン
レコード（キングレコード）
作詞・作曲／さだまさし
編曲／近藤研二
フルート&ティン・ホイッスル／高桑英世
クラリネット／中ヒデヒト
ハープ／斎藤 葉
ブルースハープ／山田稔明
ギター&タンバリン&ウッドブロック／近藤研二
ペダルスティール・ギター&バンジョー&マンドリン／安宅浩司
ベース&マンドラ&マンドロンチェロ／渡辺 等
ドラム&ピアノ／ sugar beans
ストリングス／桑野聖ストリングス
ヴァイオリン／桑野 聖・岩戸有紀子・三浦道子・小宮 直・大林典代・西森記子・高田智恵・久永 泉・三木希生子・井戸柄里
ヴィオラ／渡辺一雄・石井 泉・上田敏子
チェロ／結城貴弘・増本麻理・多井智紀

素直になって両親に感謝する王道フォーク

ミュージカルの高まりを冷ますように、ここでさだまさしによる抒情《じょじょう》フォークが登場する。タイトルは「仏桑花」と書いて「ぶっそうげ」と読み、ハイビスカスの一種。って、フォーク系の人たちは花の名前とかの漢字表現が好きですねー。日本のフォークと演歌って「回り回って、結局は同じ立ち位置に来た」というのが筆者の見立てなのだが、その理由は本質的な感性の通底による。ここで言っときますが、もはや一部のジャパニーズラップやレゲエも、概ね同じ場所まで来ています。結局のところは、ヤンキー文化との親和性が高いんですよね、実は。

さて、**ももクロちゃんとの諸々の絡み**★1で、相変わらずの人の良さを見せたさだだが（読みにくい?・）、遂に楽曲提供までに至った。歌詞は山口百恵の「秋桜《コスモス》」のももクロバージョンの趣で、等身大の彼女たちが両親への感謝を述べる、という設定。メロディーは極端な抑揚とは無縁の、心休まるさだのシグネイチャー・フォーク。アレンジは『灰とダイヤモンド』（P236参照）や『ラフスタイル for ももいろクローバーZ』（P242参照）の近藤研二が手がけており、**ペダルス**

★1／初共演は2012年、さだまさしの還暦を祝ってさいたまスーパーアリーナで催された「The Birthday Party in Masashi Super Arena」。以来、「今夜も生でさだまさし」などのテレビ番組やコンサートなどで、度々共演。

★2／ペダルスティールは、正式にはペダルスティール・ギター。ギターのフレットボードだけを横に寝かせたような形状で、スライドバーを使って演奏する。ボリュームペダル、キーを変えるペダル、ニーレバーでのベンドなどを備えた大型のスタンドタイプのものをペダルスティールと呼び、膝置きのものはラップスティールと呼んで区別する。

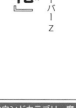

ティールやマンドリン系の諸楽器[★2][★3]、ブルースハープなどを投入して、**アーシーなロッカバラード**[★4]に仕立て上げた。サウンドの手触りはウェストコースト風のそれではなく、敢えて昭和ドラマのテーマソング風にしたのは、相当に意識してのものと思われる。

「青い青い空に」と最初に歌うのは夏菜子、続いて「彼が会いに来るよ」とあーりん。歌詞は基本的にブライダル仕様なのだが、ダイレクトな表現を避けているのは、彼女たちにとって結婚がまだリアルでないことへの配慮だろう。パート割りはざっくりとしており、これも前曲とは対照的、夏菜子以外はソロは1回だけ。全員でのサビはユニゾンに少しだけコーラスと、近藤は自らの高度なコーラスアレンジ・テクニックを封印して「さだの世界」を尊重する。主調は一貫してGメジャーで、構成も所謂**ツーハーフ**[★5]とジャイアント馬場並みの王道を歩み、最後のサビのみ半音上のA♭メジャーに転調する。間奏のブルースハープはGOMES THE HITMAN《ゴメス・ザ・ヒットマン》の**山田稔明**《やまだとしあき》[★6]で、なかなかのエモーション満載。このインストパートでは近藤がギターを軽く歪ませてエモーショナルになり、マンドリンのトレモロで盛り上げつつ転調に向かい、一流アレンジャーとしての矜持を見せる。全員でのサビの締めでは、リズムをブレイクしての「大好きだから〜」という最大の泣き所をカマし、平和なアウトロはハープのグリッサンドで締め括られる。

一連のフォーク方面への取り組みの集大成とも言える本曲は、ももクロにとっては異色のもので、今後もこの路線がメインになることはないだろう。が、アルバムの中でここに置かれることによって、アルバムの次の曲『泣いてもいいんだよ』(P260参照)との大きな流れを生み出す役割を果たしていることこそが重要なのだ。さだまさしから中島みゆきへと、人生のバトンは託される。

★3／ここではマンドリン、マンドラ、マンドロンチェロと、サイズ&音程違いの3つのマンドリンが使用されている。近藤さん、凝り性です。

★4／8分の6拍子、または8分の12拍子で、ロックのバックビートを持ちながら3連符の感覚で演奏されるバラードの総称。

★5／1番→2番→間奏→サビと進む、ポップスの王道ともいえる楽曲進行。テレビなどの放送のために楽曲を短くするときは、ワンハーフと呼び、2番を飛ばすパターンが多い。

★6／山田稔明は1973年、佐賀県出身のシンガーソングライター、ギタリスト。ネオアコースティック・バンドGOMES THE HITMANで活動、現在はソロアーティストとしても積極的に活動。アニメなどの楽曲も手がける。

2016・2・17発売
3rd ALBUM
『AMARANTHUS』

▼ももいろクローバーZ

『Guns《ガンズ》 N'《アンド》 Diamond《ダイヤモンド》』

ピカレスク感覚が新鮮なディスティニー・ロック

「泣いてもいいんだよ」と言われると、「いつでも泣けるから安心して泣かない」という道を選んで闘い続けるのがももクロだ。で、アルバムでは12曲目なので、もはや人生の後半に差し掛かっているのだが、安穏とはせずに闘い続けている様子。タイトルの『Guns N' Diamond』は、**ガンズ《Guns》・アンド《N'》・ローゼス《Roses》**★1ファンのキングレコードの宮本の提案か。**彼はそもそも今回のオリジナルアルバム2枚同時発売についても、ガンズからの影響を語っており、**★2その辺を意識しながら楽曲を依頼したと思われる。楽曲は『上球物語』（P232参照）のzoppと、初参戦の**小林史知《こばやしふみとも》**★3、**岡村夏彦《おかむらなつひこ》**★4が作詞&作・編曲を3者コラボで手がけている（最初の発表時はzoppが作詞、小林と岡村が作曲となっていたのだが、最終的なクレジットは3者のコラボとなっている）。

主調はFマイナーという、ももクロ的には珍しいキー。前曲がE♭マイナーで終わっているため、違和感なく繋がる。イントロはモンド感のある4ビートで始まり、ゆるやかに**ピカレスク**★5な意匠という、ももクロ初のパターンだ。本アルバムはこうした初のパターンが実に多く、もぎたて

サウンドカテゴリー度

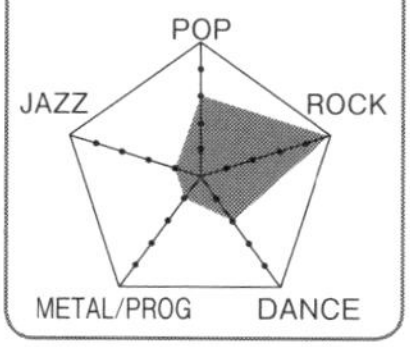

DATA

レーベル／イーブルライン
レコード（キングレコード）
作詞・作曲・編曲／zopp、
小林史知、岡村夏彦
ギター&インストゥルメンツ&プ
ログラミング／岡村夏彦
ベース／須藤 優
ドラム／Ryo Yamagata
ピアノ／宇都圭輝
ヴァイオリン・トップ／銘苅麻野
ヴァイオリン／雨宮麻未子
ヴィオラ／角谷奈緒子
チェロ／渡邉雅弦
トランペット／
二井田ひとみ、川崎太一朗
トロンボーン／
半田信英、小池隼人
ホーン／堀 風翔、小谷晋一

★1／ガンズ・アンド・ローゼス（略称GN'R、ガンズ）は、1985年に結成された、アメリカのロサンゼルスを拠点とするハードロックバンド。全米で4200万枚、全世界で1億枚以上のアルバムセールスを記録する。「Appetite for Destruction」（1987年）、「Use Your Illusion I&II」（1991年）などで全米1位を獲得。「ローリング・ストーン誌の選ぶ歴史上最も偉大な100組のアーティスト」において第92位。2012年、ロックの殿堂入りを果たしている。
★2／「ミュージック・マガジン」2016年3月号ももいろクローバーZ特集のキングレコードの宮本へのインタビューで言及。

果汁5兆%の新鮮さなのだ。ほどなくロックビートにストリングスがのっかり、いよいよ最後の闘いが始まる。歌詞はファンタジーではなく極めてリアルの世界で、「欲しいモノを 手に入れるためには犠牲も 辞さない覚悟」なんて、凄いことをももクロちゃんたちに言わせてくれるよなあ、zoppはん。メンバーの歌唱は夏菜子を筆頭に全員が実にエモーショナルかつ大人っぽく、特に夏菜子は『モノクロデッサン』（P312参照）とは同一人物とは思えない変貌ぶり。各楽曲に合わせて相当に歌い方を練り込んだのだろう、シンガーとしての成長に胸が熱くなる。バンドの演奏も聴きもので、Aメロではディスティニー感のあるホーンの背後で不気味に蠢《うごめ》き、サビでグチョグチョと刻む岡村のギターも効いている。「負けっぱなしじゃ終われない」と全員ユニゾンのサビは高い戦闘力。ここはライヴでも相当に盛り上がる。からの「Tomorrow never knows《トゥモローネバーノウズ》」は、しおりんならではの毅然とした女っぷりに惚れ惚れとする。

ラストのサビで仁義なきバトルは最高潮を迎え、いつもマイペースなれにちゃんまで、犠牲も辞さない覚悟だという鋼少女モード。全力疾走の後、ホーン隊が天高く凱歌を奏でるのでこのままドラマティックに終わるかと思いきや。なんと曲は**ビートルズの「オール・ユー・ニード《All You Need》・イズ・ラブ《Is Love》」**を思わせるピースフルなシャッフルに急旋回するもんだから、最後まで気を抜かせてくれませんなー。このラストパートでメンバーは、肩を組んでのラインダンスさながらに「しばしの お別れよ」と歌い上げ、曲はストンと終わる。どうやらお迎えが来たようだ。つまり次曲『バイバイでさようなら』は、ゆるゆると冥土《めいど》へと向かう直前の「ギリ生きてる側」で、アルバムのラストの『HAPPY Re:BIRTHDAY《ハッピーリバースデイ》』はガチで冥土の世界、安らかな終息へと向かう。

★3／小林史知は1980年、秋田県出身のギタリスト。ロックバンド The River の元メンバー。テレビや映画の主題歌、アイドルなどに楽曲提供している。

★4／岡村夏彦は1980年、東京都出身のギタリスト。2002年にロックバンド Fuger で活動を開始。リンキン・パークの来日ツアーのサポートアクトなどを務める。Fuger 解散後、テクノポップバンドQU'ONを結成。ギタリストとしてレコーディングやライヴサポートの他、マニピュレーターとしても活動。

★5／ピカレスクは悪党、悪漢の意味。ピカレスク映画は、ヤクザやマフィアものを指す。

★6／「オール・ユー・ニード・イズ・ラブ（愛こそはすべて）」は1967年、ビートルズの15枚目のシングル。ジョン・レノン（John Lennon）のラブ&ピース感覚を象徴する曲で、これが後に「イマジン（Imagine）」へと昇華する。

2016・2・17発売
3rd ALBUM
『AMARANTHUS』

▼ももいろクローバーZ

『バイバイでさようなら』

死神をも仲間にして、陽気に天国へ

作詞の只野菜摘は本曲を、**「死を迎えることになったある1人の女の子の姿を描いた」と語っている**。[★1] 事前にメンバーとミーティングを行った経緯は『サボテンとリボン』(P322参照)でも触れたが、恋愛に関するコメントはあまり参考にならなかったが、本曲における死生観については本人たちのコメントがかなり活かされたようだ。作・編曲の**エンドウ.**[★2]はパンキッシュなサウンドに独自の歌詞世界を描いて注目のバンド、GEEKS《ギークス》のリーダー。もちろんこれがももクロ初参戦で、只野ワールドを受けて、ミュージカルタッチのユニークな楽曲を作り上げた。

ハンドクラップと重厚なベース、ドラムのキック、さらにはチーンと鉦《しょう》の音も鳴り、なるほどこれは死に向かってのパレードの様相。主調はEマイナー、**クレズマー的**[★3]なメロディーはアイドルポップスとは思えないダーク具合。というかサウンドはアングラ演劇とクイーンの**「キラー・クイーン《Killer Queen》」**[★4]を土鍋でグツグツと煮込んだような仕立て。オイシイところで左右チャンネルで鳴らされるディストーションギターの合いの手フレーズは、**ブライアン・メイ《Brian May》**[★5]へのオマージュがありあり、ですな。

★1/「SWITCH」2016年3月号ももいろクローバーZ特集の只野へのインタビューで言及。
★2/エンドウ.は「天才詐欺師」を名乗る、GEEKSのヴォーカリスト、ギタリスト。熱心なアニメファンで、声優やアニメのキャラソンなどの楽曲提供も多数。
★3/クレズマー(Klezmer)は、アシュケナジーム(Ashkenazim、東欧系ユダヤ人)の民謡をルーツとする音楽。独特の旋律によるマイナーのメロディーは日本人の郷愁を誘うもの。ジャズやロック、映画音楽、現代音楽でもその要素が多用される。
★4/「キラー・クイーン」は1974年発表の、クイーンのシ

サウンドカテゴリー度

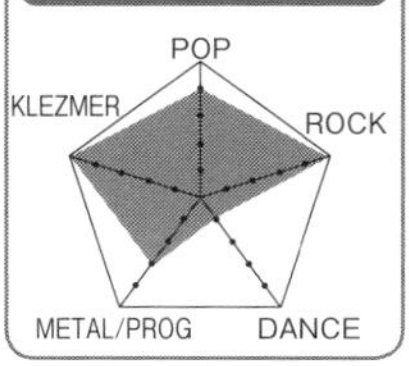

DATA

レーベル/イーブルライン
レコード(キングレコード)
作詞/只野菜摘
作・編曲/エンドウ.
ギター/エンドウ.
ベース/カシムラトモヤ
ドラム/キョウヘイ
ピアノ&シンセサイザー/カオル
トランペット/小澤篤士
サックス/竹上良成
トロンボーン/鹿討 奏

てなサウンドに乗って、まずしおりんが「私の目の前に 終わりがある」と歌い始める。続く杏果は、死への怯《おび》えとそれに立ち向かう覚悟を表現。「小さな心の」からは低音の男性ヴォーカルが加わり、これは死神たちの声を模《も》してエンドウ・が、自らの特徴的なぶ厚く美麗なコーラスワークを重ねて自演したもの。あーりんのソロからリズムギターが加わって死へのパレード感がいやがおうでも増すが、夏菜子のソロあたりからアンサンブルが複雑に展開するとグッと歌謡調になり、遂には同主調のEメジャーにグイッと転調して、明るさ全開のコーラスのサビへと向かう。

「真っ白な光」と始まるサビで、ドラムのリズムは明確にシャッフルを刻むため、世界観こそ全く異なるが『スターダストセレナーデ』（P142参照）にも通じるポジティヴなものとなる（ここ、歌詞を比較してくださいね。1人じゃない気配がするんです）。こうしたA・Bメロとサビのコントラストが本曲の決め手で、死に向かうことを恐れずに受け入れ、「バイバイでさようなら」していくという、サビの高揚感が強調されている。またサビ締めは束の間のワルツとし、軽さを演出するアレンジも効果的だ。

曲はまるっと1番、2番と進み、最後はメンバー全員に死神たちも加わって仲良く盛大にコーラス。「あいつらしいと 笑って」というのは、ももクロとモノノフたちに向けられた最高の言葉ではないか。こうして死神さえも味方につけたももクロちゃんたちは、ゴキゲンに天に召されて行くのだ。ラストはドラムのフィルインから鉦の音がチーンと1発鳴る、という由緒正しきポテチン作法って、アンタは**鳳　啓介**《おおとりけいすけ》★6か。

ングル。3分弱と短いナンバーだが、クイーン楽曲の魅力が凝縮された名曲。

★5／ブライアン・メイは、クイーンのギタリスト。1947年生まれ。100年前の暖炉の木を使って自作したギターを、5ペンス硬貨をピック替わりにしてプレイ。キャッチーなリフや多重録音によるメロディックな演奏で、数多くの後進に多大な影響を与えている。

★6／鳳 啓助は京 唄子との唄子・啓介で一世を風靡した漫才師、俳優。大阪府出身、1923年生まれ、1994年没。甲高い声で「エ～ッ、鳳 啓介でございます」と自己紹介、「ポテチン」と落とすパターンが定番。

2016・2・17 発売
3rd ALBUM
『AMARANTHUS』

▼ももいろクローバーZ

『HAPPY Re:BIRTHDAY《ハッピーリバースデイ》』

走馬灯《そうまとう》で人生を回想する、ナチュラルトリップ・ミュージック

天に召された5人を迎えるのは、純白の空間を翔《か》けるピアノとストリングスの流麗なイントロ。アルバムのラストは、『Z女戦争』（P164参照）以来の久々の登場となる「ティカ・α」ことやくしまるえつこによる楽曲だ。編曲に**山口元輝《やまぐちもとき》**★1、さらにストリングス・アレンジは近藤研二が手がけ、「誕生から死へ」という壮大なテーマを扱ったアルバムに相応《ふさわ》しい、ゴージャスで美しい終焉を迎える。3rdと4thの2枚のアルバムのブリッジ、つまり「リアル」と「ファンタジー」の間に位置する楽曲という重要な役割は、依頼された段階からのものであり、制作にあたっては**『バイバイでさようなら』のデモテープを聴いてから作った**★2、と述べている。

約25秒のイントロに続き、Aメロはしおりんが「ももいろの世界が揺れている」と歌い出す。れにちゃん、あーりん、杏果の順に続き、自分たちの今いる場所を確かめていく。主調はDメジャーで、ももクロの声が最も張り出すキー選択だ。Bメロで「ながいながい」と夏菜子が登場、れにちゃん、あーりん、杏果が、徐々に「こころがすべてになってゆく世界」に慣れて行

サウンドカテゴリー度

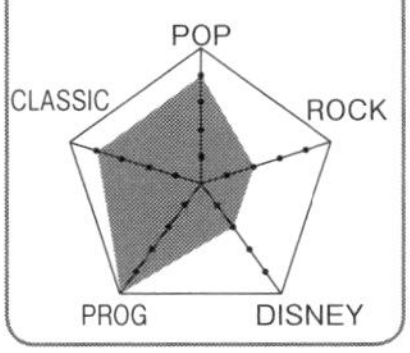

DATA

レーベル／イーブルライン
レコード（キングレコード）
作詞・作曲／ティカ・α
編曲／やくしまるえつこ、山口元輝
プロデュース／やくしまるえつこ
ベース／吉田 匡
ドラム／山口元輝
ピアノ&オルガン&キーボード／エマーソン北村
フルート & ピッコロ／宮地夏海
ストリングス・アレンジ／近藤研二
ストリングス／桑野聖ストリングス
ヴァイオリン／桑野 聖、岩戸有紀子、三浦道子、小宮 直、大林典代、西森記子、高田智恵、久永 泉、三木希生子、井戸柄里
ヴィオラ／渡辺一雄、石井 泉、上田敏子
チェロ／結城貴弘、増本麻理、多井智紀
サウンド・コラージュ／やくしまるえつこ

★1／山口元輝は東京生まれのドラマー。2012年のライヴ「位相」より、相対性理論のメンバーに。フリージャズやノイズ、アンビエントにも傾斜し、Molt Beatsの名義でも活動。

★2／「SWITCH」2016年3月号「ももいろクローバーZ特集」、やくしまるえつこへの「ももクロに関する8の質問」内で言及。

く。ここまで、クラシックの歌曲を思わせる透き通るようなメロディーが、まさしく夢心地。サビのコーラスは天使の祝福を思わせ、「HAPPY Re:BIRTHDAY」でブレイクし、リズムが飛び込んでくる。この辺りから少し『Z女戦争』のニュアンスも感じさせるが、ストリングスがかなりキワドい音程を攻めて、どこか現実離れしたムードをキープする。転機は2分57秒にやってくる。約3秒のブレイクの後、ストリングスとオルガンが奏でるコードは**9／8拍子**[★3]を2回、4／4拍子を2回、後半でドラムロールが走馬灯を猛烈に回し始めてEメジャーに転調。ここから左右チャンネルではメンバーが「ちょっと心配」とか「泣きたくなる」とか「愛している」とか、思い思いの台詞を投げかけていき、グルングルンに人生を回想していく。凄いですねー、この発想。「サウンドコラージュ」とクレジットされているのはこのパートで、おそらくは完全なやくしまるの個人作業。編集には相当な労力がかかったものと思われる。そして駆け巡るストリングスやピッコロも、随所に不協和音を混じえてファンタジーを加速、ここはぜひヘッドフォンで聴いてみてほしい。相当に遠くへ飛べることを保証します。次第にサビのコーラスが重ねられ、台詞が尽きていき、メンバーが「HAPPY BIRTHDAY」、「HAPPY Re:BIRTHDAY」と笑顔で語ると、夏菜子が「またね」と一言。曲はストリングスとオルガン、ベースの余韻を残し、見事な**ホワイトアウト**[★4]で終わる。

人生という壮大なコンセプトに押しつぶされることなく、誕生から死、そして本曲で再生までを「ももクロ流」に駆け抜けた本アルバムにより、楽曲やサウンドも含めて、彼女たちはまたもやポップス史を更新した。この1枚で充分に素晴らしいのに、我々にはまだもう1枚の至福が待っているのだからたまりませんな。もういっぺん頭に戻るか次に進むかは、あなた次第なの**ダ・ガマ**[★5]。

★3／★2のインタビューで、やくしまるえつこは「9／4拍子からの走馬灯」としている。

★4／ホワイトアウトとは、雪や雲で視界が真っ白になる現象だが、ここでは「もっ白ニナル果て」ぐらいの意味でお願いします。

★5／ももクロの妹分である私立恵比寿中学の出演番組「エビ中島!!!」（TBS系列）の中で、メンバーに課題が出される時の語尾の表現。ポルトガルの航海者、ヴァスコ・ダ・ガマ（Vasco da Gama）に因む。

2016・2・17 発売
4th ALBUM

白金《はっきん》の夜明け

ももいろクローバーZ

通常盤　KICS-3309

1 個のA、始まりのZ -prologue-
2 桃源郷
3 白金の夜明け
4 マホロバケーション
5 夢の浮世に咲いてみな
6 ROCK THE BOAT
7 希望の向こうへ
8 カントリーローズ - 時の旅人 -
9 イマジネーション
10 MOON PRIDE
11 『Z』の誓い
12 愛を継ぐもの
13 もっ黒ニナル果て
14 桃色空

アナログ盤・LPレコード　2016年8月13日発売
レーベル／イーブルラインレコード（キングレコード）

オリコンアルバムチャート デイリー1位 ウィークリー1位
日本レコード協会ゴールドディスク認定

夢と現実の間でたゆたう、ももクロ流ファンタジーワールド

4thアルバム『白金の夜明け』のコンセプトは「寝て見る夢」ということで、手を変え品を変え、心ゆくまでファンタジーの世界が描かれていく。ここでの「手」は楽曲と作家、「品」はサウンドデザインと思っていただいて良いだろう。もちろん『AMARANTHUS』においても、多くの作家が投入されてきたことに変わりはない。が、『AMARANTHUS』はコンセプトアルバム&トータルアルバムとしての主張が明確であり、各楽曲には意味や役割が、あらかじめ与えら

★1／音楽ナタリー Power Push「ももいろクローバーZ 豪華作家陣と生み出した3rd & 4thアルバム ももクロが表現する〝常世と幻想の世界〟」のメンバーへのインタビュー内で言及。

れていた。一方で『白金の夜明け』は単独で聴くと、コンセプトアルバムとしての構成は幾分ゆるやかである。この点、**れにちゃんの「夢には現実の話も出てくるじゃないですか? だから、ただただファンタジーじゃなくて。夢なのか現実なのか分からなくなるような不思議な世界になってます」との言葉**[★1]が、適切な表現だろう。前後の楽曲との繋がりは緻密に計算されてはいるものの、全体を通して何らかのストーリーを追いかけながら聴く必要はなく、その意味でコンセプト的にはこちらの方がビートルズの「サージェント・ペパーズ・ロンリー・ハーツ・クラブ・バンド」に、より近いと言える。極端な話、『AMARANTHUS』の存在がなければ『白金の夜明け』はコンセプトアルバムと呼ぶ必要はない、ぐらいの感覚になる。

これは「どちらが優れているか」といった話では金輪際ない。ももクロの作品である限り、どちらも圧倒的に素晴らしいものであることに相違はない。いわば両者は「極めて近いテーマを扱った長編小説と短編集」といった関係であり、我々は気分や状況によって聴き方を変えれば良いのだ。そのような音楽マニア向けの踏み込んだ楽しみ方が、**「月額980円で4500万曲以上」**[★2]というような、音楽に対して些《いささ》かリスペクトを欠いた配信ビジネスが跋扈《ばっこ》する世界において、他ならぬこの日本で提供されているという事実こそを、我々は歓待し享受すべきなのである。

アルバムタイトルの「白金」は「プラチナ」の意味で、決して錆びない、朽ちないもの、即ちももクロの5人を指している。畢竟《ひっきょう》そこにはモノノフとの関係も含まれている、とするのが筆者の揺るぎなき立場である。初回限定盤のアルバムのアートワーク（P33参照）を見ると、表面は夏菜子を前面に、それぞれの顔の輪郭の中で眠るメンバーの姿が、遠近法で描かれている。マグリット《Magritte》[★3]を

★2／Apple Musicの場合。Google Play Musicになると同額で4000万曲以上（ともに2016年時点）。筆者は録音芸術としての音楽を尊重する立場にあるため、音楽配信そのものについては否定的である（ハイレゾ配信の可能性については、その価値を認めている）。月額配信の普及により、鑑賞ではなく「あらゆる音楽のBGM化・風景化」に向かうことは規定路線ではあると思われる。2016年当時、Google Play MusicのCMで「3500万曲と生きてやる」と宣った多部美華子ちゃんには、この場をお借りして「ダメだよそんなの、意味ないからね」とアドバイスしておく。

★3／ルネ・マグリット（René Magritte）はベルギーの画家。1898年生まれ、1967年没。女体を描いた顔、空中に浮かぶ岩、鳥の形に切り取られた空など、シュールかつユーモラスな作品を発表。自身も生活のために広告のグラフィックを手がけており、クリエイティヴの世界に多大な影響を与えている。

思わせる手法だが、裏面では前面にれにちゃんが現れるように反転する。なんちゅう平和な寝顔。これに吸い込まれるようにして聴くのが本作の一番シアワセな聴き方なのだ。通常盤の方が寧《むし》ろ凄くて、巨大な毛玉みたいになっているので子供が見たら怖がりそう（どっちもか）。

既発シングル曲では『夢の浮世に咲いてみな』（P282参照）、『MOON PRIDE』（P268参照）、『「Z」の誓い』（P296参照）が収録された。「寝て見る夢」のファンタジーとすればなるほどであり、それは従来のももクロが描いてきた世界により近いわけで、ちょっと捻《ひね》れば1stアルバムの『バトル アンド ロマンス』の後に本作を聴く、という楽しみもあることを指摘しておこう。そして『MOON PRIDE』と『「Z」の誓い』は続けて収録されており、『イマジネーション』（P356参照）の後に置かれることで、大きなハイライトを形成している。また先行して発表された『もっ黒ニナル果て』（P302参照）は、『桃色空《ピンクゾラ》』（P360参照）の前に置かれることで、このファンタジーの締め括りを**ブラック・ミュージックの意匠**[★4]で纏め上げるための役割を果たしている。実に渋いセンスだ。

サウンド的には、生演奏が中心の『AMARANTHUS』とのコントラストを意識して、プログラミングが大きな比重を占めている。この点、**ももクロの初期の路線**[★5]に近いと言える。一方で台詞～ラップ～歌唱の往還による新パターンは共通しており、サウンド的な新旧の対比、異なる部分と共通する部分などが、複雑に絡み合うものになっている。さらに歌詞も含めるともっと複雑、かつ多様な解釈を生むことになるわけであり、超一級の芸術作品としての「心地よき謎」を秘めたものであることが認められる。では、個々の楽曲解説に進もう。

★4／厳密にはブラック・ミュージックというジャンル、もっと言えばワールド・ミュージックというような音楽ジャンルも存在しないが、便宜上そうすることで特定のテイストの音楽にアクセスしやすくなるならそれで良い、とするのが筆者の立場。

★5／『バトル アンド ロマンス』あたりまでは、ギター以外の生楽器の出番はあまりなく、それがももクロの楽曲の大きな個性・魅力となっていた。現在ではサウンドデザインとしての「ももクロらしさ」は曖昧になり、それはメンバーの表現力のアップによるところが大きい。

2016・2・17発売
4th ALBUM
『白金の夜明け』

▼ももいろクローバーZ

『個のA、始まりのZ - prologue《プロローグ》 -』

眠りから始まる、ファンタジーへの旅

もんのすごくゆっくりとフェイドインで、遠くからメロディーが近づいてくる。おお！これは先ほど聴き終えたばかりの『HAPPY Re:BIRTHDAY』（P334参照）ではないか。アルバムがフェイドインで始まるという手法もプログレ的だし、それが前作の続きというのは、同時リリースならではのトリック。もし『AMARANTHUS』を聴いていなくても、この導入は「何かあるな」と思わせるわけで、こういう点が当時、筆者が自身のブログで**「めっちゃ短縮なデアゴスティーニ方式」**★1と指摘した部分なわけです。タイトルで重要なのは「始まりのZ」の部分で、つい空想の羽を広げてしまうこの言葉に、本作のファンタジー性が象徴されている。作詞はここでも只野菜摘が短いながらも重要な言葉を紡ぎつつ「Zzz《ジージージー》」と居眠り遊び、ちょっぴりタイトルの種明かし。そして次曲で大爆発するNARASAKIが、夢に向かうためのふんわかした揺り籠を用意する。でもって今気付いたが、インストになると『HAPPY Re:BIRTHDAY』のサビメロって、ゆるやかに**「くまのプーさん」**★2ですね。あちらも**クリストファー・ロビン**《Christopher Robin》★3の空想の世界というファンタジー繋がりなわけで、やはりももクロはイマジネーションの塊ですなあ。

曲は「あたらしい自分を みせよう」と、アルバムの始まりを告げて静かに終わる。次曲への空白は長めに取られる。さーいよいよ、だ。何処へ行く、ももクロちゃんたちと俺たちはYO！

サウンドカテゴリー度

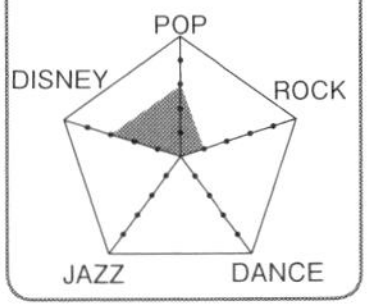

DATA

レーベル／イーブルラインレコード（キングレコード）
作詩／只野菜摘
作・編曲／NARASAKI
オール・インストゥルメンツ／NARASAKI

★1／デアゴスティーニの分冊百科やパートワークは、結局1度も買ったことないですけど、毎回エエとこ突いてきますよねー。「コンバット・タンク・コレクション」はガチで買おうか悩んだが、全巻105号とか。先に家買わな無理。

★2／「くまのプーさん（Winnie-the-Pooh）」はイギリスの作家A・A・ミルン（Alan Alexander Milne）の児童小説だが、日本ではディズニーアニメで有名。1966年の短編映画「プーさんとはちみつ」が初作で、そのテーマ曲は筆者のディズニー・フェイバリットの一つ。

★3／クリストファー・ロビンは「くまのプーさん」の主人公。ぬいぐるみのクマ、プーさんの持ち主。

2016・2・17発売
4th ALBUM
『白金の夜明け』

▼ももいろクローバーZ

『桃源郷《とうげんきょう》』

エレクトロと七五調ラップの融合、空前絶後の新境地へ

ウオーーーーーーーーこれはもーたまらん！「苦しい時のNARASAKI頼み★1」はキングレコードの宮本、並びに我々モノノフのみに通用する諺《ことわざ》だが、その期待を遥かに超えたところで最高の楽曲をカマしてくれるのだから、NARASAKIはまさに神。「さよなら絶望先生★2」から一貫して共同作業を続けるNARASAKIこそが、結局のところ1番頼りになると、宮本は考えているのだろう。この大事なアルバム導入部を所謂「おまかせコース」で依頼、「ほな行きまっせ～！」とのNARASAKIの声が聞こえるようだ（たぶん幻聴）。なお作詞は『Neo STARGATE』（P216参照）の森 由里子、つまりは『Neo STARGATE』、並びに『BIRTH Ø BIRTH』（P230参照）の進化形として、本曲を聴くこともできるというわけである（勝手に俺が）。

曲は『BIRTH Ø BIRTH』でも強力なキメを担っていたチョッパーベースとオケヒットが、前曲で夢心地になっていたこちらを揺すり起こすようにガツンとカマされて始まる。なんたる破壊力。ここで我々は、それなりの覚悟で臨まなければ、気安く桃源郷に向かうことができないという

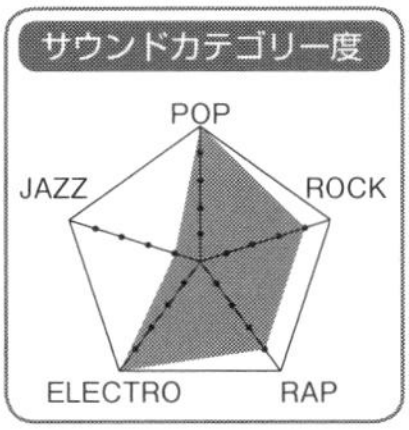

DATA

レーベル／イーブルラインレコード（キングレコード）
作詩／森 由里子
作・編曲／NARASAKI
オール・インストゥルメンツ／NARASAKI

★1／一般的には「苦しい時の神頼み」とか「困った時の神頼み」とか言いますが、いかなる神なのかについては信仰する宗派により異なる。でも神さまってあんまり何もしてくれませんので、「答えは決意じゃん！」というももクロちゃんのアドバイスにこそ耳を傾けるべし。

★2／「さよなら絶望先生」は、久米田康治（くめたこうじ）による漫画作品、及びそれを原作とする一連のテレビアニメシリーズ作品。キングレコードの宮本はテレビアニメの第3期より音楽プロデューサーとして同作に関わり、ここで出会ったNARASAKI、大槻ケンヂ、

ことを思い知らされる。ならば、とモビルスーツに身を包んだところですかさず走りだす極太リズムは、ハウス寄りのエレクトロ。キラキラと空間を彩るシンセは、桃源郷への道標か。そこで野太いディストーションギター風のサウンドがディスティニーなメロディーを奏でるのだが、この圧倒的な**ファーラウト**★3具合が、冒頭の「もーたまらん！」の理由なのだ。サンプリングによるこのサウンドは明らかに80年代に一世を風靡したテクノロックバンド、**ニュー・オーダー**《New Order》★4に通じるもの。楽曲としては「スナー・ザン・ユー・シンク」《Sooner Than You Think》と「ザ・パーフェクト・キス」《The Perfect Kiss》の中間ぐらいのニュアンスなのだが、サウンドのテクスチャーがより進化している分だけ生バンドっぽくなっているのがミソ。一方でNew Orderで特徴的なリフを奏でるのはベースの**ピーター・フック**《Peter Hook》★5なのだが、本曲では彼のプレイスタイルをギターのサンプリングとしているのがクール極まりない。しっかし実にエエ音を使いますよね～、NARASAKI師匠。本曲、名ギタリストであるNARASAKIがそのギターテクニックを封印し、**すべてをプログラミングでこなしているという点も画期的**★6なのだ。

主調はBマイナーで、ハウスなピアノに乗ってのAメロで「見慣れた見知らぬ世界」と歌い出すのは我らがリーダー夏菜子。続いて「輝く草原」と出るのはしおりん。いずれもサウンドの緊張感にあわせて、わずかに不安を伴ったような表情で歌っているのが愛おしい。そのバックでは何度かビートがスリップするので、只事じゃない感が横溢《おういつ》する。

そして問題のBメロだ。ここで『サボテンとリボン』（P322参照）で試された、トニー谷直系の七五調ラップが、またしても登場する。まさかこのテクノなビートに七五調を乗せるとは、トニー谷も草葉の陰でソロバン片手に大喜びしていることだろう（その横にいるのはたぶん大瀧詠一

只野菜摘、橋本由香利、川田瑠夏らは、すべてその後の重要なももクロ作家たちになる。

★3／ファーラウト（far out）はスラングで、「ブッ飛んでる、素晴らしい」の意味。主にジャズ、クラブ系のアーティストが多用。

★4／結成は1980年。ポストパンクのロックバンド、ジョイ・ディヴィジョン（Joy Division）を前身に、バーナード・サムナー（Bernard Sumner）、ピーター・フック、スティーヴン・モリス（Stephen Morris）の3人でスタート。テクノ初期ならではのチープなサウンドと相まって近未来を思わせるユニークな音像を描き、一躍人気グループに。「Sooner Than You Think」、「The Perfect Kiss」は彼らの代表曲。

★5／高音域でメロディーをプレイする独特のスタイルで注目を浴びたが、本人はその理由として、「周りの音がウルサイから、高音で弾かなければ自分の音が聴こえない」ということだった。フックは2007年にニュー・オーダーを脱退し、現在は自身のプロジェクト、

師匠）。これが実にカッコよく決まっており、「予知夢にしてはキレイすぎっ」と名フレーズから出るあーりん、「不安7割 希望3割」と滑舌の頼りなさが明らかに魅力として変換される（これも才能）杏果、そのバックで蠢《うごめ》く引き摺るようなギターやパーカッションと、最高のインスピレーションに満ちた展開が続く。『サボテンとリボン』では「マーチングラップ」とわずかに迂回して表現したが、ここで断言する。本曲に聴かれる七五調かつ大ぶりな演技込みのラップこそが、日本のラップを更新する、完全な「ももクロのオリジナル」なのである。このBメロを聴け、そして震えろ！そして今では我々モノノフは、さらにこの先に『BLAST!』（P418参照）のポエトリー・リーディングという新境地が待ち構えていることも知っているわけで、このような形で日本語のポップスにおける「言葉と発話」についての絶えざるチャレンジ――それは端的に、音楽と言葉が織り成す表現の可能性拡張にほかならない――を続けているアーティストこそがももクロであるということも、この機会に声を大にして指摘しておきたいっ。バンッ、バンッ（コーフンして机を叩く音）。

思索的な言語世界をシャープに突き抜ける

Bメロ終わりの「メッセージの夢?・」で夏菜子がメロディーの世界にグイッと引き戻すと、サビは同主調のBメジャーに転調し、いよいよ必殺の全員のコーラスに雪崩れ込む。何度も言うようですが、このカタルシスはまさしく『BIRTH Ø BIRTH』の進化形。なんちゅう多幸感、未来は確実にももクロの手の中にあると、本曲2度目の断言をしても許されるだろう。そしてBメロを七五調のラップにしているからこそ、このサビが一層効くものになっているわけで、我々は完

ピーターフック・アンド・ザ・ライトで活動しているが、プレイスタイルは相変わらず。
★6／NARASAKIは、ギターを入れなかったことについては自分でも「あれ?」と思ったと、「SWITCH」2016年3月号のももクロ特集内のインタビューで語っている。

全にNARASAKIの手のひらで踊らされている。サビのラストでBマイナーに転調、Aメロに戻してれにちゃんが「次の日見た夢」と切なげに歌うところから、冒頭のサンプリングギターによるディスティニーなメロディーに向かわせる流れも、実にドラマティックだ。

　さらに曲はAメロをすっ飛ばして、しおりんの「眠りは不思議な旅なんだ」から、再びの七五調のラップに移行。ここでもあーりんの「連続ゾクゾク ゲーム以上」、からの全員による「ときめきドキドキ 映画以上」の流れが言葉遊びを超えたニュアンスでグッとくるし、「曖昧模糊《あいまいもこ》もこ五里霧中《ごりむちゅう》」というコケティッシュに耳に残るフレーズも投入、森 由里子の言語世界は思索的でありながらもシャープに突き抜けており、5人のオイシイ部分を実に的確に捉えている点にも注目すべし。2分46秒からは「めざめて」の夏菜子の落ちサビ、ここではシンセのアルペジオとハイハットに加え、ハンドクラップで抑えたムードながらこの後の高まりを予感させ、徐々にキックやシンセの白玉コードで盛り上げていき、3分17秒の全員による「めざめて」が出るところのカタルシスたるや、まさに空前絶後。ここで本曲のタイトルが『桃源郷』であることに、改めて思い至ることになるだろう。ラストは「さあ」と5人が時間差で次の世界へ誘い、シンセのアルペジオが徐々にリタルダンドして、究極の4分半は穏やかなる収束へと向かう――。

　3rdと4thの2枚のアルバムのカヴァーツアーとなった『**MOMOIRO CLOVER Z DOME TREK**《ドームトレック》 **2016 "AMARANTHUS／白金の夜明け"**★7』のDAY2では毎回、本曲は実質的なオープニング・ナンバーとして扱われ、バルーンから垂らされたブランコに乗ってメンバーが上空に登場。タイトルにふさわしい演出に、モノノフたちは度肝を抜かれたのだった。

★7／ももクロとして初のドームツアーで、2016年2月20日・21日にナゴヤドーム、2月27日に札幌ドーム、3月12・13日に京セラドーム大阪、3月26・27日に福岡ヤフオク！ドーム、4月2・3日に西武プリンスドームで、ライヴが行われた。いずれもDAY1で『AMARANTHUS』、DAY2で『白金の夜明け』の全曲をアルバム順に披露した（札幌のみ1日開催ゆえ、2枚のアルバムからの抜粋によるセットリストが組まれた）。ツアーの総動員数は、約25万人を記録。

2016・2・17発売
4th ALBUM
『白金の夜明け』

▼ももいろクローバーZ

『白金《はっきん》の夜明け』

ピュアでプラチナムな、ももクロの夜明け

本曲は、2枚のオリジナルアルバム同時発売の流れの中で、最初期に情報公開された楽曲である。4thアルバムのタイトル曲でもあるため、**リードトラック的**★1なニュアンスも持つが、実質的なリードトラックは新規でMVが制作された『WE ARE BORN』（P310参照）と『マホロバケーション』（P344参照）の2曲。本曲及び『モノクロデッサン』（P312参照）は、その後景に慎み深く控える「ももクロのリアルを伝えるイメージトラック」との趣だ。作詞は前田たかひろ、作・編曲は横山 克。前田は『My Dear Fellow』（P264参照）以来なので80ページぶり、横山は『Chai Maxx ZERO』（P278参照）以来なので66ページぶりって、どういう説明やねん（要は「常連作家さん」ってことでご海容を）。

「僕の心が今」と夏菜子が歌い出すと、アコースティックギターとエレクトリックギターが左右チャンネルで同時にジャラ～ンとコードを鳴らす。ギターはやはり常連の堤 博明が重ねているが、曲を通じてのアンサンブルは、アコギとエレキを共存させる際の見本のようなバランスの良さ。横山が

★1／リードトラックとは、アルバムのイメージを象徴し、先行発表によるラジオなどでのオンエアにより、プロモーションを図るためのもの。先行シングルカットの形を取ることも多いが、ももクロの場合はシングルはシングル、アルバムはアルバムとして扱うため、リードトラックがシングルカットされることはない。

サウンドカテゴリー度

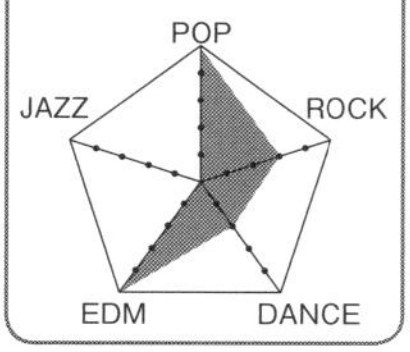

DATA

レーベル／イーブルライン レコード（キングレコード）
作詩／前田たかひろ
作・編曲／横山 克
1st ヴァイオリン／沖増菜摘
2nd ヴァイオリン／銘苅麻野
ヴィオラ／三品芽生
ギター／堤 博明
キーボード&プログラミング／横山 克

彼を頼りにするのもよーく分かります。本曲はアルバム2枚を通じての終盤にレコーディングされたようだが、ここでのメンバーの歌唱は、個人個人の「素」に最も近い。つまりは楽曲そのものに**「ももクロの歩いてきたこれまでの道」の成分がかなり含まれている**★2ため、本人たちが楽曲に寄せて歌う必要がなかったということだと思う。それだけに個々の歌唱スタイルの違いがよく分かるし、それぞれの個性の中で歌詞のフレーズがじんわりと染み込んでくる。特に杏果の、フレーズ前半と後半でのニュアンスの変え方や、しおりんの「なんかちょっと」の歌い出しからの、言葉と心理状態がシンクロした揺れ具合などには思わずウルルン状態。そして1分半辺りからリズム隊が前に出始め、あーりんのソロで力強いドラムとストリングスが加わり、いよいよエモーショナルに盛り上がっていく。ここまでバラードの様相だったのだが、2分31秒からはBPMが134のアップテンポになり、サウンドもアコースティックEDMに変化。**アヴィーチー《Avicii》**★3あたりを思わせる爽快なサウンドになる。野太くグリグリと動き回るシンセベースも最高のグルーヴ。ストリングスの隙間を縫うような程よいエレクトロ処理もハイセンスで、またしても横山のグッジョブである。これにのって、ももクロちゃんたちは軽快に言葉を綴ってゆき、3分44分で遂に感極まるように、全員ユニゾンにごくごく薄くコーラスを加えたサビに突入する。全員が揃いながら、ここまでそれぞれにソロで歌い繋いでいくパターンの楽曲も、過去にはなかった。それだけに全員のユニゾンが愛しく感じられ、こちらの心もジャブジャブと洗い流されていく。この空気感は『空のカーテン』（P206参照）と共通するもので、彼女たちのピュアな部分をすくい上げるのが、横山に託された役割なのだろう。「DAYBRAKE《ディブレイク》…」と歌い上げられる瞬間、まさに光が差し込むかのよう。文句なしの名曲！

★2／この点については、ぜひMVを確認してほしい。なんと、早見あかりを含む無印時代から現在に至るまでの名シーンを時系列で編集したもので、モノノフにとっては涙なしで観ることは不可能。ラストのメンバー個々の新旧並べ見せなんて、卑怯者の極み。これ、作りながら運営も泣いてましたね、きっと。

★3／アヴィーチーは1989年、スウェーデン出身のDJ、音楽プロデューサー。本名はティム・バークリング（Tim Bergling）。ティム・バーグ（Tim Berg）、トム・ハングス（Tom Hangs）の名でも活動。ソウル歌手のアロー・ブラック（Aloe Blacc）をフィーチャーした2013年のシングル「ウェイク・ミー・アップ（Wake Me Up）」が全世界で大ヒット、一躍、EDMシーンのトップアーティストとして脚光を浴びる。

2016・2・17 発売
4th ALBUM
『白金の夜明け』

▼ももいろクローバーZ

『マホロバケーション』

ブリコルール魂が炸裂する、超絶ハイパーファンク

ここで遂に、ももクロ流のハイパーファンク最新形態というウェポンが投下される。『マホロバケーション』というタイトルも絶妙。曲名が発表された瞬間から俺の期待値はMAXだったのだが、その遥か上空を往く楽曲が届けられた。もーたまらんので素直に告白するが、名曲揃いの2枚のアルバムの中で「1曲選ばないと地獄行き」と神様に問い詰められれば、俺は間違いなく本曲を選ぶ。なんせマホロバ＋バケーションとくれば、あらゆる神も文句はないだろう。この後に及んでゴチャゴチャと文句を言う神には、俺が懇々《こんこん》と説教する。

しっかし、なんちゅうカッコイイ曲なのか。作詞はこれが初参戦の六ツ見純代《むつみすみよ》★1、作・編曲は『ロマンティックこんがらがってる』（P298参照）で参戦していたinvisible mannersだが、演奏陣は必殺の『GOUNN』（P244参照）のリズム隊、即ちベースはOKAMOTO'Sのハマ・オカモト、ドラムは凛として時雨のピエール中野という喧嘩上等の荒くれども。そこに『ロマンティックこんがらがってる』で絶妙のギターワークを披露した伏見 蛍とホーン隊が加わるという最強の座組みだ。

サウンドカテゴリー度

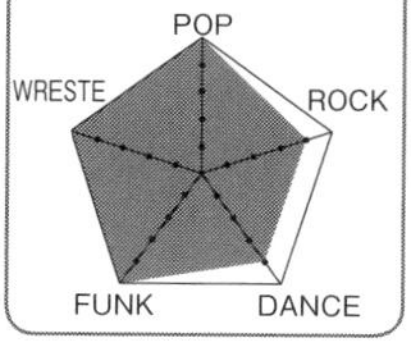

DATA

レーベル／イーブルライン
レコード（キングレコード）
作詩／六ツ見純代
作・編曲／invisible manners
ギター／伏見 蛍
ベース／ハマ・オカモト
ドラム／ピエール中野
トランペット／小澤篤士
サックス／竹上良成
トロンボーン／鹿討 奏
ナレーション／ケイ・グラント

★1／六ツ見純代は1966年生まれの作詞家。J-POPからプリキュアシリーズのアニメまで、数多くの楽曲を手がけている。

★2／ウィーン出身のキーボーディスト、ジョー・ザヴィヌル（Josef Zawinul、1932年生まれ、2007年没）がその晩年に率いたバンド。完全にオリジナルなキーボードサウンド、エスニックで強靭なグルーヴで、自らが率いたウェザー・リポート（Weather Report）のサウンドを更新した、全音楽史における最重要人物の1人。

★3／ハービー・ハンコックは1940年、アメリカ出身のピアニスト、キーボーディスト、音楽プロデューサー。1978年のアルバム「Sunlight」でヴォコーダーを導入。「Cantalope

冒頭、ヴォコーダーでなんかゴニョゴニョ言うてますが、思わず**ザ《THE》・ザヴィヌル・シンジケート《ZAWINUL SYNDICATE》**★2を想起したではないか。いや、「ユイツムニノ」とか一応は歌詞があるので、むしろ**ハービー《Herbie》・ハンコック《Hancock》**★3の方が近いか。いずれにせよ、ドス黒くも謎めいたこのイントロのフレーズから即座にドシャメシャなファンクビートが闇鍋的にブチ込まれて一致団結し、ももクロ・ファンクの総決算セールが始まる。

ファンクとなれば主調は当然の如くEメジャー。陽気なAメロはあーりんからスタートするが、受けのコール「たぎれ！」は明らかに元・新日プロの**中邑真輔《なかむらしんすけ》**★4へのメッセージ。ファンクとプロレスはやはり唐揚げとビール同様、最強コンボなのだ。オカモトとピエールのリズム隊のブッ飛ばし具合は明らかに『GOUNN』を凌ぐテンションで、そこに伏見が16ビートのカッティングで鋭く斬り込む辺り、マホロバとは即ち途轍《とてつ》もない鉄火場《てっかば》でもある、ということなのか。「てか、ミッション！笑門来福《しょうもんらいふく》です」や「円陣組み仕上げてくステージ！」など、六ツ見の歌詞もインスピレーションに満ちたフレーズを惜しげもなく投入。これを楽勝でこなすももクロのヴォーカルと演奏陣の猛スピードの絡み合いたるや過去最強、さらに彼女たちは踊りながらこれをカマすのだからエゲツない。続く「ももクロ天国☆一度はおいで！」だが、こちらは**フォークル**★5へのオマージュであり、例によって本人たちはよく分からないままに、昭和の世界観に巻き込まれている。ホーンセクションの豪快な動きも実に効果的だ。この「ももクロ天国」の螺旋状リピートでラッシュをかけ、「**ニルヴァーナ**★6」に持ち込む流れに（オカモトのチョッパー攻撃も強力）、歌詞においても『GOUNN』の延長上にある楽曲であることがよーく分かる。あちらはシャンバラ、こちらは**マホロバ**★7であり

Island」、「Cameroon」、「Rock It」など、ジャズ界屈指のヒットメーカー。

★4／中邑真輔は1980年、京都府出身のプロレスラー。2002年から2015年の間、新日本プロレスを舞台に活躍。2016年に新日本プロレスを脱退し、WWEと契約。フィニッシュホールドはさまざまな角度から繰り出すひざ蹴り、ボマイエ（WWEでは同じ技を「キンシャサ」と呼んでいる）。新日時代の決め台詞は「たぎる」「イヤァオ!!」など。

★5／'60年代後半に活躍したフォークグループ、ザ・フォーク・クルセダーズの略称。1967年の「帰って来たヨッパライ」は、テープ早回しによるヴォーカルとコミカルな内容で大ヒット。「天国よいとこ一度はおいで」は同曲のサビのフレーズで、「酒はうまいし ねえちゃんはきれいだ」と続く。筆者は小学生の頃にこの曲を聴いて天国のイメージを固めてしまったことで、必要以上に早くから飲酒。そしてもももクロという最上級のハピネスに出会ったことで、ゆるやかに天国にいる感じがずっとしている（各種締め切り以外）。

★6／涅槃（ねはん）のサンスクリット語。仏教において、悟りを開いた

ニルヴァーナでありアーナンダ★8なわけで、聴く者はぐるんぐるんに振り回されつつもお勉強にもなるという辺りがひじょーに有り難く、思わず合掌《がっしょう》してしまいますな。

Bメロは杏果の「因果律《いんがりつ》カタルシステム」から入り、しおりんの「キミのイタミ、昇華するから！」にリレー。伸びやかなメロディーでペースチェンジするも、「壊せ！ 過去未来背負うカルマ」で再び攻撃モードに戻るが、ここの合いの手の「Oh《お》～！」の解脱《げだつ》するかのようなニュアンスは、これまた新たな表現で聴く者は魂を抜かれる。MVでも本人たちの5色の魂が抜けていき、その魂がマホロバのステージに降り立ってライヴを展開するのだ。

昭和プロレスの凄みとアツさを、そのまんま音楽で届ける

サビの「ここから始まる！」では突然Bマイナーに転調し、アツいメロディーで盛り上がっていく、この辺りの展開はinvisible mannersの本領発揮。『「Z」の誓い』の2つのカップリング曲、『CHA-LA HEAD CHA-LA』（P299参照）のtatsuoと、『ロマンティックこんがらがってる』のinvisible mannersという新しい作家陣が、2枚のアルバムそれぞれのリードトラックを手がけているという点も、実に頼もしい。ももクロ作家は絶賛増殖中なのだ。そのサビのラスト、「五臓《ごぞう》六腑《ろっぷ》へ響き渡れ」からのダイナミックな畳み掛けは、ブレキーの壊れたダンプカーことスタン《Stan》・ハンセン《Hansen》の入場テーマ曲『サンライズ』★9を思わせるヘヴィー級の迫力で、ももクロの場合は攻撃力を上げるとどうしても昭和プロレスに近づいてしまうのは、もはや川上マネージャーの個人的な好みを超えて、運営全体および本人たちにも染み渡っているのだろう。と思っていたら、

境地のこと。無論、アメリカのロックバンドのことじゃありません。
★7／日本の古語で、「素晴らしい場所」の意味。古事記、日本書紀で使用されている。
★8／アーナンダ＝阿難陀（サンスクリット語）は釈迦の十大弟子の1人で、女人の出家を認めなかった釈迦を説得したことで知られる。てなことを知るにつけ、単なる仏教周辺の言葉遊びではないことも明らかになりますな。
★9／スタン・ハンセンについてはP155★3参照。「サンライズ」は彼の全日本プロレス時代の入場テーマ曲で、ケニー・ロジャース（Kenny Rogers）の「SO IN LOVE WITH YOU（君に夢中）」のカントリータッチの陽気なイントロから、スペクトラム（SPECTRUM）の「サンライズ」の激しいイントロに強引に繋げることで、ハンセンの持ち味を表現した名曲。ここでは後者、スペクトラムのイントロ部分の畳み掛けに共振している。
★10／1952年、東京都出身のナレーター、DJ、司会者、歌手。PRIDE 及び DREAM のリングアナウンサーとしても知られ、ももクロ

間奏では聞き慣れた声で英語のナレーションがカマされるが、登場するのはなんと**ケイ・グラント**。[★10] ライヴではすっかりお馴染みの重低音ヴォイスだが、ここでもサイコーの煽りで盛り上げてくれる。このナレーション、本曲をライヴで披露する場合は基本的に録音されたものを流しているのだが、2016年の『桃神祭2016 ～鬼ヶ島～』では満を持して本人が参戦、超ゴキゲンにブチ上げてくれたのだった。

2番も同様の展開で進むが、3分10秒からは新たなセクションに突入。伏見が左チャンネルでディレイを使った**エドワード《Edward》・ヴァン《Van》・ヘイレン《Halen》流儀のリフ**[★11]を走らせる中、「目と目があって笑顔になって」と前にしゃしゃり出るしおりんの愛おしさよ。ココはMVの名シーンだろう。「また次に手渡して」からのれにちゃんの低く抑えた歌唱も味わい深く、本曲、箱推しとしては聴きどころ&見どころが多すぎて、も～タイヘンですわ。以上、天女たちの至福のライヴは4分半を全力疾走、エンディングでは伏見のギターも左右でグチョグチョにクネりまくり、時代超越のやる気をガッツリと伝承していく。ラストはメンバー全員の声をツ・ヨ・ク・ツ・ヨ・ク届けて、キンシャサとラリアートのサンドイッチ攻撃（実際には見たことないですが、あくまでイメージですからね）で豪快にフィニッシュ。もはやいかなるファンクバンドも、彼女たちの敵ではない。

最後に確認しておこう。ももクロの音楽は正しく**ブリコルール**[★12]だ。そして彼女たちの音楽が「ブリコルールの向こう側」に行き着いた今、現代思想にも「より進化した言葉」が要請されると、俺は考えている。なのでこの後に及んでゴチャゴチャと文句を言うダラけた思想家には、俺が懇々と説教するのであってね。覚悟をば。

のライヴには2011年春の中野サンプラザ大会から参戦している古参組。

★11／ハードロックバンド、ヴァン・ヘイレンのギタリストにして、ライトハンド奏法（タッピング）に代表されるギター・テクニックのパイオニア。代表的なプレイはマイケル・ジャクソンの「Beat It（今夜はビート・イット）」など。ディレイを使った奏法は「Cathedral」で披露されたもので、付点8分音符のディレイとヴォリューム奏法を組み合わせたもの。最初に聴いた時は、どーなっているのかさーっぱり分かんなかったです（やってみたらすごく面白い！）。

★12／ブリコルール（Bricoleur）とは「ブリコラージュ（Bricolage）する人」を指す。「ブリコラージュ」は「その場で手に入るものを寄せ集めて、新しい物を作り出すこと」の意味。フランスの文化人類学者のクロード・レヴィ＝ストロース（Claude Lévi-Strauss）が1962年の著書「野生の思考（La Pansée Sauvage）」で提示、現代思想における重要な概念となった。ちなみに本書の発行元の社名も、これに由来。

2016・2・17発売
4th ALBUM
『白金の夜明け』

▼ももいろクローバーZ

『ROCK《ロック》 THE《ザ》 BOAT《ボート》』

小悪魔しおりんに気絶必至の、サイケな歌謡ロック

クゥ〜。これはもう、しおりん推しにはたまらんナンバーである。楽曲はなんとグラミー賞作家の**グレッグ・カースティン**《Greg Kurstin》★1と、エレクトロキュート《ELECTROCUTE》のメンバーである**ニコール・モリエ**《Nicole Morier》★2が手がけ、ここにももクロ作家としてお馴染みの岩里祐穂が歌詞を乗せている。つまりアルバムの流れ的には、前曲『夢の浮世に咲いてみな』（P282参照）と本曲で、舶来の楽曲に岩里が歌詞を乗せるパターンが続くという面白い流れ。岩里はももクロ楽曲の重要な提供者だが、**メンバーとは一度も会ったことがなく、そうすることで歌の中のファンタジーを提供したいと発言**★3している。つまり、只野菜摘がメンバーに寄り添うことで内側から歌詞を書き、岩里が外から見守る形で歌詞を書くという風に、ももクロにとって最重要作詞家である2人がうまい具合に両輪として機能しているのですな。実は本曲、**楽曲デモが売りに出されていたものを早い段階でキングレコードの宮本が入手して、ももクロ用に使いたいと申し出た**★4とのことで、いろんな形で良い楽曲を集めようとする、宮本のももクロへの深い愛を感じるエピソードだ。

★1／グレッグ・カースティンは1969年、アメリカ・カリフォルニア出身の音楽プロデューサー。エレクトロ・ポップの音楽ユニット、ザ・バード・アンド・ザ・ビー（The Bird and the Bee）のメンバー。プロデュースに関わったケリー・クラークソン（Kelly Clarkson）のアルバム「Stronger」で、2013年のグラミー賞ベスト・ポップ・ヴォーカル・アルバムを受賞。アデル（Adele）の2015年の世界的ヒット曲「Hello」の共作者でもある。

★2／ニコール・モリエはアメリカ・サンフランシスコ出身のシンガーソングライター。ポップユニットELECTROCUTEのメンバー。

サウンドカテゴリー度

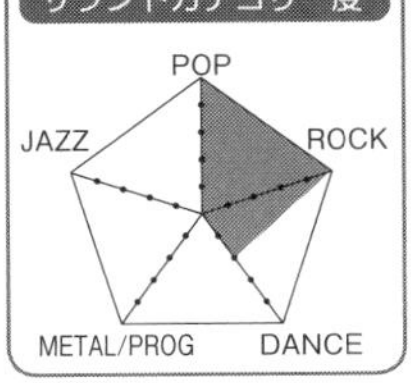

DATA

レーベル／イーブルラインレコード（キングレコード）
作詩／岩里祐穂
作・編曲／Nicole Morier、Greg Kurstin
プログラミング&ベース&ギター&ドラム&キーボード／Greg Kurstin

曲はちょっと日本の作家からは出てこないような、サイケでドラッギーなムードから始まる。タイトルの「ROCK THE BOAT」はボートを揺らす、転じて「波風を立てる」という意味なので、ここではしおりんがチャーミングな小悪魔となって歌い始めるのだが、カッコイイよな～しおりん。これにたぶらかされない男はいないわけであって、**腹黒で銭ゲバでナルシスト**[★5]でも全く問題ナッシングだ。そんなしおりんに連られて、サビではメンバー全員が「良い子のまんまじゃ始まんない」と悪い子宣言をカマすのだが、おいおい少なくともあーりんはママが許してくんないよ。それにしてもこのサビ部分のメロディーは昭和のムード歌謡、てかキャバレー感がプンプンするもので、『マホロバケーション』が天界のキャバレーとすれば、こちらは**デヴィッド・リンチ**《David Lynch》[★6]の場末の世界ってところか。いずれにせよももクロの楽曲としては新境地ながら、違和感が全くないぐらいにみんな大人になっちゃったのね（今、「ガキですよー」の声が聞こえたような…）。そして必殺のフレーズはサビ明けに登場。しおりんの台詞「どうかな、揺らしちゃう?」で、もはや我々は為す術なく気絶するしかない。ちなみに後半ではあーりんも「揺らしちゃう?」をカマすが、箱入り娘なのでちょっち無理がありますな。それでママは安心なんだろうけど。

曲は正統派のアメリカンポップス・サイズで、しおりんの「You gotta rock the boat《ユー ゴット ロック ザ ボート》」で、たった3分ほどでストンと終わってしまう。もっと聴きたいぞ～とも思うが、アルバムの中ではこういう気楽にノレる曲があってもいいのだ。特に、ヘヴィなKISSの後ということもあるしねー。でもこの曲、「フゥ～」とか最初から入ってるし、コールも入れやすいのでライヴでも相当に盛り上がるのだが、たまにしか登場していないのは残念。もっと演ってほしいです。

★3／「SWITCH」2016年3月号ももいろクローバーZ特集の岩里へのインタビューで言及。

★4／「billboard JAPAN」ウェブサイト、「ももいろクローバーZ、新作3rd&4thアルバムリリース記念！ 音楽プロデューサー宮本純乃介インタビュー」内で言及。

★5／2013年1月28日の「ももクロ試練の七番勝負 episode.3」で、ゲスト出演した手相芸人の島田秀一がしおりんを占った結果。

★6／デヴィッド・リンチは1946年生まれの、アメリカの映画監督。1980年の「エレファント・マン」で一躍有名に。その後も1986年の「ブルーベルベット」、1990年の「ワイルド・アット・ハート」、2001年の「マルホランド・ドライブ」など、軽やかに気の狂った作風でカルト的な人気を誇る。テレビドラマ・シリーズ「ツイン・ピークス」も必見。

2016・2・17 発売
4th ALBUM
『白金の夜明け』

『希望の向こうへ』

▼ももいろクローバーZ

れにちゃんの温もりを、お茶をお供に味わう

脱力。と一言書いて終われればこんなに楽なことはないのだが、そーゆーわけにはいかないのであって、世間っちうのは厳しいですな。本曲は概ねれにちゃんのフィーチャリング・ナンバーと言ってよい、無垢で素直な昭和のフォークロックであり、ひょっとして**朝ドラのテーマ曲**★1とか狙ってるの？ ぐらいに、ももクロサウンドの常識からすると逸脱したナンバーである。楽曲並びにサウンドのシンプルさはさだまさし作の『仏桑花』（P326参照）以上の本曲。作詞はNAGAEの変名で『勝手に君に』（P320参照）を手がけた桑原永江、作・編曲は桑原とともに『宙飛ぶ！ お座敷列車』（P234参照）を手がけた佐藤 晃という、ももクロ経験者によるタッグ。ここでは桑原ならではの、磨き抜かれた温もりのある言葉を受け、佐藤が全く捻りなくストレートなメロディーを添えているため、詞先のパターンかもしれないですな（いつもながらの推察）。

「も〜しも〜」と、**4分音符コード弾き**★2のピアノ伴奏をバックに、優しく語りかけるように歌うのはれにちゃん。冒頭に「脱力」と書いたのはこの部分で、頭からこう来られると分析めい

★1／2013年12月14日、NHKクリスマスドラマ「天使とジャンプ」の完成披露試写会での挨拶において、れにちゃんが「朝ドラを狙っている」と発言。その後、2016年度下半期のNHK連続テレビ小説『べっぴんさん』に、夏菜子が準主役で出演したことを考えると、興味深いですね。

★2／最もシンプルなピアノ伴奏、右手で3声のコード、左手でベース音を弾くパターン。

サウンドカテゴリー度

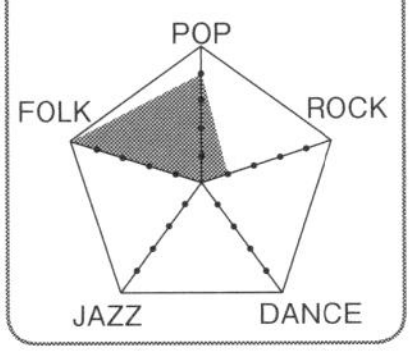

DATA

レーベル／イーブルライン レコード（キングレコード）
作詩／桑原永江
作・編曲／佐藤 晃
プログラミング&ギター&マンドリン／佐藤 晃
ベース／野間口ヒロシ

た何かは邪魔者でしかなく、聖母のような彼女たちの歌唱に添い寝されてる気分で身をまかせるのが正解なのだよ、実のところ。キーは最初から最後までまるっとCメジャー。コードも間奏部以外は概ね**カノン進行**★3の変形バージョンなので、ピアノやギターの初心者にも優しい。メンバーの歌唱は個々に慈愛を染み渡らせるが、しおりんの「温かいものを いっしょに食べよう」、あーりんの「ダメな話をひとつずつ ぼくから話すよ」、杏果の「眠れないのなら 枕をお持ちよ」とか、歌詞の内容も彼女たちに寄せてあるため、確実にモノノフの心に届くのである。そしてここでも、夏菜子のナチュラルヴォイスが、特別な響きを持って心を絆《ほだ》してくれる。

本曲、れにちゃん以外はメンバーのソロが1回ずつとサビのコーラスで成り立っているのだが、サウンドの意匠こそ違えどその清廉《せいれん》さは『青春賦』（P286参照）と共通するもの。よ～く聴いてほしいのだが、フレーズの処理が全員違うので、タイミングがズレるところと揃うところがハッキリと分かるはず。これが高校のクラス対抗のコーラス大会（コーラス部では決してない）を思わせる、独特の青春ムードを生んでいるのだ。似たようなピュア路線でも『白金の夜明け』とは異なるもので、勝手に「桑原路線」と名付けるが、今後も大事なところで投下されるものと思われる。

ラストのれにちゃんの歌詞、「この手は きっときっと 放さないからね」は、**彼女のソロコンサートの最後の挨拶**★4の言葉を受けたもの。メンバー初のソロコンサートというプレッシャーを乗り越えて、涙の中でファンに語った言葉が、こうして全てのモノノフたちに、音楽ファンたちに届けられたわけだ。メンバーの中では最年長だが、ある意味最もピュアな感性の持ち主であるれにちゃんの温もりが堪能できる曲だけに、お茶でも飲みながらのんびり聴いてくださいね。

★3／バロック期の作曲家、ヨハン・パッヘルベル（Johann Pachelbel）の有名な「カノン(canon)」のコード進行パターンのこと。安定感と格調があり、汎用性の高い進行ゆえ、古今東西あらゆるポップス楽曲で使用されている。

★4／2015年3月9日、名古屋CLUB QUATTROで開催されたれにちゃんの初のソロコンサート『高城の60分4本勝負』の最終セットでの挨拶が、「絶対に私からみんなを手放したりはしない」。なお、大好きだったひいおばあちゃんが亡くなった後に、れにちゃんはレミオロメンの曲「3月9日」を聴いていたことから、この日行われた4回のライヴの異なるセットリストのラストでは必ず「3月9日」が歌われた。

2016・2・17 発売
4th ALBUM
『白金の夜明け』

▼ももいろクローバーZ

『カントリーローズ -時の旅人-』

迂闊《うかつ》なセンチメンタルとは無縁な、ももクロ初の上京ソング

ほんわか気分のれにちゃんワールドから一転、時刻を告げる鐘の音が鳴り響くイントロは、ミステリードラマを思わせる切迫感。本曲は**ORANGE RANGE**《オレンジ・レンジ》★1の**NAOTO**《ナオト》★2による楽曲で、作詞、作・編曲は全て彼の手によるもの。シーンがコロコロと切り替わる展開は明らかに「ももクロ向き」を意識したものだが、4つ打ちビートを走らせる上に、わらべ唄や沖縄民謡、昭和のヒーローアニメなどの要素を継ぎ接ぎしたようなこのサウンド、これより勝手に「テクノ・ジャパネスク」と呼ばせてもらうことにする。体裁としては2枚のアルバムを通じて、ノベルティソング的な意匠を持つのは本曲だけなので、その意味でも貴重なナンバーだ。

4つ打ちのキックが入ると、「ヤーレンソーラン どっこい 故郷《ふるさと》」と、出だしからの言葉遊び攻撃だ。田舎から山や谷や川を乗り越えて都会へ出てきた若者が、幾多の試練に負けないで道なき道を旅する、時に故郷を思い出す…という仕立ての所謂**「上京ソング」**★3なのだが、情緒よりもスピード感が勝るため、センチメンタルな要素は1ミリもない。一方でタイトルやイントロで

★1／ORANGE RANGEは沖縄県を拠点として活動するミクスチャー・ロックバンド。2003年、シングル「上海ハニー」のヒットで大ブレイク。2004年のアルバム『musiQ』で、第19回日本ゴールドディスク大賞のアーティスト・オブ・ザ・イヤーを受賞。

★2／NAOTOは1983年、沖縄県出身のギタリスト、マルチプレイヤー、プログラマー。ORANGE RANGEの作・編曲のほとんどを手がける。2012年以降、SCANDAL、HOME MADE 家族、でんぱ組.incなどへの楽曲提

サウンドカテゴリー度

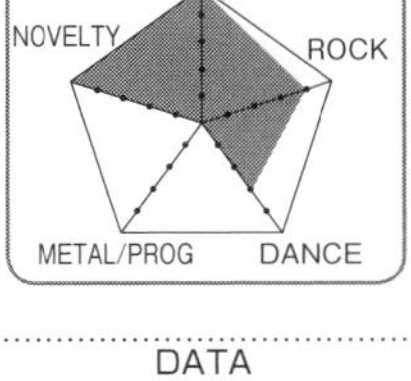

DATA

レーベル／イーブルラインレコード（キングレコード）
作詩・作曲・編曲／NAOTO
ベース&ギター&プログラミング／NAOTO

「時」を意識させているため、時間旅行も兼ねたファンタジーとなっている。

メンバーがせわしなく出入りし、デュオの組み合わせも様々に変えて歌われるが、軸となるのは夏菜子とあーりん。主調はFマイナーで、AメロやBメロはハイスピードのわらべ唄仕様。「ホイ」とか「ツッタカター」などの合いの手が入り、どうやら順調にお江戸に向かっているようだ。「金色の穂の中に」の杏果ソロからはメロディーの矛先が変わっていき、サビでは完全にアニメ仕様となる。面白いのはサビ明けの「ああ神様」からのパート。ここで平行調のA♭メジャーに転調して次のパートにブリッジ。Fマイナーに戻ったところでの沖縄民謡はれにちゃんのソロで、**安定の沖縄担当**★4なのですな。しおりんに起こされた後でAメロに戻るが、つまりはサビ明けから沖縄民謡パート全体が曲の構成上は「ブッ込み」だったということにここで気が付く。ホント、譜面で曲作ってたらこういうのってできないんですよねー。以上から分かるのは、NAOTOにとってのももクロは前山田ワールドなわけで、転調技こそ違えど、この継ぎ接ぎサウンドは前山田リスペクトであると思う。

落ちサビは前半が夏菜子、後半があーりんという珍しい流れで、SEを挟んで全員でサビのコーラス。ここで締めに向かうかと思いきや、「明日になれば」でBメジャーに転調してまたしても新しいメロディーが登場。時を旅する冒険者としての決意表明を行い、最後はFマイナーに戻って、冒頭の「ヤーレンソーラン」を歌って終わる。

トラックタイムは5分25秒。終わってみると意外な長さなのだが、ホイホイ、ツッタカターと調子よく進むので、あっちゅう間に感じられるのだ。この曲はアルバムの中でペースチェンジの役割を果たしており、いよいよ次は清 竜人の出番となる。

供も手がけている。

★3／古くは1964年の井沢八郎「ああ上野駅」、1975年の太田裕美の「木綿のハンカチーフ」、最近ではケツメイシの「東京」まで、上京ソングはいつの時代も書かれ続け、聴かれ続けている。

★4／『ももクロのニッポン万歳！』（P146参照）以降、沖縄といえばれにちゃんの担当。日本テレビの通販番組『ももクロポシュレの玉手箱だZ』でも、れにちゃんは「おきなわ大きな輪！ あなたと私の沖縄セット」というオリジナルのグルメセットを手がけている（販売終了）。

2016・2・17 発売
4th ALBUM
『白金の夜明け』

▼ももいろクローバーZ

『イマジネーション』

2枚のアルバムをリンクするトラップチューン

本アルバムと『AMARANTHUS』の両方で、9曲目に置かれた清 竜人ナンバー。先に『デモンストレーション』（P326参照）で触れたように、清には「3rdと4thのそれぞれに1曲ずつ、対になるような楽曲を」と依頼されている。この困難なハードルを、清は彼一流のエンターティンメント性を発揮し、楽しみながら乗り越えたようだ。ここに聴かれる『イマジネーション』は、『デモンストレーション』の続きでありつつ、往還《おうかん》自在な窓であるという、2枚のアルバムがあたかも**「クラインの壷」**★1になるような構造を担っている。そして楽曲的にも、『デモンストレーション』は生演奏、こちらは全てのプログラミングを清がこなすことで、サウンドデザインでもコントラストをつけている。ゆえに、2枚のアルバムを通しで聴いた後は、ぜひ清の2曲だけを比較してほしい。そうすることで、清の仕掛けたトラップの全容が分かりやすくなる。

冒頭、台詞パートから始まるが、全員で行うことで『デモンストレーション』のソロ台詞と対比。ここでは「もしも地球が回ることを止めたなら」との仮定に基づき、「アダムとイブがこの

★1／クラインの壷（Klein bottle）は、ドイツの数学者であるフェリックス・クライン（Felix Klein）により考案された曲面。壺状の物体の裏表の面を繋げたもの。ネットで画像を見た方がわかりやすいので各自調査。

サウンドカテゴリー度

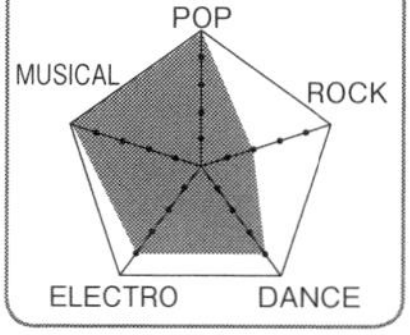

DATA

レーベル／イーブルライン レコード（キングレコード）
作詩・作曲・編曲／清 滝人
プログラミング&ギター／清 滝人

世の始まりなら、この世の終わりは私と貴方にしたい」と驚くような台詞を語らせている。その前に「マウス トゥ マウス」も出てくるなど、清は「せっかくなので、イッちゃえ！」てなところだろう。結構ドッキリなこの台詞を、敢えて棒読みにさせることでサラッと流すあたりに、程度を踏まえた遊び心を感じるのだ。曲は打ち込みゆえ、こちらの方が清竜人25に近いニュアンスの、せわしない高速エレクトロ・ダンスチューン。細かなパート割りも手伝って**「ABCじゃグッとこない」**★2に通じる目まぐるしさゆえ、センターで清が踊り狂えばまんま清竜人25だが、**ももクロに清姓を名乗らせる**★3ことだけは阻止せねばならない。キーはA♭メジャーで、ラストのサビのみ半音上のAメジャーに転調するという王道的な転調構造。されどパートごとにリズムパターンを変えるので、エンディングまでこちらも全力で走り続けるしかない。

冒頭の台詞でも分かるように、これはファンタジーの中での全能感に満ちたラブソング。なんせ、どんな宇宙理論も超えて、指先が触れ合うだけで空も飛べるのだから。そして『デモンストレーション』では歌詞に一度たりともタイトルが出てこなかったのに、ここではイマジネーションで想像力の翼を広げ、エクスプロージョンで大爆発、ディスティネーションで目的地へ辿り着き、エスカレーションで段階的に盛り上がっていくという具合に、「ション」（一部「ジョン」）の大盤振る舞いでここでも対比。凝り性ですなー、清はん。

なんせ4分半、引っ切りなしのハイテンション攻撃が続くジェットコースター・サウンドなので、落っこちないように注意。脱落せずに最後まで乗り越えられれば、夏菜子の「待ってるね」のご褒美が。さらには『MOON PRIDE』（P268参照）が続くので、頑張れモノノフ共！

★2／「ABCじゃグッとこない」は2015年にリリースされた、清竜人25の2ndシングル。筆者は同曲を聴いた途端に、いずれ清竜人がももクロに関わるのではないか、と予想していた。決して後付けとちゃいまっせ！　なお楽曲のアレンジは、Tom-H@ckによるもの。

★3／清竜人25の女性メンバーは、清姓を名乗ることになっていた。ももクロと清竜人は、2016年8月1日の「GIRLS' FACTORY 16」DAY3で共演したが、清の夫人たちが怒って抗議するという茶番パターンはありませんでした。ざんね～ん。

2016・2・17発売
4th ALBUM
『白金の夜明け』

▼ももいろクローバーZ

『愛を継ぐもの』

ハイパーファンタジー4連発の壮大なフィナーレ

すごいんです、ほんとに。もう休みなく攻めてくるものだから、いけないと思いながら、あたしったらもうすっかり夢中になっちゃって…と、あまりの攻撃ゆえ文体が**宇能鴻一郎**《うのこういちろう》★1になってしまうほどに、アルバム後半の流れは疾風怒濤《しっぷうどとう》なのである。『イマジネーション』（P350参照）のジェットコースターから『MOON PRIDE』（P268参照）、『『Z』の誓い』（P296参照）、そして本曲と、休まるところが全くない厳しい闘いが続くのだが、ももクロちゃんたちはもっとタイヘンでしょうな（特にライヴ）。本曲は前山田健一による書き下ろし。『武陵桃源なかよし物語』（P318参照）では「仲直り」というサイドストーリーがあったが、本曲はそういった背景要素を気にすることなく、純粋に「前山田の今」が楽しめるのであってね。そしてここでも、編曲をTom-H@ck《トム・ハック》の手に委ねることで、自身はクールな立場で「ももクロの次の場所」を創造することに専念している。素晴らしい判断だ。

さージェットコースターはまだまだ続くよー、ついてきてねー。全員のコーラスで「時を超え 続いていく」と頭サビから、BPMは180の全速力。主調はFメジャーだが、Aメロに入るとすかさ

★1／宇能鴻一郎は1934年、北海道出身の小説家。1961年、「鯨神（くじらがみ）」で第46回芥川賞受賞。純文学から官能小説に転身後は、ヒロインが「あたし、××なんです…」とのモノローグによる文体で知られる。嵯峨島昭（さがしま あきら）の別名で推理小説も執筆するなど、その作風は多彩。官能小説作家としての代表作は「むちむちぷりん」など。

サウンドカテゴリー度

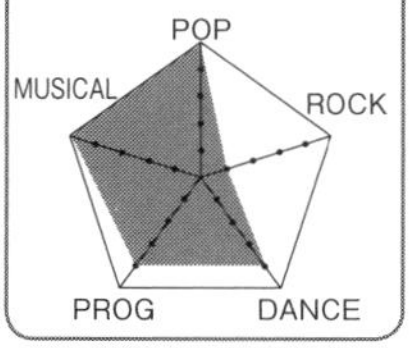

DATA

レーベル／イーブルライン
レコード（キングレコード）
作詩・作曲／前山田健一
編曲／Tom-H@ck
ギター&オール・プログラミング／Tom-H@ck
コーラス／木村綺羅羅
ストリングス／小寺里奈ストリングス
ストリングス・アレンジ／Tom-H@ck・戸田有里子

ずEマイナーに転調。歌は杏果の「B.C.2million《ミリオン》」に始まり、メンバーがリレーするたびに**紀元前から現代まで年代が更新されていくという新手法**★2に唸《うな》らされる。杏果に次いでしおりんは「B.C. 69 to 30」、あーりんは「A.D. 1793」、れにちゃんは「A.D. 1997」、ここまではEマイナーが継続。夏菜子の「A.D. 2016」でEメジャーに転調し、リズムもアーミー風に戦闘力を高めていき、そこからの「愛が愛の」と5人がイッキに畳み掛けるパターンは懐かしの『猛烈宇宙交響曲・第七楽章「無限の愛」』（P162参照）を連想させて、前山田が帰ってきた！との感強し。ここで軽くウルッとさせつつ、Fメジャーに戻ってサビの全員コーラス絨毯爆撃《じゅうたんばくげき》とはも～タマランチ会長、と本書で何度目かのフレーズも許されよう。Tom-H@ckも**前山田の大陸的な情熱**★3を受けながらパワー全開。サビから間奏にかけてのストリングスとリズム隊が追い立てるアレンジもアガり捲る。その間奏ではキーはGに転調済み。続くれにちゃんの「黒い傷が」ではEマイナーに進んでワルツ風なのだが**3＋2＝5拍子**★4というプログレ展開、Aメロとは異なるパターンで巧みに変化をつける。順にコーラスを重ねて、ピアノの入りから4拍子に戻って唐突にFメジャーのサビという波状攻撃って、よーこんな歌えますよね、このコら。

　時代を軽々と飛び越え、愛を伝える5人の戦士たち。ラストのサビは半音上のF♯メジャーでさらにさらに愛を届けるべく高まっていく。そう、俺はもはや泣いている。ももクロと前山田のコラボがまた新たなフェイズに入った、その事実に感動しないモノノフはいないのであってね。そして『イマジネーション』から続いた怒涛のハイパーファンタジー4連発を、ほかならぬ前山田が締め括った意味を噛み締めつつ、もういっぺんこの4曲を聴け！

★2／歌詞に出てくる各年号については、B.C.2millionは人類の初期であるアウストラロピテクスが生存していたと見られる最後の年、B.C.69 to 30は「絶世の美女」と称されたクレオパトラ7世フィロパトルの生存期間、A.D.1793はフランス革命で処刑された王妃マリー・アントワネットが刑死した年、A.D.1997はカトリック教会の聖人マザー・テレサの没年。前山田のインテリ具合がよ～く分かりますね。

★3／2012年6月3日、毎日放送系列の人物密着ドキュメンタリー番組「情熱大陸」に出演して、その仕事ぶりを披露している。そのトラックメイキングの速さは驚異的であった。

★4／右チャンネルのピアノの刻みのアクセントを聴くと分かりやすいです。5拍のポップス・チューンって、そんなにないです。でもって重要なのは、迂闊なギミックになっていない、ということ。

2016・2・17発売
4th ALBUM
『白金の夜明け』

▼ももいろクローバーZ

『桃色空《ピンクゾラ》』

アーバンソウルに覚醒《かくせい》した、ももクロ歌唱の新たな地平

　4thアルバムのラストを飾るのはこれまたビックリ、なんと**Kinki Kids**《キンキキッズ》の**堂本《どうもと》 剛《つよし》**★1によるオリジナル楽曲である。無類のファンク好きとして知られる堂本は、自身がホストを務めるテレビ番組**「堂本兄弟」**や**「新堂本兄弟」**★2で何度かももクロをゲストに迎えたことでシンパシーを抱いていた。**同番組の制作陣や出演バンドメンバー**★3にはももクロと関連のある人物も多数いたことで、楽曲提供のオファーを受けた堂本は、ももクロのこれまでの楽曲イメージから変態ファンク的なものを作ろうかと当初は考えていたが。キングレコードの宮本から「（ももクロはここまで）これだけの日々を重ねて来たのだから」と楽曲をオーダーされたことで、試行錯誤の結果、**ももクロのメンバーが大人になった時に、「あの曲」と胸に引っかかるものをと考えて本曲に至った**★4という。楽曲の制作過程の詳細については、ネット上のあちこちで紹介されているので各自調査だが、堂本はレコーディングのディレクションや歌唱指導までしっかり行っている。ももクロちゃん、愛されてますね～。なお編曲こそ堂本の盟友である**十川《そがわ》ともじ**★5の手を借りてはいる

★1／1979年、奈良県出身のアイドル、タレント、シンガーソングライター。2人組ユニット、Kinki Kidsのメンバー（もう1人は堂本光一）。1997年、Kinki Kidsのシングル「硝子の少年」でデビュー。2002年にシングル「街／溺愛ロジック」でソロとして初めてのシングルをリリース。ももクロとの最近の絡みとしては、2018年4月22日放送の『ももいろクローバーZのSUZUKIハッピー・クローバー！』にゲスト出演し、「堂本 剛のファンク学」を開講。2018年5月に通算10枚目となるソロアルバム「HYBRID FUNK」を、ソロプロジェクトの

サウンドカテゴリー度

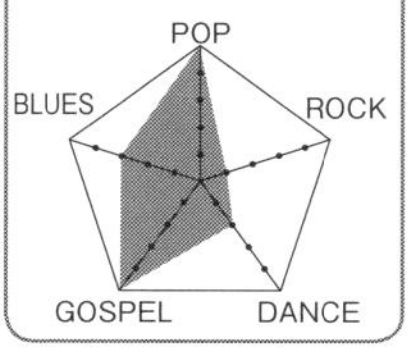

DATA

レーベル／イーブルライン
レコード（キングレコード）
作詩・作曲／堂本 剛
編曲／堂本 剛、十川ともじ
プログラミング、アコースティックピアノ、ウーリッツァー、エレクトリックピアノ／十川ともじ
ギター／堂本 剛、竹内朋康、山口隆志
ベース／鈴木 渉
ドラム／ Duttch
トランペット／ Luis Valle
サックス／かわ島崇文
トロンボーン／ SASUKE
コーラス／ Tiger Lyn

が、ギターのソロまで含めて堂本の渾身のワークであり、彼にとってジャニーズ事務所以外のアーティストに楽曲を提供をするのは初めてというオマケもつく。

ここで重要なことは、本曲は『白金の夜明け』のラストを飾ることはもちろんだが、『AMARANTHUS』から続く全28曲の締め括り、即ち2016年の春時点でのももクロ・ソングブックの一つのメルクマール《指標》である、ということだ。「これだけの日々を重ねて来たのだから」という楽曲オーダーからもそれは明らかである。そして我々は、『ももいろパンチ』（P42参照）を精一杯の笑顔で一心不乱に歌っていた彼女たちが、本曲のようなアーバンソウルをナチュラルに歌いこなすようになったという事実と時間の重みに、改めて感無量……となるのである。本曲が4thアルバムのラストに置かれることで、2枚のアルバムはズッシリとした確かな手応えを持つことになった。堂本、グッジョブ！である。

曲はピアノのループ音から導入、バックビートに乗ってホーン隊が幾分ルーズにメロディーを奏でるところに、夏菜子のヴォーカルが出る。主調はFメジャーで、全体を通じて転調はナッシングという、正調のアーバンソウル仕様。2番手は杏果だが、英語部分は堂本から**「もうちょっと鼻歌みたいに。お風呂で口ずさんでいる感じで」とアドバイスされた**[★6]そうで、なるほどこれまでの杏果とは異なる、リラックスした歌唱がもはやセクシーと言っていいレベルだ。面白いのは、前半のパート割りは完全に夏菜子と杏果だけにしている点で、残る3人のヴォーカルは温存。音数の少ないブルージーなギターソロ（堂本によるものだが、音符のもたモタらせ方に注目）までは、全く楽想が変わることなく淡々と進んでいく。これはせわしなくパートを入れ替えるので

ENDRECHERI 名義でリリースしている。

★2／ともに、フジテレビ系列で放送されていた音楽バラエティ番組。「堂本兄弟」は「LOVE LOVE あいしてる」の後継番組として、2001年4月から放送。そのリニューアル版の「新堂本兄弟」は2004年10月より、2014年9月まで放送された。

★3／前進番組の「LOVE LOVE あいしてる」からチーフプロデューサーは、フジテレビNEXTの『坂崎幸之助のももいろフォーク村NEXT』のプロデューサーや、音楽トーク番組『きくちから』（フジテレビNEXT）のホストを務めるきくち伸。また、「堂本兄弟」やその後の「新堂本兄弟」の番組レギュラーとして、高見沢俊彦がトークと演奏に参加。サポートミュージシャンとして、坂崎幸之助や武部聡志、村石雅行、加藤いづみらも加わっていた。

★4／千葉のFM局 bayfm のラジオ番組『堂本 剛とFashion & Music Book』の2016年3月19日の放送回での、堂本 剛本人

はなく、ももクロの5人にじっくりと歌い込ませることで、個々のヴォーカル力を浮き彫りにせん、との配慮に違いない。2分20秒からようやく曲が展開する。れにちゃんが「眠り着く前にキミを想う」とドリーミーに登場してムードを作り、あーりんがこれを引き継ぎ、しおりん、杏果、夏菜子と歌い継ぐ。そして「世界の未来へ届け」で5人がまとまり、コーラスも加わって、いよいよゴスペルタッチに高まっていくのだ。

メンバー全員の抑制したエモーションに、涙が頬を伝う

曲のグルーヴと味わいが我々のボディ&ソウルに充分に染み渡ってきたところで、いよいよ最大の聴きどころがやってくる。エレピの短いフレーズによる誘いに応じて、3分6秒から「映画のような」と始まるしおりんのロングソロは、全くもって圧巻。イントネーション、感情の込め方、声の絞り方など、これまでに彼女のこのような歌唱を聴いたことはない。特に前半はエレピとハンドクラップ、わずかなコーラスのみがバックとなるだけに、少しハスキーな彼女の声の魅力も際立っている。ここにはもう、泣き虫で甘えん坊のみんなの妹はいない。ももクロの若大将として、アーバンな賛美歌を届ける1人の大人の女性《レディ》がいる。このしおりんを聴け、そして震えろ！

以降はメロディーこそ大きく変えず、アレンジの味付けでじんわりと盛り上がっていくのだが、エンディングに向かってメンバーはそれぞれベストの歌唱を聴かせる。しおりんが作り上げたムードを崩すことなく、あーりんはほのかに色香を感じさせ、れにちゃんは夕暮れの風のように爽やかに。杏果は締め付けるような感情を乗せて、夏菜子は見えない何かに向かって祈るように――

のコメントによる。

★5／十川ともじは1961年、大阪府出身の作・編曲家、キーボーディスト、音楽プロデューサー。1980年、伊丹哲也 & Side By Side のメンバーとして「街が泣いてた」でデビュー。CHAGE and ASKA、岡本真夜、倖田來未など、多数のアーティストのサポートやレコーディングに関わる。2015年、芸人のクマムシの「あったかいんだからぁ♪」もプロデュース。

★6／音楽ナタリー Power Push「ももいろクローバーZ 豪華作家陣と生み出した3rd & 4thアルバム ももクロが表現する〝常世と幻想の世界〟」のメンバーへのインタビュー内で言及。

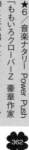

それぞれが言葉を噛み締めながら抑制したエモーションを注ぎ込んで行く流れに、ふと気づけば、我々の頬《ほお》には涙が伝っていることだろう。**タイガー**《Tiger》**・リン**《Lyn》★7が重ねるコーラスもいよいよ厚みを増し、ホーン隊のリフも前に出て、クールな熱量はいよいよ最高潮に達する。ここで杏果が遂にクワイヤをリード、ワウギターも存分に暴れて、全員がバンドと一丸となって、大地を踏みしめながら桃色空に向かってグイグイとストライドしていく。4分33秒からはリズム隊も追い込みをかけるが、特に**鈴木**《すずき》**渉**《わたる》★8のベースが高音域でメロディックにフロウする辺りを、聴き逃してはならない。そしてラストは「語ろう いのちの夢から 覚めた 今日を…」と、2枚のアルバムの締め括りにふさわしいメッセージをそろそろ星が瞬き始めた天に向かって朗々と歌い上げ、エレピとワウギターが静かに締め括り、深い余韻を残して終わる。

本曲によって、また新たなももクロの歌唱スタイルが確立された。特に杏果としおりんの覚醒は凄まじく、ここでのヴォーカルによって彼女たちが得たものは、非常に大きいと思われる。こうした個々の「可能性の発見」が、また次のももクロの可能性に繋がっていく。2枚のアルバムを通じて、作品を創造しながら彼女たちが成長していく姿を、我々はじっくりと見届けたわけだ。さらにその先には、ドームツアーを経て楽曲が磨き込まれていき、より進化した姿を届けてくれるわけで、こんな楽しみを提供してくれるアーティストが今どれだけいるだろうか。世界のももクロ ナンバーワン！ 私たちは今、この事実をより強固なものとして確認した。何度聴いても必ず新たな発見があるこの2枚のアルバムは、モノノフにとってはもちろん、日本のポップス界にとっての大きな宝物なのである。

★7／タイガー・リンはサンフランシスコを拠点に活動するシンガーソングライター。2014年12月に、ナラダ・マイケル・ウォルデン（Narada Michael Walden）をプロデューサーに迎えたソロアルバム「SOUL FIRE」をリリースしている。

★8／1980年、東京都出身のベーシスト。セッション・ミュージシャンとして、堂本 剛のほか、椎名純平やナオト・インティライミ、スガシカオなど、多数のアーティストのレコーディングやライヴサポートに参加。

3rd&4thの2枚のアルバムという巨大な達成から、個性的で実りの多いソロ活動期へ

本書のver.1の『ももクロを聴け！ ももいろクローバーZ 全134曲 完全解説』の初版は2016年4月4日の発行で、同年2月17日リリースの3rdアルバム『AMARANTHUS』と4thアルバム『白金の夜明け』を聴き込み、収録曲を詳細に解説するのに、ギリギリのスケジュールであった。校了後は「これで一段落。DOME TREK 2016をのんびり楽しむべ」と安心して大阪ドームの2日間を堪能したのだが、我らが女神たちは「安息」の2文字とは無縁。その活動、並びに映像作品を含むリリースラッシュは引き続き怒涛《どとう》の勢いであり、我々モノノフにも安息の日々はなかなか訪れないのであった。

この時期で大きいのはやはり、夏菜子がNHK連続テレビ小説『べっぴんさん』に出演決定したことだろう。同ドラマの収録により夏菜子のスケジュールがガッツリと押さえられて（NHKのドラマの時間拘束の厳しさは有名）、必然的に5人揃っての活動は制約されることになった。それを受けて、既にソロコンサートでは先鞭をつけていたれにちゃんだけではなく、杏果やあーりんもソロコンを各々独自の世界観で開催。一方でソロコンにはあまり興味がなかったしおりんはというと、夏菜子を伴って『ももたまい婚』（P390★1参照）という幸せな暴走イベントを実現させた。さらにはファンクラブANGEL EYES《エンジェルアイズ》会員限定のトークイベント「ロケハン ～ももクロおおいにかたる～」もシリーズ展開されるという、ここまでのももクロの年間スケジュール――基本的には歳時記と連動していた――からすると、予想外の流れ

を生むことになった。

また夏菜子の不在は、当然ながらレギュラーのテレビ番組『ももクロChan』にも影響を与え、今となっては伝説の名企画「打倒！百田夏菜子アクトシアター」に始まり、杏果とれにちゃんの推され隊による「アイドルが1人じゃ絶対行かないディープな世界」、夏恒例のお化け屋敷企画に替わる「高城オカルト倶楽部」（これは主役のれにちゃんがGDGDになったので次の開催は困難と思われる）、佐々木隊員と玉井隊員による「こってりパトロール」の連打と、この時期ならではの彩り豊かな展開を見せた。その間に、夏の『桃神祭2016～鬼ヶ島～』の開催や、『GIRLS'《ガールズ》 FACTORY《ファクトリー》』への出演、同年11月にはハワイ、ロサンゼルス、ニューヨークとアメリカ3都市を巡る『アメリカ横断ウルトラライブ』も控えていたのだから、どれだけタフなのか、彼女たちは。

音楽的な面では、有安杏果と佐々木彩夏によるソロコンサートの開催は、いろんな意味で以降の「ももクロの行方」を指し示すものとなった。「ももクロでは（アイドルでは）できないこと」を目指して、シンガーソングライターとなってソロコンやソロシングル、さらにはフルアルバムへと歩を進めた杏果。その一方で、よりキラキラしたアイドル路線を強化したライヴでプニノフたちを狂喜乱舞させたあーりん。彼女たちの「それぞれの無双」を見守りながら、マイペースで新たな音楽世界へのチャレンジを続けたれにちゃん。そして結果として、2人組のガールズユニットとしての圧倒的なポテンシャルを見せつけてくれた、ももたまい。この時期ならではの個々の活動がもたらした豊かな実りが、ももクロの音楽に深みと味わいを加えてくれたことを、今となっては痛感するのである。

2016・6・22発売
テレビアニメ主題歌 single
『ニュームーンに恋して／永遠だけが二人を架ける』

▼ももいろクローバーZ

『ニュームーンに恋して』

ももクロの声の魔力を知る、格好の研究素材

3rdアルバム『AMARANTHUS』と4thアルバム『白金の夜明け』という2枚の大作を同時リリースしたももクロが次に繰り出したのは、「アニメのテーマ曲を、3人のアーティストが歌う」という変則技のトリを務める、というものだった。それが本曲『ニュームーンに恋して』で、'16年4月から放送のテレビアニメ『**美少女戦士セーラームーンCrystal**』**第3期 デス・バスターズ編**★1のオープニングテーマ曲。作詞と作曲は「ティカ・α」ことやくしまるえつこ、編曲はやくしまるえつこと山口元輝で、山口は『AMARANTHUS』のラストに収録されている『HAPPY《ハッピー》 Re:BIRTHDAY《リバースデイ》』（P334参照）にも参加している、相対性理論のドラマー。

ご存知の方はご存知であり、ご存知でない方はご存知ではないと思うが、本曲はやくしまるえつこ本人のバージョン、**堀江美都子**《ほりえみつこ》★2のバージョン、ももクロのバージョンの3つのバージョンが存在し、アニメシリーズでは、最初の4話がやくしまるバージョン、中間期の4話が堀江美都子バージョン、後半の4話がももクロバージョン、最終回が再びやくしまるバージョンと、**順を追って発表されていっ**

★1／テレビアニメ『美少女戦士セーラームーンCrystal』第3期デス・バスターズ編は、TOKYO MX系列で2016年4月〜6月、計13話が放送された。ももクロは第1期・第2期のオープニングテーマである『MOON PRIDE』（P268参照）も歌っており、もはやセーラームーンのプロジェクトには欠かせない存在になっている。

★2／堀江美都子は1969年に『紅三四郎』でデビューした、アニソン界の超大御所。1977年の『キャンディ・キャンディ』、1979年の『花の子ルンルン』などのヒットで知られ、声優としても有名。本曲でもまもなく還暦を迎えるとは思えない澄んだヴォーカルが圧巻。2014年8

サウンドカテゴリー度

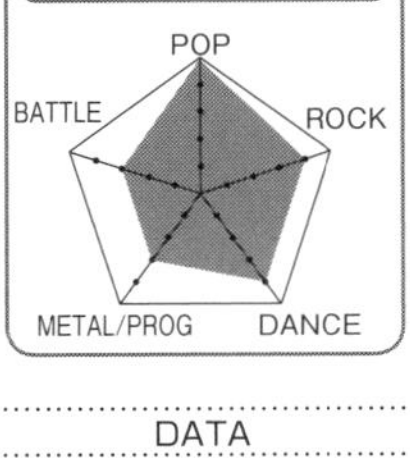

DATA

レーベル／イーブルラインレコード（キングレコード）
作詞・作曲／ティカ・α
編曲／やくしまるえつこ、山口元輝

た。[★3]なのでぜひ、3つのバージョンを聴き比べてほしい。やくしまるは歌手に合わせてトラックを丁寧にリミックスしているので、それぞれの歌手の持ち味を最大限に引き出しているため、どのバージョンも実に素晴らしいのだが、3つのバージョンを比較することで「ももクロの声の魔力」が浮き彫りにされるのだ。こんな研究材料を提供してくれたというだけで、やくしまるとアニメの運営には、感謝感激《かんしゃかんげき》雨《あめ》霰《あられ》霧《きり》靄《もや》霞《かすみ》ブリザード、なのである。

曲は乙女チックなベルやチャイムによる、約25秒のプロローグから始まる。その平和な静寂のベールをエレクトロなシンセのSEが剥ぎ取り、デスティニー感のあるシンセのメロディーと、それを力強くバックアップするブラスのアンサンブルが始まる。BPMは147、キーはB♭マイナー。「恋せよ乙女」とAメロで最初に出るの夏菜子。続いて「揺れるそのまなざし」としおりん、「悲しいほどに」とあーりんが追従。この段階で早くも、「あ~やっぱ、ももクロが一番だわ~！」となってしまう自分が情けなくも愛おしい。Bメロで「今夜何かが起きる」とれにちゃん、「月明りが消えて」と杏果が出る頃には、脳内に存在したやくしまると堀江のバージョンはどこかへ消えていき、全てはももクロに染まるのだから、モノノフやっててホント良かったー。シツコいようだが、この感じを味わうためには、やくしまると堀江のバージョンを何十回も聴いて鼓膜に染み込ませておかないとならないのだ。ホントだよー。サビのユニゾンが美しいことはモチのロンだが、本曲でも相変わらず歌詞の美味しいパートはれにちゃんで、西川 進のアツいギターソロの後、大サビの「ムーンライト 消えそうな夜に」からの歌唱は聖母そのもの、ももクロバージョンはミックスも3つのバージョンの中で最も賑やかで、ラストのコーラスはストリングスもギターも盛大に暴れて熱量を上げていくからサイコー！

月14日にさいたまスーパーアリーナで開催された「Animelo Summer Live 2014 -ONENESS-」2日目の公演で、テレビアニメ「ハクションス大魔王」のエンディングテーマ曲「アクビ娘」で、ももクロと共演した。ちなみにテレビ朝日制作の『ももクロChan』の「あーりんクッキング」のコーナーでは「花の子ルンルン」が使用されている。

★3／アニメのオンエアで公開された後にCDのリリースとなったため、筆者は毎回、追い続けた。各バージョンのシングルの発売日はやくしまるえつこバージョンが2016年4月27日、堀江美都子バージョンが5月25日、ももクロバージョンが6月22日と、1カ月ずつのディレイ。さらに7月22日には、やくしまるがももクロに提供した『Z女戦争』のセルフカヴァーをカップリングした『ニュームーンに恋して／Z女戦争』もリリースされた。必聴！

2016・6・29発売
『ももいろクリスマス2015 ～Beautiful Survivors』
LIVE Blu-ray & DVD BOX
同梱CD収録

▼ももいろクローバーZ

『今宵《こよい》、ライブの下で(Deep《ディープ》 Winter《ウィンター》 MIX《ミックス》)』

名曲の名唱を、聖なるアレンジでお届け

本曲については304ページでその素晴らしさを絶賛したが、ここに新たなバージョンがお目見えした。『**ももいろクリスマス2015 ～ Beautiful Survivors ～**』★1の Blu-ray & DVD BOXに同梱されたCDには、配信限定であった『今宵、ライブの下で』と本リミックス・バージョン、オフヴォーカル・バージョン、さらに『ももクリ2015―WINTER《ウィンター》 SONG《ソング》 LIVE《ライヴ》 MEDLEY《メドレー》―』（P369参照）が収録されるという、クリスマスプレゼントではなく**春の元気なご挨拶**★2。嬉しいよなぁ、こーゆーのって。本リミックス・バージョンは作・編曲の michitomo 自らリミックスを手がけ、原曲からリズムトラックを大胆にカット。**ピアノ伴奏**★3とストリングスを中心に、ハイハットやジングルベル、ウィンドウチャイムを響かせ、「deep winter mix」の名にふさわしいバージョンを届けてくれた。

最初に新たに加えたオルガンからフェイドインしてくるのでグッと盛り上がるし、トラックタイムも5分8秒とちょっぴり長めになっている。夏菜子の必殺の「ここにいるよ」の台詞から始まる後半の転調し捲りのパートでは、清らかなストリングスが雪の風景を演出。そこに恋人たちの弾む心のようにピアノがひらひらと舞い踊るアレンジがこよなく美しい。いつもながらの michitomo のグッジョブ、堪能されたし！

サウンドカテゴリー度

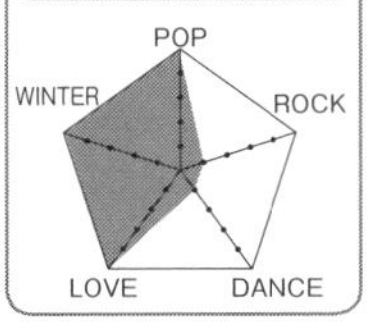

★1／ももクロの LIVE Blu-ray & DVDは、ここまでは開催日ごとにバラ売りされてきたが、本盤はBOXセットのみの発売。なので、CDはもれなく付いてくるということだった。

★2／本CDが同梱されたBOXセットの発売が6月だったので。ちなみに「夏の元気なご挨拶」と言えば「日清のサラダ油セット」ですが、分かります？（お歳暮だと「暮れの元気なご挨拶」）

★3／細かなフィルインも加わっているので、ピアノ伴奏のパートは新たに録音し、音像を左右チャンネルに大きく広げているものと思われる。

DATA

レーベル／イーブルラインレコード（キングレコード）
作詞／只野菜摘
作・編曲／ michitomo
リアレンジ&ミックス／ michitomo

2016・6・29 発売
『ももいろクリスマス2015 〜 Beautiful Survivors』
LIVE Blu-ray & DVD BOX
同梱CD収録

▼ももいろクローバーZ

『ももクリ2015 -WINTER SONG LIVE MEDLEY《ウィンターソングライブメドレー》-』

いろんな想いが駆け巡る、最高のメドレー

トラックタイムはたっぷり25分。冒頭で夏菜子のMCから『空のカーテン』に入る流れがまず最高で、ももクリ2015は生バンドではなかったため**3日間のセトリが大きく異なり**★1、今までのクリスマスソングを全て演《や》ったので、こんなメドレーができたわけですな。流れは、夏菜子MC→『空のカーテン』('12)→『きみゆき』('10)→『今宵、ライヴの下で』('15)→『走れ!』→『オレンジノート』→『泣いちゃいそう冬』('13)→『一粒の笑顔で…』('14)→『僕らのセンチュリー』('12)→『サンタさん』('11)→夏菜子MC→『白い風』('11)→全員でZ、というもの。曲名の後に括弧書きで年号のない『**走れ!**』と『**オレンジノート**』**は厳密にはウィンターソングではないが**★2、曲調としてこの流れに入る分には違和感はない。

結構なブツ切りで、繋ぎはそれほど丁寧なものではないのだが、こうして通して聴くとやはりいろんなことを想い出してウルッときますね。あと、ラストの『白い風』がフルコーラスなのは、ポイント高いです。曲の終盤の「その全てを 抱きしめるよ」で聴かせる杏果の伸びやかなヴォーカルが冬のゲレンデに響き渡る様は、確実に涙腺崩壊。**筆者の持論「ももクロのクリスマスソングにハズレなし」**★3を証明する、最高のメドレーなり。

★1／3日間で披露したのはアンコールも含めてなんと63曲。クリスマス曲以外は日によって大幅に曲が入れ替えられたので、この時点でのオールタイム・ベスト的な趣がある。代表曲である『行くぜっ!怪盗少女』も3日目のみの披露とした中、『黒い週末』が初日と3日目に置かれているのは、同曲のライヴにおける重要性を物語っている。

★2／『走れ!』には季節の設定がないが、『オレンジノート』には「5月の風が差し込む」と歌詞にあるので、明確に春の歌。

★3／「ももクロ楽曲にハズレなし」、「ももクロのカヴァー曲にハズレなし」と並ぶ、筆者が提唱する「ももクロ中華思想」における3大ハズレなし説である。

サウンドカテゴリー度

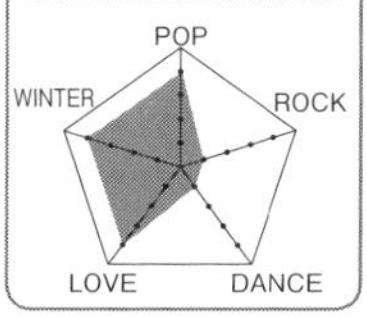

DATA

レーベル／イーブルライン レコード（キングレコード）
ミックス／ soucuts a.k.a. 内田聡一郎

2016・3・9発売
配信限定 ソロ single
『しょこららいおん』

▼高城れに

『しょこららいおん』

山紫水明《さんしすいめい》を地でいく、れにちゃんソロの新定番

紫推しの皆様、おめでとうございます。れにちゃんの本曲以前の**ソロ2曲は共に「出オチとしてのポップ演歌[★1]」**であり、彼女の癒し系ヴォイスの魅力を活かしたものでは決してなかったが、ここにようやく堂々の「真のれにちゃんのソロ曲」が登場とあいなった。4thアルバム『白金の夜明け』に収録された彼女のフィーチャーリング・ナンバー『希望の向こうへ』（P352参照）の延長上にある深き慈愛《じあい》に満ちた本バラードにより、紫推しは溜飲《りゅういん》を下げたことだろう。作詞は只野菜摘とれにちゃん本人、作曲は『青春賦』のしほり、編曲は川田瑠夏と全員が女性で、初披露は2016年3月9日に愛知県の日本特殊陶業市民会館フォレストホールで開催された「**高城れに ソロコンサート さくさく夢楽咲喜《むらさき》共和国 ～笑う門にはノフ来《きた》る～[★2]**」。同日より1カ月限定でレコチョクにて39円（！）で配信され、その後は各配信サイトの通常シングル価格で配信されている。なお配信用のジャケットは、れにちゃんによる**脱力系のライオンのイラスト[★3]**だ。

本曲はれにちゃんがモノノフたちへの感謝を込めて作った曲なので、初披露時の曲紹介でれに

サウンドカテゴリー度

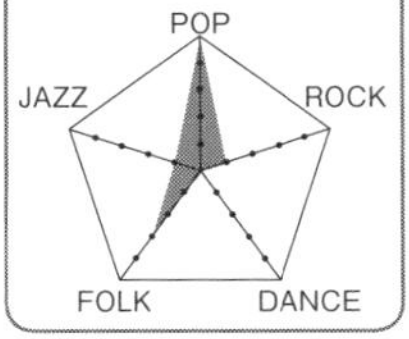

DATA

レーベル／イーブルライン
レコード（キングレコード）
作詞／只野菜摘、高城れに
作曲／しほり
編曲／川田瑠夏
ギター／宮崎 誠
ベース／川島弘光
ストリングス／
室屋光一郎ストリングス

★1／2011年春の『4・10中野サンプラザ大会 ももクロ春の一大事～眩しさの中に君がいた～』の第1部で初披露された『恋は暴れ鬼太鼓』（P113参照）と、2012年春の『ももクロ春の一大事2012～横浜アリーナ まさかの2DAYS～』の1日目で初披露された『津軽半島龍飛崎』（P182参照）の2曲。当時と現在のれにちゃんのキャラクターの変化（成長）を知る意味で、この差はひじょーに大きい。

★2／れにちゃんにとって2回目のソロコンサート。1回目は2015年3月9日に名古屋CLUB QUATTROで行われた「高城の60分4本勝負」で、これがももクロのメンバーとしては初となるソロ

ちゃんが語ったエピソードを、何をさておいても紹介しておくべきだろう。彼女が「必ず入れてほしい」とこだわったのは、2番の歌詞の「言わなくても通じあう アイコンタクトは絆」と、ラストの「**山紫水明**[★4]」の2つ。前者には、ライヴでファンと接するときにはアイコンタクトを取ることしかできないが、信頼しあっていれば言葉は必要なく、アイコンタクトこそが絆になる…との思いを込めて。後者は、自分自身が「山紫水明」のように清らかな存在でありたい、またファンもそうあってほしい、との願いが込められている。曲は川田の弾くピアノから導入、ほどなく優美なストリングスとベース、アコースティックギターが加わる。リズムはプログラミングで、1番はゴニョゴニョした低音とハンドクラップをメインに、ハイハットやシンバルなどの金物を少々。2番からは軽くヒップホップなビートを走らせ、爽やかレシピで仕上げている。なおキーはE♭メジャーなので『青春譜』と同じですね。「笑う時や 叱る時」と優しく出るれにちゃんに、待ってました！の感強し。「ごくりという その音が」からはハーモニーも重なり、Bメロでもコーラスが継続。早くもたまらん優しさに、心が満たされていく。サビは「しょこららいおん」から始まるが、ここでタイトルの種明かし。「甘くてつよくてやさしい あなたの心の中にも住んでいるもの」なのですな。で、ジャケットのれにちゃん画伯によるイラストをネットで見てください。んー尻尾がちょっち微妙かも…。

面白いのはサビのシメ、最後の最後に短3度上がってF♯メジャーに転調し、そのままストリングスのブリッジを4小節、2番でE♭メジャーに戻るので、「このためだけ」にわざわざ転調するという手法が新鮮。さらに2番終わりでは同主調のE♭マイナーに傾斜し、先とは異なるブリッジを経て落ちサビに向かうという凝った構成で味わいを深めている。文句なしの、癒しの名曲。

コンサートであった。

★3／有安杏果という〝絶対的画伯〟の存在ゆえあまり目立たないが、れにちゃんと夏菜子もなかなかの画伯。ももクロChan#264（加山雄三が参加した放送回）で描いた「半魚人」はかなりヤバかったです。

★4／「日の光の中で山は紫に霞み、川は澄み切って美しい」との意から、山や川の自然の美しさを表現した四文字熟語。「水紫山明（すいしさんめい）」「山清水秀（さんせいすいしゅう）」「嵐影湖光（らんえいここう）」なども同義。

2016・7・3限定発売
ソロ single
『ココロノセンリツ♪
feel a heartbeat』

▼有安杏果

『feel a heartbeat《フィール・ア・ハートビート》』

シンガーソングライターとしての杏果の初期衝動が炸裂

ももクロメンバーの中で最も歌手としての自覚が強く、想い入れが強いのが杏果であることはモノノフの間では常識だが、そんな彼女のソロコンサート『**ココロノセンリツ ～ Feel a heartbeat ～ Vol.0**』[★1]開催にあたって、どんどんと構想が膨らんでソロシングル『ココロノセンリツ♪ feel a heartbeat』がリリースされることになったのはオドロキであった。その細かな経緯についてはオフィシャル・パンフレットである「**ココロノセンリツ♪**」[★2]に譲るが、そこで彼女は「ももクロではできないことを」と明言しており、本シングルは確かにももクロの音楽ではなく、有安杏果個人の音世界、ということになる。この点が、杏果の過去のソロ曲や他のメンバーのソロ曲との根本的な違いであるということを念頭に置きながら、収録曲を順に聴いていこう（なお本盤はソロコンサートの会場限定発売の後、期間限定で発売。現在では入手困難だが、収録曲は全て2017年10月発売のソロアルバム『ココロノオト』（P428参照）に再収録）。まず本盤の副題にもなっているナンバーだ。作詞&作曲は杏果本人で、作曲でSuperfly《スーパーフライ》や家入《いえいり》レオを手がける**多保《たぼ》孝一《こういち》**[★3]

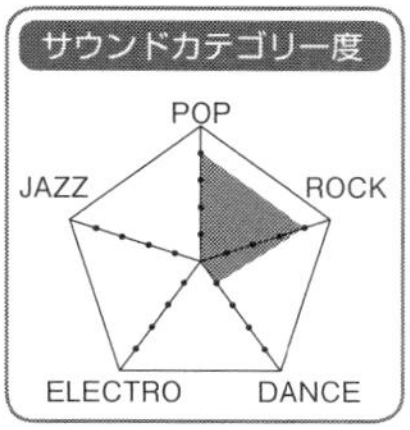

DATA

レーベル／イーブルライン レコード（キングレコード）
作詞／有安杏果
作曲／有安杏果、多保孝一
編曲／ Jin Nakamura
ギター&バック・ヴォーカル／多保孝一
プログラミング&アディショナル・ギター／ Jin Nakamura
ベース／須藤 優
ドラム／村石雅行
"Wow yeah "ヴォーカル／有安杏果、多保孝一、Jin Nakamura、須藤 優&村石雅行

★1／2016年7月3日、横浜アリーナで開催。1万422人の観客を前に、曲によってはギターやドラムもこなしつつ、ソロ曲から『words of the mind ～brandnew journey～』、『コノウタ』、『ゴリラパンチ』などのももクロ楽曲、てんかすトリオの『永遠のトリニティ』、さらにはももクロに加入する前のPower Age時代の『約束』まで24曲を熱唱した。

★2／太田出版刊。ソロコンサートの開催決定から約1年間にわたって綴られた杏果の直筆の日記や、密着ドキュメント、ロングインタビューなど、超充実の内容。モノノフなら緑推し以外も必読なり。

★3／多保孝一は作・編曲家、音楽プロデューサー。1982年がサポート。編曲でJUJU《ジュジュ》やEXILE《エグザイル》を手がけるJin Nakamura《ジン ナカムラ》★4が参加。杏果の「シンガーソングライターとしての初期衝動」が弾けた楽曲を、的確に支えている。

ピアノとギターを従え、「スタートラインに立って」と頭サビで、彼女の心境そのままな歌詞からスタート。頭のキーはAメジャーで、28秒からドラムがビートを刻みだすと、すかさずジャカジャ～ンとギターがCのコードを掻き鳴らし、Cメジャーに転調。ストレートかつポップなビートロックはなるほど、ももクロではなかなかできないパターンだ。ドラムは杏果の師匠である村石雅行、ベースは**須藤《すとう》 優《ゆう》**★5。ギターは多保とJin Nakamura。多保はコーラスにも加わるので、完全に「杏果が野郎どもを従えたロックバンド」という布陣だ。なんたる贅沢！　杏果はロック・ヴォーカリストとしてのスキルを存分に発揮して歌い、Bメロの後半からAメジャーにしてサビに向かうが、新鮮なのはこのサビで男性コーラスが重なること。このサウンドはももクロとは全く異なるニュアンスだし、多保の軽めの声は杏果にうまく寄り添っており、実にエエ感じ。ボカスカと煽りまくる村石のドラムも迫力満点だ。歌詞も自作だけに、ももクロはもちろん、子役時代から今回のソロに至る彼女の気持ちを等身大で描き出しているわけで、そりゃーグイグイとキます。特に「あぁ、今その輪郭があぁ、目の前に」の部分、ライヴで聴いた緑推しにはたまらんもんがあったでしょうなぁ（CDでこんなにクるのだから）。「even if《イーブン イフ》 掴《つか》んだ瞬間」からのエモく盛り上がる大サビに続く落ちサビは、出だしがオンマイクなので杏果が眼前に迫り出し、そこから突入するラストパートではシンセによるアルペジオが実に効果的。凡百のギターロックに陥《おちい》らず、もぎたてピーチ100%ジュース状態で4分22秒を駆け抜ける。ソロシングルの上々のスタートに、否応にもこの後への期待が高まりますなー。

生まれ、愛媛県出身。2007年、Superflyのメインソングライター兼ギタリストとしてワーナーミュージック・ジャパンからデビュー。2009年の日本レコード大賞で優秀アルバム賞を受賞したSuperflyの「Box Emotions（ボックス・エモーションズ）」では、収録された全楽曲に携わっている。

★4／Jin Nakamura（中村 仁）は大阪府出身の作・編曲家、音楽プロデューサー。柴咲コウ、Crystal Kay、東方神起らの楽曲も手がけている。作曲を手がけたEXILEの「Ti Amo（ティ・アーモ）」は2008年 第50回日本レコード大賞を受賞。

★5／須藤 優は1985年生まれ、埼玉県出身のベーシスト。ゆず、aiko、Superfly、Do As Infinity、堂島孝平、土岐麻子らのライヴサポートやレコーディングに参加。自らが作詞&作曲、ヴォーカルやプログラミングもこなすユニットARDBECK（アードベック）でも活動。

2016・7・3 限定発売
ソロ single
『ココロノセンリツ♪
feel a heartbeat』

▼有安杏果

『Drive《ドライブ》 Drive《ドライブ》』

クールな英詞で、ヴォーカルスタイルの新境地を聴かせる

前曲の世界観を受け継いだバンド仕様のギターロックだが、本曲では杏果は曲作りには関わっておらず、作詞&作曲はロックバンド**Alexandros**《アレキサンドロス》の**川上洋平**《かわかみようへい》★1、編曲は**横山裕章**《よこやまひろあき》★2の手によるもの。ゆえに楽曲はAlexandrosの色が濃厚で、川上お得意の英語と日本語がミックスされた、より洋楽感の強いものになっている。

アンビエントなピアノのアルペジオがフェイドインし、ガツーンと軽く歪んだギターコードがIN。演奏はAlexandrosではなく、ギターが長田《おさだ》 進《すすむ》、ベースが根岸孝旨《ねぎしたかむね》で、奥田民生のバックバンドから派生した音楽ユニットである**Dr.StrangeLove**《ドクター・ストレンジ・ラヴ》★3のコンビ。ここにトップ・スタジオミュージシャンの佐野康夫《さのやすお》がドラムで加わる。キーは終始Aメジャーで、杏果のヴォーカルは『ゴリラパンチ』などで顕著なシャウターぶりをアピールしつつも、明らかに川上のそれを意識したもの。という意味ではまた新たな歌唱スタイルなのだが、特に英語部分のこなし具合が見事で、彼女がヴォーカリストとしてまだまだ伸びることを感じさせるのだ。タイトル通りドライヴ感のあるギターロック然としたバンドサウンドながら、横山のピアノとオルガンもサウンドのスパイスとして機能。こーゆーのってやっぱライヴで盛り上がるんですよねー。なので横アリでも本編ラストに披露されました。

サウンドカテゴリー度

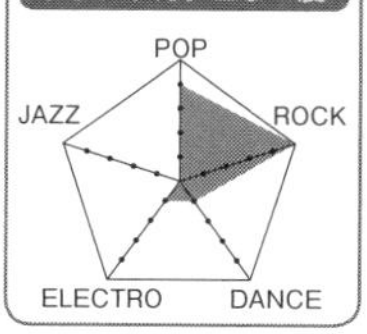

DATA

レーベル／イーブルライン レコード（キングレコード）
作詞・作曲／川上洋平
編曲／横山裕章
ギター／長田 進
ベース／根岸孝旨
ドラム／佐藤康夫
オルガン&ピアノ／横山裕章
プログラミング&オール・アザー・インストゥルメンツ／横山裕章

★1／Alexandrosは川上洋平をフロントマンとするオルタナティヴ系のロックバンド。川上はヴォーカル&ギター、及びほぼ全曲の作詞&作曲を担当。結成時のバンド名「Champagne（シャンペイン）」時代から通算して2016年9月時点で、13枚のシングルと5枚のアルバムをリリースしている。

★2／横山裕章はアメリカ・テキサス生まれ、オランダ育ちの作・編曲家、音楽プロデューサー。MISIA、JUJU、木村カエラ他への楽曲提供や、ツアーサポートで活躍。私立恵比寿中学の「大人はわかってくれない」「誘惑したいや」、「幸せの貼り紙はいつも背中に」のレコーディングにもピアノ他で参加。

★3／Dr.StrangeLoveは長田進と根岸孝旨から成る音楽ユニット。それぞれ独自に、長田は井上陽水や吉田拓郎、aiko他の、根岸はサザンオールスターズや吉井和哉、ポルノグラフィティ、miwa他のレコーディングやライヴに参加、プロデュース活動も行なっている。

2016・7・3限定発売
ソロ single
『ココロノセンリツ♪feel a heartbeat』

『裸《はだか》』
▼有安杏果

私小説風のナンバーをため息交じりに歌う

これまたビックリ、な私小説風のナンバーの登場である。作詞と作・編曲はシンガーソングライターの**小谷美紗子**《おだにみさこ》★1で、杏果のお母さんが小谷のデビュー当初のアルバムを持っており、杏果もそれを聴いていた。そんなところに、2016年5月に小谷の弾き語りによるベスト盤「MONSTER《モンスター》」がリリースされ、杏果がこれにコメントを寄せた…というご縁繋がり。参加メンバーも面白くて、ドラムの**mabanua**《マバヌア》★2はNegicco《ネギッコ》のバックバンドNegi Band《ネギバンド》のメンバーだし、ベースの**山口寛雄**《やまぐちひろお》★3は池田貴史《いけだたかふみ》ことレキシのファーストコールで、私立恵比寿中学の「頑張ってる途中」や「U.B.U.《うぶ》」にも参加している。つまりは小谷、Negicco、レキシ、エビ中の世界観を杏果が繋ぎ合わせている…と思うと、運命感じていいですかー（いいよー）ってなります。

で、曲は「は～ぁ、は～ぁ」ってため息のコーラスからスタートする、またしてもの杏果の新境地だ。小谷はヴォーカル・ディレクションも手掛けており、この私小説風の楽曲を杏果に「移植」することに成功している。小谷独特の跳躍の多いメロディーは、杏果にとって相当なチャレンジだったと思われるが、そこにアジャストできる杏果はやっぱスゲーわ。**村田陽一**《むらたよういち》★4のブラスアレンジは**昔のシカゴっぽい**★5し、イイですよーこれ。夜中に1人で聴いてみて。ハマるよ～。

★1／小谷美紗子は1976年、京都府生まれのシンガーソングライター。1996年、19歳の時にシングル「嘆きの雪」でメジャーデビュー。
★2／1984年生まれ、埼玉県出身のドラマー、シンガー、マルチプレイヤー、音楽プロデューサー。ソロプロジェクトやバンドなど、幅広く活動。
★3／1976年生まれ、長崎県出身のベーシスト、音楽プロデューサー。大塚 愛や倖田來未他への楽曲提供、レコーディング参加や、100s、小谷美紗子トリオのメンバーとしても活動。
★4／1963年生まれ、静岡県出身のトロンボーンプレイヤー、音楽プロデューサー。日本のジャズ・トロンボーンの第一人者で、膨大なスタジオセッションのほか、ソロや村田陽一SOLID BRASS、村田陽一ORCHESTRAなどでも活動。
★5／70年代初期のシカゴのブラスアレンジは、トロンボーンのジェームス・パンコウが中心になって行っていた。ロングトーンを活かした特徴的なアレンジは、後のポピュラーミュージックに大きな影響を与えている。

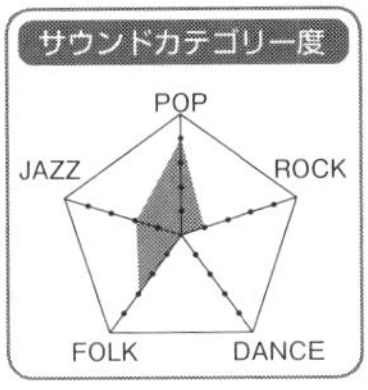

DATA

レーベル／イーブルラインレコード（キングレコード）
作詞・作曲・編曲／小谷美紗子
ピアノ、コーラス、ヴォーカル・ディレクション／小谷美紗子
ドラム／mabanua
ベース／山口寛男
ブラス・アレンジ&トロンボーン／村田陽一
サックス&フルート／小池 修
トランペット／西村浩二

2016・7・3 限定発売
ソロ single
『ココロノセンリツ♪
feel a heartbeat』

▼有安杏果

『Another《アナザー》 story《ストーリー》』

爽快なギターロックでエモーション全開の小さな巨人

　ここで再びのロックナンバーを投下。ソロシングル中、最高の攻撃力を誇る本曲は、作詞は杏果本人、作曲はアイドリング!!!や新谷良子《しんたにりょうこ》から、アニメでは「懺《ざん》・さよなら絶望先生」や「THE IDOLM@STER《アイドルマスター》」、「ラブライブ！ サンシャイン!!」まで豊富な実績を誇る**宮崎《みやざき》 誠《まこと》**★1。『feel a heartbeat』（P372参照）の前史のような歌詞だが、杏果はその心情をストレートなギターロックに乗せて、存分にシャウトする。ドラムは村石雅行、ベースは『仮想ディストピア』（P220参照）で最高のプレイを披露していた川島弘光《かわしまひろみつ》。本盤の参加ミュージシャンを見ていると、プロデューサーかつA&Rチーフディレクターである、キングレコードの宮本が、杏果をとことんバックアップしようとする愛が見えてくるのだ。3rdと4thのアルバム2枚同時リリースという大きな山をともに超えたことで、ももクロと宮本の信頼関係がより強固なものになったからこそ、ここまでの手間暇が可能なのだろう。**BPMは175と本盤の中で最速**★2。サウンドの音圧も強力だ。キーはF♯メジャーで、終始大きな音像でギターがアグレッシヴに刻み、時に**激しくハウる**★3が、杏果は激しいサウンドをものともせず、全てのエモーションを注ぎ込んで吼《ほ》え捲る。ラストの「another story」の後のフェイクも完璧で、スカッと爽快なロックを聴きたけりゃコレでしょ。

★1／宮崎 誠は1981年、埼玉県生まれのギタリスト、作・編曲家、音楽プロデューサー。音楽制作会社のベリーグー所属。ギタリストとしての幅広いスキルを活かし、J-POPからアイドル、アニメ、サントラまでをこなす。ベースの川島弘光とは事務所の同僚で共同作業も多い。
★2／『feel a heartbeat』はBPM156、『Drive Drive』はBPM140。
★3／ハウリングはスピーカーの出力をマイクが拾ってしまうことで発生するノイズ現象だが、エレクトリックギターの場合はディストーションでこれを強引に発生させることで、ピーキーでエモーショナルなサウンドを得ることができる。本曲では2分25秒あたりにその効果が顕著。なお「フィードバック」は現象としては同義だが、こちらは主にサスティン（音を伸ばすこと）を得る際のニュアンスで用いられることが多い。

サウンドカテゴリー度

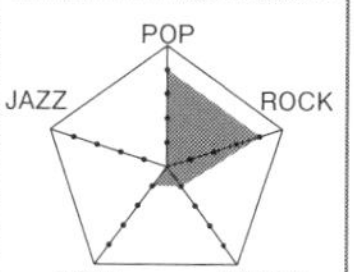

DATA

レーベル／イーブルライン レコード（キングレコード）
作詞／有安杏果
作・編曲／宮崎 誠
ギター&プログラミング／宮崎 誠
ベース／川島弘光
ドラム／村石雅行

2016・7・3限定発売
ソロ single
『ココロノセンリツ♪
feel a heartbeat』

▼有安杏果

『心の旋律《せんりつ》』

ラストを締め括る、重厚かつヴィンテージなバラード

ソロシングル『ココロノセンリツ♪ feel a heartbeat』は、この重厚なバラードで締めくくられる。作詞はやはり杏果だが、作・編曲はダウンタウンももクロバンドの初代音楽監督の武部聡志で、彼がレコーディングでももクロの楽曲に参加するのは、実はこれが初のこと。豊富なキャリアを持ちながらもアレンジやサポートワークが多い武部は、**一青窈《ひととよう》や松たか子への提供楽曲**★1に見られるようにオーソドックスな作風の持ち主で、杏果との相性はバッチリと言えよう。

「あの夢は」とピアノを伴って出る歌唱はイコライジング処理で音域が狭められ、過去を回想するかのようなムード。そこにズバッとドラムのスネアが打ち落とされ、ズッシリしたロックビートにストリングスをまとわりつかせて、バンドが歩を進める。ここではドラムに**小田原 豊《おだわらゆたか》**★2、ギターに**小倉博和《おぐらひろかず》**★3と、ベテランのミュージシャンを起用することで、ヴィンテージなグルーヴを得ている。キーはE♭メジャー。武部が供するメロディーとコード進行は、やはりももクロとは一線を画すもので、杏果の歌に対する想いを込めた歌詞をじっくりとドラマティックに盛り上げていく。杏果はバラーディアとしての持ち味を目一杯発揮し、自らの決意とともにこの感動的なバラードを高らかに歌い上げる。ホント上手くなったよなあ、杏果～（クゥ～）。

サウンドカテゴリー度

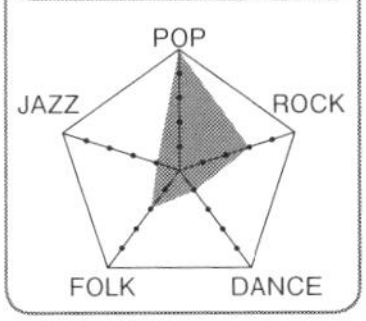

DATA

レーベル／イーブルラインレコード（キングレコード）
作詞／有安杏果
作・編曲／武部聡志
ピアノ／武部聡志
ギター／小倉博和
ベース／山口寛雄
ドラム／小田原 豊
シンセ・オペレーター／山中雅文
ストリングス／今野 均ストリングス

★1／一青窈では「もらい泣き」（共作）や「江戸ポルカ」、松たか子では「真冬のメモリーズ」や「桜の雨、いつか」などが武部の作曲による楽曲。

★2／小田原 豊は1963年生まれ、埼玉県出身のドラマー。レベッカのドラマーを務めた後、桑田佳祐、斉藤和義、ゆず他のレコーディングやライヴサポートで活躍。『AMARANTHUS』収録の『モノクロデッサン』（P312参照）のレコーディングにも参加。

★3／小倉博和は1960年生まれ、香川県出身のギタリスト、音楽プロデューサー。サザンオールスターズや桑田佳祐、槇原敬之、福山雅治らのレコーディングやライヴサポートで活躍。武部がNHKのドキュメンタリー番組「プロフェッショナル 仕事の流儀」の主題歌制作のために、2006年にスガシカオ、屋敷豪太、根岸孝旨らと共に結成したバンド「kōkua（コクア）」にも参加。同バンドは2016年6月に初のアルバム『Progress（プログレス）』をリリースしている。

2016・9・7発売
16th single
『ザ・ゴールデン・ヒストリー』

▼ももいろクローバーZ

『ザ・ゴールデン・ヒストリー』

【オリコンシングルチャート ウィークリー2位】

グループのアイデンティティを確認する、最強のパーティーチューン

ここにきてまさかの、ももクロにとって久々の「ニッポンを笑顔に！」な、ノベルティ感覚のパーティーチューンである。なんせここ数年、**シングルは何らかのタイアップ絡み**★1ゆえ「話題性ありき」な所が多く、アルバムもコンセプトアルバムだったので、前後周辺との脈絡やコンセプトとかは関係なしに「楽曲内で完結した世界観」でシングルがリリースされたのはホントーに久々。これ即ち、「3rd&4thアルバムでガチなコンセプトで攻めたので、今回はそーゆーのナシで、みんなでカラオケとかで盛り上がれる曲に」というところなんだろう。で筆者が最初に本曲を聴いたのは「**桃神祭2016 ～鬼ヶ島～**★2」の初日、アンコール1曲目でのこと。そこまでの和のコンセプトとは金輪際関係なく披露された新曲には戸惑いもあったが、それ以上にモーニング娘。の「ザ☆ピ～ス！」を思わせる曲調に、「む。今あえてコレをやるのか」と思い、いろんなことに考えを巡らせたのだった。ここで『労働讃歌』（P148参照）に戻ってください。モー娘。の「ザ☆ピ～ス！」にも触れていますね。そこでは「ファンク繋がり」で採り上げていたのだが、本曲は「パッパ～

★1／『ニュームーンに恋して』『Zの誓い』『MOON PRIDE』はアニメ、『青春賦』は映画のそれぞれテーマ曲。『夢の浮世に咲いてみな』はKISSとの共演で、『泣いてもいいんだよ』は中島みゆきによる提供楽曲。ももクロのオリジナルな世界観というと、2013年11月リリースの『GOUNN』（P244参照）まで遡らねばならない。ちなみに、『GOUNN』の作詞は本曲と同じ只野菜摘。

★2／神奈川県・日産スタジアム（横浜国際総合競技場）で2016年8月13日&14日の2日間にわたって開催され、合計11万5446人の観客を動員した「桃神祭」をコンセプトとする夏の大型野外ライヴのラスト公演。

★3／1981年にスタートした、

サウンドカテゴリー度

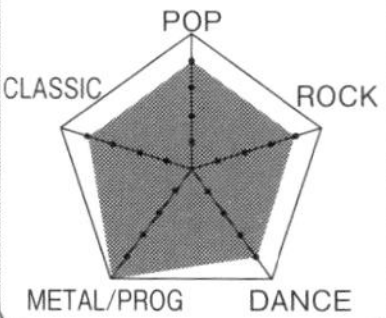

DATA

レーベル／イーブルライン レコード（キングレコード）
作詞／只野菜摘、浅利進吾
作曲／浅利進吾
編曲／長谷川智樹
ギター&プログラミング／長谷川智樹
トランペット／鈴木正則、中野勇介
トロンボーン／中川英二郎
アルト&バリトン・サックス／竹上良成
テナー・サックス／大郷良和
プログラミング／Kohei by SHIMONSAYZ

ラ」と陽気に始まるイントロに顕著なように、よりストレートな影響下にあると思って間違いない。作詞は只野菜摘と浅利進吾で、作曲は浅利進吾、編曲は長谷川智樹。浅利はももクロの妹分のチームしゃちほこの「大好きっ!」やたこやきレインボーの「ちゃんと走れ!!!!!!」などを手がけているが、ももクロにはこれが初参戦となる。

印象的な「パッパ~ラ」のユニゾンのキーはFメジャーで、エレクトロなドラムのみを伴って歌われ、頭のネジを緩めろと迫る。ほどなく「Fuuu《フゥゥ》~」のコールと共に威勢良くマーチングバンドが現れ、**ヤマザキ春のパンまつり**[★3]ではなく、ももクロ秋の収穫祭のスタートだ。AメロでFメジャーの平行調であるDマイナーに転調。夏菜子が「さぁ 始めよう」とリーダーとして切り出し、しおりんとあーりんが「収穫の時はきた やってきた」と出て、れにちゃんと杏果が「汗かいて前むいて やってきた」と続く。ここで曲名が、ももクロのこれまでの歴史と、黄金の国・日本の収穫の秋を重ねていることが明らかになる。**本曲のMV**[★4]ではさらに「昭和の茶の間におけるテレビのゴールデンタイム」の意匠も重ねられているわけで、ももクロとモノノフにとってのさまざまなゴールデンがここに集約されているというシアワセ共有型の内容。でいて「ヘイヘイホー」と**与作**[★5]に振るなどの遊び心も忘れない。メロウになるBメロでは、1番は杏果が、2番では夏菜子が伸びやかな歌唱で黄金の稲穂を揺らし、「最高に(HEY《ヘイ》!)最強で(HEY《ヘイ》!)最上の(HEY《ヘイ》!)最大で(HEY《ヘイ》!)」のサビに進むのだから、盛り上がるしかないですよ。初期ももクロを思わせるギミック満載のアレンジで彼女たちの歴史を振り返る、浅利の仕事ぶりも愛情たっぷり。そして夏菜子の落ちサビでは、パーティーチューンなのにウルッとくるのがももクロマジックなのだ。新たな代表曲、ここに降臨!

山崎製パンの恒例の販売促進キャンペーン。毎年2~3月にかけて実施され、点数シールを集めると白いお皿がもらえる。強化ガラス製なので割れにくく、電子レンジでも使用できるお皿は主婦に大人気。そんな「最強の皿」ということで、わざわざ解説してみました。

★4/メンバーへの事前打ち合わせが全くない状態の「ドッキリ」、かつ「ノーカットの一発撮り」という前代未聞の企画・構成で制作された。ゲストとしてアナウンサーの福澤 朗や岩崎宏美に扮したコロッケ、新日本プロレスの飯塚高史らが参加。ラストは約1000人のファンの前でのパフォーマンスで、メンバーが最高の笑顔でパフォーマンスするシーンは感涙モノ。あんたら最強だよ!

★5/「与作」は1978年、北島三郎や千 昌夫が歌って大ヒットした民謡調の歌謡曲(not 演歌)。「ヘイヘイホー」のフレーズがあまりにも有名で、歌からゲームまでさまざまなところで引用されているが、木を切る際に「ヘイヘイホー」という文化はなく、作詞&作曲の七澤公典の創作。

2016・9・7 発売
16th single
『ザ・ゴールデン・ヒストリー』

▼ももいろクローバーZ

『DECORATION《デコレーション》』

クール&ジャジーなハイパーファンクにキリキリ舞い

ク〜ッ。またしてもたまらんハイパー・ファンクチューンが、ノリに乗るサッカーチームではなく作家チームであるinvisible manners《インビジブルマナーズ》から届けられた。『ロマンティックこんがらがってる』（P298参照）と『マホロバケーション』（P346参照）のたった2曲で、ももクロの最重要作家に位置付けられた彼らだが、本曲では**作詞まで手がけており**、[★1] おまけにサウンド的には『マホロバケーション』と対を為すかのような仕掛け満載。更にタイトルの「〜TION《ション》」の語尾は、3rdアルバムの『デモンストレーション』（P326参照）と4thアルバムの『イマジネーション』（P356参照）の清 竜人による2つの楽曲との関連性も指摘できるわけで、ももクロの場合はこのように過去楽曲との系譜も追うことで、より深い楽しみ方ができるからやめられないとまらない、となってしまうのだ。

で曲の世界観を要約すると、『マホロバケーション』は天国での女神たちの笑門来福《しょうもんらいふく》なライヴだったのに対して、本曲は虚飾に満ちた現世でのタフでハードボイルドな生き様を描くもので、内容的にも対を為すものとなっている。もの凄く早口でメロディーに歌を乗っけていくので、詳細は歌詞

★1／『ロマンティックこんがらがってる』は只野菜摘、『マホロバケーション』は六ツ見純代が、それぞれ作詞を担当。

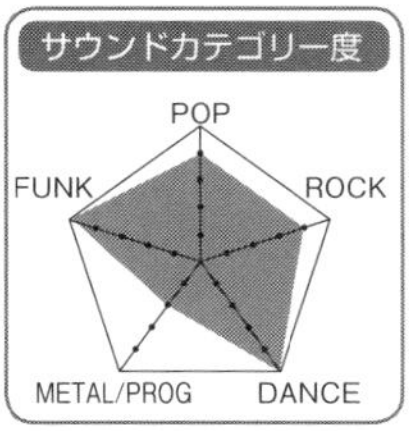

DATA

レーベル／イーブルライン レコード（キングレコード）
作詞・作曲・編曲／invisible manners
プログラミング／invisible manners
ギター／伏見 蛍
トランペット／鈴木正則
トロンボーン／中川英二郎
アルト&バリトン・サックス／竹上良成
テナー・サックス／大郷良和

カードを要チェック。「でっかい別件の前で新展開に混乱もう」とか「前言撤回の前に幾層に重なっても」など、invisible mammers の豊かなボキャブラリーを駆使したライミングのセンスは抜群。

キーはCマイナー、BPMは141。**グリッとしたオルガンの上昇フレーズ**★2から「スカー 空振りだからって」と夏菜子を中心にブルージーに出て、「不完全燃焼でも美辞麗句《びじれいく》は捨てな！」と決める冒頭が、イキナリのカッコ良さ。リズムは打ち込みだが、切れ味の良いホーンアンサンブルとカッティングギターが終始煽るサウンドはかなり**ジャジーなワンコードのファンク**★3で、前曲とは一転してダークな雰囲気が漂う。となるとメロディーにはブルーノートが頻出するわけで、Aメロ後半ではあーりんもれにちゃんも♭5th絡みのメロディーをサクッと黒くこなす。「覚醒せよノンフィクション」からのBメロでは、「Ah〜n《あ〜ん》」と「Oh〜《お〜》」の間のニュアンスのコールが入るが、これは『マホロバケーション』でも魂が抜けるときに出てきた新たな攻撃パターン。「ララバイ」からのCメロも転調せずに、ちょっぴり歌謡調に振ったメロディーを淡々と続けるのが大人っぽくも新鮮。ここでも「愛は〜と・ど・く」の高音部が『マホロバケーション』との**自己相似形《じこそうじけい》**★4で、再びAメロの抜粋メロディーから「もっともっともっともっともっと〜」と高まっていき「瞬間・刹那をGO！」と、あーりんが無双をキメる。

ここまでが1コーラス、つまり楽曲構成としてはA→B→C→A'という流れになり、いわゆるサビはCメロ部分なのだがあえてサビっぽくないように仕上げているのがミソ。2番はリズムなどで少し変化を付けつつA→B→Cまで進み、新たなDメロでは**チャールストン**★5よろしく盛り上げにかかって、「人生はほら楽しいZ」で束の間だけE♭メジャーに転調してハッピー化。ホーンもリズムも攻撃力を増し、ラストの「瞬間・刹那をGO！」は夏菜子でフィニッシュ。今やライヴの人気曲だ。

★2／オルガンのグリッサンド（鍵盤上で手を滑らせてアップ・ダウンする奏法）と、グリグリした音色のダブルミーニングな表現。

★3／ファンクは7thコード系のヴァンプを延々と続けるのが基本だが、本曲では9th系の響きを加えているのでジャズっぽくなっている。エレピやオルガンのフィルインもジャジー。

★4／「自己相似形」は、幾何学的には全体と部分とが何らかの相似であることを示すが、ここでは『マホロバケーション』の全体から一部分を移植している、というぐらいのニュアンス。ももクロの場合、こーゆーことがよくありやーす。

★5／チャールストンは、ジャズが純然たるダンスミュージックだった時代の楽曲&ダンススタイル。ミュージカルコメディにおいて頻出するパターンで、ももクロ楽曲では『ミライボウル』（P98参照）の歌ラップ部分が代表的。

2016・9・7発売
16th single
『ザ・ゴールデン・ヒストリー』
通常盤・初回限定盤Aに収録

▼ももいろクローバーZ

『Hanabi《はなび》』

和ポップ・バラードの次元上昇を果たした、究極の名曲

時代劇ドラマ**「伝七捕物帳《でんしちとりものちょう》」**★1のエンディングで本曲を初めて耳にしてから、この曲をどのように語るか・書くかについては、相当に思案したことをまず告白しておこう。その上でこの素晴らしい楽曲を、「前山田健一の音楽的冒険における、一つの極点である」と明言したいと思う。本文を読む前にぜひ、『灰とダイヤモンド』（P236参照）、『武陵桃源なかよし物語』（P318参照）、『愛を継ぐもの』（P358参照）という、前山田による楽曲を聴いてから、本曲を聴いていただきたい。この稀有な才能を持つ作曲家がいかに進化しているかの足跡《そくせき》が、ハッキリと浮かび上がるのだから。

ポピュラー音楽における転調のスタイルは、近年では主にももクロと前山田の重力圏内で進化してきた。『行くぜっ！怪盗少女』（P84参照）に代表されるように、それはスピード感やグルーヴ感との関連において、楽曲の酩酊感を増し、よりユニークに響かせる仕掛けとして機能してきた。つまり前山田やその前史としての小室哲哉は、クラシック、特に所謂ロマン派の音楽が確立して以来、音楽の常識を支配してきた**「感情と直結した転調」**★2を、後景へと退けることに成功したわけだ。

★1／2016年7月から、NHK BSプレミアムで放送された時代劇ドラマ。全9回。主演は中村梅雀（なかむらばいじゃく）で、第2回ではももクロのメンバー全員が出演した。『Hanabi』はその主題歌で、ドラマのエンディングテーマ曲に使用された。

★2／例えばマイナーキー（短調）からメジャーキー（長調）への転調は、それまでの哀しい気分から、日の光が差し込むような明るい気分にさせてくれる…といった転調の使用方法。ポピュラー音楽でも多くの場合、転調は感情や心理状態の変化と結びつけられるように使用されてきた。

サウンドカテゴリー度

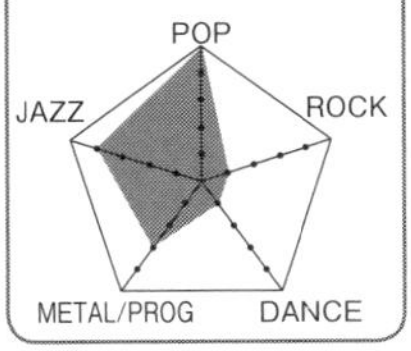

DATA

レーベル／イーブルライン
レコード（キングレコード）
作詞／岩里祐穂
作曲／前山田健一
編曲／永井ルイ
オール・インストゥルメンツ&
Vibesware Guitar Resonator
GR-1／
永井ルイ

調性音楽におけるケーデンス★3に固執しない小室や前山田らの転調はデジタル時代の感覚にも合致、「瞬時にして別の場所にワープする／風景を変える」ことに貢献し、過去にはない陶酔をもたらした。しかし時代の変化は早く、もはやそうした「唐突な転調スタイル」が新たなケーデンスとなり、膨大な模倣という樹海に迷い込んではいなかったか。その状況に、前山田は自ら「ノー」を突きつけた。ということが先に挙げた前山田の手掛けた3曲に伏流するものであり、本曲『Hanabi』においてその「ノー」は極めて洗練された形で昇華した、というのが筆者の見立てだ。

では曲を聴いていこう。シンセサイザーの上昇スケールが導く冒頭、『DNA狂詩曲』（P168参照）と同様に夏菜子の「スーッ」という呼吸音が重なり、「たとえ 待ちくたびれ」と歌い出すキーはAマイナー。BPMは98と正真正銘のバラードテンポだが、フレーズの終わりでコードがAになるので調性感はハナから揺らぎ気味だ。編曲は『月と銀紙飛行船』（P228参照）以来の参戦となる永井ルイだが、プログレマニアの彼ならではのメロトロンによるフルートが包み込むことで、優しくも「バーチャルな和の響き」が保たれる。またギターの**フィンガーノイズ**★4をわざわざSEとして投下することで、独特のムードを醸し出している点にも注目。この夏菜子のAメロは8小節だが、ツナギ的に1小節を加え、都合9小節でしおりんの「見上げた夜空に」に進む。ここからAメジャーに解決すべく4小節、れにちゃんの「遠く川面」からの4小説はBマイナーへ向かって2小節、「どうしても」でCメジャーを2小節挟み、半音下のBメジャーで1小節だけほのかな解決感を出しつつ、コードはE2拍、F♯2拍と進んでG♯マイナーに転調し、杏果によるエモーショナルな「もう一度だけ」のサビへと進む。ここでようやくキーが落ち着いた感

★3／機能和声におけるコード進行のひと固まりのパターンのこと。クラシック音楽では「カデンツ」と呼ばれるが、ジャズやポピュラー音楽ではクラシックのような禁則事項（連続8度や連続5度など）が実質的に無効であり、膨大なケーデンスが存在。これらをよく知り効果的に使用することが、ポピュラー音楽の作曲家に要求されてきた。

★4／ギターのフレットボードを左指が移動する際に出る、キュッというような摩擦音のこと。アコースティックギターの演奏中に自然に鳴る音であるが、ポップスでは消されることが多く、打ち込みによるトラックメイキングでは本来は発生しなかった。が、近年では演奏のシズル感を出すために、ギターの音源ソフトによってはフィンガーノイズを細かく設定できるものもある。

じになるが、その場所が出だしのAマイナーの半音下というマジック具合。続くあーりんは「この世界」でのハイEを華麗にキメるが、この時点ではキーはG♯マイナーの平行調のBメジャーのニュアンスが強くなっている。そして、ここからがいよいよ難物。あーりんは続けて「だってそうさ君は」と歌うのだが、これまで機嫌よく四分の四拍子で進んでいたのに、譜割が定型的な4拍子を外れ、**8分の6と8分の7が交錯する変拍子の嵐**★5となって、畳かけてくるのだ。そこにドラムの豪快なタム回しや**Vibesware Guitar Resonator**★6もブチ込まれ、ドラマティックな美メロのタペストリーが紡がれていく。そんな**エメラルド・フロウジョン**★7並みに複雑なパートを、圧倒的な熱量で乗りこなしていく5人のコーラスワークの素晴らしさたるや、なんちゅうか本中華としか。このサビを聴け、そして震えろ！ 大切なのは、かようにプログレ並みに凄まじい構成なのに、聴感上は極めてナチュラルな安らぎと感動の交錯する和ポップ・バラードになっているという点で、これが筆者が本曲を前山田の最高傑作として推す最大の理由なのである。

リズミックな新パートで、曲の立体感がさらにアップ

壮麗なサビを終えると、何事もなかったかのようにAマイナーの冒頭のムードに戻り、二番は「すぐに絶望する」としおりんからスタート。「聞かせて 内なる声を」のれにちゃんパートと「ほどいて その苦しみを」のあーりんパートでは、いずれも後半でコード進行がF♯→B→Eと部分転調して浮遊感を出している。ここ、カラオケでも音程が取りにくい部分ですね。「照らした 夜空に」からの杳果で一番と同様の流れに戻り、サビ頭では夏菜子による必殺の「哭き声」

★5／より正確に記述すると、「だってそうさ君は」で6／8と7／8が一小節づつ、「がんばったんだ」も同様で、「逃げなかった強さを」は6／8二小節と7／8一小節、「僕は知ってるよ」は6／8と7／8が一小節づつ。これをペンライトの振り方に直すと、6／8のところ「だって／そうさ」で2回、7／8のところは「君」で1回、「は」で2回とすると、譜割りとうまく合いますよってにね。

★6／ドイツのVibesware が開発した、エレクトリックギターの演奏中に、ロングサスティンのフィードバックサウンドを得るためのエフェクター。ギターからの入力を受けて、エフェクターのアーム先端部分（ドライヴァー）に磁界を発生させ、そこにギターの弦を近づけたり遠ざけたりすることで、自在にフィードバックがコントロールできる。

★7／プロレスラー、三沢光晴のオリジナル必殺技。ツームストン・パイルドライバーの変形で、向かい合った相手を逆さまに抱え、いったん肩に乗せた状態から、体重を乗せながら横に倒れこんで後頭部をマット

がエモさMAX、からのれにちゃんの可憐さも際立つわけで、俺たちモノノフはほんとに凄いものを愛してしまったんだなぁ……とつくづく思うわけであってね。

とかしみじみしている間もなく、3分22秒からは新たなパートに突入。四つ打ちのキックに乗ってキーはC#マイナーとなり、アコースティックピアノによるDM7→C#m7のジャジーなコードの力強い刻みが、ムードを支配する。そこにディストーションギターがギュイ～ン舞い降りると、5人が勝利の進軍となってパレードを開始。このリズミックなパートが加わることで、曲の立体感がアップするとともに、いよいよゴールに向けて動き出していることも分かる。そして夏菜子の「燃え尽きていいから」でまさにこのパートが燃え尽きていくと、れにちゃんのこよなく切ない「もう一度だけ」のサビメロがF#マイナーのキーで歌われるのだが、そこから1音あがってG#マイナーのサビに雪崩れ込んでいく。なんちゅう強引さ、しかしながらドラマティックな盛り上げ方なのか。ラストのサビは、夜空に向かって全員で高らかに歌い上げられ、夏菜子が一人で「僕は知ってるよ」と歌うと、4分55秒の感動のドラマの幕が降りていく。

本曲を作詞した岩里祐穂は、2016年9月10日に「人は何度でもやり直せる、そんなメッセージが伝わればいいな」とツイート。さらに続けて、**難病と闘ったある画家への鎮魂歌に、という想いも込められていると告白している。**★8 もとより打ち上げ花火は、死者への鎮魂の送り火。ももクロの歌唱により、結果としてここに素晴らしい鎮魂歌が生まれたわけだが、同時に本曲はいつでも我々に、生きることの掛け替えのなさを教えてくれるのだ。クゥ～。

に打ち付けるもの。エメラルドは緑のロングタイツを着用する三沢のイメージカラーで、フロウジョンは「流れ」の意味。極めて危険な技だが、三沢は相手の力量によって角度を調整していた。なお三沢は全日本プロレスから独立後、自身が中心となって2000年に「プロレスリング・ノア」を旗揚げし、トップ選手として活躍したが、2009年6月13日にリング上で意識不明・心肺停止に陥って死去。享年46歳。

★8／当該アーティストがどなたであるかについては、岩里からは明かされていない。

2016・9・7 発売
16th single
『ザ・ゴールデン・ヒストリー』
通常盤・初回限定盤Bに収録

▼ももいろクローバーZ

『伸《ノ》ルカ反《ソ》ルカ』

じんわりアツいエレクトロポップで柳田選手を応援

「GIRL'S FACTORY 16」DAY3★1の終盤では、ももクロ作家として重要な位置を占める作曲家の横山《よこやま》克《まさる》がゲストのキーボーディストとして登場。彼が関わった全ての楽曲が演奏され、ラストの『Chai Maxx』では**当日の全出演者**★2がオンステージして、大いに盛り上がった。筆者は2階席から見守っていたのだが、自作を実に楽しそうに演奏する横山の姿が印象的だった。劇伴もこなす売れっ子であり、作業の大半はスタジオワークのためライヴ演奏の機会が少ない横山にとっては貴重な機会。ももクロとの絆も一層深まったものと思われる。本曲は横山が作・編曲とプログラミング、及びキーボード演奏の全てをこなした新曲で、緑推しのモノノフである福岡ソフトバンクホークスの柳田悠岐《やなぎたゆうき》選手の登場曲。この時点ではももクロによる野球選手のオリジナル登場曲としては、田中将大投手の『My Dear Fellow』（P264参照）と『勝手に君に』（P320参照）があり、柳田選手は2人目の献呈者となる。なお作詞の前田たかひろは『My Dear Fellow』も手がけており、横山とは『白金の夜明け』（P344参照）でもタッグを組んでいる。

★1／2016年8月1日、国立代々木競技場第一体育館で開催。
★2／3B junior、たこやきレインボー、チームしゃちほこ、私立恵比寿中学、ももクロのスターダスト勢に加え、清竜人25、コアラモード、華原朋美、杏子、いまみちともたかなどのアーティスト、元JUDY AND MARYの恩田快人、五十嵐公太、TAKUYA、さらにはゲストミュージシャンとして佐藤晃、ピエール中野、しほり、CHI-MEY、横山克らが参加。後日オンエアで見たかぎり、ラストの『Chai Maxx』の時に、清竜人25はステージにいなかった模様。

サウンドカテゴリー度

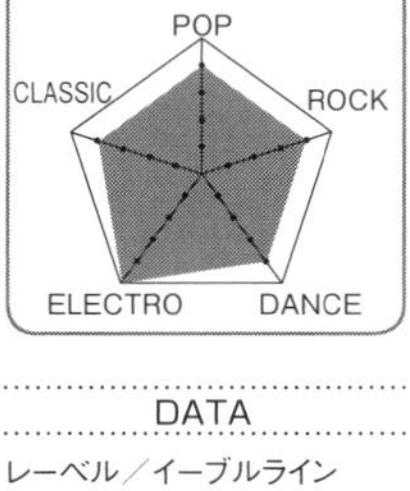

DATA

レーベル／イーブルライン
レコード（キングレコード）
作詞／前田たかひろ
作・編曲／横山 克
プログラミング&キーボード／
横山 克
プログラミング・アシスタント／
橋口佳奈

短いシンセのフレーズからすかさず「ゼツボー？ ブラボー？ 伸ルカ反ルカ」と全員がコーラスで走り出す。本盤に収められた4曲はいずれものんびりとイントロを聴かせることなく、頭からヴォーカルが入るパターンになっていることにお気づきでしょうか。これはまあ偶然なのだろうが、結果としてグイッと首根っこを掴んで、曲の世界観に持って行かれるような印象になる。キーはDマイナーでBPMは173。4つ打ちのビートとテクノな重低音シンセベースで疾走させるサウンドの構成は**『Chai Maxx ZERO』（P278参照）にも近いが、よりアップテンポ**★3として戦闘能力を高めている。こういうスポ根的にアツい曲はももクロの得意とするところで、5人がそれぞれのキャラクターで攻撃的に歌い継ぐが、面白いのは「キミに賭けろ 伸ルカ反ルカ」からのサビの展開。転調もせず、より高い音域で歌うわけでもないのに、コーラスの厚みと炭酸系のシンセ音を加えるのみで熱量を上げているのだ。こういうことがサラッとできるのが横山の強みで、結果として前曲『Hanabi』とのコントラストを生んでいる。大サビ的なれにちゃんの「誰にでも言えないヒミツなんて」からあーりんの「だから平気だよ」の流れでは、後半で声を別次元へとワープさせて盛り上げていき、杏果が渾身の「ワタシだって…。」を叩き込む怒涛《どとう》の流れがもう圧巻。やはりバトルフィールドにおけるももクロには敵ナッシングなわけで、**柳田選手にも気合が入ろう**★4というものだ。

ここでシングル『ザ・ゴールデン・ヒストリー』をまとめよう。通常盤に収録の4曲は、パーティーチューン、ジャジーなファンク、プログレ的な和製バラード、エレクトロと、かなり相貌《そうぼう》が異なる。にも関わらず通して聴くと、「ももクロ以外の何物でもない音楽的な強度」に、圧倒されることだろう。なわけで引き続き、最高で最強で最上で最大な5人と音楽の旅を続けようではないか、皆の衆。

★3／『Chai Maxx ZERO』のBPMは168、キーはE♭メジャー。

★4／2015年はプロ野球史上初のトリプルスリーと首位打者同時獲得。2016年は相手チームの投手に警戒され際どいコースばかりを攻められる羽目になり前年より成績を落としたが、2017年は打率・本塁打・打点のいずれも前年を上回る成績を残した。

2016・9・7 発売
ザ・ピーナッツ生誕
75 周年記念企画
『ザ・ピーナッツ
トリビュート・ソングス』収録

『恋のフーガ』

▼百田夏菜子＆玉井詩織

ザ・ピーナッツの名曲をテクノ＆戦隊化!?

ザ・ピーナッツの生誕75周年記念企画「ザ・ピーナッツ トリビュート・ソングス」の収録作品。今回分かったのは、ザ・ピーナッツはキングレコードの所属だったので、ももクロの大先輩なんですね。本企画の参加アーティストは**FUNK THE PEANUTS**《ファンク・ザ・ピーナッツ》★1、**Little Glee Monster**《リトル・グリー・モンスター》★2、森高千里、矢井田瞳《やいだひとみ》、植村花菜《うえむらかな》、鈴木亜美《すずきあみ》、平野綾《ひらのあや》、夏川りみ、太田裕美《おおたひろみ》、森口博子《もりぐちひろこ》、岩崎宏美《いわさきひろみ》…とレーベルの枠を超えた顔ぶれだが、全体的にもうちょい若いメンツに振れなかったのかなぁ？という気はするものの、平野 綾を引っ張り出して「モスラの歌」をカヴァーさせてるのはなかなかです。

さて、ももクロが歌えば、それはたちまちももクロの楽曲としてインプットされてしまうのが我々モノノフのサーガかつ性なのだ。原曲の作詞は**なかにし礼**★3、作曲は**すぎやまこういち**★4という昭和歌謡界における名作家チームだが、今回のアレンジは『僕等のセンチュリー』（P204参照）や『宙飛ぶ！お座敷列車』（P234参照）を手掛けた長谷川智樹。とくれば単純にオリジナルをなぞることは考えられないわけで、オリジナルで印象的だった「ズドドドドン」とキマるティンパニを活

★1／DREAMS COME TRUEの吉田美和と、そのバックヴォーカルの浦嶋りんこによるデュオ。
★2／2013年に結成されたヴォーカルユニット。略称は「リトグリ」。「歌声だけで人々の心をひとつにする」をコンセプトに活動。2016年1月にリリースの1stアルバム「Colorful Monster（カラフルモンスター）」は、オリコンのデイリーチャートで2位を記録し、2017年には紅白歌合戦に初出場。本企画ディスクにはアサヒとmanakaの2名が参加。
★3／なかにし礼は1939年、満州国生まれの作詞家・小説家。その膨大な作品リストから、昭和歌謡最大の作詞家の1人とされている。筆者が氏の最高傑作と認め

サウンドカテゴリー度

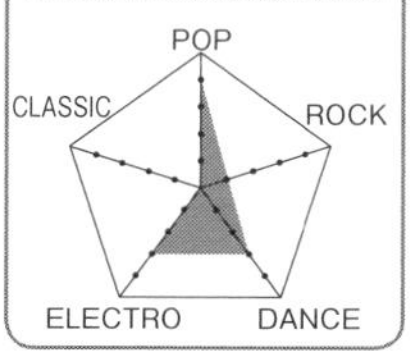

DATA

レーベル／イーブルライン
レコード（キングレコード）
作詞／なかにし礼
作曲／すぎやまこういち
編曲／長谷川智樹
（元曲の編曲／宮川 泰）

かしつつ、存分にエレクトロに振って狂乱のパヤパヤワールドを展開していく。
その「パヤ パヤパヤ」のユニゾンから曲は始まる。キーはＢ♭マイナーでオリジナルと同じだが、ＢＰＭは148に**テンポアップ**★5。ここから「ドゥードゥビドゥバー」のスキャット部分はほのかにエレクトロだが、まだオリジナルに忠実。「追いかけて」のＡメロから4つ打ちのビートが走り、本格的なテクノとなる。ももたまいの歌唱の特徴である「ユニゾンで寄り添い、ソロで突き放す」というパターンが顕著に現れるのは、Ｂメロの「初めから」のパートで、ここが本曲最大の聴かせどころだ。夏菜子が先に出てしおりんが5拍遅れて出るのだが、この「追っかけ歌唱」こそ**フーガ**★6を象徴する部分。で、しおりんの「初めから」の「ら」はA音なのでホントーに「ラ」の音。これはＢ♭マイナーの7ｔｈにあたり、半音上のＢ♭に解決する導音《どうおん》の扱いだが音価《おんか》が長いため、本曲独特のレイジーなムードを生んでいる。この部分をオリジナルと比較すると、ザ・ピーナッツは双子ゆえ声質が同じなのでより絡み合い感が強くなるが、ももたまいは2人の声質が異なるため、クールでドライな印象となる。そしてこの「追っかけ歌唱」は、『Z伝説 ～終わりなき革命～』（P122参照）の「わたしたち」から5人がリレーするパートでも採り入れられているわけで、そう思って聴くと2人の絡みが一層愛おしく思えてくるのだわ。ももクロがカヴァーした曲では『ムーンライト伝説』も同じ世界なので、P260を今一度、再読をば。間奏部では長谷川が「パヤパヤ」をチョップしまくって遊び、シンセブラスの追っかけっこパートも登場するので、なんだか特撮戦隊モノのテーマ曲を聴いてる気分にも。エンディングはいよいよドゥビドゥバとパヤパヤの**三十三間堂**《さんじゅうさんげんどう》★7に陥るが、2分54秒の「パヤパヤ」で戦いは終決。って、やっぱバトってしまいますな。

るのは、島倉千代子の「愛のさざなみ」。

★4／すぎやまこういちは1931年、東京都生まれの作・編曲家。歌謡曲からアニソン、ゲーム音楽までを幅広く手がける。ゲーム「ドラゴンクエスト」シリーズの音楽でも有名。

★5／オリジナルのBPMは約138。当時はクリックを使わない生演奏なので、パートごとに少しづつブレてます。

★6／フーガは対位法を使って書かれた楽曲、及びその書法。本曲の「追っかけ歌唱」はむしろカノン的だが、なかにし、すぎやまの2人共に相当なクラシックマニアでもあるため、「フーガ」の語感にこそこだわったものと思われる。

★7／三十三間堂の正式名称は「蓮華王院本堂（れんげおういんほんどう）」。京都市東山区にある仏堂で、後白河上皇が離宮として創建。南北約120メートルにわたる長大な建築で、国宝に指定されている。

2016・9・21 発売
配信限定 single
『Ring the Bell／夜更けのアモーレ』

『Ring《リング》 the《ザ》 Bell《ベル》』

▼ももたまい（百田夏菜子&玉井詩織）

意味不明の涙に包まれる、恐怖のウェディングソング

ここで、常人の想像を絶するキラーチューンが降臨する。タイトルが示すようにウェディング・ソングなのだが、本曲及び次曲の『夜更けのアモーレ』は、夏菜子としおりんによるユニット「ももたまい」のコンサート**『ももたまい婚』**★1にあわせて作られた新曲だ。一連のメンバーのソロコンの流れではあるが、この2人はユニットでの開催、かつ「婚」ってアンタ。運営の限りない遊び心と愛には敬服するしかないですな。「ももたまい婚」自体は会場が小さかったため予想通りの超厳選で、現地参戦は早々に諦めていたものの、せめてライヴビューイングでと手を尽くしたのだが、結果は安定の落選祭り。グギり状態の中で、しかしながらこうして素晴らしいウェディング・ソングを、しかも作詞と作・編曲はツキダタダシという必殺度で届けてくれたのだから、ほんと〜にありがたい。

オルゴールによる可憐なメロディーに被さるストリングス、そしてウェディングベル。16秒のところでティンパニーが響くと、それまでのGメジャーから短3度上のB♭にメジャーに転調し、祝福

サウンドカテゴリー度

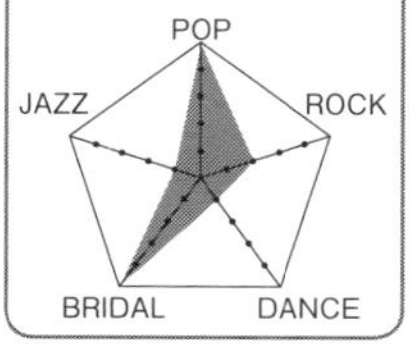

DATA

レーベル／イーブルラインレコード（キングレコード）
作詞・作曲・編曲／ツキダタダシ

★1／2016年9月4日の大安吉日、新潟県民会館で開催。会場では1624人が列席、全国42館のライヴビューイング会場では1万749人がこれを見守った。式の司会は梶原しげるが務め、オバマ大統領に扮したお笑い芸人のノッチが乾杯の音頭をとり、ウェディングケーキ入刀のシーンではファンも撮影OKとするなど、実際の結婚式さながらにライヴは進行。DREAMS COME TRUEの「未来予想図Ⅱ」や松田聖子の「旅立ちはフリージア」など、結

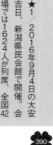

の宴が始まる。「ある晴れた昼下がりに」と最初に出るのは夏菜子。「それから季節は巡って」としおりんが続くが、これ普遍的なウェディングソングとして完璧じゃないですかー。筆者の場合はBメロの「重ねた時いつもともに」のしおりんの歌唱で涙腺崩壊なのだが、誰のために泣いてるのかイマイチ分かんないのに、こんなにシアワセって、どーゆーことなんだよ〜。「365日」でD7を介してサビはGメジャーに転調し、イントロのオルゴールのメロディーで「Ring the Bell」と2人の花嫁が歌うが、もう「最上級のI Love You」とか言っちゃってるし、「えくぼが可愛い」とか「寝癖も愛おしい」とか心ゆくまでノロケてくれるしさぁ、こんなんももたまいにしか許されんでしょ。そしてツキダのナチュラルな王道メロディーが相変わらずの美しさで、この曲を結婚式で泣かずに最後まで歌うことは不可能なのではないか、少なくともモノノフ的には（実際に結婚式で歌ったという幸せな夫婦ノフさんからのご報告をお待ちしています）。

2番ではパートの前後を入れ替えるが、**ヴォーカルの定位も左右入れ替える**★2という小技がナイス。サビを終えてそのまま素直にエンディングに向かうかと思いきや、ここでツキダがギタリスト魂を発揮し、**クイーンのブライアン・メイ直系**★3のギター・オーケストレーションで2人を祝福する。2人が見つめ合う落ちサビからは、このギター・オーケストレーションと遠慮なく叩き込まれるスネアで〝最上級のI Love You〟を盛り上げ、永遠の愛を誓い、高らかに鐘を鳴らして曲は終了。なんたる馥郁《ふくいく》たる感動と余韻なのか。

なお、コンサートの『ももたまい婚』は**2017年の7月に発売された映像作品**★4で存分に堪能できます。シアワセ〜（泣）。

婚式の定番カヴァーも含め、全12曲が披露された。

★2／1番では夏菜子が左、しおりんが右。2番では夏菜子が右、しおりんが左に定位。これだけで印象がずいぶん変わるので、注意して聴きましょう。

★3／しっかしわが国におけるクイーンの影響は、今世紀に入ってもいっこうに衰えないですな。ここで「直系」としたのはギターサウンドの迫り具合で、左チャンネルでの高音のハーモニー、右チャンネルの低音のくぐもらせ方などに、研究の跡がうかがえる。

★4／コンサートのメイキング映像や、オープニング&エンディング・ムービーのアウトテイク集も収録。これ見るたびに泣けてきます。

2016・9・21 発売
配信限定 single
『Ring the Bell／夜更けのアモーレ』

▼ももたまい（百田夏菜子&玉井詩織）

『夜《よ》更《ふ》けのアモーレ』

大人なラテン歌謡で、夜の街を彷徨《さまよ》うももたまい

「ももたまい婚」のニューチューン2曲目は、まさかのラテンポップ歌謡。作詞は『上球物語』（P232参照）や『Guns N'Diamond』（P330参照）で実績のあるzopp、作曲はこれが初参戦となるShusui《しゅうすい》★1と『GOUNN』（P244参照）でアレンジを手がけた木村篤史《きむらあつし》。編曲は木村篤史と、Alan de boo《アラン デ ブー》こと丸太《まるた》新《あらた》でWHY@DOLL《ほわいどーる》★2などのレコーディング参加で知られている。Shusui以外は音楽制作会社ZAZA《ザザ》の同僚である。

先に『恋のフーガ』を採り上げたばかりなのでよりツヨクツヨク心に刻むのだが、本曲のテイストは極めてザ・ピーナッツ辺りの昭和ムード歌謡に近い。が、先に紹介した『恋のフーガ』はテクノに仕立て上げて今様にリニューアルしているのに対し、本曲は新曲なのにサウンドの構成を旧めにするという逆転現象で、これはタイトルも含めて、ももクロには希薄な大人感&お色気感を演出するという遊び心だろう。zoppによる歌詞からも、強くそれが感じられる。ただし転調構造などは'10年代仕様なので、初期の前山田楽曲に通じるところがあって面白いのだ。

サウンドカテゴリー度

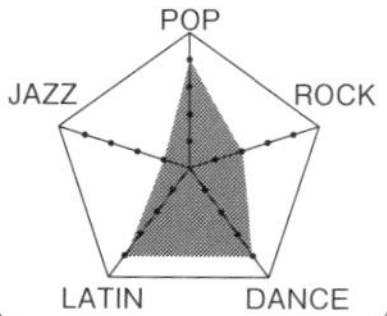

DATA

レーベル／イーブルライン
レコード（キングレコード）
作詞／ zopp
作曲／ Shusui、木村篤史
編曲／木村篤史、
Alan de boo

★1／Shusui（周水）は1976年、東京生まれの作曲家、シンガーソングライター。ヴォーカリストの谷中たかしとのポップユニット「canna（カンナ）」でも活動。近藤真彦やSMAP、KinKi Kids、嵐などにも楽曲を提供している。

★2／2011年結成、北海道出身の2人組アイドルユニット。メンバーは青木千春（ちはるん）と浦谷はるな（はーちゃん）。2019年に活動終了。

★3／サルサには欠かせない打楽器。金属製の胴にプラスチックのヘッドを張り、スティックで叩くため、甲高く強力な音が特徴。基本的には2台でワンセット。ティンバレスのフィルインが加わると、サルサ濃度がグッと高くなる。

曲は軽快な**ティンバレス**★3のフィルインから始まる。キーはCマイナー、BPMは156で、**サルサと フラメンコ**★4を合体させた「なんちゃってラテン」な感じが昭和ムード歌謡っぽい。しかしドラムは結構ビシッとビートを刻むので、ちょっと不思議なリズムになる。あとバンドネオン風のシンセのメロディーは**小柳ルミ子の「お久しぶりね」**★5のあの感じね。Aメロは「眠らない街」とやはり夏菜子が先行するが、「お前に似た夜の蝶たち 見つめてる」って、意味分かってんのかなー？ その点、しおりんは「あなたに似た笑顔 不意にきつい鼓動」とよ〜く分かってるみたいなので、どっちが大人なんだか。そのしおりんがBメロ後半で聴かせるエモい歌唱はサスガ若大将、「I miss you《アイミスユー》」をビシッとキメて「アモーレ」で強引にFマイナーに転調する。サビのデュエットは、これまでのももたまいにはなかったホットさ。このメロディーを2人の声で歌うと「ももクロならでは」の味わいが生まれるわけで、やはりももたまいは切っても切れないアツい関係なのだ。ここでは**パルマ**★6も入っているので、より賑やかに盛り上がる。サビ締めは「今夜も 街をさまよう」でA♭メジャーに転調。いい感じですねー、お2人さん。

2番は前後のパートを入れ替えるが、よーく歌詞の中身を考えると相当に笑える。『シングルベッドはせまいのです』（P178参照）から遠くに来ましたなー。Bメロでは左チャンネルでギターが高速アルペジオで煽り、「ずっと waiting for《ウェイティング フォー》」でサビへ突入、激しく情熱をぶつけ合う。間奏では炎と化すエレクトリック・ギターのソロと、それを冷ますようなバンドネオンを対比させる丁寧なアレンジがグッジョブ。からの大サビでは夏菜子もしおりんも最高にエモくなり、エンディングに向かってパッション満開で愛のダンスを繰り広げる。いや〜名曲だわ。ももたまいの新境地に万雷《ばんらい》の拍手を！

★4／サルサはキューバのソンやルンバをルーツに、ニューヨークのラテン移民（主にプエルトリコ系）が発展させた音楽。フラメンコはスペイン南部のアンダルシア地方でヒターノ（ジプシー）が奏でたもの。フラメンコ＝スペインの民族音楽のように勘違いされているが、実際にはローカル・ミュージック。といったように本来の出自は全然違うのだが、日本ではなんとなく「ラテン」と一括りにされる傾向にある。そして第2次世界大戦の後、ナイトクラブでダンサブルなラテンリズムがもてはやされたことが、ムード歌謡の隆盛に大きく貢献した。

★5／1983年7月に発売されたヒット曲にして、現在もカラオケの定番人気曲。小柳ルミ子は本曲で、同年末の第34回NHK紅白歌合戦に出場した。

★6／フラメンコの手拍子のこと。甲高いセコ、柔らかめのソルダ、その中間のメディアセコなどのピッチを組み合わせ、リズムの表と裏を複雑に組み合わせてダンサーを鼓舞する。

2016・9・28発売
配信限定ソロ single
『あーりんはあーりん♡』

『あーりんはあーりん♡』

▼佐々木彩夏

祝祭空間生成装置としての「あーりん」を極めた、高圧力チューン

ももクロのライヴにおいて、あーりんのソロ曲は常に高い沸点を記録してきたが、ここにまた新たなウェポンが投下された。作詞・作曲・編曲はもちろん前山田健一であり、**おそらくあーりんのソロ曲は前山田の曲というのは運営サイドの暗黙の諒解**★1であり、前山田も「あーりんのソロ曲だけは、何があっても他の作家には渡せない」と考えているのだろう。あーりんの次のソロシングル『My《マイ》 Cherry《チェリー》 Pie《パイ》（小粋なチェリーパイ）/My《マイ》 Hamburger《ハンバーガー》 Boy《ボーイ》（浮気なハンバーガーボーイ）（P424参照）も、編曲こそ川田瑠夏に委ねているものの、作詞・作曲は引き続き前山田が行っている。アイドルとしての「佐々木プロ」は前山田にとって理想的な表現者であり、あーりんにとっても彼女の諸事情を知り尽くした前山田は、「共犯者」として欠かせない存在なのだ。これほどまでに相思相愛の関係（あくまで音楽的に、ですよ）は、広くポップス界を見渡してもなかなかないですよね。

さて突然ですが、ここで問題でーす。本曲であーりんは、何回「あーりん」と歌っているでしょうか。数えましたか？ ハイ、ちなみに歌詞と中間部のガヤの聴き取りを合わせて、私の拙《つたな》い耳では**合計98**

★1／2015年の初披露後、5年を経てあーりんの1stソロアルバムで初めてフルで音源化された『スイート・エイティーン・ブギ』（P570参照）は橋下由香利による曲です。

★2／歌詞ではいちおう93回なのだが、苦労するのは2分46秒からのガヤの部分だ。私の耳ではガヤ

サウンドカテゴリー度

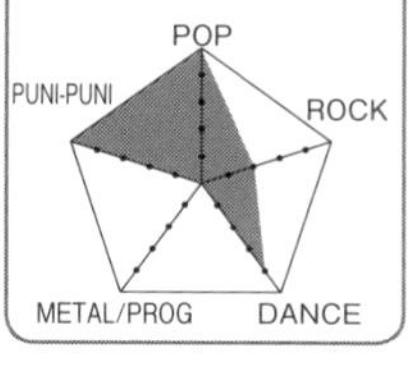

DATA

レーベル／イーブルライン
レコード（キングレコード）
作詞・作曲・編曲／
前山田健一

回ということになりました。★2 この辺りのより正確な検証はプニノフさんたちに委ねるとして、指摘しておきたいのは「こんだけ自分の愛称を連呼する歌が許されるのは、あーりんだけ」ということ。曲のタイトルからも明らかだが、過去のソロ曲においてもここまで凄まじい「あーりん連呼」はなかったわけで、もはや「あーりん」は佐々木彩夏というアイドルの愛称を超えて、ライム、コール、リズムなどが渾然《こんぜん》となった、一つの「祝祭的な空間を用意するための装置」と捉えるべきかと思う。

曲はドラムの刻むビートにのって、あーりんの多重録音による「あーりん！あーりん！」のコールに始まる。これを受けてのAメロでは、モノノフたちには言わずと知れたあーりんの産まれてから幼少期を経て現在までの日々が歌い込まれる。「うーーーーーあーりん！」の決めのフレーズをきっかけに、主調はFメジャーからGメジャーに転調。年齢はただの数字であり、あーりんはずっと変わらずあーりんであると力強く宣言する。とすかさず、恒例の「ママへの苦情パート」に突入してテンポダウン。ここでは前山田が**マイケル・ジャクソン《Michael Jackson》の「スリラー《Thriller》」**★3 のサウンドを拝借しつつ、あーりんの声を太くダークに加工して「あーりんママ」を召喚《しょうかん》。闇の大魔王と化したあーりんママ（この扱い、ご本人はどのように思われているのでしょう？）は、「あなたは私 私はあなたなの」と迫る。あーりんは果敢にこれに立ち向かい、遂にはあーりんエンジェルス（ガヤ）の援軍を得てなんとか復活。ハタチになっても変わらずピンク、きらきらと歌い続ける自身に「ついてきてね」と呼びかける——とまあ、相変わらずの茶番とギミックと自演乙に満ちた展開に、やはり軽く捩《ね》じ伏せられるわけで、ライヴでもコールの渦に巻き込まれるのはしゃーないです。さてここで再び問題です。この見開きに、いくつの「あーりん」が登場するでしょうか？ **答えは下の注釈にあーりん！ あーりん！**★4

の立ち上がりで2回、「あーりんふっかーつ！」の前で3つの声が重なって聴こえるので、合計98回ということになりました。

★3／マイケル・ジャクソンは1958年生まれの、アメリカのエンターティナー。2009年没。兄弟グループのジャクソン5で、1969年にモータウンよりメジャーデビュー。1971年にソロデビューして以降、ブラックミュージックの枠を超えた音楽性と高度なダンスで、「キング・オブ・ポップ」の名を欲しいままに活躍。「スリラー」は1982年にリリースされたアルバムの表題曲。ジョン・ランディスが監督した約14分に及ぶショートフィルム的なMVのインパクトは絶大で、多くのパロディーを生んでいる。

★4／正解は33回です（タイトル周りや下の注釈も含む）。筆者はコピペはせず、毎回テキストとして入力することで、敬意を表しています。でもって正解者に特にプレゼントはありませんが、「数えてくれてありがとう」と感謝のヴァイヴスを送るーりん。

2016・10・12 発売
NHK「みんなのうた」放映
配信限定 single
『フルーツ 5 姉妹』

▼ももいろクローバーZ

『フルーツ5姉妹』

「ももクロの5色」をアピりまくる、陽気なアッパーチューン

NHKの長寿番組「**みんなのうた**」★1で、2016年10〜11月にオンエアされた楽曲。これ、最初にテレビで観た時はそれなりにビックリしました。設定をフルーツに置き換えてはいるものの、「みんなのうた」のようなパブリックな番組で、堂々とももクロの5色をアピりまくっているのだから、「こんなの、アリ?」と思いますよね、フツウは。でもって**前年の紅白落選**★2からの流れを考慮に入れた場合、このスペシャルな扱いは、NHKからの詫び状のようなものでは……と勘ぐってしまうのも、無理筋ではないだろう。そして楽曲として子供向けのものとなると、ポケモンのエンディングテーマ曲であった『みてみて☆こっちっち』(P190参照)以来の久方ぶりとなるわけで、この曲をハブとして後の『ぐーちょきぱーてぃー』(P408参照)に繋がっていくと考えれば、かなり重要な楽曲だとも言えよう。作詞と作曲は、ももクロのヴォイストレーナーである**岡田実音**《おかだみお》★3、編曲はこれが初参戦の**高島智明**《たかしまともあき》★4。『フルーツ5姉妹』のアニメを手がけたのは**助川勇太**《すけがわゆうた》★5で、彼自身がツイッターで「カワイイ爆弾みたいなアニメーションができたと思います!」と語っているよう

★1／1961年にテレビとラジオで同時に放送がスタートした5分間の長寿音楽番組。放送当初は童謡や唱歌が多かったが、'80年代からNHKで放送されるアニメのオープニング曲や、ニュー・ミュージック系の歌手を起用することも増えた。ゴダイゴの「ビューティフル・ネーム」(1979年)やシブがき隊の「スシ食いねェ!」(1985年)なども、同番組で放送されている。
★2／ももクロは2012年から3年連続で紅白歌合戦に出場していたが、2015年になぜか落選。モノノフたちはもちろん、音楽業界内でも「人気があるのにどうして?」という声が多数上がった。これを受けてももクロ陣営は、『第

サウンドカテゴリー度

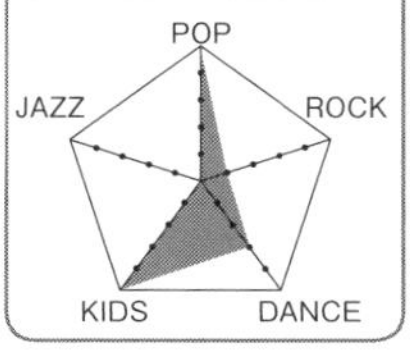

DATA
作詞・作曲／岡田実音
編曲／高島智昭

に、ももクロの5人を長女・イチゴ（夏菜子）、次女・バナナ（しおりん）、3女・もも（あーりん）、4女・メロン（杏果）、5女・ブドウ（れにちゃん）という具合にキャラクター化し、スピード感の中にもキュートさとももクロ愛が溢れるアニメとなっている（ブルーベリーを入れてあかりんを連想させたり、れにちゃんが幽体離脱しそうになったりと、ディテールまでかなり凝ってます）。

曲は「トゥクトゥ〜ン」と軽快な**シン・ドラム**★6から出て、すかさず「フルーツ、5しまいー」と全員によるコーラスに突入。BPMは160、かつ主調もCメジャーで、キッズが無理なくノッて歌えるように配慮されている。歌詞は1番では甘さを競い、2番では可愛さを競うのだが、結局はしおりんが「いちばんなんてどうでもいいじゃなーい」と歌ってみんなが同意、というところに落ち着く。良いですね〜、この予定調和な感じ。歌唱面ではコブシをガッツリと効かせて歌う杏果が際立っているが、それぞれのフルーツの個性とももクロちゃんがうまい具合に噛み合っているあたりは、さすが実音先生。「親しみのある5つのフルーツ。綺麗な色で健康にも良いとされるさまざまなフルーツで、ワクワク&ハッピーな気持ちになってください」とは「みんなのうた」のウェブサイト上にあるコメントだが、モノノフ以外の多くの人々に、最上級のハピネスが届けられたのではないか。

なお本曲のライヴ初披露は、2016年10月8日の土曜日に行われた幕張メッセ イベントホールでの『ANGEL EYES《エンジェル アイズ》限定 子供祭り』の1部&2部にて。ステージ上のビジョンに映し出された「みんなのうた」のアニメをバックに、5人がオリジナルの振り付けを披露した。同ライヴは映像作品としてリリースされていないが、現在は『ぐーちょきぱーてぃー』でのダンスレッスンが、動画サイトなどで確認できる。しかし、こういうテイストになると、あーりんは最強ですな。

1回ももいろカウントダウン〜ゆく桃くる桃〜「笑顔ある未来」』を3年連続開催。2017年からは『ももいろ歌合戦』と形を変えて、年末恒例のイベントとして定着していく。

★3／千葉県出身の作詞、作・編曲家、ヴォイストレーナー。AKBグループや堀江由衣らに、数多くの楽曲を提供している。

★4／1971年、長野県出身の編曲家、音楽プロデューサー。AKBグループにおける岡田実音の作曲による楽曲アレンジの多くを手がけている。

★5／1984年生まれ。実写映画やアニメーション作品を手がける老舗映像製作会社の白組に所属する、短編アニメ制作家、演出家、キャラクター・デザイナー。

★6／略称「シンドラ」。YMO（イエロー・マジック・オーケストラ）時代に高橋幸宏が使用した「ポラード シンドラム Model 477」の特徴的なサウンドが一世を風靡。DTMの普及以降はドラム音源化され、プログラミングで使用されることが一般的となっている。

2016・12・23発売
WINTER SONG COLLECTION ALBUM
『MCZ WINTER SONG COLLECTION』収録

▼ももいろクローバーZ

『真冬のサンサンサマータイム』

前山田による夏&クリスマス・サーガの完結編、か?

2016年12月23&24日に幕張メッセ 国際展示場4~6ホールで行われた、『ももいろクリスマス2016 ~真冬のサンサンサマータイム~』のテーマ曲。ライヴの初日にリリースされた、ももクリの冬ソング集『MCZ WINTER SONG COLLECTION《ウィンター ソング コレクション》』★1の10曲目に収められている。「ももクロのクリスマスソングは名曲揃い」と、これまでに何度か指摘してきたが、ここでは『サンタさん』(P152参照)以来の前山田の楽曲を投入することにより、**同年のももクリの「無茶振り感」**★2をうまく表現することに成功している。タイトルの「サンサンサマータイム」はもちろん『ココ☆ナツ』(P94参照)の必殺フレーズだが、つまりは『ココ☆ナツ』、『サンタさん』、『真冬のサンサンサマータイム』は一つのサーガを形成しているわけで、この辺りの遊び心を分かんない限り、ももクロを楽しみ尽くすことはできないのでRの法則(終わっちゃいましたね、残念)。なお編曲は『僕等のセンチュリー』(P204参照)で、ももクリソングを経験済みの御大・長谷川智樹が手がけている。

「白く輝く冬の日」と、まず夏菜子がロマンティックなメロディーにのせて歌い出すのだが、ここがイ

★1/2016年春発行の本書『ももクロを聴け!』の初回盤で、「ももクリのシングル曲をまとめてお皿で再発してくんないかなぁ」とおねだりしたことが実現したアルバム。無印時代の『きみゆき』(P80参照)を5人で再レコーディングするなど、抜かりないファンサービス振りにもカンドーする、必携の名盤。

★2/会場内の暖房を強くして、ステージでは火炎を使ったパフォーマンスやフラダンス、タヒチアンダンスが行われ、ゲストには高木ブー(DAY1)や越中詩郎率いるプロレスラー軍団(DAY2)が登場するなど、実にアツいライヴでした。暑かったー。

★3/ボサノヴァの創始者とされる、ジョアン・ジルベルト(João Gilberto)を指す。1931年生ま

サウンドカテゴリー度

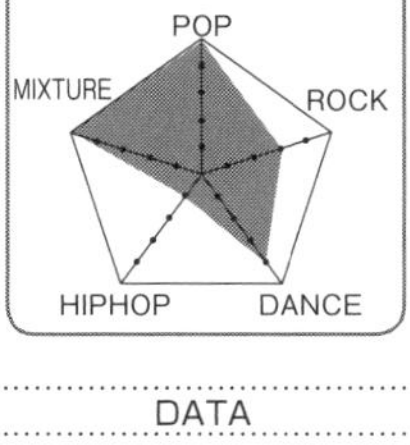

DATA

レーベル/イーブルライン
レコード(キングレコード)
作詞・作曲・編曲/
前山田健一
オール・インストゥルメンツ/
長谷川智樹

キナリ『怪盗少女』（P84参照）の落ちサビっぽくもあり、前山田の「さあ遊ぶぜェ〜」の声が聴こえてくるようだ。14秒から「ぶっとべ！ はっちゃけ！ Let's Go To 南国」と威勢よくBPM150にテンポアップ。主調のA♭でクリスマスソングの定番「もろびとこぞりて」と「赤鼻のトナカイ」のメロディーを奏でて、いよいよ真冬の夏ワールドへと向かう。重いファーコートを成田で預けて、世界中の常夏の国を旅するという設定は『ももクロのニッポン万歳！』（P146参照）の常夏&ワールド版みたいな趣もあり、前山田による過去曲の諸要素がごった煮感覚でブチ込まれているわけですね。

旅の行き先に合わせてアレンジもそれっぽくなるのがなにしろ、楽しいなったら楽しいな。ハワイアン、タンゴ、マリアッチ、エイサー、ボサノヴァ……と異なるテイストを継ぎ接ぎしながらもスムーズに進行していくので、マジで「音楽による南国の旅気分」が味わえるのだが、特に2分54秒の「ボサノヴァを 聴きながら」のれにちゃん、からの「**ジルベルト**★3の ささやきで」の杏果のリレーは、ここだけ切り取っても最高の歌唱で、うっとりと聴き入ってしまう。推され隊による隠れた名シーンの一つとして、深く記憶に刻んでおくべし。その和み感をブッ飛ばすかのように「かじかむ手 すりあわせた」で嵐のようなコーラスが再帰し、左チャンネルで長谷川のギターがギュワ〜ンと唸ったかと思うと、**滝 廉太郎《たきれんたろう》による「お正月」のあのメロディー**★4が登場して**和風総本家《わふうそうほんけ》**★5になり、再び曲頭のメロディーで「こたつ入って みかん食べんのが 一番 落ち着く！」ってあたりで『ももクロChan』の長閑《のどか》な炬燵《こたつ》シーンを思い浮かべてしまうのだから、つくづくモノノフはシアワセですな。そして「気持ち 持ち方一つで」からは主調が半音上のAに転調し、意気揚々とラストまでを駆け抜けていく。前山田&長谷川のサイバーでハイパーなセンスを軽くこなす5人の力量に感服しつつ、爆音で聴け！

れの歌手、ギタリストで、囁くようなヴォーカル・スタイルを確立し、「ボサノヴァの神」と呼ばれる。1963年にジャズ・サックス奏者のスタン・ゲッツ（Stan Getz）と吹き込んだアルバム『ゲッツ／ジルベルト（Getz/Gilberto）』は、ジャズとボサノヴァの初期の邂逅として、音楽マニア必聴の名作。ソロの代表作としては、『三月の水（João Gilberto）』（1973年）、『ジョアン 声とギター（João Voz e Violão）』（2000年）など。

★4／滝 廉太郎は1879年、東京都出身の作曲家。明治時代、西洋音楽教育の黎明期にピアノと作曲を学び、「荒城の月」、「花」、「桃太郎」、「お正月」など、和魂洋才の楽曲を多数作曲。滝のセンスは我が国の作曲家の多くに引き継がれており、前山田のメロディー感覚はいわばその直系であるというのが、筆者の見立て。

★5／2008年よりテレビ大阪が制作し、系列局で放送している人気番組。日本の礼儀や和食、伝統職人などをテーマにしているため、海外のファンも多い。現在のレギュラーは萬田久子と東 貴博。

2016・12・23発売
WINTER SONG COLLECTION ALBUM
『MCZ WINTER SONG COLLECTION』収録

▼ももいろクローバーZ

『SECRET LOVE STORY《シークレットラブストーリー》』

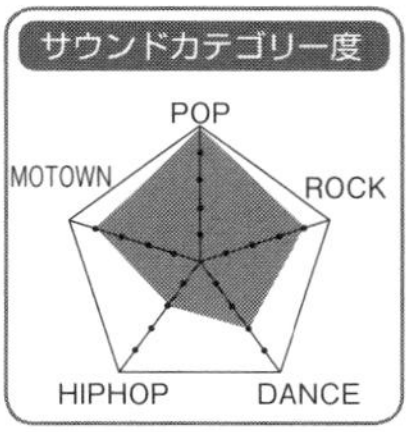

DATA

レーベル／イーブルライン
レコード（キングレコード）
作詞／綾小路 翔
作曲／綾小路 翔、
星グランマニエ
編曲／長谷川智樹
ギター、ベース&プログラミング
／長谷川智樹
ドラム／ Ryo Yamagata
コーラス／
渡部沙智子、葛岡みち

カヴァー曲をももクロカラーに染め、心のキャンドルに火を灯す

ここまで、数々の共演を繰り広げてきたももクロの心強き味方である**氣志團《きしだん》**★1の、2003年リリースのシングル曲のカヴァーである。本曲はまず**『氣志團万博2015～房総《ぼうそう》！抗争《こうそう》！天下《てんか》無双《むそう》！妄想《もうそう》！狂騒《きょうそう》！大暴走《だいぼうそう》！～』**★2にももクロが出演した際に、夏菜子が「新曲を初披露させていただきたいと思いま～す。でもこれ、曲を作った人から許可は得ていないんです」とネタを絡めつつサプライズ的に披露され、翌年の**『氣志團万博2016～房総ロックンロール★チャンピオン★カーニバル～』**★3で、今度は氣志團とのコラボを披露。その勢いで『MCZ WINTER SONG COLLECTION』にボーナストラックとして収録され、同年のももクリでも2日に渡ってセトリに加えられた。筆者は氣志團万博をWOWOWのオンエアでチェックしているのだが、「ももクロ・ソングブック」の1曲としてなんら違和感のない多幸感溢れる本曲に、メロディーメイカーとしての綾小路《あやのこうじ》 翔《しょう》と星グランマニエをまず見直した。そして動画サイトでオリジナルのMVをチェック。そこで氣志團を中心とするヤンキー軍団に囲まれていたマドンナが沢尻エリカであったことを確認した瞬

★1／千葉県木更津市で結成された、ヤンク・ロックバンド（ヤンキーとパンクの融合、との意味）。綾小路 翔（愛称は翔やん）を中心に、リーゼント&学ラン姿で演奏する。とはいえポップセンスに長けており、メロディックでノリやすい楽曲が多い。デビュー曲にして代表曲の『One Night Carnival』は、カラオケの定番（P614参照）。
★2／2015年9月19日、20日の2日間、千葉県袖ケ浦市の袖ケ浦海浜公園で開催。ももクロは2日目に出演。同日の他の出演は、筋肉少女帯、私立恵比寿中学、東京スカパラダイスオーケストラ、和田アキ子、聖飢魔IIなど。
★3／2016年9月17日、18日の2日間、袖ケ浦海浜公園で開催。

間、全てがストンと腑《ふ》に落ちた。つまり本曲はももクロを介しての、川上アキラ氏から沢尻へのエールでもあった、と。こういうところにも、我々モノノフはグッときてしまいますね。

　氣志團のオリジナルは主調がGメジャー、BPMは210のモータウン・ビートだが、ももクロのバージョンはキーをE♭に、BPMを222にアップすることで、原曲のメロウさよりもアッパーであることに振り切っている。アレンジは『真冬のサンサンサマータイム』と同じ長谷川智樹だが、ドラムは『仮想ディストピア』（P220参照）の豪快なドラミングが耳と記憶に残るRyo Yamagata、コーラスには渡部沙《わたなべさ》智子《ちこ》と葛岡《くずおか》みちの2人が加わり、サウンドに厚みを加えている。ピアノに導かれ、じわっと迫る優雅な女性コーラスに聴き入っていると、すかさず長谷川が左右チャンネルで**深いリヴァーヴのサーフギター**★4により、夏のヴァイブスを注ぎ込んでいく。約40秒の長いイントロに続いて「雪が降らない」と出るのは夏菜子。続いてあーりん、れにちゃん、杏果とリレーしていき、「真っ白な君に」のコーラスへと進むシンプルな構成だが、2番の頭は「緑のツリー」と杏果、「ネオンのイエロー」としおりんが、それぞれ担当カラーに準じて歌うという安定の歌割りにも注目。そして本曲のハイライトはなんといっても、我らが若大将しおりんの「いつか時が来たら」のソロパートだ。切なくも伸びやかなこの歌唱は、彼女ならではの清々しいエモーションで聴く者のハートをズキューンと撃ち抜く破壊力ゆえ、くれぐれも心してかかるように。3分38秒でも落ちサビとしてのしおりんの「いつか時が来たら」が再び降臨。ラストで夏菜子が、「OH...HAPPY MERRY CHRISTMAS...」と、心のキャンドルに火を灯してくれるのだから、クゥ〜たまらん！のフレーズを久々に投下させてもらおう。2016年も彼女たちのおかげで、サイコーのクリスマスでした。

ももクロはやはり2日目に出演。同日の他の出演は、私立恵比寿中学、東京スカパラダイスオーケストラ、TUBE、中島美嘉、クレイジーケンバンド、VAMPS、矢沢永吉など。

★4／「キング・オブ・ザ・サーフギター」と称されるディック・デイル(Dick Dale)の演奏で有名な、深いリヴァーブとトレモロ、スライドを駆使した奏法。

2017・3・8発売
加山雄三リミックスアルバム
『加山雄三の新世界』

▼加山雄三

『蒼《あお》い星くず feat. ももいろクローバーZ×サイプレス上野とロベルト吉野×Dorian』

サウンドカテゴリー度

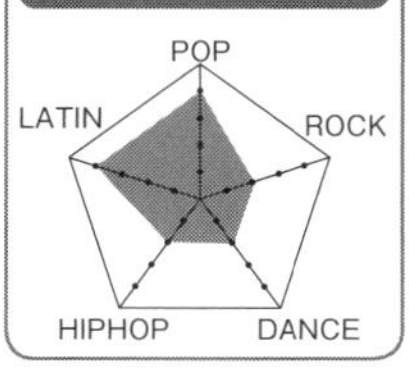

DATA

レーベル：ドリーミュージック
作詞／岩谷時子
ラップ歌詞／サイプレス上野
作曲／弾 厚作

50余年の時を超えた、充実のリミックス・バージョン

ももクロの若大将といえば玉井 詩織だが、その〝若大将〟のキャッチフレーズは、元はといえばプロレスラーの**故・ジャンボ鶴田**★1から拝借したものだった。その鶴田は〝若大将〟のフレーズを**加山雄三**《かやまゆうぞう》★2から拝借していたわけで、孫引きであったしおりんが、まさか加山本人から**正式に〝若大将〟のバトンを渡される**★3とは思ってもみなかったでしょうな。本曲は2017年4月11日に80歳の傘寿《さんじゅ》を迎えた加山を記念して制作されたリミックスアルバム『加山雄三の新世界』に所収の一曲。『Survival of the Fittest -interlude-』（P417参照）に参加していたレーベルメイトであるサイプレス上野とロベルト吉野、さらには**Dorian**《ドリアン》★4を従え、加山の代表曲をパリピ&ストリート感満載のラテン・ラップチューンに仕上げている。

イントロはティンバレスとブラスのキメから入り、すかさずテケテケとGS仕様のエレキギターのリフが鳴り響く。キーはDマイナー、BPMは160で、オリジナルよりほんのわずかにテンポアップ。そのバックでもももクロとサイプレス上野が「YOYO」ひと騒ぎ。**ギターとピアノによるトゥ**

★1／1951年生まれのプロレスラー、スポーツ科学研究者。1972年のミュンヘン・オリンピックの日本代表を経て、ジャイアント馬場が率いる全日本プロレスに「就職」。196㎝の恵まれた体躯を活かし、馬場の後継者＝若大将としてブルーザー・ブロディやスタン・ハンセンらと激戦を繰り広げ、1989年にはシングルタイトルのインター・PWF・UNの三冠統一を果たす。1992年にB型肝炎を発症して第一線から退き、1999年に引退。オレゴン州ポートランド州立大学でスポーツ生理学の教授として招かれるも、2000年春に49歳の若さで、肝臓癌で死去。

★2／1937年生まれの歌手・俳優。慶應義塾大学法学部を卒業した1960年に東宝へ入社、1961年の映画『大学の若大将』から若大将シリーズが始まり、1965年の『エレキの若大将』、並びに同作品の主題歌『君といつまでも』の大ヒットで時代の寵児に。以降、若大将シリーズは1981年

ンバオ★5が加わってサウンドがグッとラテン化し、上野の「若大将、レッツゴー！」の合図で、加山のヴォーカルが登場。**原曲は寺内タケシとブルージーンズ**★6が演奏する完全なグループサウンズ仕様なので、もはや全く違う曲という印象だ。ただし随所でビブラート・ギターが入ることにより、原曲へのリスペクトを感じさせる。

オリジナルではAメロの後はすぐサビに向かうのだが、「ちょっと待って」と夏菜子から入る約1分のラップパートが加わることで、まったく新たなフェイズに突入。その後ようやくサビで加山が再登場。このサビのメロディーがちょっとユニークで、平行調のFメジャーに転調してF・A・Bb・A・Fとメロディーが動くのだが、そこからBbへと移行した際のメロディーの動きもBb・D・Eb・D・Bbと、まるっと転調した感じになるのだ。このあたりのメロディーセンスは、「あの時代」を感じさせるものだ。

そのままAメロに戻って1番は終了、2分15秒で「離れた瞬間を時にはフラッシュバック」と再びももクロのラップとなり、5人がそれぞれ余裕のライミングで前進する。間奏のギターソロはやはり原曲イメージでAメロをフェイクして聴かせるが、ラストをスクラッチで揺らすと、満を持して「YOYOYO」とサイプレス上野が降臨。存分にフロウして「蒼い星くず！」と落とし、加山のサビを迎え入れる。ラストは「光ってる〜」を加工して引っ張りに引っ張って震わせていき、チャラ〜ンとしたシンセでフィニッシュ。トラックタイムは4分56秒と、原曲のほぼ倍のサイズ。ももクロと上野のラップの間に加山の歌唱を挿入する手法で、50余年の時を超えた、聴き応えのあるトラックに仕上がっている。

の『帰ってきた若大将』まで、17作が制作された。なお本曲の作曲者である「弾厚作」は、加山の作家名。

★3／2015年9月23日放送のテレビ朝日系『ミュージックステーション』の10時間特番で、玉井詩織と加山がトークで共演。若大将と名乗ることを加山より「もちろん、いいさ！」と快諾されている。以降、ライヴ等で頻繁に共演。

★4／主にDJ、トラックメーカーとして活躍する、TOWA TEI率いるhuginc.所属のアーティスト。さまざまなコンピレーションやリミックス、CF等での楽曲提供を手がける。ソロとしては2013年に3rdアルバム『midori』をリリース。

★5／ラテン音楽のリズムの底辺を支える、アンサンブルのスタイル。語源はコンガの3本の名前（高い方からキント、コンガ、トゥンバ）から。ここではピアノ、ギロとティンバレスがラテン要素で、エレキギターはGSっぽいまま、かつラップやスクラッチが乗っかるというDorianならではのミクスチャー感覚が冴えている。

★6／1960年代、日本のエレキブームを支えた寺内タケシ率いるGSグループ。1939年、茨城県出身の寺内は5歳よりギターを始め、大学在学中から米軍キャンプなどでプロとして演奏。ミッキー・カーチスやジミー時田との交流を経て、1962年に第1期ブルージーンズを結成、この時のメンバーに夏菜子の『渚のラララ』を書いた加瀬邦彦がいた。寺内はその生涯を通じてエレキ普及に奔走したが、2021年に死去

2017・3・9発売
『まるごとれにちゃん』
開催記念
配信限定 ソロ single

▼高城れに

『まるごとれにちゃん』

ラブリィ&プリティな「れにちゃんワールド」へのパスポート

れにちゃんの場合は、レミオロメンの曲にちなんで3月9日にソロコンを開催、同じ日に開催記念のソロシングル曲を配信限定でリリースという流れが恒例化されている。本曲も**ソロコンサート『まるごとれにちゃん』**[★1]のタイトル曲としてリリースされ、作詞は只野菜摘、作・編曲は橋本由香利というももクロ作家の常連チームだ。タイトルからも推察できるように、演歌、癒し系ポップスと続いてきたここまでのソロ曲の流れをバッサリと断ち切るかのように、本曲はBPM182のパーティーチューン。テイスト的にはあーりんが歌う感じの楽想なのだが、ソロコンをファンのための感謝祭と位置付け、彼女ならではのジェントル・ヴォイスで歌うことで、「れにちゃんワールドへようこそ」という想いが伝わるラブリィ&プリティな仕上がりになっている。なおそのソロコンでは、衣装やステージ演出、セットリストなどのコンサート内容から、グッズやパンフレットに至るまでをれにちゃんが全面的にプロデュース、これがタイトルに直結している。また**全員女性メンバーによる生バンド**[★2]を従え、ゲストに**高木ブー**[★3]を迎えるなど、この時点での「ソロアーティストとしての高城

サウンドカテゴリー度

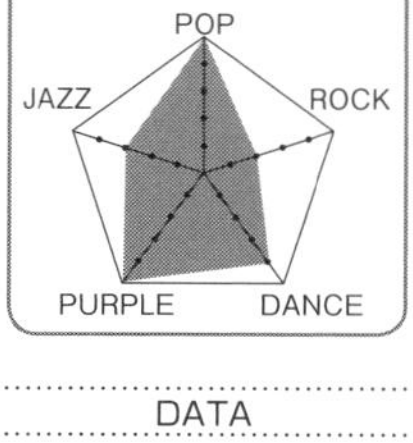

DATA

レーベル／イーブルライン
レコード（キングレコード）
作詞／只野菜摘
作・編曲／橋本由香利
ギター／伊丹雅博
ピアノ／河内 肇
トランペット／吉澤達彦
トロンボーン／半田信英
サックス／竹上良成
コーラス／ハルナ、久保田薫、竹内浩明、平林たけし

★1／2017年3月9日、神奈川県民ホール 大ホールで行われたれにちゃんの3度目のソロコンサート。ライヴビューイングを含め8871人を動員。ももクロやソロのオリジナル曲以外にLittle Glee Monsterの『好きだ。』やSPEEDの『WHITE LOVE』、高橋洋子の『残酷な天使のテーゼ』などのカヴァーを披露し、れにちゃんのヴォーカリストとしての幅を見せつけてくれた。その全貌については、ライヴ Blu-ray & DVDでぜひ確認をば。

★2／メンバーはキーボード兼バンマスが西村奈央、ギターがひぐちけい、ベースが伊藤千明、ドラムが今村 舞という布陣。

★3／1933年、東京都出身の

れに」のポテンシャルを、思い知らせてくれるものであった。

　ビッグバンド風のブラスに**ドゥ・ワップ調**[★4]のコーラスが乗っかる陽気なイントロは、これまでのももクロ楽曲にもなかった新境地。この手のアレンジは橋本の得意分野で、れにちゃんのヴォーカルを絶妙にプッシュする丁寧なアンサンブルを、楽器の定位までを含めてしっかりと聴き取ってください。キーはE♭メジャーで、普段よりちょっと「張り気味」で歌うれにちゃんが実に実にチャーミング。Bメロでは「可愛いが大好き（そうプリティ）」、「可愛いに憧れて（ラブリィ）」とれにちゃんと男女コーラスのかけあいで進行し、ハピネスが満開。2番の後半では「最初のソロ曲 演歌でした」とこれまでを振り返り、「それからみんなです」と今へと繋げる只野の歌詞も、これまで彼女たちを見守ってきたからこその温かさ。ももクロちゃんたちって、ホントいい作家に恵まれてますよね。

　再びのイントロのパターンの後は、主調が短3度下がってCメジャーとなり、アルトサックスの短いソロへ。大サビの「ひとり ふらっと」で元のE♭メジャーに戻るが、このパートではテレビ番組『ももクロChan』の人気企画「ぶらり高城れに」の世界を仄《ほの》めかせつつ、人との出会いを大切にするれにちゃんの「笑顔が一番」な展開でほっこりさせてくれる。そして落ちサビは半音上がってEメジャーとなり、アコースティックギターによる軽快なストロークと**チューブラーベル**[★5]のみをバックに「みんなが大好き おもてなしさせてね」と、「最後の一押し」を加えて、ラストのサビへ。言い忘れていたが、サビ終わりのフレーズ「勉強中」のところで唇を尖らせるれにちゃんの表情が、これまた可愛いのだ。てなちょーしで、ももクロの音楽的な振れ幅を、ソロ曲でなにげに拡張しているのが実はれにちゃんであることをやんわりと指摘して。もういっぺん頭から聴きますか～。


コメディアン、歌手、ウクレレ奏者。1964年よりザ・ドリフターズのメンバーとして活躍。現在はマイペースで活動している。同じ「たかぎ」姓ということで、れにちゃんにウクレレやベースをプレゼントしている。2016年12月23日開催の『ももいろクリスマス2016～真冬のサンサンサマータイム～』のDAY1では、ももクリ恒例のれにちゃんのマジックショーで登場し、その後、『スターダストセレナーデ』（P142参照）でウクレレの伴奏により共演した。

★4／ゴスペルのクワイヤコーラスを基本に、「ドゥーワッ」「シュビドゥワ」といった発音で、リズミックに展開していくコーラススタイルを指す。'30年代、アメリカのヴォーカルグループ、インク・スポッツ（The Ink Spots）辺りに端を発し、R&Bやポップスの世界に普及。

★5／チューブ状の鐘を縦に並べた楽器で、コンサート・チャイムズ、あるいは単にチャイムズとも呼ばれる。「NHKのど自慢」の鐘の音で有名ですね。

2017・3・9発売
『まるごとれにちゃん』
開催記念
配信限定 ソロ single

▼高城れに

『一緒に』

豪快なブラス・ロックにのせて、モノノフさんへの想いを届ける

「高城れに ミーツ シカゴ《meets Chicago》」。本曲を初めて聴いた時に即座にこう思った。シカゴ（P156★2参照）は筆者が小学校時代から敬愛しているブラス・ロックバンドだが、彼らの最大の功績は、ロックやポップスにおけるブラス・アンサンブルのデフォルトを創り上げたことだと思っている。'60年代後半におけるロックやポップスのブラス使いは、多くはマーチングを基本とするブラバン的なものか、ジャズのビッグバンドを範とするものであった。そこにシカゴは、トランペット、サックス、トロンボーンという3管によるダイナミックなユニゾンのラインやリズミックなフィルイン、はたまたロングトーンによるシンプルなハーモニーをのせることでロックを新たな風景へと導き、その技法はアース・ウィンド・アンド・ファイアー《Earth, Wind & Fire》の**フェニックス・ホーンズ《Phoenix Horns》**★1などへと継承されていった。それから幾星霜《いくせいそう》、シカゴの技法は完全にポップスの分野に定着し、ここで我らがれにちゃんと出合ったのだと思うと、長年音楽を聴き続けて良かったとしみじみと思う。楽曲の元ネタでは決してないが、そのサウンドのニュアンスを確認するための参考として、『**アライブ・アゲイン《Alive Again》**★2』を挙げておこう。エニウェイ。本曲は『まるごとれ

★1／フェニックス・ホーンズはアース・ウインド&ファイアーのホーン隊で、全盛期のメンバーはドン・マイリック（Don Myrick、サックス）、ルイス・サターフィールド（Louis Satterfield、トロンボーン）、マイケル・ハリス（Michael Harris、ト

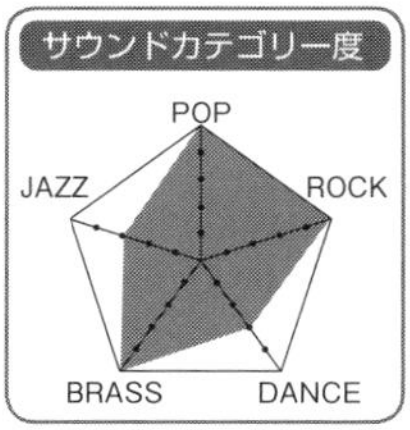

DATA

レーベル／イーブルライン
レコード（キングレコード）
作詞・作曲／大田原侑樹
編曲／宮崎 誠
ギター／伊丹雅博
ピアノ／河内 肇
トランペット／吉澤達彦
トロンボーン／半田信英
サックス／竹上良成
コーラス／ハルナ、久保田薫、竹内浩明、平林たけし

にちゃん』のカップリング配信曲で、ライヴでの初披露はやはりソロコン『まるごとれにちゃん』でのこと。アンコールのラストを飾った『**3月9日**★3』の前という重要な位置に収まっており、同ソロコンは『まるごとれにちゃん』でウェルカムして、『一緒に』でフィナーレ、その後に別枠で『3月9日』でシメるという構成になっていた。作詞と作曲は**大田原侑樹**《おおたわらゆうき》★4で、彼にとってはこれがメジャーデビュー作品。編曲の宮崎 誠は、杏果の『Another Story』（P376参照）で実績アリですね。

曲は豪快なドラムのフィルインからブラスのユニゾンという、正しきシカゴマナーでスタート。BPM140のシャープな16ビートで、主調はイントロのブラスはF♯メジャーだが、AメロでサクッとEメジャーに転調する。「心にあるモヤモヤは歌って忘れよう」とれにちゃんが出ると、すぐさまサウンド全体に爽やかな風が吹き込む。衒《てら》いのない素直なメロディーでBメロまで進み、ブラスのキメから「生きてく強さになれるなら」のサビへ。このサビメロとブラスが力強く噛み合うことで、一緒に手と手をつないで明るい場所へと導こうとするれにちゃんのアツい想いが、しっかりと届けられるのだ。

2番はメロディーはそのままに、少しアレンジで遊ぶが、高音部で存分にクネるベースラインがカッコいい。再びのサビの後はギターがメロディーを反芻《はんすう》する短いブリッジを挟み、「Stand up!《スタンダップ》」と、珍しくれにちゃんがアジるパートへ。ここでもギターとベースが荒ぶり、れにちゃんを鼓舞。「さあ心の扉を開けて進め」のいささか強引なメロディー&コードの展開も、本曲の熱力を高めている。ラストのサビはリズム隊の煽りもより激しくなり、れにちゃんが鮮やかに歌い切ると、イントロと同様のブラスが豪快に弾け、4分ピッタリでドラムがスタトン、とシメる。モノノフさんへの想いが誰よりも強いれにちゃんからのこのメッセージ、気合を入れて受けとめよ！

ランペット）、ラムリー・マイケル・デイヴィス（Rhamlee Michael Davis、トランペット）の4人。トランペット2管を含む切れ味鋭いアンサンブルで一世を風靡。フィル・コリンズ（Phil Collins）のアルバムにも参加するなど、ホーン隊として独立して評価されていた。

★2／1978年リリース、シカゴの10枚目のアルバム『Hot Street』のオープニング・チューン。同アルバムからの最初のシングルカット曲として、ビルボードのホット100チャートで最高14位を記録。

★3／2004年3月9日リリースの、レミオロメンのシングル曲。れにちゃんの歌唱も無論最高だが、2017年4～6月放映のテレビアニメ『月がきれい』の第6話でインサートされた東山奈央バージョンもなかなかに泣けますゆえ、要チェックね。

★4／本曲以降では、ももクロの後輩グループのロッカジャポニカ『タンバリン、凜々』や、May J が歌う明電舎の創業120周年記念ソング『One to Love ～心、ひとつに～』などを手がけている、若手作曲家。

キッズ向けなれど、「新たなももクロ体験」が味わえる好企画盤

2017年2月よりHulu《フールー》★1での配信がスタートした幼児向け知育番組『ぐーちょきぱーてぃー』は、ももクロにとって、わけても子供が大好きなあーりんにとっては、待望のレギュラー番組だ。『みてみて☆こっちっち』（P190参照）の★1で、しおりんの「歌のお姉さんになった気分」というコメントを紹介したが、その時点では自分たちがホントに歌のお姉さんをするとは思っていなかっただろう。ももクロはこの番組では「ももくろちゃんZ」という設定で、「おひさまかなこちゃん」、「た

★1／アメリカのカリフォルニア州ロサンゼルスに本拠地を置く動画配信サービス。日本での配信サービス開始は2011年8月だが事業としては苦戦。2014年に日本テレビがサービスを継承。

ももくろちゃんZ
2017・5・3 発売

ぐーちょきぱーてぃー ～みんなノリノリー!～

1 ぐーちょきぱーてぃー【オープニング曲】
2 やっぱノリノリー!【メインダンス曲】
～あそぼう! 手あそび～
3 のらねこが…
4 春ですよ! 春ですよ!
5 水中めがね
6 おおきなクマのいえ
7 もしもね
8 さかながスイスイ
～あそぼう! 体あそび～
9 おたまじゃくしのたいそう1・2!
10 ひとりぼっちじゃつまらない
11 バナナなの?
12 まねまねウッホッホ
13 ぴよピヨ行進曲
14 アチャー
～うたおう! どうよう～
15 おもちゃのチャチャチャ
16 いぬのおまわりさん
17 山の音楽家
18 めだかの学校
19 チューリップ
20 かわいいかくれんぼ
～おどろう! ももクロのうた～
21 ココ☆ナツ（キッズとおどろう ver.）
22 Chai Maxx（キッズとおどろう ver.）
23 行くぜっ! 怪盗少女（キッズとおどろう ver.）
24 ザ・ゴールデン・ヒストリー（キッズとおどろう ver.）
25 フルーツ5姉妹
26 あいさつ! アイラブユー!
27 きみのまちのきょうのそら【エンディング曲】

KIZC-380～1

2017・11・8 発売

ぐーちょきぱーてぃー ～まいにちノリノリー!～

1 ぐーちょきぱーてぃー【オープニング曲】
2 やっぱノリノリー!【メインダンス曲】
～あそぼう! 手あそび～
3 むしめがね
4 まほうのシャンプー
5 中華中華
6 ふしぎないと
7 にゃ～お
8 おはよう!
～あそぼう! 体あそび～
9 小さなヒーロー
10 かえるのたいそう
11 これっキリンだゾウ
12 スズメバチに気をつけろ!
13 YシャツとTシャツとわたし
14 GO! GO! サーフィン
～うたおう! どうよう～
15 ぶんぶんぶん
16 アイアイ
17 七夕さま
18 花火
19 あめふり
20 うみ
～おどろう! ももクロのうた～
21 走れ!（キッズとおどろう ver.）
22 ニッポン笑顔百景（キッズとおどろう ver.）
23 コノウタ（キッズとおどろう ver.）
24 My Dear Fellow（キッズとおどろう ver.）
25 求(Q)愛(I)ある(R)ある(R)アニマルダンス
26 モグモグモグ
27 きみのまちのきょうのそら【エンディング曲】

KIZC-425～6

レーベル／イーブルラインレコード（キングレコード）

んぽぽしおりん」、「ぽっぽあーりん」、「もしもしももか」、「れいにーれにちゃん」となって、幼児たちと一緒に歌とダンスを楽しんでいる。ももクロにとっては未来のモノノフを育てる格好の場となっており、2019年10月からは『とびだせ！ ぐーちょきぱーてぃー』としてBS日テレでも放送されている。

ここまで『ぐーちょきぱーてぃー～まいにちノリノリー！～』と『ぐーちょきぱーてぃー～みんなノリノリー！～』の2枚のアルバムがリリースされているので、その聴きどころについて検証していこう。まず構成として、**2枚とも番組のオープニング曲『ぐーちょきぱーてぃー』**[★2]と、メインダンス曲『やっぱノリノリー！』が頭に、ラストに番組エンディング曲の『きみのまちのきょうのそら』が配され、その間に「あそぼう！ 手あそび」、「あそぼう！ 体あそび」、「うたおう！ どうよう」という短い楽曲群が続く。このうち「うたおう！ どうよう」はお馴染みの童謡のももクロバージョンだが、「あそぼう！ 手あそび」と「あそぼう！ 体あそび」は番組のためのオリジナル。即ちももクロの「キッズ向けのオリジナル曲」であり、なかなかに聴き応えあーりん。そして両アルバムの最重要パートは、後半の「おどろう！ももクロのうた」だ。彼女たちの代表曲8曲のショートバージョンが、いずれも「キッズとおどろうver.」として収められているので、立場上これを聴き逃すわけにはいかない。どの曲にもスマイルキッズのコーラスが加わり、楽しさもアップ。BPMを全体的に落として幼児が踊れるように配慮しているのだが、聴き慣れた楽曲がまた新鮮に響くので、「新たなももクロ体験」が味わえる。「幼児向けじゃん」として未聴のモノノフも、この機会にぜひチェックされたし。

★2／作詞を佐藤弘道、作曲を谷口國博、編曲を本多洋一郎が手がける、ももくろちゃんZの自己紹介ソング。

2017・5・3発売
『ぐーちょきぱーてぃー〜みんなノリノリ!〜』

▼ももくろちゃんZ

『やっぱノリノリー!』

ノリノリのロケンロールを踊って、今日は手巻き寿司!

私が子育て時代に一番重宝したのは、やはりNHKの『**おかあさんといっしょ**★1』。時間がある時には一緒にテレビの前でお遊戯したり、録画を見て楽しんだり。お風呂に一緒に入る時も歌ったりしてシアワセな時間を過ごすことができましたが——今となっては「あのとき、ももくろちゃんZがいたらなぁ〜」と思うことがしょっちゅうあります（BSのオンエアは一人でチェックしているので）。なので、これから子育てをするモノノフさんには、たっぷりとシアワセな時間を過ごしてほっしーな、と。

本曲は実にももくろちゃんZらしいメッセージソング。「やっぱノリノリー!」と元気なタイトルコールに続いて、ぽっぽあーりんが「大事なことはやっぱりノリでしょ」と出る、シンプルながらノリノリのロケンロールナンバーだ。作詞の**弘道《ひろみち》おにいさん**★2は「たいそうのおにいさん」だったので、ウチの子供もお世話になりました。それがこうして、ももくろワールドの住人になって一緒に曲を書いてくれるんだから、ありがたいですねー。

「タテノリ、ヨコノリ」からの「うーZ!」できっちりとご本家をアピールしているので、チビノフの未来は明るいことは確定。間奏ではテクニカルなギターソロも出てくるし、ポジティヴなメッセージソングなので、一緒に手巻き寿司を食べて踊るっきゃないでしょ。

★1／NHK Eテレの幼児向け教育・音楽番組。開始したのは1959年だから、俺のガキの頃にも既にあったんですね。しかし『ロンパールーム』の記憶しかありません。

★2／佐藤弘道1968年、東京都出身の体操インストラクター、タレント。1993年から「たいそうのおにいさん」に就任、12年の期間を経て卒業。

サウンドカテゴリー度

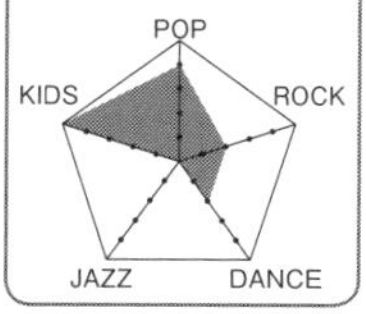

DATA

レーベル／イーブルラインレコード（キングレコード）
作詞／ももくろちゃんZ、佐藤弘道、谷口國弘
作曲／谷口國弘
編曲／本田洋一郎

2017・5・3発売
『ぐーちょきぱーてぃー〜みんなノリノリ!〜』

▼ももくろちゃんZ

『きみのまちのきょうのそら』

和みの1曲で、気兼ねなくハイタッチできる日を待ち望む

もともとはこれが番組のエンディング曲だったのだが、最近は『やっぱノリノリー！』が完全にエンディング曲になってます。

曲は低音からグィンとせり上がるベースに導かれ、すぐに「きみのまちの」と優しくコーラスが始まるのだが、ここで「は〜お別れかぁ」と切なくなるこの曲。チビノフにとっては我々が『あの空に向かって』（P46参照）で味わう感じと、同様の効果があるのかと。中盤は軽快なロックビートに乗ってユニゾンで進むのだが、存分にハイタッチをするので――そうか、今はちょっとこれ、できないですね。ももくろちゃんZと子供たちが気兼ねなくハイタッチできる日を待ちながら、和みつつ聴いてください。

なおここでは5人時代の音源を採り上げていますが、現在はもしもしももかちゃん（読みにくい）が抜けたので、BS日テレの番組は4人体制の『とびだせ！ぐーちょきぱーてぃー』としてHuluだけではなくAmzonプライム・ビデオでも配信。メンバーがけっこういろんなことにチャレンジするし、ももクロ界隈のお笑い芸人が番組内のキャラクター設定で頻繁に登場、**ダークプリンセスフー**★1の絡む回はハズレなしの面白さなので、毎回楽しみ。BS入る方は、マストでチェックね。

サウンドカテゴリー度

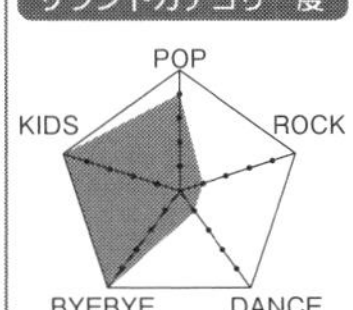

DATA

レーベル／イーブルラインレコード（キングレコード）
作詞／佐藤弘道、谷口國弘
作曲／谷口國弘
編曲／本田洋一郎

★1／妃海 風が演じる、月の魔女。本人が登場するときと、ナレーションのみの回がありますが、夏菜子ちゃんとのバトルは爆裂の面白さ。さすがは我らのリーダー！

2017・10・18 発売
ももくろちゃんZ 先行配信 single
『ぐーちょきぱーてぃー
〜まいにちノリノリー!〜』収録

▼ももくろちゃんZ

『求愛《QIRR》あるあるアニマルダンス』

楽曲も振り付けもキュン死に狙いの、ハイスパート・ソング

『フルーツ5姉妹』（P396参照）から1年後の、2017年10〜11月にNHKの「みんなのうた」で放送された曲。ここでは動物たちのさまざまな求愛行動を「愛を伝える姿」と捉えて、『青春賦』（P286参照）の桑原永江が歌詞を、『一粒の笑顔で…』（P276参照）の渡部チェルが作・編曲を手がけて、ユニークな楽曲を届けてくれた。なんせ採り上げられている動物たちがいずれも結構なレアもので、「コウロコフチョウ」、「ズキンアザラシ」、「クロゴケグモ」、「クジャクグモ」、「クビナガカイツブリ」、「ムンクスデビルレイ」、「オナガセアオマイコドリ」、「チゴガニ」あたりは、その姿が全く分かんななかったです。しかしそこはNHKさん、**キム・ウヒョン**★1を起用してのアニメと実写を組み合わせた映像で、各動物の求愛行動をちゃんと見せてくれたのだった（残念ながら現在は番組サイトでも見れません。動画のアーカイヴずっと残してくんないかな〜、NHKさん）。

本曲はキッズ向けとはいえ、なかなかのハイスパートで攻めた楽曲ゆえ、侮れない。まずドラムのフィルインに導かれ、頭サビのコーラスがかなりの勢いで歌われる。BPMは146。4つ打ちの16ビー

★1／韓国はソウル出身のアニメーターで、同名の俳優とはもちろん別人。多摩美術大学グラフィックデザイン学科で学んでいるところも、なにげにももクロとご縁があります。

サウンドカテゴリー度

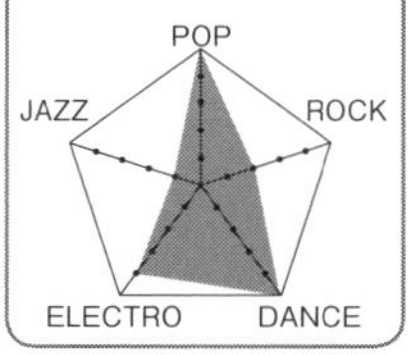

DATA

レーベル／イーブルラインレコード（キングレコード）
作詞／桑原永江
作・編曲／渡部チェル

トでチキチーチキチーとせわしなくハイハットが刻まれるので、スピード感がいやがおうでも増す。この頭サビの主調はFメジャーだが、Aメロの直前であらよっと半音下のEメジャーに行くのが独特のワープ感があって気持ちいいのだ。「ひたむきな姿で」とまずはあーりんが出るが、「セイセイセイセイッ」のチャーミングな圧力はリピート必至の素晴らしさであり、曲調もあいまって『上球物語』（P232参照）の「ドゥビドゥビダバダ」と並ぶ攻撃力を誇る。続くれにちゃんも負けじとハイスパートで**「ふん！ぷくっ ふん！ぷくっ…どーだ!!」**★2と笑顔でキメる。Bメロで「そっぽ むかれても」としおりんがお得意の伸びのある歌唱で綺麗にパスを決めるとFメジャーに転調し、「求愛あるある」とサビのコーラスが再び降臨する。どーですかお客さん、この突き抜け感。やっぱももクロのコーラスは、あらゆる楽曲を瞬時にハッピーにしてくれるのだ。2番は夏菜子からしおりんにリレー。Bメロはれにちゃんで、サビ明けではラップパートに移行するが、ここでは杏果の**「手でのどペタペタビトン」**★3が微妙に言えてね〜な感じでキュート。夏菜子の落ちサビに続いては、渡部チェルがけっこう長めのシンセソロを披露し、キーボーディストとしての抜群のスキルで魅せてくれる。そして満を持して「ハサミでバンザイ・スクワット」と杏果のソロが出る。早いフレーズながらうまくコブシを利かせて、「お嬢さん お入んなさい！」で見事に着地。続くサビはF♯に転調してラストスパート、ここでも渡部のシンセが上空を飛翔しながら、楽曲を光の彼方へと導いていく。

振り付け動画を確認すると中間部の渡部のソロがカットされたショートバージョンを採用しているが、「求愛あるある《QIRR》」のアルファベットの振り付けや飛び跳ねるアクションがいちいち可愛いのだ。これ、盛り上がるので**ライヴでもずっと演ってほしい**★4ですよね〜。

★2／ズキンアザラシのオスは、鼻の一部を膨らませて赤と黒の風船を作り、メスに求愛する。風船は最初は黒いのだが、オス同士での威嚇合戦が熾烈になると、赤の風船になる。NHKの動物番組『ダーウィンが来た！〜生きもの新伝説〜』でも見ましたが、ちょっとグロいです。

★3／ニホンイシガメのオスは、メスの顔の前で手を器用にヒラヒラして求愛する。可愛い動作なのだが、「手で のど ペタペタ ビトン」では分かりにくいかもですな。

★4／同曲がNHK「みんなのうた」でオンエアされていたのと同時期に開催された『ももいろクローバーZ ジャパンツアー「青春」Season II』で披露された。筆者は同ツアーを福井県の越前市文化センター 大ホールでナマで観戦。ステージが近かったな〜。その夜に宿で食べた越前ガニもおいしかったな〜。

2017・7・9発売
『ハイサイ！ れにちゃん』
開催記念
配信限定 ソロ single

▼高城れに

『「3文字」の宝物』

れにちゃんの温もりに包まれる、究極のオキナワン癒しソング

この辺り、れにちゃんの活躍が際立ってますね。本曲は2017年7月9日に沖縄県の**今帰仁《なきじん》城《じょう》跡**★1平郎門《へいろうもん》前広場で開催されたソロコン『**ハイサイ！ れにちゃん**』★2に合わせて配信されたシングル。彼女のソロコンは誕生日の3月9日に行われることが通例だったが、同年春の『まるごとれにちゃん』において、沖縄でのコンサート開催が発表された。ももクロの中で**沖縄担当といえばれにちゃん**★3だが、ここで遂に、ダイレクトにオキナワン・ポップの領域に踏み込むことになったのだ。作詞はれにちゃん自身と只野菜摘、作曲は**BEGIN《ビギン》**★4の島袋《しまぶくろ》優《まさる》、編曲は長谷川智樹という盤石の布陣である。BEGINと言えば数々のカヴァーで知られる名曲『涙そうそう』があまりにも有名だが、本曲もその路線をしっかりと踏襲《とうしゅう》しながら、れにちゃんの歌声を最大限に活かした長谷川のミニマムなアレンジも聴きどころ。また歌詞にはさまざまな「3文字の宝物」が織り交ぜられており、「希望」、「止まれ」、「言葉」、「笑顔」、「光」、そして「心」と、これら3文字を追っていくだけでも、れにちゃんが表現したかった世界観を感じ取ることができよう。

★1／2000年に世界遺産に指定された「琉球王国のグスク（城）及び関連遺産群」の一部で、琉球王国成立以前に存在した北山王国の国王・北山王の居城。
★2／お客さんは芝生の上に座り、セトリも月をテーマにした曲を並べるなど、満月の下でれにちゃんの天女ヴォイスを堪能した模様。行きたかったなぁ〜。
★3／「老後は沖縄に住みたい」と本人も公言しているほどの沖縄好き。『ももクロのニッポン万歳！』（P.126参照）などの楽曲や、ポシュレとのコラボ商品「おきなわ大きな輪！ あなたと私の沖縄セット」など、関連ネタ多数。

サウンドカテゴリー度

DATA

レーベル／イーブルライン
レコード（キングレコード）
作詞／高城れに、只野菜摘
作曲／島袋 優
編曲／長谷川智樹

曲は**三線**《さんしん》★5とアコースティックギターがゆるりと出る、正調オキナワン・ポップのムードでスタート。「ずっと夢見ていた」のAメロでは左チャンネルのアコギ1本だけをバックに、れにちゃんがすぐ目の前にいるような浅いリヴァーブと大きな音像で、優しくしっとりと歌う。紫推しにはたまらん瞬間だろう。「ただガムシャラの日々に」からのBメロで右チャンネルにアコギのフィルインが入り、センターでうっすらとスネアのロールが響くのも、しみじみと良い感じだ。この段階でもはや名曲確定なのだが、「眩《まぶ》しくてOh《オー》〜」に続いて、ハイトーンでCとBを行き来する**琉球音階**★6のサビへ進むところで軽く涙腺を崩壊させてくれる。この天然度100％の純粋さと慈愛こそが、ももクロの底流に途切れずに流れ続けているものであることを、本曲で今一度確認しておきたい。

短い間奏部で全ての楽器が出揃い、2番に突入。ここでは温かなトーンのオルガンの白玉がれにちゃんのヴォイスの周りで揺蕩《たゆた》い、ピアノも添えられて華やかになる。サビでは三線がヴォーカルとユニゾンで入り、沖縄ムードがグッと高まる。そしてドラムがスネアを落とし始めると、3分18秒から最高のタイミングで**エイサーの掛け声**★7が加わり、豊かなアンサンブルのラストのサビへと向かう。声を張りながらも決してシャウトせずに気品を保つれにちゃん。「自己中心的な約束」ってな独特の表現は、おそらく彼女自身による言葉だろう。「もっと広い世界」で強く感情を込めている辺りや、「瞳に映るように」の発声のニュアンスもお聴き逃しなく。先に「ももクロの音楽的な振れ幅を拡張しているのが実はれにちゃん」と指摘したが、本曲でも実証された。同時にこの究極のオキナワン癒しソングは、れにちゃんだけが可能な世界なのだとも思う。忙しい時、疲れた時に本曲を聴けば、ふと「止まれ」の標識が目に入るだろう。人生、それで良いのである。

★4／BEGINは沖縄県石垣島出身のアコースティックトリオ。メンバーは比嘉栄昇（ヴォーカル、ギター）、島袋優（コーラス、ギター）、上地等（コーラス、キーボード）の3人。『涙そうそう』は森山良子がBEGINに作曲を依頼し、自らが作詞して1998年のアルバム『TIME IS LONELY』に収録。その後2000年3月にBEGINが、1年後にBEGINと同郷の夏川りみがカヴァーしてヒットさせている。

★5／三線は琉球王国で発展した弦楽器で、胴には蛇革を用い、三本の弦が張られている。

★6／ド・ミ・ファ・ソ・シからなる5音階で、「レラ抜き」と呼ばれることもある。沖縄民謡には単にラだけを抜いたものも多い。

★7／沖縄の伝統芸能で、鹿児島県の奄美群島でもお盆の時期に踊られる。本曲に登場する「イーヤーサーサー」はエイサーの合いの手で、BEGINの代表曲『島人ぬ宝（しまんちゅぬたから）』で用いられたことで、よく知られるようになった。

2017・8・2発売
17th single
『BLAST!』

▼ももいろクローバーZ

『Yum《ヤム》-Yum《ヤム》!』

何はともあれ、食べることから始めるのがももクロ流

17枚目のシングル『BLAST!《ブラスト》』の冒頭を飾る曲なのだが、普通はメインの曲って1曲目に来ますよね? これが1曲目って、なんかちょっとおかしくな～い? おかしくないおかしくない、1人より2人の方が楽しいじゃん、って危うく**シングルベッド・モード**★1に入りそうになったが、『BLAST!』はスポーツをテーマにした楽曲で、そこに至る道としてまず「食べよう」ってところがももクロらしさ。作詞と作・編曲は前山田だが、ピアノは自身のプロジェクトSchroeder-Headz《シュローダーヘッズ》でもそのテクニックを発揮している、俊英の**渡辺シュンスケ**★2に任せている。その渡辺の小気味よくローリングするピアノとハンドクラップによるゴスペル風味が、曲を通じて貫かれる。BPMは115、出だしのキーはFメジャー。「美味しいもの食べんのって」とあーりんが先行。杏果、れにちゃん、しおりんとリレーして「レディーに失礼!」と全員でキメるのがイキナリ可愛くってさぁ。続くコード進行はB♭m7→D♭/E♭→A♭M7、A♭m7→B/D♭→G♭M7、F#m7→A/B→E♭M7と1音ずつ転調して降りていくボサノヴァ的な進行で、この辺りは前山田の得意技ですな。しおりんの「だから」でCメジャーに落ち着き、コール&レスポンスのパートを挟んでのサビでFメジャーに戻る。食べよう、そして笑おうとのメッセージは、彼女たちならではの説得力だし、2分42秒から皆がワチャワチャと好きな食べ物を言う中、淡々とスキャットを歌う杏果もらしいし、楽しいよね～この曲。

サウンドカテゴリー度

DATA

レーベル/イーブルラインレコード(キングレコード)
作詞・作曲・編曲/前山田健一
ピアノ/渡辺シュンスケ

★1/蛇足かもですが、『シングルベッドはせまいのです』(P178参照)の歌詞を普通に会話の中に挟んでしまうトークスタイルのことですね。他に「まあ 確かに○○しながら 寝たのは我ながらびびった」とかを多用しがちです。

★2/1975年、愛知県名古屋市出身のキーボーディスト。国立音楽大学在学中よりセッション・キーボーディストとして活躍。佐野元春や土岐麻子、柴咲コウ、PUFFYらのレコーディングやライヴサポートを行う。自身のプロジェクト・シェローダーヘッズでは、2015年11月3日にNegiccoの『Negiccoと、ツーマンにくりだそうツアー!!!』の広島でのライヴで、ゲスト出演している。

2017・8・2発売
17th single
『BLAST!』

▼ももいろクローバーZ

『Survival《サバイバル》 of《オブ》 the《ザ》 Fittest《フィッテスト》 -interlude-《インタールード》』

切迫感溢れるポエトリー・リーディングが新境地

軽い味わいの前曲を受け、『BLAST!』に向かうための**インタールード**[1]。作詞の**サイプレス上野**[2]はDJのロベルト吉野とのチームで、日本のヒップホップシーンを支えてきた功労者だ。彼らがももクロが所属するイーブルラインレコードに迎えられ、レーベルメイトになったことが起用につながったのだろう。**ラジオ番組での上野自身の発言**[3]によると、本曲の元ネタは**モブ・ディープ《Mobb Deep》**[4]による同名タイトルのヒップホップ曲。作・編曲のinvisible manners《インビジブル・マナーズ》は原曲の心臓の鼓動を取り入れつつ、新たにドラマティックなメロディーを加えて、試合へと向かう心情を表現。短いインタールードとはいえ、ももクロ史上類を見ないシリアス・チューンを完成させた。カチカチカチと時を刻む針、そこにシンセで舞い降りるディスティニー感のあるマイナーのメロディー。背後に響く心臓の鼓動といったサウンドコラージュ的な展開の中、夏菜子が意を決したように「終わりない旅路」と、ポエトリー・リーディングで出る。デモ段階の上野の仮歌ではラップ然としていたところを、**自分たちなりに解釈した結果**[5]がこのポエトリー・リーディングだが、確かにラップにするより切迫感がよく出ている。夏菜子1人がフルで語るところにわずかにメンバーの声を重ね、ラストは全員で「BLAST, BLAST, BLAST」と低く決め、いよいよ試合へと臨む。ゴスペルタッチの『Yum-Yum!』といい、本曲といい、ももクロの新境地に思わず襟を正してしまうモノノフなのであった。

サウンドカテゴリー度

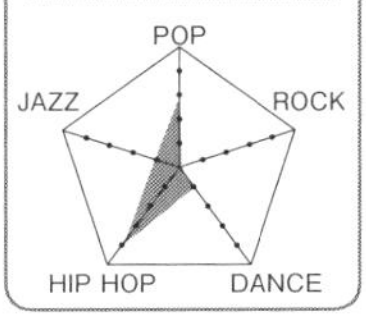

DATA

レーベル／イーブルラインレコード（キングレコード）
作詞／サイプレス上野
作曲／invisible manners
編曲／invisible manners、伏見 蛍
ギター／伏見 蛍
アザー・インストゥルメンツ／invisible manners

★1／間奏曲の意味。通常はインストゥルメンタルであることが多い。
★2／「サイプレス上野とロベルト吉野」は、2000年に結成されたヒップホップ・グループ。自らの活動はもちろん、他のアーティストの作品への参加、楽曲提供、テレビ出演やCMのナレーション、執筆活動など、多才に活動。ももクロ以前にも東京女子流の中江友梨やNegiccoと共演するなど、アイドル方面でも確かな実績を残している。
★3／2017年6月27日、fmヨコハマ「Tresen」にゲスト出演時に発言。
★4／ニューヨークはクイーンズ出身のKejuan Muchita（Havoc）とAlbert Johnson（Prodigy）によるヒップホップデュオ。上野は中学時代に1カ月の海外ホームステイを経験。その時にモブ・ディープにハマっていたことがももクロに引き継がれていると、先のラジオ出演時に語っている。
★5／音楽ナタリー「ももクロ真夏の新シングル〝夏のバカ騒ぎ〟に向かって」でのメンバーインタビューで、あーりんが発言。

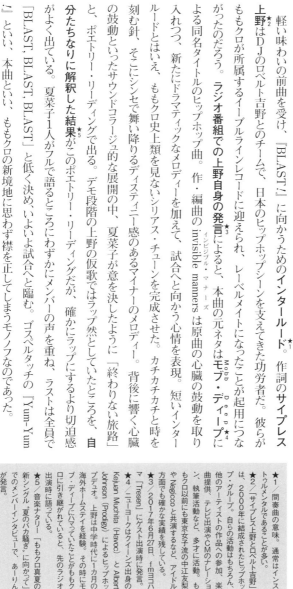

2017・8・2 発売
17th single
『BLAST!』

▼ももいろクローバーZ

『BLAST!《ブラスト》』

【オリコンシングルチャート　ウィークリー3位】

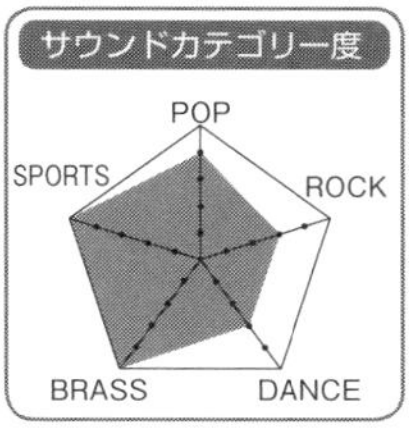

DATA

レーベル／イーブルライン レコード（キングレコード）
作詞・作曲・編曲／invisible manners
トランペット／鈴木正則
アルトサックス／竹上良成
テナーサックス／鍬田修一
トロンボーン／鹿討 奏
ギター／伏見 蛍
アザー・インストゥルメンツ／invisible manners
コーラス／Paula Johnson、Tynice Brooks、Ashton Moore、Curtis Griffin
コーラス・アレンジメント／川田瑠夏
ブラス・アレンジメント／竹上良成

ミディアムのグルーヴでも容赦なくテンションを滾《たぎ》らせ、荒ぶる女神たち

２０１７年8月5&6日に東京・味の素スタジアムで行われた『**ももクロ夏のバカ騒ぎ2017-FIVE《ファイブ》 THE《ザ》 COLOR《カラー》 Road《ロード》 to《トゥ》 2020-味の素スタジアム大会**』★1に先立ってリリースされたのが本曲だが、この段階でスポーツやアスリートをテーマにする、そして**MVでオリンピック選手を起用する**★2ということは、ももクロは何らかの形で２０２０年の東京オリンピックに関わるつもりである——との、明確な意思表明だろう。２０１４年春に旧・国立競技場に立った彼女たちが、２０２０年に生まれ変わった国立競技場に立っているかどうかはこの時点では未定だったものの、運営サイドの意気込みもよ〜く分かります。なおタイトルの『BLAST!』は突風、爆風といった意味だが、筆者がタイトルから真っ先に思い浮かべたのは、**驚異のブロードウェイ・ミュージカルの「blast《ブラスト》」**★3だった。ゆえにタイトルが発表された段階で、あの世界観がももクロ流にアレンジされているのか？と想像もした。そして届けられたのはやはり、**ドラムコー**★4の要素が効果的に採り入れられた重厚なサウンドに乗って、強力なラップ&歌ラップが繰り広げられる、凄まじい攻撃力を備えたパワーチューンなのであった。

★1／〝ももクロとスポーツの融合〟をテーマに、ライヴを通じてスポーツ競技の素晴らしさを伝えるべく実施。2日間で延べ10万902人を動員した。初日のオープニングで本曲が披露され、いきなりの新曲にモノノフたちも度肝を抜かれた。また2日間を通じて数多くのアスリートが登場。詳細はライヴ映像でご確認を。
★2／柔道のリオデジャネイロ五輪女子78キロ超級銅メダルの山部佳苗選手や、重量挙げのリオデジャネイロ五輪48キロ級銅メダルの三宅宏実選手、フェンシングの２０１６年ジュニアワールドカップ個人戦優勝の宮脇花綸選手、卓球の工藤一葉選手と中村真優美選手、フィギュアスケートのバンクーバー五輪入賞の織田信成らがMVに登場。

作詞、作曲、編曲は全てinvisible mannersで、キングレコードの宮本にとって彼らは「もっともノッているチーム」なのだろう。次のシングル『笑一笑～シャオイーシャオ！～』（P454参照）でも引き続き起用されている。彼らは**オリコンニュースのインタビュー**[★5]で「〝様式〟はヒップホップ的だけれども〝ポップス〟という文脈で語られる楽曲」であると語っており、『マホロバケーション』（P346参照）、『DECORATION』（P380参照）と続いてきた彼らの「前山田以降の、ももクロらしさを表現する楽曲」の、一つの完成系をここに見る思いである。

前曲『Survival of the Fittest -Interlude-』の緊張感を解きほぐすように、ピアノとシンセの合体音がフェイドインして曲は始まる。すかさず杏果が「Yeah Yeah Yeah Yeah」とフロウした瞬間、軽く鳥肌が立つ。なんちゅう表現力、この段階での杏果の到達点が、楽曲への期待値をいやおうにも高めてくれる。Aメロはハードなリフにのっての歌ラップだが、全員がそれぞれのスタイルで見事にこなしている。そして勝利の歓喜に満ちたサビは、バックコーラスの効果もあって、高揚感に満ちている。アップテンポではなく、ミディアムのグルーヴでこのテンションを滾《たぎ》らせるのはホントーに驚異的としか言いようがない。そして1分52秒で、本曲のハイライトであるしおりんのラップパートが4つのドラムロールに導かれて降臨する。ドープかつナスティ風味も加えたこのラップは、「アイドルのラップ」のハードルを軽々と乗り越えている。2番ではあーりんの「いいんじゃないの？（ほら！）」のフレーズも存分にクネるし、メロディックな大サビからの落ちサビでは夏菜子が聖女となって迫るし、もう聴いてるこっちはフラフラ。しっかし負けるわけにはいかぬ、ラストまで腕をブン回してペンライトを振りまくらねばならないのだ。ふひい。

★3／1994年にロンドンのハマースミス・オデオンで第1作が上演され、翌年アメリカに上陸を果たしたミュージカル作品。ドラムコーで使われている打楽器と金管楽器を駆使し、クラシックからブロードウェイ・ミュージックまでを高度なテクニックと演技を交えて披露し、2001年にトニー賞「最優秀スペシャル・シアトリカル・イベント賞」を受賞。日本でも2008年にツアーで上演されている。

★4／打楽器と金管楽器で編成された音楽アンサブルの総称。現在では単にドラムコーという場合、ドラム・アンド・ビューグル・コー（ラッパ鼓隊）を指すことが一般的。編成はマーチングバンド的ではあるが、別のスタイルとして芸術的に進化、世界中で数多くの団体が活躍し、世界大会も行われている。特にスネアドラムの高度な技術は、近年全てのドラマーがプレイスタイルの参考にしている。

★5／2017年8月3日のオリコンニュース「ももクロ新曲『BLAST!』から見えた アスリートと音楽の〝相互関係〟」の記事内で言及。

2017・8・2 発売
17th single
『BLAST!』
通常盤、初回限定盤Bに収録

▼ももいろクローバーZ

『境界のペンデュラム』

ゴシック&プログレ風味で、テンションMAXの名曲

『BLAST!』はシングル盤だが、メインの楽曲が中間部に位置しているように、トータルとして完成度の高いミニアルバムのようになっている。このあたり、『青春賦』(P286参照)も青春をテーマにしたミニアルバムのようだったが、シングルとはいえ常にその都度の世界観でまとめていくのは、ももクロのA&Rにおける基本方針なのだろう。そして本盤のラストを飾るのは、やはり彼女たちにとっては新境地となるゴシック感溢れるハイスパート・ロックチューンだ。「この曲カッコよくて大好きなんです。けっこうブラックな部分を出してきているし、血とか、悪魔とか、破滅とかが歌詞にもあるし、私たちの曲の中ではここまで突き詰めたことのない感じで」と**れにちゃんは語っている**★1が、確かに終始シリアスな表情で、若干のアニソン&プログレ風味も交えた、ハイスパートながら重厚な聴き応えのある楽曲となっている。作詞は『WE ARE BORN』(P310参照)に続いての起用となる藤林聖子、作・編曲はレギュラーとも言える大隅知宇で、相変わらずの深さを見せる藤林のリリックと大隅の凝りまくったトラックが絶妙にマッチしている。なお、ベースの**櫻井陸来**《サクライロック》★2はこれが初参戦となる。

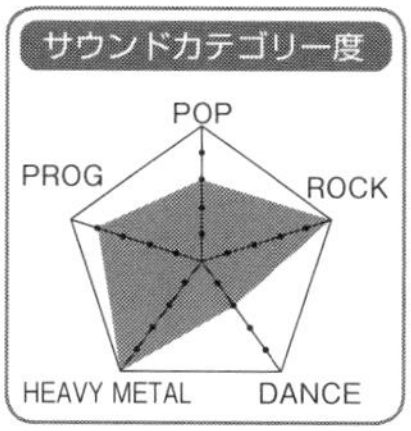

DATA

レーベル/イーブルライン レコード(キングレコード)
作詞/藤林聖子
作・編曲/大隅知宇
エレクトリックギター/堤 博明
ベース/櫻井陸来
ドラム/髭白 健
アザー・インストゥルメンツ/大隅知宇
コーラス/ラクロワ・アンサンブル&クワイアー

★1/音楽ナタリー「ももクロ真夏の新シングル〝夏のバカ騒ぎ〟に向かって」におけるメンバーインタビューでの発言。同インタビューで夏菜子は、「スポーツとかをやっていると、スランプというか、深いところに入る時期があると思うんです。そういうところから逃げないで、ちゃんと前向

曲はなにげに聴き覚えのあるイントロから始まるが、それもそのはず。ゴシック感を演出するために**ゲーム「ライブ・ア・ライブ」**★3のBGMである**「魔王オディオ」のメロディー**★4が大胆に援用されており、そこに髭白健のブッ叩きドラムとクワイアー・コーラスを加えることで、あっちゅう間に首根っこを掴まれ、曲の世界観に連れて行かれるのである。主調はEマイナー、BPMは175なので、『何時だって挑戦者』とほぼ同じ。Aメロはしおりん、夏菜子に続いて杏果、あーりんがせわしなく入れ替わり、「報《むく》われる者は」からのBメロでは、れにちゃんがロングソロで奮闘。「No《ノー》 Mercy《マーシー》！境界のペンデュラム」からのサビは、ライヴで「フッフー」と定番のコールが入る部分で、本曲はコールの入れやすさから、ライヴでの人気も極めて高いのだ。そのサビでは櫻井陸来のベースがここぞとばかりに大暴れ。テンションをさらに高めているので、よ〜くお聴きください。

「破滅 恐怖 デモニッシュな蜜」からのブリッジでは、キーはいったん短3度下のC♯マイナーに転調し、悪魔に生贄《いけにえ》を捧げるかのような男性コーラスが不気味に響く。ほどなくEマイナーに戻り、再びのBメロからサビへ進む。このサビ明けからの展開が実に素晴らしく、境界ではなく教会オルガンのメロディーが複雑に絡み合い、大サビの「力尽き 倒れそうでも」の杏果に落ちる流れは職人・大隅の面目躍如。そしてれにちゃんが「戦い抜き 夢を終えた」と高らかに歌い上げ、勝者を称える。からの全員の「AMEN《アーメン》」で曲はハイライトを迎え、ラスサビでは髭白と櫻井が凄まじい勢いで追い込んで行き、ももクロのコーラスも沸点を超えて天へと昇って往く。ラストはオルガンの下降フレーズから、バンドが一丸となり、荘重なコーラスを伴ってフィニッシュする。ライヴというバトルフィールドのテンションをグッと上げる新たな重要レパートリーが、ここに誕生した。

こうみたいなことも歌っているし、美しい歌詞だなと思います」と語っている。良いこと言うよねえ、リーダー。

★2／1988年、北海道札幌市出身のベーシスト、作・編曲家、トラックメイカー。相川七瀬や西野カナ、鈴木このみのレコーディングやライヴサポートに参加する、アフロヘアが売り物の剛腕プレイヤー。

★3／1994年にスクウェアより発売されたスーパーファミコン用オムニバス・ロールプレイングゲーム。筆者はプレイ体験がない（てかゲームはやってません）ので、詳細は各自調査でお願いします。

★4／楽曲制作は下村陽子。カプコン、スクウェアを経て、現在はフリーで膨大な量のゲーム音楽の制作を手がけている。筆者は2017年のアニメ映画『ひるね姫 〜知らないワタシの物語〜』の主題歌である森川ココネ（CV：高畑充希）の歌う『デイ・ドリーム・ビリーバー』で、遅ればせながら下村の存在を知ったのだった。モンキーズの有名曲を全く新たな意匠で刷新した素晴らしい編曲と、高畑充希の癒しのヴォーカルに悶絶必至ゆえ必聴、かつアニメも必見！

2017・8・2 発売
17th single
『BLAST!』
通常盤、初回限定盤Aに収録

▼ももいろクローバーZ

『何《い》時《つ》だって挑戦者』

ギターがラウドに荒れ狂う、高い攻撃力を誇るマーくん登場曲

『BLAST!』のラストの爆発音の余韻《よいん》を受けるかのように、夏菜子が持ち前のエモーションをいきなり全開にして「きーもーちー真っ直ーぐーにー」と頭サビで突っ込んでくると、すかさず左右でディストーションギターがグギャ〜ンとカマされ、BPM176で極太のロックビートが走り出す。マーくんことニューヨーク・ヤンキースの**田中将大投手の登場曲の2017年バージョン**[★1]は、過去最高クラスの攻撃力を伴って駆け出した。作詞は只野菜摘、作曲はツキダタダシという「ももクロ・ソングブック」ではお馴染みの名曲製造チームだが、編曲と全ての楽器演奏をR・O・Nが手がけ、コーラスに**eNu**[★2]が加わっているのが大きなポイントだ。特にR・O・Nは、懐かしのあかりんのソロ曲『fall into me』(P110参照)以来のももクロへの参戦ということもあり、ギタープレイの気迫がとにかくハンパない。終始左右チャンネルでギターがラウドに荒れ狂い、センターではハーモナイズドギターが叫び、キーボードの使用を最小限に抑えたヘヴィなギターロック仕様は、ももクロ楽曲では珍しいもの。このトラックを聴いているだけで大コーフン必至だというのに、ももクロの5人はバックトラッ

サウンドカテゴリー度

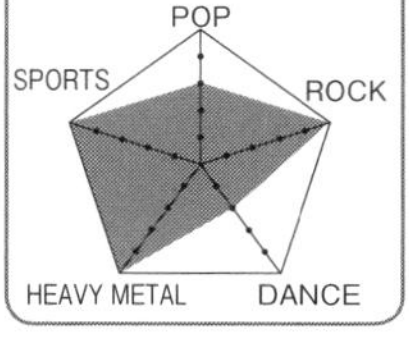

DATA

レーベル／イーブルライン
レコード（キングレコード）
作詞／只野菜摘
作曲／ツキダタダシ
編曲／R・O・N
オール・インストゥルメンツ／R・O・N
コーラス／eNu(VERYGOD)

★1／ちなみに2017年の田中将大投手は、開幕戦の4月2日のレイズ戦で先発。日本人投手としては初の3年連続開幕投手となったが、3回途中で7失点して降板の憂き目に。だが8月27日のマリナーズ戦で同シーズン10勝目を挙げ、日本人としてはメジャー初のデビューから4年連続2桁勝利を記録。また9月2日のレッドソックス戦ではメジャー通算50勝目を記録した。メジャー通算101試合目での50勝到達は日本人投手としては史上最速記録。シーズ

クを凌駕《りょうが》するテンションでいつも以上に全力で歌いきるのだから、もーなんちゅう暑苦しさなのか。キーは**ギターロックゆえのDメジャー**で、★3 Aメロはしおりん、杏果、れにちゃん、あーりんとそれぞれのスタイルで歌い継ぐが、れにちゃんのパートからギターの刻みパターンを変えてプッシュを強めるとともに、eNuのコーラスをさりげなく加えて広がりを与えている。この辺りのアレンジセンス、DTMで曲作りをしている学習者は、学ぶべきところ大だろう。Bメロの「素晴らしいゲーム」で夏菜子が登場し、1・2・3・4と勢いをつけて雪崩れ込むサビで、同主調のDマイナーに転調。5人による全速力のコーラス、折り重なるギターアンサンブルの間隙《かんげき》を縫うようなシンセのリフが、巨大な塊となって聴く者を制圧していくさまは圧巻だ。2番はAメロをハーフサイズとし、Bメロ、サビと進み、2分50秒からのセクションではギターリフを繰り返す間にキーをCマイナーに下げ、「閉ざされそうな」としおりんが歌うブリッジへ。細かな歌割りの中、「光が射すような」からの夏菜子の落ち着いた歌唱は、ここまでをアツく駆けてきただけに、実にクールに響く。「投げ続ける」を全員のコーラスで繰り返し、ギターのハーモニクスがスペイシーな落ちサビは、珍しくれにちゃん。この辺りの計算され尽くした歌割りは、キングレコードの宮本氏によるものと推察。そしてガガンッとギターが2発の鉄槌《てっつい》を落とし、Dマイナーに戻ってラスサビを駆け抜けていく。シメの「行けーーー!」の突き抜け具合たるや、我々もフルパワーで「自分の向こう側」に行くしかないのであってね。

なお本曲の初披露は『BLAST!』同様に2017年夏の味の素スタジアム大会であったが、曲に合わせて**ハーフマラソン**★4がスタート。ライヴ中にステージ上をランナーが走り抜けるシーンはなかなかにユニーク、かつももクロとスポーツとの親和性を改めて確認できたのだった。

ン成績は13勝12敗、防御率4・74であった。

★2／東京都出身の作詞家、ヴォーカリスト。R・O・Nと同じく、有限会社ベリーグー所属。作詞家としてはTHE IDOLM@STER CINDERELLA GIRLSの『Blooming Days』やi☆Risの『Believe in』、ももクロのスターダストプロモーションの後輩である3Bjuniorの『星たちの饗宴 ～アポロンと共に～』などを手がけている。

★3／Dはメジャーでもマイナーでも、4&5弦が開放弦で使用でき、7フレットのハーモニクスも有効なのでギター向きのキー。

★4／DAY1の女子では2016年大阪マラソン女子優勝の坂本喜子選手が、DAY2の男子ではケニア出身で2010年北海道マラソン優勝のサイラス・ジュイ選手が優勝。

2017・8・23発売
ソロ single
『My Cherry Pie (小粋なチェリーパイ) /
My Hamburger Boy
(浮気なハンバーガーボーイ)』

▼佐々木彩夏

『My Cherry Pie《マイチェリーパイ》(小粋なチェリーパイ)』

'50s《フィフティーズ》の世界観で、新たな魅力を打ち出す

浜崎あゆみの熱心なファンであり、コンサートにもきちんと足を運んでいるあーりんは、ももクロの5人の中で最もプロデュース志向が強いことで知られている。2015年のANGEL EYES《エンジェルアイズ》会員限定のイベント**『ももクロ親子祭り2015』**★1でライヴ演出やグッズのプロデュースを手がけ、翌年の自身のソロコン**『AYAKA-NATION《あやかネーション》 2016 in 横浜アリーナ』**★2も自らプロデュースして、**『青春賦』(P286参照)を手話つきで歌う**★3など、ソロコンならでは試みを採り入れている。そんな彼女のソロ曲は、これまでは「あーりんとしての自己言及」で成り立っていたのだが、ここに遂に楽曲の世界観を自らプロデュースした1曲が登場した。作詞・作曲は盟友の前山田だが、「'50S風の楽曲に」というコンセプトを立て、「歌詞の中に絶対にあーりんを入れない」という縛りの中で、次曲とともに楽曲制作を依頼。ソロ曲としての新境地に挑んだのだった。

ベテランの佐野康夫のドラミングに導かれ、「ベイベ ベイベ プロムのお相手は俺さ」と、**男役になったあーりん**★4がラップで出て曲はスタート。「カッコいい歌い方っていうのはやったことがなかったので(中略)、どう表現しようかなって結構考えました」と**あーりん自身が語っている**★5が、なかなか堂に入っている。同時にこの感じ、モノノフは『ミライボウル』(P98参照)でのあかりんを思い浮かべますよね。てなちょーしで、やんちゃでイケメンなあーりんに惚れちゃってもいいですかー(いいよー)。

サウンドカテゴリー度

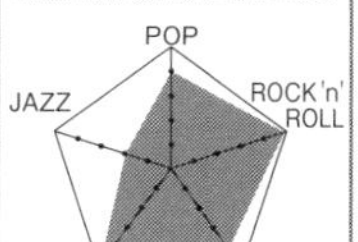

DATA

レーベル／イーブルライン
レコード(キングレコード)
作詞・作曲・編曲／
前山田健一
ギター&プログラミング／
宮崎 誠
ダブルベース／渡辺 等
ドラム／佐野康夫
サックス／竹上良成
トランペット／吉澤達彦
トロンボーン／鹿討 奏

★1／2015年11月1日、千葉・幕張メッセ国際展示場 3ホールで開催され、7431人を動員。会場内はサーカスをイメージした装飾が施され、ピエロや大道芸人が出演。ライヴでも童謡の歌唱や振付のレクチャーなど、親子で楽しめる演出がなされた。

★2／2016年9月19日、横浜アリーナで開催され、1万1716人を動員。大好きな浜崎あゆみの曲をカヴァーしたり、布袋寅泰の「バンビーナ」のカヴァーではギターを披露。詳細はライヴ映像で確認されたし。

★3／手話を習い始めたあーりんママの影響で、自らが提案した企画。あーりんの底なしの慈愛が感じられる、ひじょーに善きシーンでした。

★4／MVではグリースでバキバキに固めた男役と、ピンクでファンシーな女役の2役を演じている。バレエ仕込みのキレとクッションのあるダンスステップは必見!

★5／音楽ナタリー「佐々木彩夏 ももいろクローバーZ 50'sスタイルで魅せるあーりん初のソロシングル」での発言。

2017・8・23発売
ソロ single
「My Cherry Pie（小粋なチェリーパイ）/
My Hamburger Boy
（浮気なハンバーガーボーイ）」

▼佐々木彩夏

『My Hamburger Boy《マイハンバーガーボーイ》（浮気なハンバーガーボーイ）』「佐々木プロ」の凄まじい対応力に、聴く者はクラクラに

前曲へのアンサーソングとなるこちらは、あーりんの本来のテイストをそのまんま'50Sに持って行った感じですね。冒頭ではいきなり食べ物の名前を連呼するし、「ママに内緒で**パフューム** **No.5**《ナンバーファイヴ》★1」とかしっかりママの存在も感じさせるし。でもって「絶対にあーりんを入れない」という縛りはここでもキープ。軽いスウィングを基調にしつつもめまぐるしくシーン展開する、極めてノベルティ性の強い楽曲を届けてくれた。基本のバンド編成は『My Cherry Pie（小粋なチェリーパイ）』と同じなのだが、ピアノと編曲は川田瑠夏が手がけており、ギターに**遠山哲朗**《とおやまてつろう》★2が加わっている。

ドラムの佐野が絶妙のブラシワークで登場。右チャンネルにバリトンサックス（音のニュアンスから、プログラミングと思われる）、左チャンネルにブラスのアンサンブルとギターが定位される中、あーりんがスウィート極まりないいつものヴォイスで「クッキー　サンデー　チェリーパイ」と歩み寄ってくる。BPM135のミディアム・スウィングで順調に走るが、1分41秒から**セカンド・ライン風のリズム**★3で遊び、1分56秒からは倍テンポのスウィングで「オーイエー」のコール&レスポンスを経て、2分24秒でさらにテンポアップして、2分50秒で元のミディアム・スウィングにいったん着地。3分19秒でまたしても倍テンポになり、ラストはBPMを100まで落として、「キディ キディ マイ ハンバーガーボーイ」とドヤ顔でフィニッシュ。変幻自在のテンポに楽勝で対応する「佐々木プロ」の無双に、クラクラになりまっせ。

サウンドカテゴリー度

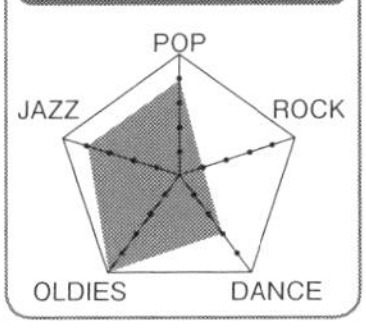

DATA

レーベル／イーブルライン レコード（キングレコード）
作詞・作曲／前山田健一
編曲／川田瑠夏
ピアノ&プログラミング／川田瑠夏
ギター／遠山哲郎
ダブルベース／渡辺 等
ドラム／佐野康夫
サックス／竹上良成
トランペット／吉澤達彦
トロンボーン／鹿討 奏

★1／シャネルNo.5として知られる香水をイメージ。1921年に発表され、'50年代にマリリン・モンローが好んでつけたことで一大ブームとなった。

★2／1978年、東京都出身のギタリスト。川田瑠夏同様、バークリー音楽大学の卒業生。武部聡志が会長のハーフトーンミュージック所属。一青窈、平原綾香、森山直太朗ら、数多くのアーティストのレコーディングやライヴサポートを行っている。

★3／セカンド・ライン・リズムとも呼ばれる、アメリカはルイジアナ州ニューオーリンズのブラスバンド・パレードに聴かれるリズムの名称。同地で行われる葬儀のパレード「ジャズ・フューネラル」において、先頭を往くファースト・ラインに続く隊列が刻むリズムであるため、セカンド・ラインと呼ばれる。ジャズやファンク、R&Bなどのジャンルにも応用されている。

2017・8・23発売
ソロ single
「My Cherry Pie (小粋なチェリーパイ) / My Hamburger Boy (浮気なハンバーガーボーイ)」

『キューティーハニー』「かわるわよ〜」の先祖返りでハートを撃ち抜く

▼佐々木彩夏

ここでプニノフ待望の、というか全モノノフが望んでいたウェポンがブチ込まれる。『キューティーハニー』といえば、なんといっても必殺の『だって あーりんなんだもーん☆』(P114参照)の名シーン「かわるわよ〜」の元ネタだ。その原曲を、前山田とあーりんの共犯により好き勝手に遊び切るわけだから、こんなにゴキゲンな話はないだろう。

ことの経緯はこうだ。まずは前山田が司会と審査員を務める**『愛踊祭〜あいどるまつり2017』**★1において、**あーりんがアンバサダーに就任**★2。WEB予選の課題曲『キューティーハニー』のパフォーマンスモデルを担当することになり、前山田の新たなアレンジにより本曲をレコーディングし、**振付動画のショートバージョン**★3を公開。そのフルバージョンがこうしてソロシングルに収録されたわけである。『だって あーりんなんだもーん☆』から7年を経ての先祖返りだが、そこは前山田とあーりん。よりスピーディーかつぷにっぷに〜なアレンジ&歌唱でハートを撃ち抜いてくれる。毎回の「ハニー」の細かなニュアンスの変化、2回登場する「かわるわよ〜」のフレーズ、原曲にはなかった「ハニー」と「あーりん」がないまぜになったパート、前山田のノリ具合がわかる「Foo《フ〜》!」のコールや口笛など、この2人ならではの魔法の粉が存分に振りかけられたこのバージョンを、ニヤつかずに聴くことは我々には不可能だ。問答無用、3分12秒のキューティーマジックにひたすら身を任せて聴け！

★1／2012年にスタートしたテレビ朝日の音楽情報番組『music る TV（ミュージクる ティーヴィー）』と連動した女性アイドルコンテスト。『愛踊祭』自体は、2015年より開催。前山田＝ヒャダインは同番組の司会者であり、コンテスト決勝大会の司会進行、並びに審査員を務めている。

★2／同年のアンバサダーにはあーりんとアンジュルムが就任。アンジュルムはエリア代表決定戦の課題曲『魔女っ子メグちゃん』のパフォーマンスモデルを担当している。こちらも併せてチェックを。

★3／現在でも動画サイトで確認できます。白バックに踊るあーりんの美しさに軽く気絶する可能性があるので、未見の方は覚悟して臨むべし。

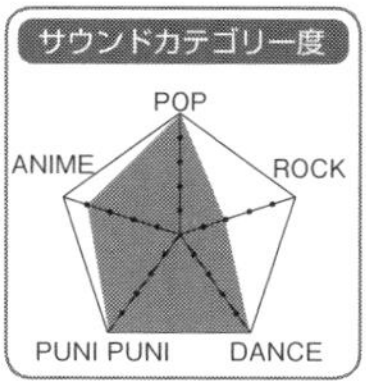

DATA

レーベル／イーブルラインレコード（キングレコード）
作詞／クロード・Q
作曲／渡辺岳夫
編曲／前山田健一
ギター／板垣祐介
オール・アザー・インストゥルメンツ&プログラミング／前山田健一

2017・8・23発売
ソロ single
「My Cherry Pie（小粋なチェリーパイ）/
My Hamburger Boy
（浮気なハンバーガーボーイ）」
通常盤にのみ収録

▼佐々木彩夏

『AARIN ULTRA REMIX《あーりんウルトラリミックス》 2017 by DJ KOO《ディージェー・コー》』

小ネタ満載、DJ KOOによるゴキゲンなリミックス

本シングルのラストを飾るのは、これまたスペシャルなプレゼント。『あーりんは反抗期！』（P173参照）で前山田がオマージュを捧げた**DJ KOO**★1による、これまでのあーりんのソロ曲のリミックス・バージョンである。「これはアガりますね。「あーりん！」って叫んでくれてるし（笑）。小さい頃からテレビで観ていたような人がまさか自分のソロ曲をリミックスしてくれるなんて、という気持ちです」と**あーりん自身が語っている**★2ように、『だってあーりんなんだもーん☆』、『あーりんは反抗期！』、『**スイート・エイティーン・ブギ**』★3、『あーりんはあーりん♡』（P394参照）をメドレーで流しつつ、DJ KOOならではのオールドスクーラーでちょっぴりおバカな合いの手を存分にカマしてくれている。

そして一番のポイントは、なぜか未音源化の『スイート・エイティーン・ブギ』が、ここで初めて公式音源として投入されていること。「なんで音源、出してくんないのかなぁ〜」と思い続けてきたところに、ようやく**半分青い**★4状態になったわけであって、ひとまずは素直に喜ぶべきだろう。

ラストの「あーりーーーーん！」の渾身の絶叫まで、6分20秒のトラックをこってりと楽しめばいいわけだが、白眉はやはり1分34秒からの『あーりんは反抗期！』の冒頭、DJ KOOによるラップ。特に「オトナじゃないけどコドモじゃないから」のくだりは、前山田がカマしたそれを「本物は俺だぜ」とばかりに演っているわけで、いや〜アガりますね〜。サンキュ、DJ KOOさんYO！

サウンドカテゴリー度

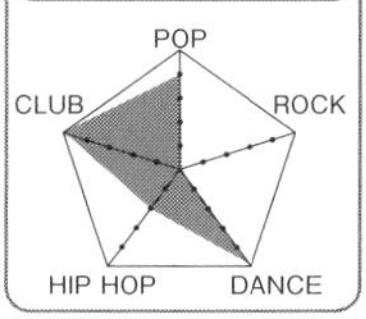

DATA

レーベル／イーブルラインレコード（キングレコード）
リミックス&シャウト／DJ KOO

★1／TRFのDJ担当にして、ダンスミュージックを広く世間に知らしめた功労者。個性的なルックスと天然なキャラクターで、バラエティ番組でも活躍。
★2／音楽ナタリー「佐々木彩夏 ももいろクローバーZ 50'sスタイルで魅せるあーりん初のソロシングル」での発言。
★3／作詞・作曲は橋本由香利による、あーりんの3曲目のソロ曲。2015年1月11日に日本青年館で行われた『ふじいとヨメの七日間戦争「俺のザ・ベストテン」』で初披露されるも、公式音源化されず。ここに登場したということにより、ちゃーんと歌コミのフルでレコーディングされていたことが判明。
★4／『半分、青い。』は、2018年の上半期放送のNHK連続テレビ小説のドラマ。詳細は各自調査だが、筆者は「同枠の歴代最高傑作」と睨んでいる（トヨエツ、サイコーです）。なおここでは、『スイート・エイティーン・ブギ』が楽曲単体でフルでは公式音源化されていないことのメタファー。

2017・10・11 発売
有安杏果 1st ソロ ALBUM

ココロノオト

有安杏果

通常盤　KICS-3535

1	心の戦慄
2	Catch up
3	ハムスター
4	ペダル
5	feel a heartbeat
6	Another story
7	Drive Drive
8	裸
9	愛されたくて
10	遠吠え
11	小さな勇気
12	TRAVEL FANTASISTA
13	色えんぴつ
14	ヒカリの声
15	ありがとうのプレゼント（2017 年 7 月 20 日「ココロノセンリツ～ Feel a heatbeat ～ Vol.1」@東京国際フォーラム）（Bonas Track）

レーベル／イーブルラインレコード（キングレコード）

オリコンアルバムチャート ウィークリー 3 位

シンガーソングライター、有安杏果の成長が追えるフルアルバム

「ももクロではできないことを」という有安杏果の想いが結実したのが、ももクロのメンバーとしては初のソロアルバムとなる本作『ココロノオト』である。先に発表していたソロシングル『ココロノセンリツ♪ feel a heartbeat』で発表済みの5曲（P372〜377参照）、及び既に配信限定でリリースされていた『小さな勇気』に加え、なんと新たに8つの楽曲をプラス。さらにはボーナストラックとして、ソロコンサート『**ココロノセンリツ〜feel a heartbeat〜Vol.1**』★1で披露さ

★1／東名阪のツアーとして、2017年6月23日と24日に愛知県芸術劇場 大ホール、7月1日と2日に大阪のオリックス劇場と廻り、7月20日に東京国際フォーラム ホールAで千秋楽公演が行われた。セットリストは完全に本アルバムの楽曲と自身のソロ曲で構成されており、ももクロの曲や他のアーティストのカヴァーはなし。東京公演の模様は、映像作品『ココロノセンリツ〜

れた『ありがとうのプレゼント』（P112参照）のピアノ弾き語りライヴバージョンが収録されるという充実ぶりだ。しっかし杏果、なんちゅうワーカホリックなのか。ももクロとしての活動だけでも相当な時間拘束されるはずなのに、これだけの楽曲の作詞や作曲にも関わり、**オケ録りやミックスにも可能なかぎり立ち会い**[★2]、ジャケット撮影の**スタイリストも自らが行う**[★3]ことで徹底的にその世界観をコントロールし、ライヴではエレクトリック&アコースティックギターやキーボード、ドラムも披露。さらに**学業も両立**[★4]していたのだから、常人の為せる技とはとても思えない。そして今となっては、「常人ではないことをやり切ったからこその、ももクロ卒業という道」を彼女が選んだことも一つの必然であり、本作の圧倒的な完成度がそれを示している、と言い切って良いだろう。

全14曲のうち、9曲で作詞、7曲で作曲を担当しているように、比重としては歌詞にかかるバランスが大きい。その内容は、シリアスな部分も含め、彼女の「素直な心情の発露《はつろ》」となっている。作曲は基本的に杏果自身が鼻歌で行っているそうで、ゆえにメロディーは総じてナチュラルだ。サウンド的には、一部でプログラミングはあるものの基本的には生演奏による「バンド仕様」で、アレンジもギミックを排した極めてオーソドックスなもの。「今回のアルバムのために作った曲は1曲もなくて。気づいたら曲作りを始めてから約1年でたくさん曲ができあがってたんです」と**杏果自身は語っており**[★5]、本アルバムでは彼女が制作した順番に曲が並んでいる。つまりはアルバムを順に聴くことがそのまま、「杏果のこの1年の内面」と「シンガーソングライターとしての成長」を知ることにつながるわけだ。以上をふまえた上で、有安杏果の世界へと向かおう。

feel a heartbeat ～ Vol.1』として2017年5月に発売されている。

★2／ももクロの場合は、デモ音源にあわせて歌い、後の加工も含めて全て制作者サイドにお任せであることを考えると、杏果の「自身の音へのこだわり」が強く感じられる。その様子は本アルバムの初回限定盤A付属のBlu-rayに収録されている、メイキング映像で確認できる。

★3／アシスタントとして、ももクロではお馴染みのスタイリストのよねちゃん、こと米村弘光が参加。杏果と米村、さらにはヘアメイク担当のカインド飛田卓司の「笑える関係」については、ぜひ各自調査を。

★4／ももクロの活動と並行して日本大学に通い、同大学の藝術学部写真学科を2017年3月に卒業。一度も単位を落とさずに終了したことで、同学部で初めて藝術学部の学部長の特別表彰を受賞し、卒業作品も写真学科の奨励賞を受賞した。

★5／音楽ナタリーでのアルバム発売記念インタビュー「ももいろクローバーZ 有安杏果 感情の軌跡詰め込んだ夢の1stソロアルバム」での発言。

2017・10・11発売
ソロALBUM
『ココロノオト』

▼有安杏果

『Catch《キャッチ》 up《アップ》』

杏果とバンドが光の中を駆け抜ける、爽やかなポップロック

ソロシングル『ココロノセンリツ♪ feel a heartbeat』では最後を飾っていた重厚なバラード『心の旋律』（P377参照）は、本盤では逆に冒頭に置かれることで、プレリュード的な役割を担っている。ゆえに、深い余韻を残すためにたっぷりと空白が取られているのだが、そこに軽やかなピアノが飛び出し、いよいよアルバムが動きだす。まずは作詞・作曲を杏果が手がけ、初音ミクを使ったボカロ楽曲で注目された**OSTER《オスター》 project《プロジェクト》**★1がサポートした本曲。恋する女子のもどかしい心模様を描いた爽やかなポップロックだ。BPMは174、キーはBメジャーで、歌メロパートでは転調はなく、光の中を駆けていくような杏果の歌唱に、緑推しではなくてもソッコーで心奪われることだろう。**基本的に鼻歌で曲を作っている**★2がために、音域的にも自然なところが杏果の自作曲の持ち味。バンドのサウンドも極めてオーガニックで、『MOON PRIDE』（P268参照）でも活躍していた五十嵐宏治のピアノも、『ありがとうのプレゼント』（P112参照）を提供している河合英嗣のギターも、杏果に並走するように自由に弾けて行く。2番までを一気に聴かせ、2分45秒からはピアノが凝ったキメのフレーズを経て、半音下のB♭メジャーに転調して歌心溢れるピアノソロを展開、そのシメでBメジャーに戻って「聴こえてくる～」の落ちサビへ。続くラストのサビではピアノがコードのヴォイシングに変化をつけている辺りも注目。それにあわせて杏果もわずかに熱量を上げている。まずは好調な滑り出しだ。

★1／2007年にニコニコ動画にアップした「恋スルVOC@LOID」で初音ミクをフィーチャーし、ボカロブームの立役者の1人とされているOSTERによるソロプロジェクト。初音ミク関連の諸作のほか、音ゲーへの楽曲提供や、aikoの楽曲アレンジも手がけている。

★2／「帰り道や電車のホームにいるときにパッと思い浮かんだメロディをiPhoneに吹き込んで、家に帰ってからそれをきれいに整えます」と、音楽ナタリーのアルバム発売記念インタビュー「ももいろクローバーZ 有安杏果 感情の軌跡詰め込んだ夢の1stソロアルバム」で言及。

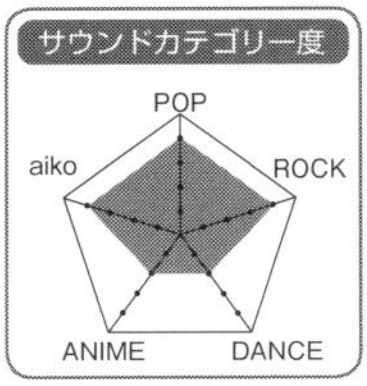

DATA

レーベル／イーブルライン レコード（キングレコード）
作詞／有安杏果、OSTER project
作曲／有安杏果、KAMI
編曲／OSTER project
ドラム／佐野康夫
ベース／山田裕之
ピアノ／五十嵐宏治
ギター／河合英嗣

2017・10・11 発売
ソロ ALBUM
『ココロノオト』

▼有安杏果

『ハムスター』

男女ヴォーカルユニットさながらに、4分14秒を疾走

ももクロではゴリラについてアツく歌っていたが（P314参照）、ソロでは等身大の自分として『ハムスター』を歌うというね。同じように動物を扱っても、グループで与えられた役割とソロの違いが、端的に表れている。本曲の作詞、作曲は杏果の独力によるもので、編曲とプログラミングは『feel a heartbeat』（P372参照）と同様にJin Nakamuraが手がけているため、バンドによる生演奏とはまた異なるプッシュ感が新鮮だ。そして、やはり『feel a heartbeat』と同様、多保孝一のバックグラウンド・ヴォーカルが杏果にピタッと寄り添い、煌《きら》めくストリングスも加わって、スウィートな中にも力強さを感じさせる杏果の歌唱を盛り立てている。

曲はテープ逆回転風のSEからフェイドイン、スネアの一撃と、「街頭の灯りが」という杏果のヴォーカルをスプラッシュ音が包み込んでスタート。すぐさま追いつく多保のヴォーカルは杏果との相性抜群で、これ、情報が何もない人が聴いたら「エエ感じの男女ヴォーカルユニットやなぁ」と思うでしょうね。BPMは166と前曲よりわずかに落ち着き、主調は**プログラミングらしくD♭メジャー**★1。大きな起伏はなく、4分14秒を畳み掛けるようにイッキに聴かせてくれる。**杏果は、「試行錯誤して作ったメロやサビを最終的に全部ガッチャンコさせて完成させた」と語っている**★2が、それでいてこの完成度。やはりシンガーソングライターとしての才能において、ただならぬものがありやーす。

★1／D♭メジャー（変ニ長調）は調号にフラットが5つ入るので読譜が難しく、ポップスではあまり用いられないキー。特にギターやベースでは、開放弦が使えないので避けられがち。ただしピアノでは黒鍵の使用が多くなり弾きやすく、柔らかなニュアンスも出るので、ショパンに代表されるロマン派のピアノ曲では多用されている。

★2／音楽ナタリーのアルバム発売記念インタビュー「ももいろクローバーZ 有安杏果 感情の軌跡詰め込んだ夢の1stソロアルバム」での発言。

サウンドカテゴリー度

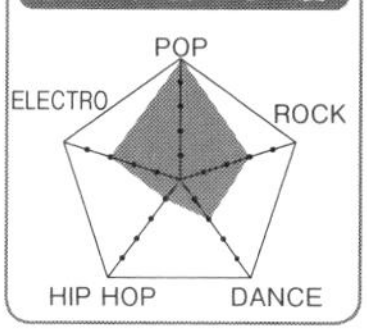

DATA

レーベル／イーブルライン レコード（キングレコード）
作詞・作曲／有安杏果
編曲／ Jin Nakamura
プログラミング&ギター／ Jin Nakamura
バックグラウンド・ヴォーカル／多保孝一
ストリングス／弦一徹ストリングス

2017・10・11 発売
ソロ ALBUM
『ココロノオト』

▼有安杏果

『ペダル』

「描こう」、「跳べるよ」の3回リピート攻撃が刺さりまくる

杏果の自作曲が続く。タイトルからお分かりのように、ここでは素足で駆けるのではなく、自転車に乗って少しスローダウンしながらも前へと進む彼女がいる。モノノフさんであれば**杏果と自転車の特別な関係**★1をご存知かと思うが、こうして自作曲にもなっているという状況に、軽くウルッときてしまいますよね。でもって本曲、実際には**「街を歩いているときに鼻歌と同時に言葉が出てきて、それをもとに作りました」ということ**★2で、自転車に乗って創ったわけではないということをお伝えしつつ。サウンドは再びバンド仕様に戻り、ドラムには杏果の師匠である村石雅行が登場、ギターは『モノクロデッサン』(P312参照)でもプレイしていた**林部直樹**★3、ベースは『Drive Drive』(P374参照)をグルーヴさせていた根岸孝旨、そして編曲並びにピアノその他はお馴染みの本間昭光という豪華な布陣。本アルバム、曲ごとに容赦なくトップ・ミュージシャンを注ぎ込んでいる辺りも大きな聴きどころだ。

「毎日歩いている」と始まるAメロのキーはGメジャー、BPMは103のミディアム・グルーヴなのだが、テクニカルなフィルインを交えつつグイグイとバンドを引っ張る村石のドラミングに、まず惚れ惚れする。杏果の歌詞はA〜Bメロは緩やかにネガティヴな心情を吐露し、それを吹っ切るかのようにサビでポジティヴになるというパターンが多いが、本曲もその典型。ゆえに、「描こう」、「跳べるよ」のエモーショナルな3回リピート攻撃の刺さり具合がハンパない。佳曲ですねー、コレも。

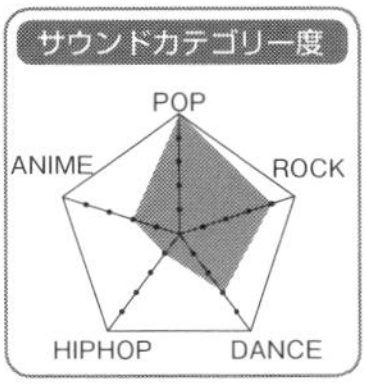

DATA

レーベル／イーブルライン
レコード（キングレコード）
作詞・作曲／有安杏果
編曲／本間昭光
ドラム／村石雅行
エレクトリックベース／
根岸孝旨
エレクトリックギター／
林部直樹
ピアノ&オール・アザー・
インストゥルメンツ／
本間昭光
ストリングス／
真部裕ストリングス

★1／詳細は『ももクロChan〜Momoiro Clover Z Channel〜』のDVD&Blu-ray 第10集『緑のキュウリは苦手ですの巻』の特典映像「やっさんの挑戦〜自転車編〜」でご確認を。『ももクロ夏のバカ騒ぎ Summer Dive 2012 Tour〜最終戦〜8・5西武ドーム大会』では、自転車で走りながら『スターダストセレナーデ』(P122参照)を歌い、喝采を浴びた。

★2／音楽ナタリーのアルバム発売記念インタビュー「ももいろクローバーZ 有安杏果 感情の軌跡詰め込んだ夢の1stソロアルバム」で言及。

★3／1965年、東京都出身のギタリスト、作・編曲家。陣内孝則のバックバンドでプロとしてのキャリアをスタート。小泉今日子、杏里、槇原敬之らのレコーディングやツアーに参加。米米CLUBのメンバーとしても活躍。

2017・10・11 発売
ソロ ALBUM
『ココロノオト』

▼有安杏果

『愛されたくて』

ジャズ・ヴォーカリストとしての新たな一面を披露

『feel a heartbeat』、『Another story』、『Drive Drive』、『裸』（P372～376参照）という既出曲を経て、本曲に辿り着く。即ちここからが、シングル『ココロノセンリツ♪ feel a heartbeat』以降の楽曲ということになる。作詞・作曲は**風味堂《ふうみどう》の渡《わたり》 和久《かずひさ》**★1が手がけているのだが、彼が参加した**MAGIC PARTY《マジック パーティー》**の『**奇跡《きせき》の夜**』★2は杏果のフェイヴァリット・ナンバーの一つだ。ここで杏果は、**伊藤大地《いとうだいち》**★3と**鈴木正人《すずきまさと》**★4という屈強なリズム隊とブラス陣を従えて、スウィートでチャーミングなジャズ・ヴォーカリストとして、軽妙洒脱《けいみょうしゃだつ》なスウィング・ナンバーにチャレンジしている。

悪いことは言わないので、こっから先を読む前に1度、本曲を通して聴いてください。聴きましたか。ハイ、軽く驚きましたね。何がって、杏果のリズム感と多彩な表現力に、ですよ。音楽的に極めて高度なももクロ楽曲の数々をこなしてきたことからするとアタリマエかもだが、男の子からの求愛ソングゆえ、明らかに「この曲のための歌い方」を徹底的に研究したのであろう、他の曲とはかなりニュアンスを変えて歌う姿がコケティッシュの極み。しっかし「愛されたくて～」と甘えるように歌われた日にゃ、緑推しノフはトロトロに溶けるしかおませんな。2分14秒からのスキャットも見事に決め、渡のピアノも存分にローリング。トラックタイムは3分34秒とコンパクトで、アルバムのチェンジ・オブ・ペースとして、実に気が利いてまーす。

サウンドカテゴリー度

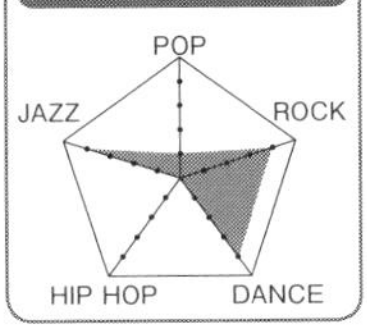

DATA

レーベル／イーブルライン
レコード（キングレコード）
作詞・作曲／渡 和久
編曲／長谷川智樹
ドラム／伊藤大地
ベース／鈴木正人
トランペット／川上鉄平
トロンボーン／東篠あづさ
バリトンサックス／鈴木宏志
アルトサックス&ブラス・
アレンジメント／武嶋 聡
ピアノ／渡 和久

★1／渡 和久は1977年、福岡県出身のピアニスト&ヴォーカリスト、作詞・作曲家。ピアノトリオの風味堂のリーダー。「元気出せ！遣唐使」のレキシネームで、池田貴史のソロユニット「レキシ」にも参加している。

★2／『奇跡の夜』は、MAGIC PARTY feat. 渡 和久（from 風味堂）の名義で2009年にリリースされたシングル曲。MAGIC PARTYはヴォーカルのAIRI（アイリ）とベースの本田光史郎によるポップユニットだが、2012年に惜しくも解散。

★3／1980年、東京都出身のドラマー。SAKEROCKのメンバーとして活動開始。星野 源やハナレグミ、レキシなど、数多くのアーティストのサポートやレコーディングに参加。

★4／1971年、ベルリン生まれのベーシスト、アレンジャー、音楽プロデューサー。ジャンルを越境するユニークな音楽ユニットLITTLE CREATURESのメンバー。

2017・10・11 発売
ソロ ALBUM
『ココロノオト』

▼有安杏果

『遠吠《とおぼ》え』

ジャジーなファンク歌謡をドヤ顔で歌い切る小さな巨人

本曲も風味堂の渡 和久によるナンバーだが、編曲に長谷川智樹が加わり、ピアノはなんと！大阪出身の重鎮、**中西康晴《なかにしやすはる》**★1がプレイ。自身が相当なテクニシャンである渡が、わざわざ中西にピアノの席を譲っていることから分かるように、明らかに「中西のピアノが存分に暴れる上で、杏果と渡がデュオを聴かせる」というのが曲の狙い。なおベースは『灰とダイヤモンド』（P236参照）や『仏桑花』（P328参照）で実績のあるマルチ・ストリングスプレイヤーの**渡辺《わたなべ》 等《ひとし》**★2、ドラムはザ・スクエアの**長谷部《はせべ》 徹《とおる》**★3とやはり豪華陣。ここに長谷川のギターが加わったバンドの年齢層は極めて高く、さながら「孫を見守るシニアバンド」の趣も微笑ましい。

「街のざわめきにまぎれ」と、シリアスな表情で出る杏果の背後に、渡のコーラスがそっと寄り添う。ジャジーなファンク歌謡という新たなボキャブラリーに、果敢にチャレンジする杏果。それをゴツゴツしたファンキーなリフや転げ回るようなスケールで鼓舞する中西が、終始圧倒的な素晴らしさ。ビンテージかつ強靭なリズム隊、ワカチャコとリズムを刻む長谷川と、バンドの演奏そのものにはシニアな枯れは一切なく、3分32秒の短距離を全力疾走。その上でドヤ顔で歌い切る杏果に、彼女が本質的に備えているブラック&ファンク魂を、強く感じることだろう。この世界から、次曲『小さな勇気』までの振幅をこなすのが、ヴォーカリストとしての杏果の力量っちうもんであってね。

DATA

レーベル／イーブルラインレコード（キングレコード）
作詞・作曲／渡 和久
編曲／長谷川智樹
ピアノ／中西康晴
アップライトベース／渡辺 等
ドラム／長谷部 徹
ギター&プログラミング／長谷川智樹
コーラス／渡 和久

★1／1958年、大阪府出身のピアニスト、キーボーディスト、作・編曲家、音楽プロデューサー。1975年、わずか17歳で「上田正樹とサウストゥサウス」のメンバーとしてデビューし、天才プレイヤーとして注目される。以降、泉谷しげるや尾崎 豊、山下達郎、中島みゆき、長渕 剛ら、トップ・アーティストのレコーディングやライヴサポートに多数参加。

★2／1960年生まれのベーシスト、マルチ・ストリングスプレイヤー。1983年にポップバンドSHI-SHONENでデビュー。バンド脱退後はセッション・ミュージシャンやグループAdi（アディ）、ソロとしても活躍。

★3／1963年、千葉県出身のドラマー。1982年に人気フュージョンバンド、ザ・スクエア（現T-SQUARE）に参加し、脚光を浴びる。バンド脱退後はセッション・ミュージシャンとして長渕 剛、井上大輔など数多くのレコーディングに参加している。

2017・10・11 発売
ソロ ALBUM
『ココロノオト』

▼有安杏果

『小さな勇気』

震災チャリティーソングにして、バラードの大名曲

2016年11月26日、**大分県・ビーコンプラザで開催されたとなったソロコン『ココロノセンリツ ～ Feel a heartbeat ～ Vol.0.5』**★1に合わせて配信されたシングルで、2016年の熊本地震と2011年の東日本大震災のチャリティーソング。リリースは本アルバムより1年近く前になるが、期間限定の配信シングルがめでたく収録されたという意味でここで紹介する。作詞と作曲は杏果自身だが、編曲を手がけたのは、菊地成孔と共に**SPANK HAPPY**《スパンク・ハッピー》★2を立ち上げ**COSA NOSTRA**《コーザ・ノストラ》★3などの渋谷系から中島美嘉《なかしまみか》や古内東子《ふるうちとうこ》らのアーティスト、アイドル、ミュージカルや劇伴まで幅広いジャンルで活躍している**河野**《こうの》 **伸**《しん》★4。フォーキーに始まり、後半はゴスペル風味で盛り上がる、感動的なバラードとなっている。美しいタッチの河野のピアノが、チューニングを始めるかのようにAを単音で鳴らして曲がスタート。リズムインしてアコースティックギターが加わり、52秒でようやく「小さな声だけど」と杏果が語りかけるように登場。本書では歌詞についてはあまり言及していないが、素直な心情を平明な言葉で綴る杏果の歌詞は、バラードになると一層深いところに刺さってくる。2分35秒からのピアノとストリングスによる展開、4分53秒からのコーラスワークなど河野の仕事ぶりもお見事で、7分弱という長いトラックタイムを一気に聴かせてくれる。『青春賦』（P286参照）と並ぶバラードの名曲として、繰り返し何度も味わいたいですな。

サウンドカテゴリー度

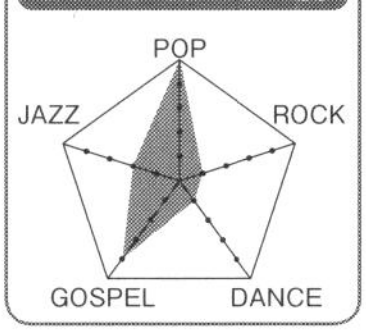

DATA

レーベル／イーブルラインレコード（キングレコード）
作詞・作曲／有安杏果
編曲／河野 伸
アコースティック&エレクトリックギター／石成正人
ベース／大神田智彦
ドラム／村石雅行
ストリングス／弦一徹ストリングス
ピアノ／河野 伸

★1／自身のソロ曲に加え、ももクロのナンバーや『小さきもの』（林 明日香）、『星間飛行』（ランカ・リー、CV／中島愛）などのカヴァーを披露。この後の東名阪ツアー以降はセットリストにカヴァーを入れていないので、貴重なライヴだったと言えよう。

★2／1992年にハラミドリ（ヴォーカル）、菊地成孔（サックス）、河野伸（キーボード）の3人で結成されたテクノポップ・ユニット。河野が脱退後は、菊地が中心になり、2006年秋まで活動。

★3／1991年、ヴォーカルとプログラミングの桜井鉄太郎を中心に結成され、渋谷系ムーヴメントを中核として牽引したポップユニット。

★4／1964年、東京都出身のキーボーディスト、作・編曲家。1990年より森高千里のサポートを始め、あらゆるジャンルの厖大な仕事を手がける才人。ミュージカルや劇伴の経験より、オーケストレーションには定評があり、本曲でのストリングス・アレンジは圧巻。

2017・10・11発売
ソロALBUM
『ココロノオト』

▼有安杏果

『TRAVEL《トラベル》 FANTASISTA《ファンタジスタ》』

「青さ」を残したコラボが新鮮な、快速ポップロック

ここで新たな刺客として登場するのは、「ヒゲダン」こと**Official髭男dism**《オフィシャルヒゲダンディズム》★1。風味堂もヒゲダンも、杏果がコラボを望んだアーティストはかなり渋好みですな。そこに通底するのは「十分なポップさを持ちながらも、徹底的な職人気質」という点だろう。ヒゲダンにとってはこれが初めてとなる他のアーティストへの楽曲提供。かつ演奏は全て自分たち、即ち「ヒゲダンをバックに従えた杏果バンド」という構成は、ヒゲダン自身にとっても大きな経験だったはず。バンドのレコーディングには杏果自身が参加、演奏に合わせて仮歌録りを行っていった様子は、「5人目のメンバーが来てくれた、みたいな感じ」であったと、**ヒゲダンの藤原《ふじわら》 聡《さとし》は語っている**★2。そりゃあ小さな巨人が入ったバンドは最強でしょうよ。曲はヒゲダンのシグネイチャーと言えるピアノのブロックコードがグイグイと引っ張るスタイルの快速ポップロックで、BPMは141、キーはFメジャー。俺好きだなあ、こーゆーの。**Shiggy Jr.**《シギージュニア》★3あたりにも通じるのだが、バンドとしての初期衝動で突っ走る感じ。そこにのっかる杏果も、軽いシャウトが一番映えるところで前のめりで歌っていく気持ち良さったらない。後半、3分8秒前後からのインストの展開と杏果のスキャット。からの爆発的な落ちサビの熱量たるや、本アルバムを通じて最高の瞬間の一つではないか。世代が近いからこそその「青さ」を残したこのコラボには、まだまだ続きがありそう——と、大きな期待コミで、ここに書き記しておきますね。

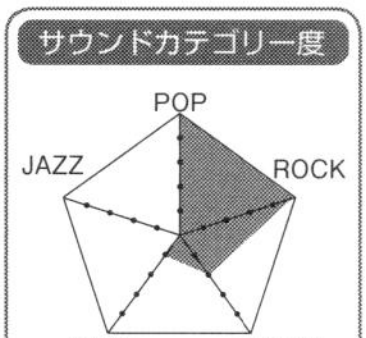

DATA

レーベル／イーブルラインレコード（キングレコード）
作詞・作曲／藤原 聡
編曲／Official髭男dism（藤原 聡、小笹大輔、楢崎 真、松浦 匡希）
プログラミング&オール・アザー・インストゥルメンツ／藤原 聡

★1／島根県松江市で2012年結成された、4ピース・ロックバンド。メンバーは藤原 聡（ヴォーカル、キーボード、ピアノ）、小笹大輔（ギター）、楢崎誠（ベース、サックス）、松浦匡希（ドラム、パーカッション）。2018年4月にシングル『ノーダウト』で、ポニーキャニオンからメジャーデビュー。
★2／NHK・FM「赤い公園 津野米咲のKOIKINA POP・ROCK パラダイス」2017年10月11日放送回に、Official髭男dismの藤原 聡と小笹大輔がゲスト出演した際の発言。
★3／2012年、青山学院大学の同級生であった池田智子（ヴォーカル）と原田茂幸（ギター）を中心に結成されたポップ・ロックバンド。'14年に森夏彦（ベース）と諸石一馬（ドラム）が加入。2019年解散。

2017・10・11 発売
ソロ ALBUM
『ココロノオト』

▼有安杏果

『色えんぴつ』

作曲家としての成長を感じる、美メロのエレクトロ・バラード

再び杏果の内省的な「心の声」が、切々と歌われる。「もともと作詞ノートに色鉛筆は大事なものからなくなるみたいなことを書いていて（中略）。曲を作るときに作詞ノートを見返して、色鉛筆というテーマで曲を作りたいなと思って」と**杏果自身が語っている**[★1]が、ソロ曲におけるこういうプライベートな感覚はあーりんと対照的な位置にあり、それがそのまま「ももクロの振れ幅」であったのだと、今となってはツヨクツヨク思う。一方で本曲は、歌詞の内容的に「ももクロ卒業前の杏果の心情を映したもの」と見る向きもあるが、そこにあまりに囚われるのは、シンガーソングライターとしての彼女に失礼ではないか……とするのが筆者の立場である。音楽をどのように愉しむかは自由だが、安易な物語に収斂《しゅうれん》させるのはあまりよろしくないということを、この際ハッキリと言っておこう。なお編曲の**Yaffle《ヤッフル》とは、ソングライター&プロデューサーの小島裕規《こじまゆうき》のプロジェクト**[★2]である。曲は空間をたっぷりと活かした、点描のようなシンセのアンサンブルから始まる。キーはGマイナー。杏果のヴォーカルは軽い発声で、さらりと歌い進む。「色を持たない」からのサビでGメジャーに転調する辺りに、作曲家としての杏果の成長を感じ取ることもできよう。ラストはイントロ同様の静謐なムードの中、4分45秒で唐突に終わる。アルバムの実質的なラストナンバーである『ヒカリの声』への長めのプレリュードと本曲を捉えるのも一つの楽しみ方であるということを、併せてお伝えしておく。

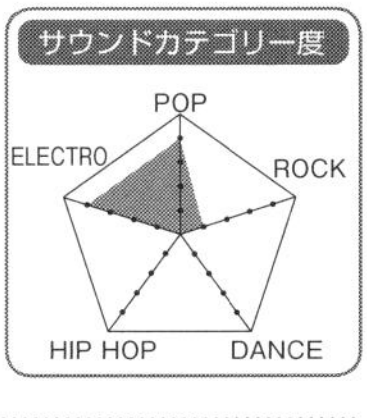

DATA

レーベル／イーブルラインレコード（キングレコード）
作詞・作曲／有安杏果
編曲／ Yaffle
ドラム／裕木レオン
プログラミング&オール・アザー・インストゥルメンツ／ Yaffle

★1／音楽ナタリーでのアルバム発売記念インタビュー「ももいろクローバーZ 有安杏果 感情の軌跡詰め込んだ夢の1stソロアルバム」での発言。

★2／２０１９年９月、小袋成彬（おぶくろなりあき）とレーベル「Tokyo Recordings」を設立。柴咲コウ、Awesome City Club（オーサム・シティ・クラブ）、上白石萌音（かみしらいしもね）らのアレンジやプロデュースをともに行う。２０１８年１月に『Empty Room feat. Benny Sings』をYaffle名義で配信し話題に。また先述の小袋も同月、シングル「Lonely One feat. 宇多田ヒカル」をリリース。その際には、小島がプログラミングを手がけている。

2017・10・11 発売
ソロ ALBUM
『ココロノオト』

▼有安杏果

『ヒカリの声』

シンガーソングライター、有安杏果の到達点@2017秋

先にアルバムレヴューで、筆者は「アルバムを順に聴くことがそのまま、杏果のこの1年の内面とシンガーソングライターとしての成長を知ることにつながる」と記した。つまりは本曲が、2017年10月時点での「シンガーソングライターとしての有安杏果の到達点」ということになる。「横アリに向けて作曲していたときに、AメロとBメロだけ作ってボイスレコーダーに残していた曲なんです。そのメロディをもとにサビを新たに作って、歌詞を書きました」と**杏果は語っており**★1、この時点で作曲の勘所《かんどころ》も、かなりのレベルで摑んでいたことがよ~く分かる。そして編曲を『ツヨクツヨク』(P70参照)を手がけた**鈴木《すずき》Daichi《だいち》秀行《ゆきひで》**★2に依頼していることから、この時点でキングレコードの宮本と杏果が向かおうとしていた場所が、明るく照射されているともいえよう。

キーはCメジャー、BPMは160。ギターのアルペジオとピアノが絡むイントロがラストの疾走を予感させながら、**山内《やまうち》"masshoi"《マッシュイ》優《ゆう》**★3がブッ叩くビートが走り出す。「トンネルを抜けると眩《まばゆ》い光が射し」と歌いだす杏果は、アルバムを通じて描いてきた風景を受けながら、光溢れるステージへ

サウンドカテゴリー度

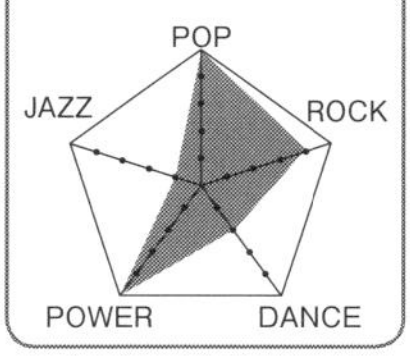

DATA

レーベル/イーブルラインレコード(キングレコード)
作詞・作曲/有安杏果
編曲/鈴木 Daichi 秀行
プログラミング、ギター&ベース/鈴木 Daichi 秀行
ドラム/山内 "masshoi" 優
ヴァイオリン/Asuka Mochizuki

★1/音楽ナタリーでのアルバム発売記念インタビュー「ももいろクローバーZ 有安杏果 感情の軌跡詰め込んだ夢の1stソロアルバム」での発言。

★2/1974年、埼玉県出身のギタリスト、ベーシスト、作・編曲家、音楽プロデューサー。絢香、家入レオ、YUIなどのJ・POPのアーティストから、ジャニーズやハロー!プロジェクトなどのアイド

と駆け出していく。鈴木によるトラックはプログラミングを含むもののダイナミックなバンド仕様であり、お得意のギターを重ね、ベースも存分に畝《うね》らせている。『ツヨクツヨク』同様のこの攻撃力に満ちたサウンドは、アルバムのラストにふさわしいゴキゲン度だ。サビでは杏果が「空が今叫んでる」とファルセットを交えたエモーショナルな歌唱で迫る。そして2番のAメロではベースがヴォーカルにアツく絡み、間奏ではギターソロが燃え上がって、大サビでは同主調のCマイナーに転調。さらなる転調を経て落ちサビでCメジャーに落ち着くあたりの流れも絶妙で、「君の目印でいるぅ〜うぅう〜」と上昇していくあたり、曲のテンションと杏果のヴォーカルが完璧に噛み合い、とてつもないカタルシスをもたらす。ラストは存分にタメをとっての「ここで同じ光 浴びよう」のシャウトが天高く突き抜け、そのまま眩い光の中へと吸い込まれていく。

本盤の発売直前にボーナストラックとしての収録が決まった『ありがとうのプレゼント』（P112参照）は、杏果のピアノ弾き語りによるアルバムのエピローグとして大きな役割を果たす。がしかし、あくまで本編ラストは小さな巨人が全身全霊を振り絞った本曲なのである。映像作家の**番場秀一**《ばんばしゅういち》★4が手がけた本曲のMVでは、頑張っている女のコたちにエールを贈る杏果の健気《けなげ》な姿が見られる。

まとめよう。『ココロノオト』は杏果にとって、子役時代から走り続け、「ももクロにいたからこそ得られたもの」を奇貨《きか》としながら、自らの内面に向き合って描き上げた温かな「私小説」だ。同時にこれもまた、紛れもなく「ももクロの重力圏内にある音楽である」ということを、今一度確認しておきたい。

ル、アニメ、ゲームまで、幅広く楽曲提供を行う。

★3／福島県出身のドラマー。いきものがかり、中川翔子、LISAらのサポートやレコーディングで活躍。

★4／1972年、京都府出身。主にMVを手がける映像作家。杏果の初のソロライヴ公演となった、2016年7月3日に横浜アリーナで開催された『ココロノセンリツ〜Feel a heartbeat〜Vol.0』の映像監督を担当。椎名林檎の『ギブス』や、布袋寅泰の『RUSSIAN ROULETTE』、乃木坂46の『急斜面』を始め、数多くのMV作品を手がけている。

2017・11・22発売
『映画かいけつゾロリ ZZのひみつ』
主題歌 single

『夢は心のつばさ』

▼ゾロリーヌ（CV：百田夏菜子 from ももいろクローバーZ with ゾロリ（CV：山寺宏一）

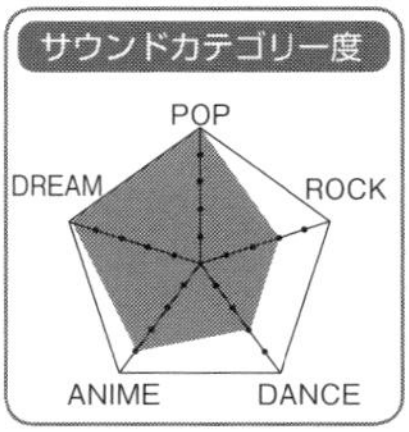

DATA
レーベル／日本コロムビア
作詞／原ゆたか
作曲／田中公平
編曲／多田彰文

最強パートナーのやまちゃんを得て、存分に「ぶっとばす」夏菜子

ももクロを追っかけていると、全く想定外のいろんなものを観なくてはならなくなる。ここで夏菜子がチャレンジしたのは、**原ゆたか**[★1]による人気児童書**『かいけつゾロリ』**[★2]の30周年を記念したアニメオリジナルストーリーの劇場版**『映画かいけつゾロリ ＺＺ《ダブルゼット》のひみつ』**[★3]のヒロインであるゾロリーヌのＣＶ《キャラクターボイス》だ。その主題歌である本曲は、ゾロリのＣＶである**「やまちゃん」**こと**山寺宏一**《やまでらこういち》[★4]とのデュエットナンバー。声優としては完全にベテランの山寺の胸を借りる格好になるが、歌手としては夏菜子が本業。とはいえ、子供の頃からゾロリのファンであり、ＣＶとしての歌唱はこれが初めてなので、レコーディング時には「山寺さんの声が先に入っていたので全身を預ける感じでした。男の人の声が耳から聞こえるって今までないので、それが新鮮で、ハモった瞬間楽しい！って思えた」と**夏菜子は語っており**[★5]、貴重な体験となったことを窺わせる。なお作曲の**田中公平**《たなかこうへい》[★6]は自身のブログで、曲作りにあたってはももクロの楽曲を聴いて勉強し、「色々な声の色を持っている夏菜子さんのその1番ピュアな部分を活かすために、いつもとは少し違う『色』を設定しようと思いました。それ

★1／1953年、熊本県出身の児童文学作家、イラストレーター。代表作はもちろん『かいけつゾロリ』シリーズだが、みづしま志穂『ほうれんそうマン』シリーズや、わたなべ めぐみの『よわむしおばけ』シリーズのイラストも手がけている。
★2／1987年にスタートした人気児童書シリーズにして、アニメ、映画、コミック、OVAなどを展開するマルチメディア作品。2021年12月発売の『かいけつゾロリ きょうふのダンジョン』で70作目。
★3／2017年11月25日より全国ロードショー公開。ゾロリの母親ゾロリーヌと父親ゾロンド・ロン（ロン先輩）の若き日のラヴ・ロマンスを描きながら、ゾロリの出生の秘密を明かすストーリー。
★4／1961年、宮城県出身の日本の声優、タレント。アニメ&吹き替え声優として男性ではトップの実績を誇り、ウィル・スミス、エディ・マーフィか

は『青色』と『白』でした」と語っている。こういう愛ある作家に恵まれ、ももクロでも夏菜子のソロ曲でもない、心温まる新たな名アニソンが生まれた。

ストリングスが爽やかなメロディーを綴るイントロに続き、すぐさま夏菜子とやまちゃんが「とべとべとべ ぶっとべ」と勢い良くカマしにかかる。ヴォーカルはセンターに定位、両者の声質そのものは全く交わらないが「熱量」という点では同じ、ゆえに太い束となって迫ってくる。BPMは128、主調はBメジャー。編曲の多田彰文《ただあきふみ》★7はダイナミックなギターロックを基本に、ストリングスやチャイムを舞わせることで、ファンタジックなムードを加えている。「過去から 未来へ」とソロは夏菜子が先行、やまちゃんの「時間の 流れは」で短3度上のDメジャーに転調するが、夏菜子の「たいせつなもの」でBメジャーに戻り、そのままサビも進行する。このサビが抜群で、「つばさだ」のフレーズを掛け合いにしつつ、後に出るやまちゃんに無双を任せることで、歓喜がグワ〜ンとこみ上げてくるのだ。

2番では夏菜子のバックを落とし目にしてムードを変え、後半のさらなる熱量に備えると、ギターがいよいよ荒ぶり始める。ナチュラルなアレンジだが、こういう手法はやはりグッときます。ラストのサビは半音上がってCメジャーとなり、3分50秒からは夏菜子もやまちゃんも存分にぶっ飛ばしにかかるが、自在に暴れるやまちゃんを夏菜子が見守る図式がバッチリ決まり、痛快この上ない。エエわ〜、やまちゃん。そんな彼、ラジオ番組の『**ももいろクローバーZのSUZUKI ハッピー・クローバー！**』★8にゲスト出演してももクロに声の世界をレクチャーしたり、『ももいろクリスマス 2017 〜完全無欠の Electric Wonderland〜』のさいたまスーパーアリーナ公演にゲスト出演して本曲を披露するなど大活躍。引き続き、我らがももクロの心強い味方として期待したいところだ。

らドナルドダックまで幅広く手がける。1997年から2016年まで、子供向けのバラエティー番組『おはスタ』のメイン司会者を務め、「おはキッズ」時代のあーりんとも共演している。

★5／音楽ナタリー、2017年10月20日の記事『ももクロ百田夏菜子が「ゾロリ」主題歌歌う、山寺宏一とのデュエットに「楽しい！」』で言及。

★6／1954年、大阪府出身の作・編曲家、歌手。バークリー音楽学院に2年間留学。帰国後に作曲家として活動を始める。庞大な数のアニメ楽曲を手がけており、『かいけつゾロリ』シリーズはアニメの第1期から音楽を担当。当該ブログは2017年12月4日にアップされたもの。

★7／1964年、兵庫県出身の作・編曲家、マルチプレイヤー、プログラマー、音楽プロデューサー。1989年に手塚治虫原作のミュージカル『火の鳥』のシンセサイザー奏者としてデビュー。以降、アニメやドラマ、ゲームの分野を中心に活躍。

★8／2015年12月よりスタート。TOKYO FM をキーステーションに、毎週日曜16時〜16時55分にJFN37局で放送されているラジオ番組。山寺は2017年11月26日の「知ってびっくり！声の世界学」の回でゲスト講師として登場。

2017・12・13 発売
『ももいろクリスマス 2017 完全無欠の Electric WONDERLAND』開催記念 single
『天国の名前／ヘンな期待しちゃ駄目だよ…?♡』

▼ももいろクローバーZ

『天国の名前』

阿久《あく》 悠《ゆう》ソングブックに名を連ねる、シューゲイザーなギターロック

久々のさいたまスーパーアリーナでの開催となった『**ももいろクリスマス2017 ～完全無欠《かんぜんむけつ》のElectric Wonderland《エレクトリックワンダーランド》～**』[★1]で初披露された本曲は、ももクリ恒例の開催記念シングル。作詞はなんと故・**阿久《あく》 悠《ゆう》**[★2]によるもので、昭和の歌謡界で一時代を築いた偉大なる作詞家、かつ『**スター誕生**』[★3]の審査員として数多くの歌手を育てた阿久 悠が、まさかここでももクロと交わることになるとは。相変わらず、こまめにサプライズを仕かけてきますよね～、運営チームは。

経緯はこうだ。まず阿久 悠の没後翌年より、**残された未発表詞に曲をつけるプロジェクト**[★4]が始まる。同プロジェクトの第1作として発表されたのが、日本テレビのドラマ「**ヒットメーカー 阿久 悠物語**」[★5]のテーマ曲、『**目を見て語れ 恋人たちよ**』[★6]だった。以降、数々のアーティストとのコラボが進む中、**阿久 悠サイド**[★7]からももクロ陣営にプロジェクトへの参画《さんかく》のオファーが届く。それでは、と数多ある詞の中から、氏が68歳の時に作詞した『天国の名前』をチョイス。安定のももクロ作家であるNARASAKIに作・編曲を依頼し、本曲が完成した。

サウンドカテゴリー度

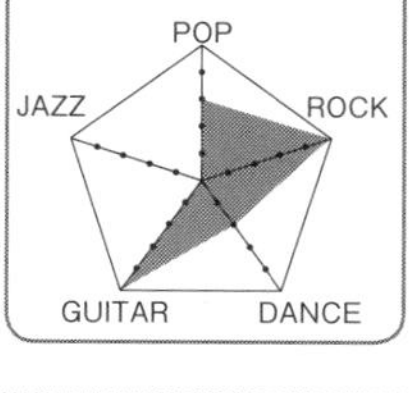

DATA
レーベル／イーブルライン
レコード（キングレコード）
作詞／阿久 悠
作・編曲／ NARASAKI
ギター／ NARASAKI、ヤマジカズヒデ
ベース／石塚 BEAR 伯広
ドラム／クハラカズユキ

★1／2017年12月13日に開催。同月20日には大阪城ホールでも開催。筆者は落選祭りを経て、大阪公演のラストチャンスの立ち見で辛うじて拝ませていただくことができたのだった。もはやももクロに大阪城ホールは狭いッス。
★2／1937年、兵庫県淡路島出身の作詞家、小説家。本名は深田公之で、ペンネームは「悪友」から。作詞家としての初期の代表作はザ・モップスの『朝まで待てない』（1967年）で、以降は数々のヒット曲を世に送り出している。代表作は尾崎紀世彦の『また会う日まで』、沢田研二の『勝手にしやがれ』、ピンクレディーの『UFO』（いずれもレコード大賞受賞）など多数。1999年に紫綬褒章、2007年に旭日小綬章受章。2007年没。
★3／1971年から1983年まで12年間にわたって放送された、歌手オー

歌詞の世界を受け、キングレコードの宮本とNARASAKIが選んだスタイルは、サイケデリック・ロックバンド **dip**《ディップ》★8を起用した、シューゲイザーなギターロック。左右チャンネルでディストーションギターがノイジーなバッキングをブ厚く刻み、ベースとドラムはひたすらドバスカと前進するこの感じは、**マイ《My》・ヴィトリオール《Vitriol》**の**『オールウェイズ《Always》：ユア《Your》・ウェイ《Way》』**★9辺りにも通じるムード。BPMは165、キーはEマイナーなのだが、歌メロに寄り添う楽器がない上にコード感が極めて薄いため、これは相当に歌いにくいでしょうなぁ。で、こういう時はオイシイところを1発でキメてくれるしおりんの出番。「時は悲しみを」とAメロの頭をサラリとこなし、れにちゃんも「時は人を救う」とこれに追従《ついじゅう》すると、たちまちももクロ・ワンダーランドへと突入するから見事なものである。「もうきみに声をかけられる」からのサビで平行調のGメジャーに転調して盤石のコーラスを聴かせるが、サウンド的に大きく変化させずに貫くのがシューゲイザーの美学。ある意味のっぺりしたサウンドだが、ももクロのコーラスが乗っかることでカラフルになっていることがよ~く分かる。そこがNARASAKIの狙い。2番のサビ終わりの3分15秒からはヴォーカルと入れ替わるようにエモくもポップなギターソロが登場、ラストのコーラスへとパスを出す。4分7秒からのコーラスを追いかけるように、ようやくシンセのキラキラした音色が遠鳴りし、厚みを加えてフィニッシュへと向かう。

果たして天国でこれを聴いた阿久 悠はどのように感じただろうか。ちなみに、「鬼才NARASAKI氏による現代のウォール・オブ・サウンドと、主役のももいろクローバーZの面々が極彩色の歌声を添えてくれた世界はまるでこの世の涅槃《ねはん》のように美しい。ただただ音に身を委ねればいい。そうすれば子供のように涙を流す事ができる」と**ご子息はコメントしている**。★10 クゥ~。

ディション番組。森 昌子、桜田淳子、山口百恵、ピンク・レディー、小泉今日子など、多数のスターを輩出。

★4／2018年5月末現在、最新作となる本曲を含め、ソングリストは72曲。ももクロゆかりの前山田健一や宗本康兵らも、作曲で関わっている。

★5／日本テレビ開局55周年記念番組として制作され、2008年8月1日に放送された141分のスペシャルドラマ。阿久 悠の役は、田辺誠一が演じた。

★6／宇崎竜童が作曲を手がけ、高橋真梨子が歌った。

★7／阿久 悠の作品は株式会社阿久悠で管理されており、同社の取締役でもあるご子息で作曲家の深田太郎氏がオファーしたものと思われる。

★8／1991年、ヤマジカズヒデを中心に結成されたサイケデリック・ロックバンド。

★9／1999年にロンドンで結成されたオルタナティヴ・ロックバンド。『Always: Your Way』は2002年リリースのデビューアルバム『Finelines』に収録。彼らの攻撃力とメロディック・センスが発揮された佳曲。

★10／音楽ナタリー、2017年12月14日の記事「ももクロ、新曲「天国の名前」は阿久 悠作詞&「ももいろ歌合戦」に氣志團、加山雄三ら出演」より。

2017・12・13 発売
『ももいろクリスマス 2017 完全無欠のElectric WONDERLAND』
開催記念 single
『天国の名前／ヘンな期待しちゃ駄目だよ…？♡』

『ヘンな期待しちゃ駄目だよ…？♡』

▼佐々木彩夏 with ももメイツ

サウンドカテゴリー度

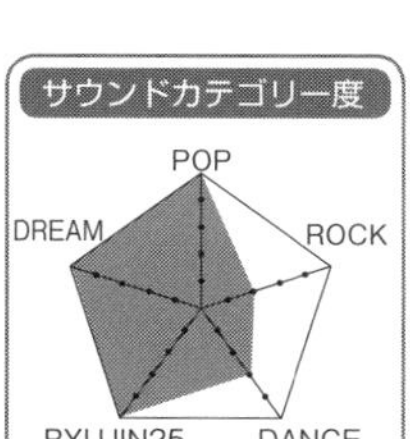

DATA

レーベル／イーブルライン
レコード（キングレコード）
作詞・作曲・編曲／清 竜人
オール・インストゥルメンツ／
清 竜人

ニヤけが止まらない！ ももクロ史上最強の萌えチューン

ここでまたしても、とんでもない神曲が降臨する。『天国の名前』はももクリ楽曲としては異色作だったが、こちらは正真正銘のクリスマスソング。かつ名義は「佐々木彩夏 with ももメイツ」という明確なあーりん推し事であり、仕掛け人は出ました！ 清 竜人というね。**彼が率いた清竜人25はこのタイミングでは解散しており**★1、**同グループを心から愛していた筆者**★2にとって、本曲は心にポッカリスエットと空いた穴を見事に埋めてくれた、「よくぞやってくれました！」と竜人方面（どっち？）を向いて感謝感激雨霰霧靄霞ブリザードと崇《あが》めるしかない1曲なのであーる。

曲に寄せた竜人くんのコメントからして、もうサイコー、ゆえにここは**ナタリーの記事**★3から大幅に抜粋することも許されよう。「『イマジネーション』の最後「待ってるね」ってカナコちゃんが言ったの、まさかミンナ忘れてないよネ？♡（中略）リスナーのミンナが、心のどこかでは聴いてみたいと思うケド…カナコちゃんぽくないかもだし…シオリちゃんに似合わないかもだし…モモカちゃんの声に合うかワカンナイし…レニちゃんが楽しめるかシンパイだし…アーリンは照れちゃいそうだし…で

★1／2017年6月17日、幕張メッセイベントホールでの『ラスト♡コンサート』をもって解散。同ライヴの模様はWEBオーダー完全限定生産でBlu-ray&DVDが発売されている。

★2／2016年10月発売の拙著『アイドルばかり聴け！』で、清竜人25としてその段階で発表されていた全25曲を完全ガイドするレベルの熱量でプッシュ。ホントーに音楽的に素晴らしかったグループゆえ、モノノフの皆さまはもちろん、全音楽ファンにぜひお読み&お聴きいただきた

も…やっぱり聴いてみたい…♡♡♡（後略）」って、いったいなんちゅうオモロイ男なのか。こうしてとことん期待を膨らませ、そしてドロップされた曲は清竜人25マナーをそのまんまももクロに持ち込んだ、サイコーのクリスマス・プレゼントだった。今一度、竜人方面に感謝感激……（以下略）。
ヒュワ～ンと広がるサウンドとティンパニーに導かれ、聴く者は夢の中へワープ。そこで待っていた大天使あーりんの「ありがとう…夢の中まで来てくれて…」と始まる台詞の前に、もはや我々に為す術《すべ》はない。そして「ヘンな期待しちゃ駄目だよ…？」の上目遣いのフレーズで、これから曲が始まるというのに早くも昇天するのもしゃーないですわな。そこに「イェーイ」とももメイツが冷やかすように飛び込み、シーンはパーティーへと移行。Aメロでまずはメインキャストのあーりんが出るが、それをフォローするももメイツの「どうしよ？ 恋かな？」のコーラスもたまらん萌え具合。続くれにちゃん、しおりんもそれぞれの小悪魔ぶりで迫り、サビの「メリークリスマス フォーユー」のキラキラしたメロディーは『デモンストレーション』（P326参照）や『イマジネーション』（P356参照）同様、現代屈指のメロディーメイカーの竜人くんならでは。より軽めのストリングスやチャイム、ユーモラスなシンセベースを駆使したプログラミングにより、萌え感を強調するというアレンジの手腕も冴えまくりだ。2番では夏菜子、しおりんと続くバックで「なんだかヘンなの」と？マークを連打するような杏果がなんともキュート。そして最高のシーンは、3分9秒からのあーりんの長台詞だ。「私のほっぺ…つねってみて…？」に至る間の約24秒をニヤけずに聴き続けることは、モノノフには不可能であろう。そしてライヴでは**夏菜子があーりんのプニップニーなほっぺをガチでつねるという**★4——ありゃ、ただただ楽しんじゃったぜ。とまぁ、俺を完全に無力にするのだよこの曲は。正直、スマン。

い。そして竜人くんには引き続き、ももクロ作家としてのサポートをお願いしたいです。

★3／音楽ナタリー2017年12月8日の記事、「ももいろクローバーZの「ももクリ」テーマ曲は清 竜人書き下ろし」にコメント全文が掲載されているので必読！

★4／本曲は、2017年の『ももいろクリスマス2017 ～完全無欠のElectric Wonderland～』で披露されて以降は、4人体制になってから初の本格ライヴイベントとなった横浜アリーナでの『ニッポン放送 ももいろクローバーZ ももクロくらぶxoxo ～バレンタイン DE NIGHTだぁ～Z！』の2日目（2018年2月11日）でも、ももクロくらぶxoxoのリスナー投票によるリクエスト曲の第4位として披露された。

2017・12・13 発売
『ももいろクリスマス 2017 完全無欠の Electric WONDERLAND』
開催記念 single
「天国の名前／ヘンな期待しちゃ駄目だよ…？♡」

▼ももいろクローバーZ

『トリック・オア・ドリーム』

陽気なハロウィン・パーティーに、ポジティヴなメッセージを乗せる

2017年のももクリの開催記念シングルは、ピッカピカの新曲3曲入りという大盤振る舞いもさることながら、3曲いずれも全く異なるテイストで楽しませてくれるのだ。本曲はタイトルから明らかなように、クリスマスではなくハロウィンにちなんだ曲で、**ももクロが出演した「ハロウィンジャンボ宝くじ」のCM**[★1]のオンエアに合わせて10月18日に先行配信でリリースされている。作詞と作・編曲の全てを手がけているのは初参戦の**月蝕會議**《げっしょくかいぎ》[★2]だが、彼らはももクロと同じイーブルラインレコードに所属するアーティストで、「バンド形態の音楽クリエイターギルド」というユニークなチームだ。そのプロデュース第1作は同じキングレコード所属の**上坂**《うえさか》**すみれ**[★3]の『**踊れ！きゅーきょく哲学**』[★4]。この辺りに、新たな才能を組み合わせることでケミストリーを狙う、A&Rとしてのキングレコードの宮本の貪欲さが読み取れる。そして月蝕會議の主要メンバーには『バイバイでさようなら』（P330参照）を手がけたエンドウ．がいるわけで、ここでもハロウィンを題材にしたダークかつノベルティなテイストもありつつ、どこか昭和歌謡の香りも漂う、ノリのいいポップチューンを届けてくれた。

★1／CMでは、ももクロの5人がヒゲ&ちょんまげの侍姿、って要は「リアル・モノノフ」となって登場。衝撃的でありつつ変に可愛かったのだが、何気に1番似合っていたのは杏果でした。

★2／メンバーはエンドウ．（ギター）、Billy（ギター）、鳥男（ベース）、楠瀬タクヤ（ドラム）、岩田アッチュ（キーボード）、キリン（ヴォーカル）。全員が作詞、作・編曲を手がけ、バンドとして声優ユニットのイヤホンズのライヴサポートも行っている。月蝕會議としてのオリジナル曲としてはテレビアニメ『18if（エイティーン・イフ）』第6話のエンディングテーマ曲『行方知レズ』がある。

★3／1991年、神奈川県出身の声優、歌手、タレント。9歳で

サウンドカテゴリー度

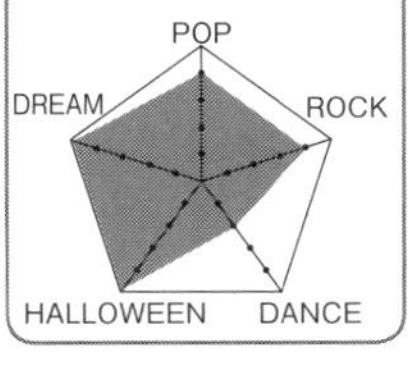

DATA

レーベル／イーブルラインレコード（キングレコード）
作詞・作曲・編曲／月蝕會議
オール・インストゥルメンツ／月蝕會議
コーラス／スマイルキッズ

ディストーションギターのアンサンブルから出るイントロのキーはAマイナーで、BPM145のスカビートがスカさず走りだす。Aメロで先行するのはしおりん、続いて杏果が、『バイバイでさようなら』にも通じるクレズマーっぽいメロディを歌う。ギターの短いメロディーを挟んであーりん、夏菜子とリレーし、Bメロで「ほんとの気持ち」とれにちゃんが出るとちょっぴりムードが和らぎ、ひとときのしおりんを挟んで1分14秒からサビへ。転調はせずに、CMにも使われた宝くじを想起させる「デッカすぎてもいいじゃん 無謀な夢」という全員のコーラスに。「Foo!《フー》」、「Hey!《ヘイ》」のコールも楽しく、こういうお祭り感はライヴで盛り上がりますからな〜。歌詞全体は、夢を叶えるためなら変身してでも、高い理想にジャンプしてつかみ取れ！というポジティヴなメッセージを伝えるももクロらしいもので、宝くじのCMであっても決して下世話にはならないのだ。

2番終わりの「お行儀なんて気にしないで」を受けて、サウンドはドラマティックに展開。3分13秒からの大サビで平行調のCメジャーに転調すると、にわかにご陽気なハロウィン・パレードの様相を呈する。そのままラストまで突っ走り、マーチング・ドラムを挟み、イントロと同じギターフレーズで完結。トラックタイムの4分18秒が、あっちゅう間に感じられるだろう。

なお同年の「ハロウィンジャンボ宝くじ」では豊洲PITでの**『ハロウィンジャンボ抽選会&ももクロ特別ライブ』**★5のキャンペーンも行われたのだが、これがなんと当選者数が500組1000人という凶悪に狭き門。そのハードルをクリアしたラッキーなモノノフたちの前で、アンコールで本曲と『バイバイでさようなら』が続けて披露されているのは、運営の粋な計らい。しかし同年のももクリでは本曲は披露されなかったので、ライヴにおけるレア曲として、今後の動向が注目される。

スカウトされ、モデルとして活動。2012年のテレビアニメ『パパのいうことを聞きなさい！』の小鳥遊空（たかなしそら）役で、本格的に声優としての活動を開始。同年に『ガールズ&パンツァー』、『中二病でも恋がしたい！』と話題作に立て続けに抜擢され、以降、トップ声優として活躍中。上智大学外国語学部でロシア語を専攻しており、公式プロフィールに「ソビエト社会主義共和国連邦が崩壊した1991年生まれの声優、アーティスト」と表記するレベルでのソ連・ロシアマニアとしても知られる。

★4／2017年7月リリースの、上坂すみれの8枚目のシングル。テレビアニメ『アホガール』のエンディングテーマ曲で、作詞には上坂自身も加わっている。アゲアゲな'80Sディスコ風味と、あーりんにも通じる上坂の無双が炸裂する強力なファンクチューン。必聴！

★5／2017年11月9日に開催。ももクロはCMほど本格的ではないが、ヒゲ&ちょんまげ姿でライヴを行った。いつまでもこーゆーことをやる遊び心、良ろしおすなぁ。

「奇跡の4人」として描き始めた、新たなストーリー

杏果の卒業以降、ももクロの4人が極めて短期間で多くの曲を更新していったその過程を、筆者は2018年のバレンタイン・イベント、青春ツアー@和歌山、春の一大事@東近江市で確認してきた。その都度、「よくこれだけの短期間で、ここまで違うことができるものだ」と驚きつつ、「杏果卒業」は逆境であると同時に、彼女たちの「伸びしろ」を引き出すための、新たなチャンスなのだな……との想いを深めていった。彼女たちは4人になっても相変わらず、未完成なままでその都度の「ベスト」に挑み続け、「今を生きていることの意味」を、私たちに実感、共有させてくれる存在だったのである。

2018年5月22日と23日の10周年ライヴの2日間、私は東京ドームで4人の姿を見届けていた。10周年の東京ドームという舞台はやはり大きく、かつ重い。しかし「Team Daimond Four」という新たな名の下に繰り広げられたそのパフォーマンスは圧倒的な気迫に満ちており、特に2日目は過去最高レベルの究極の「神ライヴ」であった。オープニングから立て続けに『Z伝説～ファンファーレは止まらない～』、『マホロバケーション』、『BIONIC CHERRY』、『ゴールデンヒストリー』という攻めの4曲が披露された流れは今思い出してもコーフンするし、曲を追うごとにテンションを高めていくメンバーの歌唱とダンスの切れ味、そして遂に復活した『ゴリラパンチ』、新たなアレンジによってより攻撃力を高めドラマチックになった『「Z」の誓い』、さらには感動のアンコールまで——私たちが東京ドームで観たもの、それはももクロが「奇跡の4人」としての圧倒的な輝きを放ち、新たなロードムービーの幕が上がった歴史的瞬間だったのである。

column 9

同じ年の夏、8月4日と5日にZOZOマリンスタジアムで開催された「Momoclo Mania2018 -Road to 2020-」はそうした流れを受け、かつ2020年に開催される予定であった東京オリンピック・パラリンピックに向けて、新たなストーリーを紡ぎ始めたライヴだった。タイトルはアメリカのプロレス団体であるWWEが主宰する「レッスルマニア」へのオマージュで、スケートボードやBMX、ウィルチェアーラグビー、3×3バスケット、恒例のハーフマラソンなど、極暑の中ではあったが見応えのある構成と、自信に満ちた4人のパフォーマンスに存分に酔い痴れた。そのDAY1で新曲『Re:Story』が披露され、配信シングルを5カ月連続でカマすことが発表されたのだが、相変わらずの新たなチャレンジにももクロ運営陣の気合を感じたと同時に、いかなる新曲が投下されていくのか？との、「選ばれし、モノノフの恍惚と不安、二つ我にあり」てな前田日明さながらの心境になったのだった（傍点、第二次UWF旗揚げ時にヴェルレーヌの詩から前田が引用したフレーズの、モノノフバージョンです）。

8月の『Re:Story』に始まり、毎月配信される楽曲たちにいちいち驚き、また9月から10月にかけてはミュージカル『ドゥ・ユ・ワナ・ダンス』も挟み、12月の『ももいろクリスマス2018 DIAMOND PHILHARMONY -The Real Deal-』というオーケストラを従えての至高のライヴ、加えて大晦日の『ももいろ歌合戦』までを、イッキに駆け抜けたミューズたち。その八面六臂《はちめんろっぴ》の大活躍に、我々は歓喜の声を上げるしかなかったのだった。

2018・4・11 発売
ももクロちゃんZ×ピコ太郎
配信限定 single
『Vegetable』

▼ももピコちゃんZ

『Vegetable《ベジタボー》』

ピコ太郎とのコラボは、野菜の英語名を連呼するキッズ向けテクノ

モノノフ的にはいろんな意味で実に感慨深い曲である。本曲のコラボ相手は、2016年に**『ペンパイナッポーアッポーペン（略称：PPAP）』**[1]でブレイクしたピコ太郎。そのプロデューサーである**古坂大魔王《こさかだいまおう》**[2]はというと、2012年1月30日から7日間行われた**『ももクロ試練の七番勝負 episode.2《エピソード》』**[3]において、3試合の**「見届け人」**[4]を務めた御仁だ。その共演をきっかけに「モノノフ芸人」として知られるようになった古坂がピコ太郎として大ブレイクする姿に、ももクロちゃんたちは多大なる祝福を贈っていた。2017年3月6日の「ピコ太郎 PPAPPT in 日本武道館」には、しおりん、杏果、れにちゃんのマス寿司3人前でゲスト出演。そしてピコ太郎はももクロちゃんZとのコラボに『PPAP』の姉妹曲として温めていた本曲を提案、MVも自らが手がけている。

ポイントはなんといっても、古坂の音に対する拘りだろう。彼はテクノ黎明期の名機とされる**ローランドのTR-808**[5]の使い手であり、『PPAP』でもカウベルの音に後継機である**TR-909**[6]のスネアを重ねてプッシュ感を出し、極めて**特徴的なトラックを創り上げていた。**[7]その姉妹曲であ

サウンドカテゴリー度

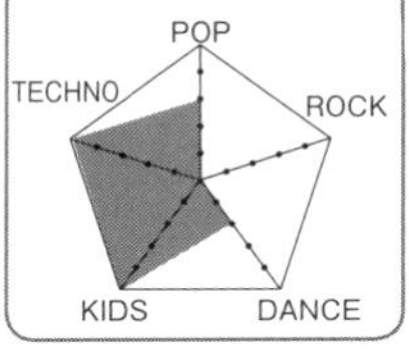

DATA

レーベル／イーブルライン
レコード（キングレコード）
作詞・作曲／ピコ太郎
編曲／古坂大魔王

★1／2018年5月末段階で、YouTubeでの再生回数は1億3000万回を超えている。

★2／1973年、青森県出身のタレント、DJ、音楽プロデューサー。ピコ太郎の「中の人」だが、一応は別人との設定。ブレイクは遅かったが以前から芸人仲間での評価は高かった。ニッポン放送で『古坂大魔王のアイドル倶楽部』という番組も担当（2014年4月～2015年9月）。

★3／元グランドキャバレーだった東京キネマ倶楽部を会場に開催。古坂が参加した際のゲストは、第1戦がSHELLY（ももクロVS.お茶の間）、第6戦がバナナマン（ももクロVS.コメディ）、そして第7線が戦場カメラマンの渡部陽一（ももクロVS.国際情勢）。特に最終戦となった渡部陽一の回は、

る本曲を聴いても、ヴィンテージなサウンドの組み合わせやディストーションなどの丁寧なエフェクト処理で絶妙の味わいを出している。対する**ももクロも「今までで1番難しい曲」とコメントしているが、**★8 ピコ太郎と一緒に心から楽しみながらレコーディングしたのが、しみじみと伝わってくる。

曲はサンプリングによるブラス、からのファンクベースという強靭な流れでスタート。4人が気ままにシャウトをブッ込むのを、ピコ太郎が「イェ～イ」と制すると、夏菜子が「Tomato《トメィト》」、あーりんが「Petit Tomato《プチトメィト》」、れにちゃんが「Potato《ポティト》」と、それなりに英語らしい発音で連呼する。れにちゃんを受けて半笑いで「Potato《ポティト》」と返すピコ太郎もゴキゲン。再びイントロのブラスから、しおりんの「Pumpkin!《パンプキン》」でテクノファンクな曲調になるのもカッコいい。44秒からはピコ太郎が「Tomato《トメィト》」とリード、あーりんは「Petit…《プチ》」と人力チョップをキメる。1分7秒からは全員での「Parsley《パッセリィ》」に移行、グイグイと盛り上げて「Vegetable《ベジタボー》」に落とす流れもバッチリと決まり、ここからのピコ太郎のチョップやAuto-Tuneでの音声処理も大きな聴きもの。1分36秒からは全員が野菜名でバトルを繰り広げひとしきり盛り上がったところで、夏菜子がピコ太郎に向かって可愛く「Pineapple!《パイナポー》」と出て、バックトラックなしの英会話教室のようなパートへ。ここはアドリヴを編集したものだろうか、会話や間が極めてナチュラルに進む。あーりんもケラケラと笑っているし。ラストはしおりんの「People《ピポー》」から、ピコ太郎の「People is People《ピポーイズピポー》」のアンサーでオケが戻って終了。たった2分21秒の短いトラックだが、繰り返し聴きたくなったキミやアナタは、すっかりピコ太郎の術中にハマっているわけであってね。なおピコ太郎は『ぐーちょきぱーてぃー』のシーズン2にゲスト出演。今後も、ももクロちゃんと引き続きのコラボが期待されるところだ。

ももクロのメンバーの号泣が話題となった名作回。詳細は映像作品『ももクロChan Presents ももいろクローバーZ 試練の七番勝負 episode. 2』でご確認を。

★4／『ももクロ試練の七番勝負』はももクロのトーク力を高める目的であかりん卒業直後の2011年の春から行われていたイベントで、MCは「見届け人」と呼ばれた。

★5／1980年に発売されたリズムマシンで、通称は「やおや」。スネアやハンドクラップ、カウベルなどの特徴的なサウンドで、テクノやエレポップの普及に大きく貢献した名機。

★6／「やおや」の後継機種で、本機よりMIDIにも対応するも、発売当時は18万9000円という価格がネックとなり大きくは普及しなかった。'90年代に、デリック・メイなどのデトロイトテクノ周辺のアーティストがそのサウンドを再評価したことで、再び人気を博すように。

★7／2017年1月15日放送の音楽番組「関ジャム 完全燃SHOW」ではtofubeatsが楽曲解説のゲストとして登場、また古坂のワーキングスタジオへの取材が行われている。

★8／ニュースサイトBARKSの2018年2月21日の記事内での記述。

2018・3・9発売
『まるごとれにちゃん2018』
開催記念
配信限定 ソロ single

▼高城れに

『Tail Wind《ティルウィンド》』

モータウンビートに乗って、複雑な譜割をふわりとこなす鋼少女

れにちゃんにとって5回目となるソロコン、『まるごとれにちゃん2018』[★1]の開催記念シングル。同コンサートでは前年同様にガールズバンドの「まるごとれにちゃんバンド」を従え、全22曲を熱唱した。そこで本曲は、前年のソロ曲である『一緒に』（P406参照）に続いて、アンコールの2曲目に披露されている。作詞・作曲・編曲はももクロ初参戦の若手である馬渕直純《まぶちなおずみ》[★2]が手がけ、『何時だって挑戦者』（P422参照）でコーラスで参加していたeNuが作詞の手助けをしている。れにちゃんの誕生日にちなんで、期間限定で39円で配信というのも恒例のパターンだ。れにちゃんのソロ曲は7曲目で、この時点ですでにソロアルバムを出せるレベルだったが、3年後の2021年8月に待望の初のソロアルバムをリリース（P596参照）。

曲は弾むようなモータウンビートを基調に、ちょっとブラックのテイストも加わったアイドルポップで、れにちゃんとしてはまた新たなチャレンジ。曲名は「追い風」の意味だが、よくよく考えてみれば杏果の卒業以降、ももクロのオリジナル曲としてはれにちゃんの本曲が初となるわけで、

サウンドカテゴリー度

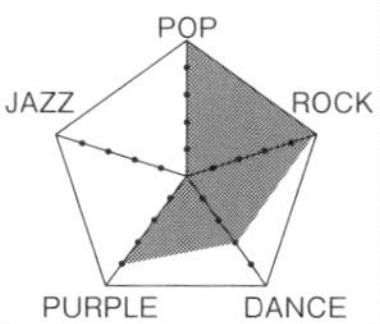

DATA

レーベル／イーブルラインレコード（キングレコード）
作詞／馬渕直純、eNu
作・編曲／馬渕直純

★1／2018年3月9日、神奈川県のカルッツかわさきで開催。ソロ曲やももクロ楽曲のほか、UNISON SQUARE GARDENの『シュガーソングとビターステップ』やYUIの『Rolling star』、CHiCO with HoneyWorksの『世界は恋に落ちている』、Little Glee Monsterの『青春フォトグラフ』など、数多くのカヴァー曲も披露。

★2／1995年、香川県出身の作・編曲家、ギタリスト。有限会社ベリーグーに所属。アイドルやアニメ系の楽曲を手がけており、i☆Risの『Re:Call』や村川梨衣の『Night terror』など、自身のギタープレイを活かしたハードな

この段階における彼女の気分が、良い具合に表現されていると思う。

まずは左チャンネルで軽く歪んだギターがカッティング、これをシンセが追っかけると、BPM204のビートが走りだす。キーはD♭メジャーでスタートするが、Aメロに入る直前でEメジャーに転調。パーカッションをバックに「春風そよぐ トキメキわくわく サンシャインフレーバー」とゴキゲンで歌うれにちゃん。こういうウキウキした曲調でのジェントル・ヴォイスはなかなかに新鮮ですな。でもってこの曲、れにちゃんは軽く歌い流しているように聴こえるが、歌詞が相当に長い上に譜割もやたらと細かいので、ヴォーカル的にはなかなかの難曲。幅広いレパートリーを歌ううちに、彼女の地力がいかに高くなっているかが確認できるのだ。

「つまづいた」からのBメロで少し後ろを振り向くが、ここは『空のカーテン』（P206参照）のAメロ頭にも共通するテイスト。こういう何気ない風景を優しく歌わせたら、誰もれにちゃんには敵わない。サビ前でイントロと同じD♭メジャーに転調して、「太陽がボクを照らして」とポジティヴに歌い上げるバックで、ギターのスクラッチ風のSEやピアノのグリッサンドが駆け巡る爽やかなアレンジも、なかなかに気分をアゲてくれる。馬渕、若手にしてなかなか達者《たっしゃ》である。

以降もA～BメロはEメジャー、サビはD♭メジャーというパターンで進み、3分9秒からのブリッジ的な大サビを経て、太陽が燦々と降り注ぐようなキラキラした落ちサビを経て、ラストはとびっきりの笑顔でサビを歌い切る。健気《けなげ》だよなぁ、れにちゃん。**「ももクロのベンジャミン・バトン」**★3とよくからかわれているが、これって女性としては褒め言葉ですよねー、明らかに。さあ次のソロ曲はどんなジャンルに挑むのか？ 笑顔の鋼少女を追う楽しみは尽きないのでーす。

ロックテイストが持ち味。

★3／映画『ベンジャミン・バトン 数奇な人生』は、2008年に公開されたアメリカ映画。デヴィッド・フィンチャー監督、ブラッド・ピット主演。80歳の状態で生まれ、年を取るごとに若返る人生を与えられた男の一生を描いたファンタジー。確かにれにちゃん、ももクロでは最年長にもかかわらず、デビュー当時からすると若返っているように見えるのは、キャラ的に吹っ切れたことと、人間的な成長が「若さ」に繋がっているに違いないでしょ、だしょ。

2018・4・11 発売
18th single
『笑一笑～シャオイーシャオ！～』

▼ももいろクローバーZ

『笑一笑～シャオイーシャオ！～』

「笑顔の天下」のネクストを示した、ハッピー度MAXな名曲

4人の新体制での初シングルは、なんと**「映画 クレヨンしんちゃん 爆盛《ばくもり》！カンフーボーイズ～拉麺大乱《らーめんたいらん》～」**★1のタイアップ曲であった（以下、「クレしん」と表記）。ここでふと「止まれ」の標識が見えたので、立ち止まって考えてみよう。映画の公開は2018年4月13日だが、作品のティーザーサイトは前年の12月1日にオープンしている。この段階ではももクロの姿はなかったが、約2カ月後の1月26日に、4人の新体制のももクロによる映画とのコラボ（主題歌、劇中歌、声優の3役を担当）が発表された。以上の流れから察するに、運営サイドは杏果の卒業によるドタバタと並行して、慎重に「クレしん」とのコラボを進め、その進捗にブレがなくなった段階で発表。楽曲制作については杏果の卒業前に只野菜摘とinvisible mannersに依頼していたが、発表を控えていた。つまり本曲は単なるコラボである以上に、「クレしん」の世界観と勢いの中で**「笑顔の天下」のネクストを示すという大きな役割を担っていた**★2わけだ。同時に「クレしん」とのコラボという大ネタで、結成10周年に向けてメンバーのモチベーションを高めるという意味合いもあった。いかなるマイナ

サウンドカテゴリー度

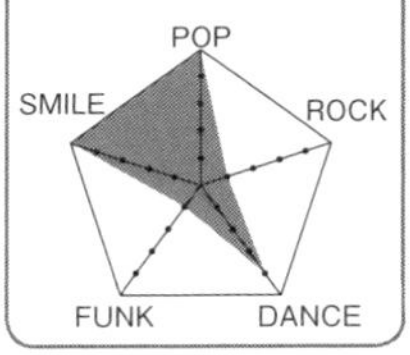

DATA

レーベル／イーブルライン
レコード（キングレコード）
作詞／只野菜摘
作・編曲／ invisible manners
ストリングス&ブラス・アレンジメント／ Rayons
プログラミング／ invisible manners
ギター／伏見 蛍
ピアノ／平山大介
ファースト・ヴァイオリン／真部 裕
セカンド・ヴァイオリン／藤堂昌彦
ヴィオラ／生野正樹
チェロ／西方正輝
トランペット／小澤篤士
トロンボーン／高井天音
アルトサックス／竹上良成
テナーサックス／大郷良知

★1／クレヨンしんちゃん劇場映画としては26作目。「食べたらヤミツキになる」と言われる謎のラーメン「ブラックパンダラーメン」により、春日部の人々が凶暴化。その混乱から街を救うため、しんちゃん率いるカスカベ防衛隊が謎の組織との戦いに挑む――というストーリー。ももクロは劇中で「ブラックパンダラーメン」のCMソング「ブラックパンダラーメン賛歌」を歌う「くろぐろクローバーZ」として登場。同曲のメロディーは某大手家電メーカーが替え歌としてテーマに用いている「リパブリック賛歌」（童謡「権兵衛さんの赤ちゃん」の原曲として有名）のもので、ももクロがその昔にヤマダ電機にお世話になっていたことを考えると「ブラック」の意味がわかるという凝った仕掛けも。

スもプラスに変えんとするももクロの運営陣の「攻めの姿勢」には、いつものことながら感服するしかない。なおinvisible mannersは前シングル『BLAST!』（P418参照）に続いての起用であり、ももクロのシングル曲が2作連続で同じ作曲家によるものというのは、前山田以降では初の快挙となる。

曲はストリングスのピチカートとピアノに導かれて始まるが、この感じってなんか……と思ったら『Link Link』（P294参照）でした。キーも同じFメジャーだし、BPMも同じ135。なるほど、クレしんの**ぷにぷに拳**[★3]つながりなわけですな。「アホなことを」と言うなかれ、『Link Link』が「明るく前向きなお別れソング」であり、本曲が「笑顔で行くんだZ！ソング」であることから、両曲がちゃ～んとリンクしていることを伝えておきたいのだよ、立場上。曲の頭から全員がコーラスで**「笑顔の絆を胸に」と歌っている**[★4]ことからも、明らかなのであってね。またコーラス終わりから始まる軽快なピアノは『Yum-Yum!』（P416参照）を想起させるタッチで、「クレしん」の映画の内容とも食べ物でリンク。『Yum-Yum!』もキーはFメジャーなので、これが「ももクロのコーラスの多幸感」に今1番ふさわしいキーなのだろう——と、もはやももクロの楽曲内で系譜学が語れるわけです。

曲は一貫してFメジャーで進み、生のストリングスやブラスが盛大にカマされて4つ打ちでズンズンとパレードするのだが、こういう素直でハッピーな感じの曲、ももクロの4人が歌うとホントーに笑顔と元気をもらえますよね～。しかもハッピーなのに泣けてくるという……分かりますよね、モノノフさんであれば。「会いにいくよ」としおりんが出る大サビに続いて、3分32秒から「真っ赤な林檎が転がった」と始まる歌ラップのパートも楽しさ全開なのだが、そこから向かう落ちサビで夏菜子が「笑顔の絆を胸に」とソロで歌うパートの神々しさよ。**チャイニーズの衣装が超絶可愛いMV**[★5]も必見！

★2／音楽ナタリー、2018年1月26日の『ももクロが「映画クレしん」主題歌とゲスト声優を担当、「笑顔でつながっていよう」』の記事内で、「ももいろクローバーZというグループの名前の由来も「笑顔を届けるために」というものなので、〝笑顔代表〟として皆にこの歌を届けたいと思いました」というメンバーコメントが掲載されている。

★3／映画の中でカスカベ防衛隊が修行している、「伝説のカンフー」と呼ばれる拳法。これを極めた者は世界を平和にすると言われている。即ちももクロちゃんたち（特にあーりん）は、その最高の使い手なのであーりん。

★4／作詞が両曲とも只野菜摘さんであることは、ちゃんと音楽を聴いているモノノフさんなら、お分かりですよね。

★5／冒頭で全員が笑顔で手を繋いでいくシーンで涙腺崩壊必至の極悪MV。ジャッキー・チェンのモノマネ芸人「ジャッキーちゃん」とともに行うカンフー修行や、「笑」の文字の巨大習字など、何度見てもシアワセ♡なおエイプリルフールには、ジャッキーちゃんが中国語で歌うバージョンが公開された。

2018・4・11 発売
18th single
『笑一笑～シャオイーシャオ！～』

▼ももいろクローバーZ

『チントンシャン！』

最新モードで疾走する、ノベルティ感溢れるハイパーファンク

キュキュキュキュッと荒ぶるスクラッチのSEから、「Are U Ready!?《アー ユー レディ》」と宣戦布告され、ももクロにとっては久々のジェットコースター・チューンがスタートする。俺、大好きなんだわ～この曲。作詞・作曲・編曲は全てinvisible mannersによるもので、シングルのメイン曲である『笑一笑～シャオイーシャオ！～』との2曲をイッキに仕上げていることから、彼らが如何《いか》にノッているかがよ～く分かる。ギターは同チームのレギュラーであるテクニシャンの伏見蛍だが、ベースの**武藤直哉《むとうなおや》**★1はこれがももクロ初参戦。彼はベーシストとフィギュアの原型師を兼ねる才人で、**「念願のももクロ@invisible manner楽曲という事でスラップ～メロウまでいつになく張り切りました。笑」**と、**本曲参加への歓びをツイートしている**★2。確かにinvisible mannersのせわしなくもギミック満載のトラックの上で存分に暴れまくる伏見のギターと武藤のベースは、本曲を通じて大きな聴きどころなのだ。

エニウェイ。「チントンシャン」とくれば俺が即座に連想するのが、ガールズ落語アニメ「じょしらく」のオープニングテーマ曲『**お後がよろしくって…よ！**』★3である。これ、一度『ニッポン笑顔百景』（P

★1／東京都出身のフィギュア原型師にしてベーシスト。2005年結成の中山豪次郎（なかやまごうじろう）とのユニットClownfish（クラウンフィッシュ）で、2007年にミニアルバム「Cars & Girls」をリリースしている。フィギュア原型師としての作品に、コトブキヤ（本社：立川市）の「ARTFX+シリーズ」などがある。

★2／本曲収録のシングル『笑一

サウンドカテゴリー度

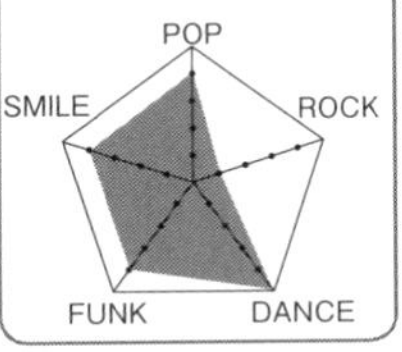

DATA

レーベル／イーブルラインレコード（キングレコード）
作詞・作曲・編曲／invisible manners
プログラミング／invisible manners
ベース／武藤直哉
ギター／伏見 蛍

192参照）に戻って、ご確認ください。ももクロ系譜学的に語ると、本曲は『未来へススメ！』（P68参照）のエレクトリック和ディスコという初期の路線の延長上に、『お後がよろしくって…よ！』のワチャワチャ感を参照項としながら、invisible manners楽曲の路線としては『マホロバケーション』（P346参照）並びに『DECORATION』（P380参照）で示された「ノベルティ感溢れるハイパーファンク」の流れに位置付けられるもの、ということになるかと思う（そんな風に聴いてるのって、私だけ？）。

チャイニーズ風味のポップなメロディーをファンクネス満載のトラックに乗せ、ももクロちゃんたちが凄まじい言葉遊びの嵐でかき混ぜていくのだが、「さらけ出す・抜け出す・追い越す・もいっかい・繰り返す・改革・宣言！」のキメのフレーズに、「前山田以降」としてのinvisible mannersのセンスが凝縮されている。そして本曲のキラーフレーズ「ちょっちょっちょJoin us《ジョイン アス》！」（「ちょいちょいちょいJoin us！」も）が「チン・トン・シャン！」と絡み合い、終始お祭り気分でトバしていくのが痛快極まりない。また2分41秒からのインストパートで、伏見が伸びやかなトーンでメロディーを綴るところに「ちょっちょっちょJoin us！」と「チン・トン・シャン！」を投下して高まっていき、3連符のフレーズから「さらけ出す」のキメに移行、落ちサビへと進む展開もパーフェクト。その落ちサビではスネアの軽やかなロールにリズムを委ね、武藤のベースがメロウに歌い、4人が麗しき賛美歌コーラスを聴かせる。エエ感じのところで、れにちゃんが「きっと モーマンタイ モーマンタイ モーマンタイ!!」とブッ込んで元のムードに戻し、陽気なチントンシャン・モードで再び疾走、ラストの「さらけ出す」のキメでドヤ感満載でフィニッシュ。本曲は『**ももクロ春の一大事2018 in 東近江市～笑顔のチカラつなげるオモイ～**』★4で初披露され、その攻撃力でモノノフ達を制圧したことは、まだ記憶に新しい。

笑～シャオイーシャオ！～』のリリース前日の4月10日に、フラゲ報告とともにツイート。また同日、invisible mannersは「〝絆〟ということで個人的に音楽的に信頼している旧友らに沢山参加して頂きました。多謝多謝！」とツイートしている。

★3／同曲の深遠な世界については、2018年7月にKADOKAWAより電子書籍で発行した拙著『このアニソンを聴け！』でとことんディグッていますので、ご興味のある方はぜひどうぞ。

★4／2018年4月21&22日に、滋賀県東近江市の布引運動公園陸上競技場（布引グリーンスタジアム）で開催。前年に埼玉県富士見市で開催された、地方自治体とのコラボイベントの第2弾。2日間合わせて計3万2574人を動員。本曲は両日とも、ライヴの後半に披露された。

2018・4・11 発売
18th single
『笑一笑～シャオイーシャオ！～』
しんちゃん盤にのみ収録

▼ももいろクローバーZ

『パカッポでGO《ゴー》！』

しんちゃんワールドを更新する、キュート&コミカルなポップチューン

う～む、わざわざコレできたか。と思わず唸ったのが、『笑一笑～シャオイーシャオ！～』のしんちゃん盤収録の本曲だ。数ある「クレしん」楽曲の中で、最も脱力感の強い『パカッポでGO！』を選んでカヴァーするとはね～。オリジナルは野原しんのすけ（CV：**矢島晶子《やじまあきこ》**★1）名義での2枚目のシングルで、**テレビアニメ『クレヨンしんちゃん』の4代目オープニングテーマ曲**★2であり、劇場映画第4作の**『クレヨンしんちゃん ヘンダーランドの大冒険**★3**』**でもオープニングを飾っている名曲なのだが、なんせオノマトペと下ネタ満載。これを下世話にならずにこなせるのか？とリリース発表時は一瞬ヒヤリとした。**だがしかし**★4、そこは我らがももクロちゃん。しんちゃんがあの声と音程感で好き放題に暴れるオリジナルの「脱力感」を残しつつも、スッキリと透明感のあるコーラスが印象的な、キュートでコミカルなポップチューンとして更新してくれた。なおアレンジは、『Wee-Tee-Wee-Tee』（P202参照）を作詞・作曲したCHI-MEYが手がけており、そのマエストロぶりを発揮している。

「こら、高城、待ちなさーーーーい！」とれにちゃん以外が叫び、しんちゃんの物真似をするれに

サウンドカテゴリー度

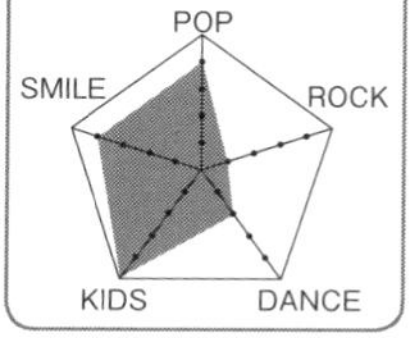

DATA

レーベル／イーブルライン
レコード（キングレコード）
作詞／山下素公・浅川真次・木村貴志
作曲／木村貴志
編曲／ CHI-MEY
プログラミング／ CHI-MEY

★1／1967年、新潟県出身の声優。1989年、テレビアニメ『アイドル伝説えり子』の主人公、田村えり子役で声優デビュー。1992年から26年あまり、『クレヨンしんちゃん』の野原しんのすけ役を一貫して手がけていたが、2018年6月末をもって降板。『スター・ウォーズ エピソード1／ファントム・メナス』のアナキン・スカイウォーカーや『ホームアローン』のケビン・マカリスターなど、子役の映画の吹き替えでも有名。

★2／1995年10月から翌年9月までの1年間、オープニングを飾った。野原しんのすけ名義は『クレヨンしんちゃん』3代目オープニングテーマ曲の『オラはにんきもの』

ちゃんが左右チャンネルを走り回る茶番劇から、曲はスタート。この物真似がなかなかのクオリティで、さすがに幾多のバラエティ番組で鍛えられてきただけのことはありますな。「ヒヒィ～ン」と馬の鳴き声が出て、「パカッポ パカッポ」と頭サビでコーラスが青空に向かって放たれると、そこはもう楽しさ全開のももクロワールド。4つ打ちのリズムに乗せて「アイヤ、アイヤ」と沖縄民謡風のコーラスが囃し立てる中、「ももクロちゃん参上、ワーッハッハッハ」と今度はしおりんが悪ふざけ、37秒と結構長いイントロを終えてAメロへ。キーはオリジナルより半音上のB♭メジャーだが、BPMは151でオリジナルと同様。このAメロ頭の「フニャラ フニャ フニャ」のあーりんの歌唱こそいきなりの聴きどころで、筆者が指摘し続けている「あーりんのクネり」の究極技ゆえに、ここだけエンリピしたくなるのだわ。ってなプニップニーの世界に胸ぐらを掴まれたところで、夏菜子、しおりん、れにちゃんはクネらず真っ直ぐに歌い継ぐが、右チャンネルではオリジナルでも効果を発揮していたバンジョーが鳴り続けていることにも注目。自在に遊びながらも、CHI-MEYはオリジナルへのリスペクトを忘れてはいない。「おるすばん なんて」のBメロからはチェンバロと教会風のコーラスを響かせつつ、UFOやお馬やパフホーンといったおバカなSEもふんだんに盛り込み、「パカッポ」のコーラスへ。2番頭では4つ打ちのリズムを休ませ、左チャンネルで**アコースティックギターのストラミング**★5とパカパカとお馬が歩くSEで、れにちゃんとしおりんをバックアップ。本曲、ぜひ1度、SEを中心に聴いてください。ももクロ作家であるかぎり、凝らずにはいられないのですよね、やっぱり。2分50秒からはシンセのメロディーが飛ばすが、それを分断して「飽きたら捨てるクセに～」とウヒョ顔でブッ込む夏菜子ちゃんも最高にカワイイ。「ももクロのカヴァー曲にハズレなし」との筆者の自説は、本曲でも証明されるのだった。

からスタート。なお2012年10月から2018年6月現在まで、きゃりーぱみゅぱみゅの『キミに100パーセント』（作詞・作曲は中田ヤスタカ）が15代目オープニングテーマ曲として使用されている。これも楽しいです。

★3／1966年4月13日に公開。クレヨンしんちゃんの原作者、臼井儀人（うすいよしと）が制作に直接関与した最後の作品（臼井氏は2009年、趣味の登山中の不慮の事故で、51歳の若さで他界）。

★4／コトヤマによるコミックで、駄菓子屋を舞台に繰り広げられる和み&妄想系コメディ。実際の駄菓子が紹介されることから、幅広い世代に人気を博し、全11巻のロングシリーズとなった。テレビアニメは第1期が2016年1月から同年3月、第2期は2018年1月から同年3月までオンエアされている。アニメの音楽はももクロの作家としても活躍している大隅知宇が、同じ事務所の信澤宣明とともに手がけている。

★5／早いコードストロークでジャカジャカとギターを掻き鳴らす奏法。

サプライズ満載の、「ネクスト」を含むベストアルバム

結成5周年のタイミングでリリースされた〝無印〟時代のアーリーベスト『入口のない出口』（P50参照）でも明らかだったように、ももクロの運営はベストアルバムを単なる過去曲の寄せ集めで良しとはしていない。『入口のない出口』では、新たなアレンジによる『ラフスタイル for ももいろクローバーZ』（P234参照）を加え、『あの空へ向かって』はZver.（P240参照）と共に収録するなど、モノノフにとってうれしい工夫が凝らされていた。それから5年を経て、結成10周年のタイミングでリリースされた本作でもそのポリシーは貫かれており、サプライズ満載で我々に届けられたのだった。

★1／「CDが売れなくなった」と言われる時代にあって、ベストアルバムは「売れ筋」の商品である。ももクロがここまでに（インディーズ時代のアーリーベスト『入口のない出口』を例外として）ベストアルバムをリリースしなかったのは、今となっては不思議なぐらいだが、おそらくは「次から次へと新たな展開へ進むので、ベストアルバムをリリースするタイミングがなかった」ということな

2018・5・23 発売

結成10周年記念 BEST ALBUM

桃も十、番茶も出花

ももいろクローバーZ

通常盤　KICS-3700 ～ 1

DISC 1

1 ももいろパンチ
2 未来へススメ!
3 行くぜっ! 怪盗少女
4 ピンキージョーンズ
5 ミライボウル
6 Z伝説 ～終わりなき革命～
7 D'の純情
8 労働讃歌
9 猛烈宇宙交響曲・第七楽章「無限の愛」
10 Z女戦争
11 サラバ、愛しき悲しみたちよ

DISC 2

12 Neo STARGATE
13 BIRTH Ø BIRTH
14 GOUNN
15 泣いてもいいんだよ
16 MOON PRIDE
17 夢の浮世に咲いてみな
18 青春賦
19 『Z』の誓い
20 WE ARE BORN
21 マホロバケーション
22 ザ・ゴールデン・ヒストリー
23 BLAST!
24 笑一笑～シャオイーシャオ!～
25 クローバーとダイヤモンド

DISC 3

1～10 ファン投票による人気曲10曲
11 行くぜっ! 怪盗少女 -ZZ ver.-
12 Z伝説 ～ファンファーレは止まらない～

初回限定盤 - モノノフパック -
KICS-93700 ～ 2

レーベル／イーブルラインレコード（キングレコード）
オリコンアルバムチャート　ウィークリー1位

なにしろ、**ももクロにとって本当の意味での初のベストアルバム**。★1 10年間の歩みをぎっしりと詰め込みながらも過去を回想するのではなく、「ネクスト」も提示せねばならない。結果、アルバムは「通常盤（2CD）」、「**初回限定盤 - スターターパック -（2CD+ Blu-ray）**」★2、「**初回限定盤 - モノノフパック -（3CD+2Blu-ray）**」★3という3つの形態でリリースされた。通常盤は『ももいろパンチ』（P58参照）から『笑一笑〜シャオイーシャオ！〜』（P454参照）までのシングルのリード曲24曲に、新曲『クローバーとダイヤモンド』（P466参照）を加えたもので、これが一般的な意味でのベストアルバムとなる。しかしながら、ここでは3曲の新録音が含まれるモノノフパックを前提に、話を進めていくことにしよう。

『ももいろパンチ』から『ミライボウル』の5曲については、無印時代の音源が収録されているのがありがたい。1stアルバム『バトル アンド ロマンス』（P126参照）では、『行くぜっ！怪盗少女』（P84参照）、『ピンキージョーンズ』（P90参照）、『ミライボウル』（P98参照）はZ以降の5人のバージョンが収録されているので、それを耳にする機会が多かったはず。久々にあかりんの声を聴いて、改めて無印時代を味わうのも一興だろう。

そしてやはり、注目すべきは新録音だ。ももクロにとってのアンセムである『行くぜっ！怪盗少女』、早見あかりが抜けて5人のZになっての初シングル『Z伝説 〜終わりなき革命〜』（P122参照）という2曲の新バージョンをモノノフパックにのみ収録しているというのは、数え切れないぐらい『怪盗少女』と『Z伝説』を聴いてきたであろうモノノフたちへの最高のプレゼントだ。最新曲となる『クローバーとダイヤモンド』は、4人となったももクロの「ネクスト」としての第一歩を示すものとなる。

では以上の3曲について、次ページから楽曲解説でじっくりと掘り下げていこう。

のだろう。

★2／通常盤のCD2枚に、ドキュメンタリー映像「はじめてのももクロ -10th Anniversary Edition-」と、『クローバーとダイヤモンド』のMV、並びにメイキング映像を収録した Blu-ray を所収。

★3／スターターパックにも所収のドキュメンタリー映像「はじめてのももクロ -10th Anniversary Edition-」と、『クローバーとダイヤモンド』のMV、メイキング映像に加えて、特設サイトでのファン投票で選ばれた10曲と、『行くぜっ！怪盗少女 -ZZ ver.-』（P462参照）、『Z伝説 〜ファンファーレは止まらない〜』（P464参照）の2曲の新バージョンの新録が収録された特典CD、さらには有安杏果の卒業ライヴとなった『ももいろクローバーZ 2018 OPENING 〜新しい青空へ〜』のライヴ映像が収録されたBlu-ray を加えたスペシャルBOX仕様。特に杏果の卒業ライヴ映像は、メンバーの4人から杏果へのプレゼントソングである『新しい青空へ』を聴くことのできる、公式では唯一のもの。同曲がここに収録されたということは、おそらく今後、単独では発売されないのだろう。

2018・5・23発売
BEST ALBUM
『桃も十、番茶も出花』
初回限定盤モノノフパックに収録

▼ももいろクローバーZ

『行くぜっ! 怪盗少女 -ZZ《ダブルゼータ》ver.-』

よりファンクに強度を増したトラック上で、余裕でハートを奪う4人の怪盗

ももクロの揺るぎなきアンセム『怪盗少女』（P84参照）の、まさかの新バージョンがここに投下された。4人の新体制になってからの本格的な初ライヴである**『ニッポン放送 ももクロくらぶ xoxo ～バレンタイン DE NIGHT だぁ～Z！ 2018』**[★1]において本曲は披露され、その初日では冒頭のメンバー紹介が「れに かなこぉ～ しおり ささきあやか」となったことにまず爆笑。新たな振り付けやアクロバット・パフォーマンスに驚き、「ももクロ新章」のスタートを強く感じさせてくれた。その段階からバックトラックは本曲のものに更新されており、続く**青春ツアー**[★2]や東近江市での「春の一大事」でも同様だった。この辺り、やはり「アンセムだからこそ、10周年を機に新たな意匠で」と考えるのが、ももクロ運営陣の愛の為せる技。キングレコードの宮本と本曲の作詞・作曲者の前山田が話し合い、新たなアレンジをinvisible mannersに依頼。それを受けた**invisible mannersは「1番おっかないの来ちゃった」と思った**[★3]そうだ。そりゃそうですよね、**5人体制で長年親しまれてきたトラック**[★4]の、一体どこにどう手を加えればいいのか。当然ながら「前の方が良かった」と

★1／2018年の2月10日と11日、横浜アリーナで開催。10日が「裏」、11日が「表」として開催され、「裏」では即興ドラマなどを含んで全12曲を披露。アンコールのラストの『Link Link』（P294参照）では、モノノフとの絆を歌い上げた。翌日の「表」は更にパワーアップして、米米CLUBのカヴァー『浪漫飛行』を含む全16曲を披露。アンコールのラストの『走れ！』（P76参照）で、メンバーの4人とモノノフの向かう道先を照らしてくれた。
★2／ジャパンツアー「青春」のシーズン3は、3月3日の徳島県の鳴門市文化会館からスタート。筆者は3月4日の和歌山県民文化会館 大ホールに参戦。近かったなぁ

サウンドカテゴリー度

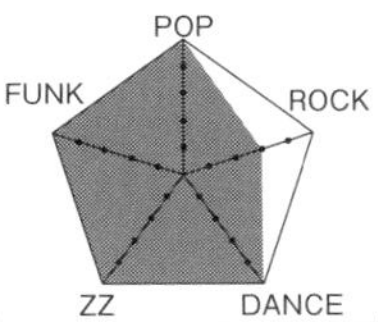

DATA
レーベル／イーブルライン
レコード（キングレコード）
作詞・作曲／前山田健一
編曲／invisible manners
プログラミング／
invisible manners
ギター／伏見 蛍
ピアノ／Nobuhiro Takamoto
スクラッチ／YAMAGAMI

言われるかもしれないプレッシャーと、ガチで向き合わなければならないのだから。そこでキングレコードの宮本がアドバイスしたのが、「現在の怪盗はライヴにおけるバンドアレンジのイメージが強いので、それを反映できると良いかも」ということだった。そして前山田による**パラアウトのトラック**★5を入手し、彼らお得意のファンクテイストをブチ込むことで、新たなトラックを創り上げたのだった。

イントロが始まった途端に分かるのは、トラック全体の重量感が増していることと、ギターが大きくフィーチャーされていることだ。まずトラック全体の重量感だが、これは主に打楽器群が「重めの音」を採用していることによる。従って前山田のトラックの「良い意味での軽さ」は後景に退き、よりヘヴィなファンクネスを湛えるものとなっている。次にギターだが、プレイヤーは必殺の伏見蛍。ここでもダブルトラックによる重厚なリフや、左右チャンネルに振り分けられた鋭い16ビートのカッティング、間奏部ではツインリードで斬り込んで大暴れ。彼にはぜひ1度、ももクロのライヴに参加して、その超絶テクニックを披露していただきたい。結果として強度を増したトラックに、前山田時代からのSEを残しつつ、更に音をプラス。また間奏前のスクラッチには無印時代の『怪盗少女』からの4人の声を抜き出してスクラッチするという恐るべきアイデアと手間暇で、ももクロの過去の10年と今をつなげている。これを受けて、4人の歌唱も格段に進化したところを見せている。もはや余裕すら感じさせるヴォイス・コントロールでパートによって押し引き、それでいてトラックに負けないコーラスやガヤの熱量……改めて、凄まじい表現力のヴォーカル・グループになったものだと思う。そして我々リスナーは、6人、5人、4人、それぞれにサイコーな『怪盗少女』を自在に愉しむことができるのだ。これを僥倖《ぎょうこう》と言わずしてなんと言うのか、皆の衆！

～、可愛かったなぁ～。で前年12月に、まだ5人の時に見た、福井県越前市での青春ツアーも想い出して、感慨ひとしおでした。同ツアーは春の一大事を挟み、6月10日の鹿児島県・鹿児島市民文化ホール第1まで、全14公演がセッティング予定。タフですね～、俺たちの天使はYO！

★3／本稿における制作エピソードは、2018年5月26日のinvisible mannersの連続ツイートより。彼らの愛溢れる作業ぶりが確認できるがゆえ、ぜひ探してお読みください。軽く泣きまっせ。

★4／アルバム『バトル アンド ロマンス』に収録のバージョンゆえ、改めてP106まで戻って読んでみてくださいね。

★5／各楽器やヴォーカルが独立した状態（＝ミックスを経ていない）のデータを指す。デジタル時代に突入し、トラックは理論上は無限に設定できるようになっており、本曲のヴォーカル抜きの最終的なトラック数は116（！）に達した、とinvisible mannersは連続ツイート内で発言。

2018・5・23 発売
BEST ALBUM
『桃も十、番茶も出花』
初回限定盤モノノフパックに収録

▼ももいろクローバーZ

『Z伝説 ～ファンファーレは止まらない～』

前山田渾身の新バージョンに、聴く我々は涙が止まらない

4人の新体制となって、5人が前提の楽曲や杏果のフィーチャーリング曲が封印されることが、とーぜんながら懸念された。完全な杏果ソロ曲は仕方がないとして、『灰とダイヤモンド』（P236参照）や『BLAST!』（P418参照）などは、一体どうなるのか？ そして何より、5人になっての初のシングルである『Z伝説』（P122参照）の行方は？ とまあ、とにかく？？？？の日々だったわけですよ、モノノフ的には。**『灰とダイヤモンド』と『BLAST!』は青春ツアーでクリアされて**[★1]、東近江市の「春の一大事」では両曲ともより完成度を高めていた。だが『Z伝説』は『ももいろクローバーZもクロくらぶ×○×○ ～バレンタイン DE NIGHT だぁ～Z 2018』の2日目、**リスナー投票によるリクエスト曲カウントダウン**[★2]で2位に食い込むも、スクリーンに「ただいま準備中！ごめんなさい！」と表示され、「だよねー」となったのだった。そして同日のトークパートでは、「また新しい『Z伝説』を披露できたらと思うので、楽しみにしていてください」とメンバーがコメント、モノノフの期待を膨らませた。おそらくこの段階で既に本曲の制作が進んでおり、「ただいま準備中！」はリア

サウンドカテゴリー度

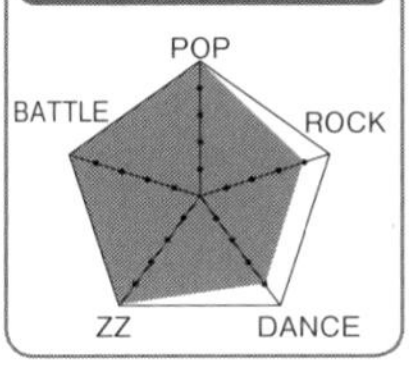

DATA

レーベル／イーブルライン レコード（キングレコード）
作詞・作曲／前山田健一
編曲／tatsuo
ギター&プログラミング／tatsuo
ベース／IKUO
ピアノ／酒井陽一
スペシャル・ゲスト・ヴォーカル／水木一郎、立木文彦

★1／ジャパンツアー「青春」のシーズン3、2018年3月3日開催の徳島県・鳴門市文化会館でのライヴで、4人の新体制による『灰とダイヤモンド』と『BLAST!』が初披露され、『灰とダイヤモンド』のラストの「砂にまかれても」はあーりんが、『BLAST!』の冒頭の「Yeah Yeah Yeah Yeah」の黒いフロウは夏菜子が決めて、4人の矜持を示した。
★2／ちなみに、リスナー投票によるリクエスト曲カウントダウンの5位は『キミとセカイ』、4位が『ヘンな期待しちゃ駄目だよ…？♡』、3位が『オレンジノート』、2位が『Z伝説』、1位は『全力少女』。スペシャルMCだった小林克也も、

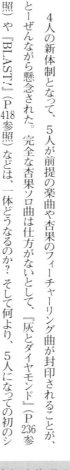

ルな状況だったのだろう。そして10周年記念のベストアルバムにおいて、驚くべきニューバージョンが届けられた。**作詞&作曲の前山田は、「Z伝説、「待望の新シリーズ」作りました。変わるものと変わらないものを混ぜこぜにした、まさに新章です。本来の復興応援の軸はしっかりと据え10年目の止まらないファンファーレを作りました」と語っており、**★3引き続きももクロ作家陣の中で重要なポジションを占めるであろうことをツヨクツヨク感じさせてくれた。同時に、編曲は敢えてtatsuoに任せることで、楽曲の新たなポテンシャルを引き出すことに成功している。

まず冒頭で**かつてのバージョンを軽く回想**★4するも、すかさず新たに収録した立木文彦のナレーションを被せて、新章の幕開けを告げさせる。「待望の新シリーズ、ファンファーレは止まらない！」のフレーズが、どれだけアガるものか。キーはCマイナー、BPMも190と前バージョンと同様だが、**自己紹介はより攻撃的に更新。**★5爆発音で場面転換し、1分10秒からは新たなメロディーに乗せて決意表明するのだが、この辺りで聴いているこっちがぼちぼちヤバくなっているところに、夏菜子の**「ついてこいやーー！」**★6で完全に涙腺崩壊。サビはEマイナーに転調し、やはり新しいメロディーで進むのだが、もはやこれは「前山田節」と表現すべきだろう。美しくも切ないメロディーがグサグサと突き刺さってくる。ミューズの神の申し子、前山田渾身のこのサビに泣け！

いかん、コーフンし過ぎて文字数が足りん。2番ではBLUEとGREENをうまくスルーし、間奏ではtatsuoが超絶ギターソロでターボをカマす。そしてラストの我らがリーダーによる「絶対にあきらめないWE ARE」をあえて変えていないところもたまらん！ ついていきます、どこまでも。それに、夏菜子、しおりん、あーりん、4人の美しき戦士に、今1度大きな拍手と感謝を！

彼女たちとモノノフの熱量に圧倒されていた。

★3／2018年5月22日、「ももいろクローバーZ 10th Anniversary The Diamond Four -in 桃響導夢-」の初日にアップされた、前山田健一のオフィシャルブログでのコメント。

★4／サビパートをエフェクト処理で音域を狭くし、ディレイで拡散させている。ナレーションの前にこのパートがあるだけで、印象が全く変わる。これ、前山田のアイデアと筆者は推察するが、如何か？

★5／しおりんの「スープレックス」は全日本プロレスのかつての若大将、故・ジャンボ鶴田の「4種のスープレックス（ジャーマン、ダブルアーム、フロント、サイド）」を連想させるもの。れにちゃんは相変わらずのオノマトペ攻撃だが、感電少女から鋼少女へと力強く変貌。

★6／発話のニュアンスは、プロレスラー、総合格闘家だった髙田延彦がPRIDEの統括本部長だった時代のフレーズ、「出てこいやーー！」と完全に同じですな。お好きですねー、川上さん。

2018・5・23 発売
BEST ALBUM
『桃も十、番茶も出花』

▼ももいろクローバーZ

『クローバーとダイヤモンド』

モノノフたちとももクロの、永遠の絆を描く新たな名曲

本書の長大な楽曲ガイドを締め括るにあたって、最後に置くのにふさわしいのは、やはりこの曲ということになるだろう。発表順にいくと、**本曲のMVは5月17日に公開されている**★1ので、実際に耳にした順序でいけば、『行くぜっ！怪盗少女 -ZZ ver.-』と『Z伝説 ～ファンファーレは止まらない～』の2曲の方が後にはなる。しかし10周年アニバーサリーのベストアルバムのラストを飾るピカピカの新曲、かつ『ももいろパンチ』（P58参照）に始まり『笑一笑』（P454参照）に至る24曲の次に置かれ、敢えてボーナストラックという扱いになっていないということは本曲こそ、10周年を迎えたももクロが「次に向かう場所」を指し示すものであると捉えるべきかと思う。

作詞と作曲は、3rdアルバムの『モノクロデッサン』（P312参照）に続いての起用となった、C&KのCLIEVY。**彼は本曲への想いを、次のように語っている**★2。「10周年ということを知って、想像したときに、（中略）僕が遠間にみた、想像したももいろクローバーZ。をクローバーとダイヤモンドに重ねて。綺麗なものだけでは、語れない泥臭さを、これからも気高く、けれど柔軟に、

★1／担当カラーを封印して、4人が白いドレスに身を包み、「祝10周年」のケーキのキャンドルを吹き消すところからスタート。額縁で繋いでいく1番、それぞれのカラーの部屋で歌う2番と、ミュージカルのような雰囲気を醸し出すMVで、これは東京ドームの2日目、恒例の松崎しげるの登場で発表された初の主演ミュージカル『ドウ・ユー・ワナ・ダンス？』（作／鈴木 聡、演出／本広克行、2018年9月24日～10月8日@千葉県・舞浜アンフィシアター）への布石とも、今となっては考えられる。

サウンドカテゴリー度

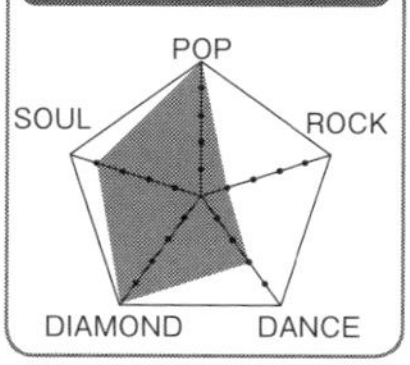

DATA

レーベル／イーブルライン
レコード（キングレコード）
作詞・作曲／ CLIEVY（C&K）
編曲／小松一也
ベース／森 多聞
ギター／オオニシユウスケ
トランペット／佐々木史郎
コーラス／ ellie

ひたむきに、一生懸命に、時代を生き抜く覚悟、支えてくれる人たちへのありがとうのメッセージを彼女たちの歌から感じとって欲しいなと思います」。クゥ〜ッ、泣かせるではないか。いいヤツだな〜CLIEVY。なので今一度、『モノクロデッサン』を聴いてほしい。5人から4人への変化が、そして10周年を4人で迎えたことの意味が、2曲の比較から浮かび上がってくるからだ。

エニウェイ。ここで彼女たちにとっての「ダイヤモンド」についても、整理しておこう。『行くぜっ！怪盗少女』（P84参照）で、あーりんは「ピカピカのダイヤモンドには興味がないの」と歌っていた。その3年後に『灰とダイヤモンド』（P236参照）の落ちサビで、夏菜子は「灰のなかのダイヤモンド 本物以外 さがせない」と自分たちを重ねて歌った。さらに3年後の『Guns N' Diamond』（P330参照）で、今度は杏果が「Heart は Diamond 砕けない意志を」と歌っている。つまり彼女たちにとっては、物質としてのダイヤモンドではなく、自分たちが「光り輝くものであり続けること」こそが重要であり、そのために砕けない意志を持つことが要請されていた。そして**ダイヤモンドの宝石言葉は「永遠の絆」**[★3]であり、ゆえに本曲で「星のない大空で 頼りは路《みち》示すダイヤモンド」と（これまでのようにソロではなく）4人がコーラスで2度にわたって歌っているのは、「モノノフさんとの永遠の絆こそが、私たちをダイヤモンドとして輝かせ続けるものなんです」という、感謝のメッセージにほかならないのだ。筆者は個々の楽曲における歌詞の解釈は聴き手に委ねられているとの前提に立つため、以上の考察は「星座のように点と点を結んだ結果、浮かび上がってきたもの」に過ぎない。ゆえに読者の皆さんには、そのような音楽の愉しみ方もあるのだな……という程度の参考にしていただければ幸いです。な〜んて大人ぶってもあれだから、この際なのでさ

★2／音楽ナタリー、2018年5月4日の「ももクロにC&KのCLIEVY再び楽曲提供、ベストアルバムに収録」の記事より。

★3／ダイヤモンドは最も硬い宝石なので、固い絆を結ぶという意味から「永遠の絆」へ。他にも「純潔」、「純愛」の意味もある。ほんと、こっ恥ずかしくなるぐらい、ももクロとモノノフの関係を示しておりますな。

★4／東京ドームの2日目「TDFの覚悟」では、プロレスラーの蝶野正洋が率いるTEAM 2000がステージに登場。「おい、Team Diamond Four！　お前らは世界を笑顔にできるのか！」と4人を挑発。覚悟のビンタを夏菜子に浴びせると見せかけて、頭を優し

らに深掘りしてしまいますが、10周年にあたって示されたTeam《チーム》 Diamond《ダイヤモンド》 Four《フォー》の省略形は「TDF」★4。アルファベットの最後をLに変えれば、そこは彼女たちも大好きな、あらゆる世代の笑顔が集う夢の国となりますな（気づいてましたよね?）。

以上、いささか長くなった「ダイヤモンド論@ももクロ」だが、このタイミングで『クローバーとダイヤモンド』というタイトルの楽曲を持ってきたことには、偶然じゃない素敵な意味があるということを、可能なかぎり正確にお伝えしておきたかったのだ、立場上。

バラードに始まり、回想を経てリオのカーニバルへ突入

ではいよいよ、音楽を味わっていこう。**オオニシユウスケ**★5の奏でるアコースティックギターによる穏やかなイントロから、曲は始まる。キーはE♭メジャー、**BPMは67と68の間ぐらい**★6。聴感上はゆったりしたバラードではあるが、しっかりと16ビートのグルーヴが流れており、軽いソウル風味が加わっているのが実にお洒落だ。すかさず出てくるリリカルなミュート・トランペットは**佐々木《ささき》史郎《しろう》**★7。ここでまたもや筆者の妄想が炸裂するのだが、『天手力男』（P136参照）の中で脳内再生したマイルス・デイヴィス《Miles Davis》との共演が10周年を機に実現した……と思うのは「勝手に俺が」に違いないのだが、このニュアンスはそう遠くはない、てか佐々木は明らかに狙っていると思う。

「今までの悩み、苦悩は」と、まずはリーダーの夏菜子が口火を切る。しおりんが「冬を越えれば、芽が出るのか?」と続くが、ももたまいの感情を抑えたしっとりした歌唱に、早くも軽くこみ上げてくるものがあるのは私だけ? 43秒からのBメロではれにちゃんが「ストーリー」と**ellie《エリ》**★8のコー

く撫でた。そして蝶野は「Team Diamond Four」のTシャツをプレゼント。アンコールでは4人がこのTシャツを着て登場し、『今宵、ライヴの下で』を披露した。

★5／オオニシユウスケ（大西雄介）は大阪府出身のギタリスト、作・編曲家。久保田利伸、クリス・ハート、Negicco、May'n、コトリンゴら、数多くのアーティストのレコーディングやライヴサポートに参加。

★6／プログラム上は、倍テンポのサンバになってからのBPM135で組んでいるものと思われる。

★7／東京都出身のトランペッター。武蔵野音楽大学在学中より演奏活動を開始。1987年にオルケスタ・デ・ラ・ルス（Orquesta De La Luz）に加入、リード・トランペットを務める。デ・ラ・ルス解散後は、熱帯ジャズ楽団、BIG HORNS BEE、山下洋輔ビッグバンド、DCPRGなどのジャズグループや、数多くのセッションで活躍。APOLLO JAM、Caoba Big Band、The Boogaloo band など、自身のリーダーバンドも率いている。

ラスを伴って出るが、最年長の自覚からか、大人っぽくセクシーな歌唱にゾクッとくる。この辺りからは左チャンネルでエレクトリックギターのフィルインも加わり、両チャンネルのアコースティックギターと出入りしながらヴォーカルに寄り添っていく。続く「今は根を張り」のあーりんは、ここではクネリを封印したシリアスな歌唱。そこから4人が少し距離を置きながら、慈愛に満ちたサビのコーラスへと進んでいく。ゴスペルチックなellieのコーラスも効果的で、聴く者は陽だまりのような暖かさに、じんわりと包まれる。

2番はリズムを少し強調し、ピアノやブラスも加わってよりアーシーになる。エレクトロな細かい刻みが入るのも抜群のセンス、とくればコーラスの熱量もより高まり、輝く未来に向かって堂々と歩を進める。そして2分48秒からは、過去曲を走馬灯のようにコラージュするブリッジを経て、徐々にサンバのリズムで盛り上げていき、3分45秒の「ありがとう」からは絢爛《けんらん》たるリオのカーニバルに突入、感謝の大パレードを繰り広げていく。トラックタイムを5分とコンパクトにまとめているのは、この先もまだまだ続いていく、ももクロとモノノフによる「笑顔のパレード」への布石なのだろう。

2018年5月23日、東京ドームで開催された『ももいろクローバーZ 10th Anniversary The Diamond Four -in 桃響導夢-「TDFの覚悟」』では、本曲はアンコールの2曲目として、紙吹雪が舞う中で披露された。そしてラストの『あの空へ向かって』(P46参照)では、ステージに向かって過去最高の熱量で、「世界のももクロ ナンバーワン」のコールが届けられた。さらに**メンバー個々の挨拶の後で再び、「世界のももクロ ナンバーワン」のコールがドームに響いた「新たなる奇跡の夜」**★9を、我々モノノフは永遠に忘れない。

★8／元ラヴ・タンバリンズのヴォーカリスト。同グループ時代を含んで基本的には英語でしか歌わなかったのだが、2018年5月にミニアルバム『Stay Gold』をリリース、自身初の日本語ヴォーカルを披露している。

★9／4人全員が涙ながらに、4年前の国立競技場大会以来となるロングコメントを残した中、最後は挨拶番長の夏菜子ちゃんが、4人で進むことを決めた時のプレッシャーとそれを乗り越えて進む覚悟を吐露。「今なら自信をもって言える気がします。まだ4人でできることはたくさんあるなって」と決意新たに、「よし、お前ら全員付いて来い！」でフィニッシュ。見守った4万6034人のモノノフを号泣させた。そして恒例の「以上、私たち、今会えるアイドル 週末ヒロイン、ももいろクローバーZ！」のかけ声の後に、モノノフから「世界のももクロ ナンバーワン」が延々とコールされ、4人は涙と歓喜の中で抱き合うのだった。このシーンを思い出すだけで、筆者はいつでも大泣きできるのだー。

「奇跡の4人」として描き始めた、新たなストーリー

杏果の卒業以降、ももクロの4人が極めて短期間で多くの曲を更新していったその過程を、筆者はバレンタイン・イベント、青春ツアー@和歌山、春の一大事@東近江市で確認してきた。その都度、「よくこれだけの短期間で、ここまで違うことができるものだ」と驚きつつ、「杏果卒業」は逆境であると同時に、彼女たちの「伸び代」を引き出すための、新たなチャンスなのだな……との想いを深めていった。彼女たちは4人になっても相変わらず、未完成なままでその都度の「ベスト」に挑み続け、「今を生きていることの意味」を、私たちに実感、共有させてくれる存在だったのである。

2018年5月22日と23日の10周年ライブの2日間、私は東京ドームで4人の姿を見届けていた。10周年の東京ドームという舞台はやはり大きく、かつ重い。しかし「Team Daimond Four」という新たな名の下に繰り広げられたそのパフォーマンスは圧倒的な気迫に満ちており、特に2日目は過去最高レベルの究極の「神ライヴ」であった。オープニングから立て続けに『Z伝説～ファンファーレは止まらない～』、『マホロバケーション』、『BIONIC CHERRY』、『ゴールデンヒストリー』という攻めの4曲が披露された流れは今思い出してもコーフンするし、曲を追うごとにテンションを高めていくメンバーの歌唱とダンスの切れ味、そして遂に復活した『ゴリラパンチ』、新たなアレンジによってより攻撃力を高めドラマティックになった『「Z」の誓い』、さらには感動のアンコールまで――私たちが東京ドームで観たもの、それはももクロが「奇跡の4人」としての圧倒的な輝きを放ち、新たなロードムービーの幕が上がった

column 10

歴史的瞬間だったのである。

同じ年の夏、8月4日と5日にZOZOマリンスタジアムで開催された「MomocloMania2018 -Road to 2020-」はそうした流れを受け、かつ2020年に開催される予定であった東京オリンピック・パラリンピックに向けて、新たなストーリーを紡ぎ始めたライブだった。タイトルはアメリカのプロレス団体であるWWEが主宰する「レッスルマニア」へのオマージュで、スケートボードやBMX、ウィルチェアーラグビー、3×3バスケット、恒例のハーフマラソンなど、極暑の中ではあったが見応えのある構成と、自信に満ちた4人のパフォーマンスに存分に酔い痴れた。そのDay1で新曲『Re:Story』が披露され、配信シングルを5カ月連続でカマすことが発表されたのだが、相変わらずの新たなチャレンジにももクロ運営陣の気合を感じたと同時に、いかなる新曲が投下されていくのか？との、「選ばれしモノノフの恍惚と不安、二つ我にあり」てな前田日明さながらの心境になったのだった（傍点、第二次UWF旗揚げ時にヴェルレーヌの詩から前田が引用したフレーズの、モノノフバージョンです）。

8月の『Re:Story』に始まり、毎月配信される楽曲たちにいちいち驚き、また9月から10月にかけてはミュージカル『ドゥ・ユ・ワナ・ダンス』も挟み、12月の『ももいろクリスマス2018 DIAMOND PHILHARMONY -The Real Deal-』というオーケストラを従えての至高のライブ、加えて大晦日の『ももいろ歌合戦』までを、イッキに駆け抜けたミューズたち。その八面六臂の大活躍に、我々は歓喜の声を上げ続けるのだった。

2018・8・5 配信開始
5カ月連続配信
シングル第1弾

▼ももいろクローバーZ

『Re:Story《リストーリー》』

大人になった4人の、レイドバックした表現が新境地

前曲『クローバーとダイヤモンド』はモノノフたちへの感謝のメッセージであったが、本曲からはタイトルが示すように、4人の新たなストーリーが描かれていく。「Re:」はメール返信の接頭辞でお馴染みの表現だが、「…について」との用法もある。その両方をゆるやかに架橋するような世界が、清涼感いっぱいに広がっていく。作詞・作曲・編曲はお馴染みinvisible mannersで、彼らはこの時点でももクロにオリジナルを6曲提供、さらには『怪盗』のZZ ver.(P462参照)の編曲も手がけており、もはやももクロのメイン作家に落ち着いた感すらある。一方で当時のももクロのレーベルメイトであったロッカジャポニカや、同じスタダの**ときめき宣伝部**★1には極めてアイドル然とした楽曲を提供していることも、ご確認をば。

イントロは重めのベースに導かれ、すぐさま軽やかなハーモニカが飛び出し、高低の両極端の音域を押さえてからドラムスと**アップストロークを強調したアコースティックギター**★2が走り出すという、ちょっとユニークな建て付けだ。このリラックスムードが、まずは大人になった4

★1／ときめき宣伝部は2015年4月11日に結成された、スターダストプロモーションのアイドルグループ。2020年4月1日より「超ときめき宣伝部」に改称。現在のメンバーは辻野かなみ、杏ジュリア、坂井仁香、小泉遥香、菅田愛貴、吉川ひよりの6人。2021年に『好き！』がTikTokでバズり、公式動画の再生回数は2千万回を超える。2022年には、新たにオープンした横浜武道館の杮落としのライヴアーティストとなる。invisible mannersは、ときめき宣伝部時代の『ビューティー』、『ぐーすかP』等を提供。

★2／1拍目と3拍目で、8分音符の裏でアップストロークで刻んで

サウンドカテゴリー度

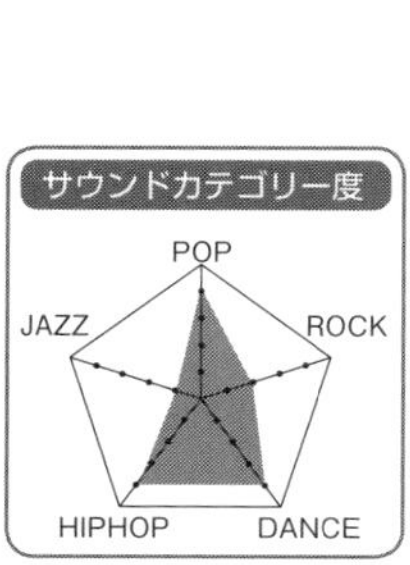

DATA

レーベル／イーブルラインレコード（キングレコード）
作詞・作曲・編曲／invisible manners

人の「気分」なのだろう。キーは一貫してEメジャー、BPMは105とゆったりレイドバックしたビートが心地よい。「8月のステーション」と最初に出るのは夏菜子、「今じゃ手と手を取り合って」とあーりんが続き、「それに何より僕らは」からのれにちゃんで軽くハモりが加わりほんわかとあったためて、「何気ない日々を過ごしてた」のしおりんは再びハモりなしで引き締める。4人の声の特徴を生かした歌割りとリレーに「やっぱエエなあ」と思ったところで、invisible manners御用達の伏見 蛍のヘヴィなディストーションギターがガツンと入り、右チャンネルに新たなギターの刻みも加わって「意味なんか後で」のBメロに向かって盛り上がっていく流れは実にスマート。サビ前の「手を繋ごう」では、夏菜子ちゃんが彼女の自己紹介さながらに「おぉ～」の部分をF#からG#へと**グリスアップ**[★3]して歌い上げる新境地を聴かせる（2番ではしおりんが同様にキメる）。

畳み掛けるようなギターとシンセによるキメからのサビは、ここまでそれぞれの個性強めで歌っていたのとは一転して、4人がビシッと揃ったコーラスで前に出て、そのバックで伏見のディストーションギターが空間を埋め尽くすように強めに煽る。これにシンクロしてダンスが揃うのも効果的だ。シメの「Re:《リ》 Story《ストーリー》 Of《オブ》 My《マイ》 Life《ライフ》」でピタッと喧騒が止むようにピアノの8分音符の刻みが浮かび上がる――といったように、シーンごとのアンサンブル配置で変化をつける手法がひじょーに心憎いですな。イッキに**ファンク度が増す間奏からの大サビの盛り上がり**[★4]もゴキゲンで、長く定番曲として歌い続ける価値のある佳曲と言えよう。映画『**スタンド《Stand》・バイ《By》・ミー《Me》**[★5]』へのオマージュに満ちたMVも必見！

いるが、おそらくは演奏したものをサンプリングしてループさせていると思われる。

★3／「グリス」はグリッサンドの略。二つの音程を滑らせるように移動する演奏技法で、弦楽器において多用される。グリスアップは狙った音程に向かって下から上に移動することで、逆はグリスダウン。なおヴォーカル表現でよく使われる「しゃくり」は前打音的な扱いで、狙った音程に素早く移動することで、ポルタメントと同義。

★4／3分18秒あたりからファンキーなエレピの刻み、グリグリと蠢くSE、スクラッチ、アコースティックピアノのコード連打などが投下されていき、「息抜きが下手」からのお祭り騒ぎ的な大サビに突入する。

★5／1986年公開のロブ・ライナー監督によるアメリカ映画。原作はホラー作家として著名なスティーブン・キングの小説。4人の少年が好奇心から、鉄道の線路を辿って死体探しの旅に出るというひと夏の体験を描いた、青春映画の傑作。

2018・9・14 配信開始
5カ月連続配信
シングル第2弾

▼ももいろクローバーZ

『あんた飛ばしすぎ!!』

パンキッシュな自己紹介ソングに卒倒確定！

皆さんは、腰を抜かした経験がありますか。実際にしばらく立てなくなったりするんでしょうか。私は身体的には幸いにして腰を抜かした経験はないのだが、精神的にはこの曲で軽く腰を抜かしたかのような。それほどのインパクトを伴って投下された5カ月連続配信シングルの第2弾は、大阪を拠点に大暴れした伝説のパンクバンド、**GARLICBOYS**《ガーリックボーイズ》★1のカバー、かつ本人たちのリメイクによる新たな自己紹介ソングときた。おまけにアートワークは、昭和恐怖マンガの頂点を極めた**楳図**《うめず》**かずお**★2の監修によるもので、彼の代表作である**『漂流教室』**★3をモチーフにしたももクロ4人のビジュアルは、似顔絵を超越した凄まじい迫力。とーぜんながらこの選曲はA&Rの宮本氏のセンスなのだろうが、いったいどれだけ広いジャンルをカバーして、彼女たち向けの楽曲をピックアップしているのか。そして『Re:Story』の後に敢えてこれを持ってくるという落差と破壊力は、軽く**ツームストーン・パイルドライバー**★4以上のものだったし、同時に「ももクロは4人になってもまだまだ攻め続け、暴れまくるぜよ」との決意表明に相違なかっ

サウンドカテゴリー度

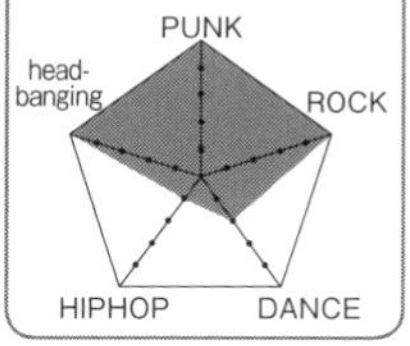

DATA

レーベル／イーブルライン
レコード（キングレコード）
作詞／オークラ・二牟禮卓巳
作曲／二牟禮知巳
編曲／ GARLICBOYS
ギター／ LARRY（GARLICBOYS）
ベース／ PESSIN（GARLICBOYS）
ドラム／ RYO（GARLICBOYS）
スペシャルゲストヴォーカル／GARLICBOYS

★1／ガーリックボーズは1985年結成のロックバンド。インディーズを経て、1995年にEPICソニーよりメジャーデビュー。『あんた飛ばしすぎ!!』は1996年発売のアルバム『ポエム』のオープニングチューン。バンドは2014年に活動を休止するも、2017年より活動再開。現在は横山 健が社長を務めるPIZZA OF DEATH RECORDS（ピザ・オブ・デス・レコーズ）に所属。

★2／1936年生まれの漫画家、タレント、作詞・作曲家。1960年代より恐怖マンガ家としてヒット作を連発、あまりにもオリジナルな「恐怖の表情」で、一世を風靡する。1975年より週刊少年サンデーにて『漂流教室』を連載開始。その後、ギャグマンガ『まことちゃん』も手がけ、バンド活動も開始。現在は腱鞘炎の

たわけで。同じタイミングで2019年5月17日にセルフタイトルの5thアルバムをリリースすることも発表されたのだから、こりゃもうブチ上がるしかないでしょ、だしょ。ちなみに、作曲の二牟禮知巳《ふたむれともみ》はGARLICBOYSのギターのLARRY(兄)、作詞の二牟禮卓巳《ふたむれたくみ》はリードヴォーカルでPETA(弟)。GARLICBOYSの楽曲は、ほとんどがこの2人の兄弟によるものだ。

では冷静になって曲を聴いてみよう。キーはGARLICBOYSのオリジナルどおりでBマイナー。BPMは187で、こちらはBPM200オーバーで飛ばし捲っていたGARLICBOYSより少し抑えめではあるが、でないと自己紹介のライミングが物理的に不可能だろうから、まあ仕方がないですな。イントロなしで「ちょっとあんた飛ばしすぎ」とまずももクロが出て、そこにライヴでのコール&レスポンスさながらに野太くGARLICBOYSが続くのだが、Ryoのドラムがゴリゴリに煽るため、早くもテンションMAXだ。パンキッシュなギターリフを挟んで「ちょっと百田飛ばしすぎ」と、1番は百田夏菜子、2番は玉井詩織、3番は佐々木彩夏、4番は高城れにと、順に自己紹介のライミングをブチ込んでいくが、2番から3番の間奏では**パンクにしては極めてテクニカルなギターソロが挟まり、これはオリジナルにはなかったパート**★5。長いキャリアに裏付けられた、GARLICBOYSの高い演奏能力に痺れることだろう。なお「響く みんなのコール」からのサビ部分を、ももクロはオリジナルより1オクターブ高く歌い上げており、これにより戦闘能力が倍増しているあたりも聴き逃してはならない。4人がいずれも最高音のD——キーBmにおける短三度の「泣き」の音程——を楽勝にクリアして高らかに響かせており、頼もしい限りだ。このあたりはぜひ、オリジナルと聴き比べてほ

悪化に伴い休筆。2021年8月新作発表を宣言するが、未公開。

★3／1972年〜74年にかけて「週刊少年サンデー」に連載された作品。文明崩壊した未来世界に突然投げ込まれた小学校の児童たちが、幾多の苦難を乗り越えていく様を描く。1975年、第20回小学館漫画賞を受賞。

★4／プロレスの技。日本名は「墓石式脳天杭打ち」で、向かい合った相手を逆さまに持ち上げ、相手の胴体を抱きかかえ、そのまま両膝を着いて頭から落とすもの。ダイナマイト・キッドの必殺技として知られ、初代タイガーマスクとの幾多の名勝負でも用いられた。

★5／1分52秒あたりから16小節にわたって聴かれるギターソロは、ロングトーンを活かしたメロディアスなもの。本曲は4人の自己紹介のために4番まで歌詞があり、トラックタイムも4分強だが、GARLICBOYSのオリジナルは2分半ほどのサイズ。

★6／1973年、群馬県出身の放送作家。1997年にプロダクション人力舎に入ってお笑い芸人として活動するも、ブレイクできずにバナナマンの設楽 統の導きで放送作家に転身。『トリビアの泉』、『はねるのトびら』、『ゴッドタン』、『ウレロ☆未確

しい。そして「オォ～」と荒ぶりながら高まっていく際のニュアンスの違いも聴きどころで、たっぷりとドスを効かせたあーりんの歌唱は、ちょっと引くぐらいに堂に入ったもの。まさに無双そのもの、であーりん。

自己紹介の内容については、『ももクロChan』の構成作家でもある**オークラ**★6が、流石にツボを突いたフレーズを連発。スーパーいい加減な百田夏菜子、常に安定の玉井詩織、今日もグイグイの佐々木彩夏、ちょっとどこに行く？の高城れにと、「なるほどね～」となること必至で、楽しいなったら楽しいな。そして本曲、そのMVがこれまた超ゴキゲンなのであって、こっからはMVを観ながらの話にしますね。

メンバーのコスプレが秀逸なMVも必見

楽曲だけでも充分なインパクトがあるのに、MVでさらにターボをカマすのだから、ももクロ運営陣の遊び心を遥かに超えた狂いっぷりは、やはり尋常ではない。荒廃したハイスクールを舞台にして、氣志團さながらの巨大リーゼントでヤンキーに成り切る夏菜子、ガリ勉生徒会長にして超絶美少年のしおりん、レディース総長がハマりすぎのあーりん、鉄仮面を被ってパトカーから降臨する**スケバン刑事**《でか》★7のれにちゃんと、それぞれの個性を活かした絶妙のキャスティングにクラクラする。監督の**スミス**★8は氣志團や在日ファンク、NMB48、チームしゃちほこ等、数多くのMV制作の実績を誇る俊英だが、ももクロと本楽曲を素材に、たっぷりと予算をかけて、ここぞとばかりに振り切った世界を創り上げてくれたからありがたい。もはや全編が見どころな

認少女」等を手がけ、一躍売れっ子に。『ももクロChan』では「あーりんロボ」や「大人検定」などの企画の生みの親。テレビ朝日『ももクロちゃんと！』の2022年2月19日放送回で、ゲストとして出演している。

★7／『スケバン刑事』は少女コミック誌『花とゆめ』に1976年から1982年にかけて連載された、和田慎二による漫画作品。1985年に斉藤由貴の主演でテレビドラマ化されて大ヒット、続く南野陽子／主演の『スケバン刑事II 少女鉄仮面伝説』、浅香 唯・大西結花・中村由真の3人による『スケバン刑事III 少女忍法帖伝奇』と、アイドル主演ドラマとして人気を呼んだ。ここでのれにちゃんは鉄仮面をつけているので、南野陽子へのオマージュとなる。

★8／1975年生まれの映像演出家、振付師。竹内芸能企画所属。武蔵野美術大学を卒業後、MV作家の草分けである竹内鉄郎に師事し、2000年から演出家として活躍。元・でんぱ組.incの夢眠ねむとの映像演出ユニット「スミネム」としても不定期に活動、さよならポニーテール『新世界交響楽』、寺嶋由芙『わたしになる』等を手がけている。

★9／小沢としおのコミックを原作とする、2022年4月～6月放送の

のだが、冒頭で初代校長として楳図かずおもしっかりと登場、4人のバックに控えるヤンキー軍団やレディースの配役陣にも抜かりなく（「前進中 勉強中 反省中」の夏菜子の右側に見切れている海坊主のガン付けがド迫力！）、細かなディテールにも徹底的にこだわっており、何度観ても楽しめるものになっている。そしてここでのあーりんのレディース設定が、2022年のフジテレビドラマ『**ナンバMG5**』★9の第6話における、赤いツナギに身を包んだ軍団「横浜魔苦須《ヨコハマックス》」としてのゲスト出演に繋がっていくのだから、痛快そのものではないか。

本曲のライヴでの初披露は配信開始からたった2日後の、2018年9月16日に行われた『**氣志團万博2018～房総爆音爆勝宣言《ぼうそうばくおんばくしょうせんげん》～**』★10でのこと。夏フェスの定番曲である『ココ☆ナツ』に続いてのMCで「飛ばしすぎ」をたっぷりと匂わせてから本曲がブチ込まれたことで、現場はイッキにヒートアップ。MVにも登場している**早乙女 光《さおとめ ひかる》**★11が間奏より乱入し、フリスビーを投げ捲って大いに盛り上げた。以降、本曲は夏のロックフェスの定番曲の座を射止め、翌年の『**JAPAN《ジャパン》 JAM《ジャム》 2019**』★12では夏菜子ちゃんによる「アイドル地獄に生き埋めにしてアゲル。地獄に堕ちろ～！」との名フレーズに続いて1曲目から披露され、観客を熱狂の渦に巻き込んだことはまだまだ記憶に新しい。

また本曲は毎年秋に日光運動公園をメイン会場として開催される「**日光下駄飛ばし大会**」★13の選手権テーマソングにも選ばれているのだが、これだけビッグな存在になっても「面白い」と思えばローカルイベントにも躊躇なく協力する姿勢は微笑ましいし、そこに変わらぬ「ももクロイズム」を感じるのは、筆者だけではないだろう。

フジテレビのドラマ。間宮祥太朗が演じるヤンキー一家の次男である難破剛が、「ヤンキーをやめて普通の高校生になりたい」と家族には秘密で健全な高校に入るも、抗争に巻き込まれていく。演出は本広克行、音楽は宗本康兵、ヒロイン役は森川 葵と、ももクロ人脈が数多く関わっている。

★10／2018年9月15日、16日の2日間、千葉県の袖ヶ浦海浜公園で開催。ももクロの出演した16日には、ORANGE RANGE、ゴールデンボンバー、THE ALFEE、東京スカパラダイスオーケストラ等が出演。

★11／氣志團のダンス&スクリーム担当。結成当時はベース担当だったが、現在は抜群の運動神経を活かして、綾小路翔の隣でガヤを入れる役割を担う。

★12／2019年5月4～6日、3日間にわたって千葉市蘇我スポーツ公園で開催された、ロッキング・オン・ジャパン主催の音楽フェス。ももクロは初日の4日に出演。

★13／栃木県の日光運動公園で行われる「日光けっこうフェスティバル」内では恒例のイベント。地元の伝統工芸品である「日光下駄」を飛ばす距離を競い合うという、伝統工芸をリスペクトしているのかどうかについては微妙なコンテスト。

2018・10・12 配信開始
5カ月連続配信
シングル第3弾

▼ももいろクローバーZ

『天国のでたらめ』

志摩とケンモチ、両者のももクロ愛が炸裂した名曲

ももクロ主演の『ドゥ・ユ・ワナ・ダンス?』は、映画『幕が上がる』でタッグを組んだ本広克行が演出を手がけた**ジュークボックス・ミュージカル作品**[★1]。会場は舞浜アンフィニシアターで、2018年9月24日〜10月8日にわたって、追加公演も含めて全19公演が開催された。脚本の**鈴木《すずき》聡《さとし》**[★2]は溢れんばかりのももクロ愛から、2012年に自らの主宰する劇団ラッパ屋で『**おじクロ**』[★3]の作・演出を手がけている人物だから、そりゃもう面白くないはずがない。筆者は2018年10月5日の夜公演になんとか滑り込み、彼女たちの新たなチャレンジを堪能したのだった。

本稿ではミュージカルの中身にはあまり深く立ち入らないが、とある高校のダンス部に所属するカナコ、シオリ、レニ、アヤカの4人と、ももクロのヒストリーとも微妙に重なる**架空のアイドルグループ「HEAVEN《ヘブン》」**[★4]の青春と友情を、輪廻転生のパラレルワールドの中で**ももクロの過去曲を当意即妙《とういそくみょう》に取り入れながら**[★5]描いた素晴らしい作品ゆえ、必ずBDで確認されたし。

★1/ミュージカル用に書き下ろされた新曲ではなく、既存の楽曲を用いたミュージカルのスタイル。特定のアーティストの楽曲を用いる場合が多く、ABBA(アバ)の『マンマ・ミーア』、クイーンの『ウィ・ウィル・ロック・ユー』等が有名。

★2/1959年、東京都出身の演出家、脚本家。大学卒業後、広告代理店の博報堂に勤務し、コピーライターをしながら演劇活動も行う。1999年下期のNHKの連続テレビ小説『あすか』(主演/竹内結子)の脚本を手がけ、2012年には『をんな善哉』で第15回鶴屋南北戯曲賞を受賞。劇団「ラッパ屋」主宰。

サウンドカテゴリー度

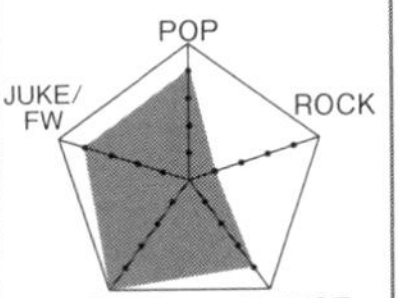

DATA

レーベル/イーブルライン
レコード(キングレコード)
作詞・作曲/志磨遼平
(ドレスコーズ)
編曲/ケンモチヒデフミ
(水曜日のカンパネラ)
オール・インストゥルメント/
ケンモチヒデフミ

本曲はその挿入歌だが、ミュージカル後半の大きな盛り上がりで用いられた。作家陣がとにかく豪華！で、作詞・作曲は**「ドレスコーズ」の志磨遼平《しまりょうへい》**★6、編曲とトラックメイキングは**「水曜日のカンパネラ」のケンモチヒデフミ**★7ときた。いずれも現在の我が国の音楽シーンのトップランナーゆえ、この顔合わせがいかなるサウンドを生み出すのか、と夢の国にほど近い舞浜でわくわくーな俺なのだった。

そして劇中のこの曲を生で聴いて、とーぜんながらカンドーし捲ったのだが。どう考えても2曲なのに、パンフレットを確認しても1曲の扱いになっていたので「?・?・?・?・」となったのだった。皆さんもきっと、そうでしたよね？　ケンモチがトラックを創っているので決してプログレにはならないが、全く異なる2曲を張り合わせたようなこの構成はとにかくユニークで、こんなのももクロでしか聴けねーです。

曲はファンタジックなシンセのアルペジオに、いかにもケンモチな重低音が「ドゥーン」と重なって始まる。キーはBbマイナー、BPMは130。出だしのムードからスローバラードかと思いきや、Aメロからは右チャンネルにプログラミングによるアコースティックギターのアルペジオが、左チャンネルにピアノとリズムトラックが走り出して、30秒からは4つ打ちのキックが入ってダンスチューンになる流れにまずグッときますねー。実はケンモチは洋楽志向だったが、**東日本大震災後にももクロの『ココ☆ナツ』をYouTubeで聴いて衝撃を受け、「ももクロがやりたい」ということで水曜日のカンパネラに至った**らしい★8。ゆえにももクロ楽曲を手がけるにあたっては、相当な想い入れがあったと思われる。一方で、作詞・作曲の志摩はももクロのレーベルメイトというご縁で依頼

★3／2012年11月に紀伊國屋ホールで上演された、劇団ラッパ屋の第39回公演。タイトルはもちろん「おじさんクローバーZ」の略で、ももクロにハマった中高年のおじさんたちが、家族の反対や周囲の白い目を乗り越えて、ももクロの『行くぜ！怪盗少女』を踊るというストーリー。

★4／ももクロの黎明期は最大9人組のアイドルグループだったが、その設定を生かしてHEAVENも9人組でスタート。それぞれの理由で徐々にメンバーが抜けていき、最後に4人が残るパターンは、切なくもたまらん設定でしたね。

★5／『WE ARE BORN』、『HAPPY Re:BIRTHDAY』といった新しめのレパートリーから、『怪盗』、『ピンキー』など旧曲もふんだんに、ミュージカル向けのアレンジで披露された。

★6／1982年、和歌山県出身のミュージシャン、俳優。2003年から2011年まで、ロックバンド「毛皮のマリーズ」として活動、ほとんどの作詞・作曲を手がける。2012年に「ドレスコーズ」を

があったとのこと。自身がソロアーティストであり、決して多くの楽曲提供を手がけている作家ではないが、先行して手がけたアイドル楽曲としては**「夢見るアドレセンス」のディスコ歌謡の名曲『おしえてシュレディンガー』**★8がある。そこで聴かせた80'Sなポップセンスとはまた異なる美しいメロディーをももクロのために描いてくれたわけで、メロディーメイカーとしての幅広さは特筆に価すると言えよう。

驚きのエンディングパートで曲のイメージは一新

「生まれ変わっても」からのサビではEマイナーに転調し、引き続きの美メロに惚れ惚れとするのだが、サンプリングの達人であるケンモチがここで女性のシャウトのようなサウンドをチョップしながら投下、本曲に独特の彩りを添えている。このあたりの手法について、ケンモチは**ジュークやフットワーク**★10のセンスを自家薬籠中のものとしているからであり、声ネタのチョップ素材については相当なストックがあると思われる。

今一度Aメロに進んでから生っぽいストリングスとハウスなピアノによる間奏をいったん挟み、Bメロへ。ここでは軽く歪んだようなギターを、極めてSEっぽく使って変化をつける。落ちサビではストリングスをトップペダルでキープし、2分31秒で再びリズムイン、ピアノがAメロを奏でるエンディングに向かって軽快に走っていき、3分23秒でウィンドウチャイムがチャララ～ンと鳴っていったん終了――と思いきや、アコースティックギターとディストーションギターを重ねたアルペジオがすかさず鳴り出し、全く曲想の異なる、というか別の曲と言ってよいパートへと進む。ここが、最初

結成。現在は、志摩のソロプロジェクトとして活動。

★7／1981年生まれの作曲家、トラックメイカー。会社員をしながらインストゥルメンタルのトラックメーカーとして活躍、2012年から主演・歌唱のコムアイ、マネージメントのDir.Fとともに「水曜日のカンパネラ」としての活動を開始、高い評価を受ける。現在は2代目主演・歌唱の詩羽（うたは）と共に活動。

★8／2021年12月10日、音楽制作支援プラットフォームのSOUNDMAINでのブログ記事より。

★9／夢見るアドレセンス、略称「夢アド」は2012年に結成されたアイドルグループ。『教えてシュレディンガー』は2016年の4枚目のシングル曲で、志摩が作詞・作曲を、編曲はエビ中の『スーパーヒーロー』を手がけたCHOKKAKUによるもの。必聴案件です。なお「夢アド」は現在も、初期とは全く異なるメンバーで活動中。

★10／1980年代、アメリカの

に「????」となったパートだ。

「ねえ 名前なんだっけ」と夏菜子ちゃんが歌い始めるキーはEbメジャー、BPMは65と、前パートのぴったり半分。ここではリズム楽器は一切鳴らさず、シンセのパッドや女声コーラスを加えて、4人による祈りのような歌唱が淡々と進んで行く。このパートがあることで、曲全体の印象が根本的に変わってくるのだが、そのままゆっくりとフェイドアウトしていく。トラックタイムは5分8秒と存外に短いが、聴き終えるとなんとも不思議な安らぎを覚えることだろう。そう、我々は「でたらめ」かもしれないが、確実に天国へと導かれたのだ。

なお夏菜子ちゃんは、**「私も演じていて、今でもちょっとそうなんですけど、この曲を歌う時って一気にその時の世界に曲が引っ張ってくれるので。（中略）逆にももクロ[★11]で歌っている時に、その時を思い過ぎないようにしようと思うぐらい」**と語っており、それだけ曲の世界観に入り込んでいたんだなあ、と実感させてくれる。実は本曲、元々の台本上ではミュージカルの中盤で使用されることになっていた。しかしながら同曲のデモを聴いた時に、「このミュージカルの全てを物語っている」と感じた4人は、本広監督に「これを一番最後に歌いたい」と直談判。結果についてはご存知の通りだが、メンバーの成長を感じる素敵なエピソードだと思いませんか。また曲はできたがタイトルがなかなか決まらず、志摩からは『数式天国』や『来来来世』などが提案されたのだが、当然ながらそれらは却下され、無事にこのタイトルに収まったという（ゆえに、歌詞にタイトルは全く出てこないのですな）。更に更に、志摩は本曲のリリース当時の感想は全てエゴサしてスクショしているらしいのだが、このあたりにも想い入れを感じますね。またなんか書いてほしいなあ～この2人には。

シカゴ発のEDMのジャンル。「フットワーク」と呼ばれるダンスと密接な関係を持ち、そのスタイルを進化させてきた。音楽的には、重低音を基調にした複雑なビート、ヴォイスサンプリングのチョップの多用などが認められる。

★11／このあたりのエピソードは、2019年11月10日『ももいろクローバーZのSUZUKIハッピークローバー（当時）』に志摩がゲスト出演した際に披露されたもの。

2018・11・16配信開始
5カ月連続配信
シングル第4弾

『GODSPEED《ゴッドスピード》』

▼ももいろクローバーZ

スカッと爽快、ももクロ随一のスポーティー・チューン

　ここまで、リラックスムードの『Re:Story』、ブッ飛んだ『あんたちょっと飛ばしすぎ!!』、ミュージカル&プチ・プログレ感のある『天国のでたらめ』と、全く異なる仕方でサプライズを仕掛けてくれた5カ月連続配信シングルだが、第4弾として極めてオーソドックスかつスポーティーな楽曲が届けられた。『GODSPEED』とは「幸運を&成功を祈る」との意味で、good luckと概ね同義。作詞の前田たかひろは過去に『DNA狂詩曲』(P168参照)や『白金の夜明け』(P344参照)を提供している常連組だが、作曲の**小澤達紀**《おざわたつのり》★1と編曲の**Integral Clover**《インテグラルクローバー》★2は新顔。**Integral CloverはこれまでにWHY@DOLL**《ホワイドール》**で確かな実績を残している**★3ため、筆者にとっては個人的に嬉しい参戦だった。

　爽やかなシンセのパッドと清らかな汗が滴《したた》るようなピアノに導かれ、すかさずBPM163の4つ打ちビートが軽快に走りだす。ブラスによる明るいイントロのメロディーは正しくブラスバンドのマナー。そこに「誰も愛しい 孤独のとりこ」とれにちゃんが優しく出て、「いつだってそばにいる」

★1/本曲がデビュー作となった新進作家。作・編曲、トラックメーカー。キャリアの詳細については不明だが、音楽教室で講師をしている模様。

★2/巴川貴裕(ともえがわ たかひろ)、松井喬樹(まつい たかき)、筧(かけひ)ヒロユキから成る3人組の音楽クリエイターチーム。蔦谷好位置(つたや こういち)、釣俊輔(つり しゅんすけ)らを擁するagehaspring(アゲハスプリングス)所属。ケツメイシ、Sexy Zone、Aimerらの楽曲に関わっている。

★3/青木千春、浦谷はるなによる北海道出身のアイドルデュオ。活動期間は2011年9月か

サウンドカテゴリー度

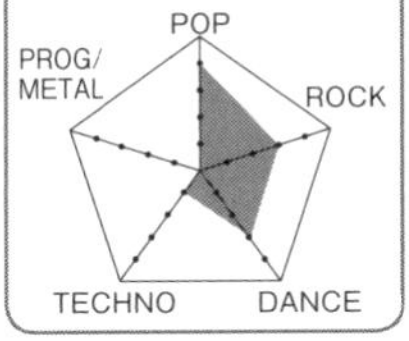

DATA

レーベル/イーブルライン
レコード(キングレコード)
作詞/前田 たかひろ
作曲/小澤 達紀
編曲/ Integral Clover
(agehaspring)
エレクトリック&アコースティックギター
/佐々木 正明
プログラミング&オール・アザー・
インストゥルメント/ Integral Clover
(agehaspring)

としおりんが、「背中を押して欲しい」とあーりんが追う。ここで面白いのは「いつだ」、「背中」のそれぞれ出だしの3音にだけ、3度上のハーモニーを被せているところ。この最小限のハーモニーが実に効果的なアクセントとなって、ウキウキ気分を高めているあたりを聴き取ってほしい（この手法は二番でも同様）。サビは夏菜子の「静寂を乱して」からスタートして4人が歌い継ぐが、「ふわりと浮かぶ感じが好き」とのランナーズハイな表現はももクロにドンピシャですな。からのサビ後半では、ブラスとストリングスの間隙を縫うようにシャープに突き抜けた4人のユニゾンの束にコーラスが重なり、4本のトラックを鮮やかに駆け抜けていく。

3分からの落ちサビでスプラッシュ音とともにBbメジャーに転調し、夏菜子ちゃんが「人は前のめりに走るから」と落ち着いた歌唱を聴かせる。ほどなくGメジャーに戻って、れにちゃんが「静寂を乱して」からのサビメロをリピート。落ちサビからはリズムトラックを大幅に減らしてヴォーカルとブラス、僅かにマーチンググロッケンの音を加えたアンサンブルで聴かせるのだが、軽みこそあれ、スピード感は全く落ちない。ラストはストリングスが高音域で加わってブラスと絡み、ゴールまでを全速力でダッシュ、4分20秒で完走。終始おいしいタイミングでシャカシャカと煽ってくるエレクトロなビートとあいまって、意味なく走りたくなりますよね。本曲は**『第36回 全日本女子駅伝』**[★4]と**『第4回 さいたま国際マラソン』**[★5]の中継応援ソングに起用され、駅伝経験者でもある**夏菜子ちゃんは、「今でも友達にタスキをつないだ瞬間の感動を思い出します」と語っている。**[★6]さすが、我らがリーダー！

ら2019年11月。2021年8月には10周年を記念したスペシャルライヴも実施、筆者も「これは！」と申し込みましたが落選しちゃいました。現在もニコニコチャンネルで過去のレギュラー公演の動画配信を継続。Integral Cloverは彼女たちのメジャーデビューシングルにしてアイドルディスコの大名曲『Magic Motin No.5』の編曲を手がけている。

★4／2018年10月28日、宮城県仙台市で開催。30kmの総合成績では名城大が2連覇を達成。

★5／2018年12月9日、さいたまスーパーアリーナを発着点に開催。代表チャレンジャーの部の1位はバーレーンのダリラ・ゴサ。

★6／2018年10月14日、公式ホームページ内でコメント。

2018・12・21 配信開始
5カ月連続配信
シングル第5弾

▼ももいろクローバーZ

『Sweet《スィート》 Wanderer《ワンダラー》』

等身大の4人が「がんばらない」、オーガニックなソウルチューン

ももクロで最初に運転免許を取ったのは、しおりん。スズキの軽自動車ハスラーのCMに起用されていたももクロだが、メンバーの誰も免許を持っていないことから、2016年4月のドームツアーでしおりんが代表して免許取得を課せられた。そして同年の『桃神祭2016～鬼ヶ島～』で無事に取得したことを発表、免許証もビジョンに大きく映し出され、拍手喝采。すかさず10月には、スズキ提供のBS朝日の番組**『極上空間 ～小さなクルマ、大きな未来。～』**[★1]で、しおりんが運転してのドライヴ旅番組が実現している。翌年にはあーりんが、2019年にはれにちゃんが、そして最後の一人となった夏菜子ちゃんも2021年に免許を取得。無事に4人がドライバーとなったわけだが、本曲は彼女たちを長年サポートしているスズキの**ハスラー特別仕様車「Wanderer《ワンダラー》」**[★2]のタイアップソング。リリース時点ではプライベートでも車に乗る機会が多く、**しおりんがそこそこキャリアを積んだドライバー**[★3]であったため、本曲MVでの運転手役の起用とあいなった。

★1／2015年の同番組では、全員が免許を持っていなかったため、川上氏が運転するハスラーに乗って、夏菜子、れに、杏果が出演。2016年10月放送回では、しおりんの運転でいろいろな思い出が詰まった富士急ハイランドに向かっている。

★2／2018年11月15日発売。ハスラーはカラフルなイメージの軽自動車だが、特別仕様車ではルーフやバンパーに新色のウッディブラウンを採用し、インパネもウッディにして上質感を持たせた。

★3／しおりんは免許をマニュアルで取得。初心者の頃にはお父さんによく練習に付き合ってもらって、少ない切り返しで駐車できるスキル

サウンドカテゴリー度

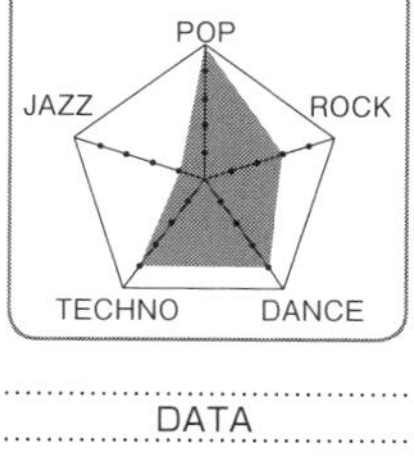

DATA

レーベル／ユニバーサル J
販売／ユニバーサル ミュージック
作詞／高橋久美子
ラップ詞・作曲・編曲／invisible manners
プログラミング、ベース&キーボード／ invisible manners
エレクトリックギター／平山大介

曲は「今日はがんばらなくていいから」と、4人のコーラスによる頭サビで穏やかに始まる。結成以来、全力で走ってきた彼女たちがすっかり大人になったことを感じさせる歌詞は、『空のカーテン』（P206参照）を手がけた高橋久美子によるもの。「ビターチョコみたいな恋の第二章」、「念願かなって家に来た白い猫」など、女子トーク感満載の歌詞がinvisible mannersによる**オーガニックながらソウルフルなトラック**★4に乗っかることで、文句なしの「みんなで一休みチューン」に仕上がっている。

キーは一貫してCメジャー、BPMは92と、『Re:Story』よりさらにレイドバック。2分57秒からのラップパートの歌詞はinvisible mannersによるもので、ここではトラックの**ビートをスリップさせる技も投入**★5。ゆったりとしたライミングながら「散策は△《さんかく》ね、食べ歩き◎《にじゅうまる》」など、いつもながら遊び心たっぷり。そしてここでのラップの延長上に『The Diamond Four』（P478参照）や『MYSTERION《ミステリオン》』（P622参照）を位置づければ、invisible mannersがももクロの可能性を探るため、少しづつハードルを上げている流れが理解できるだろう。そこには当然キング宮本氏のオーダーも関与しているわけで、アーティスト、A&R、作家の理想的な「共犯関係」を確認するために、この3曲はぜひ続けて聴いていただき**たいめいけん**★6。

件のMVは、仲良しの4人組が久々に逢ってドライヴに出かけるミニドラマ仕立てになっているのだが、この時点での等身大の感じがよく出ていて、ひじょーに和みますよね。監督の**山戸《やまと》結希《ゆうき》**★7さん、グッジョブ！です。

も習得した模様。同エピソードは、2022年5月8日のニッポン放送『ももいろクローバーZ ももクロくらぶxoxo』で披露。

★4／左右チャンネルで平山自身の手によるソウルマナーのギターを存分にフロウさせ、温かみのあるトーンのオルガンやエレピで、アンサンブルを組み立てている。

★5／コンテンポラリー系のR&Bで用いられる手法。リズムの基調は16ビートで細かく跳ねるシャッフルなのだが、ラップパートではイーブンのハイハットを2拍3連で加えることで、モタッた感じを出している。

★6／昭和6年創業、オムライスで有名な日本橋の老舗洋食店。現在は3代目が切り盛りしている。

★7／1989年、愛知県出身の映画監督。上智大学在学中に発表した2012年の『あの娘が海辺で踊っている』で注目される。MV作品も多く、RADWIMPS『光』や乃木坂46『ハルジオンが咲く頃』等を手がけている。

2018・7・10 発売
配信限定シングル
『We Are "STAR"』

▼STARDUST PLANET

『We《ウィー》 Are《アー》 "STAR《スター》"』

スタプラ各グループの「固有の声」がまるわかり

　配信リリースは2018年7月なのでももクロの5カ月連続配信より前だが、流れ的にここに置くことをお許しあれ。本曲は、2018年7月28日にメットライフドームで開催された『夏S 2018 ももクロトリビュート〜みんなで10周年をお祝いしちゃうぞ！〜』に向けての先行配信シングル。STARDUST PLANET（以下、スタプラ）に所属するに**全12組78名**★1が参加しており、10周年を迎えて勢いに乗るももクロを中心に、当時のスタプラの結束が感じられる1曲だ。作詞・作曲の**水野良樹**《みずのよしき》★2はいきものがかりのリーダーであり、編曲はベテランの**nishi-ken**《ニシケン》★3という豪華な布陣。『七色のスターダスト』（P258参照）と同様のパターンになるが、スタプラ全員の成長がまるっとパッケージされた良曲だ。歌割りが確認できるレコーディング風景のMVを確認してもらいたいのだが、各グループがしっかりと「固有の声」を持っていることが確認できるだろう。そんな中、「奇跡とやら 起こしましょ」をソロで決める**柏木ひなた**★4のカッコ良さったらない。4分5秒からの落ちサビを飾るのはやはり夏菜子ちゃんで、そこからの後半のコーラスによる大盛り上げがも〜たまらんわけだが、今となっては解散したグループや卒業したメンバーのけなげな笑顔が次々とインサートされるこのMV、スタプラDD的には涙なくしては観れないですよね〜。うるうる。

サウンドカテゴリー度

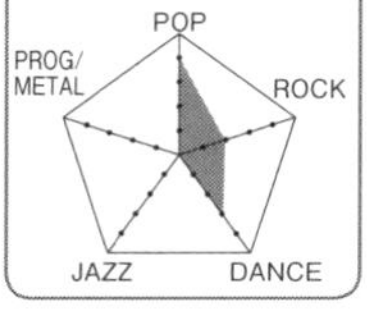

DATA
レーベル／イーブルラインレコード（キングレコード）
作詞・作曲／水野良樹
編曲／nishi-ken

★1／出演グループはももクロのほか、私立恵比寿中学、チームしゃちほこ（現在はTEAM SHACHI）、たこやきレインボー、ロッカジャポニカ、ばってん少女隊、ときめき♡宣伝部（現・超ときめき♡宣伝部）、はちみつロケット、3B Junior、いぎなり東北産、桜エビ〜ず（現・ukka）、CROWN POP。
★2／1982年、静岡県出身のアーティスト。主な担当楽器はギターで、いきものがかりではほとんどの楽曲の作詞・作曲を手がけている。同グループは2006年にメジャーデビュー、数度の活動休止期間を経て、現在は吉岡聖恵と2人で活動。
★3／1980年、石川県出身の音楽プロデューサー、作・編曲家。中川翔子、平野 綾、GReeeeN、宇都宮隆ら数多くのアーティストの作・編曲やライヴサポートを手がけている。ソロアーティストとしてはKentaro Nishidaの名義で活動。
★4／私立恵比寿中学の出席番号10番、担当カラーはオレンジ。グループ随一の歌唱力で知られるが、2022年12月をもってグループから転校、ソロ活動に入ることが発表されている。

2018・7・21 発売
配信限定EP
『We Are "STAR"』

▼KAMOSHIKA

『Catwalk《キャットウォーク》』

過去最強のアダルトな楽曲を夏Sに投下

『夏S 2018』はももクロ・トリビュートとあって、全グループがももクロの曲をカバーしたのだが、**オリジナルユニットも披露**★1。本曲は、玉井詩織が所属する美脚ユニット「KAMOSHIKA」のオリジナル曲。メンバーはしおりんのほか、**星名美怜**《ほしなみれい》★2、**彩木咲良**《あやきさくら》★3、**高井千帆**《たかいちほ》★4、**坂井仁香**《さかいひとか》★5、**森 青葉**《もりあおば》★6、**橘 花怜**《たちばなかれん》★7の7名という、文句ナッシングの人選。作詞・作曲の浅利は『ザ・ゴールデン・ヒストリー』（P378参照）以来の起用、編曲はベテランの**CMJK**★8で、これが初参戦となる。

曲はハウス仕様のオルガンによる刻みから出て、4つ打ちでリズムインして盛り上がっていくのだが、イントロだけで46秒というのは完全にダンスフロア向け。ライヴではこの間、7人がセクシーなポージングとウォーキングをバッチリと決めてくれた。キーはCマイナー、BPMは127。「暗闇のスポットライト」と先陣を切るのはさくちゃん、「瞬きをしたくないの」とひとちゃんがこれに続き、もりりん、みれいとリレーした後、一人づつ英語のフレーズをセクシーに落としていく。そこから一旦、イントロのリフに戻って、軽くじらしてからサビに進む構成が憎い。ラストはしおりんが「My dream stage !」とキメて終了。スタプラ界隈では過去最強のアダルトな楽曲だけに、またライヴで聴きたいですよね。

サウンドカテゴリー度

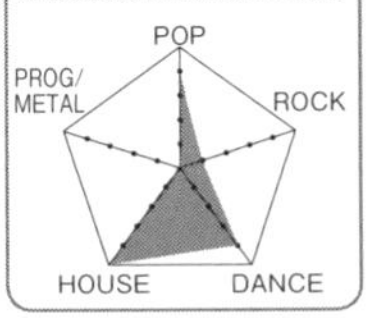

DATA

レーベル／イーブルライン
レコード（キングレコード）
作詞・作曲／浅利 進吾
編曲／ CMJK

★1／KAMOSHIKA以外に披露されたユニットは「耳ーズ」、「GIANT HORSE」、「七福みゅ〜ず」、「歌馬之助」など。
★2／私立恵比寿中学の出席番号・ラッキー7、担当カラーはピンク。愛称「みれい」。
★3／たこやきレインボーのメンバーで、担当カラーは千日前ピンク。愛称「さくちゃん」。
★4／当時はロッカジャポニカ、現在はB.O.L.T.のメンバー。愛称「ちいちゃん」。B.O.L.T.には担当カラーはないが、ちいちゃんはしおりん推しなのでペンラは黄色で応援されたし。
★5／超ときめき♡宣伝部のオリジナルメンバー。担当カラーは超ときめきレッド。
★6／はちみつロケットの元メンバーで、グループ解散後はAwww!（アウー）に所属するも、2021年11月より女優及びソロ歌手に。愛称「もりりん」や「あおちゃん」。
★7／いぎなり東北産のメンバーで、担当カラーはピンク。『ミューコミVR presents スタプラアイドルフェスティバル 〜今宵、2人目のシンデレラが決まる〜』において、見事シンデレラの座に輝いている。
★8／1967年、宮城県出身の音楽プロデューサー、作・編曲家。電気グルーヴの元メンバーであり、2000年台前半は浜崎あゆみの楽曲アレンジを数多く手がける。スタプラ界隈では、たこ虹やエビ中の編曲を多く担当。

ジャンルの幅をさらに拡げた、初のセルフタイトル・アルバム

2018年の『The Diamond Four -in 桃響導夢- Day2』の最後に、本アルバムがももクロ結成11周年となる2019年5月17日に発売されることが突然に発表された。同年8月に始まる5カ月連続配信シングルは、それぞれに個性的な楽曲が揃っていたことはここまでに確認してきた通りだ。**あーりんは「どうやってこれを同じアルバムに収めるんだ？」と不安だったらしい**[★1]が、アルバム用の新たな9曲を加え、全13曲＋ボーナストラック1曲から成る堂々のセル

★1／雑誌『ミュージック・マガジン』2019年7月号に掲載の「特集ももいろクローバーZ」でのメンバーインタビュー記事より。

2018・5・17 発売
5th ALBUM

MOMOIRO CLOVER Z

ももいろクローバー Z

通常盤　KICS-93787

1. ロードショー
2. The Diamond Four
3. GODSPEED
4. あんた飛ばしすぎ!!
5. 魂のたべもの
6. Re:Story
7. リバイバル
8. 華麗なる復讐
9. MORE WE DO！
10. レディ・メイ
11. Sweet Wanderer
12. 天国のでたらめ
13. The Show

ボーナストラック

1. ももクロの令和ニッポン万歳！

アナログ盤・LP レコード　2019 年 12 月 25 日発売
レーベル／イーブルラインレコード（キングレコード）

オリコンアルバムチャート ウイークリー1位
オリコン合算アルバムチャート ウイークリー1位
Billboard JAPAN アルバム・セールス・チャート
「Billboard JAPAN Top Albums」1位
Billboard JAPAN アルバム・チャート
「Billboard JAPAN Hot Albums」1位

フタイトル・アルバムとして我々に届けられた。

本作のリリース当時、私はブログにこのように書いている。

『MOMOIRO CLOVER Z』小論（1）

そんなわけで昨日はフラゲした表題作を、●会社のヘッドホンでさらり聴き ●おうちでスピーカーで爆音 ●寝しなにヘッドホンで爆音……で都合3回通し聴きしたのですが。なんちゅうか本中華、またしても女神たちは次なる見晴らしの良い場所へと我々を導いてくれたことについては、11周年おめでとーとともに感謝感激雨霰霧靄霞ブリザードなのである。引き続き。

で。各楽曲についてはいずれのんびりと書くことになるだろうが、ひとまずはサクサクッとメモしておきますね。

1／タイトルがグループ名であることから、**ビートルズの白盤**[★2]を思わせるというようなお声を**散見コンドズ@フェイゲン**[★3]しますが、いやいや「Show」という構成は寧ろサージェントペパーズでおまっしゃろ。トップ曲『ロードショー』と本編ラスト『The Show』でサンドイッチして、その間に振り幅の広い楽曲を、強い脈絡や前後関係なく配置するというスタイルは、ほぼ「まんま」ですよってにね。一方で、2ndから4thまで続いた「コンセプトアルバム」の趣とスケール感は大きく後退しており、またボートラに「令和ニッポン万歳！」を置いていることで、結果として1th『バトル アンド ロマンス』の構成をなぞっているようなところもある。その『バトル アンド ロマンス』が5人体制での初のフルアルバムであったことを考えるに、本作のタイトルがズッシリとした重みを伴って胸に迫るのだ。

そしてここで指摘しておきたいのは、我らがリーダーが「職業＝アイドル」を自認しているように、

★2／正式タイトルはセルフタイトルの『ザ・ビートルズ』で、1968年11月22日発売。ビートルズのオリジナルアルバムとしては唯一の2枚組で、収録された30曲はメンバーのソロ作品の集合体といった趣。アルバムジャケットが真っ白でタイトルがエンボス加工で入っていることから、「ホワイトアルバム」「白盤」等と呼ばれる。

★3／ドナルド・フェイゲンのアルバム『サンケン・コンドズ』から。同アルバムは2012年にリリースされたフェイゲン4枚目のソロアルバム。オリジナル8曲に加えて、ソロとしては初のカバー曲であるアイザック・ヘイズの『アウト・オブ・ザ・ゲットー』を収録。筆者の愛聴盤です。

「Ｓｈｏｗ」という体裁の元に、「いい歳の大人になったアイドル」かつ「なんでもあーりんなアイドル」の部分を重ねながら、マトリョーシカ状態で「演じている」という点だ。映画もドラマもミュージカルも全都道府県ツアーも通過したことで獲得した「表現力」を活かす道を「Ｓｈｏｗ」というどこにでも行ける世界観に委ねたことが正解だったことは、アルバムを通して聴くことでハッキリと解るだろう。

2／その上で、全体としての聴感は極めてマッシヴにまとまっており、各楽曲は必要以上にトリッキーではなく、録音やマスタリングも含め、「ダンス・ミュージックであること」が強く意識されている。これはスピーカーで大音量で聴取することで明らかになるのだが、女神たちの声質の中音域の膨らみが豊かになったことで、サウンド全体の建て付けも無理なく「極太」になっている。ここでの「ダンス」は、フロアやライヴハウスはもちろん、バレエやミュージカルまでをも含んでいる。即ち「現場映え」がするものがズラリと並んでいると捉えることも可能だ。今後、本アルバムの楽曲がライヴで育っていくことを考えると、もう滅茶苦茶に楽しみで**アル・クーパー**[★4]であり**アル・ゴア**[★5]なのだ。

3／そして「いい歳の大人になったアイドル」が相変わらず攻め続け、新たな歌唱や表現にチャレンジし続けていることについても、「ここまでついてきて間違いないなかった」との想いひとしおである。わけても『レディ・メイ』における新たな歌唱スタイルは全員凄まじい気合いで、Ｂメロ低音パートの夏菜子のドスの利かせ方なんて、どーですかお客さん。すでに**東京キネマ倶楽部でこれをブチかまされた**[★6]であろうノフは、軽やかに気絶したものと思われるのであってね。また「ビミョーにちょい前の時代」のカバー曲が2曲もあることから、彼女たちが歌えば直ちに「ももクロのカラーに染まる」

★4／1944年、アメリカ生まれのミュージシャン、プロデューサー。ボブ・ディランとの共演やブラッド・スェット・アンド・ティアーズの結成を経てソロ活動へ。1969年の『アイ・スタンド・アローン』から、11枚のオリジナル・アルバムを発表している。

★5／1948年、アメリカ出身の政治家。本名はアルバート・アーノルド・ゴア・ジュニア。1993

という自信の表れに違いない……てなちょーしてまだまだ語るべきことはあるのだが、本日の時点ではひとまずは小論（1）としてパット・オコーナー[★7]、ですのだ。

『MOMOIRO CLOVER Z』小論（2）

前回の続きですが、あれからさらにおうち爆音1回、DRIVE DRIVE DRIVE 聴き3回（実はこれが重要）を経ておりマス寿司三人前。

4／只今のキング宮純にとってはヒプマイも含めて「なんでも来い」のinvisible mannersが信頼度&使い勝手においてベストなチームであり、今回も既出2曲に加えてリードトラックを担当させるなどで重用、これでももクロに10曲を提供、怪盗ZZver.のアレンジを加えると11曲を手がけたことになる。一方で貪欲なまでに「ネクスト」を求める宮純の作家発掘の旅は続き、LDH系を手がけるDirty Orange、NEOかわいいのCHAI、若者からオッサンまでを幅広く惹きつけているGLIM SPANKYら新戦力を投下。総じて新たな作家陣は「ゾーンが可聴化されたシンプルな作風」を持っており、つまりはより幅広い「一般層」にももクロを届けることに、エネルギーが割かれている。

5／結果として本作は「ももクロらしいごった煮感」をしっかりと保ちながら、「4人体制で可能になったこと」と「ゆうても大人ですから」を積極的に活かし、今のももクロだからできることを絶妙に切り取った、「大きなお友達ガールズおもちゃ箱」的なアルバムとなった。初回限定盤BにZZver.のセルフカバーをガッツリと加えていることも、その証左となるのであってね。

――相変わらず思い入れが強杉でわかりにくい文章だとは思うので申し訳ないのだが、初聴の印象は今も大きく変わっていない。では、本編を聴いていこう。

年にビル・クリントン政権下で副大統領を務める。環境活動家としても知られ、2007年にノーベル平和賞を受賞している。

★6／2019年5月16日と17日、東京キネマ倶楽部で『5th ALBUM「MOMOIRO CLOVER Z」at 東京キネマ倶楽部』を開催。アルバムの収録曲を順に披露したが、多田卓也の演出により、ドラァグクイーンとのコラボレーション等が試みられたストーリー仕立てのショーとなった。

★7／1927年、ニュージーランド出身のプロレスラー。アマチュア時代はフットボールとレスリングで鳴らし、1959年にディック・ハットンを破って第42代NWA世界ヘビー級王者に。以降もトップ選手として活躍、度々来日も果たす。ジャイアント馬場の必殺技ランニング・ネックブリーカー・ドロップのアイデアは、オコーナーのアドバイスから。1990年8月、肝臓癌により死去。

2019・5・17 発売
5th ALBUM
『MOMOIRO CLOVER Z』

▼ももいろクローバーZ

『ロードショー』

往年のハードコアテクノを歌謡化し、新たなショーが開幕

のっけから鋭いシンセのリフが空間を切り裂き「うおぉ」となるが、聴き覚えのあるこのイントロのフレーズは**2アンリミテッド《2 Unlimited》の1992年のヒット曲「トワイライト・ゾーン《Twilight Zone》」**★1のサンプリング。同曲はベルギー発のハードコアテクノ・チューンなのだが、まずはこの原曲を確認しよう。頭のシンセによるリフ、セカンドリフ、女性ヴォーカルによる短いメロディー、リズムトラックのバンプという、**シンプルなパーツの組み合わせのみで楽曲が成り立っている**★2ことが分かるだろう。これはこれで抜群にカッコイイいいのだが、アイドルに慣れ親しんだ耳には、少しばかり物足りなさを感じてしまいませんか。その理由は端的に、AメロやBメロ、サビといったオーセンティックな歌謡的楽曲構成ではないからだ、翻ってそれらは「歌を聴かせるための要素」であり、ダンスフロアでは「踊れること」こそが最優先されるがゆえに、現在では余計なものとして退けられる傾向にある。**K-POPを含むダンス系洋楽のトレンド**★3はむしろこちらであり、ももクロを含む日本のアイドルポップスは、世界的なトレンドからすると「異質」なのだということを

★1／2アンリミテッドはベルギー出身のジャン・ポール・デコスタ（Jean-Paul De Coster）とフィル・ワイルド（Flip De Wilde）を中心とするハードコアテクノ・プロジェクト。独特のアシッドなシンセプラスと重低音シンセベースを組み合わせたダンスミュージックで、世界的に大ヒット。お立ち台で一世を風靡した東京・芝浦にあったディスコ「ジュリアナ東京」でもブレイクし、小室哲哉にも多大な影響を与えている。活動期間は1991年～1999年。『Twilight Zone』は彼らの2ndシングル。

★2／『Twilight Zone』には通常バージョン以外にラップバージョンもあり、こちらもフロアで大人気。いずれもバブル全盛期のアゲアゲなムードが、懐かしくも微笑ましい。

★3／2020年代はさらにこの志向

サウンドカテゴリー度

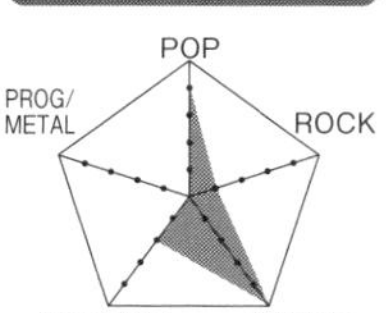

DATA

レーベル／イーブルライン
レコード（キングレコード）
作詞・作曲・編曲／月蝕會議
サンプリング部分 作詞／
Flip De Wilde・Jean-Paul
De Coster・Ray Rollocks・
Patrick De Meyer
サンプリング部分 作曲／ Flip
De Wilde・Jean-Paul De
Coster・Carlos Meire
All Instruments ／月蝕會議

確認した上で。かようなシンプルな楽曲の「ツカミ」を活かしながら、『トリック・オア・ドリーム』（P446参照）から参戦したレーベルメイトの月蝕會議が新たなメロディーラインを加え、よりエレクトロかつマッシヴにアップデート。4人体制の本格スタートにふさわしい、絶妙な「カマし」の効いた絶好のオープナーを創り上げてくれた。

インパクトのあるカバー曲をアルバムのド頭でカマして、強引に世界観に拉致するというこの手法は、2ndアルバム『5TH DIMENSION』における『Neo STARGATE』（P216参照）と同様だが、本曲は世界観というより「アルバムのオーバーチュアであること」に重きが置かれている。故に、頭のシンセの音色もオリジナルよりも鋭くし、BPM128で煽《あお》りにかかる。つまりは本曲を頭に持ってきた場合、従来のオーバーチュアは不要となるわけで、実際に東京キネマ倶楽部の限定ライヴでもそのように使われていた。月蝕會議一流の**マイナー・メロディー**★4は最高にキャッチーで、**Fマイナーに転調してb5thのブルーノートからコーラスに入る**★5とグワ～ッと熱量が高まり、コーフンはあっちゅう間にピークに達する。またサビ前でリズムトラックを少し落とし、サビで再び勢いを取り戻すという技も、楽曲を「一つの歌／ストーリー」として捉えていることの証左なのである。

アルバムではショーの始まりと位置付けられた本曲、**2019年の『MomocloMania《ももクロマニア》』**★6でも2日間を通じてオープナーを飾り、同年の**明治座公演の第二部**★7ではカーテンコール的に用いられるなど、今やどこに持ってきても瞬時に現場を高めるキラーチューンとなっている。さ～皆の衆、爆音で聴け！

が高まり、ダンスミュージックは「マーケットニーズに応えること」が重視されている。結果、マッシヴな重低音ビートをループし、複雑なコード進行を排除した、最低限のトラック数による短い楽曲が主流に。BTSの『Dynamite』や『butter』あたりがその典型。

★4／曲のキーはオリジナル通りBbマイナー。原曲は一貫して同じキー。

★5／サビ前のBbのロングトーンから半音上のBに上がったその音が、Fマイナーではb5thのブルーノートになるという、最高にクールな転調シーン。

★6／『MomocloMania2019 -ROAD TO 2020- 史上最大のプレ開会式』は、「音楽とスポーツの融合」をテーマに2019年8月3日・4日に埼玉のメットライフドーム（当時）で開催された恒例の夏ライヴ。

★7／『ももくろ一座特別公演』は明治座で2019年8月17日～26日に全15公演を開催（作／鈴木 聡、演出／本広 克行）。第一部は座長・佐々木彩夏／主演の大江戸娯楽活劇「姫はくノ一」、第二部は「ももいろクローバーZ 大いに歌う」という、正統派の明治座マナーによる楽しいステージが繰り広げられた

2019・5・17発売
5th ALBUM
『MOMOIRO CLOVER Z』

▼ももいろクローバーZ

『The Diamond Four《ザ・ダイアモンド・フォー》』

ブラックミュージックの進化をも担う、TDFの新境地

本曲はセルフタイトル・アルバムのリードトラックであり、アルバムの発売に先行して4月26日に本曲のMVが解禁された。作家はまたしてもinvisible mannersであり、これまでの彼らの実績からすると当然の起用に思われたが、MVを観て軽く仰天。**すっかり大人になった4人がホテルで繰り広げるガールズ・パーティー**★1の模様はもはや確認済みかと思うが、リードトラックにしてこの軽さ&はっちゃけ具合だ。ももクロのフットワークは引き続きどこまでも軽く、どこへでも向かうことができる――この新たなステップが、実に頼もしく感じられたことを、今でも鮮明に思い出す。

筆者が本曲を一聴しての最初の印象はズバリ、**ジャクソン5の『帰ってほしいの（アイ《I》・ウォント・ユー・バック《Want You Back》）』**★2だった。**南沙織《みなみさおり》**★3から**キキララ**★4、**三浦大知《みうらだいち》**★5まで、我が国においても膨大なカヴァーを誇る同曲はその「モータウン的な軽さ」により、ビルボード誌のR&Bチャートのみならず、総合チャートでも1位という快挙を成し遂げている。即ちポップスのチャートにブ

★1／ロケ地となったのは、幕張にあるラグジュアリー・ホテル「ホテル ザ・マンハッタン」。アールデコ調の優雅な内装が、MVの隅々で確認できる。一度はステイしたいですね。

★2／ジャクソン5が1969年にリリースした、モータウン契約後のファーストシングル。作詞・作曲・編曲はモータウン創業者のベリー・ゴーディ・ジュニアを中心とするチーム「ザ・コーポレーション」によるもの。参加ミュージシャンも超豪華で、ジョー・サンプル（ピアノ）やウィルトン・フェルダー（ベース）らクルセイダーズ組も参加（当時はジャズ・クルセイダーズですね）、モータウンの勢いが感じられる。

DATA

レーベル／イーブルライン レコード（キングレコード）
作詞・作曲・編曲／invisible manners（平山大介、福山 整）
プログラミング、ベース、ギター&キーボード／invisible manners
スクラッチ／YAMAGAMI

ラックミュージックが送り込まれるという新たな可能性を拓いてくれたわけで、リアルタイムで洋楽ヒットチャートを聴いていた俺は、これからのミュージックシーンは確実に変わっていくだろうと、途轍もなくワクワクしたのだった。

翻って、実際にキングの宮本氏がinvisible mannersに楽曲をオーダーした段階では、**「ビースティー・ボーイズ《Beastie Boys》の感じでやりたい」ということだったらしい。**[★6]ビースティーははデビューアルバム『ライセンス・トゥ・イル《Licensed to Ill》』でビルボード200チャートでラップのレコードとしては初の首位[★7]に輝いている。宮本氏のオファーは、ビートやBPMの感じから、おそらくは**『インターギャラクティック《Intergalactic》』**[★8]あたりをイメージしていたのだろう。このオファーを受けたinvisible mannersは「そのとき聴いてた**ア・トライブ・コールド・クエスト《A Tribe Called Quest》の最新作**[★9]の影響もありました」と答えているが、結果として生み出された本曲は、ブラックミュージック～ラップ／ヒップホップが「陽の当たる場所」へと出て行った歴史的過程をそのまま、ももクロに注入しているわけだ。私は常々「ももクロには、日本のポップカルチャーの歴史がまるっと収まりつつも、まったく新しい〝響き〟を伴って歴史を更新し続ける魅力がある」と説いているが、そこには当然ながらブラックミュージックの歴史も含まれるわけであり、本曲はそれを証明してくれる格好のナンバーであるという点が、先に「実に頼もしく感じられた」との理由なのである。

曲はさまざまなサウンドをコラージュした、幾分ユーモラスなイントロから始まる。14秒からBPM110のミディアム・ビートが走り出し、「仕事始めに手にする一着」と夏菜子のラップがまず飛び出す。ラップ曲なので調性感は強く求められないとはいえ、重厚なベースやフルートのサンプリ

★3／1954年、沖縄県出身のアイドル歌手。活動期間は1971～78年、1991～97年。『帰ってほしいの』は1977年のライヴアルバム『SAORI ON STAGE』に収録。

★4／1975年から現在まで愛されているサンリオのキャラクターで、正式名称は「リトルツインスターズ」。主人公は双子のキキとララ。バースデーライヴ等で同曲を披露。

★5／1987年生まれの歌手、ダンサー。1997年に男女混成ダンス&ヴォーカルグループのFolder（フォルダー）のメンバーとしてデビュー、一時休養を経て2005年にソロデビュー。以降の活躍はご存知の通り。マイケル・ジャクソンが音楽を始めたきっかけだけに、Folder時代から『I Want You Back』をカヴァーしている。

★6／雑誌『ミュージック・マガジン』2019年7月号に掲載の「特集ももいろクローバーZ」でのinvisible mannersのインタビュー記事より。ビースティー・ボーイズは1978年にパンクバンドと

ングによるリフなどから、一応はAマイナーとなる。本書では歌詞については多くを触れないというポリシーを貫いているが、先に『クローバーとダイヤモンド（P466参照）』で説明した「ダイヤモンドとしてのももクロとモノノフ」のネクストを、**膨大《ぼうだい》な言葉遊びと共にラップで展開してくれる**[★10]のだからinvisible mannersはんには感謝しかおへんえ（ここは丁寧に京都弁）。そしてそのラップは、最終的に採用された音源の4〜5倍の量を制作しており、その中から厳選していったという。さらには全く別の楽曲をいくつも作成し、それらから**「オイシイとこ採り」して組み合わせている**[★11]というから、その労力を想像するに、気が遠くなるレベルである。DTMのプログラミング・トラック、いっぺん見てみたいですね。

　そんなトラックメイキングの妙もさることながら、メンバー各自が別々にヴォーカルのレコーディングを行うため、レコーディングの時点では仕上がりが分かっていないのだが、最終的に仕上がったトラックを聴いて、これをライヴの場で完璧に再現するという能力は常人レベルではないということも、立場上指摘しておきたい。

シーンごとに変わるサウンドに耳が回りそう⁉

「ベイベー・ベイベー」と4人がユニゾンで出るサビで、平行調のAメジャーに転調。このパートが、ジャクソン5に通じると感じた部分なのだが、サウンドも凝りまくったラップパートと明らかなコントラストを演出するため、ファンキーなギターのカッティングやオラオラとグルーヴするベース、容赦なくフィルを叩き込むドラムと、極めて生っぽくオーガニックなものとしている。「ついてこ

して結成され、のちにヒップホップに移行。1985年にマドンナとツアーを行い、2012年にはロックの殿堂入りを果たす。2020年にはスパイク・ジョーンズ監督の映画『Beasty Boys Story』も公開されている。

★7／1998年リリース。新宿でロケされたアホアホな本曲のMVについては、各自でご確認を。これ、あーりんロボのモデルですかね。ビースティーのMVは笑えるものが多いので、いろいろ観てみることをレコメン。

★8／1986年にリリースされた彼らの1stアルバムで、全米売り上げ一千万枚を記録したヒップホップの金字塔。

★9／1988年に結成されたヒップホップグループ。創設メンバーはニューヨークのクイーンズ出身のMC&プロデューサーのQティップ、同じくブルックリン出身のMC＝ファイフ・ドーグ、DJ&プロデューサーのアリ・シャヒード・ムハマド。1990年にアルバム『ピープルズ・インスティンクティヴ・トラヴェルズ・アンド・ザ・パズズ・オブ・リズム』

い！まだ物足りない！」とあーりんが圧いっぱいに荒ぶると、バックは右チャンネルでワウギター、左チャンネルでスクラッチが戯れる。「すももももも諸々そもそも」としおりんが出るところで、今度は左右チャンネルでギターカッティングのアンサンブルが始まる――という具合に、楽曲が進むごとにシーンがクルクルと切り替わっていくのだが、ももクロの4人は全く意に介さずにラップで邁進。あーりんの「愛が 愛が」のチョップが左右チャンネルを飛び回るあたりは、必ずヘッドホンで確認すべし。

D7ワンコードのバンプを挟んで、2分22秒からは癒しの帝王＝れにちゃんが「いじけないって決めてたのに」と降臨。かと思うと2分38秒では「あちょちょちょちょ～」と戯《おど》ける落差もサイコー。3分3秒で「我らがももいろクローバーZ！」と声を揃えて会心の一撃をカマすと、ラストのサビでド派手にお祭り騒ぎ。全員での「ついてこい！まだ物足りない！」のあと、夏菜子ちゃんが「ネ？」と軽くボディブローを入れると、我々はお腹を押さえて心地よく悶絶し、シアワセなノックアウトを迎えるのである。

今一度、MVをご覧いただきたい。リップ強目のオトナなメイクをしてはいるが、笑顔になった時の表情は4人とも、デビュー時と大きく変わらないピュアネスを湛えている。特にゾンビたちとダンスする最初のサビの夏菜子ちゃんとしおりんの楽しそうなことったら。何度見ても笑顔になれるこのMVも、大人になった彼女たちからの素敵な贈り物なのだ。その返礼として、我々は常にライヴに足を運び、4人のミューズに無限の愛を届け続けなければならないのであってね。バン、バン！（机を叩く音）

でデビュー、5枚のアルバムを残して解散するも、2016年に突如アルバム『ウィ・ゴット・イット・フロム・ヒア・サンキュー・フォー・ユア・サービス』をリリース。ここで「最新作」と語られているのが同作。

★10／「模範解答少女」、「能ある鷹のツメにネイル」、「濡れ手にアワード」等、おいおいと突っ込みたくなるフレーズ満載だが、「リック着陸パンデミック」は今となっては笑いにくかったりもしますな。あと「マイヨ・ジョーヌ」は自転車レースのツール・ド・フランス（TDFですね）で個人総合成績1位の選手に与えられる黄色のリーダージャージのこと。ほかにポイント賞としてマイヨ・ヴェール、新人賞のマイヨ・ブランなど。

★11／DJ時代から行われていたサンプリング音源をコラージュする手法は、DTM時代に入って大きく進化。もはやメモリーさえ許せばトラック数は無限なわけで、invisible mannersの場合は毎回100トラックオーバーがデフォルトなのだろう。

2019・5・17発売
5th ALBUM
『MOMOIRO CLOVER Z』

▼ももいろクローバーZ

『魂のたべもの』

ブルガリアン・コーラスの森で葛藤するミューズたち

アイドルやアニメの楽曲タイトルには凝ったものが多いが、ももクロのそれはさすがに一味違う。そもそも『魂のたべもの』というタイトルから、どのような曲が想像できるだろうか。**れにちゃんは「題名を先に知った時、すごくハッピーな曲と思った。食べる喜びを歌った『Yum-Yum!』（P416参照）みたいな」と語っている**[★1]が、実際に届けられた岩里&横山というベテランももクロ作家チームによる新曲は、歌詞の世界観もサウンドも極めてディープな、エレクトロ・バラードだった。本来は劇伴作家である**横山は「ももクロの楽曲に対しても、歌ものを作っているというだけの意識ではなく、"ももクロという作品"に対する劇伴」と語っている**[★2]。一方で**岩里は、まず『魂のたべもの』というタイトルが浮かび、ももクロに、と詩を書いた。そこに横山の曲を提示され、新たに書き直して形にした**という[★3]。トップ作家たちが「ももクロ愛」を支えに、彼女たちの新たな表現力を引き出すべく本曲に取り組んだことがよくわかるエピソードですね。

★1&5／雑誌『ミュージック・マガジン』2019年7月号に掲載の「ももいろクローバーZ」特集でのメンバーへのインタビュー記事より。
★2／2018年5月31日更新の、SONYストアのホームページ「劇伴作曲家 横山 克が感じたハイレゾという選択肢」のインタビュー記事での発言。
★3／2019年5月12日、岩里本人によるツイートより。岩里はここで「4人に歌ってもらえて幸せです」とも語っている。クゥ〜。

サウンドカテゴリー度

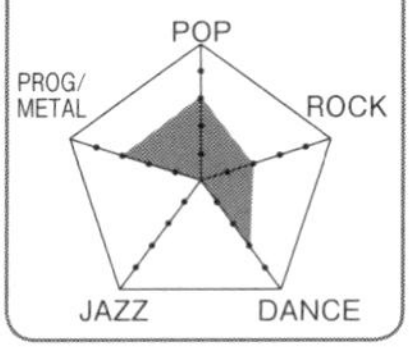

DATA

レーベル／イーブルライン
レコード（キングレコード）
作詞／岩里祐穂
作・編曲／横山 克
Music Production in Sofia
Orchestra: Sofia Session Orchestra
Conductor: Georgi Elenkov, PhD
Concertmaster: Irina Stoyanova
Choir: Vanya Moneva Choir
Choir's Conductor: Vanya Moneva
Music Production in Tokyo
Programming, Keyboards: 横山 克
Score & Programming Assistant: 橋口佳奈、半田 翼、濱田菜月、佐藤リオ、柏木恒希

曲は心の闇や葛藤をテーマにしているだけに、ヨーロッパの深き森のような**ブルガリアン・コーラスとストリングス・オーケストラ**[★4]が敷き詰められる。キーはBマイナー、BPMは91。その上での4人それぞれのエモーショナルなソロ歌唱が、まず圧巻。「何にも言わなくていい だって」と歌いだす**しおりんは「今回は〝もっとささやくように〟という指導を受けて」と語っているが**[★5]、確かにここでの4人の歌唱は、この時点で手にいれた表現力をベースにしながら、「曲の世界を演じる」ことに徹している。

1分4秒からはストリングスのリフが積み重なっていき戦慄感を高め、コントラバスだけを背景に夏菜子が「私だけなら」と歌い、サビへと突入。ももクロのコーラスを中心に、分厚いブルガリアン・コーラスと弦オケが渾然一体となった様は鳥肌必至で、やはり分離の良いオーディオ環境で爆音で聴いてほしい。横山を持ってすればこれをプログラミングだけでこなすことも可能だったろうが、**現地入りしてこそのフィジカルな環境**[★6]だからこその「深み」は、作家のこだわりとして捨て難いものなのだろう。そして、こういう音楽的なチャレンジをする価値があるほどに、4人が成長したということでもある。

2番のサビではコーラスも弦もより高い場所で戯れ、「絶望の空がひび割れて」とあーりんが歌う大サビ、そしてラストのディステニー感のあるコーラスまで、濃密な時間を重ねての5分10秒。聴くほどに惹き込まれ、途轍もない名曲であることに、そしてアイドルポップスというものが成し遂げたその高みに、確実に打ち震えることだろう。ブルガリアと日本でのレコーディングシーンを、大自然の映像と**ルミナンスキーヤー**[★7]により重ね合わせた幻想的かつ壮麗なMVも必見！

★4／ブルガリアン・コーラスは「ブルガリアン・ヴォイス」とも呼ばれる歌唱法。地声かつノンビブラートで歌われ、こぶしを使う点において、ももクロの歌唱と共通する。クレジットにあるように、本曲は横山のデモをもとにアシスタントたちがオケ用のスコアを起こし、ブルガリアの首都であるソフィアでコーラスとオーケストラ・パートを録音。東京に戻って楽曲を仕上げるという、大変な手間暇を経て創り上げられている。

★6／横山はブルガリアでのレコーディングに立ち会っているが、それが彼のポリシー。「それが音楽にリアルな空気感を与える」と★2のインタビュー記事で語っている。

★7／映像用語。「キーヤー」は特定の信号を検出してそれを抜き出すエフェクトで、「ルミナンスキーヤー」はその一種。一定範囲の輝度を持つ部分を指定し、そこを透明にするエフェクトを指す。

2019・5・17 発売
5th ALBUM
『MOMOIRO CLOVER Z』

▼ももいろクローバーZ

『リバイバル』

ももクロ初のLDH仕様に、新境地を見出す

ある意味で今回、個人的に一番の衝撃を受けたのが本曲である。作・編曲を手がけたDirty《ダーティー》 Orange《オレンジ》★1を筆頭に、作家陣は全てＬＤＨ★2系の楽曲も手がけるDigz《ディグズ》, Inc. Group《グループ》★3の若手たち。これまでのももクロ的な作風からはかなり遠い場所にいるように思われた作家をあえて起用するあたりに、4人になってのリスタートを強く感じる。そして実際に提供された楽曲も、K-POP的なパリピ感を伴ったEDMであり、TWICE《トゥワイス》やE-girls《イー・ガールズ》★4あたりにも通じる売れ筋路線。それこそがキング宮本氏の狙いなのであって、あえて必要以上にももクロに寄せないことで、新たなファン層獲得に向けてのプレゼンテーションに成功している。実際、ももクロが歌うとニュアンスが全く変わる――即ちパリピ感やキャバ感がキレイさっぱりと洗い流され、淡麗《たんれい》生なピュアネス全開のオリエンタル・チューンに仕上がった。わけても詩織の伸びのある歌唱、特に落ちサビに注目してほしい。この「育ちの良い学級委員感」こそ、我々がももクロを安心して推し続けることができる最大のポイントなのである。

★1／1990年、新潟県出身の音楽プロデューサー。EXILE、三代目J Soul Brothers、THE RAMPAGEらの楽曲を手がける気鋭。Creepy Nutsの DJ松永と同郷で仲良し。Digz, Inc. Group所属。
★2／前進は2002にEXILEのリーダー・HIROを中心にメンバーによって設立された芸能事務所。その後、株式会社LDH JAPANに。3代目J SOUL BROTHERS他、多数所属。
★3／株式会社ディグズ・グループ。2005年、アメリカ帰りの工藤与明（くどう よしあき）が設立した音楽制作プロダクション。STY（エス・ティ・ワイ）やHIRO（ヒロ）、Daisuke"D.I"Imaiを筆頭に、次世代クリエイターが数多く所属。コライティングによる制作スタイルで、ワールドワイドな創作活動を展開している。
★4／TWICEは韓国の多国籍ガー

サウンドカテゴリー度

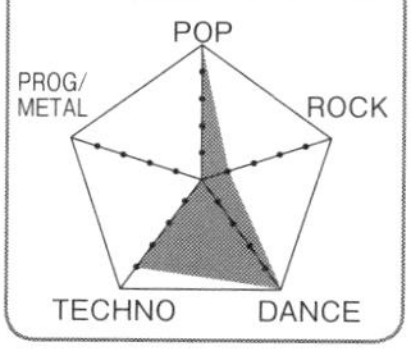

DATA

レーベル／イーブルライン
レコード（キングレコード）
作詞／ Chika・Amon Hayashi
作曲／ Dirty Orange・Chika
編曲／ Dirty Orange
オール・インストゥルメンツ & プログラミング／ Dirty Orange for Digz, Inc. Group
バッキングヴォーカル／ Nao Anno

なお楽曲のタイトルが共通する**『リバイバル』は五輪真弓《いつわまゆみ》のそれ**★5が有名だが、**中島みゆきの『りばいばる』**★6、**スキマスイッチの『Revival』**★7など、同じテーマを採り上げた場合のアーティストごとの個性を確認する作業もなかなかに楽しく、良曲揃いなので、機会があればぜひのんびりと聴き比べをば。

冒頭、スーッと入ってくるのは、エア感のある軽いシンセ。奏でるメロディーはチャイニーズタッチではあるのだが、シンセの音色のおかげで、オリエンタルな無国籍感が漂う。キーはEb、BPMは125の弾むようなミディアムグルーヴが心地よい。「何処へ行けば 生き返るの?」とまず夏菜子ちゃんが出るが、4つ打ちのキックとベースラインをくぐもったトーンで走らせ、その上に生っぽい4人の声を乗せていく感覚は生絞り果汁30%のチューハイさながら、ってか(本稿、飲み物表現が多いですね)。そこにギターのカッティングやハイハット、ハンドクラップが加わると**ビートはたちまちトラップ化**★8、「Just be you《ジャストビーユー》」から始まるサビにおける4人の「go on more and more《ゴーオンモアアンドモア》」の大人っぽい色気に、ちょっぴりドキッとしますね。

2分36秒からのラップパートでは、さまざまな要素を加えて4人のライミングを絶妙にバックアップするトラックに注目。前半はファンキーなベースを軸に進み、後半はビートを落としてバンブーフルート等のチャイニーズなサウンドでカラフルに彩っていくあたり、トラックメーカーとしてのDirty Orangeが抜群のセンスを発揮。ラストのサビでも3分55秒でのブレイクを挟んでのドラムのフィルイン、4分2秒でのキメなど、さりげない工夫が凝らされているあたりも手練れ仕事ですな。マジ好きやわーこの曲。もっぺん聴こ〜っと。

ルズグループ。敏腕プロデューサー、パク・ジニョン率いるJYPエンターテインメント所属。E-girlsは2011年から2020年まで活動していたLDH JAPAN所属のガールズグループ。詳細は各自調査。

★5/1951年生まれのシンガーソングライター。我が国の女性シンガーソングライターの草分けで、1972年にCBSソニー(現/ソニー・ミュージックレコーズ)よりシングル『少女』とアルバム『五輪真弓/少女』の同時発売でデビュー。代表曲は1980年の『恋人よ』で、『リバイバル』は翌1981年のヒット曲。

★6/『りばいばる』は1979年、中島みゆきの7作目のシングル。オリコンのシングルチャートでは11位だが、売り上げは30万枚だったというからレコードの時代は凄かったんですねー。

★7/スキマスイッチは1999年結成、大橋卓弥(おおはし たくや)と常田真太郎(ときた しんたろう)による2人組音楽ユニット。『Revival』は2018年のアルバム『新空間アルゴリズム』の収録曲。2019年、『劇場版おっさんずラブ』の主題歌として配信されてヒット。

★8/「トラップ(Trap)」ヒップホップのサブジャンルとして2000年頃からアトランタで発祥。重低音による強力なビートと多様なハイハットの組み合わせによる、チルなムードが特徴。

2019・5・17発売
5th ALBUM
『MOMOIRO CLOVER Z』

▼ももいろクローバーZ

『華麗《かれい》なる復讐《ふくしゅう》』

プログレ度MAX！ 重厚なダークファンタジー

ここまで『上球物語』（P232参照）や『Guns N' Diamond』（P330参照）の歌詞を手がけてきたzoppだが、一方では2016年に**RECOJO**《レコジョ》★1、2019年に**エレファンク庭**《ガーデン》★2と、洗練されたシティポップやファンクを基調とした高い音楽性を誇るアイドルグループを自らプロデュースし、シーンを盛り上げている。そのあたりの楽曲ラインが端的にzoppの好みなのだろうが、ももクロには毎回新たな作家と組んだユニークな楽曲を提供することで、新風を吹き込んでくれているから有り難い。今回は**Junxix.**《ジュンエックスアイエックス》★3とかず**ぽーい.**★4という若手を引き連れ、「復讐＝**ベンジェンス**★5」をテーマに、ダークファンタジー的なプログレ・ミュージカルチューンを届けてくれた。「ももクロと復讐」——笑顔の天下を標榜する彼女たちにとっては最も遠いテーマかとも思えるが、ショーをテーマにしたアルバムの中では「劇中劇」の役割を果たしており、アルバム中盤のハイライトとなっている。

冒頭、「This is the end of begining《ディス イズ ジ エンド オブ ビギニング》」と男女コーラスが重苦しく響き、ストリングスがグリ

★1／zoppが初プロデュースした3人組アイドルユニット。活動期間は2016年から2018年と短いが、デジタル配信シングル『TO源KYO』など良曲多数。
★2／zoppプロデュースによるアイドルユニット第2弾。2018年結成。現在は唯一の結成メンバー椎名美友(しいなみゆう)を中心に、4人組として活動中。ファンク歌謡『エレファンク庭』、『札束ビンタ』など、やはり楽曲クオリティは高い。
★3／大阪府出身の作詞・作曲家、音楽プロデューサー。2015年、関ジャニ∞の『キミへのキャロル』で作家デビュー。ジャニーズWEST、はちみつロケットへの楽曲提供のほか、元Little Glee Monster

サウンドカテゴリー度

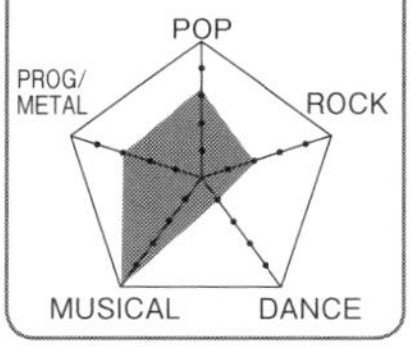

DATA

レーベル／イーブルライン
レコード（キングレコード）
作詞／zopp
作曲／Junxix.
編曲／かずぽーい.
ピアノ／北村真奈美
ギター／香取真人
ベース／okamu.
ストリングス／
okimasuDJVstrings
1st ヴァイオリン／沖増菜摘、吉田篤貴
2nd ヴァイオリン／伊藤 彩、東山加奈子
ヴィオラ／角谷奈緒子、河村 泉
チェロ／結城貴弘、村中俊之
コーラス／MARU、Chihiro Sings、YOMA、孝介、JUNANASTA

スアップすると、18秒からBPM141の4つ打ちのビートが走り出す。キーはDマイナー。「それは心の奥底」とまずはあーりんが落ち着いた歌唱で出て、続くしおりんの「怒りに満ちた」からは同じBPMのままで3拍子になるというプログレ的なフックをカマし、早くもただならぬ気配だ。「目には目を」と夏菜子が出るところからは、チョッパーベースが絨毯爆撃を開始し、ドラムも大暴れ。ヘヴィメタとプログレがないまぜになったこの展開、ぶっちゃけ筆者的に大好物、「もっとやれ〜！」と煽りたくなりますな。「地獄から舞い降りし」とコーラスが重層的に盛り上げていくが、「お前をぶっ倒してやる！」としおりんの凛々しいセリフには、全ての黄色推しが軽くぶっ倒されたはず。

サビはGマイナーに転調し、「自分を乗り越えろ」とアツくコーラス。そう、ここでの復讐の相手は、ほかならぬ自分自身なのだった。つまり本曲は『サラバ、愛しき悲しみたちよ』（P196参照）や『境界のペンデュラム』（P440参照）の世界をさらに推し進めたような地点にある。ダークな曲調ではあっても、ももクロの場合は常に**ニーチェ的な自己超克《じこちょうこく》**★6を唱えているのであってね。3分8秒であーりんが「さらば 愛しき 惨めな 自分よ」と種明かし、さらに夏菜子が「私を超えてゆけ」とハッキリとメッセージして、我々に「意識の剣」を与えてくれる。

曲は以降もドラマティックに展開していき、4分からは夜明けの安らぎが訪れる。ほどなく勝利の鐘が鳴り響き、コケッコッコーと鶏が啼《な》くと、4分53秒からはチョッパーベースが過去最高の無双で荒れ狂い、華麗なる復讐を達成。すると突然インド化して「**フィルミレンゲ**」★7でストンとフィニッシュするあたりも実に面白い。また**ライヴで観たい**★8なあ。

の荒井麻珠（あらいまじゅ）のプロデュースも手がける。

★4／Junxix.の共同制作者として、エレフェンク庭、メイビーME、荒井麻珠らの楽曲制作を手がけている。

★5／ニコラス・ケイジ主演の同名スリラー映画（表記はヴェンジェンス）が2017年に上映されているが、内容は無関係。

★6／フリードリヒ・ニーチェ（Friedrich Wilhelm Nietzsche.）は1844年、当時のドイツ・プロイセン王国出身の思想家。「自己超克」はニーチェが提唱した概念で、人間が自己形成するためには、絶えざる価値創造や善悪の創造が必要であるとし、自己超克を成しうる創造者を「超人」と呼んだ。「それってまんまももクロやん」、ねえ？

★7／ヒンディー語で「またね」の意味。「華麗＝カレー」から、インド化したものと思われる。

★8／2019年の「Momoclo mania」では2日間を通じて、アンコールの1曲目に披露されている。蒸し暑かったけど、サイコーでしたね。

2019・5・17発売
5th ALBUM
『MOMOIRO CLOVER Z』

▼ももいろクローバーZ

『MORE《モア》 WE《ウィ》 DO《ドゥ》』

ももクロ初のオルタナティブなハイパーチューン

CHAI《チャイ》★1の存在を初めて知った時、俺は瞬時に「あ～この娘《こ》らは絶対、ももクロ向きやわ」と思ったが、皆さんもそうでしたよね、きっと。彼女たちは「**NEOかわいい**」★2を標榜してシーンに登場したのだが、ここで予備知識として強力にレコメンしておきたいのは、CHAIが**NPR Tiny Disc Concert**★3に出演した際の映像。ネットで検索したらサクッと出てくるのでまあ見てください、この自由で無邪気な暴れっぷり。その場の空気をパッと明るい**ピンク色に染めてしまう**★4パワーたるや、目指すフィールドはももクロとまったく同じ、と断言してしまおう。そして我々モノノフにとってCHAIとくれば『Chai Maxx』(P102参照)なのであって、そらもう勝手にシンパシーを感じてまうのもしゃーないですわな。

本曲は**れにちゃん自身が**「**高城曲**」**と認定している**★5ようだが、確かにブチ切れたようなハイパービートに乗ってれにちゃんが「このままじゃない」、「おわりなんてない」と冒頭からNEOかわいいを加速、でもってサウンドはある意味『あんた飛ばしすぎ!!』以上にパンクでノイジー

★1／マナとカナの双子に、高校時代の軽音楽部仲間のユナ、大学で知り合ったユウキが加わった、2012年結成の4人組オルタナティブ・ガールズロックバンド。2016年に自主制作の1stEP『ほったらかシリーズ』を発売、瞬く間に話題になり、後に全国流通盤となる。2017年に1stアルバム『PINK』をリリース、iTunes Alternativeランキングで2位に。アメリカやイギリス、ヨーロッパ、アジアと全世界でツアーを展開。本曲提供後、2019年には『ももいろ歌合戦』にも出演している。

★2／NEOは「ニュー・エキサイト・オンナバンド」の意味。これを接頭辞とすることで、単なる見た

サウンドカテゴリー度

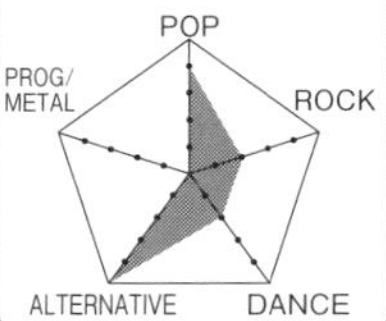

DATA

レーベル／イーブルライン
レコード（キングレコード）
作詞／ユウキ
作曲／マナ
編曲／CHAI
キーボード／マナ (CHAI)
ギター／カナ (CHAI)
ベース／ユウキ (CHAI)
ドラム／ユナ (CHAI)
スクラッチ／DJ PINK

なのだからもはや手に負えない。前曲『華麗なる復讐』からの落差も凄まじく、本アルバムはとにかくこの落差を――つまりこの時点でのももクロの、いかなるジャンルをも貪欲に飲み込んでしまう圧倒的な「振れ幅」を、楽しむようにできている。

キーはBメジャー、BPMは218と実際に『あんとば』以上のスピードで闇雲に突き進むが、この自由なアンサンブルがCHAIの真骨頂。バンドとしては決してテクニカルなタイプではないのだが、「自分たちの楽曲を表現するためのテクニック」をしっかりと携え、**ローファイ感覚**★6のアンサンブルを組み立てている点が完璧に新しいのだ。その上でスクラッチが終始キュルキュルと暴れるので、酩酊感がいやでも増していく。

サビ前でいったんリズムを沈めて時空を振れさせ、すかさず1音上のC#メジャーに転調。れにちゃんが「Don't《ドント》 wanna《ワナ》 stay《ステイ》」とハイトーンで突き抜けていくこの爽快感、たまりませんな。間奏ではユウキのベースが猛獣の如く唸り、スクラッチが絡んで2番へ。ここからは全員がCHAIマナーで歌い進み、サビには行かずに陽気なコーラスで「GO! GO! MORE WE CAN!」をキッカケにドラムとスクラッチが残り、カットアウトで終了。トラックタイムも3分6秒とアルバム中最短で、プッシュにプッシュを重ねて次曲でドッシリと落とす、という構成もお見事。

本曲のデモが届けられた際、**夏菜子ちゃんは「仮歌をそのままリリースした方がいいんじゃないかって思うほどの完成度でした」と語っており**★8、それはそれでぜひ聴きたいと思うのだが、どーですか、お客さん。あと、ロックフェス等での共演についても、引き続き期待したいところである。

目のかわいさではなく、「かわいい」に新たな価値観をもたらすことを意図している。

★3／NPRは1970年にスタートしたアメリカの非営利メディア組織で、正式名称はNational Public Radio。アメリカ国内で最も人気のあるラジオ局。Tiny Desk Concertは同局のオフィスの一角で行われる人気ライヴシリーズで、さまざまなジャンルのアーティストたちが、驚異の高音質で演奏を披露。シリーズ全作必見！

★4／ピンクはCHAIのイメージカラー。彼女たちのオフィシャルファンクラブの名称は「ピンクラブ」。

★5／テレ朝動画の『川上アキラの人のふんどしでひとりふんどし』、2019年5月6日配信回での発言。

★6／ハイファイ＝High Fidelityの逆。ノイズや歪みが混ざることで、意図的に安っぽくした批評性の高いサウンドを指す。

★7／雑誌『ミュージック・マガジン』2019年7月号に掲載の「ももいろクローバーZ」特集でのメンバーインタビュー記事より。

2019・5・17 発売
5th ALBUM
『MOMOIRO CLOVER Z』

▼ももいろクローバーZ

『レディ・メイ』

完全な大人モードが渋い、アーシーなブルースロック

これまでは、ライヴでマイクスタンドが出てきたら「お、ここで『鋼の意思』（P252参照）か」と思っていればよかった。しかぁーし。本曲以降はマイクスタンドが出てきたら「キター！『レディ・メイ』やー！」と色めき立つことになるわけで、それほどまでに巨大なインパクトを誇るブルースロック・ナンバーが、若手ながら成熟した音楽性で業界を震撼させたロックバンド＝**GLIM SPANKY**《グラムスパンキー》★1によってもたらされた。CHAIにせよGLIM SPANKYにせよ、その音楽性はガチッと固まっているバンドであり、これまでのももクロ的な作家選びのセンスからすると、かなりの冒険には違いない。そうした冒険を受け入れる余力が十分にあると踏んだからこそ、キングの宮本氏はももクロと同世代ながら全く別の場所にいるこの2バンドを選んだのだろう。

クレジットでは作詞は**松尾レミ**★2、作曲はGLIM SPANKY、編曲とギターは**亀本寛貴**《かめもとひろき》★3とあるが、まずはこの点について押さえておこう。彼らは高校時代からアマチュアバンドとして活動しているが、オリジナルメンバーは松尾のみ。保育園時代から絵画が好きで画家を目指し、

★1／2007年、松尾レミが長野県松川高校時代に結成。2014年6月にユニバーサルミュージックジャパン内のレーベル、EMI R（現・Virgin Music）よりミニアルバム『焦燥』でメジャーデビューすると、ジャニス・ジョプリンを彷彿とさせる松尾のヴォーカルとディープかつ斬新なブルースロック・サウンドで、多くのアーティストや業界人から絶賛を受ける。2015年の『SUNRISE JOURNEY』から2022年の『Into The Time Hole』まで、6枚のアルバムを発表。

★2／1991年、長野県生まれのシンガー、ギタリスト、作詞・作曲家。幼少期よりゴスペルチー

サウンドカテゴリー度

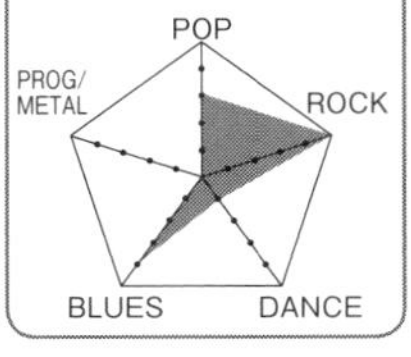

DATA

レーベル／イーブルライン
レコード（キングレコード）
作詞／松尾レミ
作曲／ GLIM SPANKY
編曲／亀本寛貴
ギター／亀本寛貴
ドラム／ mabanua
ベース／櫻井陸来
キーボード／高野 勲
トランペット／小澤篤士
テナー・サクソフォン／竹上良成
トロンボーン／鹿討 奏

また父親の影響で**カジヒデキ**★4や**カヒミ・カリィ**★5、**ピチカート・ファイブ《PIZZICATO FIVE》**★6等を聴いていたという早熟な松尾だけに、その音楽性には確固たるものがある。後で加わる形になった**亀本は、松尾の曲と歌を最大限に支えることで自己のギタースタイルを確立していった**★7。ゆえに、基本的には松尾が弾き語りのデモを作るところからスタートし（多くの場合は詞先で進むらしい）、そこに亀本が加わってギターリフやベースラインを決め、バンドとしての音を固めるというパターンで曲作りを進めている。故に「楽曲の芯の部分」は、あくまで松尾が担っているわけだ。

一方で松尾は、ももクロに本曲を提供するにあたって、「今まで見せたことがなかったレディーな、アダルトな一面を見せていきたい」との依頼を受ける。そこで発想したのが、**ヨーロッパで言い伝えられている「春の妖精」が、パーティーの場で男たちを惑わせるという設定**★8。季節の移り変わりと、少女から大人への移り変わりという一瞬とを掛け合わせて、この曲を書き下ろしたそうだ。佳話ですな。

そもそもGLIM SPANKYに楽曲を依頼した段階で、音楽的にはブルースロックになることは自明。年齢やルックスこそいい大人になったが、中身は相変わらずのももクロの4人が、少しだけお姉さんである松尾が提供する「レディーな、アダルトな歌詞」を、どのように歌いこなすのか——。では曲を聴いていこう。

ギターのパワーコードでEをガツンとセンターに落とし、左右チャンネルで軽くワウが効いたギターリフをオクターブ違いで鳴らすというギターメインのアンサンブルで、曲はスタート。ドシッと

ムに入って歌い、日本画家であった祖父の影響で絵画にも興味を持つ。中学校時代にBUMP OF CHIKENやASIAN KUNG-FU GENERATION、ホワイト・ストライプス等の影響を受け、次第にオールドロックを掘り下げることに。ソロ及びサポートシンガーとしても活躍。

★3／1990年、長野県生まれのギタリスト、作曲家。サッカー少年時代を経て、高校時代に友人たちとバンドを結成。のちにGLIM SPANKYに加入。ニルヴァーナやガンズ・アンド・ローゼズに影響を受け、次第に松尾の影響でオールドロックに魅かれる。

★4／1967年、千葉県出身のシンガーソングライター。1997年の『MINI SKIRT』でスウェーディッシュ・ポップスのセンスをいち早く取り入れて「渋谷系」を牽引。2019年の『GOTH ROMANCE』まで、15枚のアルバムを発表している。

★5／1968年、栃木県出身の歌手。1992年に小山田圭吾のプロデュースによるマキシシングル

安定感のあるリズムを支えるのは、**mabanua**《まばぬあ》★9と櫻井陸来《サクライ・ロック》というなかなかに豪華なチーム。そこに**高野勲**《たかのいさお》★10がシンセでギュイ〜ンとSEをカマすことで、「ただのブルースロックとちゃいまっせ」と主張する。

それぞれに個性的な「セクシー」の表現で酔わせる

18秒から「揺れるランプ」としおりんが登場。音楽であれバラエティであれ、ももクロの新たな試みはまずもって天才かつバランサーの玉井詩織を最初に持ってくることで一つの「基準値」が示されるのだが、本曲でもそのパターンを踏襲。ドラムの4つ打ちのキックを伴ってグッと低いトーンで出て、まずはムードを作る。ギターがゴリゴリと8分音符を刻むと、最年長のれにちゃんが「今宵パーティー」と続き、さっぱりめながら蠱惑的《こわくてき》に乗りこなす。そして満を持して夏菜子ちゃんが「本当の顔まだ見せず」とドスの利いた低音をウネらせるのだが、お得意のb5thの音程から入り、**ローEまでをしっかりと出し切る**★11あたりには「ドヤ顔」が浮かんでしまいますね。さらに「瞳潤《うるお》すふり」のラストを絶妙にしゃくり上げるので、思わず「ヨッ、リーダー！」と突っ込むことをお許しあれ。ホーン隊を伴って「レディ・メイ」と出るサビのコーラスでも転調せずに突き進むが、この音域であーりんが目いっぱいの阿婆擦《あばず》れ感を演じ切るのも、たまらんものがあーりんりんりん。こちらもあーりんママの心境になって、ちょっぴり心配してしまいますな。

2番は夏菜子、あーりんとそれぞれがアダルトに歌い継ぎ、Bメロでれにちゃんも覚醒。「ど

『MIKE ALWAY'S DIARY』でソロデビュー。シングル8枚、アルバム7枚を発表し、2012年にニューヨークへ移住。夫はタップダンサーの熊谷和徳。

★6／言わずと知れた、「渋谷系」を代表する音楽ユニット。小西康陽をリーダーに、1984年〜2001年まで活動。ボーカリストは初代・佐々木麻美子、2代目・田島貴男（ORIGINAL LOVE）、3代目・野宮真貴。

★7／2014年6月12日、ユニバーサルミュージックジャパンのウェブサイト内のインタビューで亀本が言及。

★8／2019年6月30日、台湾での公演時に、音楽サイト「MeMeOn」のインタビュー内で松尾が言及。

★9／1984年、埼玉県出身のドラマー、ビートメーカー、音楽プロデューサー。本名は山口 学で、mabanua は manabu のアナグラムから。あらゆる楽器を演奏できるマルチプレイヤーで、ソロプロジェクトのほか、さまざまなアーティストとのユニット活動やプロデュー

うやって可愛い仕草」からのひとしきりを、抑え気味に歌いこなす。2サビを担うしおりんは「健気《けなげ》で」のラストで軽くyeahと揺らし、「春の夜の子猫」というフレーズがピッタリくる大人可愛さで悩殺する。

一転してアコースティックギターとドラムのリムショットが静謐に響く落ちサビでは、れに夏菜子の年上チームがさらにシックな歌唱で酔わせ、後半ではワウギターが騒ぎ、mabanuaが怒涛のフィルインをカマして間奏のワウギターソロへと雪崩れ込む。必要最低限の音数でストーリーを語る亀本のセクシーなギター、ここにホーン隊が絡むたった8小節の展開に、ロックという音楽の魅力が詰め込まれているといっても過言ではないだろう。続くラストのサビではももクロとバンドが一丸となってわしわしと進み、3分10秒でズッシリとしたブレイクを決めて、イントロのギターフレーズが再来する中、高野がファンキーなピアノで煽っていき、トラックタイム3分39秒で豪快にフィニッシュする。

このようにアルバムバージョンも素晴らしいのだが、極めてライヴ映えする楽曲であるため、とーぜんながらライヴで進化していく。初披露となった東京キネマ倶楽部でのステージで、髪を掻き上げながら歌うあーりんはちょっぴりどころではないセクシー度でクラクラさせてくれます。またれにちゃんはGLIM SPANKYの5thアルバム『Walking On Fire《ウォーキング オン ファイアー》』発売時に**「ライヴでもキマりますし、私たちのお気に入りの1曲」、「『Walking On Fire』を聴いてもっと色気を研究して頑張ります！」等とコメントしている**★12ことも、報告しておきますね。頑張れ、最年長！

ス、CHARAやNegicco等のサポートで活躍。

★10／1969年、北海道出身のキーボード&ギタリスト。GRAPEVINE、Scoobie Do、小谷美紗子、サニーデイ・サービス等のサポートで活躍。

★11／松尾は本曲を依頼された段階で、ももクロ各メンバーが歌える音域を教えられ、自分とは異なるキーで曲を書いている。

★12／ユニバーサルミュージックジャパンのサイト上で、上白石萌音、清水ミチコ、内藤剛志、野宮真貴、布袋寅泰等と並んでコメント。

2019・5・17 発売
5th ALBUM
『MOMOIRO CLOVER Z』

『The《ザ》 Show《ショウ》』

▼ももいろクローバーZ

人生というショーを締めくくる、ハッピーなフォークロック

セルフタイトル・アルバム本編の締めくくりは、2008年の**レンカ・クリパック**《Lenka Kripac》★1のソロデビュー曲のカヴァー。ハイテンションな『ロードショー』で始まって、フォークロックな『The Show』でショーの幕が降りる……というわかりやすい構成だが、なにしろ間で幅広い曲想にグルングルンに振り回されるので、最後にこの曲がきてホッとしますね。

さぁて、ここで一つの大胆な妄想仮説を。この『The Show』、実は3rdアルバムの『モノクロデッサン』（P312参照）の元ネタだったのではないか。つまりはこうだ。キングの宮本氏がC&KのCLIEVYに『モノクロデッサン』を発注する際、参考として「こういう素敵な曲があるんだけどさぁ」と参考に示されたのがレンカの『The Show』であった、と。で、『モノクロデッサン』の出来がひじょーに良かったこともあり、ショーをコンセプトとするアルバムのシメで、元ネタを種明かしのように本格的にカヴァーするのがオモロイのではないか、というね。以上は情報レベルでは全く根拠レスな話なのだが、筆者は**サウンド面での多くの共通点**★2と歌詞の内容

サウンドカテゴリー度

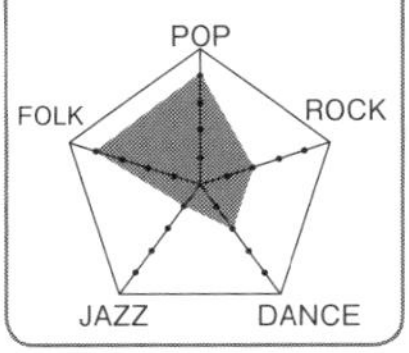

DATA

レーベル／イーブルラインレコード（キングレコード）
作詞・作曲／Lenka Kripac、Jason Reeves
日本語訳詞／EMI K. Lynn
ドラム、パーカッション／朝倉真司
エレクトリックベース／千ヶ崎 学
アコースティックピアノ、ビブラフォン、グロッケンシュピール／青木慶則
アコースティック&エレクトリックギター、コンピュータープログラミング／近藤研二
トランペット／エリック・ミヤシロ
テナー・サクソフォン／山口宗真
トロンボーン／中川英二郎

★1／1978年、オーストラリア出身の俳優、歌手。10代から俳優の道に進むも、エレクトロ・ロックバンドのデコーダー・リングにボーカリストとして加入。バンド脱退後はロサンゼルスに移り住み、ソロ歌手として2008年に『The Show』でデビュー。2013年の『Shadows』まで、3枚のアルバムを発表している。

★2／生楽器によるオーガニックなアンサンブル、昭和風味の柔らかなベースやドラムの録音状態、シンプルなコード進行などに通じるものがあーりん。

からそのような妄想を繰り広げたわけで。実際にそう思って聴くと、両曲の「共通点と違い」が浮き彫りになって、とても興味深くなりますのでね。ま、このあたりは「ボンクラな一リスナーの快楽」ということで、大目に見てやってくだしゃんせ、通りゃんせ。

レンカのバージョンはリズミックな**ストライドピアノ**★3の伴奏で始まるのだが、ももクロバージョンはアコースティックギターのアルペジオをお供に、夏菜子ちゃんが「人生はまるで迷路みたい」と歌い出す。キーは原曲と同じCメジャー、BPMは原曲が123、ももクロは132と少し早めにして軽快さを演出する。日本語の訳詞を手がけた**EMI K. Lynn**★4は『『Z』の誓い』（P296参照）の英語版、『Pledge of "Z"』の歌詞を手がけた作詞家&翻訳家だが、ここでは原詩の大意を崩すことなく、等身大の4人にうまく重なるようなアレンジを加えている。そして大きなポイントとなる後半のフレーズ「I want《アイウォント》 my《マイ》 money《マネー》 back《バック》」はあえて訳さずにそのまま歌わせることで、「テクストの快楽」の余地を我々に残してくれているあたり、なかなかの業師ですな。全編オーガニックなアレンジでスイスイと進むが、間奏からはホーンズが徐々に加わり、サウンドを明るく彩っていく。2分49秒から始まるAメロを落ちサビ的に扱い、アコギとベースがリズムを刻む中、ヴィヴラフォンやピアノ、オルガンが最低限のカラーリングを行うあたりは近藤研二のセンスだろう。ラストは再びホーンズが加わって、人生というショーをともに楽しみましょう、とメッセージして終わる。以上、いくら音楽的に散らかっても、彼女たちの品格のある歌唱が全てを最上級のパピエストに昇華していることを噛みしめながら、もういっぺんアルバムを頭から聴きましょうか、ね。

★3／左手で低音のベースと高音のコードを、「ブン・チャ、ブン・チャ」と交互に弾くピアノ奏法。スコット・ジョプリンの『ジ・エンターティナー』がその典型。

★4／東京都出身の作詞家、翻訳家。長年アメリカで生活し、2016年に帰国して活動拠点を東京に移す。日本語と英語を自在に操るスタイルで、Crystal Kay、BoA、Sexy Zone、King & Prince の楽曲を手がけている。

2019・5・17発売
5th ALBUM
『MOMOIRO CLOVER Z』

▼ももいろクローバーZ

『ももクロの令和ニッポン万歳！』

サウンドカテゴリー度

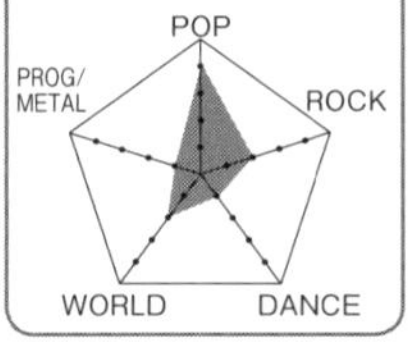

DATA

レーベル／イーブルライン
レコード（キングレコード）
作詞・作曲／前山田健一
編曲／徳田光希
プログラミング／前山田健一、
徳田光希
ギター／川渕龍成

ライヴの人気曲を、新たなエピソードにより更新

お待ちかね、ライヴでサイコーに盛り上がる『ニッポン万歳！』のニューバージョン爆誕、である。1stアルバム『バトル アンド ロマンス』でもボーナストラック扱いだった本曲だが、2011年時点ではいわば「ヒャダインの遊び心」の産物であった。また復興支援ソングとしては、ダイレクトに東北への想いが込められていたが、この令和バージョンでは実際に『青春ツアー』で全国を回った経験が活かされ、かつ11年間のさまざまなエピソードの蓄積が注入されているのでそりゃもう「重み」が違う。そして復興への想いは、日本全国へと拡大されている。またトラックは前山田バージョンをベースにしながらも、若手の**徳田光希**《とくだみつき》★1がラップバトルやサンバやスカの要素を取り入れるなど、よりワールドワイドで賑やかなものになっている。

「ひょーいとひょーいとひょひょいと 令和！」とニッポン一周の旅に出る4人、最初に着いたのは**いぎなり東北**★2である。これまでは食べ物の話が中心だったが、青森のねぶた、秋田のなまはげと、祭りや郷土芸能から始まるあたりに成長を感じますなー。福島のココナッツはMVロケ地の**スパ**

★1／北海道出身の作詞・作曲・編曲家。アイドルマスター SideMを手がけて注目され、寺島拓篤、三森すずこ、アイドリッシュセブン等の楽曲も手がける。
★2／前作ではラストが東北でしたので「いぎなり」としましたが、今後は前のバージョンは妹グループの「いぎなり東北産」が歌ってくれるのだろうなぁ……と思ってたら、2022年、3年ぶりの春の一大事では、きてくんちぇパークステージで歌ってくれました。大号泣。
★3／福島県いわき市にある大型温泉＆プール、ホテル等からなるレジャー施設。2021年公開のアニメ映画『フラ・フラダンス』の舞台にもなっている。同映画の主

リゾートハワイアンズ★3、なのに山形も宮城も芋煮に尽きるとはこれいかに。「わんこそば大会7位！と」胸を張るしおりんに方言で突っ込むれにちゃんが可愛い。北陸4県はダイヤモンド4で、新潟での『ももたまい婚』のくだりでは**ワーグナーの『婚礼の合唱』**★4をインサート。続いては沖縄と北海道のラップバトルだが、お得意の食べ物自慢に始まるが、「雪の中で入れ歯見つけた！」はやっぱ変ですよね、れにちゃん。

1サビではスズキへの気遣いで「DRIVE《ドライブ》! DRIVE《ドライブ》! DRIVE《ドライブ》!」なのだが、しおりんの前には誰が運転してたの？中国地方では、前作ではとても不憫だった**島根県民の心はようやく落ち着いた**★5ものと思われるが、近畿では**ドラマ撮影**★6や**桃色空**★7や**鶴瓶さん**★8と、人物絡みのネタを展開、人脈がグンと広がったことを感じさせる。四国もダイヤモンド4だが、ホイッスルが鳴ってアレンジがサンバ化。でもって鳴門の渦潮が見れなかったのは残念ですね。2サビは「TRAIN《トレイン》! TRAIN《トレイン》! TRAIN《トレイン》!」と新幹線で駆け抜け、中部地方へ。今度はスカビートとなり、夏菜子ちゃんの「茶畑と両親に育てられました」はまあそうなんだけど、それって別に言わなくても。九州ではS-A-G-A佐賀、からの「あんたのことすいとうよ」で赤推しを殺しにかかる。ようやく辿り着いた関東では、群馬と栃木は相変わらずの扱いだが、全ては「抑えめ」のあーりんで許されよう――とまあ、4人のバランスを考慮した歌割りがひたすら楽しいのだが、夏菜子ちゃんの「綺麗な海川 大好きです」に始まるラストコーラスの「国褒《ほ》め」ではやはり涙してしまうのがモノノフとしてのS-A-G-A＝性。そして、こんな風にひょいひょいと日本全国を歌にできるのはももクロだけであり、令和も引き続き「ついていくZ！」との決意を新たにするのであった。

題歌がフィロソフィーのダンスの『サンフラワー』で、必聴案件。
★4／ヴィルヘルム・リヒャルト・ワーグナー（Wilhelm Richard Wagner）のオペラ『ローエングリン（Lohengrin）』に登場するお馴染みのメロディー。同曲はメンデルスゾーンの『結婚行進曲（Wedding March）』と並ぶ、ブライダルの定番チューン。
★5／なんせ前作では「島根まねしま ねっまー ねっまー」でしたからねぇ。
★6／兵庫県は百田夏菜子が出演したNHKの連続テレビ小説『べっぴんさん』（2016年10月～17年4月放映）のメインロケ地でしたが、実際にはスタジオ撮りで大阪にいた方が多かったのでは？と推察。
★7／作者の堂本 剛が奈良県出身で、『桃色空』（P360参照）は奈良の空をイメージしたことから。
★8／笑福亭鶴瓶は1951年、大阪市出身の落語家・タレント。ももクロとは関西テレビ『桃色つるべ』はじめ、共演歴多数。

2019・5・17発売
5th ALBUM
『MOMOIRO CLOVER Z』

▼ももいろクローバーZ

『走れ！ -ZZ ver.-』

3度目のニューアレンジは、エレクトロ感マシマシで降臨

5thアルバムは通常盤の他に、**「青春」ツアーの中野サンプラザ公演**★1と5カ月連続配信シングルに『The Daimond Four』を加えた6曲のMV集のブルーレイをコンパイルした初回限定盤A、人気曲10曲のZZ ver.の2CDである初回限定盤Bと、3種類が存在する。ここからは初回限定盤Bにおいて投入されたZZ ver.を紹介していく。これらは大きく3パターンに分類できる。まず単純に、ヴォーカルを4人で録音し直した「リ・ヴォーカル」のバージョン（＝パターンA）。次に、原曲の編曲者と同じ作家が編曲を手がけたもの（＝パターンB）。そして、原曲とは異なる作家が編曲を手掛けたもの（＝パターンC）。以上のうち、パターンAに該当するのは『MOON PRIDE -ZZ ver.-』のみ。その他は全てトラックが異なるという相変わらずの凝り具合だ。リ・ヴォーカルものについては**聴けば違いがすぐわかる**★2と思うので本書では扱わないが、未発表だった本曲より、説明を進めよう。

『走れ！』についてはこれまで全ての編曲をmichitomoが手がけているのだが、エレピによる落ち着いたイントロが耳に優しくスタートし、4つ打ちの裏に16部音符のハイハットを2音入れてプッシュ。**エレクトロ感を強調した分ギターを後退させる**★3ことで、よりダンサブルなものになっている。以降、ライヴでもこのバージョンがトラックとして用いられるようになった。

サウンドカテゴリー度

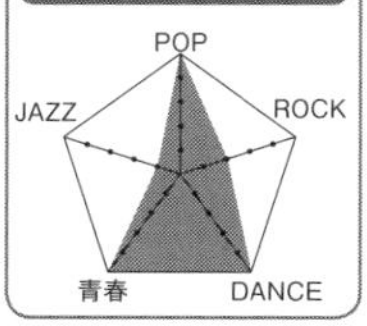

DATA

レーベル／イーブルライン レコード（キングレコード）
作詞／NOBE、モリモトコージ
作曲／KOJI oba、michitomo
編曲／michitomo
キーボード&プログラミング／michitomo

★1／『2019年11月30日開催の「ももいろクローバーZ ジャパンツアー「青春」』東京都・中野サンプラザホール公演。恒例のメンバーによるオーディオコメンタリーも追加されている。

★2／『MOON PRIDE -ZZ ver.-』は、杏果のちょっと癖のあるヴォーカルが消えた分、声のトーンが揃って軽く、鋭くなっている。特にエンディング近くの複雑なコーラスハーモニーをスムーズに聴かせるあたりはお見事！

★3／ヘヴィなディストーション・ギターはどうしても耳を奪いがち。つまりはダンスミュージックとして、よりトレンドを意識したアレンジになったということ。

2019・5・17 発売
5th ALBUM
『MOMOIRO CLOVER Z』

▼ももいろクローバーZ

『全力少女 -ZZ ver.-』

もはや全力天女へと進化した、待望のニューバージョン

ももクロ作家としてお馴染みのNARASAKIは、5thアルバムの本編では不参加だったが、ZZ ver.の本曲で、自ら「これをやりたい」と手を挙げていた。キャリア初期の名曲である『全力少女』（P106参照）のバトンは、michitomoからNARASAKIへとどのように引き継がれるのか？ そしてライヴでは頻繁に披露されていたものの、公式録音は無印時代のバージョンしか存在していなかっただけに、個人的には**その仕上がりについて最も注目していた**★1のだが、届けられたのは『桃源郷』（P340参照）とも共通する、サイバーエレクトロな新バージョンだった。原曲の大きなポイントであった和の要素を残しながらも、キラキラとシーケンシャルに走るシンセ、遠慮なくのたうつ重低音シンベで、聴く者はたちまち天空へと誘われる。このサウンドの海を余裕で乗りこなしていく4人はもはや全力少女ではなく、「全力天女」と言うべきだろう。

3分1秒からの間奏部では『桃源郷』でも印象的だった「あの音」★2も投下され、落ちサビではヴォーカルの背後でハウスなシンセによるリフで、**すっかり成長した夏菜子のヴォーカル**★3を支える。その途中から高音のオリエンタルなシンセのオブリガートが加わり、シメで夏菜子とピタッと重なるアレンジにも、NARASAKIの「してやったり」の表情が見えるよう。ホンマにエエ職人でんなぁ、NARASAKIはん！（なぜか関西弁）

★1／michitomoもNARASAKIもトラックメーカーとして一流だが、使うシンセのサウンドはかなり異なる。特に『桃源郷』以降のNARASAKIのサウンドチョイスは、かなり積極的に新しい音を採り入れて空間を埋める傾向にあったため、筆者の期待感も高まったのだった。

★2／ニュー・オーダーのベーシスト、ピーター・フックに通じる「あの音」については、P341を参照のこと。

★3／無印時代のバージョンでは、落ちサビで精一杯に歌って萌えさせた夏菜子ちゃんだったが、ここでの力強い歌唱にはしみじみと「上手くなったなぁ……」と。

サウンドカテゴリー度

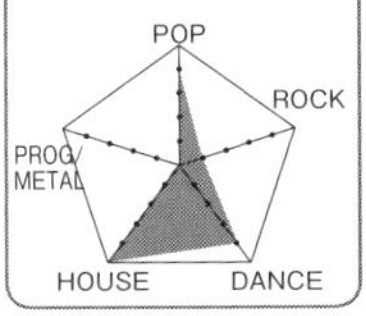

DATA

レーベル／イーブルラインレコード（キングレコード）
作詞／琴織、前山田健一
作曲／千葉直樹、michitomo
編曲／ NARASAKI
Bass6 & Other Instruments by NARASAKI

2019・5・17 発売
5th ALBUM
『MOMOIRO CLOVER Z』

『Chai Maxx -ZZ ver.-』
重厚なエレクトロ・ビートで、戦闘力をより高める

▼ももいろクローバーZ

アルバム本編では『魂のたべもの』(P482参照)という大作を手がけ、ここでも自作の『Chai Maxx』(P102参照)を更新するとは、**横山はどれだけ働き者**★1なのか。このニューアレンジでも、ZZ ver.の全てに共通する「よりマッシブ、かつダンサブルに」とのイズムがハッキリと読み取れるものになっている。

イントロは旧バージョンではディストーションギターでガツンと出ていたが、こちらは**トランペットのトリル**★2とシンセベースによる大鉈《おおなた》が振り降ろされてスタート。重厚な**エレクトロ・ビートは明らかに音圧を増して**★3おり、戦闘力を高めてグイグイと突き進む。夏菜子ちゃんの「リングサイドに現れた」で印象的だったb5thの音がよりブルージーに低めで歌われるあたり、オトナの魅力全開。サビではギターのパワーコードに煽られてブラス隊がいよいよ大暴れ、後半ではスネアもサディスティックに叩き込まれる。サビ終わりで一瞬だけアカペラになる「Milkyでクセもの」のパートでは、左右チャンネルに4人の声を配置しながらもピタッと重なり、快感度がグ〜ンとアップ。間奏部からは異弦同音によるエモーショナルなギターを暑苦しく投下、大サビまで存分に暴れさせる。トラックタイムは旧バージョンと全く同じ4分33秒だが、イッキに畳み掛けるのであっちゅう間に感じてしまうま。

サウンドカテゴリー度

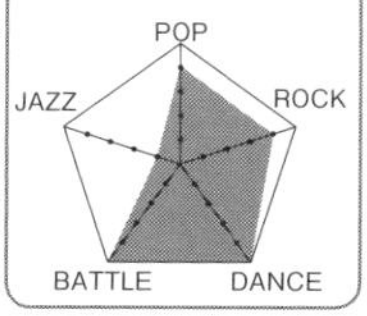

DATA

レーベル／イーブルラインレコード(キングレコード)
作詞／只野菜摘
作・編曲／横山 克
プログラミング／横山 克
Alt & Tenor Sax／竹上良成
Trumpet／小澤篤士
Trombone／高井天音
Guitar／堤 博明
Programming & Keyboards／横山 克
Score & Programming Assistant／半田 翼、橋田佳奈、濱田菜月、佐藤リオ、柏木恒希

★1／2018年〜19年はドラマ『絶対零度〜未然犯罪潜入捜査〜Season3』、『刑事ゼロ』、アニメ『寄宿学校のジュリエット』、『フルーツバスケット』、映画『ちはやふる -結び-』、『3D彼女』といった劇伴も手がけており、相当に忙しかったはず。

★2／トリルは「ド」と「レ」など、2つの音程を素早く反復させて音を揺らすテクニック。ここではトランペットがDとFの短3度の音程をトリルしたあと、グリスアップして去っていく。

★3／2010年代のDTM用のサウンドの進化は著しく、作家たちは常に新しい音／使える音を自作に取り込むことで、個性を出している。近年の傾向としては、ハイレゾ対応もあって音圧が高めのサウンドが増えている。ここでのリズムトラックは曲調こそ違えど、『白金の夜明け』(P344参照)にも通じるものだ。

2019・5・17発売
5th ALBUM
『MOMOIRO CLOVER Z』

▼ももいろクローバーZ

『オレンジノート -ZZ ver.-』

ももクロ屈指のメロコアな名曲も、大人っぽくリニューアル

こちらもオリジナルのツキダタダシによるニューアレンジとなる。旧くからのノフには想い入れの強い楽曲だけに、ツキダもかなり慎重に臨んだものと思われ、初出の印象的な部分＝全員のユニゾンによるイントロやヴォコーダー、ギターのリフ、歌絡みのオブリなどは残しながら、**新たなギターの刻みやSE**[★1]を加えて、よりアガるものへとアップデートしている。

なんといっても4人の歌唱が圧倒的で、特にサビのコーラスパートは、初出では**かなりの補正が為されていた**[★2]が、ここではバランスの揃った素晴らしく抜けの良いハモリ具合で、この感動的な名曲を更なる次元へと導いている。これを受けてのギターソロも、**リキの入ったハーモナイズ**[★3]で存分に荒ぶる。続くしおりんのラップパートでは音数をぐんと減らし、グルグルしたシンセを巡らせてエレクトロに通過。あーりんが「そっと握りしめた」と始める落ちサビでは**逆回転サウンド**[★4]を敷き詰めて夢見心地を演出し、3分40秒でドラムが「ドドパン！」と爽快にフィルインするのをお膳立て。からのサビのコーラスで、「やっぱオレンジノートは名曲やなぁ」とそのメロディーの素晴らしさにひたすら聴き惚れ、ラストは爆発音の余韻を残してのジ・エンド、その分トラックタイムは初出より3秒長くなってます。でもってこのバージョンのトラック、ライヴではまだ使ってませんよね？

★1／24秒あたりで右チャンネルで聴こえるギターの16ビートの刻み、実にカッコイイですね。

★2／旧バージョンではハーモニーに強めの音補正が加わっていたので、音痩せ気味になっていた。本バージョンでは極めてナチュラルにハモってます。

★3／異弦同音でチョークアップする入り方は同じなのだが、後半で2本のギター微妙にズレながら絡んでいる。

★4／実際にはコードをフェードインさせて、逆回転サウンド風にしているのかもしれませんが。このあたりはトラックを創っている人にしか、わかりません。

サウンドカテゴリー度

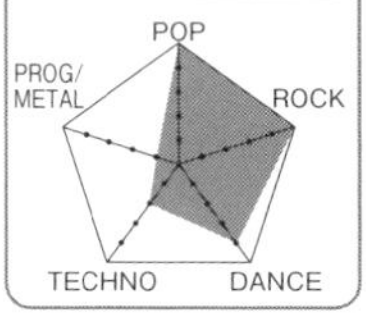

DATA

レーベル／イーブルラインレコード（キングレコード）
作詞・作曲・編曲／ツキダタダシ
Programming & All Instruments／ツキダタダシ

2019・5・17発売
5th ALBUM
『MOMOIRO CLOVER Z』

▼ももいろクローバーZ

『DNA狂詩曲 -ZZver.-』

スペースオペラ感覚のアグレッシブ・チューンとして再降臨

ももクロ史上屈指の人気曲の新バージョンに起用されたのは、必殺のR・O・Nだ。オリジナルの横山 克の名アレンジを、ハードロック志向のR・O・Nがいかに料理するのか? **ドキドキでーす**★1とばかりにプレイボタンを押すと——ギターのアルペジオとコーラスのアンサンブルから始まる新展開に思わず「オッ!」となる。本曲、前バージョン(P168参照)では夏菜子ちゃんがスーッと息を吸う音から入っていたが、ライヴではさすがに入りにくいため、**ピアノとコーラスによる短いイントロ**★2が追加されていた。そのピアノパートをギターに変え、「キュ〜ン」と落ちるシンセのSEを加えただけで、全く印象が変わるのがミュージック・マジック。すかさずお馴染みのヴォーカルパートに移行、からのシンセによる新たなメロディーがスペースオペラさながらに舞い、この段階で完全にハートを鷲掴みにされていることだろう。アグレッシブかつ推進力のあるギターがリードしていく中、新たなフレーズやコード進行を惜しみなくブチ込むアレンジはサイコーとしか言いようがなく、皆の衆を代表してR・O・N様を拝んでおきます。**クイーン化する中間部には『ウイ《We》・ウィル《Will》・ロック《Rock》・ユー《You》』のドン・ドン・パッなリズムも投下**★3し、後半はその勢いを受けて一気に畳み掛ける! カッコいいエンディングも含め、今回の「-ZZver.-」最大の収穫が本曲ではないか。でもってこのバージョンのトラックも、ライヴでは未聴かと。

サウンドカテゴリー度

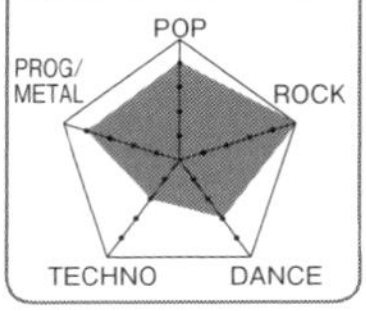

DATA

レーベル/イーブルラインレコード(キングレコード)
作詞/前田たかひろ
作曲/大隅知宇
編曲/R・O・N
Guitar & Piano, Programming/R・O・N
Arranged by 横山 克
Str. /真部ストリングス
1st Vl. Top. /真部 裕
1st Vl. /徳永友美
2nd Vl. /漆原直美
2nd Vl. /藤堂昌彦
Vla. /坂口弦太郎
Chorus / ENA☆

★1/「たこやきレインボー」の根岸可蓮の自己紹介フレーズより。活動終了しちゃったので、もう聴けないのですね。ざんね〜ん(Negicco『アイドルばかり聴かないで』より)

★2/初披露であった2012年の横浜アリーナの春の一大事から、ライヴ向けにこのパートが加えられていた。

★3/1977年リリースのクイーンのシングル曲。『ウイ・アー・ザ・チャンピオン』と両A面扱いだったが、今思えば凄いカップリングですね。「ドン・ドン・パッ」のパートは、1・2拍目は床を踏み鳴らし、3拍目は手拍子、4拍目は休符。とのパターンを何度もオーバーダビングして仕上げたもの。初出バージョンは『ボヘミアン・ラプソディ』へのオマージュ曲でもあったので二重のオマージュ、てことですな。

2019・5・17 発売
5th ALBUM
『MOMOIRO CLOVER Z』

▼ももいろクローバーZ

『ツヨクツヨク -ZZ ver.-』

もはや全力天女へと進化した、待望のニューバージョン

まさかまさか、この曲のニューバージョンが聴けるとは。ここまでの一連の「-ZZ ver.-」はあくまでも、ももクロのオリジナル曲を採り上げてきたが、そういう意味では**本曲はもはやオリジナルと見なす**[★1]、との判断なのだろう。アレンジはmihimaru GTのオリジナルから引き続き鈴木Daichi秀行が手がけているが、前バージョンの完成度があまりに高かったからだろう、基本的な部分は概ねそのままに、ピロピロしたシンセ成分を増強している。

ここでの攻撃力アップの要因は、何よりも全員のヴォーカルだ。「Z ver.」が存在しないもののライヴで本曲を何度も聴いていたが、やはり改めてレコーディングされたものとなるとこちらも襟を正さざるを得ない。初出音源でのあかりんの低音ラップはしおりんとれにちゃんの軽やかだが決然としたものに更新され、続く2番頭、妹から若大将へと進化したしおりんの引き締まった歌唱、さらに荒れ狂うドラムスをバックに無双をカマす夏菜子、2分30秒でラップを重ねてクネり捲るあーりんと、もはや目の前に敵は誰もいない。落ちサビではキックとアコギをバックに**夏菜子ちゃんが「熱く熱く」と伸びやかに歌い上げ、「退屈な日々も」のしおりん、「トキメク瞬間も」のれにちゃん、そしてれにちゃんとしおりんのデュオとリレーしてサビへ進む流れ**[★2]は、何度聴いても鳥肌モノ。「最強」の称号は、やはりTDFにこそ相応しい。

サウンドカテゴリー度

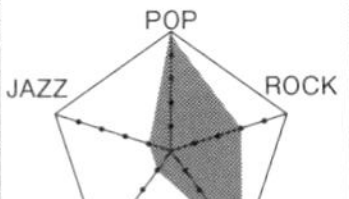

DATA

レーベル／イーブルラインレコード（キングレコード）
作詞／湯汲哲也、HIROKO
作曲／湯汲哲也
編曲／ Daichi 秀行
Guitar, Bass & All Other Instruments／鈴木 Daichi 秀行
Drums ／山内 優
Scratch ／ DJ NON

★1／筆者はこの点を早々に指摘、P70でそのように書いてます。

★2／コロナ禍の2020年8月2日、逗子マリーナから生配信された『ももクロ夏のバカ騒ぎ 2020 配信先からこんにちは』の中盤では、本曲をクルーザーに乗って披露。落ちサビのリレーでれにちゃんとしおりんが向かい合って歌うシーンで涙腺崩壊。自宅で立ち上がってタオルをブン回しましたなー。

2019・5・17 発売
5th ALBUM
『MOMOIRO CLOVER Z』

▼ももいろクローバーZ

『Z』の誓い -ZZver.-

ブラスが大活躍、昭和ロックなアニソン風に更新

まあまあビックリしましたよ、このバージョンを初めて東京ドームで聴いた時には。だってな〜んの説明もなく、全然違くなったトラックが走り出したんだもの。しかも個人的には、オリジナルのNARASAKIとゆよゆっぺ編曲のバージョン（P296参照）が超お気に入りだっただけに、わざわざトラックを作り変える必要があるのか？ というのが、ぶっちゃけ最初の印象だった。その後、-ZZver.-の諸曲がラインナップされていくに連れて、「そゆことね」と納得がいったわけだが。今となっては、『怪盗』の-ZZver.-（P442参照）もバレイベで突然披露されたし、運営のサプライズだと分かるのだが、ねえ。

エニウェイ。新バージョンは『僕らのセンチュリー』（P204参照）や『宙飛ぶ！お座敷列車』（P234参照）、『ザ・ゴールデン・ヒストリー』（P378参照）といった重要曲を手がけてきた、長谷川智樹の手によるもの。チャイニーズ・デスメタルなオリジナルはとにかく抜群だったが、長谷川は**よりコード感を強くして、**★1 全体的にポップにまとめており、甲乙つけがたい仕上がりだ。

サウンドカテゴリー度

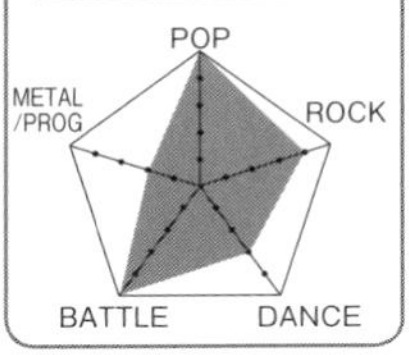

DATA

レーベル／イーブルライン
レコード（キングレコード）
作詞／森 雪之丞
作曲／ NARASAKI
編曲／長谷川智樹
Guitar & Programming ／長谷川智樹
Bass ／渡辺 等
Drums ／ Ryo Yamagata
Saxophone ／竹上良成
Trumpet ／小澤篤志
Trombone ／鹿討 奏

★1／考えてみればNARASAKI版は、イントロは違うキーで出て転調しておきながら、ガイドとなりそうなメロディーは出てこず、Aメロのバックはギターリフが頼みの綱だったわけで。よおこんなの歌ってたなあ、と思いますね。確か最初に披露したのは福岡ヤフードームのAEイベントの時だったと記憶するが、音響があんまり良くなかったこともあり、歌いにくそうにしていたという印象あり。本バージョンではイントロのブラスのメロディーが調性感をしっかり出してくれるので、歌は格段に入りやすくなっている。

★2／本稿では便宜上Bマイナー、Dマイナーとしているが、実際にはギターは一度と五度のパワーコードなので、マイナー感は薄い。

まずイントロからして、全くサウンドスケープが違う。出だしのキーはNARASAKI版では**Bマイナー**★2で、Aメロに入る前のキメの部分でDマイナーに転調するが、長谷川版ではのっけからDマイナーで出る。頭のチャイニーズなメロディーがより高くなっている分、パッと明るくなった印象だ。左右チャンネルでパワーコードを刻むディストーションギターも軽めのサウンドになり、その上で**ブラス隊が大ハッスルして、これまでにはなかったメロディーを奏でる**★3ため、デスメタル感は後景へと退き、ロックなアニソンっぽくなる。Aメロではシンプルにギターリフを重ね、夏菜子ちゃんの「そもそも主役の座を」からはF#mに転調してピアノの刻みも加わり、ほどなくオルガンも加わったサウンドの建て付けは、もはや完全に**ディープ・パープル**《DEEP PURPLE》**の『ハイウェイ・スター**《Highway Star》**』**★4のそれではないか。と、ここに至ってハタと気づくのが、長谷川の狙いは「昭和のロックなアニソン」だったのでは、ということ。なるほど。攻め捲ったNARASAKI版より、むしろ懐かし目のサウンドとすることで、曲としての親しみを増す——これがニューバージョンに課せられたミッションだったのだろう。

とはいえサビに入ると、Eメジャーに転調し、ブラスやストリングスもバトルモード全開、リズム隊も大暴れで、一丸となって戦場を爆進。かと思うと2番のBメロでは右チャンネルでギターが新たな下降フレーズで変化をつけ、大サビまでをイッキに駆け抜ける。シンフォニックになる落ちサビでの夏菜子の歌い上げも、さらなるエモさで高まっていき、サビのコーラスでは凄まじい熱量でTDFの誓いを立てる。ブラスが勝利の凱歌を奏でるエンディングも感動的で、このバージョン、聴けば聴くほど奥深いです。

★3／このメロディーに筆者は毎回、郷ひろみの『2億4千万の瞳 -エキゾチック・ジャパン-』（作詞／売野雅勇、作曲／井上大輔）を想起してしまい、心の中で「億千万、億千万」とリピートするのだが。同曲は典型的な「昭和のディープ・パープル歌謡」なので、ぜひご確認をば。

★4／ディープ・パープルは1968年に結成された、イギリスのハードロック・バンド。ロックにクラシカルな要素を持ち込みつつ、プログレ的な複雑な構成ではなく「ロックの疾走感」を失わない独自のスタイルで、ハードロックの礎を築いた。「全盛期」とされる1969年～1973年のメンバーは、ジョン・ロード（キーボード）、リッチー・ブラックモア（ギター）、イアン・ペイス（ドラム）、ロジャー・グローヴァー（ベース）、イアン・ギラン（ヴォーカル）の5人。「泣き」の入ったメロディーやアマチュアバンドが思わずコピーしたくなるレベルの程よくテクニカルなギター&キーボード演奏ゆえ、日本ではとりわけ高い人気と影響力を誇る。代表作は1972年の『マシンヘッド』。2016年には「ロックの殿堂」を受賞し、メンバーを変えて現役も活動中。

2018・6・24 配信開始

配信限定シングル

▼佐々木彩夏

『Early《アーリー》 SUMMER《サマー》!!!』

夏×チアリーダーソングで弾けるももクロのアイドル

ここからしばらくは、ページ構成の関係上、5thアルバム発売前に配信されたソロシングルをご紹介していきますね。まずは2018年、ソロコンサート『AYAKANATION《あやかネーション》 2018』★1にあわせて配信リリースされたこのナンバーから。前年は『My Cherie Pie／小粋なチェリーパイ』(P424参照)と『My Hunburger Boy／浮気なハンバーガーボーイ』(P425参照)で'50Sの世界観をたっぷりと楽しませてくれたが、2018年は一変して「あーりんの夏」がテーマ。本曲もあーりん初のサマーソングで、作詞にはれにちゃんの『Tail Wind』(P452参照)でも作詞を手掛けていたeNuを、作・編曲にももクロちゃんZにおける「キッズとおどろうver.」のアレンジで大活躍の**設楽哲也《したらてつや》**★2を迎え、1981年の**トニー・ベイジルのチアリーダーソング『ミッキー《Micky》』**★3を下敷きに、夏らしい爽快なサウンドを届けてくれた。

「ズンパパ、ズンパ」とキックとハンドクラップがBPM153で走るリズムトラックが、いきなりのチアリーディング仕様。「HEY!《ヘイ》 are you《アーユー》 ready《レディ》 to《トゥ》 SUMMER《サマー》!」と元気なコールが入ると、目

★1／2018年6月24日、横浜アリーナで開催されたあーりんの3回目のソロコン。LEDで造られた椰子の木や波型のセットをバックに、オリジナル曲から松田聖子の『夏の扉』、浜崎あゆみの『glitter』などのカバーを披露したあと、松浦ゴリエ(ガレッジセールのゴリ)とともに『Pecori Night』や『Micky』で盛り上がった。映像作品は単独でリリースされておらず、ダイジェスト版を翌年の『AYAKA NATION 2019』に収録。

★2／1989年、埼玉県出身の作詞・作曲・編曲家。音楽制作プロダクション、ベリーグー所属。『デート・ア・ライヴ』や『弱虫

サウンドカテゴリー度

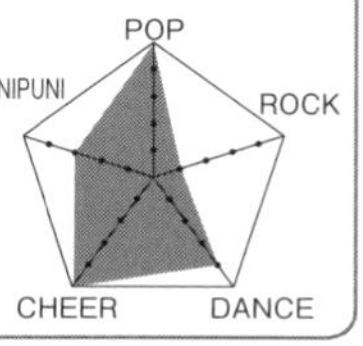

DATA

レーベル／イーブルライン
レコード(キングレコード)
作詞／eNu
作・編曲／設楽哲也

の前にはチアリーダーと化したあーりんがいるような気がするから音楽の力ってゴイゴイスー★4ですな。「真夏の太陽」とハイトーンで出る頭サビのキーはGメジャーだが、ハーモナイズド・ギターのメロディーが爽快に駆け抜けると、Aメロは1音下がったFメジャーになって、ちょっと落ち着く。ディストーションギターの刻みとシンセのピヨピヨ音をバックに、青空に明るいピンクの声をぶちまけるように歌うあーりんはハイテンション、Bメロでは「アイ（アイ）プレイ（プレイ）」とチアー感満載の掛け合いが楽しく、ここはライヴでもコールで盛り上がること確実だわ。

サビで再びGメジャーになるのだが、「アーリーサマー」と高らかに歌い上げたところでハーモナイズドギターがFメジャーのフレーズを弾き、冒頭とは違う転調パターンを見せるあたりはなかなかに曲者。本曲、いつものあーりんからすると比較的あーりん色が抑えられてきたのだが、中間部で「L・O・V・E LOVEラブリーあーりんず！サマー！」とコールするあたりでついに圧を全開。「打ち寄せる波」からの落ちサビではピアノをバックにドラマティックになり、キラキラしたシンセがイントロのフレーズで入ってくるのだが、リズムを引っ掛けているのでちょっと「あれ？」となりますね。ラストのサビでは右チャンネルでギターが高音チョーキングで暴れ、最後はFメジャーになって、イントロの「HEY! are you ready to SUMMER!」のコールでスカッと爽やかに終了。

「あーりんと言えばとにかく前山田」とのイメージは本曲あたりから変わっていくのだが、そのリベンジは『ハッピー♡スイート♡バースデー♡』（P568参照）でしっかりと行われるわけです。お楽しみに。

ペダル NEW GENERATION』ほか、多数のアニメやゲーム音楽を手がける。ももクロちゃんZの「キッズとおどろうver.」は、振りコピ素材として便利なので確認されたし。

★3／『ミッキー』は1982年にリリースされたヒット曲。アメリカの歌手&振付師のトニー・ベイジルが、イギリスのレイシーの曲『キティ』をリメイクし、MVとあいまって大ヒット。これを2004年にカバーしたのが、松浦ゴリエ。なおトニー・ベイジルは振付師としてジョージ・ルーカスの『アメリカン・グラフィティ』等に携わり、エミー賞やグラミー賞を受賞している。

★4／お笑いコンビ、ダイアンの津田のギャグ。ロケなどで「すごい」という時の言い換えだが、「スベリ芸人」として愛される津田の唯一のギャグゆえ貴重。「スーを差し上げます」「スースー」等のバリエーションもあーりん。

音楽マニアノフさんのために、4曲のハイレゾ音源も説明しよう

これまで本書の過去発行版では、配信を含めて容易に入手可能な音源のみを取り扱ってきたのだが、このver.3からはメイニアックなモノノフさんのために、ハイレゾの限定リミックス音源についても触れていくことにする。音源を持っていない方は飛ばして読んでもらっても構いません——というか、読んじゃったら聴きたくなると思うので、ぶっちゃけ読まない方がいいかも（なんて言われたら気になるから、やっぱ読んじゃいますよね）。

まずは2018年5月23日に発売の、ももクロとウォークマンのコラボモデルに収録された『桃も十、番茶も出花 - Hi-Res Exclusive Remix -』の限定リミックス3曲から。

『MCZxNRSK Pulled out《プルド アウト》 Remix (Remixed by NARASAKI)』

NARASAKIが手がけた『天手力男』、『ミライボウル』、『黒い週末』、『『Z』の誓い』、『ピンキージョンズ』の5曲を、セルフリミックスしたバージョン。「Pulled out（取り出す）Remix」の意味だが、この頃NARASAKIが、尿管結石で石が出たということからだという。アホですねー（2018年7月11日、SONYのmoraのサイトでの、宮本純之介と横山克のハイレゾ視聴会のレポート記事より）。全体にディストーションギターを強めに出して攻撃力を高めているが、1分58秒で夏菜子ちゃんが「お〜〜」と上がっていき、力尽きるように声がひっくり返るのにビックリ。こんなテイクが、残ってたんですなー。『ミライボウル』ではヴァース部分は使わず、早見あかりのラップのみを乗せる。続く『黒い週末』もギターの音圧を強化、『『Z』の誓い』では杏果のヴォーカルパートも活かし、『ピンキー』のラ

ストは深いリバーブに「天下を取りに行くぜ今」を沈ませて終わる。必聴の9分38秒。

『MCZ's スーパーストロングマシーン Remix (Remixed by サイプレス上野とYasterize《ヤスタライズ》)』

サイプレス上野がYasterizeを従えてのリミックスは『Chai Maxx』、『D'の純情』、『BIONIC CHERRY』、『CONTRADICTION』、『DNA狂詩曲』と、横山 克の成分が多め。原曲のリズムからヒップホップに大胆にチェンジするも、各楽曲のメロディーの良さを巧みに引き立たせ、「また来週」と終わる。必聴の6分2秒。

『MCZ 春夏秋冬 Remix (Remixed by fox《フォックス》 capture《キャプチャー》 plan《プラン》)』

注目のハイパー・ピアノ・ジャズトリオ「fox capture plan」によるリミックスは、彼らの生演奏をたっぷりと盛り込み、『行く春来る春』、『ココ☆ナツ』、『いつか君が』、『白い風』の4曲で春夏秋冬を表現。これはもう完全に、ももクロとfox capture planの共演ですがな。コロコロと転がるピアノが心地よく、ウォーキングベースも絶妙。ラストの『白い風』も号泣必至！　必聴の9分2秒。

続いては2019年7月19日から受注開始のソニーのワイヤレスヘッドホンとのコラボモデルの予約特典の限定リミックスの1曲。

『The Diamond Four - ケンモチヒデフミ Remix』

ケンモチならではのジャジーな音響空間に、大人になった4人のラップとコーラスが広がる、素晴らしいリミックス。中盤からはベースがクネり、ネオR&B風のギターが舞う。必殺の声ネタのチョップも存分に打ち込まれ、原曲とは異なるニュアンスでブラックミュージックをリスペクト。必聴の5分18秒。

2019・3・8 配信開始
配信限定シングル

▼高城れに

『じれったいな』

れにちゃんの可愛さを詰め込んで、キュン死にを狙う

あーりんに続いての登場は、ゴールが見えないキャラクターとか言われながらも**とんでもない奇跡を起こし続ける**[★1]マジやりすぎな最年長、高城れにである。本曲は同タイトルのソロコンサートとしては三度目となる**『まるごとれにちゃん２０１９』**[★2]開催記念の恒例の配信シングルで、作詞・作曲・編曲の全てを手がけた大田原侑樹は『一緒に』（P406参照）以来の起用なので120ページぶりという、本書ならではのタイムラインの設定に皆の衆、そろそろ慣れてきましたか？ ここでも大田原は、れにちゃんのスイートヴォイスを最大限に活かし、揺れる乙女心を炸裂させることに成功している。

曲はドラムのフィルインからスタート、シンセが高音でキュートなメロディーを奏でてれにちゃんを呼び込む。キーはAメジャー、BPMは154と快調に滑り出すが、「ねえ」といきなり声を重ねるれにちゃんには、紫押しでなくっても一発で殺られますやんかいさ。この攻撃は「あぁ」、「もう」、「はぁ」とAメロの頭で毎回ニュアンスを変えてカマされるため、その都度キュン死にしそ

★1／『ももクロChan』２０１５年6月3日放送の「大人検定」で、タコの踊り食いを試食した際、タコの足が鼻に入っていった爆笑シーンは忘れられない。俺も手長ダコは大好物だが、あんなん絶対になりませんって。

★2／２０１９年3月8日に神奈川県のカルッツかわさきで、翌9日に福島県のいわき芸術文化交流館アリオスで行われた。映像作品には、前年の『まるごとれにちゃん２０１８』のダイジェスト版も収録されている。

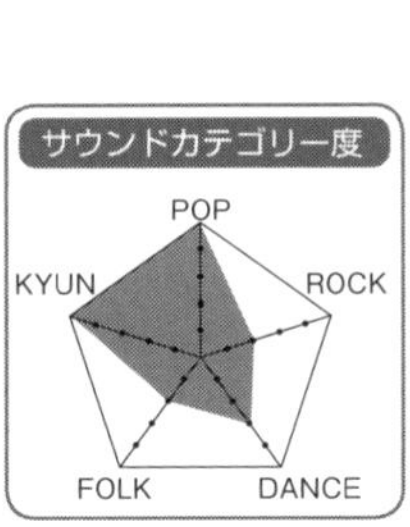

DATA

レーベル／イーブルライン レコード（キングレコード）
作詞・作曲・編曲／大田原侑樹

うになるのだ。かようにとんでもない地雷を随所に仕掛ける大田原、実にヤバい男である。「決して寂しいわけじゃないけど」と始まるBメロは、前半はそのままAメジャーで進むが、「特別じゃないから」でしれっとFメジャーに転調。さらに「愛しくて」のサビ直前で、今度はGメジャーにコロッと転調するあたりの転調構成はなかなかに斬新。ここでしっかりと耳を傾けて欲しいのは、Aメロ後半、及びBメロ後半のFメジャーになってからサビ終わりまで、うっすらと高音部のハーモニーを重ねていることで、キュートさがマシマシになっているあたりのニュアンス。決して厚ぼったくならずスッキリと流れるこの声こそ、れにちゃんの最大の武器なのだ。

サビ終わりで再びジャッジャーンとAメジャーに転調して2番に進むが、本曲はAメジャー→Fメジャー→Gメジャーという三度音程間の転調を何の前触れもなくひょひょいと行っているので、実はけっこうな難曲なんですね（歌ってみたらわかります）。れにちゃんは楽勝に歌いこなしてますが。

2番終わりの間奏ではフュージョンタッチのポップなギターソロが登場、からの落ちサビの「合わせる帰り道」でグッと感情を込めるところが、本曲最大の泣き所だ。だめだよ〜、れにちゃんをこんなに困らせちゃ（誰か知らんけど）。ラストは転調せずにシンセがエンディング用の新しいメロディーを奏で、Gメジャーの平行調となるEmをジャラ〜ンと鳴らして、ちょっぴり憂いを持たせて**はい、お疲れちゃ〜ん**。★3 3分30秒の短いトラックだが、軽快なコードストロークを軸にした過剰にならないギターのアンサンブルが心地よく、何度もさっぱりと楽しめるのでおかわり頂戴、となりますな。

★3／私立恵比寿中学の代表曲『仮契約のシンデレラ』の曲終わりで登場するフレーズ。安本彩花が「う〜ん、まだまだだな！はい、お疲れちゃ〜ん！」と出ると、残る全員が「そんな…」と倒れる茶番が楽しい。数ページ後にエビ中が登場するので、ここに入れてみました。

2019・3・8配信開始
配信限定シングル

『spart《スパート》!』
▼高城れに

全力疾走で駆け抜け、無尽蔵のスタミナを見せる鋼少女

前曲『じれったいな』のカップリング曲は、『Tail Wind』（P452参照）を手がけたeNuと馬渕直純のコンビを再起用。タイトル通りに全力疾走スタートダッシュなハイスパートソングを届けてくれた。この年、れにちゃんはNHKラジオ『中山秀征《なかやまひでゆき》のクイズイマジネイター★1』のレギュラーに抜擢され、6月には『YATSUI FESTIVAL《やついフェスティバル》★2』にソロで出演、またスズキ・エブリィのテレビCMにメンバー初となるソロでの出演を果たすなどの大活躍を見せることになるのだが、本曲の勢いがそうした活動に繫がった——というのは完全に後付けの話ですが、それで何か問題でも？

　ワカシャカとエレクトロなSEに続いて「全力疾走スタートダッシュ」と頭サビで出るれにちゃんに迷いはなく、ソロ曲としては過去最速のBPM180で突き進む。キーは一貫してEbメジャーで、このハイスピードで走り続けるためには、コロコロと転調などはしていられないのだろう（え？・）。「夢が目標へと変わって」と出るAメロでは、四つ打ちのキックとシンセのピコ

★1／2019年4月からスタートした、中山秀征の冠番組。れにちゃんは同年1月3日のテスト放送でキャプテンを務め、6月20日より本格的にレギュラーとして活躍。番組は2022年3月に終了したが、トーク回しの技術力アップに、大きく貢献したと思われる。なお2022年3月10日放送の回では、ももクロ4人と武井壮の因縁の対決が実現。同点となったが、れにちゃんがジャンケンで武井を制した。

★2／エレキコミックのやついいちろうが主催するフェスで、2012年にスタート。音楽・お笑い・文化人などを交えてマルチな内容で、渋谷エリアのライヴハウスに

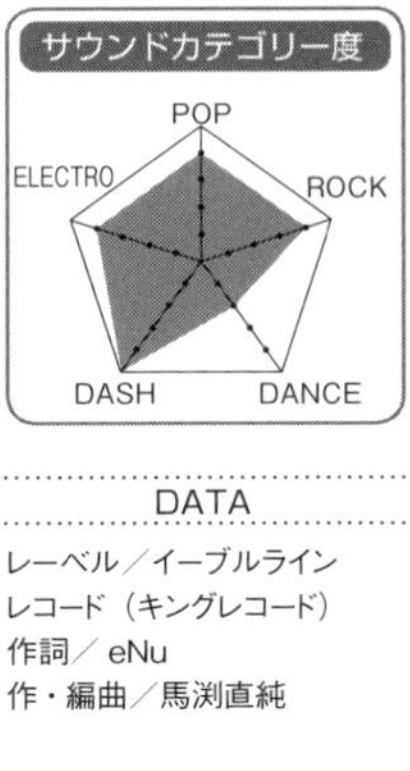

DATA

レーベル／イーブルライン
レコード（キングレコード）
作詞／eNu
作・編曲／馬渕直純

ピコサウンドをバックに眦《まなじり》を決して歌うが、『じれったいな』のキュートさに癒され捲った後で本曲を聴くと、表現力の幅が格段に広がっていることが如実にわかりますよね。『推された〜い』と無邪気に歌ってた（P180参照）頃から7年の時を経て、**立派なソロ歌手に成長した**[3]れにちゃんの覚悟に満ちた疾走に、こちらも気を引き締めてかからねば簡単に振り落とされそうになるです。

「涙流しても」からのBメロではドラムのキックがドバスカと細かく投下され、さらにテンションUP。キュルキュルとエレクトロなシンセが導くサビでは、ディストーションギターを敷き詰めてランニングトラックに追い風を吹かせ、さらに勢いを増して『D'の純情』（P124参照）よろしくダッシュダッシュダッシュダッシュ！となる。

2番に入ると、ギターリフとリズムがブレイクして深呼吸して戦況を確認、ここからは**さまざまなシンセサウンド**[4]が惜しみなく投下されていくのだが、こーゆーのって作ってる時は**あーかなこーかな**[5]とトラックをどんどん足していき、最終的に必要なところを残しているんでしょうな。2分30秒からはリズムがチアリーディング化したところにギターの刻みが入って援護射撃、間奏のシンセは『ロードショー』（P492参照）のイントロでもけたたましく響いていた「あの音」ですね。やっぱアガるわー。

束の間の落ちサビで息を整えた後は、休むことなくラストまで完走。3分46秒を無尽蔵のスタミナで駆け抜ける鋼少女の次なる場所は、スズキのCMソング『everyday れにちゃん』（P558参照）なのだった。気になる人はそちらへスキップ！

て開催される。2019年は6月15日と16日に開催、れにちゃんは15日にオープニングで出演。以降、毎年ソロで出演している。

★3／2022年5月5日放送の『ニンゲン観察バラエティ モニタリング』の透明カラオケボックスで、Kiroroの『Best Friend』を歌唱。見事に95.821点を記録し、賞金1万円を獲得。5月26日放送回にも出演、同企画にアン・ルイスの『あゝ無情』でチャレンジするも、94.831点と届かなかったが、その実力は絶賛された

★4／ディストーションギターとユニゾンするメロディーのほか、サウンド全体の中でマスキングされてわかんなくなるぐらいのエレクトロな音が入ってます。ハイレゾで聴きたいですよねー。

★5／あーりんとかなこちゃんの合体っぽくなってるのは偶然です。

2019・3・13 配信開始
配信限定シングル

『HERO《ヒーロー》』

▼ももくろちゃんZ

しまじろうと嬉々《きき》と踊る、いま会えるおねえさんたち

　普段は大きなおともだちと小さなおともだちを笑顔にしているももクロだが、ものすごくちいさなおともだちを笑顔にする場合はももくろちゃんZとなって、「いま会えるおねえさん、ももくろちゃんZ！」と自己紹介している。本曲はそんなももクロちゃんZとしては初の映画タイアップ、かつ声優としても出演した、**映画しまじろう『しまじろうとうるるのヒーローランド』**★1の主題歌。**しまじろう**★2は『**こどもちゃれんじ**』★3が1988年に創刊された時点からのメインキャラクターで、ももクロの4人は子供の頃にアニメで親しんでおり、このタイアップを心から喜んでいた。作家チームは3人組の音楽ユニット「**ケラケラ**」★4のうち、ベースのふるっぺとドラムの森さんの2人が手がけている。子供向けの楽曲ゆえ、いつものももクロの凝りに凝ったトラックとは異なる、極めてシンプルなバンドを従えての曲ではある。その分メロディーの良さや「おねえさん」としての歌唱が引き立ち、結局は何をやってもこの4人が揃えば名曲となるわけ**deshite**《でして》★5。

★1／2019年3月15日より公開されたしまじろう30周年記念第2弾の劇場用映画で、4人はたこやきマスクの町に住むキャラクター「たこっぴい」を、いちご味、レモン味、もも味、ぶどう味として演じた。
★2／フルネームは「縞野しまじろう」。黄色いアムールトラがモチーフの男の子キャラ。好物はドーナッツとイチゴ、好きな色は赤。つまりはリーダー推しですな。
★3／創刊当初の名称は「進研ゼミ幼児講座」。幼児向けの通信教育講座で、うちの長女もひところやってましたがあんまり続きませんでしたね。
★4／ヴォーカルのMEME、ベース&コーラスのふるっぺ、ドラム&コーラスの森さんの3人組ユニットで、

サウンドカテゴリー度

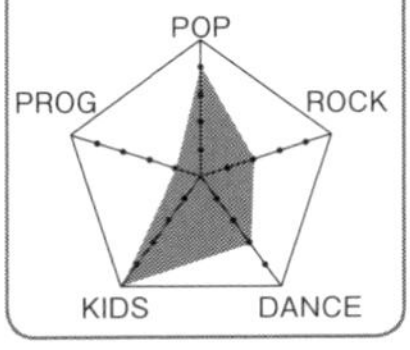

DATA

レーベル／キングレコード
作詞／ふるっぺ（ケラケラ）、森さん（ケラケラ）
作・編曲／ふるっぺ（ケラケラ）

「あの日の約束 もう忘れたの」とおひさまかなこちゃんがいきなり歌い出すが、左右チャンネルでタイミングをずらしてギターがコードを押さえ、ビブラフォンがアルペジオを叩く出だしから優しいムードが横溢する。13秒からリズムイン、キーはE♭、BPMは132と、『走れ！』より少し遅いぐらい——ていうか、曲調は明らかに『走れ！』を踏襲してますな。4つ打ちのリズムに優しくストリングスが絡みながら曲は進むが、「誰だって誰かのヒーローさ」とのサビからのコード進行は、**アイマス屈指の名曲『M@STERPIECE《マスターピース》』**★6に通じるもので、軽くうるっときてしまじろう（強引？）。

2分22秒からは曲が大きく展開、短三度上のF#メジャーに転調し、シンセがちょっとプログレっぽいトーンで大らかなメロディーを2回奏でて、「出会えたことがキセキで」の大サビへ。からの落ちサビラストで半音上がってEメジャーに転調、アツいコーラスで駆けて行き、「ラララ……」のコーラスで感動的に終了する。いい曲だなー改めて聴くと。

『笑一笑』（P454参照）とともに笑顔を象徴する本曲は、**『ももクロ 春の一大事2022〜笑顔のチカラ つなげるオモイ in 楢葉・広野・浪江 三町合同大会〜』**★7では2日間を通じて披露された。本曲の存在を軽んじていた大きなおともだちの多くは、そのDay2であーりんから「ちゃんと振りコピができていない」と珍しくダメ出しをされる。特にサビ前のヒーローの決めポーズはちゃんとしなきゃ——ということで、勤勉なノフたちはその夜動画サイトで振り付けを確認し、次なる機会（たぶん春一）に備えたものと思われる。正しきモノノフの道はかように厳しいが、そこにはシアワセしかないのだからいいじゃん、ね。

2013年に『さよなら大好きだったよ』でメジャーデビュー。2016年の『ケラケラあっちむいてホイ！』まで、7枚のシングルと2枚のアルバムをリリース。ふるっぺ（ケラケラ）名義での楽曲提供も多い。

★5／ばってん少女隊の楽曲『OTOMEdeshite』にインスパイアされたフレーズ。同曲は2020年のアルバム『ふぁんtasy』に収録、アゲアゲのスカビートとロックな展開で、ライヴの人気曲。同アルバムは全曲必聴。

★6／2014年の劇場版『THE IDOLM@STER MOVIE 輝きの向こう側へ!』の主題歌。作詞はyura、作曲は神前暁。765PRO ALL STARS と MOVIE VERSION の2バージョンがある。詳細は筆者の電子書籍『このアニソンを聴け！』に詳しい。

★7／2022年4月23日と24日、福島県のJ-VILLAGEで開催された、3年ぶりの春の一大事。コロナ禍のため2年連続で中止になってやきもきさせたが、AEファンドの特典でモノノフの名前がステージセットに刻まれるなど、新たな試みも見られた。

2019・3・13発売
私立恵比寿中学 5thアルバム
『MUSiC』収録

▼私立恵比寿中学

『COLOR《カラー》 feat. ももいろクローバーZ』

可愛い妹たちの10周年に、鮮やかに華を添える

ここでついに、スタプラ2トップの共演が実現する。2019年3月13日、**私立恵比寿中学**★1の5thアルバム『MUSiC』に収録の本曲は、ももクロとエビ中の2組のみでの初コラボ。曲はエビ中楽曲を数多く手がけてきた**田村歩美**《たむらあゆみ》★2の手によるもので、ももクロにとっては作家とも初顔合わせとなる。エビ中は2009年8月に活動を始めているので、実際にはももクロとはたった1年ちょっと遅いだけなのだが、「永遠に中学生」とのコンセプトと**度重なるメンバーチェンジやトラブル**★3のため、ちょっと年の離れた妹分のイメージが勝手に一人歩きしている印象がありますね。筆者はエビ中も熱心に追っかけてますが、ももクロとはまた異なる路線で音楽的なチャレンジを続けており、この2トップが活動を続ける限り、スターダストプラネットは安泰だと思っている。

出席番号3番、唯一のオリジナルメンバーである**真山**《まやま》**りか**★4は「**ずっとももクロの背中を見て『私たちもがんばろう』と活動してきて、この10周年というタイミングで2組で初**

★1／2009年8月4日結成、2012年に『仮契約のシンデレラ』でメジャーデビュー。本アルバムの時点では、真山りか、安本彩花、星名美怜、柏木ひなた、小林歌穂、中山莉子の6人組。2021年に新メンバー3人が加わり、現在は9人体制で活動。

★2／1980年、岐阜県出身のシンガーソングライター。「たむらぱん」の名義で活動、ソロとしてはアルバム6枚を残している。私立恵比寿中学には『誘惑したいや』、『感情電車』、『イエローライト』等を提供。

★3／結成時は5人体制、ほどなく2名が加わり7名体制、翌年最大の13名体制になり——と、

サウンドカテゴリー度

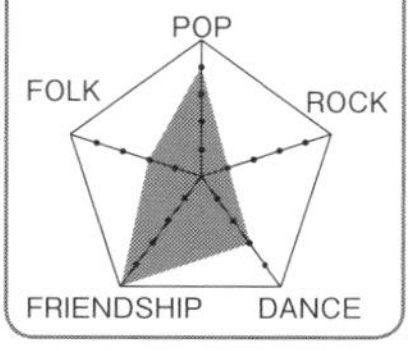

DATA

レーベル／SME Records
作詞・作曲・編曲／
田村歩美（たむらぱん）

めて一緒の作品を作れたことが……うれしいです、ホント素直に」と語っており、★5 田村はエビ中の確かな歌唱力を活かしながら、ももクロがお祝いの華を添えるような歌割りで、2組の友情を力強いメロディーに乗せていく。

曲はストリングスと重めのマーチングの様なドラムから出て、「いろいろあるく」とエビ中のコーラスが乗っかる。キーはFメジャー、BPMは138と程よいアレグロだ。Aメロは柏木ひなた→小《こ》林《ばやし》歌穂《かほ》→星名美怜《ほしなみれい》→中山莉子《なかやまりこ》と歌い継ぎ、Bメロの「雨が降るこの街で」でようやく夏菜子が登場、「虹がかかる喜び」とりかちゃんがこれを追い、「ずっと君と」はあーりんと安本《やすもと》彩花《あやか》のデュオで華やぐ。2番でもBメロの「かけがいのない未来」でしおりんがソロ、続く「ちゃんと紡ぎ続けて」はれにちゃんとひなたのデュオと、あくまでエビ中をメインに進む。サビの「いっぱい泣いてっちゃおう」「いっぱい笑ってっちゃおう」のくだりは、エビ中が先行し、ももクロがシメるパターンで、2組のユニゾンの違いが明確にわかりますね。

本曲、間奏などは最低限にしか挟まずに4分50秒をずーーーっと歌唱だけで構成するという、ある意味大胆なものになっているが、まったく退屈させずに畳み掛けてくれる。ラストはストリングスだけでしっとりとコードを響かせ、豊かな余韻を残して終わる。またここに、素敵な名曲が残された。

本曲の「エビ中だけバージョン」は、エビ中の配信シングル『FAMIEN'20 e.p.』に収録。またアルバム内では、本曲の前に、invisible manners が作詞・作曲を手がけたやはり感涙ものの名曲『星の数え方』が収められているので、2曲を続けて聴きましょうね。

常にメンバーは流動的。2017年には松野莉奈が不整脈で急逝、といった一連の歴史は、『私立恵比寿中学HISTORY―幸せの貼り紙はいつもどこかに』(B.L.T MOOK 51号)に詳しい。

★4/1996年12月16日生まれ、あーりんと同じ年で「エビ中のハイテンションガール」と自己紹介するが、実際は人見知りかつなかなかのローテンションガールかつアニメおたくかつストイック。ももクロの推しは同じ紫のれにちゃん。で、2015年には「ビッグコミックスピリッツ」でチームしゃちほこの大黒柚姫とのトリオ「Team紫しきぶ」で表紙を飾っている。エビ中内では筆者不動の推しメン。

★5/2019年3月12日、ウェブサイト「音楽ナタリー」の私立恵比寿中学へのインタビュー「そんなこんなで10周年 これがエビ中の『MUSiC』」で言及。

2019・6・11 配信開始

配信限定シングル

『Bunny《バニー》 Gone《ゴーン》 Bad《バッド》』

▼佐々木彩夏

ヘヴィメタサウンドの森で、存分に荒ぶるおとなーりん

ここからしばらくは、あーりんのソロ曲が続きます。その3曲が全て、彼女にとっての新境地を拓くものであるからして、心して聴くように。まずは本曲、恒例となったソロコンサート『**AYAKANATION 2019 in Yokohama Arena**』[★1]を目前に控えたあーりんの誕生日に配信されたのだが、作詞が藤林聖子、作・編曲がR・O・Nというスペシャルタッグによるもの。藤林は3rdアルバム『AMARANTHUS』の衝撃的なオープニングチューン『WE ARE BORN』(P310参照)や、ゴシックな『境界のペンデュラム』(P420参照)を手がけた才媛。R・O・Nは直近では『DNA狂詩曲ZZver.』(P518参照)で斬新なアレンジ技を見せてくれたばかり。両者とも手がけてきた過去曲のイメージは、プニップニ～路線のあーりんのソロ曲からはかけ離れたものだけに、そしてこのタイトルだけに、果たしてどのようなサウンドが飛び出すのだろうか。ヘンな期待しちゃ駄目か……な?

まさかや[★2]**!** これってマジあーりんの曲なの? なんか間違えたか俺? というぐらいにヘヴィ

★1/2019年6月23日、横浜アリーナで開催された4度目のソロコンサート。前年とは一転して、「不思議の森」のファンタジックなコンセプトのもと、さまざまな動物に扮して魅了した。

★2/沖縄の方言で「マジかぁ?」のニュアンス。NHKの2022年上期連続テレビ小説『ちむどんどん』で、主演の黒島結菜ちゃんが多用するのが可愛いので、軽やかに影響を受けて筆者も多用中。

サウンドカテゴリー度

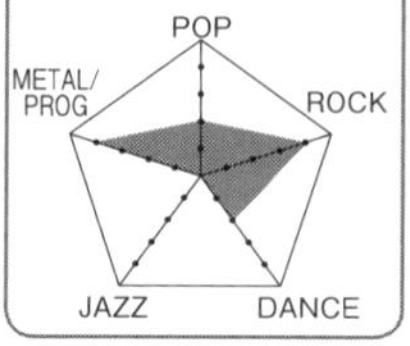

DATA

レーベル/イーブルライン
レコード(キングレコード)
作詞/藤林聖子
作・編曲/R・O・N
オールインストゥルメンツ/R・O・N

なギターリフとドラムが叩き込まれて曲は始まる。これはもう完全にR・O・Nの世界であり、あーりんに一歩も寄せる気はないのだろうか。キーはDマイナー、BPMは144で、嵐のようなリフが23秒にわたって襲いかかる。

「本当の私を見たいのなら」とあーりんの声がクネると、なるほどそう来たか、とここでようやくナットク。R・O・Nの狙いは、ヘヴィなサウンドの上であーりんのファニーヴォイスを存分に荒ぶらせることによって、大人になった彼女の蠱惑的な魅力を浮き彫りにすることにあった。リリックの魔術師の藤林も、「いい子はもう飽き飽きしてる」とハッキリ言わせて、夜行性のセクシーバニーとなったあーりんを援護射撃する。

サビの「もっとリアルな感情で」では短三度下のBマイナーに転調、魔法によって誘惑され僕《しもべ》となった野郎どもが「Need some more《ニードサムモア》」と暑苦しく合いの手を入れるので、ヘヴィメタ度もヒートアップ。「邪魔しないでね Bunny Gone Bad」とキメ顔のあーりんはもはやすっかり大人のオンナ、のちに**「スナック愛輪《あーりん》」をオープンする**★3のも宜《むべ》なるかな。とか思ってたら1分47秒からは**ハーフテンポ**★4となり秘密のドアを開けて迷い込み、2分13秒からはディストーションギターのハーモニクスをノイズ的に響かせるあたりのゴシック系プログレ的展開もひじょーにカッコよし。散々ギターを暴れさせた後、3分10秒からの大サビでは「誰かの目線が」と一転して泣きのメロディーを高音で歌い上げるあたりも尊く、ラストのサビからは「グイグイでーす」とエンディングまで突っ切って行く我らがバニーの邪魔は、誰にもできませーん。なお本曲、2021年の『AYAKANATION』でも披露されたが、さらに破壊力を増していたことを現場よりご報告しておきます。

★3／2022年のバレイベ『ニッポン放送 ももいろクローバーZ ももクロくらぶxoxo～バレンタイン DE NIGHT だぁ～Z 2022』で実現した企画。「酒焼けした声がスナックのママのよう」と言われるあーりんを、しおりんがプロデュースする形だったが、ドランクドラゴンの鈴木拓（非ノフ）と塚地武雅（ガチノフ）をゲストに、チョー適当な人生相談を展開して笑いを誘った。プニノフ&工作ノフの間では、店名の看板を作るのが流行りましたよね。

★4／本曲はBPM144をずっとキープしているのだが、このパートのみBPM72と解するべきだろう。

2019・6・11 配信開始
配信限定シングル

『Memories《メモリーズ》, Stories《ストーリーズ》』

▼佐々木彩夏

あーりんの尊さが炸裂する、渾身のパワーバラード

ここで「遂にこの日が来たか」と思わせるような、あーりんソロとしては初のバラードナンバーが降臨する。作詞・作曲は多田慎也、編曲は生田真心とくれば、『キミノアト』（P134参照）と『白い風』（P156参照）という、初期二大バラードのチームだ。生田は『Link Link』（P292参照）のアレンジも手がけているが、多田は『白い風』以来となる。先に「遂にこの日が」と書いたのは、この2人の手がけた楽曲におけるあーりんの歌唱から、いつかはソロ曲でバラードを歌ってほしい……と願ってきたからにほかならない。嘘ではない、既にTeddy Loidの『Grenade』（P300参照）で、筆者はそのように書いている。ただしあちらはやはり、Teddy Loidの音楽。あーりん単独の世界観でバラードを、という話ではない。そうした期待を裏切らない渾身のバラードが、ここに届いたわけでから**マジ感謝**★1、である。

この年の『AYAKANATION』では冒頭からウサギに扮したあーりんだったが、『Bunny Gone Bad』ではセクシーバニーを演じ、本曲では森で迷う孤独なウサギちゃんを演じているの

★1／『マジ感謝』は、現「TEAM SHACHI」が「チームしゃちほこ」だった時代、2013年の人気曲。彼女たちがガムシャラに突き進んでいた頃は、ホントーに癒されましたね。

サウンドカテゴリー度

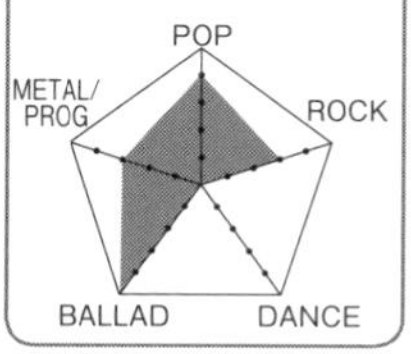

DATA

レーベル／イーブルライン レコード（キングレコード）
作詞・作曲／多田慎也
編曲／生田真心
ギター／生田真心

だが、どちらも紛れもなくあーりんだというのが素晴らしい。

曲はメロトロンのフルートが切ないメロディーを奏でる、プログレ感のあるイントロからスタート、もう泣かせる気満々ですやん。「君に届け」と出るAメロ頭のキーはFメジャーで、ピアノ伴奏のみで進むが、29秒からギュイ〜ンとディストーションギターがブチ込まれ、たちまちパワーバラードとなって前進する。BPMは82で、『白い風』と同じモデラート。「未来の森」からは美しい歌のメロディーに中音域のストリングスが豊かにカウンターラインを奏で、左チャンネルではさやかに**シタールギター**★2を添えるなど、生田の職人芸が冴え渡る。「ありがとう今も」からは平行調のDマイナーに転調して多田一流のサビメロで存分に泣かせにかかるが、あーりんは一人でハーモニーを重ねて、これにしっかりと応える。この甘く切ない歌唱を聴け！ここにいるのは『だてあり』や『反抗期』のあーりんではなく、23歳の大人のレディになった、我らの女神＝あーりんなのだ。

2番ではリズムの刻みが軽快になり、サビはストリングスやギターのオブリガートでよりカラフルに彩られる。2分44秒、「手を伸ばしても」からの大サビではEbメジャーに転調し、森を抜け出して陽を浴びる。落ちサビ前に平行調のCマイナーで再びピアノの伴奏のみになり、さぁいよいよエンディングへ向かうぞというタイミングで、**ジャンジャジャン！とDマイナーに転調して辻褄《つじつま》を合わせるという荒技**★3をカマしてからサビをズンズンと進み、エンディングはメロトロンのフルートが希望に満ちた明るいメロディーをFメジャーで奏で、フェルマータして終わる。あーりんの尊さを知るために、新規ノフは真っ先に聴くべき一曲。

★2／シタールギターのサウンドが有名なところでは、ポール・ヤングの1985年のヒット曲『エヴリタイム・ユー・ゴー・アウェイ』のイントロで、印象的に使われていましたね。この手のバラードにアクセント的に添えると、とても効果的に響く。

★3／出だしのキーのFメジャーとDマイナーは平行調、大サビで転調したEbとCマイナーも平行調。本曲は2度音程にある二つの平行調を行き来することで成り立っているのですな。

2019・9・6 配信開始

配信限定シングル

『君が好きだと叫びたい』

▼佐々木彩夏

人気アニメのテーマソングも、あーちゃんが歌うとアイドル化

こりゃまた意外なカバー曲、バスケアニメの金字塔と言われる『SLAM DUNK《スラムダンク》★1』のオープニングテーマ曲の登場だ。BAAD《バード》★2による原曲は1993年のリリースだから、この時点でもかなり古めの曲。なんてったってあーりんはリリース時まだ生まれてませんからねー。でもって本曲をカバーした理由は『キューティーハニー』（P426参照）と同様。**2019年の『愛踊祭《あいどるまつり》★3』**の決勝及び敗者復活WEB予選の課題曲がこの曲で、同イベントのアンバサダーを務める佐々木彩夏が、前山田健一のアレンジで「見本」として歌って踊った、ということから。同イベントはこの年がラストイヤーだったのですが、復活はないのかなぁ。毎年楽しみにしてたんだけど。

ではまず、BAADによるオリジナルバージョンのチェックから。ハイ、しましたね。どうでしょう。モロに**ヴァン・ヘイレン《VAN HALEN》★4**の影響下にあるスタジアムロックですが、これはこれで悪くない感じの進化の途中かと。では次に、あーりんのダンスの「見本」を、動画サイトでチェックしてください。見ましたか。ハイ、どうでしょう。白場をバックに踊るあーりんのキュートさゆえに曲が

★1／井上雄彦によるバスケットボール青春コミックで、1990年〜96年まで週刊少年ジャンプに掲載された。2006年の文化庁メディア芸術祭「日本のメディア芸術100選」で、マンガ部門で1位を獲得。

★2／1992年結成のロックバンドで、1999年に解散。『君が好きだと叫びたい』は3rdシングルで、同バンド最大のヒット曲。

★3／正式タイトルは「愛踊祭〜あいどるまつり〜国民的アニメソング カバーコンテスト」2019年大会のエリア代表決定戦の課題曲は『ドラえもんのうた』。決勝大会は9月7日にTOKYO DOME CITY HALLで行われ、前年度は

サウンドカテゴリー度

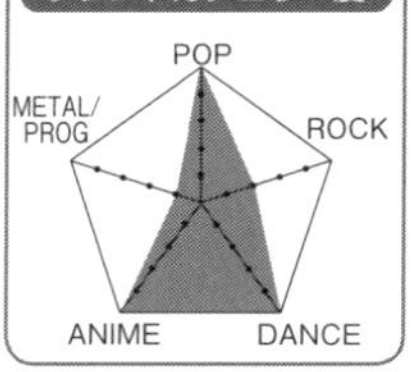

DATA

レーベル／イーブルラインレコード（キングレコード）
作詞／山田恭二
作曲／多々納好夫
編曲／前山田健一
ギター／板垣祐介
オール・アザー・インストゥルメンツ&プログラミング／前山田健一

入ってこなかった、という方も一定数いるのでしょうが、ものの見事にアイドルソングとして成立していることに軽くオドロキませんか。前山田にしてはトラック数が少な目のシンプルなアレンジだが、サスガの匠の技かと。で、俺はとーぜんこっちを推すわけです、立場上。まーしかしこの動画、何回見ても萌え捲りますよねー。腕をグルングルンと回すところや、サビの「君が好きだと」で顎に手をやって前後に揺れ、からの「叫びたい」でパッと手のひらと足を開くあたりの動き、なんでこうも美しいのでしょうか……とうっとりしてたら文字数がオーバーしてしまうのでヤバい。ではフルバージョンを聴いていこう。

バスケのドリブルのSEが軽く入り、すかさずあーりんが頭サビで「君が好きだと叫びたい」とタイトルをそのまんま歌うのだが、メロディーのはるか上で主音のEbを重ねることで、スポーティーな爽快感をプラス。からの「好きだー！」の言い逃げは反則でしょ、これ。キーはEb、BPMは155とオリジナルよりかなり早いですが、それが端的にアイドルのダンスに向いたテンポだということですな。

ご陽気なシンセによるサビメロを経て、ピロピロしたカワイイ系のエレクトロなトラックの上で、「眩しい陽射しを背に」といつものプニプニ歌唱で出るあーちゃん。「いつの間にか」とBメロでは安定のクネりを効かせて、前山田もピュンピュンとSEで盛り上げる。2分24秒の2番サビでは後半でコードを少しマイナー系に振り、間奏ではなんちゃってメタルなギターを投下、板垣祐介のフュージョン魂全開のギターソロも絶好調。配信ジャケで口を開けたあーちゃんの可愛さも含め、百点満点で五兆点！

「テーマパークガール」に惜敗した北海道代表の「まばたき」が優勝している。
★4／ヴァン・ヘイレンはアメリカのハードロックバンド。本曲は彼らの1984年のヒット曲『ジャンプ（Jump）』を下敷きに書かれたと思われる。リーダーでギタリストのエドワード・ヴァン・ヘイレン（Edward Van Halen）はライトハンド奏法のパイオニア的存在で、多くのフォロワーを生んでいる。2020年10月、癌のため65歳で死去。

▼ももいろクローバーZ

『パーティーは今』

オーケンとのコラボで、ライヴのラストを飾る

ライヴでも屈指の人気曲『労働讃歌』（P148参照）以来となるオーケンとももクロのコラボ曲は、2019年7月15日の『**EVIL A LIVE**』★1の開催に先駆けて配信された。厳密にはレーベルメイトである特撮とのコラボなのだが、同バンドのギターはNARASAKI、キーボードは『WE ARE BORN』（P310参照）に参加していた三柴《みしば》理《さとし》なので、まあまあお馴染みのメンバーとの共演ということになる。

ここで一番大きいのは、オーケン（大槻ケンヂ）のヴォーカルが全編ガッツリとフィーチャーされているという点だろう。ももクロはライブではいろんなアーティストとコラボしているが、公式音源としては男性ヴォーカルとのコラボは少なく、『ヒャダインのじょーじょーゆーじょー』（P203参照）、ピコ太郎との『Vegitable』（P450参照）、ラップではロベルト吉野と絡む『蒼い星くず』（P402参照）があるぐらい。ところがこれ以降、『More & More』（P562参照）、『On Your Mark』（P584参照）、『最高な毎日にするために（以下略）』（P602参照）、『熱血Gravity』（P

★1／キングレコードの宮本純之介氏がレーベルヘッドを務めるEVIL LINE RECORDSの5周年記念ライヴ。出演アーティストはももクロの他、特撮、ドレスコーズ、TeddyLoid、イヤホンズ、B.O.L.T、サイプレス上野とロベルト吉野、月蝕会議、The Dirty Dawg from ヒプノシスマイク-Division Rap Battle-、清竜人等と豪華。数々のコラボも行われ、イヤホンズ&内藤るな・高井千帆・平瀬美里（ex.ロッカジャポニカ）×清竜人の『竜人くんが大好きです♡』もサイコーのアイドルソングなので、絶対に聴いてね。

サウンドカテゴリー度

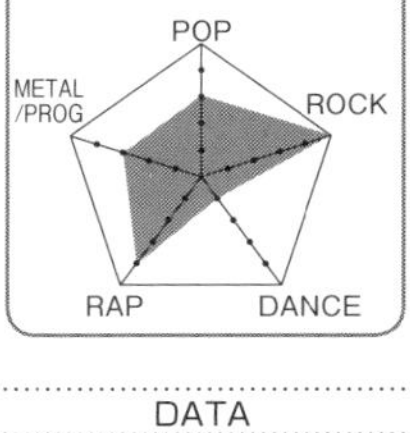

DATA

レーベル／イーブルライン
レコード（キングレコード）
作詞／大槻ケンヂ
作曲／NARASAKI
編曲・演奏／特撮

611参照）と、堰を切ったように男性とのコラボが増えていくから面白い。

ドラムのキック2発とフィルインからスタートし、ヘヴィなギターリフが左右チャンネルで響いたところにオーケンとももクロが「問題が一つ！」とシャウト、この段階で楽しいったらありゃしない。BPM184でスッ飛ばしてくのだが、祭りやパーティーが終わる寂しさをユーモラスなラップで綴るストーリーが楽しく、4人の「うー」が久々に聴けるだけでもう俺はシアワセ。1分6秒で「明日は平日 労働参加」と両者の絆を確認、1分12秒からピアノのコード弾きが加わり「パーティー イズ オーバー」とちょっと寂しいムードになるあたりからのメロディーラインは、強力に**NARASAKIした美しいもの**★2だ。

「パーティーは今」からのサビではオーケンを4人が囲むようなユニゾンを聴かせてくれるが、ダミ声のオーケンと清楚なももクロがブレンド仕切らない感じが新鮮でいいですねー。あと本曲は『EVIL A LIVE』のラストソングとして披露されることがあらかじめ決まっていたため、2度目の「うー」からは客席を煽るシーンが繰り広げられるが、「**全員物販買ってってくれよ**★3」はウケますなー。

3分5秒のオーケンの台詞から始まるパートで、祭りの後の寂しさを気にするのではなく、儚いからこそ楽しもうという予定調和なポジティブメッセージに変換。「ですよね！」のオーケンのゴキゲンなシャウトは喜色満面《きしょくまんめん》、サビのコーラスをたっぷりと拡大して、エンディングに向かって一丸となって突き進んでいく。いやもうこの曲大好き。またオーケン、ゲストで来てくんないかなぁ。

★2／NARASAKIや前山田はメロディーメイカーとしての個性が明確で、両者ともここぞというタイミングで「あーNARASAKIーやなあ」とわかるような美メロを繰り出す。また2人は、ブラックミュージックの要素をあまり感じさせない。一方でラップ／ヒップホップ以降のブラックミュージックの影響を多大に受けつつ、どんな曲調にもメロディーにも対応できる分、「それとわかる個性」を敢えて控えめにしているのがinvisible mannersなのだと筆者は捉えている。
★3／大量の出演アーティストグッズが販売されていたのだが、ももクロは「クリアなバッグ」、「全面ももクロTシャツ」、「シンプルだけど全面に推しますマフラータオル」、「公式テラライト」を販売。

2019・7・12 配信開始
配信限定シングル

▼玉井詩織×ドレスコーズ× TeddyLoid

『コミック雑誌なんかいらない』

昭和ロケンロールの進化形を、志摩とかますしおり

『EVIL ALIVE』からもう1曲、玉井詩織が参加した本曲をご紹介しよう。これまたユニークなコラボで、しおりんがグループを代表して組んだのは、ドレスコーズと TeddyLoid という、EVIL LINE RECORDS の広い懐を見せるような2組。ドレスコーズの志摩遼平は TeddyLoid のアルバム『SILENT PLANET』の中で、あーりんの『Grenade』（P300参照）の1曲前で『**はじらい Like A Girl feat. 志摩遼平 from the dresscodes**』★1で参加しており、いわば旧知の仲。さらに面白いのはチョイスした楽曲で、1972年から活動している**頭脳警《ずのうけいさつ》察**★2のアルバム『頭脳警察セカンド』に収録の『**コミック雑誌なんか要らない**』★3ときた。**同タイトルの映画**★4も1986年に公開されており、こちらは**内田裕也《うちだゆうや》**★5が主演を務めているわけで、本曲はざっくりと「戦後昭和の一時代」を背負ったような**ロケンロール・ナンバー**★6となる。選曲はドレスコーズの志摩によるものだろうが、確かに時代こそ違えど志摩と内田には共通するスピリットが感じられる。そこに我らがしおりんと TeddyLoid が、どのように絡

★1／志摩一流のマイナーメロディーが、Teddy のエレクトロ・サウンドの上で展開されるゴキゲンな一曲。必聴！
★2／1950年生まれのパンタ（中村治雄）とトシ（石塚俊明）が結成したロックバンド。両者ともいわゆる「全共闘世代」であり、政治的に極めてラディカルなライヴ・パフォーマンスによって、発売禁止や放送禁止を連発する過激なバンドとして、一世を風靡した。パンタはソロ活動のほか、他アーティストのプロデュースや楽曲提供も行っており、沢田研二、チェッカーズ、荻野目洋子、制服向上委員会らと関わっている。
★3／オリジナルタイトルは『コミック雑誌なんか要らない』と表記。
★4／滝田洋次郎監督、内田裕也脚本・主演による映画作品『コミック雑誌なんかいらない！』は、芸能レポーター

サウンドカテゴリー度

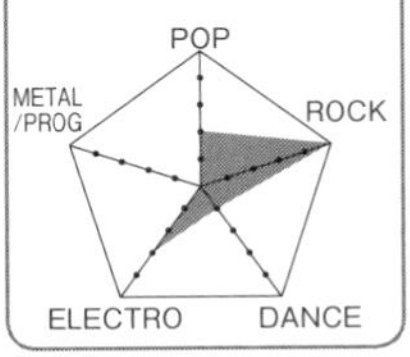

DATA

レーベル／イーブルライン レコード（キングレコード）
作詞・作曲／ Pantax World
編曲・演奏／ドレスコーズ、TeddyLoid

んでいくのだろうか。

曲は典型的なロケンロール・ギターによるプレイを、TeddyLoidがチョップし捲るところからスタート。志摩としおりんが揃って「1、2、3、4」とカウント、「俺にはコミック雑誌なんか要らない」と内田マナーで先攻するのは志摩。しおりんが「俺のまわりはピエロばかり」と続くが、精一杯ワルぶる感じがひじょーに愛しい。サビで2人のデュエットとなるが、男女の差はあれど、またイコライジングである程度馴染ませているとはいえ、両者の声質は結構似てますね。

1分36秒で志摩が「TeddyLoid」とコールすると、バンドサウンドに乗りつつTeddyがエレクトロなSEを入れていき、しおりんの「Here we go《ヒアウィゴー》」からは全てをチョップし捲って空間を捻じ切る。2番からは志摩としおりんの掛け合いとなって変化をつけ、サビのデュオでひとしきり盛り上げた後、2分55秒でいったんバックを鎮めて「ただふきでるのは笑いだけ」と2人が囁くように歌う。このあたりの低い音域でのしおりんのウィスパリングは、なかなかに貴重ですぜ。ラストはシンセがロケンロールなリフに乗っかり、「I'm so tired《アイムソータイアード》★7」でフィニッシュ、トラックタイム3分25秒。

『EVIL ALIVE』の模様は配信されたが、映像の円盤はリリースされていない。ゆえに動画サイト等で確認するしかないのですが、志摩は頭脳警察や内田裕也についてしっかりと触れてから演奏に突入。しおりんは黒のパンツスーツで登場して志摩と絡み、TeddyLoidはスクラッチを多用し大暴れ。ラストでとびっきりの笑顔を見せるしおりんは必見！

の梨元勝をモデルに、ワイドショーに踊らされる視聴者をシニカルに描いたもの。豊田商事事件や日航ジャンボ機墜落事故、山一抗争、ロス疑惑等の実際の事件が扱われており、当時の世相がひじょーによくわかる痛快作。1986年カンヌ映画祭監督週間招待作品。

★5／1939年、兵庫県出身のミュージシャン、俳優、音楽プロデューサー。バンドボーイとして音楽人生をスタートし、1959年に「日劇ウエスタンカーニバル」に出場。1965年には加山雄三主演の映画『エレキの若大将』に、勝ち抜きエレキ合戦の司会者として出演。ヨーロッパに渡って本場のロックを吸収し、1967年に結成した「内田裕也とザ・フラワーズ」のヴォーカリストとして活躍の後、その発展系である「フラワー・トラベリン・バンド」をプロデュースし、日本のロックの黎明期を支えた重要人物。妻は俳優の樹木希林。2014年には内田裕也feat.指原莉乃の名義で『シェキナベイベー』を発表、これが遺作となる。2019年、79歳で逝去。

★6／「ロケンロール」は、内田裕也の口癖。

★7／チャック・ベリー最大のヒット曲、『ジョニーB・グッド』のフレーズですね。

2019・8・3配信開始

配信限定シングル

▼ももいろクローバーZ

『Nightmare Before Catharsis《ナイトメアビフォアーカタルシス》』

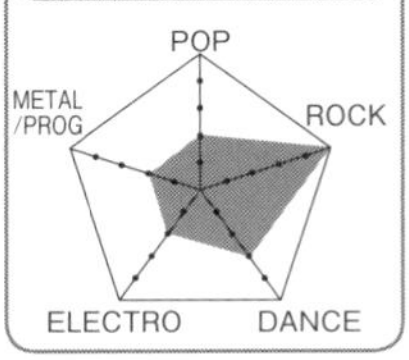

DATA

レーベル／イーブルライン レコード（キングレコード）
作詞／只野菜摘
作・編曲／tatsuo

初の夏ライヴ曲は、激アツで強靭なスタジアムロック

ももクロは2010年の『ももクリ』以来、クリスマスライヴを開催する度にテーマ曲を発表してきた。しかし夏ライヴ曲については、これが初となる。『**MomocliMania 2019 -ROAD TO 2020- 史上最大のプレ開会式**』★1の開催前夜の午前0時に配信リリースされた本曲を手がけたのは、只野菜摘&tatsuoというお馴染みの名前ながら、初顔あわせとなる。

タイトルから即座に連想するのは、**ティム・バートン《Tim Burton》**★2原案・制作による1993年のミュージカル・アニメーション映画『**Nightmare Before Christmas《ナイトメアビフォアクリスマス》**』★3だが、これにタイトルを寄せたのは、明らかに只野の遊び心だろう。同映画のタイトルは著名な英詩『**クリスマスのまえのばん《The Night Before Christmas》**』★4のパロディーなので、孫引きとしての言葉遊びとなることを確認した上で、曲を聴いて行こう。

「ド・ドン・ドッパ、ドン・ドン・パッ」と荒ぶるドラムにクラップを重ね、「Hey !」とシャウトで落とすオープニングから、いきなりの暑苦しさ。右チャンネルでギターのフィードバックが徐々

★1／2019年8月3・4日に西武ドーム（メットライフドーム）で行われたライヴ。翌年に開催が予定されていた東京オリンピック・パラリンピックの「プレ開会式」と位置づけ、217人のチアリーダーや38名のマーチングバンド、スポーツ選手たちが讃歌。

★2／1958年生まれのアメリカの映画監督、プロデューサー、脚本家。代表作は『ビートルジュース』、『バットマン』、『シザーハンズ』、『ジャイアント・ピーチ』等。

★3／監督はヘンリー・セリック。ストップモーションアニメの手法に当時の最先端デジタル技法を採り入れ、ファンタジックでホラーな世界を描いた傑作。筆者の好き

に大きくなり、ディストーションギターによるリフが刻まれると——う〜む、これは明らかに**エアロスミス《Aerosmith》の『ウォーク・ディス・ウェイ《Walk This Way》』**★5へのオマージュですな。冒頭のギターリフもそうだが、Cメロで現れるファンキーなリフに、それはより顕著に感じられる。BPMは110とドッシリ重く、キーはいちおうAマイナーなのだが、ハードロック仕様なので**メジャーとの間のニュアンス**★6となる。

「悪い夢を見た」からのAメロは、「現実か」「幻想か」と言葉を投げつけるようなコールに「WOW WOW」とのレスポンスを挟むので、『労働讃歌』（P148参照）のニュアンスもありますね。54秒からちょっとペースを落として「路上に転がる」としおりんが引き締め、「鎖と飛魚」とあーりんがクネるあたりの只野の歌詞の面白さも味わいどころだ。1分12秒の「その名は誰なんだろう」からのCメロでコードはB7一発となるが、このギターリフが『ウォーク・ディス・ウェイ』のファンクネスを強く感じる部分。続くサビはEマイナーに転調して「炎につなげ」とコールし、「KEEP ON FIRE」のレスポンスを受け、「聖火となれ」でメロディーに繋げるパターンが珍しくも楽しい。

3分3秒からの大サビはしおりん→れにちゃん→あーりん→夏菜子とリレー、最後に「DEAD END の先へ」とハイトーンで決めて、短いギターソロへ突入。ラストのサビもアツいコールを重ね、「Nightmare Before Catharsis」2回でジ・エンド。tatsuo のエアロスミス愛をガッチリと受け止めたももクロとモノノフのライヴの模様は、配信アルバム『TDF LIVE BEST』（P564参照）で確認できるので、お急ぎの方はそちらへどうぞ。

な映画のトップに位置する。

★4／1823年にアメリカ・ニューヨーク州の新聞「センティネル」に投稿された詩で、クリスマスとサンタクロース、トナカイの関係を綴った内容で、現代に至るまでのサンタクロースのイメージを形成した。日本でもこのエピソードにちなんで子供向けの絵本が大量に出版されている。

★5／エアロスミスはアメリカのロックバンド。1970年結成。ヴォーカルのスティーブン・タイラーとギターのジョー・ペリーを中心に数多くのヒットを飛ばし、2001年にはロックの殿堂入り。『ウォーク・ディス・ウェイ』は1977年のヒット曲で、1986年にRun-DMCがカバーして再ヒット。ラップによるロック再評価の先駆的作品。『踊る！さんま御殿!!』でもお馴染みの曲ですね。

★6／マイナーの場合は3rdの音がフラット（キーがAの場合はC）なのだが、時折C♯も鳴る（共存する）というのがブルースのマナー。

2019・8・28 発売
19th single
『おどるポンポコリン』

『おどるポンポコリン』

▼ももいろクローバーZ feat. まるちゃんと仲間たち

ちびまる子ちゃんの世界で存分にお祭り騒ぎする4人

ももクロのシングルはタイアップものが多いのだが、本曲の前の円盤は『笑一笑～シャオイーシャオ～』（P454参照）、続く『stay gold』（P552参照）、『月色 Chainon』（P576参照）も含め、全てアニメやドラマのタイアップとなる。これってなにげに、凄くないですか。わけても本曲は、『**サザエさん**』★1と並ぶ長寿アニメ作品『**ちびまる子ちゃん**』★2のテーマ曲だ。これで毎週日曜の夕方のお茶の間に、ももクロの歌声が届くようになったのだから、モノノフとしては大いに喜ぶべきだろう。

なお本曲の初代はB・B・クィーンズによるものだが、番組の開始当初、筆者は「**近藤**《こんどう》**房之助**《ふさのすけ》★3がこんなところに！」と驚いたものだった。また2代目の **ManaKana**《マナカナ》★4は**泉谷しげる**★5も参加する昭和コメディ歌謡、3代目は **E-Girls**★6によるパリピ感満載のエレクトロディスコ、4代目は**ゴールデンボンバー**★7によるテクノディスコ歌謡とそれぞれの味わいで楽しく聴かせてくれるので各自確認マストなのだが、ももクロは5代目としての登場となる。さらに、

★1／長谷川町子の漫画を原作とするアニメは1969年（昭和44年）にフジテレビ系列で放送開始。2022年の時点で53年を超え、テレビアニメでは最長寿の番組としてギネス世界記録を保持。「日曜の夜6時半は、サザエさんを見るために家族がお茶の間に集まる」という昭和の風習を作った。
★2／さくらももこの漫画を原作とするアニメは1990年（平成2年）1月に放送開始。1992年9月をもって一旦終了するも、1995年より復活して、現在まで継続している。
★3／1951年、愛知県出身のブルース歌手、ギタリスト。1976年にバンド「ブレイクダウン」に参加、解散後は近藤房之助＆ONE ARM で活躍。2016年にはフォーク村にもゲスト出演していましたね。
★4／三倉茉奈、佳奈の双子タレント、俳優。1996年のNHK連続テレビ小説『ふたりっ子』でデビューし、マナカナの愛称でブレイク。大人となった現在も活躍中ですが、旅番組等で全国47都道府県を訪れているそう。
★5／1948年、東京都出身のシンガーソングライター。1971年にフォークシンガー

サウンドカテゴリー度

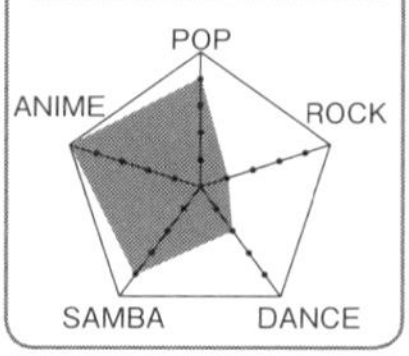

DATA
レーベル／イーブルライン
レコード（キングレコード）
作詞／さくらももこ
作曲／織田哲郎
編曲／NARASAKI
カバキーニョ、クイーカ&アザーパーカッション、プログラミング
／NARASAKI

作曲の織田哲郎《おだてつろう》[★8]は本曲のAメロはレッドボーン《Redbone》の『カム《Come》・アンド《and》・ゲット《Get》・ユア《Your》・ラブ《Love》』[★9]からの引用であることも明かしており、アニソンとはいえ、そのR&B的な楽曲のニュアンスを取り入れるべく、初代の近藤房之助の起用に至った経緯を思うと、ポップスってほんとに奥深いですね〜。

さて本題。クレジットに「ももいろクローバーZ feat. まるちゃんと仲間たち」とあるように、ももクロの歌唱の合間には『ちびまる子ちゃん』に出演する「まる子、お母さん、おじいちゃん、たまちゃん」といった総勢11名の仲間の声が加わり、ナレーターの**キートン山田**[★10]も登場する。これらは歌詞カードに台詞として示されてるが、NARASAKIがサンプリングして配置したのだろうと推察。そのNARASAKIによるトラックは、原曲のご陽気なムードをサンバを基調にして大胆にグルーヴを変えている。**カバキーニョ**[★11]、**クイーカ**[★12]、**ティンバレス**[★13]など、さまざまな楽器が入り乱れ、三味線も加わってお祭り騒ぎを展開するあたり、『天手力男』（P136参照）にも通じる、リズムマスターとしての面目躍如だ。

もはやお馴染みの曲なので構成を追うことはしないが、ももクロの歌唱はまる子ちゃんの世界にぴったりと寄り添っており、そりゃー文句なしに楽しい。でもって歴代で一番いろんな世代のファンがいるももクロを「30周年アンバサダー」として起用したあたりに、アニメ運営の「テコ入れ」を感じるのは、俺だけではないだろう。

なお2019年10月20日放送の同アニメでは、アニメ本編にももクロがお茶娘役の声優で登場。「ちびまる子ちゃん」の舞台である清水のお茶をPRしたことも、まだまだ記憶に新しい。

としてデビュー。徐々にロックにも傾倒し、俳優としても活躍。ももクロとの縁も深く、『ももいろ歌合戦』にも2019年以来、毎年出演している。

★6／2011年から2020年まで活動したLDHのダンス&ヴォーカルグループ。5枚のオリジナルアルバムを残している。

★7／2004年に活動を開始した、ビジュアル系エアーバンド。愛称は「金爆」。2013年の『女々しくて』で大ブレイク。ももクロとは2012年12月の『オールナイトニッポン 45周年感謝祭『ALL LIVE NIPPON』』で「ゴールデンクローバーZ」として共演、フェス等でも頻繁に遭遇。

★8／1958年、東京都出身のシンガーソングライター、作曲家、音楽プロデューサー。1990年に長戸大幸とともにビーイングを創立、ZARDやWANDS、DEENらの楽曲提供で一躍トップ作家に。フォーク村にも2017年に出演。

★9／1973年のヒット曲。レッドボーンはネイティブアメリカンのバンドで、所謂一発屋ですが、これはエエ曲ですよ。

★10／1945年、北海道出身の俳優、ナレーター。1990年にまる子ちゃんのナレーターでブレイク。「である」のフレーズは、曲のラストに出てきます。

★11／ブラジルの弦楽器で、民族音楽のショーロやサンバに用いられる。甲高いギターのような音色が特徴。

★12／皮に短い棒を取り付け、これを濡れた布でクイクイッと擦り、音を鳴らすパーカッション。やはりブラジルの楽器で、6秒あたりで右チャンネルで鳴ってます。

★13／こちらは典型的なラテンパーカッションだが、キューバ系の音楽で使用するため、サンバではあまり使いません。20秒で右チャンネルでフィルインしてますね。

2019・8・28発売
19th single
『おどるポンポコリン』

▼百田夏菜子、玉井詩織、高城れにfeat.まるちゃんと仲間たち

『ありがとうのうた』

アニキャラと仲良く絡む、うららかほんわかチューン

『おどるポンポコリン』のカップリング2曲は、百田夏菜子、玉井詩織、高城れにが歌う本曲と、佐々木彩夏が参加する次曲に分割された。まずこちらは、平成初期感満載の長閑《のどか》なフォークロック。作詞は初参加の**うらん**★1、作・編曲はかなこちゃんの『太陽とえくぼ』（P116参照）、しおりちゃんの『…愛ですか』（P111参照）という初期のソロ曲を手がけている菊谷知樹で、ともに**POPHOLIC**《ポップホリック》★2の所属作家だ。菊谷は2014年にアニメ『**妖怪ウォッチ**』の**オープニングテーマ**『**ゲラゲラポーのうた**』と、**エンディングテーマ**『**ようかい体操第一**』★3を手がけており、その実績を受けての起用かと思われる（推察）。

曲は明るいイントロに導かれ、一番は夏菜子ちゃんとまる子ちゃん、2番はしおりんとたまちゃん、落ちサビからの3番はれにちゃんと藤木くん&永沢くんの腐れ縁コンビが歌い継ぐが、このパターンが実に新鮮。ラストで「やっぱり〝一緒〟がいいね!」と3人が揃って出るウキウキ感、からのまる子ちゃんのお馴染みのフレーズ「あたしゃ 幸せ者だよ」で締める。しおりんが「あちらは三角モード中?」と次曲をチラつかせたところで、あーりんとみぎわさんが出る構成も楽しい。4分半ほどうららかほんわかとしたところで、さあ来ました。前山田ワールドのはじまりはじまり〜。

サウンドカテゴリー度

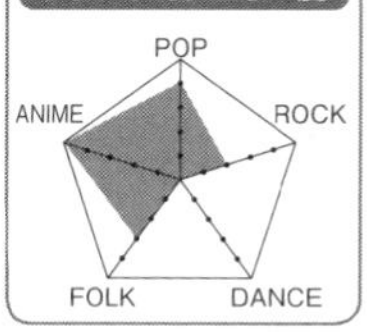

DATA

レーベル／イーブルライン
レコード（キングレコード）
作詞／うらん
作・編曲／菊谷知樹
アコースティックギター、ベース、パーカッション&プログラミング／菊谷知樹

★1／『魔法先生ネギま!』に始まり、数多くのアニソン、田村ゆかりのソロ曲などの作詞を手がけている。

★2／ハロプロ楽曲を数多く手がける大久保薫、「虹音」の名義でしおりんの『…愛ですか』の作曲を手がけたアニメの巨匠である松田彬人らも所属する音楽プロダクション。

★3／どちらも流行りましたよねー。前者はキング・クリームソーダが、後者はDream 5が歌ったもの。アニメ『妖怪ウォッチ』は2014年にスタート、現在も『妖怪ウォッチ♪』として継続中。息が長いです。

2019・8・28 発売
19th single
『おどるポンポコリン』

▼佐々木彩夏＆みぎわさん feat. 花輪くん

『私を選んで！ 花輪くん』

まる子ちゃん×前山田ワールド＝あーりん無双との結論に

お金持ちでインテリ、かつお洒落な花輪くんは女子にモテモテのキャラクターだが、所かまわずガツガツとアタックしてくるみぎわさんが大の苦手。そこにももクロのグイグイ番長であるあーりんが絡むという設定、とくればまあ前山田の仕事になるわけであってね。

……とか書きましたが、筆者は**ライヴ現場でこの曲を聴いた後の感想戦で、あの所先生**★1と同席。「花輪くんのあの曲って、作家は誰かなぁ」との話題になった際、僕が「レーベルメイトの清 竜人じゃないですか」と推察したところ、所先生は「おいらは前山田かなぁと。途中でいかにもなメロディーが出てくるので」とおっしゃった。結果は所先生のご明察だったわけだが、「あんまり音楽のことはわからない」とか言いながら、ちゃんと前山田の持ち味を理解しているあたりに、モノノフたちの愛の深さを感じた1コマだった。で、曲はあーりんのソロ曲のラインで「花輪くん」と、みぎわさんとあーりんが圧をかけていくが、みぎわさんの歌唱力はなかなかですなー。1分28秒から「好き好き好き好きなの」と出るサビの途中、あーりんが「あなたのヴァイオリンで」と歌うあたりのコード進行が、おそらく所先生が前山田を感じた部分。2分10秒からは**ショパンのノクターン**★2をバックに花輪くんの語りを入れる展開も愉快だし、みぎわさんに引っ張られていつも以上の無双で迫るあーりんも抜群！

★1／2019年8月4日の『MmomocloMania 2019』のDay2の後でしたね。所先生とはもちろん、漫画家にして恐竜マニアにしてれにちゃん推しの所十三（ところ じゅうぞう）さん。この日の感想戦には推理作家の太田忠司さん、演劇評論家の中西理さん、構成作家の伊藤雅司さんらが吉祥寺に集結。楽しい夜でしたね。

★2／フレデリック・フランソワ・ショパンは1810年、ポーランド出身の作曲家。「ピアノの詩人」と呼ばれ、数多くのピアノ曲を送り出した。ここでノクターンとしているのは1831年に作曲された『3つの夜想曲』の第二番で、ショパンの残した楽曲で最もポピュラーなメロディー。1849年没。

サウンドカテゴリー度

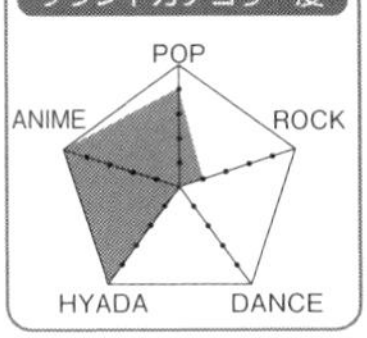

DATA

レーベル／イーブルラインレコード（キングレコード）
作詞・作曲／前山田健一
編曲／徳田光希
ギター／川渕龍成
ベース／板垣祐介
プログラミング&インストゥルメンツ／徳田光希

2019・10・23 配信開始
配信限定シングル

▼永野と高城。

『ユーアノッアロン』

コメディエンヌとしての才能を存分に発揮するれにちゃん

ありゃ、前山田の曲が続きましたね。ノベルティソング担当としては名誉だろうが、タイトルの『ユーアノッアロン』とくれば、音楽ファンであれば真っ先に連想するのは**マイケル《Micheal》・ジャクソン《Jackson》の『ユー《You》・アー《Are》・ナット《Not》・アローン《Alone》』**★1。曲そのものはマイケルとは金輪際関係ないものの、テーマの方向性としては同じなのだから、アーティストによって表現方法が変わる好例なのかもです。

さて、ももクロと絡むことで世に出たお笑い芸人は数多いが、その最右翼が**永野**★2だろう。「孤高のカルト芸人」として**業界内では根強いファンが多かった**★3ものの、長年不遇だった彼がブレイクしたキッカケは、『ももクロChan』の大人検定でのこと。持ちネタの**おさるの呼吸**★4が思いの外ウケたことで、同年の「肝試《きもだめ》しChan」にも引き続き起用されたことが、まっすぐここへと繋がっているのだ。

本曲は2019年7月14日から3日間にわたってNEW PIER HALL《ニューピアホール》で行われた『エキセ

★1／1995年のシングルヒット曲。作詞・作曲はR・ケリーで、世界的なヒットを記録。MVでは当時の妻であったリサ・マリー・プレスリー（エルビス・プレスリーの娘）とセミヌードで共演し、賛否両論を巻き起こした。翻って永野と高城。は、賛否両論を巻き起こしてはいない。
★2／1974年、宮崎県出身のお笑い芸人。グレープカンパニー所属。シュールな芸風の1人コントネタを多数持っている。リズムコントの「ゴッホよりラッセンが好き」、「ノリノリで○○をする人」等が有名。
★3／俳優の斎藤 工は永野の熱心なファンで、斎藤が司会進行

サウンドカテゴリー度

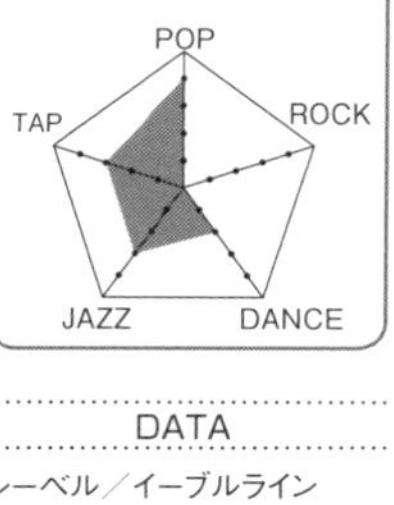

DATA

レーベル／イーブルライン
レコード（キングレコード）
作詞／永野と高城。
作曲／前山田健一
編曲／板垣祐介

ントリックコミックショー「永野と高城。３」TWO MAN LIVE』のテーマ曲。**『永野と高城』のライヴシリーズ**★5における初のテーマ曲とあって、作詞は永野とれにちゃん自身が相談しながら手がけている。軽快なドラムから始まるボードビリアン調のナンバーで、４ビートに乗ってバイオリンとホーン隊が飛ばす中、「君は美しい」と永野がれにちゃんを褒めるが、れにちゃんは「白髪が目立つ」「首が太い」と軽くディスる。すると永野もチッと舌打ちして「歯茎《はぐき》が出ている」とディス返しするも、「あなたは（君は）ひとりじゃない」とお互いを認め合うという平和な流れは、実にこの２人らしくて和みますな。間奏ではタップダンスを披露するパートが挟まるが、レコーディングバージョンはサンプリングで、ライヴでは実際に披露してくれています。

２分15秒で突然リズムが変わり、「拳、挙げろ！」とラップを４回繰り返すあたりで、前山田も控えめながら遊ぶ。ここで使ってるシンセの音、ちょっと『だってあーりんなんだもん☆』（P114参照）に似てますね。編曲は盟友・板垣によるものだが、トラックの基本の部分は前山田が作って「あとはたのむYO！」と渡しているのだろうから、まあ前山田サウンドと言っていいでしょう。もとの曲調に戻って「せーのバンザーイ！」を連発し、「みんな ひとりじゃない」と確認したところで無事終了。

なお本曲はショーの中盤で、「レコーディング完全密着ドキュメント - その時、永野が動いた！」とのVTRに続いて披露されたのだが、けっこうな脱ぎたがり芸人の永野に食らいつくれにちゃんの愛おしさよ。やっぱこれ、音だけじゃなくって映像があったほうが楽しめますね。ちゃんとBDが出てますから、２人が展開するシュールなネタワールドとともに、どぞ。

を務める『日10☆演芸パレード』に永野が出演したことを契機に、自身が監督する映画への出演を依頼、２０１９年の渋谷のロフトプラスワンでの永野の単独ライヴへも出向いてい出演している。

★4／ゴム製のおさるの面を被って強く呼吸することで、口元がペコペコと動くだけの一発芸的ネタ。ツボにハマるとオモロいかと。

★5／２０１７年６月に第１回が、２０１８年３月に第２回が行われている。全て円盤化されているので、２人の進化がよーくわかります。

2019・11・27 発売
20th single
『stay gold』

▼ももいろクローバーZ
『stay gold《スティゴールド》』

怒涛のロックサウンドの渦を疾風となって突き抜ける

ここでようやく、5thアルバムの楽曲群以来となる「ガチ」の、ももクロのシングル曲が登場する。読売テレビ制作・日本テレビ系ドラマ『**チート～詐欺師の皆さん、ご注意くださ い～**』★1の主題歌では、『華麗なる復讐』（P502参照）でゴシックかつユニークな世界観で楽しませてくれたzoppが、新たな刺客として同事務所の若手・**藤田卓也**《ふじたたくや》★2を送り込んできた。藤田は**水樹奈々**《みずきなな》★3が作詞・歌唱を手がけた『**STARTING NOW!**《スターティング ナウ》』★4の作曲でデビュー。ももクロのメンバーが参加していないので本書ではここまで紹介できなかったが、**秋本帆華**《あきもとほのか》★5、**瀬田さくら**★6、**辻野かなみ**★7、**水春**《みずは》★8という耳に特徴があるメンバーから成るユニット「**耳ーズ**」による『**NEMIMI に耳ーズ**』★9の作詞・作曲・編曲を手がけており、筆者も注耳《ちゅうみみ》していた作家だった。なお先行する同名異曲に**Hi-STANDARD**《ハイスタンダード》★10や**宇多田ヒカル**★11のものがあり、後者は曲調こそ穏やかだが、ピアノのイントロやコード進行に近しい部分があるのでぜひチェックを。

曲は**E-BOW**によるギターサウンド★12のフェイドインに始まるが、すかさずギターのアルペ

★1／2019年、日本テレビ系列で10～12月に放送された本田 翼／主演によるドラマ。詐欺師を摘発するスペシャリスト集団の活躍を通じて、人間の2面性を描いた作品だったが、筆者は主に劇中のアイドルグループ「ジュエル☆トリコ」の動向を追ってました。横田真悠ちゃんかわいいです。
★2／香川県出身の作詩・作曲家、編曲家。アイドルの楽曲実績も多く、スタプラではukkaやいぎなり東北産、アメフラっシ（現 AMEFURASSHI）もお世話になってます。
★3／1980年、愛媛県出身の声優&歌手。キングレコード所属。代表曲はアニメ『魔法少女リリカルなのはA's』の『ETERNAL BLAZE』。ももクロとは2012年の『GIRL'S FACTORY 2012』で共演、2016年のフォーク村0204』ではあの『永遠のトリニティ』を披露。懐かしの名シーン。
★4／2016年7月～9月、TBS系列で放送のアニメ『この美術部には問題がある！』のオープニングテーマ曲。水樹奈々は美術部顧問の立花夢子役で声優を務めた。エンディングテーマの上坂すみれが歌っ

サウンドカテゴリー度

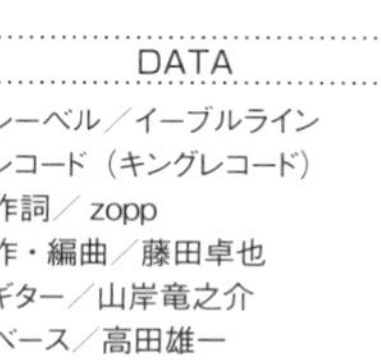

DATA

レーベル／イーブルライン
レコード（キングレコード）
作詞／ zopp
作・編曲／藤田卓也
ギター／山岸竜之介
ベース／高田雄一
(ELLEGARDEN, MAYKIDZ)
ドラム／ komaki
コーラス／山岸竜之介
komaki、藤田卓也
E-BOW ギター & プログラミング
／藤田卓也

ジオとエレクトロなサウンドがワカチャカと重ねられたところに、komaki《コマキ》★13のドラムがB194で怒涛のビートを叩き込み、山岸《やまぎし》竜之介《りゅうのすけ》★14の印象的なギターリフがこれを追う。そこに4人が「Wow Wow」とコーラスで被さっていく熱量はハンパない。

キーは終始Fマイナーで、まずは夏菜子が「Why《ホワイ》 did《ディドッ》 you《ユー》 cheat《チート》? さえ聞けなかった」と、ドラマのタイトルを示す。Aメロはしおりん→あーりん→れにちゃんとリレーするが、いずれも凛々しい歌唱が胸に迫る。冒頭と同じサビでは、分厚いコーラスとギターが空間を支配する中をドラムが疾走、これに負けじと「Stay Gold」と4人のハイトーン・コーラスが突き抜けていく。なんちゅうスピード感なのか、こんなアイドルはやはりももクロしかいませんで——とコーフンしてたら、続くAメロパートはメロディーを少し変えるため大サビっぽくなり、再びのサビへ。ギターによる短い間奏からの落ちサビでは、「誰かを頼る自分に」と夏菜子ちゃんが荒ぶり、ドラムが豪快にフィルインしてラストのサビへ進み、3分35秒までを全速力で進んでストンと終わり、ギターがエコーの余韻を残す。

ももクロの楽曲にしてはシンプルな構成なので、筆者は本曲を最初に聴いた時「あれぇ? もう終わりぃ?」と感じたのですが、皆さんは如何でしたか? なんせ全編ハイスパートで進むので、あれよあれよと言う間に終わっちゃう本曲の本領は、やはりライブの場。同年のももクリ以降は、定番曲としてカマされるようになっていく。そして6thアルバム『祝典』(P616参照)でも後半に置かれることで、歌詞の意味がより重みをもって伝わってくるのだから、まさに歌は世につれ世は歌につれ、ですな。

た『恋する図形 (cubic futurismo)』もぜひ併聴を。
★5/TEAM SHACHIのリーダ、赤担当。愛称は「ほーちゃん」。しおりん推しです。
★6/「ばってん少女隊」の紫担当。筆者のばっしょーちゃんの推しメンです。
★7/「超ときめき宣伝部」のときめき♡ブルー担当、最年長で宣伝部長。接触では神対応で知られる。
★8/「桜エビ〜ず」→「ukka」の元メンバー。現在は「水映」の名義でソロで活動中。
★9/WE Are "STAR" EP(P470参照)収録曲中、屈指の名曲。1サビとエンディングの水春に、軽やかに陥落しました。
★10/Hi-STANDARDはメロコア・シーンを代表する3人組ロックバンド。1991年より活動を開始、2000年に活動休止するも、2011年に復活。『stay gold』は1999年の彼らのアルバム『MAKING THE ROAD』に収録された。
★11/宇多田ヒカルの『STAY GOLD』は2008年、20枚目のシングル(『HEART STATION』との両A面)。花王「アジエンス」のCMソングとしてヒット。
★12/米Heet Sound Productsが開発したギターリゾネイター。磁気によって弦を振動させ、ロングサスティンを得る機材。
★13/1986年、京都府出身のドラマー。SUGIZOや草野華余子、LiSA等、トップアーティストのレコーディングやライブサポートに参加。
★14/1999年、大阪府出身のギタリスト。幼少よりギターを始め、テレビ番組の企画でCharと共演して話題となる。以降、桑名正博や金子マリ、ジョニー吉長らベテランと共演した。フェンダーの名器、ジャズマスターの使い手。

2019・11・27発売
20th single
『stay gold』

▼ももいろクローバーZ

『HOLIDAY《ホリデイ》』

昭和の音楽バラエティーの楽しさをそのままパッケージ

筆者は徹底的に昭和の人間であるがゆえに、このタイトルから、そして楽曲がスタートした段階で「わーった。皆まで言うな」と全てをストンと理解した。ここでのHOLIDAYとは、昭和を代表する音楽バラエティー番組**「シャボン玉ホリデー」**[★1]へのオマージュである。同番組は**2期にわたって制作**[★2]されたが、「あの時代」を感じさせるのは第1期。なんつったって司会はザ・ピーナッツ（P388参照）&ハナ肇とクレイジーキャッツなんだからもー。日曜夜の6時半からのオンエアだったので、夕食時に家族全員で見ていたという、一家団欒の記憶がハッキリとある。なので私はドリフターズ派ではなく、圧倒的にクレイジーキャッツ派でした。**万博のガス・パビリオンの映画**[★3]も、まだ覚えてますから。

さて、本曲は『**ももいろクリスマス2019 ~冬空のミラーボール~**[★4]』のテーマ曲で、同年のテーマは「古き良き時代と、今のエンターテインメントの融合」であった。その「古き良き時代」の部分を担うために起用されたのが、CHI-MEYと大久保友裕という、『Wee-

★1／1961年から日本テレビ系列で放送された音楽バラエティ。スポンサーは牛乳石鹸の1社提供。ヒット曲やトーク、コントが綯い交になった、『ザ・ヒットパレード』（1959年～）と並ぶ音楽バラエティの元祖。なべおさみ、前田武彦、青島幸男、伊東ゆかり、中尾ミエ、園まり、ダークダックス、ジャニーズ、ザ・タイガース、ジャッキー吉川とブルーコメッツ……と、主な出演者名を並べるだけで昭和の風景が浮かび上がりますな。

★2／第1期は1961年～1972年。第2期は1976年～1977年でピンク・レディーが司会進行を務めた。

★3／1970年の大阪・千里で開催された日本万国博覧会の人気パビリオン。社団法人日本瓦斯協会による出展で、テーマは「笑いの世界」。多面スクリーンでのクレイジーキャッツ出演の映画のほか、スペインの巨匠ジョアン・ミロの大壁画「無垢の笑い」などが展示された。

★4／大阪城ホールでは初のももクリが2019年12月7日に開催されたが、筆者は落選。2019年12月24日・25日に開催されたさいたまスーパーアリーナ公演には無事に参戦できました。内容はBDで各自確認を。

サウンドカテゴリー度

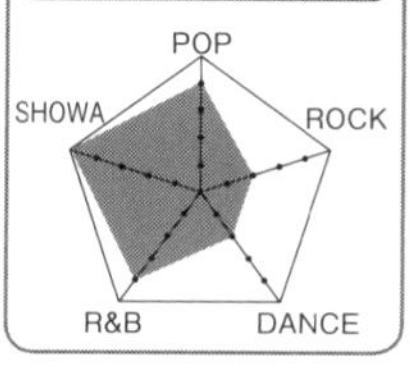

DATA

レーベル：
EVIL LINE RECORDS
作詞・作曲／CHI-MEY
編曲／CHI-MEY、大久保友裕
オール・インストゥルメンツ／
大久保友裕、CHI-MEY
ギター&ベース／大久保友裕
コーラス／高尾直樹、大崎吾郎、佐々木久美、TIGER、
CHI-MEY

Tee-Wee-Tee』(P202参照)を手がけたチーム。ゆえに、楽しさの演出には抜かりない。ズッコケ感のあるオープニングのファンファーレに始まり、ホーン隊が懐かし目のフレーズで出るイントロにはクラップが入り、左チャンネルではチャイムも鳴り、まさに「シャボン玉ホリデー」の世界。その一方で、随所に**オーティス・レディング**《Otis Redding》**の『アイ・キャント・ターン・ユア・ルーズ』**《I Can't Turn Your Loose》★5や**アイク&ティナ・ターナー**《Ike Tina Turner》**のバージョンの『プラウド・メアリー』**《Proud Mary》★6へのオマージュが感じられるフレーズやアレンジも投下、昭和のブラックミュージックとも地下で繋がっているあたりも押さえておくべし。

「次から次へとエベレスト」と夏菜子ちゃん、「顔で笑って心で泣いても」とあーりんの放つフレーズはやはり昭和なニュアンス、からの「貴方は長針」としおりんが歌うメロディーで、今度は**ザ・ピーナッツの『ふりむかないで』**★7を軽く引用。「片付け始めて」からは男女コーラスが「OK!」と応えるが、ここで**高尾 直樹**《たかおなおき》★8や**佐々木久美**《ささきくみ》★9といったベテラン勢を起用してそれっぽく仕上げるあたりも安定の職人技かと。

「あと3分で」からのサビではももクロの4人とコーラス隊の絡みが楽しく、2分30秒からは「ホリホリホリデー」のバンプは完全に日本版のクワイヤー仕様となり、昭和のあの頃がいかにアメリカンポップス全般からの影響で成り立っていたかがわかりみ。

カウントダウンからのドシャメシャと崩れていくエンディングのあと、**植木 等の「お呼びでない?」のフレーズが聴こえてくるようだが、2019年のももクリでは中山秀征**《なかやまひでゆき》**さんがキッチリとカマしてくれましたね。**★10

★5/オーティス・レディングは1941年、アメリカ出身のシンガーソングライター。『アイ・キャント・ターン・ユア・ルーズ』は1965年のヒット曲で、邦題は『お前をはなさない』。オーティスはそのアツいシャウトで、後のシンガーに多大な影響を与えている。本曲には数多くのカバー・バージョンが存在するが、日本では上田正樹がサウス・トゥ・サウス時代にカバーしていたことで有名。1967年、自家用飛行機の墜落事故で死去。

★6/アイク&ティナ・ターナーは1960年~1976年に活躍したアメリカの男女デュオ。『プラウド・メアリー』は1969年にクリーデンス・クリアウォーター・リバイバルが発表した曲のカバー。なお本曲はザ・ピーナッツや尾崎紀世彦、キャンディーズらもカバー。

★7/1962年のヒット曲。作詞は岩谷時子、作曲は宮川 泰。昭和和製ポップスを代表する名曲の一つ。

★8/1960年、神奈川県出身の歌手、作詞家。CMソング歌手としてキャリアをスタート、スタジオミュージシャンとしてさまざまなレコーディングに参加。『パジャマでおじゃま』、『ポケモンマスターへの道』等が有名。現在は洗足学園音楽大学のヴォーカル講師。

★9/同名の日向坂46のリーダーでは金輪際なく、高尾同様、現洗足学園音楽大学のヴォーカル師を務める歌手(くみてんは筆者の推し)。バックコーラスで、山下達郎やMISIA等のサポートに参加。1997年版のアニメ『マッハGoGoGo』の挿入歌『Xレーサー』は高尾とのデュオ作品。

★10/中山秀征は1968年生まれのタレント、愛称「ヒデちゃん」。2019年のももクリでは、3日ともヒデちゃんが植木 等の定番フレーズ「お呼びでない? こりゃまた失礼しました」をやってくれました。

2019・11・27 発売
20th single
『stay gold』
通常盤に収録

▼ももいろクローバーZ

『ココ☆ナツ -ZZ ver.-』

夏の定番曲をヘイヘイが大胆にリニューアル

本曲でついに、DMBが本格的にレコーディングに起用される。「え?」と思うかもしれないが、ホンマやで。だってDMBの先代音楽監督の武部聡志さんに至っては、未だにももクロのレコーディングには参加していないんですからな。このあたり、運営は「レコーディングとライブは別物」と割り切ってきたからに違いなく、しかしまあそろそろ……てな調子で、何度もこの曲をライヴで演奏してきた**へいへい**★1にアレンジを任せた、というところかと。なおギターの**佐藤**《さとう》 **大剛**《たかひろ》★2はももクロのライブにはほぼ皆勤賞、ドラムの**柏倉**《かしくら》 **隆史**《たかし》★3は2017年の春の一大事が、**吉田**《よしだ》**一郎不可触世界**《いちろうふかしょくせかい》★4は2019年のMomocloMania がそれぞれ初参戦となる。

以上を踏まえた上で。明らかなのは、前山田バージョンとの根本的な違いは「バンドによるアンサンブル」を基本にしている、という点だ。その上でへいへいが自在にSEなどを加えていくことで、生演奏の良さを活かしながら、曲そのもののワチャワチャ感もキープしているあたりに、**彼の生真面目さ**★5とももクロ愛をたっぷりと感じる。全編を通じて柏倉と吉田が存分に暴れるが、3分27秒からは新たな落ちサビが登場、そこからエンディングに向かう流れがサイコーにアガりますな。そして夏菜子ちゃんの約10秒の「ナ〜ッツ」に身悶《みもだ》えろ!

★1/「ヘイヘイ」こと宗本康兵は1984年、北海道出身の作・編曲家、音楽プロデューサー。武部聡志も所属するハーフトーンミュージック在籍。多数のアーティストの楽曲提供やサポートを手がけるが、2016よりDMBの音楽監督を継承、今やももクロには欠かせない存在。ももクロのスタプラの妹グループ、ばってん少女隊にも名曲『FORCES』を提供している。

★2/1977年、宮城県出身のギタリスト。Do As Infinity、家入レオ、JUJUらのライブサポートやレコーディングに参加。フジテレビの「MUSIC FAIR」ではレギュラーバンドのメンバーとして活躍。

★3/1976年、神奈川県出身のドラマー。toe、the HIATUS のバンドメンバーであり、木村カエラやACO、コトリンゴ等、さまざまなアーティストのライブサポートも行う。

★4/1982年、神奈川県出身のベーシスト。ZAZENBOYS のメンバーとして活躍、LiSA、坂本真綾、ドレスコーズ、石崎ひゅーいらのレコーディングやライブサポートに参加。2015年より「吉田一郎不可触世界」の名義でソロ活動も行う。

★5/ライブで挨拶を振られたら真面目に感謝の意を表明し、Twitter のツイートでも「ももいろクローバーZさん」と書くほど律儀。

サウンドカテゴリー度

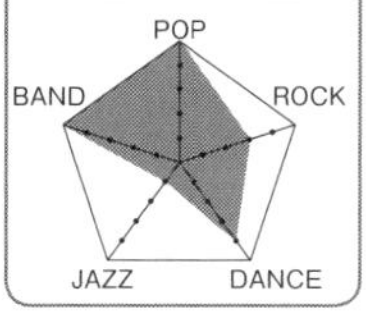

DATA

レーベル/イーブルライン レコード(キングレコード)
作詞・作曲/前山田健一
編曲/宗本康兵
プログラミング&キーボード/宗本康兵
ドラム/柏倉隆史
ベース/吉田一郎不可触世界
ギター/佐藤大剛

2019・11・27 発売
20th single
『stay gold』
通常盤に収録

▼ももいろクローバーZ

『サンタさん -ZZ ver.-』

人気クリスマス楽曲を最新サウンドでチューンナップ

ここでもう1曲、前山田による初期楽曲のZZ ver. が届けられる。『ココ☆ナツ』をやったら姉妹ナンバーのこっちも……というのはわかるが、前山田ワールドを更新するのは、大変なプレッシャーだろうと思う。なんせももクロの初期イメージは前山田ワールドと大きく重なっており、バンドではなくオケをバックにしていた初期ライブを経験しているモノノフたちに、今もこよなく愛され続けているからだ。

クリスマス楽曲随一のワチャワチャ感を持つ本曲を手がけるにあたって、**徳田は「原曲の雰囲気はそのままで、シンセやベース、リズムトラックを今っぽい音色にアップデートさせていただきました」と語っている**★1が、確かにドラムはマッシヴになり、シンセのピロピロとした装飾はキラキラ度を増し、**川渕龍成**《かわぶちりゅうせい》★2もディストーションギターでこれでもか！とハイテクニックで荒れ狂う。冒頭のスクラッチノイズからのラジオトーン加工は、本曲が最初に発表された2011年時を回想するもので、そこからキュルキュルーりんとワープして2019年バージョンになるアイデアも面白いし、リズムもレゲエやハードロックやサンバになったりで、前山田イズムをしっかりと継承。4人のヴォーカルも8年の時を経ても相変わらずの破壊力で、いやはや。ももクロしか勝たん！を実感しますね。

サウンドカテゴリー度

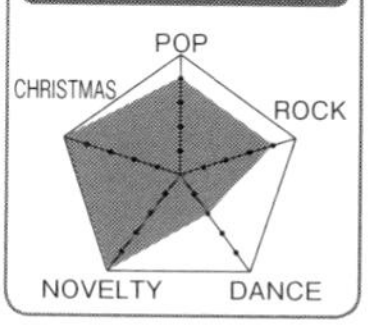

DATA

レーベル／イーブルラインレコード（キングレコード）
作詞・作曲／前山田健一
編曲／徳田光希
プログラミング／徳田光希
ギター／川渕龍成

★1／2020年の配信アルバム『ZZ's』の発売時に、全曲試聴トレーラー動画が公式YouTubeチャンネルにアップされたのだが、そこでの編曲者のコメント集より。

★2／1996年、三重県出身のギタリスト。水樹奈々、藤川千愛、相羽あいな、アニメ『戦姫絶唱シンフォギア』等のレコーディングに参加している。

2019・12・26 配信開始

配信限定シングル

▼高城れに

『everyday《エブリディ》 れにちゃん』

CMソングなれどロックスピリットを失わない鋼少女

いろいろと「エブリイのおかげ[★1]」だと思います、ほんとに。というわけで、本曲はメンバー初となる**ソロでのテレビCM出演**[★2]を果たしたれにちゃんの、30ページぶりのソロ曲となる（**なんそれ！**[★3]）。CM撮影にあたって、**れにちゃんは「最初お話を聞いたときは絶対ドッキリだと思いました」と語っており**[★4]、本当だとわかってからは、スキンケアとか頑張ったそうです。作家チームはeNuと馬渕直純のコンビを再々起用、CMソングらしい明るく軽快な楽曲を届けてくれた。

ピョワ～ンとシンセによるコードがフェイドインし、ドラムのフィルインが叩き込まれて曲はスタート。キーはEメジャー、BPMは122。「ラララララ ララ～」とれにちゃんのウキウキなコーラスから出て、「Anytime anywhere」のAメロはいったんキックとピアノの軽い伴奏のみになるが、ほどなくディストーションギターが入ってスタジアムロック仕様で快調に進む。このあたりのテイストが、ギタリストとしての馬渕の「ゾーン」なのだろう。

★1／CMタイトルは「エブリイのおかげでしょ編」。新しいエブリイは荷室床面長が1955㎜で軽キャブバン日本一、床面が65㎝と低く、使い勝手良し。かつデュアルカメラブレーキサポートや後退時ブレーキサポートも装備し、安全性もアップしている。なおCMオンエアは同年の夏からで、その際はタイトルこそ「everyday れにちゃん」だが、本曲とは別バージョン。れにちゃんは免許を取ったことを2019年のももクリで報告、翌日に配信リリースに至った。

★2／厳密にはソロではなく、会社の後輩役としての共演相手＝原沢侑高（はらさわ ゆたか）がいる。身長183㎝の長身なので、

サウンドカテゴリー度

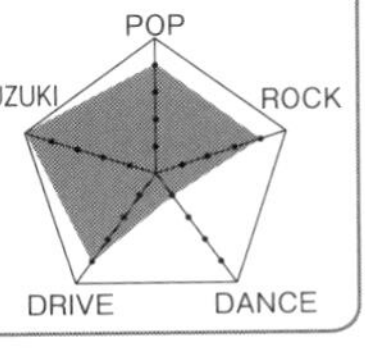

DATA

レーベル／イーブルライン

レコード（キングレコード）

作詞／eNu

作・編曲／馬渕直純

「不安は半分こして」からのBメロ後半、「一緒だから」で部分転調してGメジャーになるが、ジャジャジャーンとEメジャーに戻って「大好きに囲まれてる」のサビへ。ここからはドラムがモータウンビートで急き立て、テンポアップした感じになる。さらに「ラララララ ラララ～」に進んだところもドラムは同様にボカスカと叩き続けるため、同じメロディーなのに曲の頭と印象が変わるのですが、ぼんやりと聴いてたら気付かないかもです。そんな暴走に「止まれー！」とばかりにホイッスルが入って、2番がスタート。ドラムが注意を受けて律儀にブレイクし、ピアノと左右チャンネルで動くギターでサウンドを組み立てるあたりの凝ったアレンジは、ぜひヘッドホンで確認を。「どんなときも」に続く2分4秒からは馬渕のギターソロが心地よく駆けていくのだが、控えめなミックスとすることでガッチガチのロックにならないように配慮しているあたりの気配りも、れにちゃんワールド。「晴れの日も雨降る日も」からの落ちサビではピアノをポロロ～ンと優しく響かせ、雨上がりのように爽やかなれにちゃんの歌唱を引き立てる。ラストのサビは一音上のF#メジャーに転調し、テンションをさらに高めてラストまでを走り抜けるが、1回目のホイッスルはあえて無視し、2回目の警告でピタッと曲を終わらせるあたりのセンスも楽しいなったら楽しいな、と。

なおもクロとスズキの良好な関係はコロナ禍においても続き、スズキの公式YouTubeチャンネルでは4人がペーパークラフトや塗り絵に挑戦する中、れにちゃんは**ハスラーのブロック作りに挑戦**★5している。そのバックで流れているのは本曲のオフヴォーカル・バージョンですな。で、エブリイのブロックはまだできていないのでしょうか。ねえ？

れにちゃんとは25㎝差。彼の兄は、リオデジャネイロオリンピックで柔道銀メダルの原沢久喜（はらさわひさよし）。

★3／お笑いタレント、ZAZYの落ちフレーズ。ZAZYは2021年と2022年に「R-1グランプリ」で決勝に進出、惜しくも優勝を逃すも、「歌ネタ王決定戦2021」ではデジタル紙芝居のネタで優勝している。

★4／2019年7月26日、「ベストカーWeb」での取材&インタビュー記事で言及。

★5／2020年7月17日、「スズキで遊ぼう ももいろクローバーZの高城れにさんがブロックで作るハスラーに挑戦！」のタイトルでアップ。後半でれにちゃんがドライブで行きたい場所ベスト3が発表されたが、ほんと江ノ島が好きなんですねー。

2020・3・7 配信開始

配信限定シングル

▼高城れに

『Dancing《ダンシング》 れにちゃん』

エレクトロディスコ×抑えめの表現で、オトナの魅力全開

れにちゃんのソロ曲はポップ演歌に始まったもの、『しょこららいおん』（P370参照）以降は「彼女の声の魅力をどのように活かすか」との観点から、さまざまなジャンルを旅してきた。本曲は『**まるごとれにちゃん2020スプリングツアー2020**』[★1]のための楽曲で、ここで登場するのはももクロ的にはニューフェイスだが、ノーナ・リーヴスのシンガーとして、また数多くのアーティストへの楽曲提供で知られる才人＝**西寺郷太**《にしでらごうた》[★2]。アイドル楽曲としては既に**Negicco**[★3]に『**愛のタワー・オブ・ラヴ**』や『**ときめきのヘッドライナー**』[★4]を、私立恵比寿中学には『**スウィーテスト・多忙。**』や『**B.l.a.c.k_h.O.l.e**』[★5]等、コンテンポラリーなブラック感覚溢れる曲を提供していただけに、期待がかかる。**れにちゃんは「『○○れにちゃん』という響きが気に入ってたので、『れにちゃん3部作に』」と語っており、**[★6]打ち合わせの結果「男性の要素も」ということで、西寺がコーラスで参加することで、大人のムードを高めることに成功している。

★1／2020年はれにれにイヤーとしてテンションを高めていたれにちゃんだが、3月7日の大阪から予定されていた全国ツアーは全て中止に。3月9日には「REALIVE360 presents『高城れにの大感さ祭♡』」が行われ、本曲はここで披露された。なお『まるごとれにちゃん2020スプリングツアー2020』は6月に延期されるも、こちらも中止に。しくしく。

★2／1973年、京都府出身のミュージシャン、音楽プロデューサー。少年時代よりマイケル・ジャクソンやワム！、プリンスらに影響を受け、自宅レコーディングを開始。早稲田大学在学中に出会った奥田健介、小松シゲルらとバンド＝ノーナ・リーヴスを結成し、1997年にメジャーデビュー。ソロ歌手や作家としても活動。

サウンドカテゴリー度

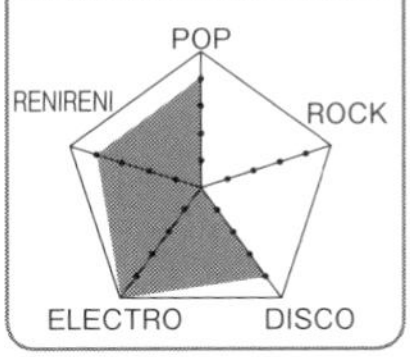

DATA

レーベル／イーブルライン

レコード（キングレコード）

作詞・作曲・編曲／西寺郷太

プログラミング&バックグラウンド・ヴォーカル／西寺郷太

ベース／林 幸治

(TRICERATOPS・Northern Boys)

キーボード／大樋ゆう大

(SANABAGUN.)

アディショナル・プログラミング／兼重哲哉

曲は「れーにちゃん」とのシャウトをチョップし、すぐさまBPM134で四つ打ちのエレクトロディスコなトラックを走らせてスタート。タイトル通りダンスチューンに特化しているだけに、アイドル楽曲にありがちな装飾音は極力排し、重量感のあるリズムと最低限のコードを鳴らしたミニマルながら奥行きのある音響空間がパァッと開ける。キーはDメジャーで、「絵具のような街」と抑えめに出るれにちゃんにあわせ、**林 幸治**★7のベースが淡々とビートを沈め、**大樋ゆう大**★8はスペイシーなキーボードを添える。Bメロの「Stop! しても止められん」で実際にブレイクするのだが、れにちゃんが好きな「止められん」との表現は**湘南乃風へのオマージュ**★9か。

「Baby Baby こっち来てもっと」からのサビもアゲアゲにせずシックなムードをキープしたまま進むのが抜群にお洒落だが、ここでれにちゃんの歌唱に寄り添うように西寺が渋くコーラスを決めて、オトナ感を演出。この「サビでの抑えたオトナ感」はれにちゃんの新境地で、西寺の狙いはこれを引き出すことにあったと思う。ヴォコーダーによる「Everynight」の80年代マナーのインサートも効果的。

「ギリギリの世界で」からはリズムを引っ込め、シンセのパッドのみをバックにして落ち着け、再びリズムインしての「わたしは Dancing れにちゃん」のラストでカマすキュッと上擦る歌唱も可愛く、長年のキャリアが伊達ではなかったことを物語る。エンディングパートでは「それぞれーっ!」と緩く煽って、「こーれこれこれダァーーーーっ!!」で軽やかにフィニッシュ。西寺のセンスとれにちゃんの歌唱がガチッと噛み合った、新たな名曲と言えよう。

★3/2003年に新潟でご当地アイドルとして結成。音楽プロデューサーのconnie のセンスにより、小西康晴や田島貴男、レキシ、堂島孝平等からの楽曲提供を受け、音楽業界内にもファン多数。現在は全員結婚しているが、配信や地元をベースに活動を継続。

★4/いずれも2013年にリリースされたシングル曲。前者は渋谷系ギャラクティック・ファンク、後者はディスコ歌謡。詳細は拙書『アイドルばかり聴け!』を参照されたし。

★5/前者は2018年、シングル『でかどんでん』に所収のアゲアゲなポップ・ファンク、後者はアルバム『MUSiC』初回限定版Bに収録のギャラクティック・ファンク。

★6/アルバム『れにちゃん WORLD』の初回限定版スペシャルブックレット内の各楽曲コメントで言及。

★7/1976年、東京都出身のベーシスト。和田唱、吉田佳史らとのスリーピース・ロックバンド TRICERATOPS のメンバーとして活躍。

★8/ジャズ・ヒップホップグループ、SANABAGUN. のキーボーディスト。木村カエラらのライブサポートも行う。

★9/メンバーの HAN-KUN のソロ曲『NO DOUBT!!』で「誰も止められん」とのフレーズが頻発しますのでな。

2020・5・13発売
サイプレス上野とロベルト吉野
結成20周年コラボEP
『サ上とロ吉と』収録

▼サイプレス上野とロベルト吉野

『More《モア》 &《アンド》 More《モア》 feat. ももいろクローバーZ』

クールなラップと美メロが交錯する、アニバーサリーチューン

レーベルメイトであるサイプレス上野とロベルト吉野の結成20周年コラボEPに、ももクロが律《りち》儀《ぎ》に参加した1曲。思えばサイプレス上野とももクロの出会いは、2016年2月の『ももクロChan』の「第3回 っぽいキング決定戦」まで遡る。「っぽいラップバトルを」ということでメンバー全員がチャレンジしたのだが、夏菜子ちゃんは上野と直接対決。夏菜子のGDGDはまあ予想通りだったが、一方で上野も夏菜子に見とれて「言わせてもらうぜ、ショートカットかわいいぜ」と全くディスれずに調子が出せず、審査員として一緒に参加していた**NONKEY**《ノンキー》★1から「泥仕合ですね」と酷評されたのだった。レーベルメイトとなってからは共演の機会も増え、2017年からの「ももいろ歌合戦」には皆勤賞で参加。2019年には**Creepy Nuts**《クリーピーナッツ》★2との「**ライバルラッパー対決**」★3も実現、大いに盛り上げてくれた。

ラジオトーンに加工したエレピのリフから、曲はスタート。キーはEマイナー、BPM118のミディアム・グルーヴが**Yogibo**《ヨギボー》★4レベルで快適だ。「頭っからMCZ in the Microphone でぶっかます」

サウンドカテゴリー度

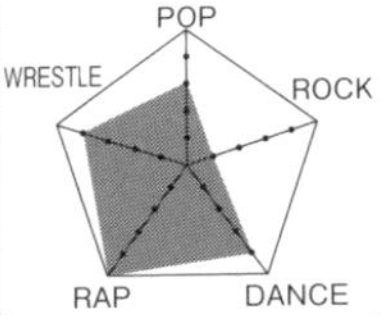

DATA

レーベル／イーブルライン
レコード（キングレコード）
作詞／サイプレス上野
作・編曲／ ALI-KICK

★1／神奈川県出身のラッパー。「横浜No.1パーティロッカー」を名乗り、HIPHOPとレゲエの上で自在にフロウする。2009年、MCバトル大会のUMBで鎮座DOPENESS（P260参照）に敗れて準優勝。

★2／ラップ担当のR・指定とDJ松永による2人組のヒップホップ・ユニット。両者とも背系レベルのテクニックを誇りつつ、時代にジャストフィットしたポップな楽曲と、ルックスとは逆に真面目なR・指定とブッ飛び気味のDJ松永のタレント性もあり、テレビでも引っ張りだこの人気に。オールナイトニッポンはほぼ毎週聴いてます。

★3／サイプレス上野とロベルト吉

と夏菜子がフロウするが、この頭のラップパートの内容に、上野がいかにももクロをリスペクトしているかが伺える。ももクロのラップパートはこの冒頭部だけで、以降は**ALI-KICK**《アリキック》★5のジャジーなトラックに乗って、上野が安定のフロウを聴かせてくれる。1分5秒からCマイナーに転調し、より熱量を高めてフロウ、再びEマイナーに戻って「何をしても満たされない」とももクロのユニゾンコーラスが登場。憂いを帯びたメロディーはひじょーに美しいもので、「いつの間にか消えた夢は」では2拍3連のラップっぽいテクニカルな歌唱を余裕でカマすあたりもクール極まりない。このカッコよさこそ、4人になって得たものなのだ。

3分18秒からは、「Milky《ミルキー》でクセもの」と『Chai Maxx』（P102参照）のフレーズがサンプリングで投下され、一瞬だけ『走れ！』（P76参照）も登場させてモノフたちに軽くファンサービス。ラストのサビのリピートはももクロのコーラスを基調に、リズムがさまざまな遊びを繰り広げて進み、トラックタイム4分40秒で終了。サイプレス上野とロベルト吉野のアニバーサリーに、見事な華を添えた4人だった。なお本EP、ももクロの参加曲以外もユニークなトラック満載なので、チェックされたし。

本曲のMVが彼らの公式YouTubeチャンネルにアップされているので、こちらもぜひご確認を。プロレスのリング上で、彼らが**難敵を薙《な》ぎ倒していく**★6アニメーションが展開されているのだが、ももクロもコーナーポストとなってしっかりと登場。後半はコーナーを離れてリング上で陽気に踊り、遂には大気圏を離れて一つ目の怪物を破壊する。でもって2人は、「ZZプロレス道場」で鍛えられていたのですな。

野は「タコライス玉井」を従えて勝負に臨んだ。

★4／アメリカ発のビーズクッション。「人間をダメにする」と言われるレベルの快適度を誇る。スポーツイベントへの協賛も多く、総合格闘技の「RIZIN」や女子プロサッカーリーグの「WEリーグ」などを協賛。

★5／ヒップポップユニット、Romancrew（ロマンクルー）のMC&トラックメイカー。ジャズ、ファンクの要素を取り入れたトラックが持ち味で、KREVA、SHINGO☆西成らにトラックを提供している。

★6／アンドレ・ザ・ジャイアントと思しきレスラーも登場します。

2020・7・3 発売
配信限定 ALBUM

TDF LIVE BEST

ももいろクローバー Z

1 **overture 〜ももいろクローバー Z 参上!! 〜**（「ももいろクローバー Z 10th Anniversary The Diamond Four -in 桃響導夢 -」DAY2「TDF の覚悟」／ 2018.5.23 公演）
2 **ROCK THE BOAT**（「MomocloMania2018 -Road to 2020-」DAY1 ／ 2018.8.4 公演）
3 **猛烈宇宙交響曲・第七楽章「無限の愛」**（「ももいろクリスマス 2018 DIAMOND PHILHARMONY -The Real Deal-」DAY1 ／ 2018.12.24 公演）
4 **背番号**（「MomocloMania2019 -ROAD TO 2020- 史上最大のプレ開会式」DAY2 ／ 2019.8.4 公演）
5 **灰とダイヤモンド**（「ももいろクリスマス 2018 DIAMOND PHILHARMONY -The Real Deal-」DAY1 ／ 2018.12.24 公演）
6 **吼えろ**（「ももいろクローバー Z 10th Anniversary The Diamond Four -in 桃響導夢 -」DAY2「TDF の覚悟」／ 2018.5.23 公演）
7 **Re:Story**（「MomocloMania2018 -Road to 2020-」DAY2 ／ 2018.8.5 公演）
8 **白い風**（「ももいろクリスマス 2018 DIAMOND PHILHARMONY -The Real Deal-」DAY1 ／ 2018.12.24 公演）
9 **ゴリラパンチ**（「ももいろクローバー Z 10th Anniversary The Diamond Four -in 桃響導夢 -」DAY2「TDF の覚悟」／ 2018.5.23 公演）
10 **GET Z, GO!!!!**（「MomocloMania2018 -Road to 2020-」DAY1 ／ 2018.8.4 公演）
11 **今宵、ライブの下で**（「ももいろクローバー Z 10th Anniversary The Diamond Four -in 桃響導夢 -」DAY2「TDF の覚悟」／ 2018.5.23 公演）
12 **Nightmare Before Catharsis**（「MomocloMania2019 -ROAD TO 2020- 史上最大のプレ開会式」DAY1 ／ 2019.8.3 公演）
13 **あの空へ向かって**（「ももいろクローバー Z 10th Anniversary The Diamond Four -in 桃響導夢 -」DAY2「TDF の覚悟」／ 2018.5.23 公演）

レーベル／イーブルラインレコード（キングレコード）

「今だから」の初のLIVEアルバムを、ファン投票で決定

結成12周年イヤーであった2020年はコロナ禍と重なってしまい、ライヴを行うことができなかった。しかし運営の「その時、できることをやる」とのポリシーは揺るぎなく、モノノフとともにLIVEベストアルバムを作ろう！ということで**人気投票を実施**★1。結果はリストの通りだが、この段階では音源がリリースされていなかった田中将大投手関連の楽曲が3曲入ったのはごもっともとして、各時代にバランスよく配されたものだと思う。実際のライヴ同様に『overture』

★1／5月22日〜31日の短期間ではあったが、毎日HPでランキングを覗くのが楽しみでしたね。なお対象となったライヴは「ももいろクローバーZ 10th Anniversary The Diamond Four -in 桃響導夢-」、「MomocloMania2018 -Road to 2020-」、「ももいろクリスマス2018 DIAMOND PHILHARMONY -The Real

から始まって『**あの空へ向かって**』で終わる流れにより、ショートバージョンながらライヴ気分が味わえるのはひじょーにありがたく、つい通しで聴いてしまうことになりますね。

その『**overture**』は、東京ドームのＤＡＹ２から。同曲だけは人気投票とは関係なく構成上ここに置かれたのだが、続く『**ROCK THE BOAT**』を選んだあたりは流石モノノフ。千葉マリンで地獄のような灼熱の中、椅子を使ったパフォーマンスが繰り広げられたのだが、ラストのしおりんの台詞のセクシー度は過去最強。感想戦でも「あれは凄かった」との声が飛び交ったのだった。続く『**猛烈宇宙交響曲・第七楽章「無限の愛」**』は２０１８年のＳＳＡももクリのＤＡＹ１から。この日は**佐藤大剛とTAKUYAのツインギター**★2だったが、ウリャオイがアツすぎてギターソロが完全にマスクされているというね。『**背番号**』は２０２０年のマニアＤＡＹ１、村石のドラムが急き立てるようなスネアロールで無双をカマすバージョン。『**灰とダイヤモンド**』は24人の豊かなストリングスがたっぷりと響き、あーりんに確実に巻かれます。東京ドームＤＡＹ２の『**吼えろ**』は移動ステージ上で歌ったバージョン、出だしの夏菜子ちゃんがエモさ全開で迫る！『**Re:Story**』は**バンドアレンジが改めて新鮮**★3、『**白い風**』で涙腺崩壊。『**ゴリラパンチ**』は頭のシンセの引っ張りをそのまま入れ、ドームの興奮が蘇る。『**GET Z, GO!!!!**』は佐藤と大渡のギターがアツく盛り上げ、『**今宵、ライブの下で**』で落ち着くかと思いきや、『**Nightmare Before Catharsis**』で再燃焼。『**あの空へ向かって**』のラストではみんなでジャンプ！改めて聴くと、レニー・ハート効果ってけっこうデカイですよね。

Deal-」、「5th ALBUM『MOMOIRO CLOVER Z』SHOW at 東京キネマ倶楽部」、「MomocloMania2019 -ROAD TO 2020- 史上最大のプレ開会式」の5本でしたが、キネマが1曲も入らなかったのは、まぁしゃーないですよね。

★2／DAY2はTAKUYAに変わって大渡 亮が参加していました。

★3／プログラミングを走らせながらのリキの入った生演奏を被せることで、本曲のポテンシャルを抽き出すDMBの演奏力はやっぱゴイゴイスー。

2020・7・8 発売
佐々木彩夏ソロ 1st ALBUM

A-rin Assort

佐々木彩夏

通常盤　KICS-3927

1. あーりんちゅあ
2. ハッピー♡スイート♡バースデー！
3. Girls Meeting
4. Early SUMMER!!!
5. My Cherry Pie（小粋なチェリーパイ）
6. My Hamburger Boy（浮気なハンバーガーボーイ）
7. Bunny Gone Bad
8. Memories, Stories
9. Grenade
10. だって あーりんなんだもーん☆
11. あーりんは反抗期！
12. スイート・エイティーン・ブギ
13. あーりんはあーりん♡
14. 仕事しろ
15. 空でも虹でも星でもない

レーベル／イーブルラインレコード（キングレコード）

オリコンアルバムチャート 6位

圧力抜群の楽曲と新たな世界観で、とことん酔わせるあーりんの初ソロアルバム

ももクロメンバーで初のソロアルバムを発表したのは有安杏果だったが、そこではももクロとは別世界の——卒業~現在のソロ活動に至る、「杏果の音楽」が繰り広げられていた。翻ってあーりんのソロ曲は全て「ももクロならでは」のものであり、今となってはこのアルバムこそが「ももクロメンバー初のソロ」と捉えたほうが、収まりが良いだろう。収録されたのはお馴染みの**既発ソロ曲11曲、これを『あーりんちゅあ』とアルバム用の新曲3曲でサンドイッチ**★1

★1／『あーりんちゅあ』は「TOKYO IDOL FESTIVAL」等

した形になるが、Teddy Loidの『Grenade』（P300参照）が入ってたのはまあまあ意外でしたね。そしてようやくあの『スイート・エイティーン・ブギ』（P570参照）が公式音源として日の目を見たことについては、実に感慨深いものがあーりん。

しっかしここで改めて確認できるのは「あーりんを形成したのは、ほかでもない前山田である」ということだ。あーりん自身、**レコーディングの際に前山田から「もっとあーりんで！」との指示を受けるそう**★2だから、なんともはや。

さて、そんな前山田のあーりん愛の結晶としての『**あーりんちゅあ**』から、アルバムはスタートする。プログラミングは全て前山田の手によるものだが、あえてのチープなサウンドに乗せて『だってあーりんなんだもん☆』（P114参照）や『あーりんは反抗期！』（P173参照）等の彼女の初期代表曲や、クレヨンしんちゃんの『パカッポでGO！』（P458参照）を彷彿とさせるメロディーがBPM159で快調に綴られる中、40秒から登場するのはももクロChanの人気コーナー「あーりんクッキング」でお馴染みの『**マンボNo.5**★3』のメロディーですな。これ、なんとなく「あーりんの曲」として記憶しているプニノフも多かったりするのではないかと。

曲を通じて「あーりん！」のシャウトが何度も投下されるが、おそらくは『だってあーりんなんだもん☆』の頭のサンプリングと思われる。この「最初の第一歩のあーりん」こそが、前山田にとって理想の「あーりん」なのだろう。そんな前山田の「最新版のあーりん愛」を詰め込んだ楽曲が、いよいよ登場する。

にあーりんがソロ出演する際に使用されていたので既発曲ではあるが、公式音源としてはこれが初となる。また『仕事しろ』も2019年に石川柊太投手の登場曲として使用されていたので既発曲だが、公式音源としてはこれが初となる。

★2／2022年5月5日&12日にBSJapanextで放送された「今井了介のおとめし」に佐々木彩夏と玉井詩織が出演した際に披露されたエピソード。ここであーりんはハッキリと前山田を「変態ですね」とディスりつつリスペクトしている。

★3／『マンボの王様』こと、キューバ出身のペレス・プラード（Perez Prado）楽団の1949年のヒット曲。

2020・7・8 発売
佐々木彩夏
ソロ 1st ALBUM 収録
『A-rin Assort』

▼佐々木彩夏

『ハッピー スイート バースデー！』

よりセクシーに、圧いっぱいにお祝いを迫る

前山田がいかにこの曲に賭けていたかは、久々に作詞・作曲・編曲・プログラミングの全てを自身で手がけていることからも明らかだろう。あーりんソロ曲にせよ、ももクロへの曲にせよ、巨匠となったための忙しさゆえ編曲からのフィニッシュについては他の作家に委ねがちだった彼が、今回は『あーりんはあーりん』（P394参照）以来だから本書では174ページぶりに、その全てを「あーりんのために」行っているのだから。バースデーソングを作る際の打ち合わせでも、**「俺らもおめでとうじゃね？ だってあーりんと同じ時代に生まれたわけじゃん」とどんどん決まっていった**[★1]そうです。アホですねー、前山田。

曲はハンドクラップに導かれ、完全に千葉県にある夢の国のテイストでスタート。お祝いのコーラスも豪華だが、相変わらず食べ物のことしか考えていないあーりんにとっては、お誕生日は何を食べてもゼロカロリーなのですな。そして久々の変身シーンでは『**アナと雪の女王**』[★2]のくだりを引用しつつ、大人っぽい雰囲気に……ということで令和のマリリン・モンローとなってセクシーに迫る。2分16秒の「マカロン フィナンシェ」からは板垣のジャジーなギターも冴え、圧たっぷりのコーラスでエンディングへと向かい、『**ハッピー・バースデー・トゥ・ユー**』[★3]をみんなで歌って終了。天才ですねー、前山田！

サウンドカテゴリー度

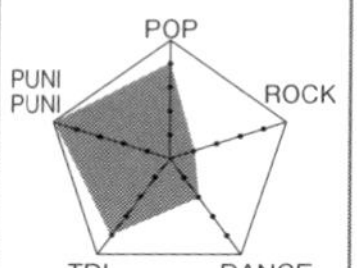

DATA

レーベル／イーブルラインレコード（キングレコード）
作詞・作曲・編曲／前山田健一
プログラミング／前山田健一
ギター／板垣祐介
コーラス／和田清香、水野貴似、小此木まり、Yoshi (from THE SOULMATICS)、染谷洸太

★1／2022年5月5日&12日にBSJapanextで放送された「今井了介のおとめし」に佐々木彩夏と玉井詩織が出演した際に披露されたエピソード。

★2／2013年のディズニー長編アニメーション映画ですが、もう10年近く前になるのですなー。「おかしなこと言ってもいい?」はハンス王子の求愛シーンでの台詞。ももクロ界隈ではひところ大流行りしてました。

★3／1893年にアメリカのヒル姉妹が作詞・作曲した『グッド・モーニング・トゥ・オール（Good Morning to All）』が、1920年頃に替え歌となったものらしいですが、知ってました?

2020・7・8発売
佐々木彩夏
ソロ 1st ALBUM 収録
『A-rin Assort』

▼佐々木彩夏

『Girls《ガールズ》 Meeting《ミーティング》』
「ゴニョゴニョ」がクセになる、ガーリッシュなパーティーチューン

ハッピーなバースデーソングに続いて、あーりんがここでまた新たな扉を開く。ちょっぴりK-POPのテイストを伴った本曲は、初登場の**山本加津彦**《やまもとかつひこ》★1によるもの。西野カナやAKB48、東方神起ら幅広いアーティストに楽曲を提供している山本があーりんに届けたのは、タイトル通りのガーリッシュ感覚のパーティーチューンだった。ここでは大人になったあーりんのクネりが、存分に楽しめる。

キラキラしたチャイムから、シンセがCマイナーのフレーズを奏でると、あーりんが「Hey《ヘイ》 Girls《ガールズ》, Comon《カモン》 !」とパーティーへと誘う。BPMは160で、キャッチーなイントロが早くもパーティー気分。Aメロの「今夜は女の子のPARTY」ではクロマティックで下がっていく歌唱が実にコケティッシュ。「スクラム組んで」ではメジャーのE音が入り、一瞬Cメジャーっぽくなるのが K なセンスね。**鈴木**《すずき》 **渉**《わたる》★2のベースも太い音で程よいファンク度、1分あたりであーりんより先に高音でクネって、「○○《ゴニョゴニョ》するのYO」に落とすところがフシギな快感。また随所に**奈良ひより**★3の包み込むようなコーラスを重ねているため、パーティー感もUP。**平田**《ひらた》 **崇**《たかし》★4のワウギターも効果的に投入されており、聴き終わったら「ゴニョゴニョ」にすっかりヤられていることに気づくだろう。こんなあーりんも、大好物♡。

★1／1979年、大阪府出身の作詞家、作曲家、編曲家。独学で音楽を始め、2007年にソニー・ミュージックパブリッシングと契約して、本格的に楽曲提供を開始。2017年、西野カナの『手をつなぐ理由』で、日本有線大賞優秀賞を受賞。本曲を契機に、あーりんのソロや浪江女子発組合への楽曲提供を行うようになる。
★2／1980年、東京都出身のベーシスト。2008年より米倉利紀、KREVA、大黒摩季らのサポートやレコーディングに参加。
★3／秋田県出身のシンガー。2013年に雑誌「ゼクシィ」の公式シンガーに抜擢され、『ぱぱぱぱ～んの歌』はCMで話題に。UruやJY（元KARA）らのコーラスにも参加。
★4／ヴォーカルのナヲとのユニット＝Tahnyaではアコースティックギターを担当。レコーディングセッションではマンドリンやバンジョー弾き、あらゆるジャンルに対応。

サウンドカテゴリー度

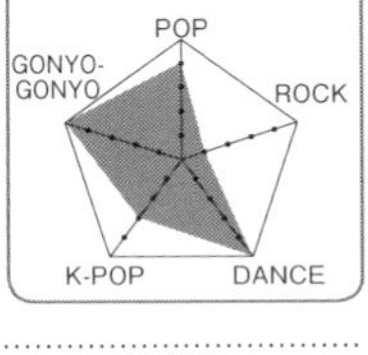

DATA

レーベル／イーブルライン
レコード（キングレコード）
作詞・作曲・編曲／山本加津彦
ギター／平田 崇
ベース／鈴木 渉
コーラス／奈良ひより

2020・7・8発売
佐々木彩夏
ソロ 1st ALBUM 収録
『A-rin Assort』

▼佐々木彩夏

『スイート・エイティーン・ブギ』

18歳のあーりんを描いた大名曲が、遂に公式リリース

なんでも書いてみるもんですなー。本書では『武陵桃源なかよし物語』（P318参照）以来の登場となるサウンド職人＝橋本由香利によるものだが、タイトルが示すように、あーりんが18歳の頃のソロ第3弾。初披露されたのは2015年1月6日に開催された「俺のザ・ベストテン」でのことだから、けっこう昔の話。これまでは『AARIN ULTRA REMIX 2017 by DJ KOO』（P427参照）でちょっとだけ露出していたのだが、**フルでリリースされることを願っていたところ**[★1]、ここにようやく陽の目をみることになった。運営さんYO、ありがとう。となると残るは、あーりんとれにちゃんのデュオ＝**山形の『私のアメリカンチェリー』**[★2]となるわけで、こちらも面倒見たってくださいね、いずれ。

全てを橋本が手がけたエレクトロなトラックは、隅々まで美意識が行き届いたビューティフルなもの。キーはDマイナー、BPMは97で、この時点でのあーりんの迷える乙女心が綴られていく。1分2秒で怒涛のシンセが飛び出し、「変わり始めている」からBPMは152にアップし疾走開始。さらに「いつかは好きって」で半音上のEbマイナーに転調し、『あーりんは反抗期』にも通じるマイナーのメロディーで大人の階段を上昇するあーりんはこの時、確かに18歳。この年齢ソング、なんも気にせず永遠に18歳で歌い続けるのでしょうねー。

サウンドカテゴリー度

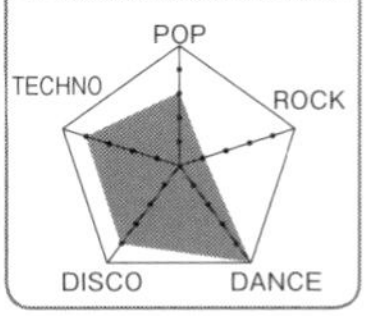

DATA

レーベル／イーブルラインレコード（キングレコード）
作詞・作曲・編曲／橋本由香利
オール・インストゥルメンツ／橋本由香利

★1／2018年発行の『ももクロを聴け！ ももいろクローバーZ 10周年 全193曲コンプリート解説 新装増補改訂版2008〜2018』のP377で言及。

★2／「歌うテーマパーク」こと CHI-MEYによる、徹底的にWinkリスペクトなテクノディスコ歌謡。これちゃんと出てないの、ほんとーにもったいないです。なお『だてあり』で「俺のザ・ベストテン」を制したあーりんは、2015年1月11日にアメブロで「☆ありがとう。あーりんです☆」として、『私のアメリカンチェリー』と『スイート・エイティーン・ブギ』について触れている。

2020・7・8発売
佐々木彩夏
ソロ 1st ALBUM 収録
『A-rin Assort』

▼佐々木彩夏

『仕事しろ』

あーりん推しの石川選手に捧げた、「仕事のプロ」へのアンセム

かつて**前田日明《まえだあきら》**は、「**アントニオ猪木なら何をやっても許されるのか！**」と**激昂《げきこう》**★1したことがあった。これをあーりんに置き換えると「佐々木彩夏なら何をやっても許されるのか！」ということになるのだが、プニノフのみならず全モノノフを代表して、「はい、許せます」とここで声を大にしておきたい、立場上。本曲はあーりん推しで知られる福岡ソフトバンクホークスの**石川柊太《いしかわしゅうた》選手**★2の2019年のシーズン用入場曲として提供されたものだが、なんせタイトルが軽く狂ってますな。あのですね、スポーツ選手の入場曲だからもうちょっとなんとかなんなかったんですかね、前山田はん。とか言いながら石川投手は**機嫌よくこれを使ってた**★3わけだから、問題ナッシングなのでしょうが。なお編曲とプログラミングの徳田は『私を選んで！花輪くん』（P549参照）でもギターの川渕龍成《かわぶちりゅうせい》を起用していたので、前山田×板垣チーム同様の信頼関係があるのだろーりんりん。

「仕事しろーー!!」とあーりんが叫んで曲がスタート、「野球選手は野球しろ」に始まり、営業さん、政治家さん、**からあげ屋さん**★4とさまざまな職種に「仕事しろ」と迫るが、「佐々木彩夏は あーりんしろ」は前山田からあーりんへのメッセージ、それに応えて「言われなくても あーりんなの」と一人芝居。おもろ可愛いので、やっぱ何をやっても許しちゃいますね。

サウンドカテゴリー度

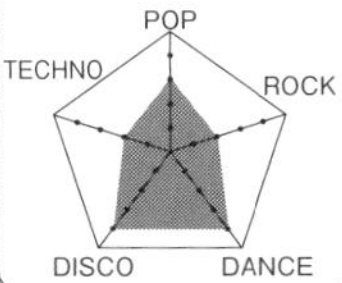

DATA

レーベル／イーブルライン
レコード（キングレコード）
作詞・作曲／前山田健一
編曲／徳田光希
プログラミング／徳田光希
ギター／川渕龍成

★1／1986年2月6日。猪木vs藤原の試合で、猪木が「関節の鬼」と言われた藤原の技を「効いていない」と意に介さず、かつ金的蹴りや反則気味のパンチを繰り出して、明らかなチョークスリーパーで勝利。セコンドにいた前田は怒り心頭で猪木の喉元にハイキックを一閃！ 控室に戻って放った台詞がこれだった。

★2／1991年、東京都出身のプロ野球選手、ピッチャー。右投げ右打ち。2013年に育成選手ドラフト1位で、翌年より福岡ソフトバンクホークス所属。最速156キロのストレートやパワーカーブで、主力投手の座をキープ。2020年に最多勝利と最高勝率でタイトル獲得。

★5／2019～2020の2年間は『仕事しろ』で登場。2021年は『SPECIALIZER』に変わるも、2022年に再び『仕事しろ』を復活させている。気に入ってるんですね。

★4／あーりんのからあげ好きは有名。筆者も好物ですが、昔に比べてからあげ専門店って増えましたよねー。動詞化した「からあげろ」は名フレーズかと。

2020・7・8発売
佐々木彩夏
ソロ 1st ALBUM 収録
『A-rin Assort』

▼佐々木彩夏

『空でも虹でも星でもない』

大天使あーりんが届ける、極上のワルツ

あーりん初のソロアルバムのラストを飾るのは、この極上のワルツだ。ももクロのワルツ曲と言えば『月と銀紙飛行船』（P228参照）だが、あちらはプログレ風味満載の重厚なサウンド、対してこちらはフォークロック調の軽快なワルツとすることで、濃厚だったあーりんの世界を軽やかに締めくくる。作詞及び作曲は『Girls Meeting』（P569参照）を手がけた山本加津彦だが、編曲と演奏は『桃色空』（P360参照）に参加していたギタリストの**山口隆志《やまぐちたかし》**★1に一任。奈良ひよりのコーラスを再登場させることで、アルバムに統一感をもたらしている。

星が瞬くようなアコースティックピアノとチャイムに、エレクトロなシンセを侍らせて曲はスタート。キーはCメジャーで、「ある日」と優しく歌い始めるあーりんは、いつもの圧ではなく、**昔なりたかったという保育士さん**★2の体《てい》。37秒からのBメロでオルガンも加わって風景を広げ、サビではドラムが三拍子をきっちりと出してパーカッションでカラーリング。「一人じゃなかった」との天使のようなあーりんの歌に包まれると、聴き手は瞬時にして無垢な幼児になることだろう。2番ではオルガンがコードを刻んで変化をつけ、Bメロからは奈良のコーラスが寄り添うが、あーりんと彼女の声の相性は抜群。2分16秒で「イヤイヤ！」の萌え技も投下、たった4分でシアワセになれることを保証いたします。

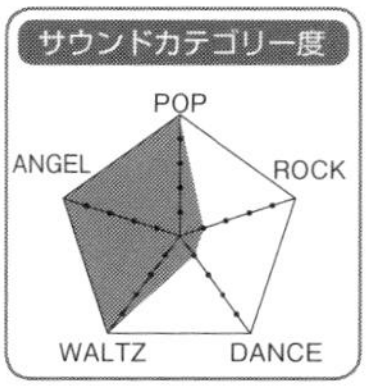

DATA

レーベル／イーブルライン
レコード（キングレコード）
作詞・作曲／山本加津彦
編曲／山口隆志
ギター&ピアノ&オールインストゥルメンツ／山口隆志
コーラス／奈良ひより

★1／福岡県出身のギタリスト、作・編曲家。西野カナ、高橋みなみ、嵐、MISIA、家入レオら数多くのアーティストのライヴやレコーディングにギタリストとして参加。2015年に西野カナに提供した『もしも運命の人がいるのなら』は、第88回選抜高等学校野球大会の入場行進曲に選ばれている。

★2／もはや大昔、2013年4月10日のブログで言及。アルバム『5th DIMENSION』発売日の前日夜中ですな。

column
12

アイドルを襲ったコロナ禍を、ももクロはどう乗り切ったのか

２０１９年末から広がりを見せた新型コロナウイルス感染症は世界的なパンデミックをもたらしたが、エンターテインメント業界も大打撃を受けた。わけてもアイドルの世界は、ライヴや特典会を行うことが活動の中心になっているため、基本的には「お手上げ」の状態に。ももクロの場合はファンとのダイレクトな接触こそないが、恒例となっていた大型ライヴは全て中止になり、ライヴ動画の配信に辛うじての活路を見出すしかなかった。

ここで「ならば、配信でしかできないことを」と発想するのがモノクロの運営陣だ。２０２０年３月９日の「REALIVE360 presents『高城れにの大感さ祭♡』」で手応えを得ると、８月２日には『ももクロ夏のバカ騒ぎ２０２０ 配信先からこんにちは』、11月29日には視聴者参加型配信ライヴ『ＰＬＡＹ』、無観客配信での『第４回ももいろ歌合戦』、２０２１年９月19日には『The LIVE ～諦めない夏～ in ABEMA』と、大型ライヴを配信に置き換えて実施。メンバーも個々にYouTubeで動画を配信、さらには早見あかりとともに発酵スキンケア「SOPHISTANCE《ソフィスタンス》」のアンバサダーに就任してトーク生配信を行うなどで、常にアクティヴな状態をキープしていた。並行してさまざまな寄付活動も行うなど、「笑顔を届ける」ことに邁進するその姿に、トップアイドルとしての矜持を強く感じる日々だった。

2019・8・2配信開始
配信限定シングル

▼ももいろクローバーZ

『PLAY《プレイ》!』

「次なる世界」へとモノノフを誘う、4人のミューズ

2020年11月29日にAbema『ABEMA PPV ONLINE LIVE』にて独占生配信された、**視聴者参加型**★1オンラインライヴのテーマソング。ここまでに行われたいくつかの配信ライヴも十分に凝ったものだったが、本作は**さまざまな映像技術を導入することで観る者の度肝《どぎも》を抜き**★2、まさしく「次なる世界」を見せてくれたことは記憶に新しい。ここぞ、というメッセージが必要な場合に必ず起用される只野菜摘が詞を書き、ニューフェイスの**KOHD**《コウダイ》★3が作・編曲とプログラミングを手がけることで、音楽面でもこれまでのももクロとはまた異なる「次なる世界」を聴かせてくれるのだが――特に歌詞については綿密な打ち合わせの成果なのだろう、ライヴの世界観を強く想起させるものになっている。

「進行形の線をひいた」とまずは夏菜子ちゃんが静かなピアノをバックに歌い、しおりん、あーりん、れにちゃんが順にリレー。するとBPM220でクラップが4つ打ち込まれ、曲調は一変。キーはC#マイナーとなり、「どんなことも楽しく遊べ」との最初のメッセージがまず胸を打つ。

★1／リアルタイムでリクエスト投票に参加して曲を決めたり、マルチアングルで推しメンをメインに観たり、「みんなで叫びまくれサイト」から応援コールやスマホ画面タップがメンバーに伝わるなど、双方向型の試みが採り入れられた。

★2／総合演出は東京キネマ倶楽部でのライヴショーを手がけた多田卓也。本曲のMVに顕著なように、バーチャルリアリティを超えたクロスリアリティの技術が用いられ、アナログなスタジオセットとCGの融合もユニークだった。

★3／滋賀県出身の作・編曲家、トラックメイカー、ギタリスト、DJ。関西を中心に活動するエレクトロユニット「XYLÖZ（シロ）」の

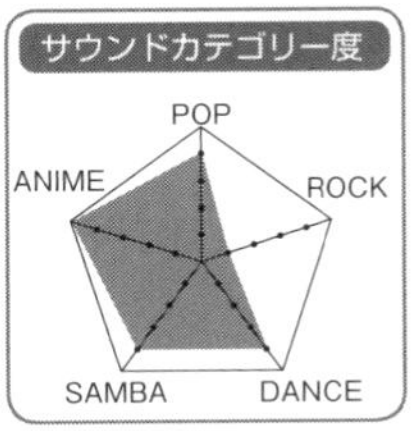

DATA

レーベル／イーブルライン
レコード（キングレコード）
作詞／只野菜摘
作・編曲：KOHD
プログラミング&オール・インストゥルメント／ KOHD
(agehasprings)

「Pray《プレイ》, play《プレイ》, place《プレイス》」と韻を踏むところも只野一流、からの「ねえ ちゃんと見てる?」で平行調のEメジャーに転調。配信で観ているこちら側に、確認するように歌われる（このあたりで、もう筆者はかなりキてます）。KOHDのトラックも軽めのモータウンビートが心地よく、「次なる世界」が風通しの良いものであることを感じさせてくれる。この意識的な軽さとブラックミュージックの融合は、確実に『The Diamond Four』（P494参照）の延長にあるものだが、ここで安定のinbisible mannersではなく新しい作家を起用したことにも、偶然じゃない素敵な意味があるのだろう。多くの若手作家に通じるのだが、Aメロ／Bメロ／サビといったパターンで楽曲を構成するのではなく、各シーンをパーツとして組み立てていることが、この曲からもよく分かる。なので後に、**nanoblock《ナノブロック》とのコラボブロック**★4が発売されたのですな（はぁ?）。

2分17秒からは新しいピアノのバッキングに、順にコーラスが乗っかっていき、「解放するよ ゲートはひとつ」のコーラスへとつなげる。2分48秒から冒頭と同様に「どんなことも楽しく遊べ」と歌われるが、フィンガースナップから大人数のクラップになっているのは仲間がグンと増えたから。エンディングは4人のコーラスとシンセホーンのファンキーなフレーズが絡み、3分36秒でピアノがポロ～ンとEのコードを鳴らしてフィニッシュ。

配信ライヴでは本曲の次に『The Diamond Four』へと進んだが、アルバム『祝典』では実質的なオープニングチューンとなり、さらに後ろに『ダンシングタンク』（P620参照）が来ることで、曲の印象や歌詞の意味合いが少し変わってくるから面白いですなー。この曲、なかなかのスルメです。

メンバーでもある。2020年4月よりagehaspringsの所属で活動。miletや二宮和也のアレンジを手がけている。

★4／2021年4月より予約販売限定で、メンバー4体とPLAY!のロゴが1セットとなったコラボブロックが販売された（筆者はなんかもったいなくって、まだ作ってません）。

2021・1・13発売
21th single
『月色 Chainon』

▼ももいろクローバーZ

『月色《つきいろ》 Chainon《シェノン》（ももいろクローバーZ ver.）』

3度《たび》のセーラームーン楽曲は、ストリングスが舞う天上の音楽

ももクロのセーラームーン楽曲にハズレなし、というのが俺の揺るぎなき持論だ。考えてみてほしい。『MOON PRIDE』（P268参照）、『ニュームーンに恋して』（P366参照）ときて、本曲だ。いずれも名曲であることは明らかだが、この3曲を順に聴くだけで、ももクロの音楽とセーラームーンの世界がほぼパラレルであることが理解できるだろう。そして重要なのは、白薔薇《しろばら》 sumire《すみれ》と小坂明子という「正統派セーラームーン作家チーム」が、『月虹』（P270参照）以来のももクロのための楽曲、それも**メインテーマ**★1を書き下ろしたということ。アレンジこそレーベルメイトの月蝕會議によるものだが、小坂の美メロを4人のミューズが歌うこと、即ち天上の音楽となることは間違いないのだから。さらに、ももクロの曲から学ぶこともひじょーに多い。「chainon《シェノン》」ってフランス語、皆さんは知ってました？ 筆者はこの曲名で「ん?・」と思って調べたのだが「鎖《くさり》」とか「環《たまき》」という意味なのですな。ここに「月色」というセーラームーン用語を加えて、「幸せの連鎖」とするのが白薔薇 sumire の発想。ついでに「viridian《ビリジアン》」は青

★1／本曲は、なんと25年ぶりの新作映画となる『劇場版 美少女戦士セーラームーンEternal』のテーマソング。前・後編に分かれており、前編は2020年1月8日に、後編は2月11日に公開されている。

サウンドカテゴリー度

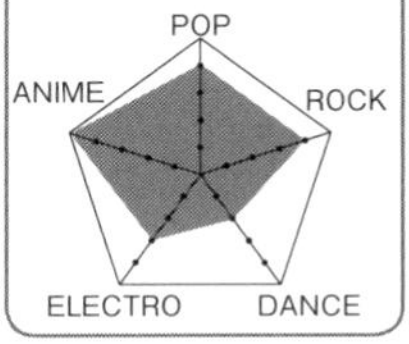

DATA

レーベル／イーブルライン
レコード（キングレコード）
作詞／白薔薇 sumire
作曲／小坂明子
編曲／月蝕會議
1st バイオリン／ MIZ
2nd バイオリン／三國茉莉
ビオラ／森朱理
チェロ／佐野まゆみ
オール・アザー・インストゥルメンツ／
月蝕會議

緑色、「lumiere《ルミエール》」は「光」ですね。以上、**フランス語プチ講座**★2でした。

曲はコズミックなシンセのリフと**ストリングスカルテット**★3に導かれてスタート。ドラムのフィルインとともにDマイナーでAメロが出るが、トラックのサウンドバランスは中低域にマッシヴに集まっており、かつ極めてシンプル。ここに夏菜子、しおりんと順にソロ歌唱、れにちゃんでハモが加わるとギターなどの楽器がしれっと乗っかってドラムも手数を増す。ここまで、徐々に楽曲全体がアクティベートしていく流れが実にスムーズだ。続くBメロはリズムを落としてピアノのセンティメントがムードを支配し、サビに向けての助走感を演出し、ドラムのフィルインで1音上のEマイナーに転調。小坂明子ならではのドラマティックかつ耳に残るメロディーのサビは『サラバ、愛しき悲しみたちよ』（P196参照）に通じるもので、熱量を高めたコーラスの周りを彩るようにストリングスも華麗に宙を舞う。

中盤のギターソロが、またアツい。月蝕会議のギターはエンドウ・なわけで、アーミングやピッキング・ハーモニクスを交えつつ、灼熱のロングソロを繰り広げる。からの落ちサビは夏菜子から出て順に4人が乗っかっていき、「イェイイェイ」の4連発を畳みかけるあたりの圧倒的な強度はももクロならではのものであり、ひたすらひれ伏すしかない。

ちなみに本曲が映画で使用されたのは『**ももいろクローバーZ with セーラー5戦士**★4』だが、多くのパートがユニゾンやハモで構成されているため、ももクロならではの「エモさ」がかなり後退しているあたりについても、必ず確認すべし。そして本盤、過去のセーラームーン楽曲の全てをZZver.として収録する大盤振る舞い、こりゃもうミニアルバムですな。

★2／本文に示した3つがフランス語で、あとの横文字は英語ですね。3カ国語が混在するのがsumireワールド。

★3／弦楽4重奏の基本編成のみで、音を重ねることをしていない分、ストリングスのカウンターラインがハッキリと聴き取れる。ヘッドホンでじっくりとご確認をば。

★4／「セーラー5戦士」はセーラームーンのCV＝三石琴乃、セーラーマーキュリーのCV＝金元寿子、セーラーマーズのCV＝佐藤利奈、セーラージュピターのCV＝小清水亜美、セーラーヴィーナスのCV＝伊藤 静から成る。

2021・1・27 発売
広瀬香美 ALBUM
『歌ってみた 歌われてみた』
収録

▼広瀬香美

『ロマンスの神様（with 百田夏菜子）』

声量おばけをバックに、渾身のハイトーンで荒ぶる夏菜子

ここで『泣いちゃいそう冬』（P250参照）以来の登場となるのは、「冬の女王」及び「声量おばけ」こと広瀬香美。フォーク村へも出演している広瀬は、ももクロの表現力を高く評価。2020年に無観客で開催された「**ももいろ歌合戦**」**で本曲をデュエット**[★1]したことが、ここでの参加に繋がっている。**夏菜子ちゃんは「真っ直ぐってこんなにもキラキラしてるんだって全力で感じさせる1曲」と語っており**[★2]、広瀬自身の弾くゴツゴツしたピアノをバックに、まさに全力でハイトーンを叩き込んでいく。

ピアノのグリスダウンに続いてオリジナルキーのAbメジャーで「Waiting《ウェイティング》 For《フォー》 You《ユー》」と夏菜子が出るが、このフレーズは通常はコーラスでサラリと流れるところなので、「おっ」と思いませんでしたか。ヴァースは全て夏菜子が通しで歌い切るが、どーですかお客さん、このチャーム！ 聴き慣れたメロディーを完全に自分の世界に引き寄せているので、別の曲のように聴こえますね。てかこれ、百田夏菜子ちゃんのソロに広瀬がコーラスで入ってるという設えですよ完全に。サビのハイトーンも素晴らしいが、大サビのラスト「oh year!」では**1人で最高音のFをキメ**[★3]、エンディングのコーラスはかけ離れた声と歌唱スタイルの2人が美しく重なる。ラストの大ハシャギも楽しいので、無限に聴けますねコレは。

★1／この時のデュエットはオケをバックにしていましたね。2人が赤いドレスで登場した瞬間のゴージャス具合、そして広瀬と張り合う夏菜子ちゃんにメチャクチャに感動しましたなー。確かこの曲の後で、筆者は年越し蕎麦を食べました。

★2／本アルバム発売日の、百田夏菜子の公式インスタグラムでのコメント。

★3／ももいろ歌合戦のときは、ここは2人で一緒にキメたのでした。広瀬の声量たるや！

サウンドカテゴリー度

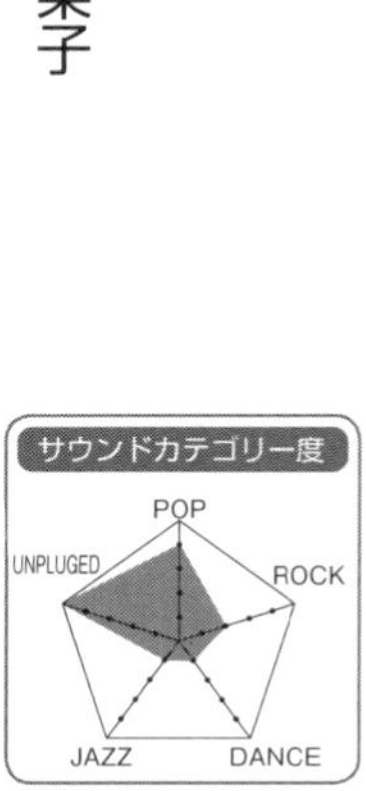

DATA

レーベル／
ビクターエンタテインメント
作詞・作曲／広瀬香美
ピアノ／広瀬香美

盟友＝マー君の登場曲を一挙に大放出！

なんでも書いてみるものですなー。と再び書くが、ここでまさかのマー君登場曲をコンピレーション・アルバムの形で一挙リリースとあいなった。ページの関係でたった5行しかないのでいろいろと書けませんが、こうして公式音源が、大量の初リリースはもちろん、**ライヴ音源もない**★1**曲まで**入ってんだからもー。本書では既発曲のZZ ver.についてはリ・ヴォーカルの解説は省きますので、公式音源初収録となった『overture』から行きますね。

★1／2020年のマー君の登場曲であった『On Your Mark』は、同年の「ももいろ歌合戦」でファンキー加藤とともに披露されたが、「ももいろ歌合戦」は基本的には円盤化されないため、本盤のリリースまで音源は存在しなかった。

2021・2・24 発売
コンピレーション ALBUM

田中将大

ももいろクローバー Z

通常盤　KICS-3983

1 overture ～ももいろクローバー Z 参上!!～
2 走れ! -ZZ ver.-
3 DNA 狂詩曲 -ZZ ver.-
4 My Dear Fellow -ZZ ver.-
5 勝手に君に -ZZ ver.-
6 GET Z, GO!!!! -ZZ ver.-
7 何時だって挑戦者 -ZZ ver.-
8 吼えろ
9 背番号
10 On Your Mark／ももいろクローバー Z with ファンキー加藤
BONUS TRUCK
On Your Mark -MCZ only

レーベル／イーブルラインレコード（キングレコード）

オリコンアルバムチャート 7位

2021・2・24発売
コンピレーション ALBUM
『田中将大』収録

▼ももいろクローバーZ

『overture《オーバーチュア》～ももいろクローバーZ参上!!～』

定番の出囃子《でばやし》曲で、前山田の熱きシャウトを再確認

いったいこの曲を何度聴き、何度コーフンしたことか。ここに公式音源として初リリースされたのは、ももクロのライヴには欠かせない出囃子であり、かつ田中投手の2013年シーズン前半の登場曲。てことはですね、マー君の手元にはちゃ～んとこの公式音源が渡っていたのですな。記録によると『overture』の初披露は『ももクロ春の一大事2012～ももクロ☆オールスターズ～』でのこと。ゆえに2012年の春には制作されていたのかと。ちなみにマー君がももクロの曲を登場曲にしたのは、2012年シーズンの『走れ！』（P76参照）が最初だから、けっこうな古参ノフなのですなー。で、この時点なので使ってたのは『走れ！ -Z ver.-』（P290参照）だったのか？ ご存知の方、ご教示願います。

改めて聴くとこのオーバーチュア、ほんとーによくできてますね。ヴォコーダーによる導入から、自作の『行くぜっ！ 怪盗少女』（P84参照）の大サビを**野太いシンセ**★1で響かせ、ピロピロとアルペジオで飾るとたちまちそこはライヴの場。もはや勝手にコールが聴こえてくる感じですが、ここは現場ではウリャオイのためマスキングされがちな前山田の熱きシャウトを、しっかりと聴きましょう。ラストの「ゼェーーーット」のみ、スペシャルゲストヴォーカル扱いで**アニキ**★2が登場。アルバムはリ・ヴォーカルの4曲へと続きまぁ～す。

サウンドカテゴリー度

DATA

レーベル／イーブルラインレコード（キングレコード）
作・編曲／前山田健一
オールインストゥルメンツ&プログラミング／前山田健一
スペシャルゲストヴォーカル／水木一郎

★1／改めて聴くと、『ロードショー』（P492参照）の頭と同じノコギリ波系の音色ですね。ノコギリ波には全ての整数次倍音が含まれるため、最も高く鋭い音になります。現場でアガるこの音色は、2 Unlimited 発→小室哲哉経由→前山田着と、脈々と受け継がれているわけですなー。

★2／水木一郎のこのシャウトは、2011年4月のあかりん卒業ライヴ『4・10中野サンプラザ大会 ももクロ春の一大事～眩しさの中に君がいた～』の閉演後、Zへの改名の告知Vで使われていたので、それを利用したものかと。違う？

2021・2・24発売
コンピレーション ALBUM
『田中将大』収録

▼ももいろクローバーZ

『GET《ゲット》 Z《ゼット》, GO《ゴー》!!!! -ZZ ver.-』

豪快なハードロックでメジャー3シーズン目を駆け抜ける

はじめに、タイトルは慣用句の「get《ゲット》 set《セット》, go《ゴー》!」★1をももクロ流にアレンジしたものであることを確認した上で。本曲は田中選手が2016年に使用した登場曲で、公式音源としてはこれが初披露となる。実際には杏果がグループに在籍していた頃の-Z ver.-が使われていたのだが、そこはまあ大人の事情ということで。作詞はももクロとマー君本人、そこに『勝手に君に』（P320参照）のNAGAEが加わっているが、ここでmichitomoがマー君の曲を手がけることになる――つまり初めて登場曲に使った『走れ!』の作家が、マー君向けの新曲を書き下ろしたということ。ゆえに楽曲のテイストは、明らかに『走れ!』の延長上にある。ギターにはmichitomoがお気に入りのテクニシャン＝**SEKU**★2に思う存分に暴れさせている。

シンセによるキラキラしたイントロに続いて「できるできないを」と夏菜子が出ると、すぐさまヘヴィーなギターが爆撃開始。キーは珍しいC#メジャー、BPM145で『走れ!』より少し速めにして勢いを増す。「瞳を閉じ」からのサビでは短三度上のEメジャーに転調、アツくアツくユニゾンの束で突き進む。3分9秒からはガガガガンと大サビに入り、「瞳を閉じ」からの落ちサビのキーはFメジャーとなり、そのままラストまで突っ切る。**2016年度のヤンキーズでの好調ぶり**★3は、この曲のおかげかもですね。

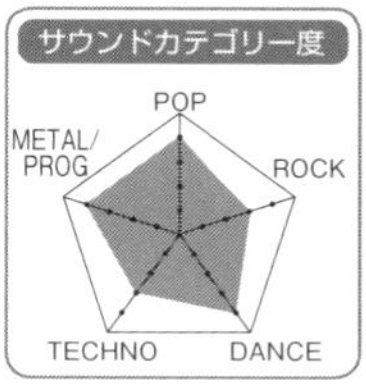

DATA
レーベル／イーブルラインレコード（キングレコード）
作詞／ももいろクローバーZ、田中将大、NAGAE
作・編曲／michitomo
オールプログラミング／michitomo
ギター／SEKU

★1／「位置について。よーい、ドン!」の前半が「on your mark」、後半が「get set, go!」ですね。

★2／多弦ギターでフルピッキングによる早弾きを極める、セッションギタリスト。アニメやアイドル楽曲への参加多数。

★3／メジャー3シーズン目にして、規定投球回に到達。チームトップの14勝を挙げた。

2021・2・24 発売
コンピレーション ALBUM
『田中将大』収録

▼ももいろクローバーZ

『吼《ほ》えろ』

ストレートかつスポーティーにアゲる、ライヴの人気曲

お待たせしました。お待たせしすぎたかも知れません——とは**村西とおるカントク**★1のフレーズだが、そう言わせるほどに公式音源としては待ちに待った本曲。2017年シーズンのマー君の登場曲での、近年のライヴ、特に春・夏には重要なタイミングで投下される必殺チューンとなっている。その最大の理由はやはり、冒頭の夏菜子の歌唱だろう。「走り出す 足音よ」と、クイーンスタイルの足踏み&クラップ（「ドンドン・パッ」のアレですね）を従えてのソロ歌唱はいきなりの熱量。そして**「吼えろ！」のラストをどこまで引っ張るか**★2によって、その日の夏菜子のコンディションがわかるというあたり、まさにライヴ向きの曲なのだ。ここで初登板となるのが**ファンキー加藤**★3で、筆者はフツウのJ-POPはあんまし聴かないため「FUNKY《ファンキー》 MONKEY《モンキー》 BABYS《ベイビーズ》の人」ぐらいの認識だったが、ソングライターとしてなかなかのものではないかと、本曲で見直したのだった。

楽曲を通じてキーはEbメジャー。奇を衒ったところが全くない、ストレートでスポーティーな楽曲だ。これをももクロが爽やかに歌い上げることで、聴くこちらはグッとやる気が出るのだから、もはやこれは栄養ドリンク。なお**ファンキー加藤も入った『吼えろ2021』**★4も配信リリースされているので、必ずチェックを。ミックスもちょっと変えてますね。

DATA

レーベル／イーブルライン レコード（キングレコード）
作詞／ファンキー加藤
作曲／ファンキー加藤、サトシ
編曲／田中隼人
ギター／木島晴夫
オールアザーインストゥルメンツ／田中隼人

★1／わが国のエロ映像業界の黎明期を支えた、名AV監督のこと。Netflixで配信されたドラマ『全裸監督』のおかげで再度スポットが当たりましたね。「お待たせしました。お待たせしすぎたかも知れません」はドラマで有名になったフレーズ。

★2／最長は2021年9月15日、楽天イーグルスvsオリックス・バファローズ戦に、スペシャルゲストとして登場した時か。約8秒間、目一杯引っ張りますよー。

★3／1978年、東京都出身の歌手、ラッパー、作詞・作曲家、俳優。2004年から音楽活動を開始し、2006年にFUNKY MONKEY BABYSでメジャーデビュー。2013年に解散後は、ソロアーティストとして活躍。2021年にFUNKY MONKEY BABY'S（'が入るようになりました）として活動再開。

★4／2021年7月2日に配信リリース。2021年のマー君の登場曲は、このバージョンが使用された。野球選手はジンクスを気にするので、やっぱ成績が良かった年の登場曲を使うのですなー。

2021・2・24 発売
コンピレーション ALBUM
『田中将大』収録

▼ももいろクローバーZ

『背番号』

サバンナ風のドラムが疾走するダイナミックチューン

ももクロの歌うマー君の登場曲は、本来のももクロ作家のラインとは違う感覚でチョイスされている節があるのだが、2019年に起用されたのはなんと**GReeeeN**《グリーン》★1ときた。彼らはメンバー全員が歯科医師とアーティストを両立するため、素顔を明かさずに活動する4人組のシンガーソングライティング・ヴォーカルグループ。さまざまなジャンルを横断する音楽性、かつ結成が福島県郡山だというあたりにビビッときたのではないかと推察する。演奏陣も全て新顔で、前年とはまた異なるフレッシュな楽曲を届けてくれた。

夏菜子ちゃんが「さあ行こう」と出る頭の雰囲気こそ『吼えろ』を踏襲するが、これを追って「wow wow」とコーラスが出て、そこに北村《きたむら》望《のぞむ》が忙しなく**サバンナ風のドラム**★2を叩き込むと風景は一変、ピッチャーマウンドという孤独な原野に連れ出される。Aメロでもドラムはブッ叩きを続け、ギターの刻みとピアノのコード弾きというバックで、4人が歌い継ぐ。**高田**《たかだ》**翼**《つばさ》★3のストリングス・アレンジも聴きもので、ハードなディストーションギターに追いつけ追い越せ、と疾走させる。2分39秒でHIDEが感極まって「氣持ちだ！」とシャウトするのもいいですねー。田中選手はこの年も二桁勝利を記録、楽天イーグルス時代からすると11年連続で2桁勝利を記録していますね。やっぱももクロ同様、モノが違います。

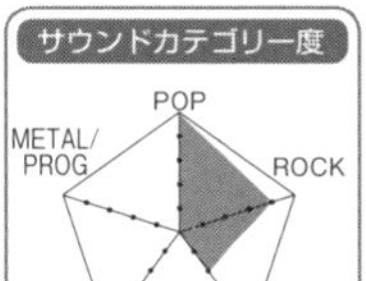

DATA

レーベル／イーブルラインレコード（キングレコード）
作詞・作曲／GReeeeN
編曲／春日俊亮(Diosta inc.)
弦編曲／高田 翼(Diosta inc.)
ストリングス／門脇大輔ストリングス(GRAPE JAM)
ドラム／北村 望
ベース／春日俊亮(Diosta inc.)
ギター／高田 翼(Diosta inc.)
アディショナルコーラス／HIDE
ギターファイアー／navi

★1／2002年に大学の同級生で結成。メンバーはHIDE(ヒデ)、navi(ナビ)、92（クニ）、SOH（ソウ）の4人。2007年にシングル『道』でメジャーデビュー。2020年に「NHK紅白歌合戦」に出演し話題になり、歌手別視聴率で関東地区第4位(43.6%)を記録。楽曲提供の実績も豊富で、NEWS、AAA、氷川きよし、ゆず、MISIAと幅広い。ちなみに2017年にはNEWSに『U R not alone』という曲を提供、2021年にはセルフカバーをしている。聴いてみそ。

★2／『TDF LIVE BEST』（P.564参照）では、DMBの村石がこれを見事にキメてます。雰囲気的にサバンナ風としましたが、和太鼓っぽくもありますね。

★3／1990年、埼玉県出身のギタリスト、作・編曲家。GReeeeNの多数の楽曲に関わるほか、みゆはん、焚戸（たくと）、whiteeeenの編曲も手がける。

2021・2・24発売
コンピレーションALBUM
『田中将大』収録

▼ももいろクローバーZ

『On Your Mark《オンユアマーク》』

再びのファンキー加藤が、ももクロと共に高らか歌う

再びの起用となったファンキー加藤、今度は**大知正紘《おおちまさひろ》**★1と**田中隼人《たなかはやと》**★2を従えての作曲だが、このタイトルは『GET Z, GO!!!!!』（P581参照）とワンセットですねー。2020年シーズンのテーマ曲なのでコロナ禍と被り、発表の機会も少なかったため、ある意味もったいない楽曲と言える。頭サビで夏菜子ちゃんが出るパターンはもはやマー君登場曲の王道パターン、これってファンキー加藤がカマして定着させたんだから、彼の功績はデカいです。ここではアコギのストロークを伴い、ストリングスで盛り上げていくパターンがなかなか。本曲のBPMは『GET Z, GO!!!!!』と同じ145なのだが、これは「意味的にワンセットだから」という以上に、マー君が登板する前の投球練習時にアガる設定にしているから。そういう意味では、『勝手に君に』（P320参照）がむしろ異色なのですな。

曲はストレートなロックビートがかえって新鮮で、終始ギターのストロークを右チャンネルで鳴らすことで推進力を得ている。いやー、やっぱももクロと加藤のヴォーカル、ぴったり合ってますね。男女の差はあるが、特にしおりんに近いです。なのでAメロでデュオをするのですな。なおBONUS TRUCKの『On Your Mark -MCZ only-』もとーぜん素晴らしいのだが、加藤のヴォイスは今後も必要かと。貴重な戦力ですわさ。

サウンドカテゴリー度

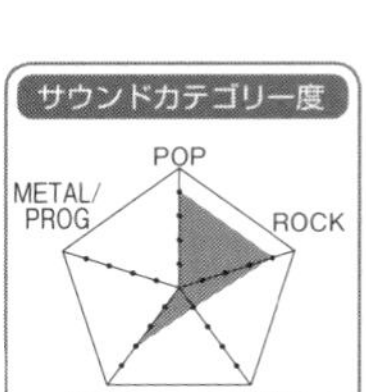

DATA

レーベル／イーブルラインレコード（キングレコード）
作詞／ファンキー加藤
作曲／ファンキー加藤、大知正紘、田中隼人
編曲／田中隼人
ギター／木島晴夫
オールアザーインストゥルメンツ／田中隼人

★1／1991年、三重県出身のシンガーソングライター、作詞・作曲家。2010年、テレビ朝日ミュージックからの1stシングル『手』でデビュー。嵐、King & Prince、Sexy Zone、miwaらに楽曲を提供。

★2／1979年、東京都出身の作・編曲家、音楽プロデューサー。agehasprings所属。FUNKY MONKEY BABYSやYUKI、伊藤由奈、ナオト・インティライミ、田村ゆかりらに楽曲を提供。

column 13

メンバー各自が活動の幅を広げる中、さらなる道を切り拓く夏菜子ちゃん

コロナ禍において活動が制限される中、ももクロメンバーはユニットで、はたまた単独で、テレビ出演の機会がグンと増えた。各種のバラエティ番組はもちろん、れにちゃんは『彼女が成仏《じょうぶつ》できない理由』（２０２０年９月〜10月、ＮＨＫ総合）で森崎ウィンとのダブル主演でドラマで活躍、しおりんもドラマと映画の『都会のトム&ソーヤ』（共に２０２１年７月公開）で新境地を見せた。一方であーりんは、後輩たちを率いて浪江女子発組合（Ｐ612参照）でＰＰＰ《ピンク・プレイング・プロデューサー》として手腕を発揮。そんな中、夏菜子ちゃんは映画『魔女見習いをさがして』（２０２０年11月公開）で声優を務め、映画『すくってごらん』（２０２１年３月公開）ではヒロインを務めるなど、リーダーらしく新たなフィールドで成果を残して行った。

特に『すくってごらん』は気鋭の真壁幸紀《まかべゆきのり》による極めてユニークな映画で、「新感覚ポップエンターテインメント」を謳い、ミュージカルなのにダンスではなくストーリーに寄り添った歌唱を聴かせ、独特の映像美で酔わせる、というものだった。そして「生駒吉乃《いこまよしの》」として役の中に入り込むために、ピアノにもチャレンジ。これを見事にマスターし切ったのだから、心底恐れ入ります。思うにここでのチャレンジが、長年期待されながら踏み込まなかったソロコンサートへと繋がったのだろう。こうした個々の活動は確実にももクロに反映されていき、足並みを揃えて「次なる世界」を開いていくことになるのだから、俺たちはホントーにシアワセだよなー。そしてぼちぼち、ライヴも戻ってきますね。

2021・3・19 配信開始
配信限定シングル

『赤い幻夜《げんや》』

▼生駒吉乃（vo.百田夏菜子）

生駒吉乃《いこまよしの》を演じて歌う、夏菜子ちゃんの表現力を聴け！

大谷紀子《おおたにのりこ》のコミックを原作とするミュージカル映画**『すくってごらん』**★1の主題歌ですが、これにはホントーに参りましたね。流れとしては、まず2020年の『ももいろ紅白歌合戦』の大トリで、劇中歌である『この世界をうまく泳ぐなら』を、香芝《かしば》誠《まこと》（＝**尾上松也《おのえまつや》**★2）と生駒吉乃（＝百田夏菜子）として披露。もーだって夏菜子ちゃん、いきなり着物姿でピアノ弾きながら歌うんだもん。聞いてないよー、こんなの。途中でトラックが入ってきてもピアノからは離れず、映画のシーンがインサートされつつも、最後まで歌い切ったのだった。ほんと、いつの間にこんな大ネタ仕込んでたの？この段階で映画の告知をブチ込まれた日にゃあ、期待するしかないですやん、**ナンデスのん？**★3

で、劇中歌の『この世界をうまく泳ぐなら』のメロディーをそのまま映画のテーマソングとし、エンドロールで使われたのが、本曲となる。作詞は**Mio Aoyama《ミオアオヤマ》**★4と**土城温美《つちしろぬくみ》**★5、作曲とトラックメイキングは**鈴木大輔《すずきだいすけ》**★6という映画ならではのワン&オンリーな布陣。そこで求められたの

★1／2021年3月12日に劇場公開の映画。撮影は2019年の夏で、監督は真壁幸紀。エリート銀行マンが地方に左遷され、そこで出会った金魚すくいの店を営む美女との出会いと成長を、ミュージカルとして描いた。

★2／1985年、東京都出身の歌舞伎役者。二代目 尾上松也。歌舞伎だけではなく、舞台やテレビドラマ等の俳優として、また山崎育三郎、城田 優との3人によるユニット「I－MY（アイマイ）」でも活躍。本作が映画初主演となる。

★3／強引にツッ込みましたが、桜エビ～ず（現 ukka）の『エビ・バディ・ワナ・ビー』で茜空ちゃんがカマす「ハッカソンてナンデスのん？」から。ここ、大好きナンデスのん。

★4／1974年、大阪府出身の作詞家、脚本家、小説家。青山弥央

サウンドカテゴリー度

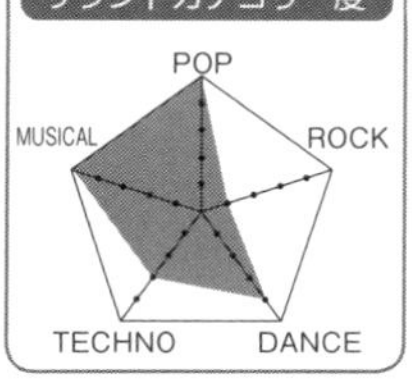

DATA

レーベル／イーブルライン レコード（キングレコード）
作詞／ Mio Aoyama、土城温美
作・編曲／鈴木大輔
プログラミング／鈴木大輔

は、「ももクロの百田夏菜子」ではなく、あくまで**生駒吉乃としての歌唱**★7であった。

曲はイコライジングされたギターのアルペジオが徐々に輪郭《りんかく》を露わにするイントロからスタート。シンセによる揺らぎが水面を思わせたところでピアノが出て、「青い浮き草を」と生駒吉乃が歌う。どこか郷愁を誘うメロディーに早くも涙腺がヤバいが、サビの「歌は ほのか」からはBPM106で16ビートのシャッフルが走り、ダンサブルに展開。いや〜サイコーですやんコレ。声質こそ確かに夏菜子ちゃんだが、歌唱のトーン&マナーは確かに普段とは違う生駒吉乃のそれになっていることに、カンドーを禁じえない。この表現力の幅こそ、本曲で我らがリーダーが新たに得たものであり、彼女の今後の行く先、即ち待望のソロコンへと真っ直ぐに繋がっていることを我々は今となっては知っているのだから、たまりませんな。

曲は大きな変化はなく淡々と進むが、3分6秒からの大サビ〜落ちサビにかけての歌唱はひたすら美しく、目を閉じると着物姿の吉乃が浮かび上がる――って、今までひたすら聴き惚れてましたが、映画での吉乃の美しさったらもうほんとにヤバいです。俺は断じて箱推しなのだが、夏菜子ちゃんではなく吉乃を推す！という微妙な言い訳で、勘弁してね。なお本作は映像の円盤化に際し、初回限定 絢爛《けんらん》版で劇中歌全曲入りのCDをコンパイル。そこには生駒吉乃の演奏による絶品のピアノソロ『小赤』も収められている。さらに夏菜子ちゃんのソロライヴアルバム『Talk With Me〜シンデレラタイム〜』（P604参照）では、とーぜん本曲も登場。そこでは完全にピアノ弾き語りで、この美しいメロディーを堪能させてくれます。凄いよ、夏菜子ちゃん！

の名義でも活動。作詞家としては、AAAやDo As Infinity、i☆Ris、SUPER☆GiRLSらの作品を手がけている。

★5／1978年、兵庫県出身の脚本家、構成・演出家。映画『すくってごらん』の脚本担当。

★6／1978年、神奈川県出身の作・編曲家、トラックメイカー、音楽プロデューサー。1998年にRuBiiのキーボーディストとしてデビュー、2002年にday after tomorrowのメンバーとして再デビュー。同年の日本レコード大賞新人賞を受賞。さらに2008年にはGIRL NEXT DOORのメインコンポーザーとしてデビューし、日本レコード大賞で2度目の新人賞を受賞するという快挙を成し遂げる。小室哲哉直系のエレクトロ・ディスコを基調に、ブラックフィーリングを湛えたセンスで倖田來未、鈴木亜美、TRF、東方神起、AAA等、楽曲提供は多数。

★7／2021年3月1日、音楽ナタリーのサイトでのインタビューで真壁監督は、「本当に僕が無茶を言ってたので、どこかのタイミングで僕のことを嫌いになったと思う」と語っている。同インタビュー内のコメントで、夏菜子ちゃんは「『音楽って楽しい』と改めて思う瞬間もあった」と答えている。

2021・5・17 発売
配信限定 ALBUM

ZZ's II

ももいろクローバー Z

1. ワニとシャンプー -ZZ ver.-
2. 白い風 -ZZ ver.-
3. 猛烈宇宙交響曲・第七楽章「無限の愛」-ZZ ver.-
4. ニッポン笑顔百景 -ZZ ver.-
5. サラバ、愛しき悲しみたちよ -ZZ ver.-
6. 灰とダイヤモンド -ZZ ver.-
7. GOUNN -ZZ ver.-
8. ゴリラパンチ -ZZ ver.-
9. マホロバケーション -ZZ ver.-
10. モノクロデッサン -ZZ ver.-

レーベル／イーブルラインレコード（キングレコード）

なんといっても選曲が嬉しい、-ZZ ver.-の配信セカンド

結成13周年記念日に配信でドロップされたのは、『ZZ's』に続く新たな -ZZ ver.- だった。

2020年1月31日にリリースされた前作は、10周年記念のベスト盤に収録された新たな『怪盗』、及び5 thアルバムの初回限定版Bに収録の7曲に、『stay gold』の通常盤に収録の2曲を加えたものだったため、本書では単独では採り上げなかった。こちらは全て未発表のバージョン10曲で構成されているので、例によってアレンジや歌詞がリニューアルされている3曲を中心にご紹介していくが、まずは**リ・ヴォーカルの7曲**★1について一言づつ触れておきますね。

まず**『猛烈宇宙交響曲・第七楽章「無限の愛」』**だが、旧バージョンではヴォーカルにエフェクトがかかっていたのだがこれを排し、ストレートな声を届けてくれる。最初に夏菜子、次に杏果ではなくあーりんが出るだけで、こんなに印象が変わるのかと。

続く**『ニッポン笑顔百景』**は、**TikTokでバズった**★2勢いでここに収録。全員がきれいに角が丸くなった「大人の声」になっていることに改めて驚くが、舌音の要素が多め、かつ粘りのある歌唱が持ち味だった杏果がいない分、スッキリとした印象になるからエラいもんですな。

『サラバ、愛しき悲しみたちよ』はなんといっても、3分29秒からのしおりんの「心の声が」のパートが白眉。天使から女神へと進化した声と歌唱には、ずっと彼女たちについてきてよかった、との想いがひとしおりん（↑コレ出ると思ったでしょ）。

『灰とダイヤモンド』と**『ゴリラパンチ』**については、もはや多くを語るまい。あーりんに巻かれ、あーりんの無双に心ゆくまでブッ飛ばされてください。

『GOUNN』はAメロ頭や「甘露の匂い」は杏果だったが、れにちゃんのパートに。荒ぶる杏果から癒しのれにちゃんに変わったことで、より宗教的に格が上がった印象だ（え？）。

『マホロバケーション』はもともと**Aメロでは杏果以外の4人がリレー**★3していたため、大きく印象は変わってない。Bメロ頭の「因果律カタルシステム」は夏菜子ちゃんが、「五臓六腑へ響き渡れ！」はしおりんが受け継ぎ、戦闘能力は些《いささ》かも落ちていない。以上、駆け足での確認でした。

★1／リ・ヴォーカルなのでアレンジそのものは変わっていないが、マスタリングについてはデジタル技術の進化に伴い、微妙に変わっているかと。全体的に音圧が上がって、迫力が増している印象。ハイレゾにそれは顕著です。

★2／アニメ『じょしらく』のキャラクターが踊る振り付けがTikTokの海外ユーザーの間でバズり、オランダやフィンランドなど19カ国でNo.1を獲得。れにちゃんがTikTok公式アカウントを開設し、ももクロもダンス動画を投稿。ハッシュタグチャレンジも行われた。

★3／今思えば『Z女戦争』もヴァースで杏果個人パートはなかったですね。いやほんと、単なる偶然かとは思いますが。

『ワニとシャンプー -ZZver.-』

生演奏のド迫力でより熱く暑くなった、夏の定番曲

▼ももいろクローバーZ

アルバムの冒頭を飾るのは、夏のライヴには欠かせない『ワニシャン』のニューバージョン。前山田のトラックはにしては比較的シンプルだったし、ライヴではDMBで何度も演っているので、ここは宗本に……というのはシュアな選択だろう。ここではいつものDMBメンバーに、ギターの**ユウタマン**★1や**ゲスの極み乙女のベース＝休日課長**★2を迎えることで、前山田の要素をリスペクトしながら、より極太のバンド仕様に仕上げている。

高らかに響くトランペットは変わらないが、左右チャンネルで杏果が「絶体絶命 Summer《サマー》 Night《ナイト》」とクールに被せていたラップは、れにちゃんがより切迫した様子、かつセンター定位でカマすので、ライヴ現場に近い印象となる。以降は4人がそれぞれに成長した歌唱を聴かせるが、もはやこの年齢では夏休みも何もないわけであってね。バンドメンバーの演奏はサイコーの気合いで、わけても**朝倉真司**《あさくらしんじ》★3のパーカッションは終始ブッ叩きで大活躍、宗本はサルサの鬼と化してリズムを刻み、休日課長も重厚なグルーヴで飛ばしながら随所でクイクイと高音で攻め、ユウタマンはワウギターで暴れつつ間奏で渋くギターソロも披露。そこにホーン隊の豪快なアンサンブルが加わるのだから、もーたまりませんな。これ、マジでカッコ良すぎます。もう昔のあたしには戻れないかも——的な気分になりますね。

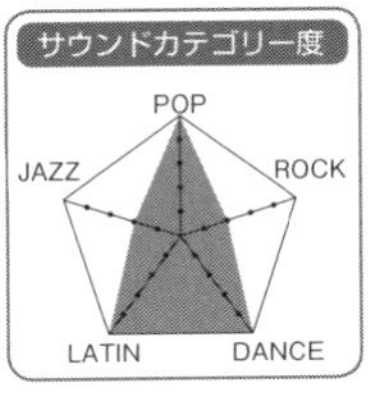

DATA

レーベル／イーブルラインレコード（キングレコード）
作詞・作曲／前山田健一
編曲／宗本康兵
ピアノ／宗本康兵
ギター／ユウタマン
ベース／休日課長
パーカッション／朝倉真司
サックス／竹上良成
トランペット／真砂陽地
トロンボーン／高井天音

★1／1985年、東京都出身のギタリスト。本名は渡辺裕太（わたなべ ゆうた）。KAT-TUNや川嶋あいらのレコーディングに参加しているほか、音楽講師や楽曲提供でも活躍。

★2／1987年、埼玉県出身のベーシスト。ゲスの極み乙女のメンバー。川谷絵音の活動には欠かせない凄腕として、またレシピ本を出すレベルの料理好きとしても知られる。

★3／1971年、静岡県出身のパーカッショニスト、ドラマー。いきものがかり、森山直太朗、あいみょんなど、さまざまなアーティストのライヴやレコーディングに参加。

2021・5・17 発売
配信限定 ALBUM
『ZZ's II』収録

▼ももいろクローバーZ

『白い風 -ZZ ver.-』

新たな装いと圧倒的な歌唱で胸に迫る、冬ソングの一大名曲

生きていたらいろんなことがあるのは誰しもそうだろうが、ももクロを追いかけていたらほんとーにいろいろあります。クリスマスライヴでは必ず感動の渦を巻き起こすこの冬の一大名曲が、生田本人による新たなトラックで登場するとは、思ってもみませんでした。だって、原曲がどうにも完璧すぎたんだもの。なので本曲、緩やかに「リ・ヴォーカルですよね」と思っていたのだが、蓋を開けてみると頭からストリングスは入ってるわ、サウンドの全体のスケールはより大きくなってるわで、軽く気絶しそうになったやんか。あの〜、騙されたと思って、いっぺん**ストリングスのパート**★1をしっかり耳で追ってみてださい。生田が本気になったらとんでもないことを思い知るでしょう。さらに1分42秒から、**リズムをダイナミックに展開させるあたりのセンス**★2も天才的としか言いようがない。

そんな極上のビロードのような新たなトラックに包まれて歌う、我らが4人のミューズの歌唱たるや。特にエンディングに向かう大サビ、「アスファルト」からのれにちゃん→あーりん→しおりんのリレーに続いて夏菜子ちゃんの落ちサビが出た日にゃあんた、涙腺崩壊せずに聴くことは不可能ですよね。いや〜よくこの曲を選んでくれました。キング宮本氏と生田さんに、久々に感謝感激雨霰霧靄霞ブリザードの意を、表しておきますたい。

★1／必要以上にゴージャスにせず、ストリングスカルテットとしていると思われる。各楽器の定位も明確なので、ヘッドホンで確認してくださいね。2分59秒の下降フレーズからの流れは絶品です。

★2／そもそもオリジナルに比べて、ドラムのサウンドが抜群に良くなってます。やはり一流の作家は、よりハイクオリティな音源を求めて進化し続けているのですなー。その意味で、トラックメーカとしての生田の進化が確認できるバージョン、と言っていいだろう。

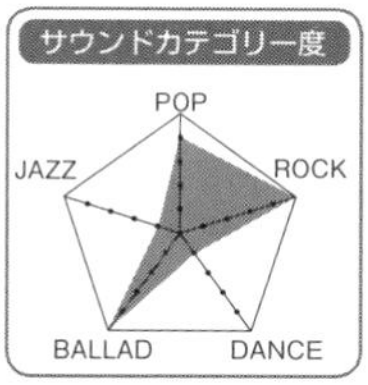

DATA

レーベル／イーブルラインレコード（キングレコード）
作詞・作曲／多田慎也
編曲／生田真心

2021・5・17 発売
配信限定 ALBUM
『ZZ's II』収録

▼ももいろクローバーZ

『モノクロデッサン -ZZ ver.-』

新たなリリックで、人生というパレットを埋め尽くしていく

サウンドカテゴリー度

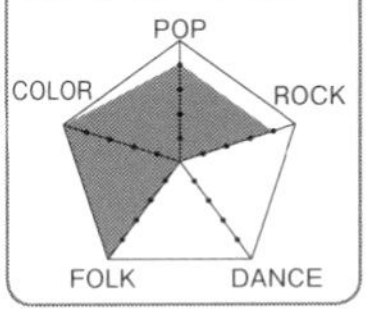

DATA

レーベル／イーブルライン
レコード（キングレコード）
作詞・作曲／CLIEVY（C&K）
編曲／小松一也
ギター／林部直樹
ベース／SOKUSAI
ドラム／小田原 豊
ピアノ／藤井 洋
ハーモニカ／
STEVIE WONDROUS
コーラス／
LUCY VANDROUS

本書はリ・ヴォーカルの楽曲については、歌唱を聴けばその全てが明らかになるため、必要以上に深く触れないというスタンスで進めてきた。また歌詞の解釈についても、「テクストの快楽を阻害する」との立場から、基本的には踏み込んでいない。しかしながら本曲については「例外」とすべきだろう。なにしろCLIEVYによって「5人にフィットするように」と書かれた歌詞ゆえ、この物語性に満ちた名曲が存在したのだから。情熱の赤に涙（青）を足して紫ができる、希望の黄に涙を足して緑ができる、そして目の前が一瞬ですべてピンクに染まった……という**完璧な内容をアップデートすることは、果たして可能なのだろうか**★1。

本曲に関しては、動画サイトの公式チャンネルにリリックビデオがアップされているので、そちらをご覧いただくのが一番だろう。情熱に光が差してピンクとなり、涙の青はそのままに、緑を外した5色で、人生というパレットをうめつくしていく。「描けてないから」は「描けないから」に更新され、あーりんがフィーチャーされていたパートは、「show?（どう?）」として、彼女たちのライヴシーンを描き出す。さらにラスト、「いろいろあるけど」は「いろいろあったけど」と更新。天才かよCLIEVY。いったいどれだけの愛情を、ももクロに注ぎ込むのか。というわけで、キング宮本氏とCLIEVYさんにも、感謝感激雨霰霧靄霞ブリザードの意を、表しておきますたい。

★1／2019年10月19日に行われたAE限定イベントの幕張メッセ公演第1部「帰ってきたGTO 2019」では、歌ってほしい楽曲のアンケートが受け付けられていたのだが、本曲が5位にランクイン。しかしももクロではなく、加藤いづみや岡田美音ら5人が歌うことでクリア。この件について、川上氏は連ツイの中で「作家先生に話して歌詞変える 進化してその方が良いかな」と書き込んでおり、その結果がこの-ZZ ver.-となる。

2021・6・11配信
配信限定シングル

『A-rin《あーりん》 Kingdom《キングダム》』

王女アーヤカ姫による、ド派手な妄想ミュージカル

▼佐々木彩夏

いやはや、あーりんに接していると誰もがこうなってしまうのか――と言うのは、ついこないだ『Girls Meeting』（P569参照）や『空でも虹でも星でもない』（P572参照）で、前山田とは異なるタイプの楽曲スタイルであーりんの可能性を拓いたその手腕を讃えたばかりの山本加津彦が、ここでは完全に前山田スタイルで「目一杯の圧によるあーりんワールド」を全力で構築しているからだ。あーりんプリンセスの毒が回るのがいかに早いのか、もはや恐怖すら覚えますな。一方で、短期間でこれができる山本は、いかに器用な作家かがわかりみ。

曲は「西暦2021億年」との、あーりんによる軽く狂ったトークから始まる。**白馬に乗った各地の王子たちを迎え入れるために宮殿の門を開き**★1、王女アーヤカ姫が降臨。下々にその美声を聴かせると、1分8秒からリズムインしてショータイムがスタート。ここまで、予備知識なしで聴いていたら「前山田、相変わらずやな」と思うだろう。各地の王子様たちは「**Dance Dance Dance**」★2と機嫌良く歌まで歌ってプリンセスに近づく。「姫こちらへ」と一人の王子が近づくも、これらは妄想だったというオチね。ストーリーが進むにつれて**曲調やBPMも変わり**★3、SEも存分に投下されるので、こりゃもうあーりんの妄想ミュージカルですな。「あなたのごにょごにょ奪うぞッ！」も名フレーズ。とことん付き合いまっせ、アーヤカ姫様。

★1／このあたり、丁寧にリアルなSEを入れてストーリーをフォローしているので、目を閉じて妄想の世界に浸って下さい。

★2／この声も、前山田に似てますよね。山本の地声が似てるのか、加工で寄せているのかは不明。

★3／リズムインしてからはBPM202で進み、2分54秒からはしばしのワルツ、続いてBPM137からアッチェレランドして、テヘペロしてBPM202に、ラストの「Bye bye」も次第にアッチェレランド。プログラミング、なかなかタイヘンだったかと。

サウンドカテゴリー度

DATA

レーベル／イーブルラインレコード（キングレコード）S
作詞・作曲・編曲／山本加津彦

2021・6・11 配信
配信限定シングル

『SPECIALIZER《スペシャライザー》』

▼佐々木彩夏

ピンクのヒーローと化したあーりんが、光となって疾走！

ここまで、あーりんのソロは相当にさまざまなタイプの楽曲を展開してきた。それらは「ももクロのアイドル」であり「あーりんのプロ」としての彼女の立ち位置を、強化するものであった。しかーし。ここに届けられた『SPECIALIZER』こそは、あの『ゴリラパンチ -ZZ ver.-』で見せたアップテンポのももクロ楽曲におけるあーりんの無双を、ソロで堪能させてくれるロックナンバーだ。思うに、東京ドームで『ゴリパン』をドヤ顔でカマされたあの瞬間から、俺たちは「ヒーローとしてのあーりん」を待望していたのではないか。ももクロの窮地、即ちモノノフの窮地を救い、あらゆる困難をプニプニと薙《な》ぎ倒していくピンクのヒーロー。これこそ、「ももクロのアイドル」の次なる道なのであーりんりん。

エニウェイ。本曲は『仕事しろ』（P571参照）に続く、石川柊太選手の登場曲。一応確認しておくと、あーりん推しの石川選手は2016年の『あーりんは反抗期！』（P173参照）を皮切りにももクロ関連曲を使い始めたが、**その後の数年はももクロの曲で入場**。★1

★1／2017年は『DECORATION』、2017〜2018年は『BLAST!』、2018年は『MOON PRIDE』、2018年〜2019年は『クローバーとダイヤモンド』、2019年〜2020年は『Dの純情』と、広範囲にわたるももクロ楽曲を使用してました。

サウンドカテゴリー度

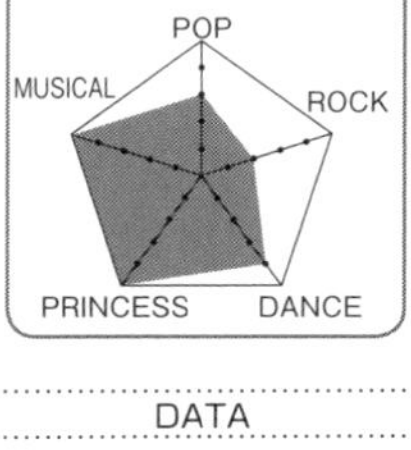

DATA

レーベル／イーブルライン
レコード（キングレコード）
作詞／藤林聖子
作・編曲／R・O・N

2019年の『仕事しろ』からようやくあーりんソロのオリジナル曲が提供されるようになり、2021年の本曲へと繋がる、というわけだ。作詞は藤林聖子、作・編曲はR・O・Nで、あーりん楽曲としては『Bunny Gone Bad』(P534参照)を仕がけた巨匠チームだから、まー悪いものになるはずがないですわ。

シンフォニックかつフォギーなシンセが響くと、すかさずR・O・Nがお得意のエレクトロなSEで雲を散らす。そこにBPM164の光速ビートが走り出し、ギターがAマイナーのディスティニーなメロディーで切り込む。クゥ〜、俺はもうこの段階でたまりまセンセーション。ここ、もー絶対にウリャオイで盛り上がるとこやん、ねえ。そこに「Supersonic《スーパーソニック》」と決然と出る小悪魔あーりん、「夢までのMain street《メイン ストリート》」ではゴシックなサウンドも持ち込まれ、このあたりは『境界のペンデュラム』(P420参照)を彷彿とさせる。「欲しいものはひとつ」でサウンドを落ち着かせて助走をつけると、エレクトロなドラムのフィルインを叩き込んで同主調のAメジャーに転調、突き抜けた**カ・イ・カ・ン**★2をもたらすこのサビの熱量はどうだ！　ここではストリングスもスリリングに並走、ドラムが煽り捲って、ギターによるイントロのフレーズでAマイナーに戻る。ちなみにタイトルのSPECIALIZERは専門分野に特化した者を指すが、石川選手は野球の、あーりんはアイドルのSPECIALIZERということですな。従ってメッセージ的には『仕事しろ』とニアリーイコール(≒)なのだが、表現やサウンドを変えるとここまでカッコよくなるんですなー。2番も快調に突っ走り。2分30秒からのドラマティックな大サビ、そしてあーりんと石川選手は光となって、全力疾走で駆け抜ける。文句なしの大傑作！

★2／1981年公開の角川映画『セーラー服と機関銃』で、主演の薬師丸ひろ子が機関銃をブッ放したあとで呟く台詞。2016年の角川映画40周年記念作品『セーラー服と機関銃-卒業-』では、橋本環奈ちゃんもこの台詞でオリジナルへのオマージュを捧げていましたね。

ポップで爽やか。もぎたての魅力を満載したソロアルバム

あーりんに続いてのソロアルバムは、れにちゃん。彼女のソロ曲は演歌から始まったが、その後は順調にガーリーなポップ・チューンを増やすことで、「れにちゃんが歌えばなんでもれにちゃんの世界になる」ということを鮮やかに証明してくれた。ボートラも含めて既発曲は12曲、そこに新曲3曲を加えた構成だが、初期の演歌2曲が更新されているのが大きい。てところで、さっさとポップで爽やかな音楽の玉手箱、れにちゃんWORLDを味わっていこう。

2021・8・18 発売
高城れに 1st ソロ ALBUM

れにちゃんWORLD

高城れに

通常盤　KICS-4016

1 SKY HIGH
2 じれったいな
3 恋は暴れ鬼太鼓 - NEW RENI ver.
4 津軽半島龍飛崎 - NEW RENI ver.
5 Dancing れにちゃん
6 Tail wind
7 Voyage !
8 しょこららいおん
9 まるごとれにちゃん
10 『3文字』の宝物
11 何度でもセレナーデ
12 spart!
13 everday れにちゃん
14 一緒に
BONUS TRUCK
ユーアノッアロン

レーベル／イーブルラインレコード（キングレコード）

オリコンアルバムチャート ウィークリー 11 位

2021・8・18 発売
高城れに 1st ソロ ALBUM
『れにちゃんWORLD』

▼高城れに

『SKY《スカイ》 HIGH《ハイ》』

昭和のスカイ・ハイを更新する歌唱で、青空を突き抜ける

れにちゃん初の夏ソングは、**「飲料のCMで流れるような楽曲にしたい」**[★1]と自らが設定したもの。タイトルから真っ先に連想するのは、昭和世代だとどうしても**ミル・マスカラス**[★2]の入場テーマ曲である**ジグソー**《Jigsaw》**の『スカイ・ハイ』**《Sky High》[★3]となるが、透明度で圧倒的に勝る本曲が、今後はモノノフの間ではデフォルトになることを確認した上で。作詞は**山崎あおい**[★4]、作・編曲は**後藤康二**《ごとうこうじ》[★5]というニューフェイスを起用し、突き抜けるような青空の下で**シュワシュワな清涼飲料水**[★6]を飲みたくなるポップソングが届けられた。

ダダダーン！と勢いよくシンセとドラムが叩き込まれリズムに合わせてチョップされるので、「あれ？ CDなんか調子悪くない？」と思うかもだが、違います。そういうアレンジなんです。キーはBメジャー、BPMは135。しっかし、れにちゃんがこういう明るい曲を歌う時のワクワク感、無条件に笑顔にさせてくれますよねー。サビ締めの「高まる夢 Sky High! Yeah!」で爽やかに青空を突き抜けられたら、そら後藤が「foo!」とコールしたくなるのもわかります。その後藤は3分6秒からの間奏でギターソロとシンセを絡めてアゲていき、「進め進め 風に乗って」のダイナミックな落ちサビへ。エンディングに向かって熱く爽やかに歌い上げるれにちゃん、新たな代表曲の誕生だ。

サウンドカテゴリー度

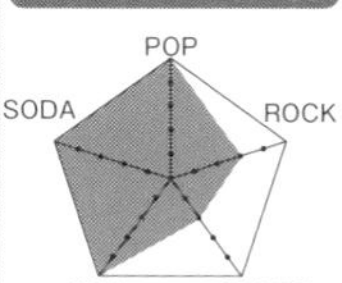

DATA

レーベル／イーブルラインレコード（キングレコード）
作詞／山崎あおい
作・編曲／後藤康二（ck510）
ギター&プログラミング／後藤康二（ck510）

★1／本盤の初回限定盤のブックレットに所収の、各楽曲に関するコメントより。
★2／「千の顔を持つ男」の異名を持つ、メキシコ出身のマスクド・プロレスラー。必殺技はフライング・クロスチョップで、そのスマートなファイトスタイルは少年少女に夢を与え、プロレスファンの枠組みを塗り替えた。
★3／1975年、イギリスのポップバンド「ジグソー」のヒット曲。香港・オーストラリアの合作映画『スカイ・ハイ（原題／The Man From Hong Kong）』のテーマ曲としてヒット、後にミル・マスカラスの入場テーマ曲として大ヒット。
★4／1993年、北海道出身のシンガーソングライター。超ときめき♡宣伝部やアンジュルムらに楽曲を提供。
★5／兵庫県出身のギタリスト、作・編曲家。ロックバンド「ZYYG」のギタリストとしてデビュー。AKBや坂道グループなど、数多くのアーティストに楽曲を提供。代表曲は乃木坂46の『ガールズルール』。
★6／作詞の山崎あおいは、コーヒーと炭酸飲料が苦手だという。

2021・8・18 発売
高城れに 1st ソロ ALBUM
『れにちゃんWORLD』

▼高城れに

『恋は暴れ鬼太鼓 -NEW RENI ver.』

ももクロ初のポップ演歌を、見事な歌唱でリニューアル

私は本曲の旧バージョン（P113参照）について、「そっちか。う〜ん」とか書いたが、今となっては随分とこの曲への印象は変わっている。てか、「よくぞこの曲をこのタイミングで、れにちゃんに歌わせてくれました」ぐらいが、正直な気持ちだ。だってこれがなかったら、ももクロ界隈では演歌の曲は存在せず、「日本のポップカルチャーの歴史がまるっと収まり」とか言い切れない部分が残るのですからな。音楽的な好き嫌いはともかく、ひとまず「何でもあり」の中に演歌が入っていることは、悪い話ではない。ここは**川上氏の遊び心**★1に一票を投じておこう。

れにちゃんは**「今回のアルバムでは『恋は暴れ鬼太鼓』と『津軽半島龍飛崎』は、-NEW RENI ver. として新たにレコーディングをお願いしました」と語っている**★2が、本人にとっては思い入れのある初期のソロ曲。これをせっかくだからリベンジしようという気概たるや、歌手として、人間としてすっかり成長した彼女を頼もしくも愛おしくも思う。そして、この民謡調のポップ演歌を見事な歌唱でリニューアルしてくれたのだから、文句なんかありますかいな、あんさん。こうして成熟したれにちゃんの歌を聴くと、改めて「エエ曲やなぁ」と思うし、「山があり谷があり」あたりの歌詞もグッと深みを増して心に響いてくる。**あとリミックスされたことにより**★3、ギターが前面に出ているあたりも、聴き逃さないように。

DATA

レーベル／イーブルラインレコード（キングレコード）
作詞／ENA☆
作・編曲／樫原伸彦
オールインストゥルメンツ／樫原伸彦

★1／「いちばん着物が似合うメンバーだから演歌がいいのでは」との川上氏の判断だったが、れにちゃんも「一緒に住んでいたおばあちゃんが演歌をよく聴いていたので」と、違和感なく受け入れたらしい。2021年8月18日、「音楽ナタリー」でのインタビュー記事より。

★2／本盤の初回限定版のブックレットに所収の、各楽曲に関するコメントより。

★3／既発の演歌2曲についてはミックス前のマスターに遡り、オリジナルのイメージを保った範囲でミックスのバランスや楽器の定位を変えている。

2021・8・18 発売
高城れに 1st ソロ ALBUM
『れにちゃんWORLD』

▼高城れに

『津軽半島龍飛崎 -NEW RENI ver.』

北のド演歌を情感いっぱいに歌い上げ、貫禄を見せる

この2曲の演歌は、ある意味れにちゃんの表現力の進化を知る、格好の素材だと思う。読者の皆様にはまずオリジナル（P182参照）を聴いて、次にアルバム**『5TH DIMENSION』の初回限定盤Aに収録されたアコースティック・ライヴバージョン**[★1]を、そしてこの -NEW RENI ver. を、順に聴いてほしい。ももクロのメンバー全員に言えることなのだが、声が大人っぽくなっても、技術的に巧くなっても、それぞれがピュアネスを全く失っていないことについては、これまでも何度か書いてきた。わけても、れにちゃんに関しては声質そのものがあまり変わっていないので、高音域が余裕で出るがゆえの伸びやかさ、並びに中・低音域の豊かなふくらみが、誰の耳にもハッキリと分かるだろう。れにちゃん自身も自覚しているようで、**「ももクロで活動していく中で音域が広がったんだと思います」「あのときの小娘だった私には表現しきれてなかったと思う」と語っており**[★2]、その思いが今回の -NEW RENI ver. へのリクエストへと繋がったはず。

まず頭の台詞からして、エモさが別次元だ。そしてサビ前の「強く 羽ばたくの…」の2小節にわたるロングトーンからスッと引く歌唱などは、実にプロフェッショナル。この演歌2曲、音が飛躍的に良くなったことでより細かなニュアンスが伝わるので、毎度のことで申し訳ないと思いつつ、必ず爆音で聴け！

サウンドカテゴリー度

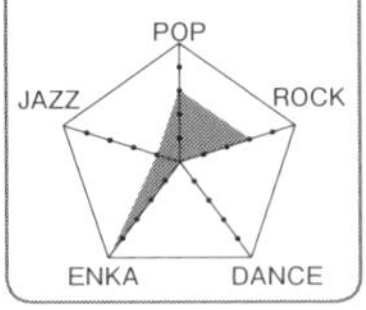

DATA

レーベル／イーブルライン
レコード（キングレコード）
作詞／田久保真見
作曲／田尾将見
編曲／伊戸のりお
ドラム／伊藤史朗
ベース／長岡道夫
ギター／高島政晴・大久保 明
ピアノ／吉田弥生
ラテン・パーカッション／菅原裕紀
ストリングス／元井 信
マンドリン／丸山恵一
サックス／佐野博美
シンセサイザー／伊戸のりお

★1／2012年11月17日にZepp Tokyoで開催された「ももいろ夜ばなし第一夜『白秋』第1部」のライヴ音源。『津軽半島竜飛崎』に続いて、森進一の『襟裳岬』を披露しており、こちらは『しょこらいおん』あたりに通じる軽い歌唱がひじょーに可愛いです♡

★2／2021年8月18日、「音楽ナタリー」でのインタビュー記事より。ここでは、当初は演歌2曲をリテイクする予定はなく、オリジナル音源を収録することになっていたのを直前になって録り直したいと思った、とのエピソードも披露されている。

2021・8・18発売
高城れに 1st ソロ ALBUM
『れにちゃんWORLD』

▼高城れに

『Voyage!《ボヤージ》』

アルバム中盤のハイライトとなる、ダンサブルなディスコ歌謡

イントロが飛び出した瞬間に「うわ～これ、チョー好きなやつじゃん」と声に出して言いたくなるぐらいの、シティポップス感覚のディスコ歌謡がドロップされた。楽曲提供は、れにちゃんのソロではすっかりお馴染みのeNuと馬渕のタッグチーム。アルバムではこの前に収録の『Tail Wind』（P452参照）とこのチームが2曲続き、中盤のハイライトを形成している。

彼女のアップテンポの曲はポジティヴなものが多いのだが、ここでは「元気が出ない日もあるよね」と弱い部分を見せつつも、背中を押すようなメッセージを届けてくれる。キーはDメジャー、BPMは122で、荒波を乗りこなしていくが、部分転調を経てAメジャーに転調したところのメロディーは、**みんなが大好きな『Choo Choo TRAIN《チューチュートレイン》』**★1ですね。BPMはこちらの方が早めなので、よりアガる感じがあります。このあたり、馬渕は明らかに狙ったのだろうと推察する。

あと本曲については、MVも必見。タイトルにちなんで船内を模したセットの中、**4人のダンサー**★2を引き連れて歌い踊るれにちゃんのカッコ良さったら！ 髪を振り乱して全力で踊るのがトレードマークだった彼女だが、ここで見せるクッションの効いたダンスも、只今のれにちゃんの武器なのだ。このMV、なんぼ観ても飽きませんなー。

サウンドカテゴリー度

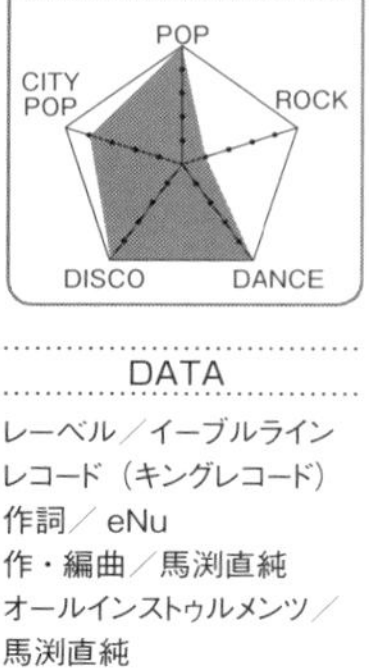

DATA

レーベル／イーブルライン レコード（キングレコード）
作詞／eNu
作・編曲／馬渕直純
オールインストゥルメンツ／馬渕直純

★1／ぐるぐるダンスが印象的で、EXILEのカバーで有名な本曲だが、オリジナルは1991年のZOOのヒット曲。作曲は中西圭三で、2019年のももクリにバックコーラスで参加して、メンバー紹介の際にこれを歌ってくれましたね。

★2／ここでは紗也香、Sho-Co、SAYA、AMIの4人が参加。振り付けはれにちゃんのライヴにも出てくれたANNA先生。

2021・8・18発売
高城れに 1st ソロ ALBUM
『れにちゃんWORLD』

▼高城れに

『何度でもセレナーデ』

バラード歌謡でも、成長を見せるれにちゃん

ソロアルバム後半に収められたのは、モノノフに捧げられた極上のバラード。ここで当代随一のメロディーメイカーである**草野華余子《くさのかよこ》**★1を投入するあたりに、運営が本アルバムに賭ける本気度を見る思いだ。実はれにちゃん、**ソロアルバムの話はフルちゃんからのネタバレで知り**★2、セルフプロデュースに際してはソロアルバムの先輩であるあーりんにアドバイスを求めたところ、「好きでいいんじゃない?」となったそう。メンバーの人間関係がよく分かるエピソードですね。

曲はメロトロンによるコードリフとアコースティックギターのアルペジオで、アンプラグド風にスタート。リズムインしてからはバイオリンがトップノートを弾き、華やかになる。キーはF#メジャー、BPMは80のモデラート。「おどけた」と出るれにちゃんは低めに抑えて歌うが、Bメロの「一分一秒が愛おしい」での最高音Fをエモく決め、手加減せず泣かせにかかる。

サビはAbに転調し、草野ならではの広がりのあるメロディーを、ハモりを加えて歌い上げる。れにちゃんの1人ハーモニーは、優しさが倍化するので身体の芯から温もります。2番Aメロも心優しくハモり、2分36秒からは**古川貴浩**★3が伸びやかなギターソロで高まっていく。からの落ちサビでハイ、安定の涙腺崩壊というね。「何度でも」でブレイクしてカットアップする技もブチ込む古川は、エンディングでもギターで咽び泣く。至福の4分30秒。

サウンドカテゴリー度

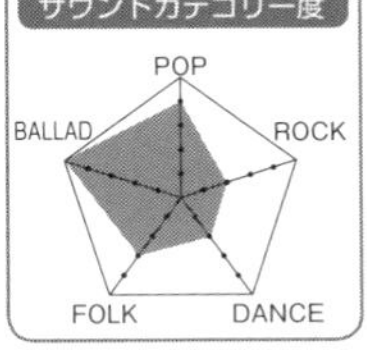

DATA

レーベル/イーブルラインレコード(キングレコード)
作詞・作曲/草野華余子
編曲/古川貴浩
サウンドプロデュース/古川貴浩
ベース&ギター/古川貴浩
バイオリン/沖増菜摘

★1/1984年、大阪府出身のシンガーソングライター、作詞・作曲家。代表曲はそりゃまあアニメ『起滅の刃』のオープニングテーマ『紅蓮華』(歌/LiSA)になるんでしょうが、アイドルにはCYNHNの『インディゴに沈む』、Appare!の『あっぱれ!正攻法』等、エエ曲をたくさん書いてますのでな。

★2/フルちゃんは、マネージャーの古屋智美。ももクロ界隈ではひじょーにありがちなエピソードは、2021年8月18日、「音楽ナタリー」でのインタビュー記事より。

★3/1979年、長野県出身の作詞・作曲家、編曲家、ベーシスト。アイドルではなんといってもTomato n'Pineの『なないろ☆ナミダ』、『ワナダンス!』にトドメを刺すでしょう。必聴!

2021・10・3 発売
配信EP『木梨ミュージックコネクション3』収録

▼木梨憲武

『最高な毎日にするために自分からアタックして言葉に気をつけムードよく進めるようしかけは早め全て面白がり答えは追い追いやってくるくるくーるZ!!・・つまり、答え探しの毎日を！ feat. ももいろクローバーZ＆のりクロ』

サウンドカテゴリー度

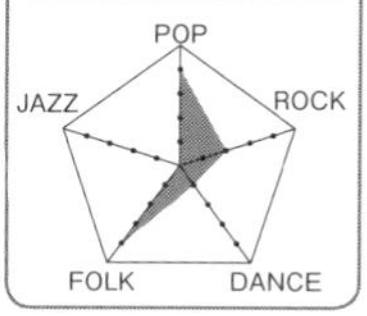

木梨ワールドを華やかなコーラスで彩る4人

長過ぎるやろタイトルが！と誰もがツッ込まざるを得ない本曲は、**とんねるずの木梨《きなし》憲武《のりたけ》**★1とももクロの初コラボ曲。オリジナルは木梨のGYAO!での配信番組「木梨の貝。」で制作された『最高な毎日にするために自分からグイッと動き言葉に気をつけ相手の顔色見て全て面白がり答えは追い追いやってくるにちがいない。…つまり、しかけ早めに動いていこう！feat. 遠藤章造、狩野英孝、堀内 健＆60才なのに40ぐらいの気持ちNORIー!!』で、これを2021年の「ももいろ歌合戦」のオープニングにおいて、「ももクロちゃんと木梨とココリコ遠藤とホリケンとカンニング竹山」なるユニットで『最高な毎日にするために自分からグイッと動き言葉に気をつけしかけは早め全て面白がり答えは追い追いやってくる』として披露。そこから本曲をレコーディング後、FNS音楽祭に「ももクロちゃんと木梨とココリコ遠藤と結婚した狩野とホリケン」として出演。さらには**『第二回 木梨フェス 大音楽会』**★2への出演へと繋がったのだが——ほらぁ〜、もう行数ないですやん。

オリジナルのキーはCメジャーだが、ももクロはEメジャーとしてこれを華やかに歌い上げる。**所ジョージは「ももクロの方が1000倍いい」と断言**★3したそうだが、まあそうなるでしょうな。サイコーに可愛いMVもあるのでチェックはマストね。

★1／1962年、東京都出身のお笑いタレント。石橋貴明と「とんねるず」を結成、1980年にバブル期のテレビ業界を牽引。歌手、俳優、画家とマルチに活躍する才人。

★2／2022年4月2日・3日に両国国技館で開催された、木梨憲武が主催の音楽フェス。担当マネージャーに新型コロナウイルスの陽性反応が出たために、濃厚接触者の疑いがあるあーりんとしおりんは出演を断念し、夏菜子とれにちゃんのみの出演となった。

★3／「木梨の貝。」の#120で発表されたコメント。

DATA

レーベル／木梨レコード
作詞／狩野英孝、堀内健、木梨憲武
作曲／狩野英孝、大平勉
インストゥルメンツ&アコースティックギター／大平勉
バッキングヴォーカル／赤部ゆき

2021・11・10配信
配信限定シングル

▼高城れに
『Go《ゴー》! Go《ゴー》! Heaven《ヘブン》』
大好きなSPEEDをリスペクトした、渾身のカヴァー

1990年代に一世を風靡した沖縄出身のガールズグループ、**SPEED《スピード》**★1のトリビュートアルバム**『SPEED《スピード》 SPIRITS《スピリッツ》』**★2で、彼女たちの3rdシングルをれにちゃんがカヴァー。子供の頃からお母さんとSPEEDの楽曲を聴き、**ソロコンでも『White《ホワイト》 Love《ラヴ》』をカヴァー**★3していたれにちゃんは、トリビュートアルバムへの**参加が決まった際には、電話でお母さんにその嬉しさを伝えたという。**★4

曲はタイトル通りに、天国のようなシンセやピアノに導かれてスタート。「成熟した果実のように」とれにちゃんが出るAメロのキーはF#マイナー、BPMは143で、終始右チャンネルでアコースティックギターのコードストロークが走っているため、プログラミングではあるがバンドっぽいアッさが漲っている。その上でれにちゃんが、SPEEDへのリスペクトを込めてハイトーンで歌うのだが、これがなかなか。れにちゃんのソロ曲はメジャーキーの曲が多いのだが、ここではマイナーならではの感情の乗せ方をモノにしており、あっちゅう間に惹き込まれる。大阪・フェスティバルホールでの『まるごとれにちゃん 2022』のライヴで実際に本曲を聴いたのだが、力強い歌唱がとても印象的だったことを明確に記憶している。この曲、引き続きソロコンで歌ってほしいですね。

★1／1996年、シングル『Body & Soul』でメジャーデビュー。平均年齢13・5歳という若さとルックス、メインヴォーカルの島袋寛子の圧倒的なハイトーンで大ブレイク。2000年に解散するも、2度にわたる再結成を経て、2008年に復活。現在は活動休止中の模様。

★2／アルバムには氣志團やLiSA、中島美嘉、大森靖子らも参加、オススメです。

★3／2017年3月9日の『まるごとれにちゃん』で披露された。今思えば、この時はほとんどがカヴァー曲でしたねー。

★4／ソニーミュージック関連数社によるサイト「THE FIRST TIMES」で、2021年11月10日に本曲が配信スタートする際の記事より。

サウンドカテゴリー度

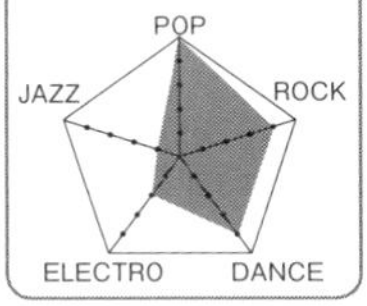

DATA

レーベル／SONIC GROOVE
作詞・作曲／伊秩弘将
編曲／橋本由香利
ギター／堀崎 翔

2021・12・19 発売
ライヴビューイング上映館とファンクラブ会員限定通販発売

百田夏菜子 1st ソロ ALBUM

Talk《トーク》 With《ウィズ》 Me《ミー》 ～シンデレラタイム～

百田夏菜子

NKCD-6971

1 ✦ 魂のたべもの（ももいろクローバーZ）
2 ✦ D'の純情（ももいろクローバーZ）
3 ✦ キミノアト（ももいろクローバーZ）
4 ✦ 太陽とえくぼ（百田夏菜子）
5 ✦ 愛・おぼえていますか（飯島真理のカヴァー）
6 ✦ それぞれのミライ（百田夏菜子）
7 ✦ 夢の浮世に咲いてみな（ももいろクローバーZ）
8 ✦ リバイバル（ももいろクローバーZ）
9 ✦ 強がり（戸田恵子のカヴァー）
10 ✦ The Show（ももいろクローバーZ）
11 ✦ 赤い幻夜（生駒吉乃＝百田夏菜子）
12 ✦ タキシード・ミラージュ（ももいろクローバーZ）
13 ✦ ひかり（百田夏菜子）
14 ✦ 白金の夜明け（ももいろクローバーZ）
15 ✦ イマジネーション（ももいろクローバーZ）
16 ✦ わかってるのに（百田夏菜子）
17 ✦ 渚のラララ（百田夏菜子）

レーベル／イーブルラインレコード（キングレコード）

ジェネラルディレクター／本広克行
バンドマスター＆キーボード／宗本康兵
サックス／竹上良成
ギター／石成正人
パーカッション／若森さちこ

女優・百田夏菜子の拓いた新世界に挑戦

２０２１年10月16日と17日、さいたまスーパーアリーナは真っ赤に染まった。そう、百田夏菜子初のソロコンサート『Talk With Me ～シンデレラタイム～』が開催されたのだ。筆者はその**初日に会場に足を運んだ**★1のだが、ソロ曲が多くない夏菜子ちゃんがどんな世界を観せてくれるのか――開演前の状況からも、一切わからない。唯一、女優としての顔を見せながらのものになるだろうという程度の予感はあった。そしてライヴが終わった瞬間、「とんでもない

★1／さいたま新都心駅前には、開場を待ちきれない赤推しノフが早い時間から集結。圧巻でしたね。

ものを観てしまった」と感動に打ち震え、その後にライヴビューイングでも観て、我らがリーダーはやはりモノが違う、と深く感じ入ったのであった。

考えてみれば、ももクロはこれまで**ライヴCDをリリースしていない**★2ので、その点でも彼女が先鞭をつけたわけだ。ズラリと並んだ曲は、ももクロの曲、自身のソロ曲、夏菜子ちゃんが歌詞を書いた新曲、カヴァー曲に分かれるが、このようなセトリになるとは誰も思わなかっただろう。なにしろ1曲目は『魂のたべもの』（P498参照）、これに続くももクロ楽曲の3連発はライヴならではのアレンジで、完全に夏菜子ちゃんの世界観に生まれ変わっていた。そして『それぞれのミライ』と『ひかり』の2曲は、岡田美音《おかだみお》が作曲を担当。いずれも美しいバラードで、彼女の心象風景を垣間見る想いだ。そして個人的なハイライトは、『赤い幻夜』（P586参照）と『タキシードミラージュ』（P267参照）でのピアノ弾き語り。特に想定外だった後者は、現場で夏菜子ちゃんが歌い始めた途端に涙が止まらなくなった。

ライヴは『白金の夜明け』（P344参照）でいったん終わり、『イマジネーション』（P356参照）からはアンコール扱い。DMBではなく、少人数の編成での演奏も圧倒的に素晴らしく、宗本はいつもながらアレンジの冴えを見せ、ギターの**石成正人**《いしなりまさと》★3のプロフェッショナルなサポートも圧巻。ラストの『渚のラララ』で、あの**『アメリカン・ユートピア《AMERICAN UTOPIA》』**★4を思わせるマーチング演出を採り入れる本広克行監督も、映画愛に溢れてます。CDではカットされているが、実際のライヴでは曲間で夏菜子ちゃんが語りかけるようにトーク、このあたりはぜひ映像でご確認を。しかしこれだけハードル上げたら、しばらくソロコンはお預けでしょうね。

★2／『5TH DIMENSION』の初回限定盤Aのディスク2『ももいろ夜ばなし 第一夜『白秋』』や東京ドーム大会の初回限定盤メドレーCDなどはあるが、単独タイトルでは出していない、という意味です。

★3／1971年、東京都出身のギタリスト。古内東子のツアー参加を皮切りに、平井堅、JUJU、坂本真綾、久保田利伸らのレコーディングやライヴサポートを行う。

★4／デイヴィッド・バーン（David Byrne）のブロードウェイ・ショーを、スパイク・リー（Spike Lee）が監督した2021年公開のアメリカ映画。バーンの美学に貫かれたステージの模様を見事に映像化したリーの手腕も冴える大傑作。

2021・12・24 配信開始
配信限定シングル

▼ももいろクローバーZ

『BUTTOBI!《ぶっとび》』

サウンドカテゴリー度

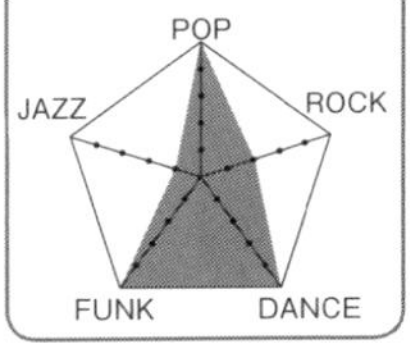

DATA

レーベル／イーブルライン
レコード（キングレコード）
作詞・作曲／前山田健一
編曲／日比野裕史
ギター、ベース&プログラミング
／日比野裕史

前山田のももクロ愛が久々に炸裂した、ファンキーなパーティーチューン

ご存知の方はご存知であり、ご存知でない方はご存知でないと思うが、前山田の鉄ヲタ度はなかなかのもので、**「タモリ電車クラブ」**[★1]に対抗して2012年に**「スターダスト電車クラブ」**[★2]を発足させているレベル。そんな前山田だけにとーぜん**『桃太郎電鉄』シリーズ**[★3]の大ファンであり、東京ゲームショー2019年のステージイベントで**『桃太郎電鉄 ～昭和 平成 令和も定番！～』**[★4]の音楽を担当することが発表されると、ソッコーで**「やったー！」とツイート**[★5]している。本曲はそんな最新版『桃太郎電鉄』のコラボテーマソング。歌詞の内容はゲームとがっつりシンクロしているので、桃鉄に縁のない方が真っ先に向かうべきは、YouTubeで配信された**『桃鉄GP2021冬 ももクロ×サンタ杯』**[★6]の動画だろう。ここでももクロちゃんのバラエティ対応力に爆笑してから本曲に向かうと、楽しさが5兆倍になることを保証しますよってね。

曲は「ポッポー」と汽笛が鳴ってドラムのフィルインが叩き込まれてスタート。頭のキーはAマ

★1／2006年に発足。タモリ、原田芳雄、向谷 実、南田裕介、岸田 繁、田中要次、市川紗椰ら錚々たる鉄ヲタ24人が会員。
★2／ヒャダインを筆頭に、指田郁也、肘井美佳、廣田あいかが所属。あいあいは『タモリ倶楽部』以外にも鉄ヲタ仕事が多かったのだが、2018年契約満了でスタダを退社したので、同クラブも外れましたね。
★3／1988年にハドソンのファミコン用ソフトとしてスタートした、RPG『桃太郎伝説』の派生シリーズ。
★4／2020年11月19日にコナミデジタルエンタテインメントより発売された、Nintendo Switch

イナーなのだが、すぐにFマイナーに転調してBPM125のゴキゲンなファンクとなって、「がやがや」とグルーヴし捲るから早くもサイコー。左にワウギター、右にカッティングギターを配したこのトラックは明らかにプリンス《Prince》の影響下にあるもので、日比野裕史《ひびのひろふみ》★7の初起用は大成功だったと言えよう。そしてこうした曲での4人の相変わらずのワチャワチャ感たるや、なんなんでしょうね、この人たちって。

「日本中」からはDマイナーに転調、そのままサビに突入するが、このあたりのマイナーのメロディーは実に前山田らしい美しいライン。さらに「遊ぼう！」からAメジャーに転調してパーティーを最高潮にアゲていき、あーりんが「やだー！キングボンビー！」に落とすんだからもーやっぱ前山田大好き！このオチの台詞はメンバーそれぞれの個性がわかってないと絶対に書けないので、前山田のももクロ愛を久々に確認できるのも、本曲の手柄なのだ。

3分6秒からの「Let's Party!」ではAメジャーではっちゃけつつも、勝負より「みんなと笑っていることがプレゼント」との泣かせるメッセージを届け、しおりん→れにちゃん→あーりん→夏菜子とリレーする落ちサビでFマイナーにアジャスト。最終コーナーのサビ後は、しおりんの「リゾートホテル買っちゃう?!」のらしいフレーズから、がやがやピーチクパーチクとゴールを迎える。ももクロ初期の前山田ワールドにあったワチャワチャ感をそのままに、極太のファンクでグイグイと聴かせるパーティーチューンはライヴでの破壊力も凄まじく、しばらくは欠かせないナンバーになることだろう。そしてこれが、アルバム『祝典』では「余興」としての役割を与えられるのだから、ももクロワールドはやはり深いですなー。

用ゲームソフト。第1作からの関口和之楽曲に加えて、前山田は9曲を追加。『ももクロ桃鉄』のモードは2022年3月24日にいったん終了したが、その後にアップデートで復活。

★5／2019年9月12日、「ヒャダイン こと 前山田健一」のツイート。1252件のいいねを獲得。

★6／正式には『桃鉄GP2021冬 ももクロ×サンタ杯 ももクロがサンタを連れてやってくる！配信SP』で、2021年11月27日に配信、現在もアーカイヴが残っている。3時間オーバーのゲーム実況だが、奇跡の連続で全く見飽きない。

★7／1981年、岐阜県出身の作詞・作曲・編曲家、ギタリスト。アイドリング!!!やDream5、ジャニーズ系のグループの数多くの楽曲を手がけている。

2022・2・11 配信開始
配信限定シングル

▼ももいろクローバーZ

『HAND《ハンド》』

包容力が備わったのミューズたちに、身を任せる

「SDGs」とか「新しい生活様式」とかって言葉、皆さんはどう思ってますか？ 私はあんまり好きじゃないです。だって前者は内容を見るとごく当たり前のことを言ってるだけだし、後者はなんだか広告代理店的というか、そこに**甘露の匂い**[★1]ではなくお金の匂いを強く感じるからなんですね。パンデミックのおかげで、いろんな意味で世界が後退戦に入っていることが明らかになり、日本の人口も減る方向にしか進まないんですから、ここはひとつ前向きな『**撤退論**《てったいろん》』[★2]を唱えて、歴史のパラダイムを転換する方向にクリエイティビティを発揮すべきではないのか——という自説をサクッと主張した上で。ももクロはもう、そっちに舵を切っているということが言いたかったわけです。

本曲は**太田胃散『太田漢方胃腸薬Ⅱ』のCMソング**[★3]だが、デビュー以来アグレッシヴに突っ走ってきたももクロが『Sweet Wonderer』（P484参照）で発した「明日のためのひとやすみ」とのメッセージを、本曲がリレーのバトンように受け継ぐことで、上辺だけではなくこれからの

★1／もちろん『GOUNN』（P244参照）でお馴染みのフレーズです。念のため。

★2／『撤退論—歴史のパラダイム転換にむけて』（晶文社）は内田樹／編による、2022年発行の論集。「撤退学」を標榜する奈良県立大学の堀田新五郎副学長、思想史家の白井聡、イスラーム法学者の中田考、感染症医の岩田健太郎、ミュージシャンの後藤正文ら各界の論客が、それぞれの立場から日本の進むべき道を語る。気楽な読み物なので、

サウンドカテゴリー度

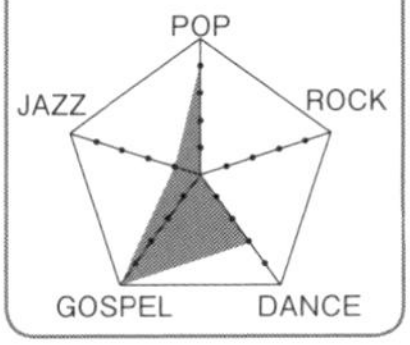

DATA

レーベル／イーブルラインレコード（キングレコード）
作詞／ Amon Hayashi
作曲／ Dirty Orange、Amon Hayashi
編曲／ Dirty Orange
オールインストゥルメンツ&プログラミング／ Dirty Orange (Digz, Inc. Group)
バックグラウンドヴォーカル／ Tight Hayashi、Eight Hayashi、Ia Tsuzaki

「生き方」を示してくれていると、筆者は捉えているのだ。これが所謂、悪くない感じの進化の途中ですね。

ここで再起用されたのは、『リバイバル』（P500参照）でももクロ楽曲群に新たな扉を開いてくれたDirty Orange。彼が同事務所の先輩格であるAmon Hayashi《アモンハヤシ》★4と共に届けてくれたのは、コンテンポラリーな感覚のゴスペル・ラップチューンだ。K-POP的に少ない音数で、風通しの良い音響空間を生み出しながら、しっかりとブラックミュージックに根ざしたトラックを創るDirty Orangeの手腕は、高く評価されて然るべきだろう。

ピアノとハンドクラップがBPM96でゆったりとグルーヴする雰囲気は『Yum-Yum!』（P416参照）にも通じるゴスペル仕様だが、夏菜子が「誰だってたまにはstressed out《ストレスアウト》」と、CM冒頭の「最近ストレス多いね」の台詞をラップ化したフレーズで出る。ピアノによるリフはF#メジャーで、これまでにさまざまなラップのパターンをこなしてきた4人が、終始クールにフロウするあたりがまず聴きもの。しおりんの「建前と」からのオルガンによるコードをバックにした伸びやかなメロディーラインは、クラップが早まる感じも含めて『リバイバル』と大きく重なりますね。これがDirty Orangeのメロディーセンスで、海外でウケそうなオリエンタルな感じを残しつつ、ブラックネスを湛えたラインは「今のももクロ」をしっかり感じさせる。思わず一緒に歌いたくなるサビのメロディーも含め、本曲は「聴く」というより「身を任せる」という感じだろう。それが許されるほどに、彼女たちには包容力が備わったのだ。アルバム『祝典』では中休憩の前に置かれ、前半を締めくくる役割を担っている。

お時間があるときにぜひ。

★3／太田胃散はももクロのスポンサードを2019年より開始、ももクロは2020年には太田胃にゃんの応援隊にも就任しているが、オリジナルのCMソングを担当するのは本曲が初となる。

★4／1979年生まれの作詞・作曲家。GENERATIONS from EXILE TRIBE、THE RAMPAGE from EXILE TRIBE、宮野真守等の楽曲を手がけている。

2022・3・4 配信開始
配信限定シングル

▼高城れに

『じゃないほう』

ONとOFFをテーマに、ノフとの絆を確認

タイトルの「じゃないほう」という表現について。私は**アメトークの「じゃない方芸人」**[★1]の回で「そういう言い方があるのだな」と認識しましたが、皆さんはいかがですか。本曲は**「まるごとれにちゃん2022 RENICHAN WORLD」**[★2]の開催にあわせて配信されたシングル曲だが、ここでは個人の両面――パブリックイメージとしての私（ON）と、内なる私（OFF）――という意味で使われている。作詞・作曲を手がけたのは**ロックバンド「wacci《ワッチ》」**[★3]の橋口洋平《はしぐちようへい》で、**彼は「こんなご時世だからこそ、高城れにさんとファンの皆さんの心の絆が更に深まっていくような楽曲になれば」と語っており、**[★4] wacciのメンバーがそのまま演奏まで手がけているので、要するに「wacci feat. 高城れに」という建て付けになっているわけですな。

「もう一人の私を」と、れにちゃんは告白するように歌い始めるが、ん？ これってwacciの代表曲**『別の人の彼女になったよ』**[★5]じゃないの？ じゃないほう？ と、ついしょーもない言葉遊びをしてしまったが、それが端的にwacciの個性なのだろう。れにちゃん初のフォークロック調で「いい子じゃない 器用じゃない」とこられた日にゃ、彼女の全てを受け入れる心の準備をしている俺ガイル（↑久々）。紫推しにはたまらんでしょうなぁ。

サウンドカテゴリー度

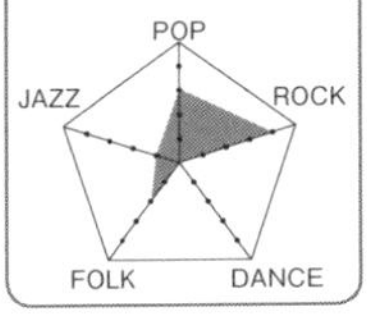

DATA

レーベル／イーブルライン
レコード（キングレコード）
作詞・作曲／橋口洋平（wacci）
編曲／村中慧慈（wacci）
ギター／橋口洋平、村中慧慈
キーボード／因幡 始
ベース／小野裕基
ドラム／横山祐介

★1／アメトークで2009年頃から「じゃない方芸人」との表現が定着。「ドランクドラゴンの塚地じゃない方＝鈴木」、「アンガールズの田中じゃない方＝山根」みたいな使い方ですね。

★2／「高城れににONとOFF」をテーマに、大阪、愛知、神奈川の3都市で開催。筆者は大阪・フェスティバルホールの天空席から見守りました。帰りのお見送り、神々しかったです。

★3／2012年にミニアルバム『ウィークリー・ウィークデイ』でメジャーデビューした5人編成のロックバンド。橋口洋平は鈴木愛理、藤木直人等へ楽曲提供も行っている。

★4／ソニーグループ系の音楽情報サイト「THE F1RST TIMES」内で紹介された、橋口のコメントより。

★5／2018年の配信シングル。口コミで話題を呼んで、YouTube の再生回数が5000万回を、ストリーミング累計再生回数が1億回を突破、鈴木愛理やジェジュンら、多くのアーティストがカヴァーしている。

2022・3・11 配信開始

配信限定シングル

▼西川貴教

『鉄血《てっけつ》† Gravity《グラビティ》(feat. ももいろクローバーZ)』

盟友・西川と共に存分に荒れ狂う、最強コラボチューン

ここでまた**「しょ〜しゅ〜りき〜」で一般的には有名**[★1]な声量おばけ、かつご縁の深い**西川貴教《にしかわたかのり》**[★2]とのコラボが実現した。ライヴでは**西川主催のフェスに出演**[★3]したり、逆に**ももいろ紅白に出演してもらったり**[★4]と顔見知りの存在だったが、公式な一緒のレコーディングはこれが初めて。曲は東宝映画『**KAPPEI カッペイ**』[★5]の主題歌で、ももクロ的には作・編曲のゆよゆっぺが『『Z』の誓い』（P296参照）以来の参戦となる。

いやこれ、相当にヤバいですよ。シンセのSEが飛来すると間を空けずにドラムがツインバスで絨毯爆撃を開始。しかもギターの短いフレーズはスライスされ、そこから失速するようにBPMを落とす頭の8秒で、完全にロックオンされてしまう。「Gate《ゲート》 of《オブ》 Trigger《タイガー》」とももクロと西川が同時に出るが、西川自慢のハイトーンにももクロが絡みつく構成はこれまでの男性ヴォーカルとはまた異なる熱量でエグく迫る。キーはAbメジャー、BPMは189の超速プレスト。「魂えぐったぶんだけ」のサビではC#メジャーに転調し、西川とももクロのコーラスがカーチェイスのような差し合いで駆け抜けるカタルシスたるや。2分11秒からは広大な空間に連れ出し、そこからの西川の無双も強力無比。どう考えても演奏者泣かせの曲なので、**ゆよゆっぺは「無茶振りしすぎて困らせた」と思わずツイート**[★6]。最高、最強のコラボでしょう。

サウンドカテゴリー度

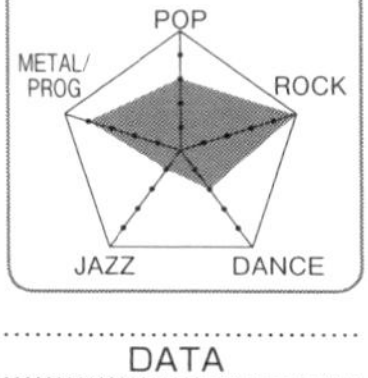

DATA

レーベル／エピック レコード ジャパン
作詞／エンドケイプ
作・編曲／ゆよゆっぺ
ギター／安島龍人
ベース／BOH
ドラム／山﨑浩二朗

★1／西川はエステーの芳香剤「消臭力」のCMに、2011年の東日本大震災直後より出演。お茶の間に高らかに、その声を響かせた。
★2／1970年、滋賀県出身の歌手、作詞家、俳優、声優、実業家。ソロプロジェクトT.M.Revolutionとして1996年に活動を開始。『機動戦士ガンダムSEED』等、数多くのアニメソングに参加する傍ら、声優としても出演。
★3／西川の「音楽を通じて地元に恩返しがしたい」という想いの元、滋賀県草津市の琵琶湖畔を会場に2009年から開催されている『イナズマロック フェス』で、ももクロは2014年〜2016、2019年に出演（2022年にも出演予定）。
★4／西川は『ももいろ歌合戦』に、2019年から毎年出演している。
★5／2022年3月公開の、監督／平野隆監督、主演／伊藤英明による映画。原作は2011年〜2014年に『ヤングアニマル』に連載された、若杉公徳によるギャグ漫画。
★6／2022年3月11日、ゆよゆっぺのツイートより。なお本曲の演奏者クレジットは、このツイートから探ったもの。

2022・2・23 発売
浪江女子発組合 1st ALBUM

花咲《はなえ》む

浪江女子発組合

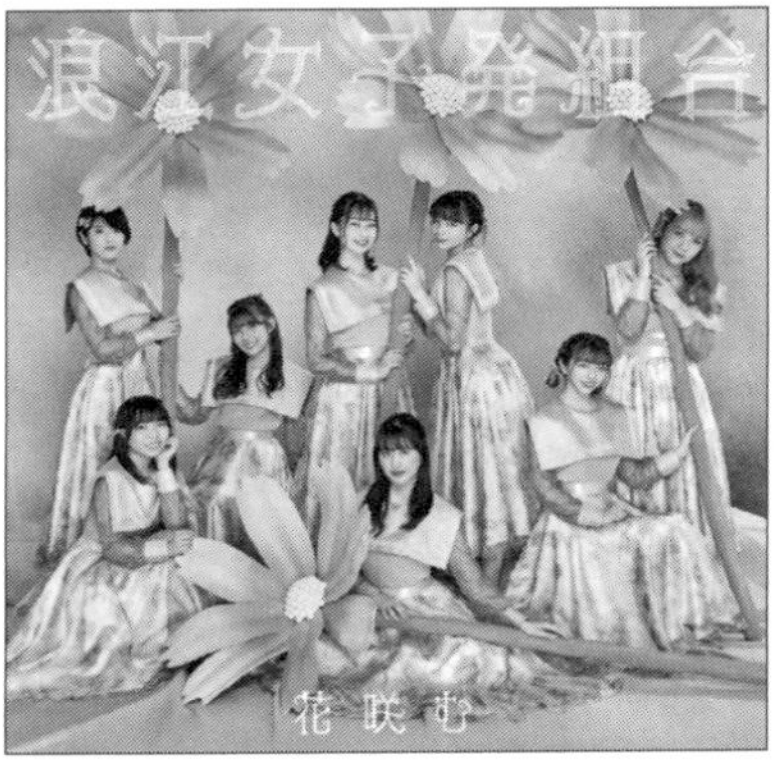

通常盤　KICS-4023

1	Overture ～浪江発の風にのって～
2	なみえのわ
3	桜梅桃李夢物語
4	ミライイロの花
5	あるけあるけ
6	ほれ、あいべ!
7	それぞれのハタ
8	いつかまた浪江の空を
9	つながる、ウンメイ
10	ハレノヒの足跡
11	またキミと。

レーベル／イーブルラインレコード（キングレコード）

コスモスの天使となって、浪江町から笑顔を届ける8人

「浪江女子発組合」は2019年11月24日、浪江町で開催された「復興なみえ町十日市祭」からスタートした、佐々木彩夏がＰＰＰ《ピンク・プレイング・プロデューサー》を務めるアイドルグループ。活動拠点は福島県双葉郡浪江町で、キャッチフレーズは「浪江発の風に乗せて、あなたに届きますように」。佐々木彩夏以外のメンバーは、**AMEFURASSHI**《アメフラシ》★1の4人、**B.O.L.T**《ボルト》★2から年長組の2人、そこに**播**《はり》**磨**《ま》**かな**★3が加わった8人編成。浪江町の花であるコスモスをイメージカラーとし、ももクロとは

★1／メンバーは愛来、市川優月、小島はな、鈴木萌花の4人。結成時はグループ名を「アメフラっシ」としていたが、2022年より「AMEFURASSHI」の表記に。『Metamorphose』、『DROP』と2枚のアルバムを発表、高いパフォーマンス力とガールクラッシュ路線の楽曲で、STARDUST PLANETでは異色の存在。

異なる音楽性で全国に笑顔を咲かせる活動を続けている。なお略称の「JA浪江」は農協ではなく、「Jyoshihatsu《女子発》 Association《アソシエーション》 Namie《波江》」の略。

時系列では2020年2月の『なみえのわ』から配信シングルを順次リリースしていたのだが、それらを1枚のアルバムにまとめたのが本盤となる。『**Overture ～浪江発の風にのって～**』に続いてその『**なみえのわ**』が登場、『**桜梅桃李夢物語**《おうばいとうり》』はももクロでもお馴染みのCHI-MEYが手がけた自己紹介ソングで、あーりんがいつもの調子でプニプニとメンバーを紹介していく。『**ミライイロの花**』はライヴでもハイライトとなるダンサブルな曲で、クラップやコールを入れたくなりますね。ロッカバラードの『**あるけあるけ**』から、みんなの歌的なシャッフルの『**ほれ、あいべ！**』は、東北の方言で「さあ、行こう」の意味。アップテンポの『**それぞれのハタ**』で元気いっぱいに疾走《はし》り、バラードの『**いつかまた浪江の空を**』でウルウルさせる。『**つながる、ウンメイ**』はももクロの『いつか君と』（P246参照）を思わせる楽想で、フォーキーな『**ハレノヒの足跡**』で和み、ラストは約束ソングの『**またキミと。**』で力強くフィニッシュする。

アイドル然とした素直な楽曲が並んで心洗われる1枚になったが、パフォーマンス力の高いメンバーが集まっているのでライヴになると印象が変わるし、なにしろ全員凄まじくカワイイので、現場未体験の方は初回限定版に付属のライヴをぜひご覧あれ。ふんわりやんわりと、魂を抜かれますのでな。**春一の後の「Monday 居残りライブ in 浪江」**★4 もサイコーでしたね。

★2／B.O.L.Tのメンバーは内藤るな、高井千帆、青山菜花、白浜あやの4人だが、浪女には内藤るな、高井千帆の2人が参加。ももクロとはEVIL LINE RECORDSのレーベルメイトで、楽曲はギターオリエンテッドなポップロックが中心。内藤るなの接触における神対応は有名。推しです。

★3／3B Junior、はちみつロケット、Awww! を経て浪女に参加。ガツガツとどこでも前に出ようとする愛されキャラで、「ビジネスあーりん推し」と言われている（本人は否定）。

★4／2022年4月25日、浪江町地域スポーツセンター駐車場で行われたライヴ。あーりんを筆頭に雨女軍団なのに、当日は突き抜けるような晴天。春なのにガッツリと暑かったです。

2022・2・11 配信開始
配信限定シングル

▼ももいろクローバーZ

『One Night Carnival《ワン ナイト カーニバル》』

翔やんのももクロ愛が注ぎ込まれた、最強のアッパーディスコ

さすが氣志團。彼らへのトリビュートアルバム『All Night Carnival《オール ナイト カーニバル》』★1は、彼らのメジャーデビュー曲かつ代表曲である『One Night Carnival』★2を、ご縁のある11組のアーティストがそれぞれのスタイルでカヴァーしたものだというね。まー軽く気が狂ってるとは思うが、逆に言えばそれが成立するレベルの名曲であり、どのように料理するかによってアーティストの個性が浮かび上がるわけだから、オイシイ話ではあるかと。「俺んとこ来ないか」ってみんな言いたいだろうし、ねえ。なおアルバムでは、ももクロは並み居るトップアーティストに続いて、堂々の大トリを務めておられます。

思えば氣志團とももクロの付き合いも長い。氣志團万博には2012年の第1回から皆勤賞、ステージと共にケータリングも存分に楽しんでいる。その一方で、氣志團はももいろ歌合戦に2017年の第1回から参戦。初年度こそ披露したのは『氣志團メドレー』だったが、**2018年からはももクロの楽曲をカヴァー**★3し、モノノフたちを大いに楽しませている。

サウンドカテゴリー度

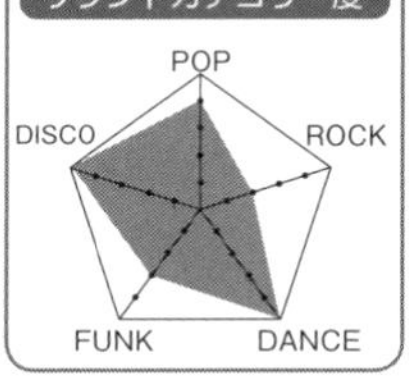

DATA

レーベル／イーブルライン レコード（キングレコード）
作詞・作曲／綾小路翔
ラップ歌詞／只野菜摘
編曲／日比野裕史
ギター、ベース&プログラミング／日比野裕史
ドラム／阿倍 薫

★1／参加アーティストは浜崎あゆみ、木梨憲武、湘南乃風、BiSH、東京スカパラダイスオーケストラ等、超豪華です。
★2／2001年にインディーズレーベルからリリースされたシングル曲で、翌年に東芝EMIからメジャーデビュー曲としてリリース。2013年には氣志團万博のテーマソングとして、リメイク盤もリリースされている。
★3／2018年は『あんた飛ばしすぎ!』の替え歌『俺ら飛ばしすぎ!!』、2019年は『stay gold』、2020年は『走れ!』、2021年は『ピンキージョーンズ』を披露している。

綾小路翔のももクロへのリスペクトはハンパないが、さらにラップパートに只野菜摘を迎えることで「ももクロのオリジナル」としてもおかしくないものに仕上げた。編曲は『BUTTOBI!』（P606参照）でエエ仕事をしたばかりの日比野裕史が手がけており、お得意の極太ファンクとすることで、4人がそれぞれの無双をカマすためのお膳立てをしてくれる。

グラスが割れる音から始まるのは氣志團のオリジナル通り。印象的なギターの下降フレーズに続いて、4つ打ちのビートが走り出すと、左右チャンネルで2本のギターによるアンサンブルを繰り広げるのが、必殺の日比野スタイル。キーはEbマイナー、BPMは136。「俺んとこ来ないか」は4人が声を揃え、分厚いブラスのフレーズの合間にお馴染みの「a foo!《アフー》」のコール★4を入れるのがほんとーに楽しそうで、はっちゃけながらのレコーディング風景が目に浮かぶようだ。Aメロは夏菜子ちゃんから出るが、台詞パートはメンバーそれぞれの個性に合わせており、翔やんの愛情がたっぷり注がれる。「Can you master Baby?《キャン ユー マスター ベイビー》」はドヤ顔の夏菜子→キリリとしおりん→クネるあーりん→伸び伸びれにちゃんとリレーし、「foooo!《フーーー》」でF#メジャーに転調。「瞬きもせずに」からのサビはユニゾンの束となって突っ走るのだが、やはり最強ですなーこのユニゾンは。2分3秒からAメジャーに転調して日比野が伸びやかにギターソロをカマし、4人が合いの手を入れるあたりも超アガる。ラストの夏菜子ちゃんの「ウチらんとこ来ないか 行こうぜピリオドの向こう」は、完全に反則でしょ、これ。あまりの多幸感に、涙が軽く5ガロンほど溢れてしまったではないか。結論。翔やん&只野の歌詞と日比野のファンク魂で4人のミューズが大暴走する本曲、絶品です。

★4／このコール、出るたびにいろんな変化をつけているあたり、ももクロが翔やんにバイヴスを送っているのかと思われ。

2022・5・17 発売
6th ALBUM

祝典

ももいろクローバーZ

通常盤　KICS-4053

1 Opening Ceremony - 阿 -
2 PLAY!
3 ダンシングタンク♡
4 MYSTERION
5 満漢全席
6 BUTTOBI!
7 ショービズ
8 HAND
9 Intermission - 闇 -
10 momo
11 なんとなく最低な日々
12 stay gold
13 月色 Chainon ももいろクローバーZ ver.
14 孤独の中で鳴る Beatっ!
15 手紙
16 また逢う日まで
17 Closing Session - 梨 -

レーベル／イーブルラインレコード（キングレコード）

オリコンアルバムチャート デイリー2位 ウィークリー2位
オリコンデジタルアルバムチャート ウィークリー1位
Billboard JAPAN Top Download Albums ウィークリー1位
Billboard JAPAN Hot Albums ウィークリー2位

すべての人々に「人生への祝福」を届ける、メッセージアルバム

ももクロのアルバム発売ペースは、極めて長閑である。前作から本作までには3年のブランクがあったが、これは2nd以降の流れを考えると、いつものパターンではある。しかし今回に関しては、その多くの期間は新型コロナウイルスのパンデミックと重なっていた。ライヴ活動が停滞し、ファンとの交流も概ねリモートとなった状況下で、それでも彼女たちは、アイドル界を牽引する者としての「ネクスト」を見出さなければならなかった。

そして2022年3月17日、東京のまん延防止等重点措置がようやく解除され、少しずつではあるが人々の心に光が差し込み始めたタイミング＝ももクロ結成14周年のその日に、本作はリリースされた。ここ3年間の社会状況を反映しながら、彼女たちのミッションである「笑顔を届けること」に新たな意味を付加したそのテーマは、「人生への祝福の儀式」であった。

アルバムのプロモーションは過去最大のものとなり、2022年4月8日から21日にかけては、**「ももクロ NEW ALBUM『祝典』Track List 発表式典」**★1の動画が連日配信され、そこでは4人によるコメントのバックにオフヴォーカル・バージョンの新曲が流れ、徐々にその姿を露わにしていった。また特設サイトでは楽曲提供者全員と衣装デザイナーの**飯嶋久美子**《いいじまくみこ》★2のコメントを掲載、**「#ももクロ祝典祝電を送ろう！」**★3の募集企画も行われ、こちらはツアーライヴのインターミッションで発表され、現在は全ての日程の音声コメントが公式チャンネルで確認できる。こうした一連の流れは、『祝典』は4人と運営、そしてモノノフが共に「儀式」を創るという発想に基づくものだが、アルバムジャケットで4人の背後にあるCGによるメタリックな手――砂漠から水が立ち上がって手の形を形成している――が、通常盤では輪を作るように、初回限定盤ではそっと手をとりあうようになっていることと、見事に呼応している。

筆者は5月12日と13日、大阪・フェスティバルホールでのツアーライヴに参戦した。この段階ではアルバムはまだ発売されていなかったので、状況としては5Dリリースツアーの時と同じような感じではあった。しかし大きく異なるのは、入場時に式次第が配られ、アルバム曲を順に披露するということが事前に分かっていたため、サプライズには至らなかったという点。ツアー用

★1／幕が開いて、アルバム用の衣装でメンバーが登場。楽曲提供者を紹介し、曲の印象をコメントする流れになっていた。毎日とても、楽しみでしたね。また5月3日から6日までは新曲の一部音源を、メンバーそれぞれのInstagramアカウントの「ストーリーズ」で解禁。5月7日にはAEのメルマガに、新曲の一部音源の聞けるYouTube限定動画URLが送られ、さらにはニュースアプリのSmartNews内に「ももいろクローバーZ チャンネル」も開設。忙しかったです。

★2／1974年、東京都出身のスタイリスト、衣装デザイナー。2016年のリオ五輪閉会式「旗引き継ぎセレモニー」で、パフォーマーの衣装デザインと制作に参加（共同作業）。2021年の東京オリンピック閉会式では、アオイヤマダによる鎮魂の舞のパフォーマンスに、樹木をモチーフにした衣装を提供。

のペンライトにも4色にゴールド（オレンジ）を加えて、点灯のタイミングも示されることで、「儀式」への参列を強く印象付けたのだった。

既発の5曲に加えて新曲9曲、インタールード3曲という構成は、ライヴツアーを体験した今となっては、とても理解しやすいものだ。収められた既発の5曲が発表されたのはそれぞれ『stay gold』（P552参照）がパンデミック前、『月色Chainon』（P576参照）はド真ん中、『BUTTOBI!』（P606参照）と『HAND』（P608参照）はイベント開催時の制限はあったがライヴも行われ始めて、世間の空気が少しづつユルくなってきたタイミングであったが、改めてアルバムに収められることで各曲の発表時とはまた異なるニュアンスを帯びることになる。そして新曲9曲は、20代後半になったメンバーの「等身大の今」を描きながら、辛苦を分け合って人の心にそっと寄り添い、それぞれの人生を祝福するような楽曲が並んでいる。

百田夏菜子は「**自分の人生と向き合う瞬間だったりとか、（中略）そういった時に、そのどれをも肯定してあげられるような、そんな作品になったんじゃないか**」、「**それこそが私たちが考える『祝典』なんです**」と**語っている**[★4]が、確かにこれまでのアルバム以上に強いメッセージ性が感じられるものになっている。ゆえに筆者は、本作をコンセプトアルバムではなく、すべての人々に「人生への祝福」を届けるメッセージアルバムと捉えている。

では新曲を順に、聴いていこう。

★4／雑誌「ミュージックマガジン」2022年6月号の「特集 ももいろクローバーZ」内の、メンバーへのインタビューで言及。

2022・5・17 発売
6th ALBUM
『祝典』

▼ももいろクローバーZ

『Opening《オープニング》 Ceremony《セレモニー》 -阿《あ》-』『Intermission《インターミッション》 -闇《じゃ》-』『Closing《クロージング》 Session《セッション》 -梨《り》-』

アルバムの各曲を大きなストーリーで包み込む

本作にはオープニング、インターミッション、そしてエンディングにそれぞれBGMを配置することで、アルバムの各曲を繋ぎながら、大きなストーリーで包み込むような効果をもたらしている。この手法はツアーライヴでも用いられ、インターミッションでは「#ももクロ祝典祝電を送ろう！」で募集したコメントが発表され、この間にメンバーは衣装替えを行っていた。なお3曲に振られた「阿《あ》」「闇《じゃ》」「梨《り》」を繋げると「阿闇梨」となり、これは「先生／指導者」を意味する仏教用語。作品の宗教的な世界観をイメージさせるために置かれたものだが、要は『GOUNN』（P244参照）の時と同様のパターンですな。トラックメーカーのChaki《チャキ》 Zulu《ズールー》★1はAwich《エイウィッチ》★2のアルバムプロデュースも手がける気鋭の音楽プロデューサーだ。

『Opening Ceremony - 阿 -』はディステニー感のある混成コーラスに始まり、砂漠の進軍のようなリズムとメロディーが荘厳なイメージを醸し出す。『Intermission - 闇 -』はスクラッチノイズが昭和のレコード喫茶を思わせ、『Closing Session - 梨 -』ではアルバム全体をゆったりと回想する。テイストこそ全く異なるが、完成度の高いこの3曲のインストゥルメンタルがあることで、アルバムにやんわりと統一感と酩酊感がもたらされている。実に巧みな構成だ。

★1／ヒップホップレーベル&ヒップホップクルー＝YENTOWN（イエンタウン）を主宰する音楽プロデューサー。RYUJI IMAICHI、Grace Aimi、SALU、MIYAVI、kZm（カズマ）らの楽曲を手がけている。

★2／1986年、沖縄県出身の歌手、ラッパー。2020年にジョン・レノン&ヨーコ・オノの『Happy X-mas (War Is Over)』のカヴァーで、ユニバーサルJよりメジャーデビュー。最新アルバムは2022年3月リリースの『Queendom』。

サウンドカテゴリー度

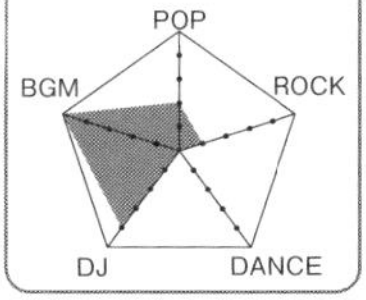

DATA

レーベル／イーブルラインレコード（キングレコード）
作・編曲／Chaki Zulu
オールインストゥルメンツ&ミックス／Chaki Zulu

2022・5・17発売
6th ALBUM
『祝典』

▼ももいろクローバーZ

『ダンシングタンク♡』

自己紹介のニューバージョンで、再びのGARLICBOYS投下

荘重な『Opening Ceremony -阿-』から軽快な『PLAY』へとひょひょいと進み、ゴリゴリの本曲へと繋がるアルバム冒頭の流れは相当に面白く、このあたりは「ゴールの見えないキャラクター」と表現すべきでしょうか。『あんた飛ばしすぎ!!』（P474参照）でももクロ界隈に降臨したGARLICBOYSだが、本曲は関西テレビ『プロ野球中継2022』のテーマソングなので、アルバム発売前の4月5日に甲子園球場で行われた**阪神タイガースvs横浜DeNAベイスターズ戦**[★1]の生中継時にオンエアされた。その段階ではまだTrack List発表式典の動画はスタートしていなかったため、オンエア時はなかなかの衝撃度でしたねー。

2018年の時点で実はこの曲、**『あん飛ば』とともに新たな自己紹介ソングの候補に選ばれており**[★2]、その時は『あん飛ば』がチョイスされたが、改めて今回こうして陽の目を見ることになったのだからありがたいっス。原曲は1977年にリリースされたGARLICBOYSのアルバム『LOVE』に収録されているもので、『♡』はつきません。例によって必ず、オリ

★1／この日は阪神タイガースが4-0で快勝。れにちゃん推しの佐藤輝明選手も4打数2安打で、初回にシーズン初のホームラン（2ラン）と絶好調でした。
★2／2022年5月17日、WEBサイト「音楽ナタリー」に掲載された百田夏菜子&高城れにへのインタビュー内で言及。ここで高城は、「この曲で歌われているキャラクターが今現在の私たちです」とも語っている。

サウンドカテゴリー度

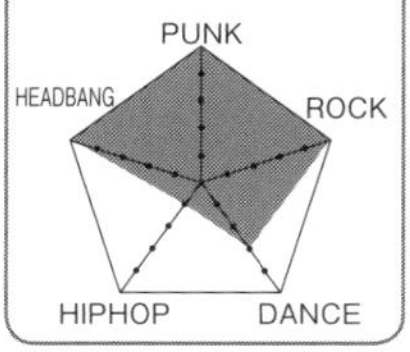

DATA

レーベル／イーブルラインレコード（キングレコード）
作詞／只野菜摘、二牟禮卓巳
作曲／二牟禮知巳
編曲／GARLICBOYS
ギター／Larry（GARLICBOYS）
ベース／Pessin（GARLICBOYS）
ドラム／Ryo（GARLICBOYS）
スペシャルゲストボーカル／GARLICBOYS

ジナルを聴いてくださいね。**「重量10ｔ」のファンクラブ会長**★3を紹介するだけなので、2分25秒でストンと終わっちゃいます。対するももクロバージョンは4人を順に紹介するので、トラックタイムは3分19秒と長めになっている。楽曲のキーもオリジナルはF#マイナーで、ももクロバージョンはBbマイナーと高めだが、BPMは209と同じだ。

自己紹介の部分はももクロ作家陣のトップチームに君臨する只野菜摘が手がけているが、これがまた抜群。台詞部分はファッションショーのコメント風にして、トップ・オブ・ザ・ビューティーのあーりんは「永遠のアイドル」を名乗って悩殺で降臨、トップ・オブ・ザ・最高のれにちゃんは「それは沼なのか」とパープルで降臨、トップ・オブ・ザ・フューチャーのしおりんは「珠玉の涙はきらめく真珠」でクールに降臨、トップ・オブ・ザ・リーダーの夏菜子は「普段は赤は着ません」と無意味なカミングアウトをして太陽降臨！ とまあ、20代後半に相応しいかどうかは正直よくわからないが、ゴキゲンな自己紹介をキメてくれるのだからもう楽し過ぎルンルン花の子ルンルン。れにちゃんの自己紹介終わりではLarry《ラリー》が灼熱のギターソロをカマすのも『あん飛ば』同様なれど、GARLICBOYS、演奏能力めっちゃ上がってますよねー。

『祝典』のツアーライヴでは自己紹介するメンバーが**ひな壇ステージ**★4の最上段に構え、それをメンバーが下からリスペクトする振り付けで盛り上げてくれたのも、昨日のことのように思い出す。さあて、これが夏ライヴやロックフェスでどのように化けるのか？ なんとなく『あん飛ば』と連続でカマされそうな気もするが、となるとヘドバンのし過ぎで軽く気絶するんでしょうなー。期待しましょう。

★3／歌詞タイトルのモデルになったのは、「10ｔ」というあだ名の最前ダンス組のお客さんらしいです。GARLICBOYSのWEBサイトでの「再録ベスト」発売記念スペシャルインタビュー内でのコメントより。

★4／アルバムのカヴァーツアーは基本的にはバンドが入らず、トラックを走らせて行われるため、ひな壇が配置されたステージセットとなる。祝典ツアーでは中央にひな壇があり、その左右に小上がりの踊り場が置かれていた。これにより、メンバーが入れ替わって自己紹介するほか、曲によって立ち位置に変化をつけていた。

2022・5・17 発売
6th ALBUM
『祝典』

▼ももいろクローバーZ

『MYSTERION《ミステリオン》』

アルバムの世界観を支配する、壮大なトラップチューン

大騒ぎした自己紹介ソング続いて登場するのは、アルバムのリードトラックだ。タイトルから筆者が真っ先に連想したのは、**水樹奈々の**『ミュステリオン』★1だった。『GOUNN』(P244参照)や『青春賦』(P286参照)等の楽曲を提供しているしほりが書いた人気曲なので、キング宮本氏がこれを知らないはずがない。にもかかわらずタイトルを『MYSTERION』——「密儀」つまり信徒以外には秘密とされる儀式——とあえてしたことについては、「アルバムのテーマを表現するには、これしかない」との強いこだわりがあったのだろうと推察する。

2022年4月29日に先行配信されたのだが、すでに全てのトラックのオフヴォーカル・バージョンが発表されていたとはいえ、そこに4人の歌が入ってくると、趣はまったく変わってくる。そもそも「ももクロNEW ALBUM『祝典』Track List - 第三回発表式典 -」の段階では、初聴の印象では『Neo STARGATE』(P216参照)的な荘厳さを感じていたが、トラックの印象、そしてinvisible mannersを起用している点から、なんとなく「ラップ曲だろう」と予想して

サウンドカテゴリー度

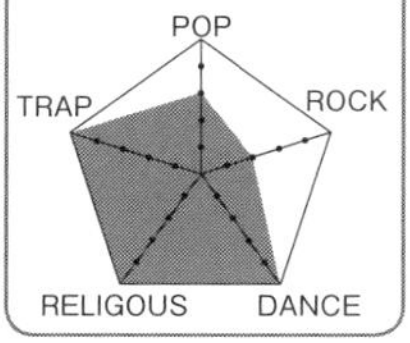

DATA

レーベル/イーブルライン
レコード(キングレコード)
作詞・作曲・編曲/
invisible manners
(平山大介・福山整)
プログラミング&オールインストゥルメンツ/
invisible manners
(平山大介・福山 整)
コーラス/渡部沙智子、
葛岡みち

★1/2010年のアルバム『IMPACT EXCITER』に収録。作詞・作曲はしほり、編曲はElements Garden の中山真斗。スピーディーなハードロックなので楽曲的には関係性がないが、『ミュステリオン』という聞き馴れない言葉の響きは印象に残る。
★2/日本の唱歌を大量に作った、野口雨情/作詞、中山晋平/作曲による童謡。「こがね虫は かねもちだ」の、あの曲です。なお中山はクラシック通なので、ヨハネス・ブラームスの『4つの厳粛な歌』の第1曲『人の子らに臨むところは獣にも臨むからである』を元ネタに本曲を書いたであろう、というのは有名な話

いた。ところが実際には縦ノリのトラップチューンであり、ヴァースのパートには毎回異なるメロディーが乗せられている——何度かリピートするうちに筆者が思い至ったのは、**童謡の『こがね虫』**★2と、**オウム真理教の麻原彰晃《あさはらしょうこう》による『エンマの数え歌』**★3だった。前者は誰もが子供の頃に歌ったはず、後者はやはり童謡のようなメロディーを持つ曲だが、「私はやってない」のところが特に、サビのメロディーに共通するものがあるのかと。もちろん「元ネタ」というわけでは決してないのだろうが、こうした古謡をベースとするタイプのメロディーは、ある種の宗教性を誘発する。ももクロにはよく宗教性があると言われるが、**「This is a Pledge《プレッジ》」**★4との歌詞から明らかなように、本曲は「誓約の儀式」の始まりを告げる楽曲。ゆえに、アルバム中で最も強く宗教色を打ち出したことについては、ストンと腑に落ちるものがある。一方で本曲以外では、そうした宗教色を排していることからも、宮本氏の狙いが読み取れるだろう。

　それにしても、このタイミングでとんでもない難曲を投下したものだ。invisible mannersは毎回、ももクロの歌唱における技術的ハードルを上げ続けているが、遂にここまで来たか、との思いだ。彼らはそのことを、**「彼女たちが今まで使っていない筋肉を使う曲になっているんじゃないかな」と述べている**★5が、さもありなん。そして本人たちも、レコーディングではこれは一番大変だったことを認めている。invisible mannersの平山は歌録りには立ち会わなかったが、「ここはこのように歌って」という指示を書いて、仮歌も100%仕上げて提示したという。これを受けてキング宮本氏とももクロは、大量の「パーツ」を歌ったわけだが、その結果、ヴォーカルトラックだけで150ぐらいはあるというから恐ろしい。そしてもっと恐ろしい

かと。あと筆者の大好きなスペインの作曲家、イサーク・アルベニスのピアノ曲『カタルーニャ』にも、童謡ではなく同様のメロディーが出てきます。いいですよーこの曲。ギターで弾くと箆棒に難しいですが。マヌエル・バルエコの演奏を初めて聴いた時は、心底ブッ飛びました。

★3／オウム真理教がテレビを賑わせている頃、ニュースでよく耳にしましたね。「わーたーしーはーやってない」と棒読みっぽく歌うのですが、なんちゅうセンスや！と笑っていたものの、一連のオウム楽曲は相当にヤバかったです。各自調査よろしく。

★4／pledgeは「誓約／固い約束」の意味。「この誓いがこの想いが」あたりの歌詞が重要なポイント。

★5／このあたりのエピソードは全て、雑誌「ミュージックマガジン」2022年6月号の「特集ももいろクローバーZ」内の、invisible mannersへのインタビューより。

のは、いくらレコーディングに苦労したと言っても、最終的にはライヴの場で完璧にこれを歌いこなす4人の圧倒的な力量だ。そういう意味で、本曲はももクロの2022年時点での音楽的な達成を、端的に示す1曲と言えよう。

凝りまくったコーラスとオーケストレーションも凄まじい

曲はF#マイナーの印象的なストリングスのピチカートによるリフと、バンジョーのような音でのコード弾きから始まるが、ここからはすぐさまアルバムジャケットの風景が浮かび上がる。干《ひ》からびた砂漠を行くのは、無国籍な衣装を身に纏《まと》った4人の祭司《さいし》。決然とした表情で、何者かに立ち向かって行くのだが、その相手は「孤独」だ。

本曲はジャケットのキービジュアルからイメージを広げて創られたそうだが、たった4小節でそれを感じさせるのだから、invisible mannersの映像喚起力は強烈無比。そこに「This is a Pledge」がシュプレヒコールのように重なっていき、頭サビの『こがね虫』のメロディーが壮大なコーラスを伴って降臨。このシンプルだが麻薬的な魅力を持つメロディーは、気付かぬうちに脳内に忍び込むので、ふとした瞬間に口ずさんでしまうから要注意だ。BPMは150で、ビートの芯は軽いシャッフルになるのに、ハイアットはイーブンで刻むことで縦ノリに繋ぎ止めるあたりもカッコ良過ぎる。

「五線譜じゃ表せない」と最初にソロで出るのは夏菜子、続くしおりんとあーりんは、自身の声を重ねて厚みを出す。「どんな過去未来も」からは渡部沙智子《わたなべさちこ》と葛岡《くずおか》みちによるオペラ的なコーラスが加わって、メロディーはより厳しさを増す。「やり場のない怒りで」からはバックをクラップに託しつつメロディーを展開させ、徐々に壮大なオーケストレーションで盛り上げていく。こうして書いていてもコーフンするのだが、こんなに複雑でエクストリームな曲がポップスとして通用するのは、ズバリ言って日本だけだろう。**マーティー・フリードマンは、「日本は音楽教育環境が優れているため、複雑な楽曲を理解するリテラシーがある」と論じている**[★6]が、筆者も彼の意見に全面的に同意する。

1分27秒からは「This is a Pledge」が今度はオペラ的なコーラスとなって迫り、再びのサビのコーラスへと進む。で希望の糧を見つけ、いざ祝祭を始めんとする。ここで「ウ〜ワオ！」と『猛烈宇宙交響曲・第七楽章「無限の愛」』（P162参照）に遊び心でリスペクトするあたりも憎い演出だ。

ヴァースに戻ってからのメロディーはすべて更新されており、一定のフロウでは乗り切れない中、しおりんは「荒削りでも！ ここに誓います！」との名フレーズをキメる。そして種明かしのように、3分12秒でれにちゃんが童謡の『**通りゃんせ**[★7]』を歌う。

ラストに向かうサビでは、ドラムを4つ打ちとして急き立てていき、エンディングの「This is a Pledge」には再び『通りゃんせ』のメロディーがコーラスで重なり、4分ピッタリで終了。随所でのたうつダブステップ的な重低音のSE、笑い袋のようなスクラッチなど、トラックも聴きどころが満載。ももクロとinvisible mannersが創り上げたこの荘厳な音世界に、打ち震えろ！

★6／2022年6月10日、WEBサイト「音楽ナタリー」での「海外から見た日本のアイドル（後編）〜マーティー・フリードマンが掘り下げる『日本アイドルの特殊性』」の記事内での言及。彼はこのような状況を簡潔に「音楽的にヘルシーな環境」と表現している。さすがマーティー、よー分かってます。

★7／江戸時代に「遊び歌」として歌詞が確立したとされている童謡。野口雨情作詞の説もあり。「行きはよいよい 帰りはこわい」のところが、子供ゴコロになんだかもやもやしたものを残していたのでは。そういえば昔は横断歩道でよく聴きましたが、今はぜんぶ鳥の声になってるみたいですね。あと「天神さま」は太宰府や京都のそれではなく、神奈川県小田原市の山角天神社、埼玉県川越市の三芳野神社が舞台らしく、どちらにも発祥の碑があるらしいです。

2022・5・17 発売
6th ALBUM
『祝典』

『満《まん》漢《かん》全《ぜん》席《せき》』

▼ももいろクローバーZ

陽気度満開！ のチャイニーズパーティー・ラップチューン

ゴワァ～ン、と銅鑼《どら》の音が響くと、もうそれだけでチャイニーズって分かりますよね。ももクロの曲でチャイニーズ風味といえば、過去には『『Z』の誓い』（P296参照）、『笑一笑～シャオイーシャオ～』（P454参照）、並びに『チントンシャン！』（P456参照）が挙げられるが、そこではスパイス的にチャイニーズ要素が採り入れられていた。その点で本曲は、最も本格的なチャイニーズパーティー・ラップチューンと位置付けることができよう。

さて、前曲で誓約の儀式を終えた我々は宴席へと向かうのだが、そこで供されるのは、至福の**満漢全席**★1。楽曲は、これが初起用となるヒップホップユニット＝**餓鬼《がき》レンジャー**★2のポチョムキン、YOSHIの2人だが、餓鬼レンジャーはももクロの盟友である**伊藤《いとう》沙莉《さいり》**★3と**「餓鬼連《がきれん》合《ごう》」なるユニットを組み、『Miss PenPen《ミスペンペン》』**★4をリリースした実績がある。そこでは沙莉ちゃんがなかなかに熟《こな》れたラップを披露しているので要チェック。かつ加えて、あの『走れ！』（P76参照）をmichitomoと共に手がけたKOJI obaも久々に参戦し、お得意のキャッチーなメ

★1／本来の満漢全席は数日をかけて楽しまれるものだったが、現在では山海の珍味を集めた豪華な宴席中華料理一般を指すようになった。「満漢」は満州族と漢民族の料理を一堂に揃えることから。

★2／YOSHI、ポチョムキン、GP、タコ神様、DJ オショウから成る、熊本県出身のヒップホップユニット。YOSHI とポチョムキンがMCを担当。

★3／1994年、千葉県出身の女優。映画『幕が上がる』でももクロと共演、特にしおりんと仲良し。しおりんは「ももクロの隠れメンバー茶色担当ちゃいり」と Instagram で紹介。

サウンドカテゴリー度

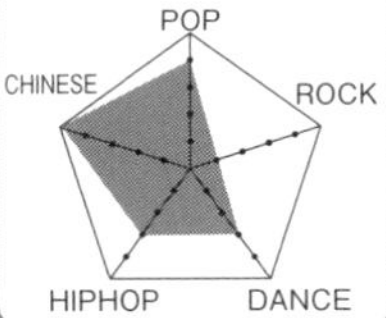

DATA

レーベル／イーブルライン
レコード（キングレコード）
作詞／ポチョムキン・YOSHI（餓鬼レンジャー）
作曲／KOJI oba、ポチョムキン・YOSHI（餓鬼レンジャー）
編曲／KOJI oba
ギター／坂田善也

ロディーで、宴席を大いに盛り上げてくれる。

銅鑼《どら》の音の残響が残る中、チャイーニーズ・リフとヒップホップなリズムがワカシャカと走りだす。このラップパートの**トーナリティー**★5はBマイナーで、「待ちに待った 宴だ今日は」と最初にフロウするのはれにちゃん。続くしおりんは「上海蟹だ 非常好吃《フェイチャンハオチー》」とそりゃあ贅沢だが、本曲では「一直以来謝謝了《イーチュウイライシェイシェイラ》」や「歓迎光臨《ファンイングァンリン》」等、中国語の歌詞が頻繁に出てくるので、ひじょーに勉強になりますねー。

「ペロリとフルコースAtoZ」からは平行調のDメジャーに転調して陽気なメロディーとなり、しおりん→かなこ→あーりんと歌い継ぐが、れにちゃんの「よよよい よよよい」が可愛くって思わずニヤけてしまいますな。

再び銅鑼がゴワァ〜ンと鳴って進むサビでは、**坂田善也**《さかたぜんや》★6がワウギターでワカチャカと囃《はや》し立てる。2番で老酒《ラオチュウ》をぷは〜と飲むのは、すっかり大人になった証でしょう。いや〜楽しいなあこの宴席。でもって楽しいだけじゃなく、「感情全乗せ」や「笑顔&絆 標準搭載」といったこのタイミングならではの泣かせるワーディングも投入されているあたり、ポチョムキンとYOSHIのドヤ顔が見えるようだ。

あーりんは「**とにかく歌詞の中に美味しい料理のメニューが出てくるのが一番の聴きどころです**」、「**私が好きな角煮は出てきません**」と**語っている**★7が、ライヴではステージ下手に丸い中華テーブルが出てきて、メンバーがここで食事をしながら歌うシーンが見られた。大阪・フェスティバルホールの初日では、あーりんは肉まんをホントに食べてました。

★4／2017年のブラックコメディ映画『獣道』の主題歌で、餓鬼連合はその際の期間限定ユニット。伊藤沙莉は初のラップにチャレンジ。MVも必見。

★5／トーナリティーとは調性のこと。

★6／殺陣、日舞と生演奏が合体したパフォーマンス集団「破天航路」に所属するギタリスト。藤田富、海宝直人らのサポートも行う。

★7／「ももクロNEW ALBUM『祝典』Track List・第四回発表式典・」で言及。

2022・5・17 発売
6th ALBUM
『祝典』

▼ももいろクローバーZ

『ショービズ』

一転してメロウソウルで、未来へ、自分への最高の賛辞を贈る

はっちゃけ全開でパーティーを繰り広げた後は、じっくりと自分たちのこれまでを見直す時間が訪れる。本曲は『MYSTERION』と並ぶアルバムのリードトラックで、2022年5月11日に先行配信された。2曲のリードトラックの楽曲ジャンルの「幅」に緩やかに驚きつつも、今回はそこに等身大の4人の「人生の厚み」が付加されていることが、アルバムの大きな魅力となっているのだと思う。

実は先に曲のタイトルを知った時点では、もう少し業界っぽい話が盛り込まれているのかと思っていた。しかし**KOUDAI IWATSUBO**《こうだいいわつぼ》[★1]が提供した歌詞は、ももクロに向けてのものでありながら、誰にでも通じる普遍性がある。あーりんはアルバムの中でも特に好きな曲として本曲を挙げており、**「恋愛、友情、仕事どれもがんばりたいけどめんどくさいという乙女心の葛藤が描かれていたり」と語っている**[★2]が、これまでももクロが見せてこなかった「弱さ」の部分を素直にさらけ出しながらも、ポジティヴなメッセージを贈るという点では変わらない。

★1／1984年、鹿児島県出身の作詞・作曲・編曲家。音楽プロデューサー。ジャニーズ系やアニメの楽曲を多数手がけている。
★2／2022年5月20日、WEBサイト「音楽ナタリー」に掲載された玉井詩織&佐々木彩夏へのインタビュー内で言及。

サウンドカテゴリー度

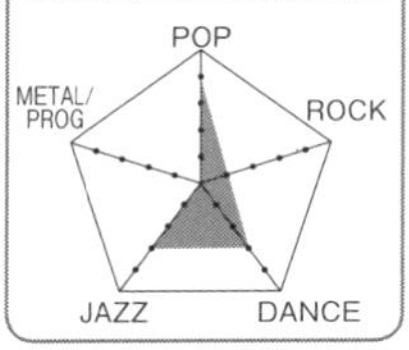

DATA

レーベル／イーブルラインレコード（キングレコード）
作詞／KOUDAI IWATSUBO
作曲／maeshima soshi、KOUDAI IWATSUBO
編曲／maeshima soshi
オール・インストゥルメンツ／maeshima soshi

筆者は『灰とダイヤモンド』（P236参照）で百田夏菜子の歌唱について「パロールの贈り物」との表現を使っていたが、もはやそれを全員がものにしており、心に寄り添うような楽曲を豊かに歌い上げるようになったということについては、感動を禁じえない。

曲は柔らかいシンセの音色が、メロウなマイナーのメロディーを奏でて始まる。キーはCマイナーで、16秒からBPM125でリズムが走り出すと同時に、「広げたメニュー」と4人が頭サビでコーラスワークを聴かせてくれるのがいきなりサイコー。**maeshima soshi**《まえしまそし》★3のトラックは空間をたっぷりと使い、シーンによって楽器を使い分けるタイプ。少ない音数で適度なエフェクトを効かせているので、心地よく耳と心に響く。

「ドア開ける度に」とまずは夏菜子ちゃんが出て、「なんて器用なタイプじゃないよ」としおりんが、「TikTok《ティックトック》あげたら」とれにちゃんが続くが、しおりんはメロディーより上で、れにちゃんは下でハモるあたりの細かな工夫によって味わいを深めているあたりを、聴き逃してはならない。2番の頭ではグルーヴタイプをヒップホップ風の横揺れにして雰囲気を変え、れにちゃんは「君はfriendly《フレンドリー》まるでfamily《ファミリー》」で、**ほんのりとブラックテイストを加えた新たな表現**★4で魅了する。これに続いてあーりんに「ring《リング》, ring《リング》, ring《リング》」と歌わせるあたり、KOUDAI IWATSUBOがいかにももクロのことを研究して作詞に臨んだかが伺えるわけで、こうして新時代のももクロ作家が加わることにも歓びを感じますね、立場上。2分43秒からの大サビは「あしたの風は」と夏菜子ちゃんがエモさを全開、年長組の2人の「最高の賛辞を」と心を掴むフレーズで締め、ゴスペルタッチの次曲へと向かう。いいですねーこのあたりのアルバムの流れ。

★3／2019年より活動している作詞・作曲・編曲家、音楽プロデューサー。プロダクション「ササクレクト」所属。ジャニーズ、LDHからラッパーやアニメまで幅広い楽曲を手がけている要注目のプロデューサー。

★4／英語を交えたところでのこういう歌唱は、杏果の得意とするところだったが、いつの間にかれにちゃんもマスターしてました。推され隊の絆をこんなとこに勝手に俺が感じるのって、いーじゃんね。

2022・5・17発売
6th ALBUM
『祝典』

▼ももいろクローバーZ

『momo《モモ》』

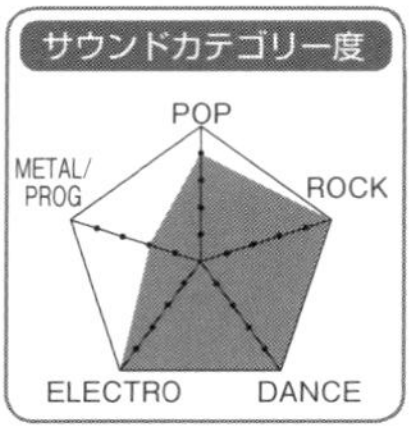

DATA

レーベル／イーブルライン
レコード（キングレコード）
作詞／只野菜摘
作曲・編曲／NARASAKI
オールインストゥルメンツ／
NARASAKI

天空から舞い降り、エレクトロビートに乗せて歌い続ける決意を表明

私は市井のしがない一人のもの書きであるが、幸いにしてさまざまなご縁のおかげで、界隈にはインテリジェンスにおいて優れた方が多い。そんな中の一人である**佐藤友亮《さとうゆうすけ》の『身体的生活[★1]』**を読んで、あるアイデアがはたと浮かんできた。それは、ここで解説されている心理学者＝**チクセントミハイの「フロー理論[★2]」**と接続することによって、ももクロがもたらす快楽について、何らかの明確なビジョンを示すことができるのではないか、ということだ。いや、これはももクロに限らず、**ゾーンに入ったアイドル[★3]**の全てに言えることなのかもしれない。早速チクセントミハイの著書『フロー体験 喜びの現象学』を掘り下げた結果、今となってはひとつの確信を得ている。アイドル体験は紛れもなく、フロー体験である。そしてその頂点に位置するのがももいろクローバーZなのであり、そうした事実をして私は「**ももクロ中華思想[★4]**」を掲げているのである――とまあ、前振りが長くなったが、以上の詳細については、いずれまとまった論考を発表する場があればいいのだが。

★1／佐藤友亮（さとうゆうすけ）は1971年、青森県出身の医学博士。神戸女学院大学教授。自らの合気道体験を通じて、身体感覚を高めることの重要性を説く。『身体的生活』（晶文社）は2020年の著書。
★2／ミハイ・チクセントミハイは1934年、ハンガリー出身のアメリカの心理学者。「フロー理論」を提唱するポジティブ心理学の推進者。主な著書に『フロー体験 喜びの現象学』（世界思想社1996年）。2000年よりカリフォルニア州クレアモント大学院大学の教授を務め、2021年に逝去。
★3／フロー理論では、ランナー

エニウェイ。アルバム『祝典』はインターミッションを挟んで、後半戦に突入する。そこで登場するのは、只野菜摘×NARASAKIという最高・最強のゴールデンチームだ。両者とも5thアルバムでは「いったん休み」ということになっていたので久々の起用に思えるが、只野は本アルバムでは『PLAY!』（P574参照）、『ダンシングタンク♡』（P620参照）、そして本曲と、3曲を手がけており、ある意味最大の功労者と言えよう。一方のNARASAKIはアルバム『祝典』の特設サイトでも語っているように、『全力少女 ZZ ver.』（P515参照）や『おどるポンポコリン』（P546参照）のアレンジこそ手がけているが、書き下ろしはなんと『天国の名前』（P442参照）以来だから、本書では188ページぶりとなる。

ここで私は、大阪・フェスティバルホールで観たツアーライヴを回想する。インターミッションの祝電披露を終えてこの曲が始まった時、会場の空気がハッキリと一変したのだ。ジャ〜ンと落雷が落ちるような一撃に続き、**ギターのストラミング**[★5]を追いかけるようにBPM145のエレクトロなビートが疾走する中、神秘的なシルバーの衣装を身にまとった4人の姿が浮かび上がる。すると、どこからか爽やかな風が吹き込む——そう、本曲は天空から舞い降りた4人のミューズが、これからも歌い続けることの決意表明なのだ。先に私は、「アイドル体験は紛れもなく、フロー体験である」と書いたが、そのことが最も分かりやすく示されるのが、この『momo』であると思ったからだ。ここからアルバム後半はいよいよエモーショナルになっていくのだが、本曲はその幕開けを告げる役割を果たしている。なのでメンバーカラーの衣装ではなく、シルバーとしたことにも、深い意味があるのだ。

ズハイの体験に代表させる「フロー状態」が、多幸感に結びつくことを科学的に検証している。アイドルの世界ではこれを「ゾーンに入る」と表現するが、グループで活動し、楽曲とダンスが結びついたパフォーマンスがデフォルトであるアイドルが「フロー状態」に入ることは容易ではないが、それを成し遂げている数すくない事例がももクロである。そして、そのパフォーマンスを空間を共有しながら享受することで、聴衆も「フロー状態」に入ることが可能であり、それが「アイドルの快楽」であるというあたりまで、ロジックを組み立てたいと思っています。

★4／誤解されやすい言葉なのだが、あくまで「ももクロ中華思想」です。通時的／共時的にももクロを座標軸の真ん中に置くことで、そこからあらゆるポップスがマッピングできる、との考え方ですね。

★5／ギターの掻き鳴らしはアコースティックで為されることが多いのだが（パット・メセニー等）、エレキでやると特にエモーショナルになりますね。

NARASAKIのメロディーで、ファンタジックなストーリーを描く

エレクトロなビートを支えるのは、16分音符を刻んで走り続けるシンセベース。これがシーンによってフィルター★6で前に出たり引っ込んだりしながら、疾走感を演出する。そこにスペイシーなシンセのパッドを敷き詰めた異空間の中で、心に住んでいる神様「momo」と、愛だけを歌にすることを誓うという、ファンタジックなストーリーが描かれていく。

キーはCメジャーだが、『月と銀紙飛行船』（P228参照）と同様のパターンで、コード進行はCとFmが交互に出るので、ドリーミーなムードが保たれる。「今こそ秘密を話そう」と最初に出るのは天使の歌声のしおりん。続く夏菜子はささやくように甘く声を重ねて、リーダーとして誓いを立てる。

続くあーりんの「最近言えない言葉が」からGメジャーに転調するが、SEでシュワシュワと風を吹かせていることで、疾走感がいやが上にも増すあたりの仕掛けも抜かりない。「雨が止んでいる」とあーりんに歌わせる只野も安定のももクロ愛で、毎度のことながら作家の皆さんが注いでくれる愛情に、ももクロとモノノフは支えられているのだなあとツヨクツヨク思う。

そして向かった「目覚めろ 閃き《ひらめ》」のサビのメロディー、これは完全にNARASAKIワールド。明らかにあの『桃源郷』（P340参照）とダイレクト繋がるもので、ご丁寧に歌詞も「目覚めて」だったのだからなんともはや。さらに以前まで遡ると『BIRTH Ø BIRTH』（P230参照）の

★6／音楽の場合は、波形の一定部分の音域を強調したりカットしたりする際に用いられる。ハイパスフィルター、バンドパスフィルター、ローパスフィルターの大きく3種類があるが、それらをコントロールして場面によって強調ポイントを変えている。

サビもこれに近いメロディー。本書は「ももクロのサーガの全記録」としているが、この3曲には「ももクロとNARASAKIのサーガ」が、秘密の刻印のように刻まれているのだ。ぜひ順に聴き比べて、ももクロとNARASAKIの関係性の、もちろん音楽性の進化も、確認してほしい。

NARASAKIが「これまでとこれから」という意思で本曲を制作、**「これまでの中で一番自分らしさが出ているものに良いなと思って書いた」と述べている**★7ことにも、深くうなずける。ももクロ作家陣にはNARASAKIや前山田のような、すぐにそれとわかるシグネイチャーなメロディーやコード進行を持つ作家と、invisible mannersのように常に時代にキャッチアップしながらパーツをコラージュしてサウンドを組み立てていく作家に大別できると思うが、その振り幅こそが、常に新しい地平を目指して進んで行く彼女たちに欠かせない両輪なのだ。そして年を経るごとにその両輪はすり減ることなく、最新の技術と意匠でチューンナップを繰り返し、未来永劫へと進んで行くのだろう。

2分49秒からは必殺の高音ベースの「あの音」も登場し、決意に満ちたメロディーを重厚に響かせる。「一瞬でも」としおりんが歌う落ちサビ、からのラストのサビは存分に引っ張り、「歌うことのほうを選んだ」で長い余韻を残し、ミューズたちは天へと還って行く。

さて、この難解なトラックをリアルなライヴの現場で、DMBはバンドとして果たして演奏できるのか?

次なるライヴの場を、期待しよう。

★7／アルバム『祝典』特設サイトの、ミュージシャンコメントより。

2022・5・17 発売
6th ALBUM
『祝典』

▼ももいろクローバーZ

『なんとなく最低な日々』

「なんとなく」を見事に表現したサウンドと歌唱に和む

う〜む。これまたユニーク極まりない楽曲だ。新たに起用されたのは、シンガーソングライター&トラックメイカーのMom《マム》★1。独特のセンスで日常の風景を切り取っていくリリックと、特定のジャンルを感じさせない飄々《ひょうひょう》としたトラックメイキングで新世代を代表する存在である彼だが、他のアーティストに楽曲を提供するのはこれが初めて。ももクロと同世代の作家を起用するという点では、5thアルバムのCHAIと同様のパターンなのだが、やはりキング宮本氏、一筋縄ではいかないですな。

よくよく考えると本アルバム、既発曲の多くは何らかのタイアップであり、配信ライヴのためのオリジナル曲『PLAY！』（P574参照）も、リリース時点でのももクロの世界観を表現したものだった。それがアルバムの中に置かれることで、また異なるニュアンスを湛えるようになることを、ここまでも確認してきた。本曲は夏菜子ちゃんが主演の東海テレビ・フジテレビ系のドラマ『**僕の大好きな妻！**』★2の主題歌ではあるのだが、『stay gold』（P552参照）のよう

サウンドカテゴリー度

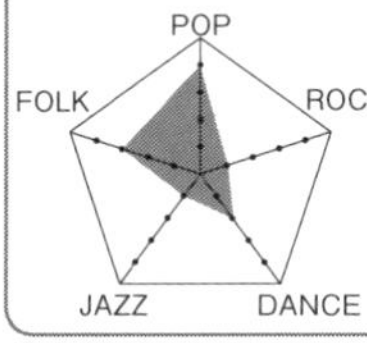

DATA

レーベル／イーブルライン
レコード（キングレコード）
作詞・作曲・編曲／Mom
プログラミング&オールインストゥルメンツ／Mom

★1／1997年、埼玉県出身のシンガーソングライター。2018年に作詞・作曲・編曲からミックスまでをセルフプロデュースした全国流通盤の1stアルバム『PLAYGROUND』をリリース。2020年7月までに4枚のCDアルバムと2組の配信限定アルバムを発表している。

★2／ナナトリエ・亀山聡夫婦

に明らかにドラマの設定にあわせて書かれたものではない。要するに曲ができてからドラマのタイアップが決まったというパターンであり、ユーモラスだがどこか懐かしい曲調も含め、あまりドラマに寄せずにアルバムの中の1曲として聴くべきだろう。

歌詞に「今は2022年 目眩《めくるめ》く渦の中」とあるように、コロナ禍を強く感じさせる曲である。ハンドクラップとチョップされたアコースティックギターでフォーキーに始まるが、シンセがピコピコと鳴っているので深刻さはまるでない――まさに「なんとなく」な感じを、サウンドで巧妙に表現しているようだ。キーはCメジャーだが、サビでは半音上のC#メジャーとなる。独特のソングタイプなので進行を細かく追うことはあえてしないが、一度トラックのみに集中して聴いてみてほしい。ギターはアコースティックとエレクトリック、ディストーションとシーンによって使い分け、エレピや木琴、シンセのパッド等をコラージュして配置するあたり、完全に新しい世代のトラックメイカーであることが分かるだろう。その上で「なんとなく」歌うももクロの力の抜けたヴォーカルと、ぴたりと噛み合っている。

Momは「僕が歌うとどうにも物寂しく聴こえていたのですが、ももクロの存在がポジティブな側面をぐんと強めてくれました」[★3]と、4人の声の力をリスペクト。そう、4人のミューズが歌うことで、楽曲にはたちまち希望の光が射し込むのだ。なお発売当日の夜9時に**アニメMV**[★4]がドロップされているので、そちらも必ず確認を。なんとなくバスに乗ってなんとなくどこかへ向かう4人がひじょーに可愛く、ラストで後ろを振り向いた4人が笑顔を見せる。「なんとなく」って、これからの時代に必要なワードだと思いませんか?

によるコミック『僕の妻は発達障害』を原作とするTVドラマ。2022年6月よりオンエア開始、百田夏菜子として初のドラマ主演作品となる。

★3／アルバム『祝典』特設サイトの、ミュージシャンコメントより。

★4／映像ディレクターは5thアルバムリリース時の東京キネマ倶楽部でのライヴや、『PLAY!』を手がけた多田卓也。イラストは澤田めぐみ。

2022・5・17 発売
6th ALBUM
『祝典』

▼ももいろクローバーZ

『孤独の中で鳴るBeat《ビート》っ!』

号泣必至! 盟友=の子が昭和オマージュとともに届ける、お疲れさまソング

ももクロの4人は平成の生まれだが、運営陣、特に川上氏はどっぷりと昭和の人間なので、ももクロには何かと昭和テイストがつきまとう。一連のフォーク村でも昭和の名アーティストたちと数多く共演しているし、『HOLIDAY』(P554参照)みたいな楽曲もあるので、もはや彼女たちにとって昭和はリアルに「輝ける時代」として骨肉化していると思われる。そして今となっては、これはももクロに限った話ではなく、乃木坂48も**『乃木坂スター誕生!』**★1で昭和へのオマージュを開始。**錦野《にしきの》 旦《あきら》**★2や**大友康平《おおともこうへい》**★3といったレジェンドたちと共演しているのだから、時代は今一度、昭和のあの頃——それは**自己決定とか自己実現といった言葉が人口に膾《かい》炙《しゃ》しておらず、まだまだ共和的な貧しさを共有していた時代**★4——の大らかさを、ノスタルジーではない文脈で取り戻そうとしているのかもしれない。

エニウェイ。本曲を聴いて真っ先に感じたのは、この点だ。作詞・作曲の**の子**★5は2011年の伝説のライヴ**「HMV THE 2MAN ～みんな仲良くできるかな?編～」『ももクロ**

サウンドカテゴリー度

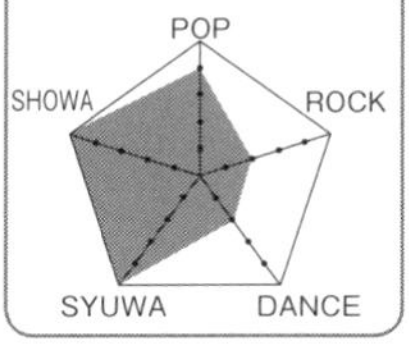

DATA

レーベル/イーブルラインレコード(キングレコード)
作詞・作曲/の子
編曲/釣俊輔
プログラミング&オールアザーインストゥルメンツ/釣 俊輔(agehasprings)
エレクトリックギター/二木元太郎
ベース/宮本將行
ピアノ/岸田勇気

★1/2021年5月からスタートした日本テレビのバラエティ番組。乃木坂46の4期生が、昭和・平成の名曲をカヴァーする。司会はぺこぱが担当。2022年からは5期生による『新・乃木坂スター誕生』として、オズワルドの司会で継続。

★2/1948年、大分県出身の歌手、俳優。デビュー時は「にしきのあきら」としていた。代表曲は1971年の『空に太陽がある限り』

★3/1956年、宮城県出身の歌手、俳優。ロックバンド『HOUND DOG』のヴォーカリストとして1980年にデビュー。代表曲は日清食品カップヌードルのCMソングとして使用された『ff(フォルティシモ)』。

★4/このあたりの雰囲気は拙書『大阪ソースダイバー』の前半にたっぷりと書いていますのであんじょうたのんます、ひとつ。

とかまってちゃん』[★6]」でステージを分けた盟友だが、まさかここにきて楽曲を提供することになるとは、思ってもみなかっただろう。そしてなにかと破天荒な行動で知られるの子が、アルバムの中で最も「普通にエエ曲」を提供してくれたことに、俺は心から感謝している。「**この曲はももクロ界隈の間でも永遠の名曲として歌われ継がれてく事は間違いないと思う」と自画自賛**[★7]するのも宜《むべ》なるかな、というところだ。

軽快なドラムに続き、ストリングスが上昇フレーズから出て懐かしめのメロディーを奏でる。「眠れない夜」と最初に歌うのはれにちゃんだが、俺の場合はここで早くもウルルン状態。キーはDメジャー、BPMは148。曲を通じて終始ストリングスがオブリガートを重ねるのも昭和仕様で、『月色Chainon』（P576参照）で先端のサウンドを響かせた後ゆえ、そのコントラストがまた絶妙なのだ。

サビは平行調のBマイナーに転調、「大丈夫さ 大丈夫って」なんて優しくされたらそりゃ泣いちゃうもんねー。2分58秒からの間奏では**二木元太郎**《ふたつぎげんたろう》[★8]が異弦同音チョーキングでエモロックなソロをぶちカマし、からの落ちサビでは菩薩となったれにちゃんがハートを鷲掴み！ ラストのサビは半音上のCマイナーに転調して全員で高まり、ストリングスとピアノを残してしみじみと終わる。トラックタイムは4分35秒。

ライヴではこの曲、マイクスタンドを立てて、両手をオープンにした状態で手話の振り付けをしながら歌う。そして手話といえばあーりん。彼女は**振り付けのアイデアを積極的に出し、メンバー全員がこれを見事にマスター**[★9]したのだった。クゥ〜。

★5／1985年、千葉県出身のミュージシャン。本名は大島亮介。ロックバンド「神聖かまってちゃん」のリーダーで、ヴォーカルとギター、全曲の作詞・作曲を手がける。アイドルへの楽曲提供では、鈴姫みさこ from バンドじゃないもん！の『想い出サンセッタ』、アップアップガールズ（仮）の『勝ってたいんだよ』等がある。

★6／今はなき東京・SHIBUYA-AXで2011年2月25日に開催。ももクロは無印時代で、4月に脱退が決定していた早見あかりが「ももクロで学んだ〝やれないことは何ひとつない〟という精神を活かして、女優やタレントなどなんでもチャレンジします」と語り、7曲連続で歌い踊って会場を熱狂させた。

★7／アルバム『祝典』特設サイトの、ミュージシャンコメントより。

★8／1983年、愛知県出身のギタリスト、作・編曲家。ストレートなギタープレイを得意とし、中西圭三、中村あゆみ、清塚信也らのライブサポート等で活躍。

★9／あーりんに手話を教えている手話パフォーマー、南瑠霞（みなみるるか）の2022年5月1日のブログでのエピソード。マイクスタンドが手話の動きを制限するのだが、あーりんは「この手話は向こうに突き抜けて、ここで手前にもってきて……」等と、アイデアを出したそうです。尊い……。

2022・5・17発売
6th ALBUM
『祝典』

『手紙』

▼ももいろクローバーZ

アルバム終盤のロッカバラードで、聖母となって歌うあーりん

ももクロと同世代のシンガーソングライター=**眉村《まゆむら》ちあき**★1にとって、彼女たちは特別な存在だった。国民的アイドルとして認識し、高校の文化祭では**クラスでももクロの曲を踊った**★2というからその愛情は本物。また2019年のイナズマロックフェスでニアミスし、同年の「ももいろ歌合戦」に出場、知己の仲となっていた。とはいえ、楽曲提供のオファーが来た際にはかなり驚いたそうだ。

ここで重要なのは、**「次の曲が『また逢う日まで』だから、それにつながるような終わり方であること」や、ＢＰＭ等も含めて細かい指示が出されていた**★3、という点。アルバム制作にあたって、キング宮本氏がテーマや世界観、構成を緻密に詰めている事がよく分かるエピソードだ。こうしたオファーを受けて眉村が提供したのは、アルバムが終盤に近づいている事を感じさせる、心休まるロッカバラード。**彼女は「頂いたテーマから一回爆発的に想像して、それを全部文字と音に書き出して、ぎゅってして辿り着いた最高の形です」**と彼女らし

★1／あーりんと同い年のようだが「最近隠すようにしている」との、東京都出身のアイドル、シンガーソングライター、実業家。グループアイドル活動の後、2016年よりソロ活動を開始。翌年に「株式会社社じゃないもん」を設立、ライヴ活動やテレビ出演を通じて、活躍の場を広げる。2022年4月よりTOKYO FM『Roomie Roomie!』の水・木曜日のパーソナリティーを担当。5月25日放送の回では佐々木彩夏をゲストに迎え、「昔の自分に送りたい手紙」をテーマにトークしている。あーりんがガハハと笑うの、可愛いですよね。

★2／実際に踊ったのは『Chai

サウンドカテゴリー度

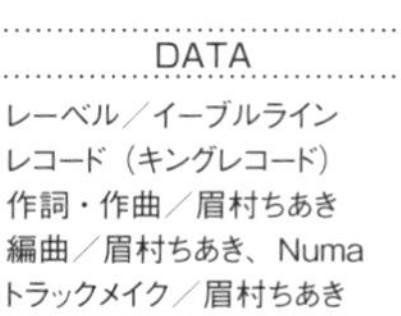

DATA

レーベル／イーブルラインレコード（キングレコード）
作詞・作曲／眉村ちあき
編曲／眉村ちあき、Numa
トラックメイク／眉村ちあき
ギター&プログラミング／Numa

く語っており★4、理想的な同世代コラボレーションと言えるだろう。なお眉村は本来、自らが作ったトラックをバックにして歌うスタイルだったが、ここではギターとプログラミングに**Numa**《ヌマ》★5を迎えている。彼は2021年の眉村の配信限定シングル『悪役』、『モヒート大魔王』に参加しているベテランで、アコースティックギターのアルペジオを中心に、的確なプレイでサウンドのクオリティを高めている。

曲はエレピのみをバックに、4人が「ル ルル」と優しくハミングするところからスタート。キーはEbメジャー、BPMは75のアンダンテ。トラックはギミックのまったくないナチュラルかつオーガニックなもので、アタックを控えめにしたドラムも、揺りかごのような心地良さだ。「眠る前にちょっぴり」と最初に出るあーりんはここではクネることなく、聖母となって優しく歌う。続く癒しのれにちゃんで、聴く者はたちまち柔らかな羽毛に包まれたような気分になることだろう。「世界が巻き戻っても」からのBメロからサビにかけてのコーラスワークは絶品で、ハーモニーの重ね方やリフレインの入れ方などは聴けば聴くほど凝っているのだが、そうとは感じさせないのは、陽だまりのような温もりのおかげ。そこにさらりとストリングスが重なるあたりは、Numaの職人仕事か。2番では少しリズムをブレイクしたり、ストリングスを増量して厚みを増す。4分4秒からの落ちサビもあーりんの歌唱で、やっぱ眉村、あーりんが推しメンなんですねー。ラストのサビをゆったりと歌って、再びの「ル ルル」で**幸せな結末**★6を迎えて、曲は終わる。そしてアルバムの大トリはそう、誰もが知ってるあの曲です。

Maxx』と『行くぜっ！怪盗少女』。眉村はあーりん役だったので、披露する事のない『だってあーりんなんだもーん☆』を夜に家の前で一人で練習していたそう。

★3／このあたりのエピソードは全て、雑誌「ミュージックマガジン」2022年6月号の「特集 ももいろクローバーZ」内の、眉村ちあきへのインタビューより。

★4／アルバム『祝典』特設サイトの、ミュージシャンコメントより。

★5／1981年、神奈川県出身の編曲家、ギタリスト。本名は沼能友樹（ぬまのうともき）。2010年にバンド＝LOOP CHILDのギタリストとしてデビュー。バンド脱退後は、三森すずこ、松下奈緒、井上苑子、東京パフォーマンスドール等、数多くのレコーディングに参加。

★6／大滝詠一の1997年のヒット曲。木村拓哉と松たか子主演のフジテレビ系月9ドラマ『ラブジェネレーション』の主題歌。名曲です。ぜひ併せて聴いてください。

2022・5・17 発売
6th ALBUM
『祝典』

▼ももいろクローバーZ

『また逢う日まで』

昭和歌謡の一大名曲を、最高の笑顔でアップデート

ももクロを追い続けていると、ほんとーにサプライズの連続なのだが、超弩《ど》級のサプライズとしてここに登場するのが本曲である。『また逢う日まで』。と、思わずタイトルを無駄にコピペしてしまったが、私はこの曲のさまざまな過程をリアルタイムで知っている。そして「ももクロには、日本のポップカルチャーの歴史がまるっと収まりつつも、まったく新しい〝響き〟を伴って、歴史を更新し続ける魅力がある」とも語ってきたが、それをこんなに、誰にでも分かりやすい形で示してくれる日がくるとは——**感無量のカンムリョゴン**★1になることを、どうかお許しいただきたい。

さて、では。先に「この曲のさまざまな過程」と書いた中身について、検証しておこう。作曲の**筒美**《つつみ》**京平**《きょうへい》★2はまずもって本曲を、**エアコンのCMソングの候補曲**★3として書いた。そこで歌詞を書いたのは誰あろう、あの**やなせたかし**★4。もうこの段階で、どエライ話でしょ。しかし楽曲として日の目を見ることはなく、そのまま埋もれるかに思われたのだが、当時楽

★1／小林よしのりのギャグマンガ『東大一直線』でのフレーズ。同作品では他に「パーペキ」、「パープリン」等のギャグがある。
★2／1940年、東京都出身の作・編曲家。昭和から平成にかけて、日本の歌謡曲&ポップス史に幾多の名曲を残してきた、偉大なる人物。1971年の『また逢う日まで』で、1979年のジュディ・オングの『魅せられて』でレコード大賞を受賞。1960年代から2010年代まで、常にヒット曲を手がけ続けている。その他の代表曲は、いしだあゆみの『ブルー・ライト・ヨコハマ』、岩崎宏美の『ロマンス』、近藤真彦の『ギンギラギンにさりげなく』

サウンドカテゴリー度

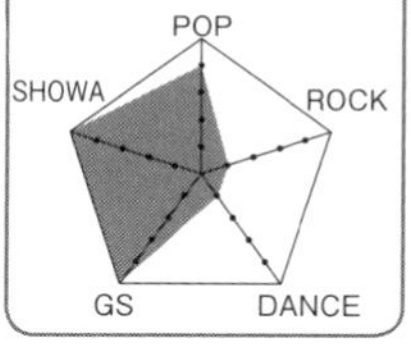

DATA

レーベル／イーブルライン
レコード（キングレコード）
作詞／阿久悠
作曲／筒美京平
編曲／宗本康兵
ピアノ／宗本康兵
ドラム／玉田豊夢
エレクトリック・ベース／須藤 優
エレクトリック・ギター／今 剛
ストリングス／真部 裕ストリングス
サックス／竹上良成
トランペット／吉澤達彦
トロンボーン／鹿討 奏
コーラス／今井マサキ、加藤いづみ

曲の管理をしていた日音《にちおん》の村上《むらかみ》司《つかさ》が、グループサウンズの名曲『**白いサンゴ礁**』★5で破竹の勢いにあった**ズー・ニー・ヴー**★6の新曲として復活させることを企て、『白いサンゴ礁』の作詞を手がけていた阿久悠に、新たな歌詞をオーダー。そうして生まれたのが、『**ひとりの悲しみ**』★7だった。グループサウンズで洋楽的なものに目覚めた筆者が、リアルタイムで知っているのはここからだが、まずは各自調査で『ひとりの悲しみ』を聴いてください。聴きましたね、どーでしょう。初めてこれを聴かれた方は、「いやもう、アレンジも完璧に仕上がってるやん！歌詞がちゃうだけやん」と思ったことでしょう。しかもこれはこれで抜群の歌唱で、ここで歌っているのが町田義人《まちだよしと》。そう、あの名曲『**戦士の休息**』★8を歌った歌手ですね。この段階でそろそろ筆者は厖大な注釈を書かなあかんことに気づいてうんざりしてきたのですが気を取り直して。残念ながら『ひとりの悲しみ』は、思ったようにヒットしなかった。日音の村上はそれに納得できず、**尾崎紀世彦**《おざききよひこ》★9バージョンの『ひとりの悲しみ』のデモを録音を行う。そしてしぶる阿久悠に「もう一度チャンスを」と、「別れ」ではなく「また逢う日」という前向きかつドラマチックな設定の歌詞を書かせ、ここに尾崎バージョンの『また逢う日まで』が完成する。なので筆者は、初めて尾崎の本曲をテレビで聴いた時、子供心に「え？これってズー・ニー・ヴーのパクりちゃうのん？」と思ったのだった。なので最初の印象は、ぶっちゃけあんまり良くなかったんです。確かに尾崎のスケールの大きい歌唱は感動的だが、先にズー・ニー・ヴーを聴いてたもんだから、なんだかハッタリ臭く感じてしまったんですね。マセガキやったと思います、つくづく。で、ここからようやくももクロバージョンの話。本曲をカヴァーするということを知った時、

等。2020年、惜しまれながら逝去。

★3／1969年、当時の三洋電機（現：パナソニック）のエアコン――当時は「クーラー」と呼んでいましたが、そのCMソングだったようです。これはさすがに、知りませんでした。

★4／1919年東京都生まれ、高知県育ち、のちに『アンパンマン』で幼児たちに夢を与えた漫画家、絵本作家、詩人。漫画家になる前には、コピーライターや演出家、舞台美術家などいろんな事を行っていた。2013年没。

★5／1969年、コロンビアレコードから発売されたズー・ニー・ヴーのシングル『涙のオルガン』のB面。『白いサンゴ礁』のヒットに伴い、後にA面とB面が入れ替わってリリースされている。

★6／活動期間は1968年～1971年。当時としては先進のロックナンバーやブラックミュージックをカヴァーしたグループサウンズの代表格。

★7／楽曲のテーマは「安保闘争で挫折した青年の孤独」であった

全員が大きなプレッシャーを感じたという。当然だろう。尾崎のバージョンと比較されるのは明白で、あの濃厚かつ巨大なスケールの歌唱を再現することは、ももクロには不可能なのだから。しかし、今の彼女たちには「自分たちの表現」がある。それは、小坂明子が正しく指摘した**「永遠不滅のクリアストロングノンビブラートヴォイス」**★10だ。結果としてレコーディングされた本曲が、昭和歌謡の一大名曲を、最高の笑顔でアップデートしたものに仕上がったことは、言うまでもない。

豪華メンバーが、グッと抑えた渋い演奏でももクロを支える

ここで演奏者のクレジットをみてほしい。わかる人にはわかる顔ぶれで、まあ見事なまでにトップクラスのスタジオ・ミュージシャンを集めている。しかも、録音は今どき珍しい一発録音。このあたりはアレンジを手がけた宗本のこだわりで、原曲を最大限にリスペクトしながら、より豊かな音場感を活かしたコンテンポラリーなものになっている。

ホーン隊が「パッパーパラーパパッ」とキャッチーかつ和製ポップスなメロディーで出て、それに応えるようにドラムが「ドンッ」とくるイントロのパターンはそのまま。しかしながら、ももクロバージョンのキーはAbメジャー、尾崎のバージョンはDメジャーなので、ホーンアンサンブルの音程はももクロバージョンの方が低く出る形になる。イントロだけだと、尾崎バージョンが華やかに感じられるはずだ。ところが「また逢う日まで」と夏菜子ちゃんが低く歌いだすと、たちまち音楽が躍動を始める。ほんのりとドラムンベースっぽく叩く玉田豊夢《たまだとむ》のドラム、太い音色でグルーヴ

が、少年時代の私は学生運動に憧れていたので、本曲に勝手にブルースを感じていました。それを「前向きな歌詞」として尾崎に歌わせたことで爆発的なヒットになるのですから、音楽って不思議ですね。

★8／1978年公開の角川映画『野生の証明』のテーマ曲。レイジーかつブルージーな町田義人の歌唱が見直され、映画もシングルも大ヒット。映画を観たはずなのですが、曲のことしか覚えてないというね。なんとなく、もういっぺん観とかないと。

★9／1943年、東京都出身の歌手。ハワイアンバンド、カントリーバンドを経て1967年にコーラスグループ「ザ・ワンダース」に参加。日英のクォーター。バイタリティ溢れるパワフルヴォイスで、「和製トム・ジョーンズ」のキャッチフレーズで知られる。『また逢う日まで』は1971年リリースされた2ndシングルで、同年の第13回日本レコード大賞と第2回日本歌謡大賞をダブル受賞。同年の紅白歌合戦に白組トップバッ

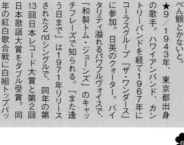

する須藤《すとう》 優《ゆう》のベース、そして左チャンネルでは御大＝今《こん》 剛《つよし》のギターが、時にはリズムを軽く刻み、随所で渋いフィルインを入れる。なんちゅう豪華なクッションなのか。尾崎の大きな聴かせどころだった「話したくない」のハイトーンは、必要以上に圧をかけずに歌い抜けるのは、さわやかのハンバーグ★11効果か。「なぜか寂しいだけ」としおりんがこれを追い、「互いに傷つき」であーりんがわずかながらにクネると、そこにはもう、ももクロ以外の何ものでもない陽だまりの風景が広がっていく。

「2人でドアをしめて」からのサビでは、ももクロをユニゾンにして、今井マサキと加藤いづみが4人を見守るように控えめにコーラスを添える。ライヴではここで左右に手を振るのだが、そんな簡単な動きを彼女たちと揃えることで、途轍もない多幸感が得られるのだからアイドルってマジ最強。2番はれにちゃんから出るが、ここからしばらくのピアノとベースとギターの絡みも聴き逃してはならない。れにちゃんは「何をしてるの」を自慢のハイトーンを響かせて尾崎に肉薄、しおりんとあーりんに引き継ぐ。年長組にAメロを託したこの歌割りも泣かせどころだ。2分24秒で軽くリズムをブレイク、大円団に向かって進んでいき、ドラムの「トコストン」のフィルで曲は終了。アルバムはクロージング曲へと進む。

かくして4人のミューズによって、昭和を代表する名曲が〝新たな響き〟を伴ってアップデートされた。『祝典』ツアーの夜ごとの素晴らしいパフォーマンスを、阿久 悠が、筒美京平が、そして尾崎紀世彦が、天国から満面の笑顔で見守っていたに違いない。そして彼らが「ももクロよ、ありがとう」と声を揃えて言ってたような気がするのだが――皆の衆、いかがか。

ターとして初出場。2012年没。
★10／アルバム『祝典』特設サイトの、ミュージシャンコメントより。
★11／夏菜子ちゃんの地元、静岡県に34店舗を構えるハンバーグレストラン。2015年の桃神祭エコパスタジアム大会の時に行き逃したまま、まだ行けてませーん。いつか君と。

ももクロがもたらす快楽の「謎」を解き明かす、新たな旅に向けて

以上、330曲の「音楽という名の旅」を、おなかいっぱいにお楽しみいただけたかと思う。今回のver.3にあたっては、サーガの始まりとしての『あの空へ向かって』を頭に置き、入手が容易なアルバム『入口のない出口』を持ってきてから流れを作ったのだが、ZZver.の楽曲をどう扱うか、特にリ・ヴォーカルものについて、試行錯誤の結果としてこのような形となった。なので全330曲としているが、数え方によっては曲数はこれより多かったり少なかったりしますので、あまり厳密に考えないでいただければ幸甚です。「なんとなく」ということで、お許しください。

「はじめに」にも書いたように、私は「ももクロはまずもってレコーディング・アーティストである」という前提に立っている。さらに言えば2000年代以降のアイドル全般については、「アーティストのうち一握りの、ルックスに秀でた者をアイドルと呼ぶ」ぐらいが、私の実感に近い。これは毎回書いていることなのだが、相変わらず世間の認識が変わっていないのは、ひとえに私の力不足なのだろう。

そもそも「アイドル」と「アーティスト」を分かつものなど、音楽的な意味では存在しない。世の中にはアイドルの音楽を評価する場合に、「アイドルではなく、もはやアーティスト」という表現を使う人間も一定数いるが、それはいささか短絡的で知性に欠ける表現だと思う。考えてもみた

まえ。ビートルズもマイケル・ジャクソンも、そのスタートはアイドルだったのだ。彼らがどこかのタイミングで「アーティスト宣言」をしたというような話は、記録にも記憶にもない。翻って、ポップスの分野で売れるアーティストには「アイドル性」が絶対に必要なのであって、アイドルを「子供の頃に／若いうちに聴く音楽」とか「本格的な音楽ではない」とか、旧態依然とした考えに囚われている「自称・音楽マニア」には、この分野で何かもっともらしいことを言おうとか思わず、早急にお引き取り願いたい。

話をももクロに戻そう。私はももクロの音楽的な魅力の本質は「声そのもの」にあると捉え、『空のカーテン』（P206参照）の文中では、「ももクロの場合は表現力の幅が広がりこそはすれ、決して成熟はしない」と書いた。これは、杏果卒業後のコーラスワークについてP448で書いた「ももクロのコーラスはベンジャミン・バトン状態」であるということに接続されている。このあたり、偶然じゃない素敵な意味があるんですよねー。そして彼女たちは本質的には「歌手」ではなく、「パフォーマーとしての幅広い表現の一部に、歌手としても高い技量を備えた、レコーディング・アーティスト」とするのが、より正確なところだろう。これはコロナ禍を乗り越え、無事に結成14周年を迎えた今となっては、より読者と共有しやすい事実ではないだろうか。

一方で筆者はここ数年、「音楽を書くこと」の意味について、考察を続けている。巷に流布する「音楽本」の多くは、楽譜や専門書、実用書以外の多くは、アーティストとそれにまつわる社会背景を描いたものであったり、歴史的な証言を集めたり、歌詞の内容を文学的に解釈したりと、ざっくりと言えば「文学の範疇」であるとの思いに至った。それらは聴き手にとって何らかの補助にはなるだろうが、やはり「音楽の中身」と「それがもたらす快楽」について書かずしてどうするのか、という思いを強くしている。例えば、小林秀雄の有名なエッセイ集『モオツァルト・無常という事』などが、その典型だろう。そこに書かれてあるのは、音楽の中身では決してない。批評という名の下に書かれた「文学」なのである。そこにはモオツァルトの音楽は不在であり、「音楽を文学的に語るためのネタ」があるのみだ。そうした思いも含め、私は「評論家」ではなく、「説明家」を名乗り続けるのだろう。

以上のような思索を受けて、筆者はミハイ・チクセントミハイの「フロー理論」（P640参照）を援用しながら、ももクロが、アイドルがもたらす快楽について、深堀りしようという決意を固めている。「音楽を書くこと」の意味について問い直し、そこに広がる快楽の「理由そのもの」をロジカルに論じることができれば、本書のサブテクストとしても有効なものになるはずだ。

私たちは相変わらず、「ももクロ」というオープンブックの只中に、身を置き続けている。その本の過去には、日本のポップカルチャー史がまるっと収まっている。そしてその先には、いつも全く新しい「響き」が生まれ、ページをめくるたびに、歴史が更新されていく。『また逢う日まで』によって、私のこの考えが的外れなものでなかったことが証明された今、安心して、無茶振りだらけの珍道中の、ロードムービーの、サーガの主役として、唯一無二の偉大なる表現者としてのももクロを、追いかけていきたいと思う。『祝典』の後には、何が続くのか。私にわかる事があるとすれば、そこには確実に「笑顔がある」ということぐらいだ。

この素晴らしき「奇跡の4人」と同時代に生きていることに深く感謝しつつ、引き続き、大空に向かって伸びてく四つ葉のクローバーとともに、揺るがない心で旅を続けていきましょう。ももクロとモノノフの未来は、momoという心に住んでいる神様に、約束されているのだから。

（了）

おわりに

終わりましたー。やっとこさ終わりましたー。ふひぃー。

今回はいろいろあって過去最高にキツかったけど、やっぱ楽しかったな～、といういつも通りの感想になってしまうのは、モノノフの性。しゃーないですな。もうアタシ、もとのアタシには戻れないの。それってアナタのせいよ（↑バカ）。

エニウェイ。お約束通りここに本書のver.3をお届けできたことについては、今回はいかなる自画自賛も許されるだろうと思っている。本書執筆に至る経緯については、2022年になって行われた結成13周年記念ライヴ、3年ぶりに開催された春の一大事を経て、ライヴの現場で複数の読者から当然のように、「『ももクロを聴け！』の新版、出ますよね」との期待の声を直接聞いたことが、とても大きい。その声に対して大人の事情もあってすぐには即答できなかった。逡巡の末、自ら出版を決断せねばならなかったため、いつものように、しまやんに「行こうぜ、ピリオドの向こうへ」とは、簡単に言い出せなかった。ゆえに、いつまでたってもいつものようには幕は上がらずだった。

そして「よし、やろう！」とジャイアント馬場となって決断したのが、2022年4月30日。そこから3ヶ月で600ページ超の本を出すのだから、やはり軽く気が狂っているとしか思えませんな。

とはいえ、「行くぜっ！」と一度覚悟を決めたら、キングボンビーが出ようがミニボンビーが出ようが、しゃにむにシュッポポとBUTTOBI! をカマすのが我々、大阪・西成の人間のスピリット。それからはひたすら書き綴り、なんとかここまで辿り着けたのは、絶え間なくももクロちゃんたちに笑顔をもらい続けてきたからである。

ももクロの場合、ニューアルバムは3年に一度がデフォルト。てことは、次作の7thはまぁ見送るので、もし何かの間違いで出るとしたら6年後ですね。それまでには、終章で書いた「アイドルの快楽をについてロジカルに掘り下げる本」も出ていたら、それは私がアホみたいに健康だということです。

たたかいのパートナーは「しまやん」、そして毎回私の本のデザインを手がけてくれている「みずっち」であった。

そんなわけで、モノノフの皆さまと次にお会いするとすれば、短くても6年ほど先の話になるでしょう。その時には、もうれにちゃんは結婚してるのかなぁ。いや誰が一番早いのか、意外とあーりんかも、とか悶々としつつ酒を飲めるのって、まあまあ悪くない人生ですよね。

では皆の衆、引き続き「音楽という名の旅」を楽しんでいきましょう。またね。

（2022年7月11日、大阪・肥後橋にて）

堀埜浩二（ほりの・こうじ）

1960年、大阪市西成区生まれ。説明家、音楽家、イベントプロデューサー。

関西を中心に様々なイベントの企画・制作を手がけるかたわら、街や店、音楽ライターとして、情報誌などに原稿を執筆している。

2016年に『ももクロを聴け！ ももいろクローバーZ 全134曲完全解説』、2018年の同書の増補改訂版『ももクロを聴け！ ももいろクローバーZ 10周年 全193曲 コンプリート解説』を上梓。

「ももクロ中華思想」の基、専門的な楽理を踏まえた上で、現代思想からアニメまでを網羅する怪物的な知識量とジャンルを越境する独自の視点で「今、ここ」の音楽を読み解き、熱い支持を集める。

その他の著書に『アイドルばかり聴け！』『パット・メセニーを聴け！』『大阪ソースダイバー』『困難な子育て』（以上、ブリコルール・パブリッシング）、電子書籍『このアニソンを聴け！』（KADOKAWA）など。

ももクロを聴け！ver.3

ももいろクローバーZ 全330曲 完全解説　2008～2022

2022年7月28日　第1版第1刷発行

著　者　　堀埜浩二
発行者　　島田　亘
発行所　　ブリコルール・パブリッシング株式会社
〒618-0002
大阪府三島郡島本町東大寺2-27-11
電話　075-963-2059
振替　00930-4-275552
http://www.bricoleur-p.jp

装丁・デザイン　水野賢司（オフィスキリコミック）
印刷・製本　シナノパブリッシングプレス

Published by Bricoleur Publishing co,.ltd.
ISBN 978-4-9908801-7-0 C0073

希望をカタチにして届ける出版社
Bricoleur Publishing